物流地产

周建成　著

中国建筑工业出版社

图书在版编目（CIP）数据

物流地产 / 周建成著. — 北京：中国建筑工业出版社，2016.2
ISBN 978-7-112-18921-2

Ⅰ.①物… Ⅱ.①周… Ⅲ.①物流—房地产开发
Ⅳ.①F293.3

中国版本图书馆CIP数据核字（2015）第319769号

本书为物流地产专家周建成博士倾十年之力所著，书中全面总结中外物流地产投资建设与运营管理的最新经验，填补物流地产理论空白，创新物流地产实操方法，分析物流地产成功案例。书中重点论述物流地产理论创新和全流程实操，全面涵盖物流地产投资定位、规划设计、开发管理、工程管理、成本管控、经营管理、资本运作、资产管理等八个领域，实现了对物流地产的全方位深度解析，构筑了物流地产的经典理论体系。本书可作为现代物流与物流地产从业人员，以及高等院校相关专业本科生、研究生、教学人员、科研人员和培训机构的教科书和参考用书。 希望本书能够推动物流地产行业走向专业化，形成良性发展，为中国物流地产发展作出贡献。

责任编辑：封 毅 周方圆
书籍设计：京点制版
责任校对：陈晶晶 张 颖

物流地产
周建成 著
*
中国建筑工业出版社出版、发行（北京西郊百万庄）
各地新华书店、建筑书店经销
北京京点图文设计有限公司制版
北京富生印刷厂印刷
*
开本：787×1092 毫米 1/16 印张：29½ 字数：610 千字
2016 年3月第一版 2016 年3月第一次印刷
定价：**75.00**元
ISBN 978-7-112-18921-2
（28176）

前言

近十几年来，我国物流地产行业总体发展势头迅猛，增加值与投资额持续增长，各领域物流仓储设施的投资建设和运营管理均已取得长足进步，物流地产已经发展成为我国整个房地产行业中最为激动人心的领域之一。毋庸置疑，谁能够真正理解物流地产的投资建设和运营管理，谁就会从物流地产带来的巨大经济效益和社会效益中获益。

物流地产行业的发展为物流地产理论的形成奠定了实践基础，而物流地产行业的成熟壮大离不开科学系统的物流地产理论的指导。本书全面地、系统地论述了物流地产投资建设和运营管理的全流程，涵盖了投资定位、规划设计、开发管理、工程管理、成本管控、经营管理、资本运作、资产管理八个方面，目标是向读者提供一部完整的、易懂的、能够达到国内外物流地产发展前沿水平的著作。

同时，作为一部强调实践性的著作，本书在整个论述过程中为读者提供了大量可以“即查即用”的物流地产分析工具、管理方法、测算模型、经验标准和知识信息，可以帮助读者不仅“知其然”、“知其所以然”，而且方便“学以致用”，在物流地产投资建设和运营管理的实践过程中发挥作用，提升水平，立竿见影，取得实效。

在写书的过程中，本人查阅了大量的资料，但与物流地产直接相关的图书或文献却少之又少，本人也诚惶诚恐于本书作为我国物流地产领域的第一本理论著作，一定有诸多不完善的地方，对于读者的需要而言还不是十分完美。希望本书的出版能对我国物流地产行业的发展至少作出一定的贡献，能够为全行业提供一个开端，激发全行业学习研究的巨大热情，凝聚全行业探索创新的无穷动力，为这一充满活力、永远神奇的领域作出贡献。

本人非常愿意从读者那里听到有关拙作中任何错误或不准确的信息，亦非常欢迎任何改进建议。本人的E-mail是13671865076@163.com，诚挚地欢迎广大读者及时与本人联系纠错和建议，本人会对与所述内容相关的所有来函作出答复。

目录

导　论

物流地产在中国

近十几年来，我国物流地产总体发展势头迅猛，增加值与投资额持续增长，各领域物流仓储设施的投资建设和运营管理均已取得长足进步。同时，一些深层次的问题和矛盾也已开始暴露，引起了全行业和全社会的广泛关注。如何抓住契机，迎接挑战，避免城市功能紊乱，缓解城市交通压力，减轻不良环境影响，保持产业凝聚力，实现产业持续健康发展，有力拉动国民经济增长，是关系到我国物流地产行业未来发展的核心问题。导论将从物流地产行业发展、政策环境、市场供求、区域布局、企业竞争、产品服务、土地市场、金融创新八个维度概要性地分述物流地产在我国的发展情况。

一、行业发展

近年来，我国物流业整体运行平稳，物流地产行业表现出迅猛发展的势头。就物流运输货物的总价值来看，全国社会物流总额逐年增长，由2004年的38.4万亿元增长到2014年的213.5万亿元，年均增长18.7%。就物流业的总产值来看，全国物流业增加值逐年增长，由2006年的1.4万亿元增长到2014年的7.1万亿元，年均增长22.5%。就物流业在国民经济中的地位来看，物流业增加值在服务业增加值中的比重总体呈上升态势，由2006年的17.1%上升到2014年的23.1%。物流业增加值在国内生产总值中的比重总体也呈上升态势，由2006年的6.4%上升到2014年的11.2%。就社会物流活动的各项费用支出来看，全国社会物流总费用逐年增长，由2004年的2.9万亿元增长到2014年的10.6万亿元，年均增长13.8%。其中，与物流仓储设施紧密相关的保管费用也逐年增长，由2004年的8467亿元增长到2014年的3.7万亿元，年均增长15.9%。保管费用占全国社会物流总费用的比例由2004年的29.1%提高到2014年的34.9%。此外，我国物流业转型升级和运行效率提升加快，全国社会物流总费用与GDP的比率总体呈现下降趋势，由2004年的21.3%减少到2014年的16.6%，物流业运行效率年均提升2.4%。但是，相较于美国和欧洲，我国社会物流总费用占GDP的比重仍然相当高，包括物流地产在内的整个供应链效率的进一步提升有利于进一步激发我国的经济活力。

与物流业和物流地产行业紧密相关的交通运输、仓储和邮政业的法人单位数由2005年的9.1万家增长到2013年的26.2万家，年均增长14.1%；增加值由2005年的1.1万亿元增长到2014年的2.9万亿元，年均增长11.6%；全社会固定资产投资额由2005年的9614亿元增长到2013年的36790亿元，年均增长18.3%；实际利用外商直接投资金额由2005年的18.1亿美元增长到2013年的42.2亿美元，年均增长11.2%。经过十几年的快速发展，我国物流地产行业经营水平得以大幅提升，服务功能实现了有效拓展，机械化、信息化、智能化水平有了较大提高。叉车和托盘拥有量大幅增加，机械化作业比例和货架存储比例逐年提升，信息化水平有所提高，88.5%的企业已经基本实现了信息化管理。2014年，我国仓储业固定投资额为5158.7亿元，同比增长22.8%。从横向比较来看，仓储业固定资产投资额的增幅高于物流业的整体增幅，也高于全社会的投资增幅，这反映了物流仓储设施的历史欠账与现实市场需求。《物流业发展中长期规划》明确了我国到2020年基本建立现代物流服务体系，主要从降低物流成本、推动物流企业规模化、改善物流设施与网络三个方面进行，物流地产行业的发展对于推动整个物流业中长期战略目标的实现意义重大。

迄今为止，我国营业性通用（常温）仓库面积达9.1亿m^2。其中，立体仓库约占25%，冷库总容量为9562万m^3（静态存储能力约2425万t）。但是，就是这样一个规模巨大，且具有基础性和战略性的重要领域目前仍然处于“三无”行业的境地。由于我国物流地产行业起步较晚，尚未发展成熟，且本身具有复杂性、交叉性等特征，因此往往被沦为物流业、房地产业、交通运输业、仓储业和邮政业的附属产业，正是这种依附性使得我国物流地产行业尚未获得独立性。正因为如此，我国物流地产行业一无明确的政府主管部门，二无完善的标准体系和独立的统计科目，三无明确的战略性、纲领性的产业政策。物流地产作为一个跨部门、跨行业、跨地区的复杂性、交叉性行业，其发展迫切需要各部门、各行业、各地区通力协作。而目前“三无”行业的处境使得这种协调机制远未成型，例如，航空、铁路等一些处于物流链条核心地位的垄断性企业从部门上、行业上，或者地区上彼此割裂，缺乏沟通，造成物流地产行业各自为政。各自为政的局面若不打破，则无法做到统一和合理的规划，影响物流地产的良性发展。因此，争取物流地产行业作为基础性和战略性行业的独立地位，研究制定物流地产行业法规，优先保障物流仓储用地，调整物流仓储税收政策，加强物流地产行业统计，推动物流地产标准化建设，是全行业应该努力推动的方向。

二、政策环境

近年来，随着国家加大对物流业的扶持力度，一系列相关政策法规相继出台，为物流地产的发展营造了积极的政策环境。具体而言，从2004年起，我国相继出台了《关于促进我国现代物流业发展的意见》（2004年）、《物流业调整和振兴规划》（2009年）、《关于促进物流业健康发展政策措施的意见》（2011年）、《关于深化流通体制改革加快流通产业发展的意见》（2012年）、《关于物流企业大宗商品仓储设施用地城镇土地使用税政策的通知》（2012年）、《关于推进现代物流技术应用和共同配送工作的指导意见》（2012年）、《“十二五”综合交通运输体系规划》（2012年）、《关于深化流通体制改革加快流通产业发展的意见》（2012年）、《关于促进仓储业转型升级的指导意见》（2013年）、《全国物流园区发展规划（2013~2020年）》（2013年）、《物流业发展中长期规划（2014~2020年）》（2014年）、《物流园区服务规范及评估指标》（2014年）等一系列政策法规。此外，《中华人民共和国国民经济和社会发展第十一个五年规划纲要》（2006年）提出了“大力发展现代物流业”，《中华人民共和国国民经济和社会发展第十二个五年规划纲要》（2011年）提出了“扩大物流业对外开放”。除了国家层面出台的扶持物流业发展的政策法规之外，各地方政府在国家政策法规的指导下，结合当地实际情况，纷纷出台了一系列地方性的物流业政策法规文件。

无论是国家层面的政策法规，还是地方性的政策法规，都直接或间接、或多或少地包含着对于物流地产发展的指导性意见，尤其是像《关于物流企业大宗商品仓储设施用地城镇土地使用税政策的通知》、《全国物流园区发展规划（2013~2020年）》等政策法规更是集中围绕物流仓储设施城镇土地使用税和物流园区这些物流地产行业中的具体问题或细分领域发展制定和出台的规划文件和政策法规。例如，财政部、国家税务总局2012年联合发布的《关于物流企业大宗商品仓储设施用地城镇土地使用税政策的通知》提出，对物流企业自有的（包括自用和出租）大宗商品仓储设施用地，按所属土地等级适用税额标准的50%计征城镇土地使用税。毋庸置疑，以上政策法规的相继出台，为物流地产的发展营造了积极的政策环境。

但是，目前出台的一系列相关政策法规存在两个方面的局限性，制约着物流地产行业的健康发展。一方面，现有政策法规要么是专门针对物流业发展的规划，涉及物流地产时，往往仅是点到为止，缺乏能够落地和能够操作的指导意见；要么是仅仅针对物流地产行业内诸如城镇土地使用税或物流园区发展之类的具体问题或细分领域的指导意见，而国家层面和地方层面迄今尚未站在整个物流地产行业的高度，制定物流地产行业的发展规划，出台明确物流地产行业发展目标、发展重点的指导性政策法规。由于物流地产行业的发展缺乏纲领性政策法规的指导和规范，因此，近年来一些地方政府往往忽视自身的实际情况，未作充分调研论证就盲目地大规模开展物流地产项目的开发建设，无序开发往往导致低水平的重复建设，结果必然是供销不对路，供需不匹配，市场不均衡，有些城市物流仓储设施甚至达到了50%以上的空置率。另一方面，现有政策法规大多数是财政、税收、交通、国土、规划等某一个部门出台的部门法规，缺乏能够跨部门、跨行业和跨地区指导和统筹物流地产行业整体发展的综合性和系统性的产业政策。而物流地产跨部门、跨行业和跨地区的综合性行业特征要求加强部门合作，因此不能依靠单一的某一行业、部门或地方的政策法规来指导这个新兴行业的发展，而是迫切需要那些能统筹物流地产发展的综合性和系统性的产业政策来激发物流地产的高效率和多功能性，解决物流地产融资、市场准入和退出、产权转让等方面的问题，指导物流地产行业的健康发展。

三、市场供求

由于经济全球化的不断深入，我国社会经济的持续增长，电子商务的迅猛崛起，物流业的加速发展，使得我国物流地产市场需求旺盛，尤其是对优质物流仓储设施的市场需求更加强劲。就我国物流仓储设施的总规模而言，目前全部营业性通用（常温）仓库的建筑面积已达9.1亿m^2，而美国仓储设施的建筑面积在2003年就已达13亿m^2，目前已经超过了20亿m^2的规模。就我国人均仓储面积而言，目前我国人均仓储面积不足1m^2，仅仅接近人均0.7m^2的水平，而美国人均仓储面积已经超过了7m^2。通过中美对比分析表明，无论是物流仓储设施总规模还是人均物流仓储面积水平，我国均存在较大的缺口。近年来，伴随着更多投资者进入该领域，物流仓储设施总量得以15%～20%的速度逐年递增，尽管诸如天津、成都等个别地区出现了暂时的物流仓储设施供过于求的现象，但是就全局而言，相对于我国经济整体规模，物流仓储设施总量仍然处于供应不足的状态。

目前我国高品质的国际标准化仓库存量规模较小，且大多集中位于上海、北京、广州、深圳四个一线城市。而伴随物流仓储设施需求者对物流仓储服务质量要求的日渐提升，他们具有强烈的需要从低端的物流仓储设施升级至设备更新、功能更全、效率较高的物流仓储设施。同时，一些陈旧的物流仓储设施被转作其他用途后，原有的租户也会随之需要寻求新的现代化仓储设施。因此，我国高品质的国际标准化仓库市场缺口尤其巨大。以物流地产投资建设和运营管理为主业的专业物流地产商是我国高品质的国际标准化仓库的主要供给者，近十几年来，诸如普洛斯、嘉民、安博等国外物流地产商和诸如宇培、易商、宝湾等本土物流地产商就已相继进入优质物流仓储设施的投资建设和运营管理领域，但直到目前，我国高品质物流仓储设施总量仍然处于非常匮乏的状态。

由于存在强劲的市场需求和较大的市场缺口，近年来，上海、北京、广州、深圳、杭州等许多重要的物流节点城市由于物流仓储设施供不应求而推动租金水平逐年上涨。例如，北京物流仓储设施的租金水平已持续21个季度上涨，上海和广州物流仓储设施的租金水平已持续22个季度上涨。上海、北京、广州的优质非保税仓库的租金水平已经达到1.08～1.26元/（天·m^2）的高位。长三角、珠三角、环渤海地区中心城市的物流仓储设施空置率近年来一直处于较低水平，虽然一些位置较为偏远的新增项目的落成有时会致使一些城市总体空置率短期内上下波动，但总体保持在5%左右的较低水平。

同时，需要格外关注的是，我国物流地产市场存在严重的结构问题，虽然高品质的国际标准化仓库在一些重要物流节点城市，尤其是一线城市长期处于供不应求的状态，租金水平逐年上涨，空置率保持在较低水平。但是，那些低水平的简易仓库在我国很多城市大量存在，而且仍然在被大量地重复建设。由于这些低水平的简易仓库根本无法满足制造企业、流通企业和第三方物流企业等客户对于现代物流仓储设施的需求而处于大面积的空置状态。在我国许多城市，物流仓储设施的空置率高达50%以上，主要就是由于这些低水平的简易仓库所致。大量经验观察表明，物流仓储设施在5%左右的空置率下才能保证10%左右的回报。因此，一旦物流仓储设施的空置率达到15%左右，经营利润就注定会被较高的空置率挤压殆尽，遑论空置率达到50%以上。因此，物流地产商在涉足物流地产投资建设和运营管理时，应该避免盲目开发，必须认清物流地产市场的供求格局，科学合理地确定自身要进入的细分产品市场和细分区域市场。

四、区域布局

社会经济的发展水平对物流地产的发展影响很大，一个城市物流地产的发展状况与这个城市的经济发展水平、工业化程度、居民消费水平、地理区位等因素紧密相关。无论是在国内，还是在国外，实体零售市场的扩张和大型制造业基地的建设仍然是物流仓储设施需求的主要驱动力，而电子商务的崛起已成为拉动物流仓储设施需求增长的新引擎。因此，在物流地产行业的快速发展过程中，并不是所有地区都能够从中获利，只有那些经济发达、工业化程度较高、居民消费增长强劲、地理区位优越的地区才能够从中获得较大利益。显而易见，经济发展的不平衡最终必定导致物流地产在区域布局上的不平衡。在欧洲，德国、法国和英国占据了整个欧洲物流地产市场的一大半，而荷兰、比利时、西班牙、波兰、匈牙利和捷克等国加在一起还不到整个欧洲物流地产市场的三分之一。在欧洲第一大物流中心德国，一半以上的物流地产集中于汉堡、法兰克福、柏林和慕尼黑等地区。由此可见，无论是在国际范围内，还是在一国范围内，物流地产的区域布局在一定程度上都是区域经济发展状况的某种“映射”。

我国物流地产的区域布局与区域经济的发展水平密切相关。无论是外国物流地产商，还是本土物流地产商，都优先选择在沿海地区投资开发物流地产项目。全国物流仓储设施总面积超过三分之二布局于长三角、珠三角和环渤海地区。具体来说，长三角、珠三角和环渤海地区拥有的优质物流仓储设施占全国优质物流仓储设施总量的比例分别为32%、22%和16%。在长三角地区，上海是该区域的中心城市，其拥有的优质物流仓储设施总量雄踞全国城市之首。但是日渐高企的租金水平开始不断挤压物流地产活动从上海向邻近的昆山、常熟等卫星城市转移。除了上海之外，苏州、南京、杭州、宁波、无锡已经成为长三角地区重要的区域性物流中心。昆山和常熟已经成为长三角地区重要的专业物流中心。在环渤海地区，北京是该区域的中心城市，受制于特殊的城市定位，北京长期以来并没有积极发展物流业，因此其拥有的优质物流仓储设施总量显著低于上海、广州、深圳等其他一线城市。作为环渤海地区的次级中心，天津近年来始终积极推动物流业发展，大量供应物流仓储用地，新增物流仓储设施集中上市，导致目前出现了供应过剩的市场格局。廊坊和保定等北京和天津的卫星城市由于土地价格相对便

宜，物流仓储设施租金水平较为低廉，承接了大量从北京和天津转移出来的物流活动。除了北京和天津之外，青岛和大连已经成为环渤海地区重要的区域性物流中心。在珠三角地区，广州和深圳是该区域的中心城市，同时也占据着物流业和物流地产行业的主导地位。近年来，由于广州和深圳大多数非保税仓库已经完全满租，因此，租赁需求逐渐向东莞、佛山和惠州等城市流出，后者已经成为珠三角地区重要的区域性物流中心。此外，一些沿海港口城市，凭借其直接或间接与港口连接，战略位置好的优势，物流地产发展也相当快速。

近年来，伴随着制造业向中西部的转移，以及全国交通网络的建设完善，物流地产的区域布局呈现出从沿海地区向中西部等其他地区逐步拓展的趋势。成都、重庆、武汉、沈阳、哈尔滨、长春等内陆省会城市特别是一些拥有雄厚工业基础的大型城市的物流地产得到快速发展。2011年，我国长三角、珠三角和环渤海地区拥有的物流地产总量占全国物流地产总规模的79%，而中西部等其他地区的占比仅为21%。但是到了2014年，情况发生了很大的改变，前者的占比减少到了70%，而后者的占比增长到了30%。由此可见，我国幅员辽阔的中西部等其他地区的物流地产开始加速发展，物流地产区域布局的版图正在悄悄改变。成都、重庆、沈阳、武汉已经成为中西部等其他地区的区域物流中心，西安、郑州、长沙、合肥正逐步发展成为这些区域的次级物流中心。

五、企业竞争

近年来，伴随着全国住宅市场供求关系的转变，销售速度的放缓，房地产开发企业纷纷谋求转型，追求持续发展，物流地产成为众多房地产开发企业关注的对象。此外，由于普遍看好物流地产的发展前景，金融机构、物流企业、电子商务企业也纷纷跨界进入物流地产领域。万科、平安不动产、中粮集团、中储集团、和记黄埔、宝供物流、阿里巴巴、京东、腾讯、国药控股、复星集团、中银投资、中国人寿、亚马逊网、当当网等企业纷纷加大了物流地产投资，物流地产领域呈现出百舸争流的局面。由于物流地产投资规模大、专业要求高、地域性强、回报周期长、市场竞争激烈，因此，企业在进入物流地产领域时，必须做好长期规划和整体考虑，扬长避短，发挥核心竞争优势，才能实现自身持续健康发展。

普洛斯、嘉民、安博等优秀的国外物流地产商一向重视物流地产的规模扩张和网络建设，经过多年的耕耘，已经实现了较大规模的扩张，并形成了强大的网络系统。以国外物流地产巨头普洛斯为例来说，其始终致力于在全球范围内投资建设和运营管理优质物流仓储设施，并形成一个全球化的物流配送网络。这个能够提供强大物流配送服务的网络系统涵盖了物流仓储设施投资建设和运营管理的整个流程，包括投资定位、规划设计、开发管理、工程管理、经营管理等全过程，帮助客户实现货物在全球范围内的自由流转。普洛斯已经在中国35个主要城市投资、建设、管理着193个物业地产项目，在优质物流仓储设施市场上形成了半垄断竞争格局，普洛斯的市场占有率几乎达到嘉民、宝湾、安博、丰树、宇培五家公司市场占有率总和的两倍，这对于市场的新进入者来说是个巨大的挑战。

国内物流地产商与国外物流地产商相比存在明显的差距，普遍既缺少强大的客户资源网络支持，又缺乏充沛的资金储备，且管理水平不高，导致绝大多数国内物流地产商发展不足，个体规模小，总体抗风险能力较差。从国内物流地产投资建设和运营管理的主体及其目的来看，大部分物流仓储设施是由我国的制造企业、流通企业和第三方物流企业自建、自营、自用，服务于自己的物流业务。这种自建、自营、自用的物流地产发展模式有利于制造企业、流通企业和第三方物流企业实现纵向业务一体化，对于某些大型制造企业、流通企业和第三方物流企业来说，可能还会成为其业务多元化发展的一个努力方向。但是，对于绝大多数制造企业、流通企业和第三方物流企业来说，这种自建、自营、自用物流仓储设施的模式已经不适应生产社会化、分工精细化的发展方向，且对其主营业务的发展来说蕴含着巨大的风险和隐患。

由于物流地产开发投资大，因此对制造企业、流通企业和第三方物流企业资金的占用量也相当大。一旦这些企业将大量的资金投入到物流地产开发建设之中，其紧张的资金链势必阻碍主营业务的发展，从而无法形成和提升企业的核心竞争力。同时，这种“自给自足”式的物流地产投资建设和运营管理模式也不利于社会化和专业化物流地产的发展。从制造企业、流通企业和第三方物流企业开发的物流地产项目的运营情况来看，他们往往是在缺乏深入的行业了解和缺少相关的资源储备和能力建设的情况下就盲目参与到物流地产的开发中来，难免为今后的发展留下隐患。

而那些拥有大量物流仓储设施的制造企业、流通企业和第三方物流企业由于具备大规模的物流仓储设施资源和强大的产业背景，如果以专业化、社会化的方式培育和发展物流地产投资建设和运营管理业务，既服务于企业自身需要，又服务于行业社会，将物流地产投资建设和运营管理作为其业务多元化发展的重要方向，则会成为我国物流地产商队伍中的一支重要力量。此外，近年来，物流地产领域涌现出了诸如宇培、易商、宝湾、平安不动产等大量以物流地产投资建设和运营管理为主营业务的新进入者，这些致力于成为专业物流地产商的新进入者将会成为我国物流地产商队伍中的另一支重要力量。

我国本土物流地产商在与国外专业物流地产商的竞争过程中，必须重视物流仓储设施规模扩张和客户资源网络建设。就规模而言，我国本土物流地产商整体实力仍然较弱，规模过小、专业化程度不高，尚未形成规模效应和协同效应，普遍难与外国专业物流地产商抗衡。物流地产商的持续发展依赖物流地产的规模效应和协同效应，只有当物流地产达到一定的规模并加强协同管理时才能明显降低成本、提高效率。就网络建设而言，我国本土物流地产商存在后发劣势，在客户积累上较为薄弱，在物流地产项目前期招商过程中无疑会遇到一定的障碍。因此，我国本土物流地产商必须引进先进的管理模式，开拓新的商业模式，以自身已有的某方面优势或未来可以获取的优势为纽带进行延伸，打造自身特色，为客户提供更加有效的增值服务，这样才能提高自身竞争力，避免陷入同质化的激烈竞争。

六、产品服务

物流地产行业的发展和物流地产商之间的竞争最终都必然会落实到物流地产的产品和服务层面。产品和服务的提升是企业竞争的砝码，是行业发展的根本动力，物流地产也不例外。为了方便理解，可以将物流地产的产品和服务分为有形的物流仓储设施（产品）和无形的物流仓储设施经营管理（服务）。

从有形的物流仓储设施（产品）来看，就产品类型而言，主要包括堆场、简易仓库、普通平房库、普通楼房库、高层货架仓库、立体仓库等。在我国现存的物流仓储设施总量中，简易仓库和普通平房库占据绝对主导地位。近年来，由于制造企业、流通企业和第三方物流企业等客户对物流仓储设施的品质要求日渐提高，简易仓库越来越难以满足客户的需要，再加上近年来简易仓库在很多城市被大规模重复建设，导致空置率居高不下，有些城市的空置率甚至超过50%。因此，更多的物流地产商开始加入到优质物流仓储设施的开发建设之中，近年来优质物流仓储设施的总量以超过17%的增速逐年递增。由于物流仓储用地价格上扬，土地供应相对紧缺，物流地产商开始加大普通楼房库、高层货架仓库和立体仓库的开发建设，目的在于提高土地利用效率，增加有效仓储面积。根据中国仓储协会调研数据，至2014年底，我国营业性通用（常温）仓库面积达9.1亿m^2，其中立体仓库面积达2.28万m^2，约占营业性通用（常温）仓库总面积的25%。同时，近年来我国物流仓储设施的机械化、信息化、智能化水平有了较大提高，88.5%的物流地产商已经实现了对于物流仓储设施的信息化管理。从全国整体来看，物流仓储设施的机械化作业率已经达到40%左右，发达地区的物流仓储设施能够实现80%的机械化作业。不仅如此，低温物流仓储设施、危险品物流仓储设施、医药物流仓储设施等专业物流仓储设施近年来都得到了快速发展，例如，至2014年底，我国冷库总容量已达9562万m^3，静态存储能力约2425万t。此外，定制化物流仓储设施越来越受到物流地产商和大型制造企业、流通企业和第三方物流企业的青睐，作为标准化物流仓储设施的有益补充，近年来也得到了大量实践机会。

从无形的物流仓储设施经营管理（服务）来看，委托管理模式的出现标志着物流仓储设施经营管理（服务）可以脱离物流仓储设施投资建设，甚至物流仓储设施的产权或物流地产商的股权可作为一个独立的商品存在，并进行经营运作，获取经营利润。1999年，普洛斯成立了第一只私募基金——Prologis European Fund（普洛斯欧洲基金），从19位机构投资人处募集了10亿欧元，主要用于收购普洛斯手中的成熟物业。收购后，普洛斯不再直接控股这些物业，但通过与基金公司签订管理协议，仍负责物业的长期运营并收取适当的管理费用，同时作为基金的发起人和一般合伙人，获取业绩提成。自此，物流仓储设施经营管理（服务）的内涵和外延都获得了较大的更新。无形的物流仓储设施经营管理（服务）起码包含三个方面的细分服务价值。其一是物流仓储设施经营管理公司或物流仓储设施经营管理服务的品牌，亦即物流仓储设施经营管理公司或物流仓储设施经营管理服务之重要核心竞争力体现在客户心目中作为无形资产的品牌影响力所具有的生命力。或言之，品牌影响力是物流仓储设施经营管理公司或物流仓储设施经营管理服务在客户心中积累起来的知名度和美誉度。物流仓储设施经营管理公司可以通过品牌输出的方式，从品牌输入方那里获取品牌使用费。其二是物流仓储设施的经营管理技术，即由物流仓储设施经营管理公司开发、完善成型、用于物流仓储设施经营管理的具有统一性的、独立的经营管理方法、手段和工具。具体而言，经营管理技术包括物流仓储设施经营管理公司拥有的注册商标、商号、物流仓储设施系统标识和服务模式、样式、招商资源、物流仓储设施经营管理方式、经营管理理念、经营管理制度、货物储存方式、会计系统及与运营有关的、不可分的、统一的经营管理方法、手段和工具。物流仓储设施经营管理公司可以通过管理输出的方式，从管理输入方那里获取基本管理费和奖励性管理费。其三是工程技术和经营管理咨询，物流仓储设施经营管理公司凭借其在物流仓储设施投资建设和运营管理方面积累的丰富经验和成熟模式，可以为客户提供物流仓储设施投资决策、产品定位、规划设计、开发管理、工程管理、经营管理、资产管理等方面的咨询顾问服务，并获得咨询顾问费用。

七、土地市场

物流地产作为房地产尤其是工业地产的一个重要组成部分，与土地市场的发展密切相关。土地供应的数量和价格决定着新增物流地产的供应数量，影响着物流地产商的开发建设成本。一般而言，可以用来开发建设物流地产项目的城市建设用地性质主要包括物流仓储用地、工业用地和商业服务业设施用地。其中，物流仓储用地和工业用地占据主体地位，在许多城市，并没有把物流仓储用地从工业用地中单独分离出来，而是统统归入工业用地的用地性质中予以出让，也统统归入工业用地的科目下予以统计。近年来，我国工业用地价格整体呈现上涨趋势，即使是在2014年我国土地市场价格总体出现下降的情况下，一二线城市工业用地价格仍然明显上涨，显示出未来工业用地成本上升的发展趋势。

目前，就全国范围而言，主要城市工业用地的成交价格接近750元/m^2，折合约50万元/亩。长三角、珠三角和环渤海地区每平方米工业用地的成交价格分别为928元、1060元和721元，折合每亩工业用地的成交价格分别为62万元、71万元和48万元。就我国一、二、三、四线城市而言，北京、上海、广州和深圳4个一线城市每年成交的工业用地总面积大致在2万～3万亩，平均地面成交价格已经超过了1000元/m^2，平均楼面成交价格已经超过了650元/m^2，工业用地的成交价格已经接近70万元/亩，平均溢价率约为3%。天津、沈阳、大连等17个二线城市每年成交的工业用地总面积大致在25万～30万亩，平均地面成交价格已经超过了400元/m^2，平均楼面成交价格已经超过了300元/m^2，工业用地的成交价格已经超过了25万元/亩，平均溢价率约为1%。哈尔滨、石家庄、太原等21个三、四线城市每年成交的工业用地总面积大致在10万～20万亩，平均地面成交价格超过了400元/m^2，平均楼面成交价格超过了300元/m^2，工业用地的成交价格已经超过了20万元/亩，平均溢价率约为1%。

近年来，国家和地方政府逐渐收紧工业用地开发利用政策，工业用地价格提高的政策态度明朗，加强工业用地节约集约利用的文件纷纷出台。可以预见，工业用地价格的上涨是必然趋势。以北京为例，2012年、2013年、2014年北京市国有建设用地的成交数量分别为8.7万亩、8.5万亩、7.7万亩。其中，工业用地的成交数量分别为1.6万亩、1.4万亩、0.7万亩。工业用地成交数量逐年减少，在国有建设用地总成交面积中的占比由19%下降到16%，直至8.7%，供应减少的同时，价格不断上涨。在这种情况下，物流地产商普遍感到用地压力有所加大，用地难、用地贵。根据中国物流与采购联合会新近发布的一份典型抽样调查报告，对于物流仓储用地情况，45%的企业认为变化不大，35%的企业认为较为困难，11%的企业认为非常困难，8%的企业认为有所好转，显示物流用地压力依然较大。企业普遍反映，一些地方将工业仓储用地土地使用年限缩短到20年，加速物业折旧，经营成本大增，投资回收压力加大，导致企业投资趋于谨慎，影响建筑的可靠性和耐久性，不利于可持续发展。毋庸置疑，在我国所有高增长潜力城市，伴随着物流仓储设施需求的增长，物流仓储用地必定会越来越稀缺，土地价格和租金自然会水涨船高，这一方面会增加物流地产商的成本压力，另一方面也会倒逼整个物流地产行业由过去的粗放发展向集约发展演进。

八、金融创新

近年来，我国房地产金融已经进入了多通道竞争的新时代，除了银行贷款、房地产私募投资基金之外，各类资产管理平台也相继登上了房地产金融的舞台。无论对于个人、家庭等私人主体，还是对于专业投资机构和基金等公共机构，房地产都已成为财富管理的重要资产类别。各类型房地产的投资属性和投资价值已被广泛认识，并形成了统一的市场环境。房地产已经成为我国公、私投资人资产构成中比重最高的类别之一。然而，物流地产与住宅、商业物业、写字楼、酒店等物业类型存在较大的区别，物流地产具有投资金额大、专业要求高、地域性强、变现能力差、回收周期长等一系列特征。住宅等销售型物业可以通过产品的销售实现资金快速回笼，解决银行贷款、房地产私募投资基金、信托等融资渠道的还本付息要求。但是，物流地产项目只能通过物流仓储设施的经营来获取租金等经营性收入，资金的回收期非常漫长，一般需要10年以上。这样一个缓慢的资金回笼速度和模式与银行贷款、房地产私募投资基金、信托等融资渠道的还款期限要求难以匹配。因此，对于物流地产这一特殊的不动产类型来说，如果没有一种长期的且成本较低的金融产品作为银行贷款、房地产私募投资基金、信托等金融产品成熟的退出渠道的话，就不可能真正激活物流地产金融市场，各种融资渠道、各式金融产品和各类资产管理平台就不可能强有力地支撑起物流地产快速发展过程中所需要的资金支持。

在国外发达国家，工业地产的投资规模占据了整个房地产投资总规模的半壁江山。在国外房地产信托投资基金（REITs）的产品总规模之中，几乎一半的规模投向了工业地产，尤其是投向了物流地产。诸如普洛斯、嘉民、腾飞、丰树、安博等全球知名物流地产商无不依赖房地产信托投资基金（REITs）的支持，实现了自身业务的快速扩张。就本质而言，物流地产最核心的部分就是收租性物业，因此是发行房地产信托投资基金（REITs）最合适的基础资产之一。而房地产信托投资基金（REITs）不仅为物流地产的发展提供了长期的资金支持，同时也为银行贷款、房地产私募投资基金、信托等其他资金提供了成熟的退出渠道。因此，房地产信托投资基金（REITs）在整个物流地产金融市场中发挥着至关重要的作用。可以说，如果没有房地产信托投资基金（REITs），就不可能有“双基金模式与资产循环实现轻资产运营模式”，也就不可能有普洛斯、嘉民、安

博等全球知名物流地产商在物流地产领域的大规模实践。

但在，我国房地产金融市场发展相对滞后，房地产信托投资基金（REITs）仅仅开始在写字楼等商业物业领域有所探索和试水，至今在物流地产领域尚无任何实践。由于我国尚无物流地产信托投资基金（REITs）产品，不仅使得我国物流地产行业的发展缺乏长期的资金支持，而且使得房地产私募投资基金、信托、银行贷款等投入物流地产领域的资金缺乏成熟的退出渠道。由于我国物流地产金融市场发展尚不成熟，相关政策也不完善，就对物流地产商的资金实力尤其是自有资金实力提出了较高的要求。在目前的金融环境下，惟有具备雄厚资金实力的企业才有能力参与物流地产开发，那些抱有快速回收投资心态的企业往往难以取得成功。这就要求企业必须有长期运营的通盘考虑，不能仅凭一时心动，而要对企业资金链安全予以充分的重视。中国物流与采购联合会抽样调查发现，就物流地产商的主要融资渠道而言，70%的融资通过银行贷款，7%的融资通过民间借贷，6%的融资通过企业债券，3%的融资通过上市融资，3%的融资通过基金和风险投资，1%的融资来自其他方面，银行贷款占七成，仍是企业的主要融资渠道。由于物流地产具有资金需求量大、流动性差、回报周期长等特征，因此在融资方面，信托、房地产私募投资基金、银行贷款等融资渠道因为成本过高、期限过短等不利因素，很难支撑物流地产商的融资需求。从银行的贷款情况看，18%的企业认为难度较大，64%的企业认为虽然困难，但是可以争取，只有18%的企业认为较容易获得，不存在困难。

物流地产的发展离不开金融市场的支持，物流地产金融市场的发展需要一系列金融创新来推动。其中，房地产信托投资基金（REITs）的开闸放行就会是激活整个物流地产金融市场的关键力量。目前，物流仓储设施的平均投资回报率高达6.7%，远远高于商业地产4.5%的平均投资回报率水平和高档住宅3.0%的平均投资回报率水平，是发行房地产信托投资基金（REITs）最合适的基础资产之一。在我国金融变革的大背景下，作为房地产的一个重要分支，物流地产在这样一个金融变革的新时代必然会受到金融变革的全方位影响，物流地产行业的金融化进程及相关金融创新必然会迎来新一轮的蓬勃发展。

第一章

物流地产投资定位

物流地产投资定位帮助物流地产商解决两个重要问题，一个是“做什么”的问题，另一个是“在哪里做”的问题。“做什么”的问题实质上是产品定位的问题，产品定位解决物流地产商用什么样的产品来满足目标客户或目标市场需求的问题，或言之，产品定位是物流地产商对目标市场的选择与企业产品结合的过程，也就是将市场定位企业化和产品化的过程；“在哪里做”的问题实质上是项目选址的问题，项目选址就是物流地产项目在一个具有若干供应点及若干需求点的经济区域内确定项目设置位置的规划过程。对于任何一个重要的战略决策来说，最重要的三个问题往往是回答“做什么”、“在哪里做”和“怎么做”的问题，而物流地产投资定位回答了三个重要问题中的两个问题，其对于物流地产投资建设和运营管理的重要意义，自不待言。

第一节 物流地产项目选址

物流地产在物流网络中连接着上游和下游，发挥着承上启下的作用，承担着物流集散、信息和控制等功能实现一体化运作的载体作用，是物流系统中的一个重要基础设施。物流地产项目选址，是在一个具有若干供应点及若干需求点的经济区域内，选择一个地址设置物流地产项目的规划过程。准确、快速的项目选址可以有效节省费用，促进供应和需求两种流量的协调与配合，保证物流系统的平稳发展，实现物流地产项目开发和运营的良好效益。

《物流业发展中长期规划（2014～2020年）》提出，要培育一批网络化、规模化发展的大型物流企业，鼓励物流企业开展跨区域网络化经营。项目选址无疑是物流企业实现跨区域、网络化、规模化经营需要首要解决的重要课题之一。

一、选址基本原则

物流地产项目选址应同时遵循四个基本原则,即适应性原则、协调性原则、经济性原则和战略性原则。

1. 适应性原则

物流地产项目选址应该与国家、省市整体发展战略布局、产业布局调整优化要求、经济发展的方针和政策相适应；应该与城市总体规划和城市土地利用总体规划相适应；应该与物流资源分布和需求分布相适应；应该与国民经济和社会发展水平相适应。

2. 协调性原则

物流地产项目选址应该放在国家或区域物流网络系统的大背景下来考虑，确保拟建项目的设施设备在地域分布、物流作业生产力、技术水平等方面与国家或区域物流网络大系统互相协调，有效推动国家或区域物流系统的协调发展,实现拟建项目的价值。

3. 经济性原则

物流地产项目选址应该综合考虑项目投资建设和运营管理过程中所发生的建设费用和经营费用，不能仅仅以建设费用最低或者经营费用最低作为项目选址标准，而应该以总费用最低作为项目选址的经济性原则，以期达到以最小的投入取得最好的收益。

4. 战略性原则

物流地产项目选址应该具有将近期实际和远期发展相结合的战略眼光，既要考虑目

前的实际需要，又要考虑到日后发展的可能。不能将环境条件和影响因素绝对化，而应从动态出发，将项目选址建立在详细分析现状及对未来变化做出合理预测的基础之上。

二、选址影响因素

物流地产承载的功能及其具有的服务特性，决定了物流地产项目大多布局于城市边缘、交通条件较好、用地充足的地方。在物流体系规划过程中，物流地产项目选址应该综合考虑自然环境、经营环境、基础设施状况等多方面影响因素（表1–1），才能科学合理地完成项目选址。

物流地产项目选址主要影响因素 表1–1

主要影响因素类别		项目选址要求
自然环境	气象条件	温度、湿度、风向、风力、降水量、日照、无霜期、冻土深度、年平均蒸发量等气象因素适宜
	地质条件	符合建筑承载力要求
	水文条件	远离泛滥的河流
	地形条件	地形坡度平缓，适宜建筑，项目地块形状以长方形为宜
经营环境	政策与劳动力要素	优惠的物流产业政策，充足的合格劳动力供应
	商品特性	具有足够的物流量
	物流费用	较低的物流费用
	服务水平	快捷的配送服务
基础设施状况	交通条件	距高速公路出口、港口、机场、铁路编组站等交通枢纽距离短
	公共设施状况	供水、电、热、气、通信、道路等公共设施便利，符合要求
其他因素	国土资源利用	符合城市规划、国土资源利用规划和物流产业规划要求
	环境保护要求	远离市中心区域
	周边状况	周边不存在影响物流仓储安全的危险因素

1. 自然环境

（1）气象条件

物流地产项目选址应该综合考虑温度、湿度、风向、风力、降水量、日照、无霜期、冻土深度、年平均蒸发量、灾害性天气种类、严重程度和发生概率等气象因素。例如，物流地产项目选址应该避开风口，因为在风口建设会加速露天堆放的商品老化。另外，对于那些对气候条件有特殊要求的商品，气候条件就成为项目选址需要格外关注的重要因素。

（2）地质条件

物流地产项目选址区域未来将是大量商品的集结地，某些重量较大的物品堆码起来会对地面产生很大的压力。如果物流地产项目选址区域地面以下存在淤泥层、流沙层、松土层等不良地质条件，则会在受压地段造成沉陷、翻浆等严重后果。因此，物流地产项目应该选址于土壤承载力高的地段。

（3）水文条件

物流地产项目选址应该详细考察目标区域近几年的水文资料，项目选址应该远离容易泛滥的河川流域和上溢的地下水区域。同时，物流地产项目应该绝对禁止在地下水位过高、洪泛区、内涝区、故河道、干河滩等区域进行选址。

（4）地形条件

物流地产项目应该选择地势高亢、地形平坦，且具有适当面积与合适形状的地段，最宜选择完全平坦的地形，其次选择稍有坡度或起伏的地段，避免选择山区陡坡区域。在地块外形上，最宜选择长方形地块，不宜选择狭长或不规则形地块。

2. 经营环境

（1）政策与劳动力要素

物流地产项目选址区域如果具有优惠的物流产业支持政策，则会对入驻物流企业的经济效益产生积极影响；数量充足且文化水平、技术技能素质较高的劳动力要素是物流地产项目选址应该重点考虑的因素，项目选址应该综合考虑人工成本和员工的劳动生产率。

（2）商品特性

针对不同商品类型的物流地产项目，其选址应该充分考虑到商品的不同特性和客户的特殊需求，项目分别布局于不同地域。例如，对于制造型物流地产项目而言，其项目选址应该与产业结构、产品结构、工业布局等因素紧密结合起来进行综合考虑。

（3）物流费用

物流费用是物品空间位移过程中所耗费的各种资源的货币表现，是物品在实际运动过程中的各个环节所支出的人力、财力、物力的总和，物流地产项目选址应该遵循节省物流费用的原则。因此，大多数物流地产项目选址于接近物流服务需求地的区域。例如，接近大型工业区、商业区等，以便缩短运距，降低运费等物流费用。

（4）服务水平

对于现代物流而言，能否实现准时运送是衡量服务水平高低的重要指标。因此，物流地产项目选址应该保证客户在任何时候向入驻于该物流地产项目中的物流服务供给方

提出物流服务需求时，都能获得快捷满意的服务，满足其个性化、多样性的需求。

3. 基础设施状况

（1）交通条件

物流地产项目选址必须具备方便的交通运输条件，靠近交通枢纽。例如，紧邻港口、交通主干道枢纽、铁路编组站或机场，且有两种以上运输方式相连接。在河道（江）较多的城镇，商品集散大多利用水运，项目可选择沿河（江）地段。例如，日本《流通业务市街地的整顿法律（流市法）》在物流团地选址方面规定，以都市外围的高速道路网和铁路网的交叉口为中心的10km半径范围内为选址地点，以确定其交通优势及其与都市内配送的衔接优势。

（2）公共设施状况

物流地产项目选址要求项目所在地通信等公共设施齐备，具有充足的供应电、水、热、燃气的能力，不仅要考虑供应数量问题，还要考虑供应质量和价格问题，且场区周围具有污水、固体废物处理能力。

4. 其他因素

（1）国土资源利用

物流地产项目的布局规划应该贯彻节约用地、充分利用国土资源的原则。物流地产项目一般占地面积较大，周围还需留有足够的发展空间。相反，如果物流地产项目选址区域不具备继续发展的能力，将为项目未来的经营带来不确定因素。土地价格的高低对物流地产项目选址具有重要影响。在土地稀缺的地方，土地价格往往比较昂贵，而投资中国中西部，土地成本往往要比沿海地区低得多，物流地产项目选址要综合考虑项目的投资收益。此外，项目选址还要兼顾区域与城市规划用地的其他要素，不应该将那些占地面积较大的综合型物流地产项目布局在城镇中心地带，以免带来交通拥堵等诸多问题。

（2）环境保护要求

物流地产项目选址应该充分考虑保护自然环境与人文环境，尽可能降低项目对城市生活的干扰。对于大型转运型物流地产项目，应该适当布局于远离城市中心区的地带，使得城市交通环境状况能够得到改善，城市生态建设得以维持和增进。

（3）周边状况

物流地产项目往往是火灾重点防护单位，因此项目不宜选址在易散发火种的工业设施（如木材加工、冶金企业）附近，也不宜选址在居民住宅区附近。另外，项目在当地是否受到公众的欢迎对项目的日常经营活动具有重要影响，严重时会使项目无法进行正常的生产活动。因此，公众态度也是物流地产项目选址的重要考虑因素。

三、分类选址要求

物流地产项目存在共性的选址标准，也存在个性化的选址要求。根据不同划分标准，物流地产项目存在不同分类，每类物流地产项目都具有各自的特点，因此也具有不同的选址要求。一般来说，物流地产项目可以按其承载的主要功能、仓储物品的类型、服务辐射的范围、所在城市的类型、服务客户的类型等维度进行分类，相应地，也就存在着物流地产项目的分类选址要求（表1–2）。

物流地产项目分类选址要求 **表1–2**

分类标准	细分类别	项目选址要求
按承载的主要功能分类	转运型物流地产/流通型物流地产/货运枢纽型物流地产	项目应该选址于具备多式联运条件的交通枢纽城市边缘地区的交通便利地段
	储备型物流地产/储存型物流地产	项目应该选址于城镇边缘或城市郊区的独立地段，且具备直接而方便的水陆运输条件
	加工型物流地产	项目应该选址于城市边缘且蓝领工人供应丰富的地段
	多功能物流地产	项目应该选址于城市边缘交通便利且紧邻蓝领工人集中地区的地段，同时往往与零售店的分布存在一定联系
	保税物流地产	项目应该选址于可以享受到保税政策的进出口境口岸附近，既可以选址于保税区内，也可以选址于保税区外
	口岸服务型物流地产	项目应该选址于口岸城市，主要提供转运、保税服务
按仓储物品的类型分类	综合型物流地产	项目选址应该根据所经营物品的主要类别及其物流量来选择合适的地段
	农产品、加工食品与农资物流地产（含鲜活农产品冷链物流地产）	果蔬食品物流地产项目应该选址于入城干道处，冷链物流地产项目往往选址于屠宰场、加工厂、毛皮处理厂等附近
	制造品物流地产	项目应该主要选址于各类产业聚集区域
	建筑材料物流地产	项目应该选址于城市边缘对外交通运输干线附近
	资源型产品物流地产	项目应该选址于城郊独立地段，依托相应资源型产品的生产基地和市场布局
	再生资源回收物流地产	项目应该选址于生活废弃物和生产过程中产生的废弃物集中区域

续表

分类标准	细分类别	项目选址要求
按服务辐射的范围分类	国际型物流地产	项目应该选址于欧亚大陆桥、中欧铁路、丝绸之路经济带、海上丝绸之路、面向中亚、南亚、西亚的战略物流枢纽及面向东盟的陆海联运、江海联运节点和重要航空港，以及面向俄罗斯、连接东北亚及欧洲的物流大通道沿线
	区域型物流地产	项目应该选址于全国性物流节点城市和区域性物流节点城市
	城市型物流地产	项目广泛布局于具有一定物流需求的一般城镇
按所在城市的类型分类	大中城市物流地产	项目采用集中与分散相结合的方式选址
	中小城镇物流地产	项目布局不宜过于分散，故宜选择独立地段
	河道（江）较多的城镇物流地产	项目应该选址于沿河（江）地段
按服务客户的类型分类	制造业物流地产/生产服务型物流地产	项目选址应该毗邻工业集聚区，提供供应链一体化服务，严格遵循“与制造业企业紧密配套、有效衔接”的原则
	商贸服务业（包括电子商务）物流地产/商贸服务型物流地产	项目选址应该面向城市主要商圈和批发市场，严格遵循“与商贸服务业（包括电子商务）企业紧密配套、有效衔接”的原则
	第三方物流地产	项目选址应该根据第三方物流企业服务的产业和企业类型及其经营的商品类别和物流量来选择合适的地段

1. 按承载的主要功能分类

物流地产具有集散、周转、保管、分拣、配送和流通加工等多种功能，根据其侧重点的不同，物流地产按功能可以划分为转运型物流地产（也被称为流通型物流地产或货运枢纽型物流地产）、储备型物流地产（也被称为储存型物流地产）、加工型物流地产、多功能物流地产、保税物流地产、口岸服务型物流地产等多种类型，每类物流地产都具有特殊的项目选址要求。

（1）转运型物流地产/流通型物流地产/货运枢纽型物流地产项目选址要求

转运型物流地产又被称为流通型物流地产或货运枢纽型物流地产，大多数经营转运或短期储存周转类商品，商品在仓库停留时间短，以整进零出为主，且随进随出进行分拣、配货和送货，大多数使用多式联运方式。因此，项目应该选址于具备多式联运条件的交通枢纽城市边缘地区的交通便利地段，以方便转运。

（2）储备型物流地产/储存型物流地产项目选址要求

储备型物流地产又被称为储存型物流地产，主要经营国家或所在地区的中、长期储备物品，往往仓储设施规模大，储存功能强。因此，项目应该选址于城镇边缘或城市郊区的独立地段，且具备直接而方便的水陆运输条件。

（3）加工型物流地产项目选址要求

加工型物流地产以再生产和再加工为主要功能，以强化和提高服务为主要目的，以为消费者提供便利体现价值。因此，加工型物流地产项目一般应该选址于城市边缘且蓝领工人供应丰富的地区。

（4）多功能物流地产项目选址要求

多功能物流地产集储存、流通加工、分拣、配送、采购等多种功能于一体，是目前在发达国家所占比例较高的一种物流地产类型。多功能物流地产项目选址应该综合考虑多种功能的需要，一般应该选址于城市边缘交通便利且紧邻蓝领工人集中地区的地段。除此之外，多功能物流地产项目选址往往还应该和所在城市零售店的分布建立一定联系。

（5）保税物流地产项目选址要求

保税物流地产使用海关核准的保税仓库存放保税货物，接受海关的直接监管，物品入库或者出库单据均需要由海关签署。因此，保税物流地产项目应该选址于可以享受到保税政策的进出口境口岸附近，既可以选址于保税区内，也可以选址于保税区外。

（6）口岸服务型物流地产项目选址要求

口岸服务型物流地产往往利用口岸货物集散的优势，以先进的物流服务基础设施设备为依托，以进出口贸易和转口贸易为支撑，以现代信息技术为手段，以优化物流资源整合为目标，强化口岸周边物流辐射功能，以换载、接驳货物为最大特点。因此，口岸服务型物流地产项目应该选址于口岸城市，主要提供转运、保税服务。

2. 按仓储物品的类型分类

物流地产可以为多种类型的物品提供集散、周转、保管、分拣、配送和流通加工等服务。根据仓储物品的不同类型，物流地产可以分为综合型物流地产、农产品、加工食品与农资物流地产（含鲜活农产品冷链物流地产）、制造品物流地产、建筑材料物流地产、资源型产品物流地产、再生资源回收物流地产等多种类型。由于不同类型的物品具有不同的特性，因此每类物流地产都具有特殊的项目选址要求。

（1）综合型物流地产项目选址要求

综合型物流地产为种类繁多的物品提供服务，这类物流地产项目往往规模较大，满足多种物品的仓储需要，适合各种用户的服务要求，经营应变能力较强。综合型物流地产项目选址应该综合考虑所经营物品的主要类别及其物流量的具体情况来选择合适的地段。

（2）专业型物流地产项目选址要求

专业型物流地产专门针对煤炭、钢铁、机械、矿建材料、石油化工、食品、化肥、农副土特产、纺织服装、医药、汽车及配件、机电设备、电子产品、家用电器、烟草、图书报刊及音像制品等某一类或某几类物品提供集散、周转、保管、分拣、配送和流通加工等服务。具体来说，专业型物流地产主要包括农产品、加工食品与农资物流地产（含鲜活农产品冷链物流地产）、制造品物流地产、建筑材料物流地产、资源型产品物流地产、再生资源回收物流地产五种细分类型。

①农产品、加工食品与农资物流地产（含鲜活农产品冷链物流地产）项目选址要求

农产品、加工食品与农资物流地产（含鲜活农产品冷链物流地产）主要分为三种子类型。其中，经营果蔬食品的物流地产项目应该选址于入城干道处，以免运输距离过长，果蔬食品损耗过大。除此之外，果蔬食品物流地产项目选址应该重点考虑支持“南菜北运”工程，与其保持良好的协调效应。鲜活农产品冷链物流地产项目往往选址于屠宰场、加工厂、毛皮处理厂等附近。有些冷链物流地产项目会产生特殊气味、污水、污物，而且设备及运输噪声较大，可能对所在地环境造成一定影响，故多选址于城郊。经营粮食、糖和棉花的物流地产项目选址应紧密依托其主要产销地，与“北粮南运”、“南糖北运”和“纺织配棉”工程相协调。

②制造品物流地产项目选址要求

制造品物流地产专门针对钢铁、机械、汽车、医药、家电、出版物或危险货物等某一类或某几类制造品提供集散、周转、保管、分拣、配送和流通加工等服务。制造品物流地产项目选址应该与其服务的制造品种类及其生产制造企业分布紧密相关。因此，制造品物流地产项目往往选址于各类产业聚集区域。

③建筑材料物流地产项目选址要求

建筑材料物流地产专门针对建筑材料提供集散、周转、保管、分拣、配送和流通加工等服务。建筑材料的物流量通常较大且占地较多，有时还会产生某些环境污染问题，且有严格的防火安全要求。因此，建筑材料物流地产项目应该选址于城市边缘对外交通运输干线附近。

④资源型产品物流地产项目选址要求

资源型产品物流地产专门针对石油、煤炭、铁矿石以及其他资源型产品提供集散、周转、保管、分拣、配送和流通加工等服务。资源型产品物流地产项目应该满足防火要求，项目应该依托煤炭、石油、铁矿石等重要产品的生产基地和市场布局,选址于城郊独立地段。在气候干燥、风速较大的城镇，还必须选择大风季节的下风位或侧风位。特别是经营油品的物流地产项目应该选址于远离居住区和其他重要设施的地段；经营煤炭的物流地产项目应该选址于晋陕蒙（西）宁甘、内蒙古东部、新疆等煤炭外运重点通道，以及环渤海等大型煤炭储配基地和重点煤炭物流节点。

⑤再生资源回收物流地产项目选址要求

再生资源回收物流地产专门针对包装物、废旧电器电子产品等生活废弃物和报废工程机械、农作物秸秆、消费品加工中产生的边角废料等有使用价值的废弃物提供集散、

周转、保管、分拣、配送和流通加工等服务。再生资源回收物流地产项目有利于实现废弃物的妥善处理和循环利用，项目应该选址于生活废弃物和生产过程中产生的废弃物的集中区域。

3. 按服务辐射的范围分类

不同类型的物流地产具有不同大小的服务半径，有的物流地产服务范围可以跨越国界，有的物流地产服务范围可以跨越城市，有的物流地产服务范围仅限于某一个城市。按服务辐射范围的不同，物流地产可以分为国际型物流地产、区域型物流地产和城市型物流地产等多种类型。由于不同的服务辐射半径意味着不同的项目定位，因此按服务辐射范围划分的各类物流地产都具有不同的项目选址要求。

（1）国际型物流地产项目选址要求

国际型物流地产是深入参与国际分工、具有一定国际竞争力和全球影响力、主要服务于跨国贸易企业、畅通与主要贸易伙伴和周边国家便捷高效的国际物流的基础设施，是应对日趋激烈的国际竞争、不断加快的国际产业转移步伐、快速发展的服务贸易，以及日益形成的全球采购、全球生产和全球销售的物流发展模式的重要基础，也是应对日益激烈的全球物流企业竞争的重要条件。国际型物流地产项目应该选址于欧亚大陆桥、中欧铁路、丝绸之路经济带、海上丝绸之路、面向中亚、南亚、西亚的战略物流枢纽及面向东盟的陆海联运、江海联运节点和重要航空港，以及面向俄罗斯、连接东北亚及欧洲的物流大通道沿线。

（2）区域型物流地产项目选址要求

区域型物流地产的服务范围可以跨越城市,具有较强的辐射半径和较大的库存能力，且物流设施齐全，用户较多，配送量较大，以配送一级城市物流中心为主，以配送批发商为辅。因此,区域型物流地产项目应该选址于全国性物流节点城市和区域性物流节点城市。

（3）城市型物流地产项目选址要求

城市型物流地产的服务范围主要限于所在城市,以所在城市配送为主，且主要以汽车运输方式直接配送到最终用户，实现“门到门”式的配送活动。城市型物流地产项目广泛布局于具有一定物流需求的一般城镇。

4. 按所在城市的类型分类

不同类型的物流地产商往往会制定不同类型的区域发展战略，有的物流地产商选择在大中城市投资建设和运营管理物流地产项目；有的物流地产商选择在中小城镇布局物流地产项目；还有些物流地产商充分依托“地利”优势，在河道（江）较多的城镇投资建设和运营管理物流地产项目,如此种种,不一而足。基于此，物流地产可以划分为大中城市物流地产、中小城镇物流地产和河道（江）较多的城镇物流地产等多种类型，每类物流地产都具有特殊的项目选址要求。

（1）大中城市物流地产项目选址要求

大中城市物流地产布局于大中城市。在大中城市，物流地产项目往往采用集中与分散相结合的方式进行选址。其中,那些被定位为物流节点城市的大中城市是区域物流发展的重要枢纽。在这些大中城市，物流地产项目尤其需要根据城市产业特点、发展水平、设施状况、市场需求、功能定位、物流基础设施布局规划、产业发展环境优化调整方向等进行选址。

（2）中小城镇物流地产项目选址要求

中小城镇物流地产布局于中小城镇。虽然我国中小城镇为数众多，但每个中小城镇的物流地产项目数量却很有限。中小城镇物流地产项目选址不宜过于分散，且宜选择独立地段。在中小城镇物流地产中，那些配送末端网点类型的物流地产项目往往会布局在中小城镇甚至村镇。

（3）河道（江）较多的城镇物流地产项目选址要求

河道（江）较多的城镇物流地产布局于河道（江）较多的城镇。在河道（江）较多的城镇，商品集散大多利用水运，因此这些城镇的物流地产项目往往选址于沿河（江）地段，以便充分发挥水运的“地利”优势，有效降低物流成本，提升物流效率。截至2013年底，我国内河航道通航里程12.59万km，其中三级及以上高等级航道1.02万km。全国港口拥有万吨级及以上泊位2001个，其中内河港口394个。

5. 按服务客户的类型分类

不同类型的物流地产往往服务于不同类型的客户和市场。根据不同的客户导向和市场导向，物流地产可以划分为制造业物流地产（也被称为生产服务型物流地产）、商贸服务业（包括电子商务）物流地产（也被称为商贸服务型物流地产）、第三方物流地产等多种类型，每类物流地产都具有特殊的项目选址要求。

（1）制造业物流地产/生产服务型物流地产项目选址要求

制造业物流地产（也被称为生产服务型物流地产）主要服务于生产制造企业，项目选址应该着重考虑成本最小化。未来我国将会建立起与新型工业化发展相适应的制造业物流（也被称为生产服务型物流）服务体系，形成一批具有全球采购、全球配送能力的供应链服务商。根据制造业物流地产（也被称为生产服务型物流地产）的市场导向和客户导向，其项目选址应该毗邻工业集聚区，提供供应链一体化服务，严格遵循“与制造业企业紧密配套、有效衔接”的原则。国家鼓励各类产业聚集区域和功能区配套建设公共外仓，引进第三方物流企业。

（2）商贸服务业（包括电子商务）物流地产/商贸服务型物流地产项目选址要求

商贸服务业（包括电子商务）物流地产（也被称为商贸服务型物流地产）主要服务于流通企业（包括电子商务企业），项目选址应该着重考虑收入最大化。根据商贸服务业（包括电子商务）物流地产（也被称为商贸服务型物流地产）的市场导向和客户导向，其项目选址应该面向城市主要商圈和批发市场，严格遵循“与商贸服务业（包括电子商务）企业紧密配套、有效衔接”的原则。

（3）第三方物流地产项目选址要求

第三方物流地产主要服务于第三方物流企业，根据第三方物流地产的市场导向和客户导向，其项目选址应该根据第三方物流企业服务的产业和企业类型及其经营的商品类别和物流量来选择合适的地段。

第二节　物流地产市场研究

针对物流地产市场进行全面而深入的研究，是物流地产投资定位工作的重要内容。具体来说，物流地产市场研究就是对物流地产项目拟选址城市的宏观环境、项目的立地条件、城市的物流业和物流地产发展现状与面临形势等诸多方面进行全面而深入的分析。

一、城市宏观环境

城市宏观环境研究主要包含两个层面，一个层面是将物流地产项目拟选址城市作为一个整体（亦即不考虑其内部结构），置于全国物流业发展的整体规划布局中进行分析，以确定其在全国物流业区域布局中的地位；另一个层面是聚焦于物流地产项目拟选址城市本身，研究其内部区域组成以及产业分布状况、宏观经济和城市规划等。

1. 城市区位

通过城市区位分析，明确物流地产项目拟选址城市所属的物流区域（地理位置）、城市等级（包括全国性物流节点城市、区域性物流节点城市、地方性物流节点城市或其他）和物流通道（交通状况）等。

（1）地理位置

按照经济区划和物流业发展的客观规律，为了促进物流区域发展，全国划分了九大物流区域，无论物流地产项目拟选址于哪一个城市，都必地处这九大物流区域之一。九大物流区域分别是以北京、天津为中心的华北物流区域，以沈阳、大连为中心的东北物流区域，以青岛为中心的山东半岛物流区域，以上海、南京、宁波为中心的长三角物流区域，以厦门为中心的东南沿海物流区域，以广州、深圳为中心的珠三角物流区域，以武汉、郑州为中心的中部物流区域，以西安、兰州、乌鲁木齐为中心的西北物流区域，

以重庆、成都、南宁为中心的西南物流区域。其物流地产发展方向见表1–3。

中国九大物流区域及其中心城市和物流地产发展方向　　表1–3

物流区域	中心城市	物流地产发展方向
华北物流区域	北京、天津	加快发展制造业物流地产/生产服务型物流地产、国际型物流地产和商贸服务业（包括电子商务）物流地产/商贸服务型物流地产
东北物流区域	沈阳、大连	
山东半岛物流区域	青岛	
长三角物流区域	上海、南京、宁波	
东南沿海物流区域	厦门	
珠三角物流区域	广州、深圳	
中部物流区域	武汉、郑州	加快培育第三方物流地产
西北物流区域	西安、兰州、乌鲁木齐	加快制造业物流地产/生产服务型物流地产、资源型物流地产建设
西南物流区域	重庆、成都、南宁	

在长三角、珠三角、华北、山东半岛、东北、东南沿海六大物流区域，物流地产的主要发展方向是通过加强技术自主创新，加快发展制造业物流地产（也被称为生产服务型物流地产）、国际型物流地产和商贸服务业（包括电子商务）物流地产（也被称为商贸服务型物流地产），培育一批具有国际竞争力的现代物流企业，在全国率先做强。中部物流区域要充分发挥中部地区承东启西、贯通南北的区位优势，加快培育第三方物流地产，服务第三方物流企业，提升物流产业发展水平，形成与东部物流区域的有机衔接。西北、西南两大物流区域要加快改革步伐，进一步推广现代物流管理理念和技术，按照本区域承接产业转移和发挥资源优势的需要，加快制造业物流地产（也被称为生产服务型物流地产）、资源型物流地产建设，改善区域物流环境，缩小与东中部地区差距。

（2）城市等级

根据市场规模、产业布局、商品流向、资源环境、交通条件、区域规划等因素，全国各城市被划分为物流节点城市和非物流节点城市，物流节点城市又分为全国性物流节点城市、区域性物流节点城市和地方性物流节点城市。全国性物流节点城市和区域性物流节点城市由国家确定，地方性物流节点城市由地方确定。全国性物流节点城市包括北京、天津、沈阳、大连、青岛、济南、上海、南京、宁波、杭州、厦门、广州、深圳、郑州、武汉、重庆、成都、南宁、西安、兰州、乌鲁木齐共21个城市。区域性物流节点城市包括哈尔滨、长春、包头、呼和浩特、石家庄、唐山、太原、合肥、福州、南昌、长沙、昆明、贵阳、海口、西宁、银川、拉萨共17个城市。其物流地产发展方向见表1–4。通过对物流地产项目拟选址城市等级的分析，可以明确拟选址城市属于全国性物流节点城市、区域性物流节点城市、地方性物流节点城市，抑或是非物流节点城市。

中国全国性和区域性物流节点城市及其物流地产发展方向　　表1–4

<table>
<tr><th>物流节点城市类别</th><th>城市</th><th>物流地产发展方向</th></tr>
<tr><td>全国性物流节点城市</td><td>北京、天津、沈阳、大连、青岛、济南、上海、南京、宁波、杭州、厦门、广州、深圳、郑州、武汉、重庆、成都、南宁、西安、兰州、乌鲁木齐</td><td rowspan="2">加快针对性地建设转运型物流地产/流通型物流地产/货运枢纽型物流地产、制造业物流地产/生产服务型物流地产、商贸服务业（包括电子商务）物流地产/商贸服务型物流地产、国际贸易服务型物流地产和综合服务型的物流地产</td></tr>
<tr><td>区域性物流节点城市</td><td>哈尔滨、长春、包头、呼和浩特、石家庄、唐山、太原、合肥、福州、南昌、长沙、昆明、贵阳、海口、西宁、银川、拉萨</td></tr>
</table>

物流节点城市应该根据本地的产业特点、发展水平、设施状况、市场需求、功能定位等，完善城市物流设施，加强物流园区规划布局，有针对性地建设货运服务型、生产服务型、商贸服务型、国际贸易服务型和综合服务型物流地产，优化城市交通、生态环境，促进产业集聚，努力提高城市的物流服务水平，带动周边所辐射区域物流业的发展，形成全国性、区域性和地区性物流中心和三级物流节点城市网络，促进大中小城市物流业的协调发展。

（3）交通状况

根据产业布局、商品流向、资源环境、交通条件等因素，我国正在重点建设十大物流通道。通过对物流地产项目拟选址城市与这十大物流通道之间关系的分析，可以明确拟选址城市物流地产项目将来的宏观交通状况。全国十大物流通道包括东北地区与关内地区物流通道、东部地区南北物流通道、中部地区南北物流通道、东部沿海与西北地区物流通道、东部沿海与西南地区物流通道、西北与西南地区物流通道、西南地区出海物流通道、长江与运河物流通道、煤炭物流通道、进出口物流通道。其物流地产发展方向见表1–5。

中国十大物流通道及其物流地产发展方向　　表1–5

物流通道	物流地产发展方向
东北地区与关内地区物流通道	加快建设农产品、加工食品与农资物流地产（含鲜活农产品冷链物流地产）、制造业物流地产/生产服务型物流地产
东部地区南北物流通道	加快建设农产品、加工食品与农资物流地产（含鲜活农产品冷链物流地产）、制造业物流地产/生产服务型物流地产、商贸服务业（包括电子商务）物流地产/商贸服务型物流地产

续表

物流通道	物流地产发展方向
中部地区南北物流通道	加快建设农产品、加工食品与农资物流地产（含鲜活农产品冷链物流地产）、制造业物流地产/生产服务型物流地产、商贸服务业（包括电子商务）物流地产/商贸服务型物流地产、第三方物流地产
东部沿海与西北地区物流通道	加快建设制造业物流地产/生产服务型物流地产、资源型产品物流地产、商贸服务业（包括电子商务）物流地产/商贸服务型物流地产
东部沿海与西南地区物流通道	加快建设制造业物流地产/生产服务型物流地产、资源型产品物流地产、商贸服务业（包括电子商务）物流地产/商贸服务型物流地产
西北与西南地区物流通道	加快建设制造业物流地产/生产服务型物流地产、资源型产品物流地产、商贸服务业（包括电子商务）物流地产/商贸服务型物流地产
西南地区出海物流通道	加快建设国际商贸转运型物流地产/流通型物流地产/货运枢纽型物流地产、保税物流地产、口岸服务型物流地产
长江与运河物流通道	加快在河道（江）较多的城镇建设物流地产
煤炭物流通道	加快建设资源型产品物流地产
进出口物流通道	加快建设国际商贸转运型物流地产/流通型物流地产/货运枢纽型物流地产、保税物流地产、口岸服务型物流地产

2. 城市内部区域组成及产业分布

针对物流地产项目拟选址城市本身，亦即该城市内部结构的研究，首先要从该城市行政区域划分、项目拟选址地块所在行政区域等级、城市产业分布状况等直观问题的解读入手。

（1）城市行政区域划分

城市行政区域划分（也被称为行政区划）是国家为了进行分级管理，而实行的国土和政治、行政权力的划分。一般来说，行政区划是以在不同区域内，为地方全面实现国家机构各种职能的顺利贯彻，而建立的不同级别政权机构作为标志。行政区划的层级，是一个国家的中央与地方关系模式。中国行政区域划分见表1–6。

中国行政区域划分　表1–6

一级行政区	省级行政区（34个）	23个省、5个自治区、4个直辖市、2个特别行政区
二级行政区	地级行政区（333个）	12个地区、3个盟、30个自治州、288个地级市（包含普通地级市和副省级市）
三级行政区	县级行政区（2854个）	1429个县、117个自治县、49个旗、3个自治旗、361个县级市、893个市辖区、1个林区、1个特区
四级行政区	乡级行政区（40497个）	11626个乡、1034个民族乡、20117个镇、7566个街道、151个苏木、1个民族苏木、2个县辖区

物流地产市场研究通常应该以项目拟选址地块所属的地级行政区（亦即二级行政区）为分析对象，研究该地级行政区所辖哪些县级行政区（亦即三级行政区），以及项目拟选址地块所属的县级行政区（亦即三级行政区）所辖哪些乡级行政区（亦即四级行政区），将拟投资建设和运营管理的物流地产项目在我国行政区划序列中准确定位。

（2）项目拟选址地块所在行政区域等级

从地理位置上来说，物流地产项目拟选址地块往往处于某一个乡级行政区（亦即四级行政区）内。但是，物流地产项目往往并非立项于乡级行政区（亦即四级行政区）的政府机关，而往往立项于县级行政区（亦即三级行政区）的政府机关、地级行政区（亦即二级行政区）的政府机关乃至省级行政区（亦即一级行政区）的政府机关。例如，有些物流地产项目被列为县级行政区（亦即三级行政区）级政府机关、地级行政区（亦即二级行政区）级政府机关或省级行政区（亦即一级行政区）级政府机关的（重大）招商引资项目，同时也就表明了该物流地产项目所对应的行政区域等级。据此，物流地产市场研究就要将拟投资建设和运营管理的物流地产项目放在所对应级别行政区政府机关的政策支持环境中予以分析。中国各级行政区域政府机关见表1–7。

中国各级行政区域政府机关 表1–7

一级行政区	省级行政区政府机关	省人民政府、自治区人民政府、直辖市人民政府、特别行政区政府
二级行政区	地级行政区政府机关	地区行政公署、盟行政公署、自治州人民政府、地级市人民政府
三级行政区	县级行政区政府机关	县人民政府、自治县人民政府、旗人民政府、自治旗人民政府、县级市人民政府、市辖区人民政府、林区人民政府、特区人民政府
四级行政区	乡级行政区政府机关	乡人民政府、民族乡人民政府、镇人民政府、街道办事处、苏木人民政府、民族苏木人民政府、乡级管理区委员会、县辖区公所、县辖市政府（中国台湾专设）

物流地产项目投资建设和运营管理全过程的不同阶段和不同领域会与政府机关的不同部门紧密关联。2011年12月，国务院发布《贯彻落实促进物流业健康发展政策措施的意见部门分工方案》，明确了政府机关不同部门在促进物流业发展过程中的横向分工关系。据此可以梳理出与物流地产项目投资建设和运营管理有关的政府机关不同部门分工（表1–8）。物流地产市场研究可以参考这一对应关系，通过针对性地走访和调研相关政府机关的对应部门，明确拟投资建设和运营管理的物流地产项目所在地政府对于物流园区发展规划、重点物流地产项目用地保障、物流仓储用地利用总体规划和年度供应计划、产业扶持基金、信贷支持政策、营业税、增值税和土地使用税政策等领域的政策法规环境。

与物流地产项目投资建设和运营管理有关的政府机关不同部门分工 **表1–8**

相关领域	相关事项	涉及的政府部门
土地领域	制定物流园区发展专项规划，提高土地集约利用水平，对纳入规划的物流园区用地给予重点保障	以发改委、国土、住建为主，以交通、民航、商务、海关、科技、工业和信息化、邮政为辅
	对物流业发展规划确定的重点物流项目用地在土地利用总体规划修编时纳入规划统筹安排，涉及农用地转用的，在土地利用年度计划中优先安排。对政府供应的物流仓储用地，纳入年度建设用地供应计划,依法采取招标、拍卖或挂牌等方式出让	国土、住建
	支持利用工业企业旧厂房、仓库和存量土地资源建设物流基础设施或提供物流服务，涉及原划拨土地使用权转让或租赁的，按规定办理土地有偿使用手续，经批准可采取协议方式出让	国土、住建
投资领域	加大对物流基础设施投资的扶持力度，对符合条件的重点物流企业的运输、仓储、配送、信息设施和物流园区的基础设施建设给予必要的资金扶持	发改委
	引导银行业金融机构加大对物流企业的信贷支持力度,加快推动适合物流企业特点的金融产品和服务方式创新，积极探索抵押或质押等多种贷款担保方式，进一步提高对物流企业的金融服务水平	央行、银监会
	完善融资机制,进一步拓宽融资渠道,积极支持符合条件的物流企业上市和发行企业债券	证监会、发改委
税收领域	完善物流企业营业税差额纳税试点办法,进一步扩大试点范围，并在总结试点经验、完善相关配套措施的基础上全面推广	财政、税务、发改委
	结合增值税改革试点，尽快研究解决仓储、配送和货运代理等环节与运输环节营业税税率不统一的问题	财政、税务、发改委
	完善大宗商品仓储设施用地的土地使用税政策	财政、税务、发改委
资源整合领域	支持大型优势物流企业通过兼并重组等方式，对分散的物流基础设施资源进行整合；鼓励中小物流企业加强联盟合作，创新合作方式和服务模式，优化资源配置,提高服务水平,积极推进物流业发展方式转变	工业和信息化、商务、国资委、交通
	推动目前只为本行业本系统提供服务的仓储和运输设施积极创造条件向社会开放，开展社会化物流服务	交通、商务、民航、邮政、供销社
	支持商贸流通企业发展共同配送,降低配送成本，提高配送效率	商务、发改委、国土、工业和信息化
	支持物流企业加强与制造企业合作，全面参与制造企业的供应链管理，或与制造企业共同组建第三方物流企业	发改委、工业和信息化、财政、税务、商务
	统筹规划和发展工业园区、经济开发区、海关特殊监管区域、高新技术产业园区等制造业集聚区的物流服务体系，引导区内企业将物流业务外包，扩大物流需求，推动区域内物流基础设施和信息平台等共享共用	工业和信息化、商务、海关、科技、住建
农产品领域	加大农产品冷链物流基础设施建设投入，加快建立主要品种和重点地区的冷链物流体系，对开展鲜活农产品业务的冷库用电实行与工业同价	发改委、农业

（3）城市产业分布状况

产业是具有某种同类属性的经济活动的集合或系统，包括农业、工业、建筑业等部门。物流地产市场研究一般应该着重关注与物流地产市场紧密相关的产业分布（表1–9）。另外，一个产业的不同经济体在经营方式、经营形态、企业模式和流通环节方面虽然有所不同，但是它们的经营对象和经营范围往往是围绕着共同的产品而展开的。因此，针对城市产业分布的分析，往往可以进一步细化到针对产品分布的分析。物流地产市场研究通过对物流地产项目拟选址城市主要产业分布和主要产品分布的分析，确定物流地产项目的客户定位和市场定位，以及未来服务的主要物品类型。

与物流地产市场紧密相关的城市主要产业和主要产品 **表1–9**

主要产业类型	农业、工业、建筑业、交通运输业、仓储和邮政业、批发和零售业、住宿和餐饮业
主要产品类型	煤炭、化肥、电子产品、钢铁、农副土特产、家用电器、机械、纺织服装、烟草、矿建材料、医药、石油化工、汽车及配件、食品、机电设备、图书报刊及音像制品

3. 城市宏观经济

城市宏观经济集中反映物流地产项目拟选址城市国民经济和社会发展的总量、速度、结构、比例和效益状况及其变化趋势。针对物流地产项目拟选址城市的宏观经济研究，应该着重分析近三年国民生产总值（GDP）、财政收入、人均收入、货物进出口总额、交通运输货运量、产业结构比例、社会消费品零售总额、固定资产投资状况及其变化趋势，以及城市主导产业的发展状况。除此之外，城市宏观经济研究还应该对城市人口和结构、就业总量和结构及其变化趋势进行分析。

4. 城市规划

物流地产项目拟选址城市的城市规划明确了该城市未来经济和社会发展目标、城市性质、规模和发展方向、空间布局、各项工程建设的综合部署。一般来说，物流地产市场研究应该从城市总体规划、拟投资物流地产项目地块所在区域规划、城市物流业发展规划和城市物流地产发展规划四个层面来进行。

（1）城市总体规划

物流地产项目拟选址城市总体规划中的产业规划、道路和交通规划及土地规划的规划要点对物流地产项目的投资定位具有重要影响（表1–10）。

城市总体规划要点与物流地产项目的关系　　表1-10

规划名称	规划要点	与物流地产项目的关系
产业规划	适合当地发展的主导产业及培育产业，以及各类产业发展的详细规划、发展次序、空间布局	将中观的产业研究与微观的项目研究结合起来，确保拟投资的物流地产项目最终正确地落位到重点细分领域、重点集聚区和重点项目上
道路和交通规划（含交通枢纽节点布局）	交通结构与道路网，包括城市道路、交叉口、城市广场	确保拟投资物流地产项目符合城市公路交通系统、铁路交通系统、航海交通系统、航空交通系统、内河交通系统、管道交通系统
土地规划	对土地的合理使用所做出的长期安排，旨在保证土地的利用能满足国民经济各部门按比例发展的要求	确保物流地产项目拟选址地块符合城市土地总体安排和布局

（2）拟投资物流地产项目地块所在区域规划

研究拟投资物流地产项目地块所在区域规划，就是要分析项目地块所在区域的道路交通规划与城市快速路、主干道、次干道、支路之间的路网关系，判断项目周边土地利用规划及其指导下的业态布局与拟投资建设和运营管理的物流地产项目是否协调，判断拟投资建设和运营管理的物流地产项目是否受到公众的欢迎，分析拟投资建设和运营管理的项目周边供水、电、热、气、通信、道路等公共设施规划是否能够支撑拟投资物流地产项目的开发建设和运营管理。

（3）城市物流业发展规划

2009年国务院发布《物流业调整和振兴规划》，明确要求有关部门要制定专项规划，积极引导和推动重点领域和区域物流业的发展，物流业发展重点地区的各级地方政府也要制定本地区的物流业规划，指导本地区物流业的发展。《物流业调整和振兴规划》发布之后，各省市都开始积极研究和制定本地区的物流业发展规划。在物流地产项目选址阶段，通过研究物流地产项目拟选址城市的物流业发展规划，就能够较为全面地掌握该城市物流业在协调统筹、体制改革、政策完善、企业重组、布局优化、工程建设等方面各项工作未来的发展方向。

（4）城市物流地产发展规划

综观国外发达国家的房地产市场结构，物流地产往往是工业地产的最大分支，而工业地产又往往是房地产的最大组成部分。我国将物流业作为重要的基础性和战略性产业，而物流地产是物流业发展的重要载体。

2009年国务院发布的《物流业调整和振兴规划》要求发改委会同有关部门制定物流园区专项规划。2013年发改委发布了《全国物流园区发展规划（2013～2020年）》，明确了全国物流园区的发展目标和总体布局，为物流园区发展画出了“路线图”。北京、天津等29个城市确定为一级物流园区布局城市，石家庄、邯郸等70个城市确定为二级物流园区布局城市，物流园区布局城市可以根据实际需要建设不同类型的物流园区（表1-11）。按照物流需求规模大小以及在国家整体发展战略和产业布局中的重要程度，《全国物流园区发展规划（2013～2020年）》将物流园区布局城市分为三级，确定一级物流园区布局城市29 个，二级物流园区布局城市70个，三级物流园区布局城市由各省（区、市）根据本地物流业发展规划具体确定，原则上应为地级城市。国外发达国家也有类似做法，例如，日本《流通业务市街地的整顿法律（流市法）》确定东京、大阪、名古屋等共计30个城市为都市物流，并按人口（150万～300万人）、经济总量、运输总量、区域交通条件确定分布物流团地的数量，如东京5个、大阪3个、名古屋等中等城市各1个，全国共计86个，平均占地达1200亩以上。韩国于1995～1996年分别在富谷和梁山建立了两个物流园区，占地规模都约为500亩。

中国一级物流园区和二级物流园区布局城市　　　　表1-11

一级物流园区布局城市（29个）	北京、天津、唐山、呼和浩特、沈阳、大连、长春、哈尔滨、上海、南京、苏州、杭州、宁波、厦门、济南、青岛、郑州、合肥、武汉、长沙、广州、深圳、南宁、重庆、成都、昆明、西安、兰州、乌鲁木齐
二级物流园区布局城市（70个）	石家庄、邯郸、秦皇岛、沧州、太原、大同、临汾、通辽、包头、鄂尔多斯、鞍山、营口、吉林、延边（珲春）、大庆、牡丹江、齐齐哈尔、无锡、徐州、南通、泰州、连云港、温州、金华（义乌）、舟山、嘉兴、湖州、安庆、阜阳、马鞍山、芜湖、福州、泉州、南昌、赣州、上饶、九江、烟台、潍坊、临沂、菏泽、日照、洛阳、南阳、安阳、许昌、宜昌、襄阳、岳阳、娄底、衡阳、佛山、东莞、湛江、柳州、钦州、玉林、贵港、海口、绵阳、达州、泸州、贵阳、拉萨、榆林、宝鸡、咸阳、西宁、银川、伊犁（霍尔果斯）

物流园区是物流地产的高级形态，是众多物流地产所组成的金字塔的塔尖。显而易见，物流园区与物流地产的内涵和外延并不相同，物流园区规划只是物流地产规划的一个组成部分，而不是物流地产规划本身。在当前我国物流地产发展尚未成熟，物流地产发展规划普遍缺失的情况下，了解物流地产项目拟选址城市的物流地产规划，可以通过研究该城市的国民经济和社会发展规划纲要、服务业发展规划、物流业发展规划、物流园区发展规划、土地利用总体规划等，间接地掌握该城市物流地产未来发展目标、发展规模、发展方向、空间布局、各项工程建设的综合部署。

二、项目立地条件

物流地产商进行项目选址时，应该对项目立地条件进行细致考察。考察项目立地条件，实质上就是要从微观层面，聚焦于物流地产项目拟选址地块，研究项目的地理位置、经济技术指标、建设要求、地块现状、交通条件、周边环境等是否符合选址要求。

1. 项目地理位置和地块现状

物流地产商可以结合物流地产项目拟选址地块的卫星鸟瞰图和地块红线图，通过明确地块的四至准确确定项目地块的地理位置。在此基础上，着重对项目地块与城市重要地点的空间位置关系进行分析，城市重要地点包括港口、铁路编组站、公路货运枢纽、机场、主要口岸、城市大型商圈、批发市场、专业市场、工业园区、产业集聚区、特大型制造企业等，进而判断物流地产项目地块的地理位置是否满足选址要求。除此之外，物流地产商还应该对地块现状，包括拆迁量、土地权属、房产权属以及地块内部环境等进行分析，进而预判获取项目用地的难度、进度和成本。

2. 地块经济技术指标

（1）用地性质

可以用来开发建设物流地产项目的城市建设用地性质主要包括物流仓储用地、工业用地和商业服务业设施用地。其中，物流仓储用地和工业用地占据主体地位。不同性质的城市建设用地具有不同的土地价格评估标准、经济技术规划要求和土地获取成本，因此，物流地产商应该分析项目用地性质及其影响或决定的其他衍生属性是否符合选址要求。物流地产项目用地性质汇总见表1-12。

物流地产项目用地性质汇总　　表1-12

性质类别		范围
物流仓储用地		物资储备、中转、配送、批发、交易等的用地，包括大型批发市场以及货运公司车队的站场（不包括加工）等用地
	一类物流仓储用地	对居住和公共环境基本无干扰、污染和安全隐患的物流仓储用地
	二类物流仓储用地	对居住和公共环境有一定干扰、污染和安全隐患的物流仓储用地
	三类物流仓储用地	存放易燃、易爆和剧毒等危险品的专用仓库用地
工业用地		工矿企业的生产车间、库房及其附属设施等用地，包括专用的铁路、码头和道路等用地，不包括露天矿用地
	一类工业用地	对居住和公共环境基本无干扰、污染和安全隐患的工业用地
	二类工业用地	对居住和公共环境有一定干扰、污染和安全隐患的工业用地
	三类工业用地	对居住和公共环境有严重干扰、污染和安全隐患的工业用地

续表

性质类别			范围
商业服务业设施用地			各类商业、商务、娱乐康体等设施用地，不包括居住用地中的服务设施用地以及公共管理与公共服务用地内的事业单位用地
	商业设施用地		各类商业经营活动及餐饮、旅馆等服务业用地
		零售商业用地	商铺、商场、超市、服装及小商品市场等用地
		农贸市场用地	以农产品批发、零售为主的市场用地

（2）占地面积

占地面积是指规划建设用地面积，即项目用地红线范围内的土地面积。规划建设用地面积和总用地面积并不总是一致。因为总用地面积包括建设用地面积和代征面积，代征面积是由建设项目业主随同其他建设用地一起办理征地手续，并由业主承担一定费用，但业主必须将其无偿交给城市公共建设行政主管机关的土地面积。该部分土地虽然是由业主出资，并由业主征用，但是土地使用权不属于业主，业主的国有土地使用证上面也不体现，其财产权归城建部门即政府所有。该部分土地的用途往往是规划中已经确定的公共道路、活动场所、绿化及城市景观区用地。物流地产项目的占地面积差异巨大，小到几亩，大到几千亩，取决于物流地产商的项目定位。因此，物流地产商应该根据自身项目定位分析拟选址地块的占地面积是否与项目定位中的规划建筑面积相互匹配，地块形状是否符合建筑布局要求，以及项目拟选址地块周围是否还留有足够的发展空间。

（3）容积率

容积率是项目用地范围内地上总建筑面积（必须是±0.00标高以上的建筑面积）与项目规划建设用地面积的比值。容积率是衡量建设用地使用强度的一项重要指标。绝大多数省市都从自身情况出发，已对居住用地、商业用地、工业用地的容积率上限和下限做出了明确的规定，但是很少有省市对物流仓储用地的容积率上限和下限做出过规定。一般来说，物流地产项目用地的容积率在0.7~1.2之间。物流地产商应该根据自身项目定位分析拟选址地块的容积率是否与项目定位中的产品定位相互匹配。除此之外，物流地产商还应该了解项目拟选址城市对于高层仓库容积率折算系数的规定，这对于拟投资建设高层仓库的项目对于容积率的要求至关重要。

（4）建筑面积

物流地产项目的建筑面积是该项目规划建设用地面积与容积率的乘积。由于物流地产项目规划建设用地面积大小差异很大，小到几亩，大到几千亩。因此，就整个物流地产项目的建筑面积来说，规模大小的差异更加巨大，小到几百平方米，大到几百万平方米。但就物流地产的建筑面积来说，大、中、小型仓库的建筑面积规模大小具有一定的参考标准。我国1988年颁布的《商业仓库设计规范》SBJ 01—1988对大、中、小型仓库的建筑面积大小标准提出清晰的界定（表1–13）。之后出台的新标准对其又有新的调整，例如，将中型仓库的面积标准调整为大于等于10000m²、小于30000m²，将大型仓库的面积标准调整为大于等于30000m²。同时，各省市对不同类型仓库的建筑面积标准也出台了许多规范文件。物流地产商应该根据拟投资建设和运营管理的物流地产项目的市场定位和客户定位，判断项目拟选址地块的建筑面积是否与未来的市场需求和客户需求相互匹配。

大、中、小型仓库的建筑面积标准　　表1–13

类型	建筑面积
大型仓库	库房总建筑面积≥50000m²
中型仓库	10000m²≤库房总建筑面积<50000m²
小型仓库	库房总建筑面积<10000m²

注：根据《商业仓库设计规范》SBJ 01—1988整理而得。

（5）业态比例

如果物流地产项目用地的规划用途或准入产业不止一种，而是多种，那么多种规划用途或准入产业所对应的建筑面积之间的比例，就是业态比例。物流地产项目的建筑形态应与准入产业类型和业态类型相互匹配，而业态比例在很大程度上也决定了该项目的产品组合和面积配比。因此，物流地产商应该根据项目拟选址城市主要产业及其发展状况，判断项目拟选址地块的业态比例要求是否与主要产业和主要产品的发展状况相互匹配。

（6）建筑密度

建筑密度是项目用地范围内所有建筑的基底总面积与规划建设用地面积之比，即建筑物的覆盖率，它可以反映出一定用地范围内的空地率和建筑密集程度。物流地产项目用地的建筑密度一般不高于50%。物流地产商应该根据项目的产品组合和面积配比,结合库区功能布局和其他经济技术指标，判断项目拟选址地块的建筑密度是否与项目定位相互匹配。

（7）自持要求

自持要求是指在建设用地出让时，出让方对建设用地使用权人须对该地块上开发建设物业的持有（亦即不可对外销售）比例以及持有时间期限提出的要求。除出让方规定的自持面积必须由建设用地使用权人持有之外，其他剩余部分可以对外销售。对于出让方规定的自持面积，只有在建设用地使用权人自持时间超过了建设用地出让规定的自持时间期限后方可对外销售。因此，自持就是指建设用地使用权人自己持有和不可对外转让的意思，自持要求影响着物流地产项目可销售面积的数量和比例，对项目的净现金流影响很大。因此，物流地产商应该根据企业商业模式，并结合项目定位，判断项目拟选址地块的自持要求是否与项目的租售策略相互匹配。

（8）其他限制条件

物流地产项目用地出让时，出让方往往会对项目的投资强度或固定资产投资强度提出明确要求，一般会限定每亩土地上最低的投资额。同时，为了确保投资资金按时足量到位，出让方往往还会对项目开发进度提出要求，在土地出让合同中明确约定项目开工、竣工和投产时间。因此，物流地产商应该根据企业投资战略，并结合项目资金筹集和使用计划，判断项目拟选址地块的投资强度和建设进度要求是否与项目的招商全程计划、经营全程计划、现金流筹划等相互匹配。

3. 项目交通条件

物流地产项目拟选址地块的交通连接和质量情况对项目成败至关重要。物流地产商应该着重分析项目拟选址地块周边道路现状以及项目地块到机场、港口、口岸、铁路编组站、公路货运枢纽、工业园区、产业集聚区、特大型制造企业、大型商圈、批发市场、专业市场等城市重要地点的行车距离和行车时间是否符合项目选址要求。

三、城市物流业发展

物流业是物流地产得以生存和发展所要依托的产业基础。同时，物流地产是物流业发展所要依托的重要载体。因此，在物流地产项目选址过程中，物流地产商应该对项目拟选址城市的物流业总体发展规模和运行效率、物流业各分支的发展状况、物流基础设施和装备发展、企业物流经营状况四个方面进行细致考察。

1. 物流业总体发展规模和运行效率

（1）社会物流总额

社会物流总额是衡量物流地产项目拟选址城市物流业总体发展规模的重要指标之一。一个城市的社会物流总额就是指第一次进入这个城市的需求领域，产生从供应地向接受地实体流动的物品的价值总额。同理，上升到国家层面，一个国家的社会物流总额就是指第一次进入这个国家的需求领域，产生从供应地向接受地实体流动的物品的价值总额。全国社会物流总额及其变动趋势（2007～2014年）见表1-14。

全国社会物流总额及其变动趋势（2007～2014年）　表1-14

年度	社会物流总额（万亿元）	增长率
2007	75.2	26.2%
2008	89.9	19.5%
2009	96.7	7.4%
2010	125.4	15.0%
2011	158.4	12.3%
2012	177.3	9.8%
2013	197.8	11.6%
2014	213.5	79%

（2）社会物流成本

一个城市的社会物流成本就是这个城市在一定时间范围内，为消除时间和空间障碍而发生的有价值的商品运动和静止行为所耗费的成本开支总额，是不同性质企业微观物流成本的总和。事实上，一个城市的物流成本总额占国内生产总值（GDP）的比例，已经成为衡量物流地产项目拟选址城市物流业运行效率（物流服务水平和物流发展水平）高低的重要指标之一。同理，上升到国家层面，一个国家的社会物流成本就是这个国家在一定时间范围内，为消除时间和空间障碍而发生的有价值的商品运动和静止行为所耗费的成本开支总额。同样，一个国家的物流成本总额占该国国内生产总值（GDP）的比例，已经成为衡量该国物流业运行效率（物流服务水平和物流发展水平）高低的重要指标之一。中国社会物流成本及其占GDP的比例（2007～2014年）见表1-15。

中国社会物流成本及其占GDP的比例（2007～2014年）　表1-15

年份	社会物流成本（万亿元）	GDP（万亿元）	社会物流成本占GDP的比例
2007	4.5	26.6	16.9%
2008	5.5	31.6	17.4%
2009	6.1	34.0	17.9%
2010	7.1	40.0	17.8%
2011	8.4	46.9	17.9%
2012	9.4	51.8	18.1%
2013	10.2	56.6	18.0%
2014	10.6	63.7	16.6%

（3）物流业增加值

物流业增加值是反映物流地产项目拟选址城市物流业总体发展规模的另一个重要指标。一个城市的物流业增加值是该城市物流业在一定时期内通过物流活动为社会提供的最终成果的货币表现，等于物流业的总产值扣除中间投入后的余额，反映了该城市物流业对国内生产总值的贡献。同理，上升到国家层面，一个国家的物流业增加值是该国物流业在一定时期内通过物流活动为社会提供的最终成果的货币表现。中国物流业增加值及其占GDP的比例（2007～2014年）见表1–16。

中国物流业增加值及其占GDP的比例（2007～2014年）　　表1–16

年份	物流业增加值（万亿元）	GDP（万亿元）	物流业增加值占GDP的比例
2007	1.7	26.6	6.4%
2008	2.0	31.6	6.3%
2009	2.3	34.0	6.8%
2010	2.7	40.0	6.8%
2011	3.2	46.9	6.8%
2012	3.5	51.8	6.8%
2013	3.9	56.6	6.9%
2014	7.1	63.7	11.2%

2. 物流业各分支的发展状况

物流地产商对项目拟选址城市物流业发展的考察，除了要从总体或整体视角出发，分析该城市的社会物流总额、社会物流成本、物流业增加值，把握该城市物流业总体或整体发展情况外，还需要深入该城市物流业的内部，分析其内部结构，即组成物流业的各个分支的发展情况。对组成物流业的各分支的划分，一般遵循三种逻辑，第一种是按照产品类型划分，第二种是按照服务类型划分，第三种是按照物流业增加值统计科目划分。

（1）按照产品类型细分

按照产品类型划分物流业各分支，实质上就是按照社会物流物品种类对物流业进行细分。社会物流物品的种类主要包括农产品、工业品、进口物品、再生资源、包裹、信函，等等。因此，按照产品类型细分，物流业主要包括农产品物流、工业品物流、外部流入货物物流、再生资源物流、单位与居民物品物流等分支（表1–17）。

①农产品物流

农产品物流的发展规模主要用农产品物流总额来衡量，农产品物流总额是指在一定时期内由农业生产部门提供，进入需求领域，产生从供应地向接收地实体流动的全部

农林牧渔业产品价值总额。农产品物流总额也就是农业生产部门的农产品商品产值，但不包括不经过社会物流服务，由农业生产者直接通过集市贸易售予居民消费的部分。因此，农产品物流总额等于一定时期内农产品商品产值减去农业生产者直接通过集市贸易售予居民消费部分的余值。

②工业品物流

工业品物流的发展规模主要用工业品物流总额来衡量，工业品物流总额是指在一定时期内进入需求领域，产生从供应地向接收地实体流动的全部工业产品价值总额，即工业生产部门的销售产值，但不包括不能以具体产品体现的工业性作业销售产值，或不能通过一般性运输、装卸、搬运等物流服务形式完成的电力、蒸汽、热水的生产和供应业销售产值、煤气的生产和供应业销售产值、自来水的生产和供应业销售产值。因此，工业品物流总额等于一定时期内工业销售产值减去工业性作业销售产值及电力、蒸汽、热水的生产和供应业销售产值、煤气的生产和供应业销售产值、自来水的生产和供应业销售产值后的余值。

③外部流入货物物流

外部流入货物物流的发展规模主要用外部流入货物物流总额来衡量，外部流入货物物流总额是指在一定时期内以人民币表示的通过我国海关进口和从区域外流入的物品物流总额。从区域外流入的物品物流总额是指一定时期内经社会物流服务、从本行政区域以外的地区送达本地区的物品价值总额。

④再生资源物流

再生资源物流的发展规模主要用再生资源物流总额来衡量，再生资源物流总额是指在一定时期内进入需求领域，经再生产加工后可重复利用的废旧物资总额。再生资源物流总额根据流通环节再生资源商品销售额计算，即再生资源物流总额等于流通环节的再生资源商品销售额。

⑤单位与居民物品物流

单位与居民物品物流的发展规模主要用单位与居民物品物流总额来衡量，单位与居民物品物流总额是指在一定时期内进入需求领域，经社会物流服务，从提供地送达接收地的单位与居民的物品价值总额，包括铁路、航空等运输中的计费行李，邮政与快递业务中快件、包裹、信函、报纸杂志等寄递物品，形成社会物流服务的社会各界的各种捐赠物、单位与居民搬家迁居物品等。

社会物流物品类型细分　　表1–17

农产品	农业产品 林业产品 畜牧业产品 渔业产品

续表

工业品	采掘业产品	煤炭开采和洗选业产品
		石油和天然气开采业产品
		黑色金属矿采选业产品
		有色金属矿采选业产品
		非金属矿采选业产品
		其他采矿业产品
	制造业产品	农副食品加工业产品
		其他制造业产品
外部流入货物		
再生资源		
单位与居民物品		

（2）按照服务类型细分

现代物流是一个复杂的过程，包含运输、储存、装卸搬运、包装、流通加工、配送、信息处理等多个物流环节，在每个物流环节上都提供不同类型的物流服务。因此，按照服务类型细分，物流业包括物流运输、装卸搬运、堆存保管、货运代理、物流仓储、配送、流通加工、包装、信息处理、物流管理等分支（表1–18）。

① 物流运输、装卸搬运、堆存保管、货运代理

物流运输、装卸搬运、堆存保管、货运代理等业务的发展规模主要用运输费用来衡量。运输费用也被称为运输成本，是指社会物流活动中国民经济各方面由于物品运输而支付的全部费用，包括支付给物品承运方的运费（即承运方的货运收入）、支付给装卸搬运保管代理等辅助服务提供方的费用（即辅助服务提供方的货运业务收入）、支付给运输管理与投资部门的由货主方承担的各种交通建设基金、过路费、过桥费、过闸费等运输附加费用。因此，运输费用是运费、装卸搬运等辅助费和运输附加费的总和。

②物流仓储、配送、流通加工、包装、信息处理

物流仓储、配送、流通加工、包装、信息处理等业务的发展规模主要用保管费用来衡量。保管费用也被称为存货持有成本，是指社会物流活动中物品从最初的资源供应方（生产环节、海关）向最终消费用户流动过程中所发生的除运输费用和管理费用之外的全部费用，包括物流过程中因流动资金的占用而需承担的利息费用、仓储保管方面的费用、流通中配送、加工、包装、信息及相关服务方面的费用、物流过程中发生的保险费用和物品损耗费用等。因此，保管费用是利息费用、仓储费用、保险费

用、货物损耗费用、信息及相关服务费用、配送费用、流通加工费用、包装费用、其他保管费用的总和。

③物流管理

物流管理的发展规模主要用管理费用来衡量。管理费用是指社会物流活动中物品供需双方的管理部门因组织和管理各项物流活动所发生的费用，主要包括管理人员报酬、办公费用、教育培训、劳动保险、车船使用等各种属于管理费用科目的费用。

社会物流服务类型细分　　表1-18

运输服务	铁路运输服务
	道路运输服务
	水上运输服务
	航空运输服务
	管道运输服务
	装卸搬运服务
	其他运输服务
保管服务	融资服务
	仓储服务
	保险服务
	信息及相关服务
	配送服务
	流通加工服务
	包装服务
	其他保管服务
管理服务	劳动保险服务
	教育培训服务
	其他管理服务

（3）按照物流业增加值统计科目细分

按照物流业增加值统计科目细分，物流业包括铁路运输业、道路运输业、水上运输业、航空运输业、管道运输业、装卸搬运和其他运输服务业（包括装卸搬运业和运输代理服务业）、仓储业、邮政业、批发业、零售业、商务服务业（包装服务业）共11个分支，各分支的增加值反映了物流业各细分领域的发展规模，而铁路、公路、水路、航空和管道的货运量和货运周转量能够准确反映城市物流业对各种交通方式的依托程度（表1–19）。

物流业增加值的细分统计科目和物流业务规模统计指标 **表1–19**

统计科目		增加值（万亿元）	货运量（亿t）	货运周转量（亿t·km）
铁路运输业		铁路运输业增加值	铁路货运量	铁路货运周转量
道路运输业		道路运输业增加值	道路货运量	道路货运周转量
水上运输业		水上运输业增加值	水运货运量	水运货运周转量
航空运输业		航空运输业增加值	航空货运量	航空货运周转量
管道运输业		管道运输业增加值	管道货运量	管道货运周转量
装卸搬运和其他运输服务业		装卸搬运和其他运输服务业增加值	—	—
	装卸搬运业	装卸搬运业增加值	—	—
	运输代理服务业	运输代理服务业增加值	—	—
仓储业		仓储业增加值	—	—
邮政业		邮政业增加值	—	—
批发业		批发业增加值	—	—
零售业		零售业增加值	—	—
商务服务业		商务服务业增加值	—	—
	包装服务业	包装服务业增加值	—	—

3. 物流基础设施和装备发展

物流地产项目拟选址城市物流基础设施和装备发展的规模、结构和水平，决定着该城市物流业的运行状况。因此，物流地产商对项目拟选址城市物流基础设施和装备发展的研究，既要分析该城市铁路营业、公路、内河航道、民用航空航线、输油（气）管道的里程，还要分析该城市民用货运汽车、民用运输船舶、铁路货车、装卸设备、自有仓储、租用仓储、物流计算机管理系统和铁路专用线的拥有量（见表1–20）。

物流基础设施和装备主要科目说明 **表1–20**

设施和装备科目	计量单位	科目说明
铁路营业里程	万km	铁路营业里程（包括正式营业里程和临时营业里程）是指办理客货运输业务的铁路正线总长度
公路里程	万km	公路里程是指在一定时期内实际达到《公路工程技术标准》JTGB 01—2014规定的等级，并经公路主管部门正式验收交付使用的公路里程数

续表

设施和装备科目	计量单位	科目说明
内河航道里程	万km	内河航道里程也称内河通航里程，是指在一定时期内能通航运输船舶、排筏的天然河流、湖泊、水库、运河及通航渠道的长度
民用航空航线里程	万km	民用航空航线里程是指在一定时期内，民用运输飞机飞行的航线长度
输油（气）管道里程	万km	输油（气）管道里程是指油（气）实际输送的距离
民用货运汽车拥有量	万辆	民用货运汽车拥有量是指在公安交通管理部门注册登记并领有本地区民用车辆牌照，用于运送货物的汽车数量。一般分为重型、中型、轻型和微型四种
民用运输船舶拥有量	艘	民用运输船舶拥有量是指在一定时期内全社会实际拥有的可用来进行水上运输且由航政部门和港务监督部门掌握的领有船舶牌照的民用船舶数量，包括具有运输、旅游双重作用的旅游船
铁路货车拥有量	辆	铁路货车拥有量是指在一定时期内用于装运货物的铁路车辆数量
装卸设备拥有量	台	装卸设备拥有量是指在一定时期内全社会用于货物装卸的设备数量，包括集装箱装卸桥、门式起重机、桥式起重机、带式输送机、叉车等
自有仓储面积	万m^2	自有仓储面积是指在一定时期内全社会从事社会物流活动的企业本身拥有的用于保管、储存物品的建筑物和场所的面积，包括库房面积和货场面积。库房面积=内墙的长×宽-障碍物面积（不能存放货物部分的面积，如柱子）
租用仓储面积	万m^2	租用仓储面积是指在一定时期内全社会从事社会物流活动的企业租用本单位以外的，用于保管、储存物品的建筑物和场所的面积，包括库房面积和货场面积。库房面积=内墙的长×宽-障碍物面积（不能存放货物部分的面积，如柱子）
物流计算机管理系统	套	物流计算机管理系统是指在一定时期内为提高经营管理的工作效率，全社会拥有的用于对相关物流过程进行全面动态监控与管理的计算机管理系统
铁路专用线	条	铁路专用线是指和铁路大动脉相连，归企业所有的为加速货物的集散而铺设的专用铁路线

4. 企业物流经营状况

无论是制造企业、流通企业，还是第三方物流企业，物流地产项目拟选址城市的企业物流经营状况从微观层面反映出该城市的物流业发展状况。因此，物流地产商研究项目拟选址城市的物流业发展，就要对该城市企业物流经营状况进行系统分析，包括分析企业物流运营情况及效率、物流主营业务收入、物流主营业务成本和企业拥有的物流设施等（表1–21）。

企业物流经营状况主要指标说明　　表1–21

<table>
<tr><th colspan="3">指标名称</th><th>计量单位</th><th>说明</th></tr>
<tr><td rowspan="2">运营情况及效率</td><td colspan="2">货运量</td><td>万t</td><td>货运量是指在一定时期内企业组织完成的各种运输工具实际运送到目的地并卸完的货物数量</td></tr>
<tr><td></td><td>自运货运量</td><td>万t</td><td>自运货运量是指在一定时期内由本企业自行完成运送的货物数量</td></tr>
</table>

续表

指标名称			计量单位	说明
运营情况及效率	货运量	委托代理货运量	万t	委托代理货运量是指在一定时期内委托本单位以外的企业（单位）运送的货物数量
	货物周转量		万t·km	货物周转量是指在一定时期内企业利用各种运输工具实际完成运送过程的货物运输量。计算公式为：货物周转量=∑（每批货物质量×该批货物的运送距离）
	货物配送量		万t	货物配送量是指在一定时期内企业在经济合理区域范围内根据用户要求对物品进行拣选、加工、包装、分割、组配等作业，并按时送达指定地点的货物数量
	货物流通加工量		万t	货物流通加工量是指在一定时期内货物从生产地到消费地过程中由企业施加包装、分割、计量、分拣、刷标志、拴标签、组装等流通加工过程的货物总量。配送量和流通加工量要界定清楚，不要重复计算
	货物包装量		万t	货物包装量是指在一定时期内货物从生产地到消费地过程中由企业施加包装过程的货物数量。包装量与配送量、流通加工量要界定清楚，不要重复计算
	装卸搬运量		万t	装卸搬运量是指在一定时期内社会物流活动中经过装卸搬运的货物数量
	货物吞吐量		万t	货物吞吐量是指在一定时期内仓储企业进出货物数量。货物吞吐量=入库货物质量+出库货物质量
	期末货物储存量		万t	期末货物储存量是指在报告期末处于储存状态的货物总量
	平均货物储存量		万t	平均货物储存量是指在一定报告期内平均每天的货物储存量。其中，月平均储存量=（月初库存量+月末库存量）/2，累计平均储存量=月平均储存量之和/累计月份
	平均储存周期		天	平均储存周期是指在一定报告期内库存物品从入库到出库的平均时间，即仓储货物平均储存时间。可参考以下公式计算：平均储存周期=报告期天数（全年按360天）除以周转次数。周转次数=报告期货物吞吐量/报告期货物平均储存量
	自运货物平均运价		元/（t·km）	自运货物平均运价是指在一定时期内企业使用自有运输工具完成物品的社会运输业务理应取得的运输业务收入与自运货物周转量之比。自运货物平均运价＝应取得的自运货物业务收入额÷自运货物周转量
	委托代理货物平均运价		元/（t·km）	委托代理货物平均运价是指在一定时期内委托本单位以外的企业完成物品运输业务所支付的运输费用与货运周转量之比。委托代理货物平均运价＝所支付的委托代理运费额÷委托代理货运周转量
	平均货物配送费率		元/t	平均货物配送费率是指在一定时期内企业完成货物配送业务所取得的业务收入与配送作业量之比。平均货物配送费率＝配送业务收入额÷配送作业量

续表

指标名称		计量单位	说明
运营情况及效率	平均货物流通加工费率	元/t	平均货物流通加工费率是指在一定时期内企业完成货物流通加工业务所取得的业务收入与流通加工作业量之比。平均货物流通加工费率＝货物流通加工业务收入额÷流通加工作业量
	平均货物包装费率	元/t	平均货物包装费率是指在一定时期内企业完成货物包装业务所取得的业务收入与包装作业量之比。货物包装平均收费率＝货物包装业务收入额÷包装作业量
	平均货物仓储费率	元/t	平均货物仓储费率是指在一定时期内企业完成货物仓储业务所取得的业务收入与仓储作业量之比。平均货物仓储费率＝货物仓储业务收入额÷仓储作业量
	平均货物装卸搬运费率	元/t	平均货物装卸搬运费率是指在一定时期内企业完成货物装卸搬运业务所取得的业务收入与装卸搬运作业量之比。平均货物装卸搬运费率＝货物装卸搬运业务收入额÷装卸搬运作业量
主营业务收入		万元	主营业务收入是指在一定时期内企业通过物流业务活动得到的收入，包括运输、储存、装卸、搬运、包装、流通加工、配送、信息等业务取得的收入总额
	配送收入	万元	配送收入是指在一定时期内企业完成货物配送业务所取得的业务收入
	流通加工收入	万元	流通加工收入是指在一定时期内企业完成货物流通加工业务所取得的业务收入
	包装收入	万元	包装收入是指在一定时期内企业完成货物包装业务所取得的业务收入
	信息及相关服务收入	万元	信息及相关服务收入是指在一定时期内企业完成信息及相关服务业务所取得的业务收入
	代理收入	万元	代理收入是指在一定时期内企业完成物流代理业务所取得的业务收入
	仓储收入	万元	仓储收入是指在一定时期内企业完成货物仓储业务所取得的业务收入
	其他保管收入	万元	其他保管收入是指在一定时期内企业完成的其他物流保管环节的业务所取得的业务收入
	运输收入	万元	运输收入是指在一定时期内企业完成各种运输活动取得的业务收入（含监管收入）
	装卸搬运收入	万元	装卸搬运收入是指在一定时期内企业完成装卸搬运业务所取得的业务收入
主营业务成本		万元	主营业务成本是指在一定时期内企业从事物流业务活动所发生的实际业务成本

续表

指标名称			计量单位	说明
主营业务成本	配送成本		万元	送成本是指在一定时期内企业为完成货物配送业务而发生的全部费用，包括支付外部配送费和企业自身完成配送业务所发生的费用，具体包括业务人员的工资福利、配送设施年折旧、燃料与动力消耗、设施设备维修保养费、业务费
	流通加工成本		万元	流通加工成本是指在一定时期内企业为完成货物流通加工业务而发生的全部费用，包括支付外部流通加工费和自有设备流通加工费，具体包括业务人员的工资福利、加工设施年折旧、燃料与动力消耗、设施设备维修保养费、业务费
	包装成本		万元	包装成本是指在一定时期内企业为完成货物包装业务而发生的全部费用，包括运输包装费和集装、分装包装费，具体包括业务人员的工资福利、包装设施年折旧、包装材料消耗、设施设备维修保养费、业务费
	信息及相关服务成本		万元	信息及相关服务成本是指在一定时期内企业为完成信息及相关服务业务而发生的全部费用，包括支付外部信息及相关业务费和本企业内部信息及相关服务业务费，具体包括信息及相关业务的业务人员工资福利、信息及相关业务设施年折旧、燃料与动力消耗、设施设备维修保养费、业务费
	代理业务成本		万元	代理业务成本是指在一定时期内企业委托其他企业完成物流代理业务而发生的全部费用
	仓储成本		万元	仓储成本是指在一定时期内企业为完成货物储存业务而发生的全部费用，包括业务人员的工资福利、仓库设施年折旧、水电费、燃料与动力消耗、设施设备维修保养费、业务费
	其他保管成本		万元	其他保管成本是指在一定时期内企业为完成其他保管业务而发生的全部费用
	运输成本		万元	运输成本是指在一定时期内企业为完成货物运输业务而发生的全部费用，包括支付外部运输费和自有车辆运输费，具体包括从事货物运输业务人员的工资福利、车辆（船舶、飞机、管道）年折旧、燃料与动力消耗、过路过桥费、维修保养费、年检费、企业货物运输业务费
		运输附加费	万元	运输附加费是指在一定时期内生产和使用企业在销售或购进物品的过程中支付给运输管理或投资部门的各种交通建设基金、过路费、过桥费、过闸费等
	装卸搬运成本		万元	装卸搬运成本是指在一定时期内企业为完成货物装卸搬运业务而发生的全部费用，包括业务人员的工资福利、装卸搬运设施年折旧、燃料与动力消耗、设施设备维修保养费、业务费
物流人员劳动报酬			万元	物流人员劳动报酬是指在一定时期内在企业从事物流工作的劳动者从单位得到的各种形式的报酬，包括货币工资及收入、实物工资、企业为劳动者支付的社会保险
主营业务利润额			万元	主营业务利润额是指在一定时期内企业完成物流业务所取得的利润

续表

<table>
<tr><th colspan="3">指标名称</th><th>计量单位</th><th>说明</th></tr>
<tr><td colspan="3">主营业务营业税金</td><td>万元</td><td>主营业务营业税金是指在一定时期内企业从事物流业务活动按规定向财税部门交纳的各种税金，包括损益表中的主营业务（经营、营业）税金及附加、应交增值税，财务成本表中属于物流业务部分的房产税、车船税、土地使用税、印花税以及养路费、排污费、水电费附加、上交管理费等</td></tr>
<tr><td colspan="3">资产总计</td><td>万元</td><td>资产总计是指在一定时期内企业拥有或者控制的能以货币计量的经济资源，包括各种财产、债权和其他权利。资产按流动性质一般分为流动资产、长期投资、固定资产、无形资产、递延资产和其他资产</td></tr>
<tr><td></td><td colspan="2">流动资产</td><td>万元</td><td>流动资产是指在一定时期内企业拥有或者控制的可以在一年内或者超过一年的一个营业周期内变现或者耗用的资产，包括货币资金、短期投资、应收票据、应收账款、坏账准备、应收账款净额、预付账款、其他应收款、存货、待转其他业务支出、待摊成本、待处理流动资产净损失、一年内到期的长期债券投资、其他流动资产等</td></tr>
<tr><td colspan="3">固定资产折旧</td><td>万元</td><td>固定资产折旧是指在一定时期内企业累计提取的固定资产折旧</td></tr>
<tr><td rowspan="10">企业拥有的物流设施</td><td colspan="2">自有仓库面积</td><td>m^2</td><td>自有仓库面积是指本企业拥有的用于保管、储存物品的建筑物和场所的面积，包括库房面积和货场面积，库房面积=内墙的长×宽–障碍物面积（不能存放货物部分的面积，如:柱子）</td></tr>
<tr><td colspan="2">租用仓库面积</td><td>m^2</td><td>租用仓库面积是指租用本企业以外的保管、储存物品的建筑物和场所的面积，包括库房面积和货场面积</td></tr>
<tr><td colspan="2">装卸设备</td><td>台</td><td>装卸设备是指专用于装卸搬运货物的设备，包括集装箱装卸桥、门式起重机、桥式起重机、带式输送机、叉车等</td></tr>
<tr><td colspan="2">自有运输车辆</td><td>辆</td><td>自有运输车辆是指本企业拥有的运输车辆</td></tr>
<tr><td rowspan="4"></td><td>普通货车</td><td>辆</td><td>普通货车是指只有一般构造的栏板式及平板式货运汽车，包括自卸车、半挂车等</td></tr>
<tr><td>专用货车</td><td>辆</td><td>专用货车是指具有特殊构造和专门用途的货运汽车，如集装箱专用车、冷藏车、罐车、活畜运输车、散装水泥车等</td></tr>
<tr><td>冷藏车</td><td>辆</td><td>冷藏车是指能进行冷冻运输的货运汽车</td></tr>
<tr><td>集装箱专用车</td><td>辆</td><td>集装箱专用车是指专门用于装载集装箱的货运汽车</td></tr>
<tr><td colspan="2">铁路专用线</td><td>条</td><td>铁路专用线是指和铁路大动脉相连，归企业所有的为加速货物的集散而铺设的专用铁路线</td></tr>
<tr><td colspan="2">物流计算机信息管理系统</td><td>套</td><td>物流计算机信息管理系统是指为提高经营管理的工作效率对相关物流过程进行全面动态监控与管理的计算机管理系统</td></tr>
</table>

四、城市物流地产发展

在物流地产项目选址过程中，物流地产商应该对项目拟选址城市物流地产的发展情况进行深入研究，分析该城市物流地产市场的运行情况，并对其未来走势做出预判，作为物流地产项目投资建设和运营管理重要而直接的决策参考。具体来说，物流地产商对项目拟选址城市物流地产发展情况的研究，主要包括分析该城市物流地产的土地供应、开发投资、开发建设、租售市场四个方面。

1. 土地供应

物流地产商通过研究项目拟选址城市近三年来物流仓储用地使用权、实际用于物流地产开发的工业用地使用权、实际用于物流地产开发的商业服务业设施用地使用权的年度成交数量、成交价格及其变动趋势，以及分析该城市每年出让的物流仓储用地使用权数量、实际用于物流地产开发的工业用地使用权数量、实际用于物流地产开发的商业服务业设施用地使用权数量占每年出让国有建设用地使用权数量的比例及其变动趋势，就可以全面掌握物流地产商获取土地的规模和成本，并可预判未来几年该城市物流地产的可开发总量及其占整个房地产可开发总量的比例。

除此之外，物流地产商还应该进一步细化分析项目拟选址城市近三年来物流仓储用地、实际用于物流地产开发的工业用地、实际用于物流地产开发的商业服务业设施用地年度成交幅数，以及每幅地块的用地面积、建筑面积、楼面地价、地块区位、竞得企业、规划容积率、成交时间、总价、溢价率、限制性条件等。据此，物流地产商可以较为清晰地判断项目拟选址城市物流地产的市场结构、产品结构、主要竞品和竞争格局，有利于后续针对拟投资物流地产项目进行科学合理的项目定位。

2. 开发投资

物流地产商通过研究项目拟选址城市近三年来每年完成的物流地产开发投资总额及其增长速度，以及每年完成的物流地产开发投资总额占同期全市社会固定资产投资总额的比例及其变动趋势，就可以较为全面地掌握该城市物流地产开发投资在全社会固定资产投资中的地位及其变动态势，了解物流地产投资领域对该城市物流地产发展前景的预判和信心。这一分析应该成为物流地产商是否选址该城市进行物流地产项目投资建设和运营管理的重要参考依据之一。

除此之外，物流地产商还要分析项目拟选址城市近三年来每年物流地产开发投资的资金来源总额，以及资金来源总额中当年到位资金总额、国内贷款总额、利用外资总额、自筹资金总额、定金及预付款总额及其变动趋势，判断该城市物流地产开发投资过程中资金的充裕程度、各路资金的参与程度及其此消彼长的变化。这一分析应该成为物流地产商针对拟投资项目制定融资计划的重要参考依据之一。

3. 开发建设

物流地产商通过研究项目拟选址城市近三年来每年的物流地产施工面积、新开工面积、竣工面积及其变动趋势，就可以较为全面地掌握当前和未来一两年内用于出租或者出售的新增物流地产总量及其变化趋势。这一分析不仅能够使得物流地产商全面掌握当前物流地产市场的供求关系，而且能够动态地预判未来一两年物流地产市场的供求格局，从而帮助物流地产商从总体和整体层面推断项目拟选址城市未来是否具有足够的市场空间，以及拟投资项目是否能够处于一个良性的市场供求格局之中。

除此之外，物流地产商还应该进一步细化分析项目拟选址城市近三年来每年普通平房库、普通楼房库、高层货架仓库（3～5层）、立体仓库（10m以上）、保税仓库、冷藏仓库、气调仓库、危险品仓库、简易仓库、货场，以及转运型物流地产、储备型物流地产、加工型物流地产、多功能物流地产、口岸服务型物流地产等不同类型物流地产的施工面积、新开工面积、竣工面积及其变动趋势。这一分析能使物流地产商深入掌握项目拟选址城市当前及未来一两年不同类型物流地产市场的供求关系，从而帮助物流地产商科学合理地进行拟投资项目的产品定位、市场定位和客户定位。

4. 租售市场

物流地产商通过研究项目拟选址城市近三年来每年新增和存量物流地产出租面积和租金水平、成交面积和成交价格、空置面积和空置比例及其变动趋势，就可以较为全面地掌握该城市物流地产租售市场的供求变动、活跃程度和价格水平。这一分析应该成为物流地产商从总体和整体层面针对拟投资项目制定招商计划、租金计划和现金流计划的重要参考依据之一。

除此之外，物流地产商还应该进一步细化分析项目拟选址城市近三年来每年普通平房库、普通楼房库、高层货架仓库（3～5层）、立体仓库（10m以上）、保税仓库、冷藏仓库、气调仓库、危险品仓库、简易仓库、货场，以及转运型物流地产、储备型物流地产、加工型物流地产、多功能物流地产、口岸服务型物流地产等不同类型物流地产的市场空间、租金水平、售价水平、承租对象等。这一分析应该成为物流地产商对不同产品制定针对性的招商计划、租金计划和现金流计划的重要参考依据之一。

第三节　物流地产产品定位

物流地产产品定位就是物流地产商对于选择投资建设和运营管理什么类型的物流地产产品来满足目标客群和目标市场的需求这一问题所作出的决策。因此，物流地产产品定位本质上就是将目标客群和目标市场的需要与物流地产商的产品相互结合的过程，也就是将市场定位企业化、产品化的过程。物流地产产品定位的关键点就是如何指导物流地产商投资建设和运营管理那些符合市场真实需求的物流地产产品，确保物流地产产品能够实现适销对路，物流地产商能够实现预期投资收益。

物流地产产品定位最终应该帮助物流地产商实现三大管理导向：一是产品导向，就是帮助物流地产商实现物流地产项目的产品落位，包括明确项目的产品组合和面积配比等；二是产业导向，就是帮助物流地产商实现物流地产项目的业态落位，包括明确项目的业态组合和面积配比等；三是设计导向，就是帮助物流地产商实现方案布局落位，包括明确库区功能布局和建筑排布等。由于物流地产项目往往具有多功能、大体量、资本密集、开发流程复杂、现金流压力大、持有与运营成本高等多方面特征，因此物流地产产品定位是所有地产项目产品定位中最复杂的产品定位之一。

物流地产产品定位是一个包括多个定位阶段、涉及多个专业部门的复杂过程。就定位阶段划分来说，一个完整的物流地产产品定位包括概念定位阶段、初步定位阶段和深化定位阶段三个由浅入深的阶段。物流地产商的投资管理部门要在概念定位阶段完成物流地产项目的概念定位，在初步定位阶段完成物流地产项目的初步定位，在深化定位阶段完成物流地产项目的深化定位。同时，物流地产商的设计管理、技术研发、营销管理、招商及运营、成本控制等部门都要从各部门专业分工出发参与到产品定位工作之中，才能确保物流地产商的投资管理部门顺利牵头完成物流地产产品定位。物流地产产品定位各阶段各部门的专业协同见表1–22。

物流地产产品定位各阶段各部门的专业协同 表1–22

责任部门	投资管理	设计管理	技术研发	营销管理	招商及运营	成本控制	成本控制、投资管理
概念定位阶段	概念定位	概念方案设计	标准图集	销售型物业体量及产品配比	持有型物业体量及产品配比	成本估算	一次测算
初步定位阶段	初步定位	建筑方案设计	标准图集、产品标准	业态配比与功能配比	业态配比与功能配比	成本概算	二次测算
深化定位阶段	深化定位	扩初及施工图设计	产品标准	销售型物业交付细节要求	持有型物业交付细节要求	成本预算	三次测算

一、概念定位

概念定位是物流地产商在概念定位阶段针对拟投资物流地产项目进行的产品定位，是物流地产商在拿地之前所要开展的为其提供投资决策重要依据的定位工作。同时，概念定位还为物流地产项目的概念方案设计提供设计依据。物流地产商最终将根据概念定

位及其指导下的概念方案设计针对拟投资物流地产项目进行成本估算和投入产出测算（亦即一次测算），并据此做出物流地产项目投资与否的重要决策。

1. 概念定位阶段与各部门专业协同

概念定位阶段就是指物流地产商针对拟投资物流地产项目开展概念定位的阶段。概念定位阶段起始于物流地产商获取投资信息之初，并历经项目考察和市场调研，直至完成概念定位报告并在其指导下完成拟投资物流地产项目的概念方案设计后结束（图1–1）。

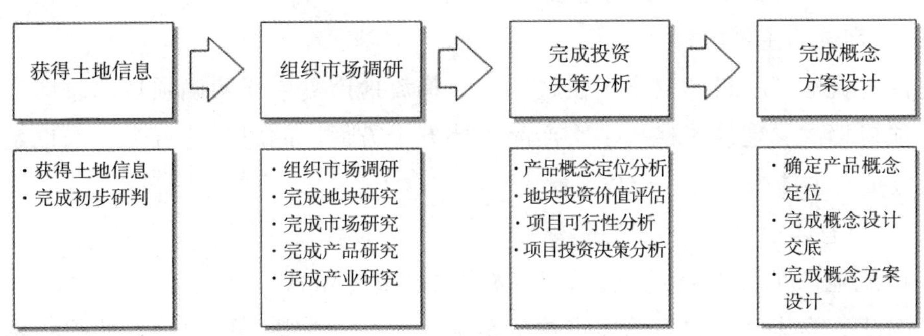

图1–1　物流地产项目概念定位阶段全过程

物流地产项目的概念定位是由物流地产商的投资管理部门牵头，各部门专业协同共同运作的过程。可以说，投资管理、设计管理、技术研发、营销管理、招商及运营、成本控制等任何一个部门的缺失都会影响到概念定位的顺利完成。具体来说，营销管理部门应该对物流地产商拟投资物流地产项目的销售型物业的体量及产品配比提出专业意见；招商及运营部门应该对持有型物业的体量及产品配比给出专业意见；投资管理部门在综合分析各部门专业意见的基础上，负责编制拟投资物流地产项目的概念定位报告，该报告还包含了成本控制部门与投资管理部门对拟投资物流地产项目的成本估算和投入产出测算（亦即一次测算）；设计管理部门应该根据概念定位报告开展针对拟投资物流地产项目的概念方案设计；期间，技术研发部门应该配合设计管理部门的概念方案设计，提供可资其参考利用的标准图集，如表1–23所示。由此可见，物流地产项目的概念定位是一个集团化、系统化、专业化、协同化的复杂过程。

物流地产项目概念定位过程中各部门的专业协同　　表1–23

投资管理	设计管理	技术研发	营销管理	招商及运营	成本控制	成本控制、投资管理
编制项目概念定位报告	开展项目概念方案设计	提供概念方案设计所需标准图集	确定销售型物业体量及产品配比	确定持有型物业体量及产品配比	根据概念定位和概念方案设计进行成本估算	根据概念定位和概念方案设计进行一次测算

物流地产项目的概念定位绝不是一个一蹴而就简单的一维过程，而是一个不断反复、不断调适、螺旋式上升、波浪式前进的复杂认识过程。物流地产项目的概念定位应该与概念方案设计、投入产出测算之间反复调试，不断优化，直至概念定位的产品导向、业态导向和设计导向相互一致，实现了“三合一”，亦即拟投资物流地产项目的产品落位、业态落位、方案布局落位相互一致，实现了“三合一”，最终达到企业投资收益可行、市场供需关系可行、建筑规划设计可行 “三合一”为止。因此，概念定位是各部门各专业交互式反复优化调整的过程，而绝非简单的一维过程。

2. 概念定位的主要内容

在进行物流地产项目的概念定位过程中，物流地产商应该明确项目的总体定位、目标客群、项目档次、建筑风格、全案产品配比五个方面。同时，这五个方面也是构成项目概念定位报告主体内容的五个必备模块。

（1）项目总体定位

所谓物流地产项目总体定位，就是物流地产商要解决“希望这个项目成为什么”的问题。因此，物流地产项目总体定位就是物流地产商为整个项目确立的战略愿景和对项目未来的一种憧憬和期望，以及通过项目投资建设和运营管理想要达到的目标。不同类型的物流地产商往往秉承不同的商业模式，而秉承不同商业模式的物流地产商往往会对其所投资建设和运营管理的物流地产项目确立不同的总体定位。大体来说，就项目总体定位而言，我国物流地产项目可以归纳为两类。一类是走专业化路线，将投资建设和运营管理现代专业物流仓储设施作为项目的战略愿景和总体定位；另一类是走综合体路线，将投资建设和运营管理大型商贸物流综合体作为项目的战略愿景和总体定位。

①现代专业物流仓储设施的总体定位

以普洛斯、安博、盖世理、嘉民等为代表的物流地产商往往将打造现代专业物流仓储设施作为其投资建设和运营管理的物流地产项目的总体定位。其中，普洛斯是这一类物流地产商的标杆。普洛斯已在中国大陆35个城市投资建设并运营管理着193个物流园区，其致力于根据客户需求，依托专业的物流地产开发团队，进行高品质的通用型物流仓储设施的投资建设和运营管理，为全球最具活力的制造企业、流通企业和第三方物流公司提供便捷、高性价比的物流仓储设施，以不断提高供应链效率。同时，普洛斯还开展定制开发和收购回租业务。无论是高品质的通用仓库，还是定制开发和收购回租业务，普洛斯都始终聚焦于现代专业物流仓储设施的投资建设和运营管理方面，而未在项目开发中涉及商业、办公、酒店、住宅等其他物业类型。以普洛斯北京空港物流园项目为例来说，该项目用地总面积达317亩，总建筑面积达13万m^2，但所有产品都紧密围绕着现代专业物流仓储设施这一总体定位，包括2栋双层仓库、3栋单层仓库和1栋用于仓库行政办公的配套办公楼。除此之外，没有任何与现代专业物流仓储设施无关的其他物业类

型存在。正因为如此，普洛斯投资建设和运营管理的物流地产项目都以“投资建设和运营管理一流的现代物流设施”作为项目的总体定位。安博、盖世理、嘉民等同类物流地产商也都与普洛斯一样，在其投资建设和运营管理的物流地产项目上秉承现代专业物流仓储设施的总体定位。

②大型商贸物流综合体的总体定位

以华南城、五洲国际、毅德控股、华夏幸福等为代表的房地产开发商往往将打造大型商贸物流综合体作为其投资建设和运营管理的综合体项目（包含物流地产）的总体定位。虽然这一类地产开发商在其大型商贸物流综合体项目中投资建设和运营管理着大量物流仓储设施，但是其秉承的商业模式和对项目的总体定位却与普洛斯、安博、盖世理、嘉民等为代表的专业物流地产商具有较大的区别。以华南城、五洲国际、毅德控股、华夏幸福等为代表的地产开发商投资建设和运营管理的大型商贸物流综合体项目往往以专业批发市场为主体，产品涵盖商业街、购物中心、物流仓储设施（包括保税仓、监管仓、普通仓等）、会展中心、写字楼、酒店、企业会所、酒店式公寓、服务式办公、职工宿舍、住宅等多种物业类型；经营商品类型覆盖纺织服装、皮革皮具、电子电器、五金工具、机电配件、建材、家具家居装饰、灯饰、农副产品与土特产、农用机械设备及配件、酒店用品、汽车及汽车用品、医药及保健品、厨具、化工塑料、印刷、纸品、包装、小商品、工业原料等多种产业门类；服务囊括会展、商贸交易、电子商务、信息交流、特色旅游、仓储、配送、货运、检测、金融结算、人才交流、广告宣传、中介服务、技术研发、居住、零售、餐饮、娱乐休闲等多种类型，项目往往会以“打造平台型商贸物流城，为客户提供更高效的一体化商贸物流服务”为总体定位。就这一类项目而言，在整个项目所有产品组成的产品组合中，物流地产往往不是整个项目的主要产品，而只是整个项目中的配套设施。在整个项目所有服务组成的服务组合中，物流配送服务往往不是整个项目的主要服务，而只是整个项目中的配套服务。

（2）项目目标客群和项目档次

所谓物流地产项目的目标客群和项目档次，就是物流地产商要解决“希望这个项目服务谁”的问题。因此，物流地产项目的目标客群和项目档次就是物流地产商为整个项目确立的客群定位。不同类型的物流地产商往往秉承不同的商业模式，而秉承不同商业模式的物流地产商往往会对其所投资建设和运营管理的物流地产项目确立不同的客群定位，亦即选定不同的目标客群，而目标客群与项目档次紧密相关。简而言之，物流地产商为其拟投资建设和运营管理的物流地产项目明确了目标客群，也就等于明确了项目档次。大体来说，就目标客群和项目档次而言，以现代专业物流仓储设施为总体定位的物流地产项目和大型商贸物流综合体中的物流地产项目往往存在明显的分野。

①现代专业物流仓储设施的目标客群和项目档次

以普洛斯、安博、盖世理、嘉民等为代表的专业物流地产商始终专注于投资建设和运营管理高品质的现代专业物流仓储设施，并以全球最具活力的制造企业、流通企业和第三方物流公司作为其投资建设和运营管理的物流地产项目的目标客群。例如，普洛斯不仅致力于投资建设和运营管理高品质通用型物流仓储设施，还致力于利用其专业能力帮助客户设计并定制符合客户物流需求特点的高品质物流仓储设施，其客群覆盖了亚马逊、上海医药、西诺迪斯、强生医药、DHL、尤妮佳（Unic-harm）等众多全球优质企业；安博服务于4700家全球优质企业客户，包括制造企业、流通企业、电子商务企业、运输公司、第三方物流企业和其他具有大型物流配送需求的企业；盖世理已经在全球开发了逾640万m^2高品质、高性价比的现代专业物流仓储设施，服务包括宝洁、雀巢、沃尔玛、乐购、大众汽车、本田汽车、默沙东医药等各大国际知名品牌以及DHL、乔达、TNT、CEVA、德迅货运等众多第三方物流公司；嘉民与敦豪快递、全球货运、日本通运、拓领物流、亚马逊、Zalando、Net-a-Porter、Graysonline、沃尔沃斯、Metcash、乐购、高品集团、西农集团、马自达、宝马等全球1750家优质客户建立了强大而牢固的合作关系。

②大型商贸物流综合体的目标客群和项目档次

以华南城、五洲国际、毅德控股、华夏幸福等为代表的地产开发商往往专注于投资建设和运营管理大型商贸物流综合体项目，致力于打造平台型商贸物流城。由于大型商贸物流综合体项目包含的产品类型多种多样，经营的商品种类五花八门，提供的服务项目林林总总，因此大型商贸物流综合体中的物流地产项目的目标客群与现代专业物流仓储设施的目标客群相比分散得多，既包括大型商贸物流综合体项目中纺织服装、皮革皮具、电子电器、五金工具、机电配件、建材、家具家居装饰、灯饰、农副产品与土特产、农用机械设备及配件、酒店用品、汽车及汽车用品、医药及保健品、厨具、化工塑料、印刷、纸品、包装、小商品、工业原料等商品的供应商、经销商以及上下游产业链上的制造企业、流通企业和第三方物流公司，也包括购买大型商贸物流综合体项目中商铺、写字楼等销售型物业的中小企业主和投资客。由于在大型商贸物流综合体项目中，物流地产只是整个项目的配套设施，物流配送服务只是整个项目的配套服务，而服务的主体往往就是购买或者租赁大型商贸物流综合体商业和办公等设施的小微企业或中小企业，他们构成了大型商贸物流综合体中物流地产项目的核心目标客群。这一目标客群也就决定了该类项目中物流仓储设施的档次定位往往偏向于中低端。

（3）项目建筑风格

建筑风格是建筑设计中在内容和外貌方面所反映的特征，主要在于建筑的平面布局、形态构成、艺术处理和手法运用等方面所显示的独创和完美的意境。建筑风格因受时代的政治、社会、经济、建筑材料和建筑技术等的制约以及建筑设计思想、观点和艺

术素养等的影响而有所不同。在概念定位阶段，物流地产商就应该确定拟投资建设和运营管理的物流地产项目的建筑风格。

①现代专业物流仓储设施的建筑风格

物流仓储设施与住宅建筑、写字楼建筑、商业建筑、宗教建筑和公共建筑等不同，对于物流仓储设施物流地产商一直以来都主要关注其功能性，而忽略了其艺术性。因此，在过去很长一段时间里，建筑风格与物流仓储设施似乎是两个风马牛不相及的东西。然而，近些年来，情况发生了变化，尤其是以普洛斯、安博、盖世理、嘉民、新熙地、麦格里佳文等为代表的专注投资建设和运营管理现代专业物流仓储设施的物流地产商都开始越来越重视物流仓储设施的建筑风格，突出地表现在他们对于物流仓储设施外立面的形态构成、艺术处理、材料应用、技术选择等方面的处理上。综观全球物流地产发展，对建筑风格的关注已经是一个显著的趋势。这不仅关乎物流地产项目所在城市的市容市貌和周边居民的观感问题，同时也关乎该物流地产的使用者和工作人员的环境体验，还关乎该物流地产投资建设者和运营管理者对于企业品牌和产品服务品牌的塑造和传播。国外发达国家在物流仓储设施建筑风格尤其是外立面特色方面已经具有很多堪称经典的作品（表1–24）。

国外代表性物流仓储设施的外立面建筑风格特色　　表1–24

代表性项目名称	外立面建筑风格特色
丹麦萨尼斯塔尔仓库	仓库以银灰色铝合金为外墙；在钢结构建筑外立面侧面配有许多玻璃托架；外立面上还装点了钢格栅；色彩搭配中加入了黄色、红色和蓝色三种色彩
荷兰范德朔伊尔仓库	仓库采用了悬臂结构、透明墙壁、深色设计、金属外立面；正立面由石状材料、混凝土、钢和玻璃等多种材料组成
荷兰牧田公司的办公楼和仓库	项目由两幢建筑组成，其中一幢采用了银色穿孔金属包层；另一幢采用了红色金属包层
瑞士国际红十字会物流中心	仓库表皮采用了具有高度象征价值的白帆布，象征着国际红十字会
丹麦绫致集团配送中心	仓库采用了以木板覆层的坚固的雕塑性结构，同时建筑表皮上还留有透明的带状窗使得高速公路上的驾驶员可以看到仓库里工作中的起重机
南非戈特利布集团配送中心和办公楼	项目由大白盒造型的配送中心和精致的线性办公楼两幢建筑组成，表现手法表现出了清晰性、直线性和通透性的特征

②大型商贸物流综合体的建筑风格

大型商贸物流综合体本质上就是地产开发商在城市的边缘地带投资建设和运营管理的大型城市综合体或大型产业综合体。这类城市综合体或产业综合体往往规模巨大，占地多达几百亩，甚至几千亩，建筑面积高达百万平方米之巨，涵盖多种产品和多种业态。因此，大型商贸物流综合体项目一般都会分期、分产品、分业态、分组团开发，耗时持久，住宅、商业街、办公、购物中心、酒店式公寓、服务式办公、酒店、会展、物流仓储设施等不同产品、不同业态、不同组团之间很难形成统一的建筑风格。同时，由于大型商贸物流综合体项目中的物流仓储设施定位往往偏向于中低端，强调其功能性，忽略其艺术性，因此绝大多数物流仓储设施缺乏对于建筑风格特色的考虑，往往在直观上呈现给社会的就是千篇一律简单简陋的建筑外观。近年来，出现了一种新的迹象，就是一些投资建设大型商贸物流综合体项目的地产开发商开始尝试与专业物流地产商合作开发大型商贸物流综合体项目中的物流地产部分，或者将其开发建设的物流仓储设施租赁或者委托给专业物流地产商进行运营管理。在这种情况下，物流仓储设施将按照专业物流地产商提出的建筑风格，根据现代专业物流仓储设施的要求进行开发建设。

（4）项目全案产品配比

项目全案产品配比是物流地产项目概念定位中最为重要的组成部分。简言之，项目全案产品配比就是物流地产商针对其拟投资建设和运营管理的物流地产项目，回答整个项目要开发建设哪些业态类型，每个业态类型选择开发建设哪些产品类型，以及每个产品类型要开发建设的建筑面积和销售比例等问题。由于概念定位仅仅是物流地产项目产品定位的第一阶段，因此概念定位中的项目全案产品配比仅仅是对整个项目业态组合和产品组合的凝练概括。更为深入的细化定位将在随后的初步定位和深化定位中由浅入深地进行。

①现代专业物流仓储设施项目全案产品配比

现代专业物流仓储设施项目的业态类别和产品类型往往聚焦于仓库及其必要的配套设施，而不会涉及商业、办公、酒店、住宅等其他业态类别和产品类型。综观国内外现代专业物流仓储设施项目，其业态类别主要聚焦于仓库，辅之以办公设施和员工设施，其产品类型主要聚焦于普通平房库、普通楼房库、高层货架仓库、立体仓库、简易仓库、堆场等，辅之以行政办公设施、餐厅、厨房和储藏室等。其中，办公设施和员工设施是为运营管理仓库而配套建设的。因此，现代专业物流仓储设施项目就形成了以仓库产品为绝对主体，辅之以少量配套办公设施和员工设施的业态组合和产品组合。一般来说，现代专业物流仓储设施项目以物流地产商自持为主，物流地产商负责招商运营或者委托专业管理公司进行运营管理。概念定位阶段现代专业物流仓储设施项目的全案产品配比见表1–25。

②大型商贸物流综合体项目全案产品配比

大型商贸物流综合体项目的业态类别和产品类型往往复杂多样，有些大型商贸物流综合体项目甚至囊括了几乎所有常见的业态类别和产品类型，项目开发商往往除了按照政府规定的最低自持比例要求持有部分物业之外，其余物业则尽可能多地用于对外销

售，最终通过物业销售收入来平衡整个项目的土地成本、综合建安成本和相关税费等支出，并获得预期利润。综观我国大型商贸物流综合体发展，项目开发商一般会全部或部分自持MALL、酒店、地下车库、地下商业，有些项目也会全部或部分自持物流仓储设施等。与现代专业物流仓储设施项目不同，大型商贸物流综合体项目由于土地价格较为昂贵，容积率较高，开发强度较大，车位配比要求较高，因此往往会对地下空间进行开发利用。概念定位阶段大型商贸物流综合体项目的全案产品配比见表1–26。

概念定位阶段现代专业物流仓储设施项目的全案产品配比　　表1–25

业态类别	产品类型	建筑面积（m^2）	面积占比（%）	销售比例（%）
仓库	普通平房库			
	普通楼房库			
	高层货架仓库			
	立体仓库			
	简易仓库			
	堆场			
	……			
办公设施	行政办公设施			
	……			
员工设施	餐厅			
	厨房			
	储藏室			
	……			
地上总面积				

概念定位阶段大型商贸物流综合体项目的全案产品配比　　表1–26

业态类别	产品类型	建筑面积（m^2）	面积占比（%）	销售比例（%）
商业	MALL			
	商业街			
	……			

续表

业态类别	产品类型	建筑面积（m^2）	面积占比（%）	销售比例（%）
酒店	星级酒店			
	精品酒店			
	快捷酒店			
	……			
办公及公寓	写字楼			
	酒店式公寓			
	SOHO办公			
	……			
住宅	高层/小高层住宅			
	洋房			
	别墅			
	……			
仓库	普通平房库			
	普通楼房库			
	高层货架仓库			
	立体仓库			
	简易仓库			
	堆场			
	……			
仓库配套办公设施	行政办公设施			
	……			
仓库配套员工设施	餐厅			
	厨房			
	储藏室			
	……			
……	……			
地上总面积				
地下	地下商业			
	地下停车			

续表

业态类别	产品类型	建筑面积（m²）	面积占比（%）	销售比例（%）
地下	……			
地下总面积				

二、初步定位

初步定位是概念定位的延续。概念定位是物流地产商在拿地之前针对拟投资物流地产项目进行的产品定位。在概念定位阶段，物流地产商根据概念定位及其指导下的概念方案设计对拟投资物流地产项目进行成本估算和投入产出测算（亦即一次测算），并据此做出物流地产项目投资与否的决策。如果物流地产商在概念定位阶段对拟投资物流地产项目的分析否决了该项目，那么针对该项目的产品定位就此戛然而止。相反，如果物流地产商在概念定位阶段对拟投资物流地产项目分析后明确了投资意愿或进而获取了土地。那么，针对该物流地产项目的产品定位就从概念定位阶段进入到了初步定位阶段。物流地产商就要在概念定位和概念方案设计的基础上，针对该物流地产项目进行初步定位，并以初步定位为基础指导项目的建筑方案设计。

1. 初步定位阶段与各部门专业协同

初步定位阶段就是指物流地产商针对投资意向已经明确或进而已经获取土地的物流地产项目开展初步定位的阶段，初步定位阶段也被称为方案设计阶段。初步定位阶段起始于物流地产商投资意向已经明确或进而已经获取土地之初，并历经细化产品组合和明确初步定位，直至完成该物流地产项目的建筑方案设计后结束（图1–2）。

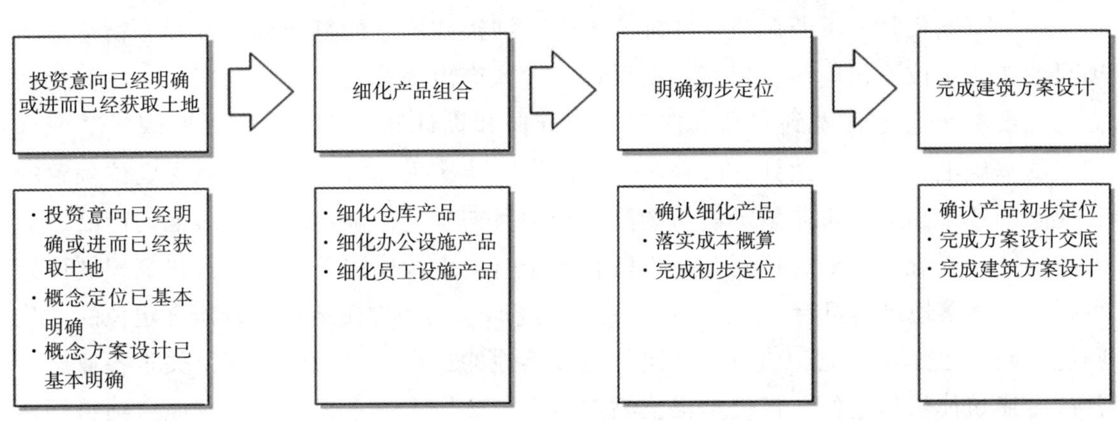

图1–2　物流地产项目初步定位阶段全过程

物流地产项目的初步定位与概念定位一样，是由物流地产商的投资管理部门牵头，各部门专业协同共同运作的过程。投资管理、设计管理、技术研发、营销管理、招商及运营、成本控制等部门对于顺利完成物流地产项目初步定位都发挥着不可或缺的重要作用。具体来说，在物流地产项目的初步定位阶段，营销管理部门要在概念定位已经确定销售型物业的体量和产品配比的基础上,进一步对每种产品的面积分割段以及每种面积分割段在总建筑面积中的占比提出专业意见；招商及运营部门要在概念定位已经确定持有型物业的体量和产品配比的基础上,进一步对每种产品的业态配比和功能配比提出专业意见；投资管理部门在综合分析各部门专业意见的基础上，负责编制物流地产项目的初步定位报告，该报告还包含了成本控制部门与投资管理部门基于物流地产项目初步定位给出的成本概算和投入产出测算（亦即二次测算）；设计管理部门应该根据初步定位报告开展针对该物流地产项目的建筑方案设计；期间，技术研发部门应该配合设计管理部门的建筑方案设计，提供可资其参考利用的标准图集和产品标准，如表1–27所示。由此可见，与概念定位一样，物流地产项目的初步定位也是一个集团化、系统化、专业化、协同化的复杂过程。

物流地产项目初步定位过程中各部门的专业协同 表1–27

投资管理	设计管理	技术研发	营销管理	招商及运营	成本控制	成本控制、投资管理
编制项目初步定位报告	开展项目建筑方案设计	提供建筑方案设计所需要的标准图集和产品标准	确定销售型产品面积分割段及其占比	确定持有型产品的业态配比和功能配比	根据初步定位和建筑方案设计完成成本概算	根据初步定位和建筑方案设计完成二次测算

物流地产项目初步定位与概念定位一样，也不是一个一蹴而就简单的一维过程，而是一个不断反复、不断调适、螺旋式上升、波浪式前进的复杂认识过程。物流地产项目的初步定位不仅应该与建筑方案设计、投入产出测算之间反复调试，不断优化，而且还要在概念定位做到产品导向、业态导向和设计导向相互一致，实现了“三合一”的基础上，进一步达到“四合一”，即进一步实现物流地产项目概念定位确定的各业态和各产品的建筑体量定位与物流地产项目初步定位确定的具体落地的产品、业态、功能相互统一。最终达到企业投资收益可行、市场供需关系可行、建筑规划设计可行、具体落地产品可行 “四合一”为止。这不仅仅是物流地产项目概念定位的细化问题，同时也是物流地产项目产品定位逐步落地的过程。因为概念定位关于各业态和各产品建筑体量的定位，仅仅是根据物流地产市场供需关系，结合物流地产项目用地经济技术指标，从物流地产项目投入产出关系角度对项目总建筑面积在各业态和各产

品之间进行的数字拆分。这仅仅是数字的拆分，还未与物流地产项目具体落地的产品标准相挂钩。而物流地产项目的初步定位就是完成这一挂钩的过程。在这个过程中，物流地产项目初步定位确定的具体落地的产品标准可能在物流地产项目用地上能够完全实现概念定位关于各业态和各产品建筑体量的定位，也有可能在物流地产项目用地上不能完全实现概念定位关于各业态和各产品建筑体量的定位，那就需要改变概念定位关于各业态和各产品建筑体量的定位，使其与物流地产项目初步定位确定的具体落地的产品标准相统一，或者需要物流地产商的技术研发部门修改初步定位确定的具体落地的产品的标准图集和产品标准，使其与概念定位关于各业态和各产品建筑体量的定位相统一。同时，上述每一次调整都要与建筑方案设计、投入产出测算等反复调试，不断优化，直至达到“四合一”。由此可见，初步定位是各部门各专业交互式反复优化调整的过程，而绝非简单的一维过程。

2. 初步定位的主要内容

在进行物流地产项目初步定位过程中，物流地产商应该在概念定位的基础上，进一步细化物流地产项目产品定位，具体包括进一步细化项目目标客群、布局及形态、全案产品配比、主要业态配比、面积功能配比、建筑要求、机电要求、主材要求八个方面。同时，这八个方面也是构成项目初步定位报告主体内容的八个必备模块。

物流地产项目初步定位是对概念定位的进一步细化和聚焦。初步定位进一步集中聚焦于物流仓储设施产品，并集中对物流仓储设施产品进行进一步细化。在物流地产项目概念定位阶段，既对现代专业物流仓储设施项目予以关注，又对大型商贸物流综合体项目有所涉及。但是，到了物流地产项目初步定位阶段，产品定位将仅仅聚焦于现代专业物流仓储设施项目和大型商贸物流综合体项目中的物流仓储设施产品。而不再涉及大型商贸物流综合体项目中的非物流仓储设施产品。之所以做出这一调整，是基于两个方面的考虑。第一，在大型商贸物流综合体项目中，房地产开发商除了投资建设和运营管理物流仓储设施产品之外，还投资建设和运营管理购物中心、商业街、写字楼、酒店、住宅等其他众多业态类型和产品类型，而针对这些业态类型和产品类型投资建设和运营管理的知识都已形成了独立体系，因此本书不加赘述，相关知识可以参考针对这些业态类型和产品类型的专门研究。第二，大型商贸物流综合体是近年来我国城市化发展过程中出现的一种具有显著时代特征的历史产物，它不是一种从来就有的发展模式，也不会长期存在下去。无论是从我国城市化从粗放型向集约型过渡的发展趋势来看，还是从市场竞争日益激烈的背景下我国房地产专业化发展的趋势来看，大型商贸物流综合体这种区域性开发模式或片区化开发模式必将越来越失去用武之地。现代专业物流仓储设施的发展模式将成为我国物流地产持续健康发展的主导模式。正因为如此，从物流地产项目初步定位阶段开始，物流地产项目产品定位将会以物流地产商投资建设和运营管理现代专业物流仓储设施项目作为基本假设前提。

（1）项目目标客群

物流地产项目初步定位应该在概念定位的基础上，进一步开展市场调研，并通过项目模拟招商或启动项目预招商，完成更加全面和细致的目标客户特征描摹，进行更为深入的目标客群细化。例如，通过物流地产项目概念定位可知，以普洛斯、安博、盖世理、嘉民等为代表的专业物流地产商投资建设和运营管理的现代专业物流仓储设施往往以制造企业、流通企业和第三方物流公司作为项目主力目标客群。那么，在物流地产项目初步定位阶段，物流地产商就要进一步明确具体哪些细分类型的制造企业、流通企业和第三方物流公司应该成为物流地产项目的目标客群。就拿普洛斯北京空港物流园项目来说，在该项目初步定位阶段，在各类产品类型中，普洛斯就把目标客群准确细化到消费类产品的制造企业、流通企业和第三方物流公司，整个项目致力于100%为消费类产品提供物流仓储服务。这一细分目标客群定位在后来的项目实践中得到了很好的落实。具体来说，在这一细分目标客群定位的指导下，该项目吸引到了包括上海医药（向北京市内大型医院提供药品和疫苗配送）、西诺迪斯（向北京市五星级酒店提供高档进口奶制品）、强生医药（进口医疗器械及疫苗的市内分销）等在内的消费类产品的制造企业客户；以孩思乐（经销批发玩具、母婴用品、安全座椅、益智畅销商品等）为代表的消费类产品的流通企业客户；包括DHL（为玛氏包装车间、星巴克、Costa Coffe、苹果手机等提供市内配送服务）、Unipart（为路虎、捷豹汽车零配件在华北4S店提供配送服务）在内的消费类产品的第三方物流公司。

除了定制开发和收购回租的物流地产项目之外，其他所有物流地产项目都致力于服务某一类客户，而不是某一个客户。物流地产项目初步定位不仅应该在概念定位的基础上更加深入地进行目标客群细化，而且还要将经过细化的目标客群按照基础客户、潜在客户和边缘客户三个类型进行分类，对基础客户、潜在客户和边缘客户进行进一步的客户细分，并对经过进一步细分的目标客户进行特征描摹，深入掌握其购买/租赁动机，以及对物流仓储设施的需求特点（表1-28）。

物流地产项目初步定位阶段的目标客群细化 表1-28

客户类型	客户细分	购买/租用动机	购买者/租用者特征	物流仓储设施需求特点	
				产品需求点	产品形式
基础客户					

续表

客户类型	客户细分	购买/租用动机	购买者/租用者特征	物流仓储设施需求特点	
				产品需求点	产品形式
潜在客户					
边缘客户					

（2）项目布局及形态

项目布局及形态是指物流地产商在物流地产项目初步定位阶段，根据项目地块的地形地貌、气候条件、经济技术指标等条件，结合项目投资规模、客户类别、服务功能定位、进出货物类型、流动频率、拣选模式、作业流程、包装方式、货架类型、作业机械、运输车辆类型、防火要求等因素，对整个物流地产项目中仓库、货场、办公设施、员工设施等产品和库区中储存作业区、中转区、装卸作业区、加工作业区、辅助作业区等功能区，以及道路、出入口、停车场、垃圾场、变电站、水泵房等设施在物流地产项目地块上的位置、面积和数量进行的规划。

项目布局及形态是物流地产项目初步定位的重要内容，物流地产项目的建筑方案设计就是在项目初步定位的指导下，根据项目布局及形态定位而进行的深化和细化。物流地产项目布局及形态定位并不是凭空臆测的纸上谈兵，而是针对基于物流地产项目概念定位指导确定的概念方案设计成果进行的凝练性概括，并承担物流地产项目建筑方案设计在概念方案设计基础上深化和细化的过渡和衔接作用。

（3）项目全案产品配比

项目全案产品配比是物流地产项目初步定位中最为重要的组成部分，是物流地产商在概念定位阶段已经明确投资建设和运营管理的业态类型和产品类型，并确定了每个产品类型的建筑面积和销售比例后，进一步明确普通平房库、普通楼房库、高层货架仓库、立体仓库、简易仓库、堆场等仓库产品以及办公设施和员工设施等配套产品的层数、层高、净高、柱网和面宽等指标。因此，物流地产项目初步定位阶段的项目全案产品配比是对概念定位阶段项目全案产品配比的进一步深化和细化。

物流地产项目的不同产品对层数、层高、净高、柱网、面宽等方面的要求大相径庭，正是这些方面的不同共同塑造了不同仓库产品和配套产品的特色。例如，普通平房库是最常见的仓库产品类型，也是使用最广泛的一种仓库建筑类型，这种仓库只有一层，无须设置楼梯，设计简单，所需投资较少。由于只有一层，所以普通平房库全部的地面承压能力都比较强，而且工作人员在仓库内搬运、装卸货物都比较方便。此外，各种附属设备，如通风、供水、供电等设备的安装、使用和维护都比较方便。普通楼房库一般占地面积较小，往往建在人口稠密和土地使用价格较高的地区。由于是多层结构，因此普通楼房库中的货物一般使用垂直输送设备进行搬运。普通楼房库可适用于各种不同的使用要求，例如可以将办公室和库房分处两层，在整个仓库布局方面比较灵活。分层结构将库房和其他部门自然地进行隔离，有利于库房的安全和防火。目前，普通楼房库作业需要的垂直运输重物技术已经日趋成熟。普通楼房库一般经常用来储存城市日常使用的高附加值的小型商品。使用普通楼房库存在的问题在于建筑的维护费用较大，一般商品的存放成本较高。立体仓库又被称为高架仓库，它也是一种单层仓库，但与普通平房库的不同在于它利用高层货架储存货物，而不是简单地将货物堆积在库房地面上。在立体仓库中，由于货架往往比较高，所以货物的存取需要采用与之配套的机械化、自动化设备，一般在存取设备自动化程度较高时也将这样的仓库称为自动化仓库。物流地产项目初步定位阶段的全案产品配比见表1-29。

物流地产项目初步定位阶段的全案产品配比 表1-29

业态类别	产品类型	建筑面积（万m^2）	面积比例（%）	层数	层高（m）	净高（m）	柱网/面宽（m）
仓库	普通平房库						
	普通楼房库						
	高层货架仓库						
	立体仓库						
	简易仓库						
	堆场						
	……						
办公设施	行政办公设施						
	……						
员工设施	厨房						
	食堂						
	储藏室						
	……						
地上总面积							

（4）项目主要业态配比

项目主要业态配比是指物流地产商在初步定位阶段对物流地产项目所要投资建设和运营管理的主要业态类型，以及每种主要业态类型的建筑面积、面积占比和销售比例等方面的定位。综观现代专业物流仓储设施项目，物流地产商投资建设和运营管理的主要业态类型往往是仓库业态，以及紧密围绕仓库业态承担配套服务的办公设施业态和员工设施业态。办公设施业态和员工设施业态往往是通过在仓库建筑中加建夹层来实现。其中，办公设施业态和员工设施业态在整个物流地产项目总建筑面积中的占比在不同类型仓库建筑中存在显著不同，从5%以下到超过25%不等。如果仓库业态与办公设施业态和员工设施业态在不同地块上采取分区布局，那么，办公设施业态和员工设施业态所占用地面积一般不应超过物流地产项目总用地面积的10%，且办公设施业态最宜设置于库区主入口处，且要确保功能齐备，面积合理。同时，国外发达国家物流地产项目对于主要业态配比的定位对我国物流地产项目产品定位具有重要参考意义。美国各类型物流地产项目主要业态配比见表1–30。

美国各类型物流地产项目主要业态配比　　表1–30

物流地产项目类型	建筑规模（m^2）	主要业态配比	顶棚高度（m）
区域仓储配送类物流地产	≤9290	办公设施业态和员工设施业态面积占比≤25%	4.88～7.32
大型仓储配送类物流地产	＞9290	办公设施业态和员工设施业态面积占比≤10%	＞6.10
重型配送类物流地产	＞9290	办公设施业态和员工设施业态面积占比≤5%	＞7.32
冷藏配送类物流地产	无限制	办公设施业态和员工设施业态面积占比≤15%	6.10～9.15
货架式仓储配送类物流地产	无限制	办公设施业态和员工设施业态面积占比≤5%	可以＞18.30

（5）项目面积功能配比

项目面积功能配比是指物流地产商为了最大限度地有效利用仓库空间、提高设备利用率、提升劳动效率、增加安全性、减少设施和货物损坏、满足不断变化的仓储和处理要求、使仓库具有有效的内部管理方法，在物流地产项目初步定位阶段结合项目投资规模、地块容积率、建筑密度、储存货物类型、包装方式、作业流程、作业频率、货架类型、作业机械及地面荷载等因素对物流地产项目中储存作业区、中转区、装卸作业区、加工作业区、辅助作业区、办公区、停车场等各功能区建筑面积和面积占比进行的定位。如果物流地产项目中包含了冷冻/冷藏室，那么该项目初步定位就应该明确冷冻/冷藏室的建筑面积和面积占比。例如，综观美国所有类型物流地产项目发展，冷冻/冷藏室占美国区域仓储配送类物流地产项目和大型仓储配送类物流地产项目仓储面积的比例一般不会超过5%，占冷藏配送类物流地产项目仓储面积的比例一般应该大于25%。

（6）项目建筑要求

项目建筑要求是指物流地产商在初步定位阶段分门别类对物流地产项目中的各种产品类型提出的初步的建筑要求。在初步定位阶段，物流地产商主要应该对物流地产项目中各种产品类型的总体设计（包括层高标准、各功能区面积、出入口、室内外高差等）、建筑形态、承重、雨棚、建筑外立面风格（包括材料、空调外机百叶与外立面的结合要求等）、电梯设置（包括数量、载重、梯速、轿厢空顶高度、特殊设置要求等）、门窗（包括数量、尺寸、位置、自然采光要求等）等方面提出初步的建筑要求。项目建筑要求不仅是在项目初步定位阶段对物流地产项目产品定位在建筑要求方面的初步定位，而且会成为物流地产商在开展物流地产项目建筑方案设计时在建筑方面所应遵照执行的指导思想。

（7）项目机电要求

项目机电要求是指物流地产商在初步定位阶段分门别类对物流地产项目中的各种产品类型提出的初步的机电要求。在初步定位阶段，物流地产商主要应该对物流地产项目中各种产品类型的智能化（包括安防系统、数字宽带接入系统、建筑设备监控系统、综合布线系统要求等）、电气（包括供电电源、供电计量、配电箱、灯具设置要求等）、暖通（排风、空调和采暖要求等）、给水排水（包括给水、排水、雨水、水箱、消防要求等）等方面明确初步要求。项目机电要求不仅是在项目初步定位阶段对物流地产项目产品定位在机电要求方面的初步定位，而且会成为物流地产商在开展物流地产项目建筑方案设计时在机电方面所应遵照执行的指导思想。

（8）项目主材要求

项目主材要求是指物流地产商在初步定位阶段分门别类对物流地产项目中的各种产品类型提出的初步的主材要求。在初步定位阶段，物流地产商主要应该对物流地产项目中各种产品类型的外墙材料、门窗材料、屋面材料、内装材料、钢材品类、水泵、电梯等方面提出初步要求。项目主材要求不仅是在项目初步定位阶段对物流地产项目产品定位在主材要求方面的初步定位，而且会成为物流地产商在开展物流地产项目建筑方案设计时在主材方面所应遵照执行的指导思想。

三、深化定位

深化定位是初步定位的延续。初步定位是物流地产商针对已明确投资意愿或已获取土地的物流地产项目进行的产品定位，物流地产商以初步定位为基础完成项目的建筑方案设计。在建筑方案设计报批通过后，物流地产商就应该再在项目初步定位和建筑方案设计的基础上进行物流地产项目深化定位。深化定位应该在初步定位和建筑方案设计的基础上进一步完善各类产品细节，落实成本预算、明确建造标准，为后续项目方案扩初及施工图设计明确方向，并提供设计依据。

1. 深化定位阶段与各部门专业协同

深化定位阶段就是指物流地产商针对建筑方案设计已经报批通过的物流地产项目开展深化定位的阶段，深化定位阶段也被称为施工图设计阶段。深化定位阶段起始于物流地产商已经完成物流地产项目建筑方案设计审图，且建筑方案设计报批送审已经通过之后，并历经完善产品细节、落实成本概算、明确建造标准，直至完成深化定位并在其指导下完成该物流地产项目的扩初及施工图设计后结束（图1–3）。

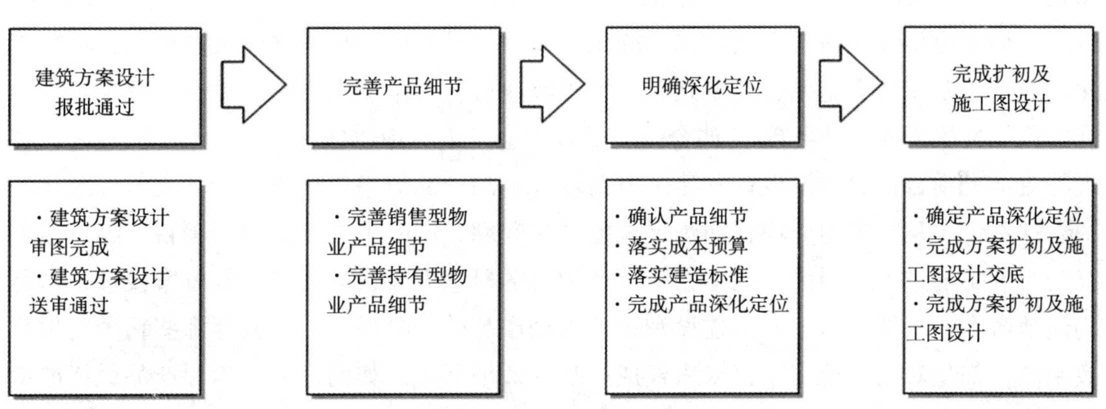

图1–3　物流地产项目深化定位阶段全过程

物流地产项目的深化定位与初步定位一样，是由物流地产商的投资管理部门牵头，各部门专业协同共同运作的过程。具体来说，在物流地产项目的深化定位阶段，营销管理部门要在初步定位已经确定每种销售型物业产品的面积分割段以及每种面积分割段在总建筑面积中的占比的基础上，进一步明确每种销售型物业的产品细节；招商及运营部门要在初步定位已经确定每种持有型物业产品的业态配比和功能配比的基础上，进一步明确每种持有型物业的产品细节；投资管理部门在综合分析各部门专业意见的基础上，负责编制物流地产项目的深化定位报告，该报告还包含了成本控制部门与投资管理部门基于物流地产项目深化定位给出的成本预算和投入产出测算（亦即三次测算）；设计管理部门应该根据深化定位报告开展针对该物流地产项目的方案扩初和施工图设计；期间，技术研发部门应该配合设计管理部门的方案扩初和施工图设计，提供可资其参考利用的产品标准，表1–31所示。由此可见，与初步定位一样，物流地产项目的深化定位也是一个集团化、系统化、专业化、协同化的复杂过程。

物流地产项目深化定位过程中各部门的专业协同　表1–31

投资管理	设计管理	技术研发	营销管理	招商及运营	成本控制	成本控制、投资管理
编制项目深化定位报告	开展项目方案扩初及施工图设计	提供方案扩初及施工图设计所需的产品标准	确定销售型产品交付细节要求	确定持有型产品交付细节要求	根据深化定位和方案扩初及施工图设计完成成本预算	根据深化定位和方案扩初及施工图设计完成三次测算

物流地产项目深化定位与初步定位一样，也不是一个一蹴而就简单的一维过程，而是一个不断反复、不断调适、螺旋式上升、波浪式前进的复杂认识过程。物流地产项目的深化定位不仅应该与方案扩初及施工图设计、投入产出测算之间反复调试，不断优化，而且还要在初步定位已经做到企业投资收益可行、市场供需关系可行、建筑规划设计可行、具体落地产品可行 “四合一”的基础上，进一步达到“五合一”，即进一步实现物流地产项目概念方案设计和建筑方案设计中的产品效果与最终的产品交付标准相统一。这不仅仅是物流地产项目初步定位的细化问题，同时也是物流地产项目产品定位最终变为现实的过程。因为无论是物流地产项目的概念方案设计还是建筑方案设计，都是物流地产商在图纸上对于投资建设和运营管理产品的抽象展现。尤其是那些精美的项目效果图，都是对物流地产项目未来建成产品的效果展现。如何进一步确保产品最终的交付标准与概念方案设计和建筑方案设计图纸上的产品设计效果相互一致呢？这就需要该项目深化定位来确保两者的相互统一。在项目深化定位过程中，物流地产商应该分门别类对物流地产项目中的各种产品类型提出最终交付细节要求，包括对各类产品墙面天棚面层主材、地平面层主材、外墙主材、外门主材、外窗主材等方面提出交付细节要求。同时，投资管理、设计管理、技术研发、营销管理、招商及运营、成本控制等部门要就产品交付要求、方案扩初及施工图设计、项目成本预算、投入产出测算等反复调试，不断优化，直至达到“五合一”。由此可见，深化定位是各部门各专业交互式反复优化调整的过程，而绝非简单的一维过程。

2. 深化定位的主要内容

在进行物流地产项目深化定位过程中，物流地产商应该在初步定位的基础上，进

一步细化物流地产项目产品定位，具体包括进一步细化项目全案产品配比和面积功能配比、产品建造标准两个方面。同时，这两个方面也是构成项目深化定位报告主体内容的两个必备模块。

（1）项目全案产品配比和面积功能配比

项目全案产品配比和面积功能配比是指物流地产商在深化定位阶段对物流地产项目中各类产品建筑面积和面积占比、各类功能区建筑面积和面积占比的定位。深化定位阶段的全案产品配比和面积功能配比与初步定位阶段的全案产品配比和面积功能配比存在很大区别。在初步定位阶段，物流地产商明确了物流地产项目各类产品建筑面积和面积占比、各类功能区建筑面积和面积占比，并据此开展了物流地产项目建筑方案设计。在该方案的送审报批环节，物流地产商很有可能需要根据政府相关部门提出的要求对包括全案产品配比和面积功能配比在内的某些方面进行调整，直至该方案获批通过。在深化定位阶段，物流地产商应该反过来根据报批通过的建筑方案设计计算出物流地产项目中普通平房库、普通楼房库、高层货架仓库、立体仓库、简易仓库、堆场等仓库产品以及办公设施和员工设施等配套产品的建筑面积和面积占比，以及物流地产项目中储存作业区、中转区、装卸作业区、加工作业区、辅助作业区、冷藏/冷冻室、办公区、停车场等各功能区的建筑面积和面积占比。物流地产项目的方案扩初和施工图设计将会基于深化定位阶段形成的全案产品配比和面积功能配比而展开。

（2）项目产品建造标准

项目产品建造标准是物流地产项目深化定位中最为重要的组成部分，是物流地产商在深化定位阶段对物流地产项目中各类产品交付细节提出的要求，包括对各类产品结构形式、粗装修、外墙装饰及外门窗、机电等方面的主要用材或其他方面提出的要求。物流地产项目的方案扩初和施工图设计将会基于深化定位阶段确定的项目产品建造标准而展开。物流地产项目深化定位阶段的产品建造标准见表1–32。

物流地产项目深化定位阶段的产品建造标准　　表1–32

产品类型		层数	
主项目	项目明细	主要用材/要求	
结构形式	基础形式	基础形式选型：	
	地上部分	钢筋含量（kg/m^2）：	
		混凝土含量（m^3/m^2）：	
		荷载取值：	

续表

主项目	项目明细	主要用材/要求
粗装修	墙面天棚面层	主材：
	屋面防水	主材：
	保温	主材：
	防水	主材：
	地坪面层	主材：
外墙装饰及外门窗	外墙形式	主材：
	外门窗	外门用材： 外窗用材：
机电	室内给水排水工程	
	室内电气工程	用电负荷：
	室内采暖工程	
	通风空调系统	
	电梯供货及安装	
	弱电智能化系统	
	消防系统	
室外配套工程		

第四节　物流地产投资测算

物流地产投资测算是物流地产投资定位的一个重要环节，是对物流地产投入产出关系进行的数量分析，是物流地产商进行投资决策的重要参考。物流地产投资测算以物流地产产品定位为基础，不同产品定位对应着不同投入产出关系。不仅如此，物流地产投资测算的精确程度与物流地产产品定位的深化和细化程度紧密相关。因此，正如物流地产产品定位由浅入深经过概念定位、初步定位到深化定位三个阶段一样，对应地，基于物流地产产品定位之上的物流地产投资测算也由浅入深经过基于概念定位之上的成本估算与一次投资测算、基于初步定位之上的成本概算与二次投资测算、基于深化定位之上的成本预算和三次投资测算三个阶段。物流地产商根据物流地产投资测算结果，便能判

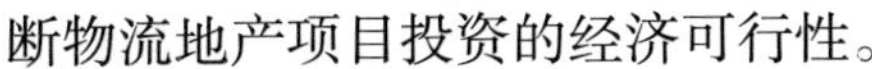
断物流地产项目投资的经济可行性。

一、成本估算与一次投资测算

成本估算与一次投资测算是指物流地产商在概念定位阶段基于物流地产项目概念定位而对项目总成本、总产出进行的估算，以及基于以上总成本和总产出估算对物流地产项目投入产出关系进行的经济测算。概念定位是物流地产产品定位由浅入深三个阶段中第一阶段的定位，仅仅概括性地明确了物流地产项目主要业态类型和产品类型的建筑面积、面积占比和销售比例，而远未细化到项目业态配比、面积功能配比、建筑要求、机电要求、主材要求等深度。因此，在概念定位阶段，物流地产商基于概念定位对拟投资物流地产项目的总成本和总产出只能进行大致的估算，以此估算为基础的一次投资测算难免略显粗糙，但是对于物流地产商投资决策能够起到重要的参考作用。

1. 项目总成本估算

项目总成本估算是指物流地产商在概念定位阶段对拟投资建设和运营管理的物流地产项目总成本的估算，包括对土地成本、开发直接成本、开发间接费用、期间费用、不可预见费等的估算。由于概念定位仅仅明确了物流地产项目主要业态类型和产品类型的建筑面积，而物流地产商在这一阶段尚未通过细化业态配比、面积功能配比、建筑要求、机电要求、主材要求来进一步明确产品类型。因此，在概念定位阶段开展项目总成本估算，物流地产商应该主要站在业态类型的层面，辅之以对产品类型的初步考量，并结合自身过往开发相同或相似类型项目的能力与经验，对不同业态类型的总成本进行估算。物流地产项目一次投资测算的总成本估算表见表1–33。

物流地产项目一次投资测算的总成本估算表　　表1–33

序号	成本项目	业态类型（元/m²）		
		仓库	办公设施	员工设施
项目总成本①				
一	土地成本			
二	开发直接成本			
1	开发前期准备费			
2	主体建筑工程费			
3	主体安装工程费			
4	库区管网工程费			

续表

序号	成本项目	业态类型（元/m²）		
		仓库	办公设施	员工设施
5	配套设施费			
三	开发间接费用			
1	工程管理费			
2	管理费（项目公司分摊到该项目的部分）			
3	营销设施建造费			
四	期间费用			
1	管理费（集团总部分摊到该项目的部分）			
2	销售费用			
3	财务费用			
五	不可预见费			

注：① 项目总成本为序号一、二、三、四、五共5项成本加和。

2. 项目总产出估算

项目总产出估算是指物流地产商在概念定位阶段对拟投资建设和运营管理的物流地产项目总产出的估算。值得注意的是，项目总产出和项目总收入是两个不同的概念，项目总收入是指物流地产商通过出售物流地产项目中的销售型物业产品而获得的销售收入，而项目总产出除了包括项目总收入之外，还包括物流地产项目中持有型物业的价值估算。

（1）项目总产出的组成

项目总产出是由项目销售型物业产品的销售收入和持有型物业产品的价值估算两部分加总而成。在概念定位阶段，物流地产商已经明确了各业态类型的建筑面积、面积占比和销售比例。因此，物流地产商只要确定了各业态类型中销售型物业产品的销售价格和持有型物业产品的物业租金之后，便可以计算出项目销售型物业产品的销售收入和持有型物业产品的估值。

由于概念定位仅仅明确了物流地产项目主要业态类型和产品类型的建筑面积、面积占比和销售比例，而未从细节要求和建造标准方面进一步深化和细化产品类型。因此，在概念定位阶段开展项目总产出估算，物流地产商应该主要站在业态类型的层面，辅之以对产品类型的初步考量，并结合自身过往销售和运营相同或相似类型项目的能力与经验，对不同业态类型的销售价格和租金水平进行估算，进而计算出项目的总产出。物流

地产项目一次投资测算的总产出估算见表1–34。

物流地产项目一次投资测算的总产出估算表 表1–34

业态类型	租售策略	销售收入（万元）	物业估值（万元）
仓库	销售型仓库		—
	持有型仓库	—	
办公设施	销售型办公设施		—
	持有型办公设施	—	
员工设施	销售型员工设施		—
	持有型员工设施	—	

（2）持有物业估值模型

持有物业估值模型是物流地产商用来对物流地产项目中持有型物业产品价值估算的模型。持有物业估值模型的基本原理是在市场比较法的基础上确定物流地产项目中持有型物业产品租金价格，并以此为基础采用收益还原法对其进行估值。收益还原法又被称为收益现值法、收益资本金化法，就是通过估算被评估资产的未来预期收益并折算成现值，借以确定被评估资产价值的一种资产评估方法。在大宗资产买卖过程中，从资产购买者的角度出发，购买一项资产所付的代价不应高于该项资产或具有相似风险因素的同类资产未来收益的现值。

虽然持有物业估值模型的基本原理相对简单，但整个估算过程却相当复杂。一般来说，物流地产商必须借助电子计算机来完成。表1–35是以一个由十几栋仓库组成的大型物流地产项目中的持有型仓库物业的估值为例，来全面展现物流地产项目中持有型物业产品价值估算的全过程。

3. 项目一次投资测算

项目一次投资测算是指物流地产商在概念定位阶段，根据拟投资建设和运营管理的物流地产项目概念定位已经明确了的各业态类型的建筑面积、面积配比、销售比例，参考物流地产商对于物流地产项目中销售型物业产品售价和持有型物业产品租金的估算，并结合拟投资建设和运营管理的物流地产项目用地面积、容积率和单位地价等经济技术指标，对该项目投入产出关系进行的经济测算。物流地产项目一次投资测算模型见表1–36。

物流地产项目持有型物业估值模型 表1–35

<table>
<tr><td>评估时点</td><td>2014年1月31日</td><td colspan="12">土地年限</td></tr>
<tr><td>项目</td><td>仓库</td><td>起始时间</td><td colspan="4">终止时间</td><td colspan="7">年限</td></tr>
<tr><td rowspan="2">建筑面积</td><td rowspan="2">240055m²</td><td>1994/10/31</td><td colspan="4">2044/10/30</td><td colspan="3">50</td><td colspan="4">完整的土地使用期限</td></tr>
<tr><td>2014/6/30</td><td colspan="4">2044/10/30</td><td colspan="3">30</td><td colspan="4">剩余的土地使用期限</td></tr>
<tr><td>参数假设</td><td>参数值</td><td colspan="12">敏感度分析</td></tr>
<tr><td>营业税占总收入(扣除管理费收入后)的比例</td><td>5.50%</td><td colspan="2">估值（百万元）</td><td colspan="10">折现率</td></tr>
<tr><td>印花税占年租金收入的比例</td><td>0.10%</td><td colspan="2">552</td><td>5.50%</td><td>6.00%</td><td>6.50%</td><td>7.00%</td><td>7.50%</td><td>8.00%</td><td>8.50%</td><td>9.00%</td><td>9.50%</td><td>10.00%</td></tr>
<tr><td>房产税占年租金收入的比例</td><td>12.00%</td><td rowspan="2">终值增长率</td><td>2.00%</td><td>675</td><td>631</td><td>592</td><td>557</td><td>524</td><td>494</td><td>467</td><td>442</td><td>419</td><td>398</td></tr>
<tr><td>广告营销费用占年租金收入的比例</td><td>1.00%</td><td>2.50%</td><td>685</td><td>641</td><td>601</td><td>564</td><td>530</td><td>500</td><td>472</td><td>446</td><td>423</td><td>401</td></tr>
</table>

续表

参数假设	参数值	敏感度分析														
机构及处置的法律费用占售价的比例	1.00%	终值增长率				3.00%	696	651	609	572	537	506	477	451	427	405
维修维护费用占总收入的比例	3.00%					3.50%	708	661	618	580	544	512	483	456	432	409
折现率	7.50%					4.00%	720	671	628	588	552	519	489	461	436	413
终值增长率	4.00%					4.50%	732	683	638	597	560	526	495	467	441	418
年租金收入（2014/6/30之前一年的年租金）	38725016元					5.00%	745	694	648	606	568	533	501	473	443	422
现金流分析（人民币）		期间1	期间2	期间3	期间4	期间5	期间6	期间7	期间8	期间9	期间10	期间11	期间12	期间13	期间14	期间15
起始时间		2014/6/30	2015/6/30	2016/6/30	2017/6/30	2018/6/30	2019/6/30	2020/6/30	2021/6/30	2022/6/30	2023/6/30	2024/6/30	2025/6/30	2026/6/30	2027/6/30	2028/6/30
终止时间		2015/6/29	2016/6/29	2017/6/29	2018/6/29	2019/6/29	2020/6/29	2021/6/29	2022/6/29	2023/6/29	2024/6/29	2025/6/29	2026/6/29	2027/6/29	2028/6/29	2029/6/29

续表

通货膨胀率	在经验值基础上假设	3.00%	3.00%	3.00%	3.00%	3.00%	3.00%	3.00%	3.00%	3.00%	3.00%	3.00%	3.00%	3.00%	3.00%	3.00%
年租金增长率	在市场调研基础上假设	5.00%	5.00%	5.00%	5.00%	5.00%	4.00%	4.00%	4.00%	4.00%	4.00%	4.00%	4.00%	4.00%	4.00%	4.00%
累计年租金增长率	根据年租金增长率计算而得	5.00%	10.25%	15.76%	21.55%	27.63%	32.73%	38.04%	43.56%	49.31%	55.28%	61.49%	67.95%	74.67%	81.65%	88.92%
出租率	在市场调研基础上假设	85.00%	85.00%	85.00%	90.00%	90.00%	95.00%	95.00%	95.00%	95.00%	95.00%	95.00%	95.00%	95.00%	95.00%	95.00%
营业收入																
预计年租金收入	在假设2014/6/30之前一年的年租金的基础上计算而得	40661266	42694330	44829046	47070498	49424023	51400984	53457024	55595305	57819117	60131881	62537157	65038643	67640189	70345796	73159628
减：空置部分的预计租金收入	根据预计年租金收入和出租率计算而得	6099190	6404149	6724357	4707050	4942402	2570049	2672851	2779765	2890956	3006594	3126858	3251932	3381009	3517290	3657981

续表

营业收入																
减免租期所影响的租金收入	假设没有免租期	—	—	—	—	—	—	—	—	—	—	—	—	—	—	—
管理费收入	按照每平方米实际租赁面积14.4元/年计算而得	2974169	3026651	3117703	3400406	3502702	3808524	3923097	4041117	4162688	4287916	4416911	4549787	4686660	4827650	4972883
总收入	营业收入减去空置部分的预计租金收入和免租期所影响的租金收入加上管理费而得	37536245	39316832	41222392	45763854	47984323	52639459	54707270	56856657	59090849	61413203	63827210	66336498	68945840	71656156	74474530
营业费用																
印花税	总收入扣除管理费收入后的部分乘以0.10%计算而得	34562	36290	38105	42363	44482	48831	50784	52816	54928	57125	59410	61787	64258	66829	69502
广告营销费用	总收入扣除管理费收入后的部分乘以1.00%计算而得	345621	362902	381047	423634	444816	488309	507842	528155	549282	571253	594103	617867	642582	668285	695016

续表

营业费用																
维修维护费用	预计年租金收入乘以3.00%计算而得	1219838	1280830	1344871	1412115	1482721	1542030	1603711	1667859	1734574	1803956	1876115	1951159	2029206	2110374	2194789
管理费用	按照每平方米实际租赁面积12元/年计算而得	2915852	2967305	3056572	3148524	3243242	3340810	3441313	3544840	3651481	3761330	3874483	3991041	4111105	4234781	4362178
总营业费用	印花税、广告营销费用、维修维护费用和管理费用之加总	4515873	4647327	4820595	5026636	5215261	5419980	5603650	5793670	5990265	6193664	6404111	6621854	6847151	7080269	7321485
经营利润	总收入减去总营业费用	33020372	34669505	36401797	40737218	42769062	47219479	49103620	51062987	53100584	55219539	57423099	59714644	62098689	64575887	67153045
房产税	总收入扣除管理费收入后的部分乘以12.00%计算而得	4147449	4354822	4572563	5083614	5337795	5859712	6094101	6337865	6591379	6855034	7129236	7414405	7710982	8019421	8340198
营业税	总收入扣除管理费收入后的部分乘以5.50%计算而得	1900914	1995960	2095758	2329990	2446489	2685701	2793129	2904855	3021049	3141891	3267566	3398269	3534200	3675568	3822591

续表

营业费用																
总税费	房产税和营业税之加总	6048363	6350782	6668321	7413604	7784284	8545413	8887230	9242720	9612428	9996925	10396802	10812674	11245182	11694989	12162789
税息折旧及摊销前利润	经营利润减去总税费	26972009	28318723	29733476	33323614	34984778	38674066	40216390	41820267	43488156	45222614	47026297	48901970	50853507	52880898	54990256
期间1到期间15税息折旧及摊销前利润的现值	将期间1到期间15税息折旧及摊销前利润按照7.50%的折现率折合到评估时点的价值	341386247元														
终值增长率	从期间16（含）到剩余土地使用年限终止每年因税息折旧及摊销前利润上涨所带来的终值增长率	4.00%														
终值（假设15年后处置）	假设该仓库在期间15结束后出售，那么以这个出售的时点为基础，将期间16（含）到剩余土地使用年限终止每年税息折旧及摊销前利润折合到仓库出售时点的价值	649859027元														
减去：机构及处置的法律费用	按照终值的1.00%计算而得	6498590元														
调整后终值	终值减去机构及处置的法律费用	643360437元														
终值的现值	将终值按照7.50%的折现率折合到评估时点的价值	210482062元														
总估值	间期1到期间15税息折旧及摊销前利润的现值加上终值的现值	551868309元														
每平方米单价估值	总估值除以总建筑面积	2299元/m^2														

注：以上数据全部都是为了便于模型演示而针对一个假想案例提出的模拟数据。

物流地产项目一次投资测算模型 表1-36

一、项目概况		地块一	地块二	地块三	合计	
1	用地面积（亩）					
2	容积率					
3	单位地价（万元/亩）					
4	地上建筑面积（万m^2）					
5	土地出让金（亿元）					
6	楼板价（元/m^2）					
二、产品配比及租售计划		物业面积（m^2）	销售比例（%）	售价（元/m^2）	综合建安成本（元/m^2）	装修成本（元/m^2）
1	仓库					
2	办公设施					
3	员工设施					
三、项目财务指标						
1	项目总收入（亿元）	销售型物业的销售收入				
2	项目总投资（亿元）	土地出让金×1.03+开发成本				
2.1	销售型物业总投资（亿元）	销售型物业开发成本+土地出让金分摊				
2.2	持有型物业总投资（亿元）	持有型物业开发成本+土地出让金分摊				
3	项目税收（亿元）	销售型物业毛利（项目总收入–销售型物业总投资）的50%				
4	项目净现金（亿元）	项目总收入–项目总投资–项目税收				
5	持有型物业面积（万m^2）	持有型物业的建筑面积				
6	持有型物业价值（亿元）	按照收益还原法估值，参考物流地产项目持有物业估值模型				
7	总投资回报率（未考虑估值）	净现金/项目总投资				
8	总投资回报率（考虑估值）	（净现金+持有型物业估值）/项目总投资				
9	自有资金投资回报率（未考虑估值）	净现金/（土地成本×1.03+自有资金）				
10	自有资金年投资回报率（未考虑估值）	自有资金投资回报率（未考虑估值）/开发周期				
11	自有资金投资回报率（考虑估值）	（净现金+持有型物业估值）/（土地成本×1.03+自有资金）				
12	自有资金年投资回报率（考虑估值）	自有资金投资回报率（考虑估值）/开发周期				

二、成本概算与二次投资测算

成本概算与二次投资测算是指物流地产商在初步定位阶段根据物流地产项目初步定位而对已明确了投资意愿或进而获取了土地的物流地产项目成本估算与一次投资测算进行的深化和细化。由于物流地产项目初步定位在概念定位的基础上通过细化项目业态配比、面积功能配比、建筑要求、机电要求、主材要求等方面而深化了物流地产商对于物流地产项目各产品类型的细化要求，为物流地产商在初步定位阶段分门别类对物流地产项目各产品类型进行成本概算打下了基础，同时也使得物流地产商有条件对销售型物业产品价格和持有型物业产品租金进行分门别类的精准预测。二次投资测算就是基于以上总成本概算和总产出预测而对物流地产项目投入产出关系进行的经济测算。

成本概算与二次投资测算和成本估算与一次投资测算存在两个显著区别。第一个区别是，前者是对后者的深化和细化，成本概算与二次投资测算能够分门别类深化和细化到具体的产品类型，对不同产品类型的成本、售价、租金给出更为细化的预测,而成本估算与一次投资测算显然做不到这个深度。第二个区别是，成本估算与一次投资测算主要是供物流地产商针对拟投资建设和运营管理的物流地产项目做出投资与否判断的重要依据，而成本概算与二次投资测算是物流地产商在明确了投资意愿或进而获取了土地的基础上进行产品组合定位的重要参考,亦即通过产品组合与投资测算之间的反复调试，最终确定能够达到物流地产商投入产出经济目标的产品组合。

1. 项目总成本概算

项目总成本概算是指物流地产商在初步定位阶段对已明确了投资意愿或进而获取了土地的物流地产项目总成本的概算，包括分门别类对普通平房库、普通楼房库、高层货架仓库、立体仓库、简易仓库、堆场等仓库产品以及办公设施和员工设施等配套产品的土地成本、开发直接成本、开发间接费用、期间费用、不可预见费等的概算。由于初步定位仅仅是通过细化业态配比、面积功能配比、建筑要求、机电要求、主材要求等方面进一步明确了产品类型,而尚未深化和细化到各产品类型的交付标准。因此，在初步定位阶段开展项目总成本概算，物流地产商应该主要站在产品类型的层面，辅之以对产品交付标准的初步考量，并结合自身过往开发相同或相似类型项目的能力与经验，分门别类对不同产品类型的总成本进行概算。物流地产项目二次投资测算的总成本概算见表1–37。

物流地产项目二次投资测算的总成本概算表 表1-37

序号	成本项目	业态类型（元/m^2）							
		仓库						办公设施	员工设施
		普通平房库	普通楼房库	高层货架仓库	立体仓库	简易仓库	堆场		
项目总成本①									
一	土地成本								
二	开发直接成本								
1	开发前期准备费								
2	主体建筑工程费								
3	主体安装工程费								
4	库区管网工程费								
5	配套设施费								
三	开发间接费用								
1	工程管理费								
2	管理费（项目公司分摊到该项目的部分）								
3	营销设施建造费								
四	期间费用								
1	管理费（集团总部分摊到该项目的部分）								
2	销售费用								
3	财务费用								
五	不可预见费								

注：① 项目总成本为序号一、二、三、四、五共5项成本加和。

2. 项目总产出估算

物流地产商在初步定位阶段应该根据物流地产项目的初步定位,分门别类对普通平房库、普通楼房库、高层货架仓库、立体仓库、简易仓库、堆场等仓库产品以及办公设施和员工设施等配套产品的总产出进行估算。

（1）项目总产出的组成

项目总产出是由项目销售型物业产品的销售收入和持有型物业产品的价值估算两部分加总而成。在初步定位阶段，物流地产商已经通过细化项目业态配比、面积功能配比、建筑要求、机电要求、主材要求等方面而深化了其对于物流地产项目各产品类型的细化要求。因此，物流地产商只要确定了各细化产品类型中销售型物业产品的销售价格和持有型物业产品的物业租金之后，便可以计算出项目销售型物业产品的销售收入和持有型物业产品的估值。

由于初步定位仅仅是通过细化业态配比、面积功能配比、建筑要求、机电要求、主材要求等方面进一步明确了产品类型,而尚未深化和细化到各产品类型的交付标准。因此，在初步定位阶段开展项目总产出估算，物流地产商应该主要站在产品类型的层面，辅之以对产品交付标准的初步考量，并结合自身过往销售和运营相同或相似类型项目的能力与经验，分门别类对不同产品类型的总产出进行估算。物流地产项目二次投资测算的总产出估算表见表1–38。

物流地产项目二次投资测算的总产出估算表　　　　表1–38

业态类型	产品类型	租售策略	销售收入（万元）	物业估值（万元）
仓库	普通平房库	销售型普通平房库		—
		持有型普通平房库	—	
	普通楼房库	销售型普通楼房库		—
		持有型普通楼房库	—	
	高层货架仓库	销售型高层货架仓库		—
		持有型高层货架仓库	—	
	立体仓库	销售型立体仓库		—
		持有型立体仓库	—	
	简易仓库	销售型简易仓库		
		持有型简易仓库		

续表

业态类型	产品类型	租售策略	销售收入（万元）	物业估值（万元）
仓库	堆场	销售型堆场		
		持有型堆场		
办公设施	办公设施产品	销售型办公设施产品		—
		持有型办公设施产品	—	
员工设施	员工设施产品	销售型员工设施产品		—
		持有型员工设施产品	—	

（2）持有物业估值模型

物流地产商在初步定位阶段针对物流地产项目持有型物业产品的估值模型与概念定位阶段一样，采取的都是收益现值法估值模型。不同的是，在初步定位阶段，物流地产商已经通过细化项目业态配比、面积功能配比、建筑要求、机电要求、主材要求等方面而深化了其对于物流地产项目各产品类型的细化要求。因此，一方面，在初步定位阶段，物流地产商应该分门别类对持有型普通平房库、普通楼房库、高层货架仓库、立体仓库、简易仓库、堆场等仓库产品以及办公设施和员工设施等配套产品逐一进行估值，而不再像概念定位阶段那样笼统地对持有型业态类型进行估值。另一方面，由于物流地产商在初步定位阶段对各产品类型都提出了深化和细化要求，因此，物流地产商可以分门别类对各产品类型的租金、租金增长率、出租率等给出更具针对性的精确预测，从而保证物流地产商对于持有型物业的估值更加准确。

3. 项目二次投资测算

项目二次投资测算是指物流地产商在初步定位阶段根据物流地产项目各产品类型的建筑面积、面积占比、销售比例，参考物流地产商对于物流地产项目中销售型物业产品售价和持有型物业产品租金的估算，并结合项目用地面积、容积率和单位地价等经济技术指标，对该项目投入产出关系进行的经济测算。

与一次投资测算不同，在二次投资测算阶段，物流地产商已经明确了物流地产项目的投资意愿或进而已经获取了项目用地。因此在二次投资测算中，诸如用地面积、容积率、总建筑面积、单位地价、楼面地价等指标都已确定，物流地产商更多的是通过不同产品组合的反复调整，以期获得最优的项目投资收益。物流地产项目二次投资测算模型见表1–39。

物流地产项目二次投资测算模型　　　　**表1-39**

一、项目概况

项目		指标	单位	备注
1	用地面积		亩	
2	容积率		—	
3	总建筑面积		万m^2	
4	单位地价		万元/亩	
5	楼面地价		元/m^2	

二、产品配比及租售计划		规划建筑面积（㎡）	销售比例（%）	预测销售均价（元/m^2）	销售额（万元）	销售面积（m^2）	持有面积（m^2）	备注
1	普通平房库							
2	普通楼房库							
3	高层货架仓库							
4	立体仓库							
5	简易仓库							
6	堆场							
7	办公设施							
8	员工设施							

三、投资成本		单位成本（元/m^2）	销售物业成本（万元）	持有物业成本（万元）	合计（万元）	备注
（一）	土地成本					
1	土地出让金					
2	土地契税					
（二）	前期费用					
（三）	红线外市政大配套					
（四）	建安工程成本（含设备、装修）					
1	普通平房库					
2	普通楼房库					
3	高层货架仓库					
4	立体仓库					

续表

三、投资成本		单位成本（元/m²）	销售物业成本（万元）	持有物业成本（万元）	合计（万元）	备注
5	简易仓库					
6	堆场					
7	办公设施					
8	员工设施					
（五）	室外绿化及附属工程					
（六）	营销费用					
（七）	管理费用					
四、税前总支出（万元）						
五、税前总收入（万元）						
六、各种税收（万元）						
1	营业税及附加					
2	土地增值税					
3	所得税					
七、银行融资（万元）						
1	银行融资					
2	贷款本息					
财务指标						
1	净现金（未考虑贷款条件下）（万元）					
2	净现金（考虑贷款条件下）（万元）					
3	持有物业面积（万m²）					
4	持有物业价值（万元）					
5	总投资回报率（未考虑估值）					
6	总投资回报率（考虑估值）					

三、成本预算与三次投资测算

成本预算与三次投资测算是指物流地产商在深化定位阶段根据物流地产项目深化定位而对建筑方案设计已经送审报批通过后的物流地产项目成本概算与二次投资测算进行的深化和细化。由于物流地产商在深化定位阶段明已经明确了物流地产项目中各类产品的交付标准，包括各类产品结构形式、粗装修、外墙装饰及外门窗、机电等方面的主要用材或其他方面的交付标准，为物流地产商在深化定位阶段分门别类对物流地产项目各产品类型进行更为精确的成本预算打下了基础，同时也使得物流地产商有条件对销售型物业产品价格和持有型物业产品租金分门别类进行更为精准的预测。三次投资测算就是基于以上总成本预算和总产出预测而对物流地产项目投入产出关系进行的经济测算。

成本预算与三次投资测算和成本概算与二次投资测算存在显著区别。一方面，成本预算与三次投资测算是对成本概算与二次投资测算的深化和细化，成本预算与三次投资测算能够根据最终的交付标准对不同产品类型的成本、售价、租金给出更为细化的预测，而成本概算与二次投资测算还远远做不到这个深度。另一方面，成本概算与二次投资测算主要是供物流地产商作为项目产品组合定位的重要参考,亦即通过产品组合与投资测算之间的反复调试，最终确定能够达到物流地产商投入产出经济目标的产品组合。而成本预算与三次投资测算则是在物流地产商已经明确了项目产品组合的情况下，通过不同交付标准与投资测算之间的反复调试，最终确定能够达到物流地产商投入产出经济目标的交付条件。

1. 项目总成本预算

项目总成本预算是指物流地产商在深化定位阶段对建筑方案设计已经送审报批通过后的物流地产项目总成本的预算，包括根据普通平房库、普通楼房库、高层货架仓库、立体仓库、简易仓库、堆场等仓库产品以及办公设施和员工设施等配套产品的交付标准对各产品类型开发直接成本、开发间接费用、期间费用、不可预见费等的预算。由于深化定位已经明确了各类产品的最终交付标准，因此，在深化定位阶段开展项目总成本预算时，物流地产商应该主要站在产品交付标准的层面，结合自身过往开发相同或相似交付标准项目的能力与经验，分门别类对不同产品类型的总成本进行预算。

2. 项目总产出估算

物流地产商在深化定位阶段应该根据物流地产项目的深化定位,分门别类按照普通平房库、普通楼房库、高层货架仓库、立体仓库、简易仓库、堆场等仓库产品以及办公设施和员工设施等配套产品的交付标准进行总产出估算。

（1）项目总产出的组成

项目总产出是由项目销售型物业产品的销售收入和持有型物业产品的价值估算两部

分加总而成。在深化定位阶段，物流地产商根据各类型产品的交付标准，结合自身过往销售和运营相同或相似交付标准项目的能力与经验，分门别类对不同产品类型销售型物业产品价格和持有型物业产品租金做出预测，并在此基础上计算出物流地产项目销售型物业产品的销售收入和持有型物业产品的价值估算。

（2）持有物业估值模型

物流地产商在深化定位阶段针对物流地产项目持有型物业产品的估值模型与初步定位阶段一样，采取的都是收益现值法估值模型。不同的是，在深化定位阶段，物流地产商已经在初步定位的基础上进一步明确了各产品类型的最终交付标准。因此，在深化定位阶段，物流地产商能够分门别类根据持有型普通平房库、普通楼房库、高层货架仓库、立体仓库、简易仓库、堆场等仓库产品以及办公设施和员工设施等配套产品的交付标准对其租金、租金增长率、出租率等给出更具针对性的精确预测，而不再像初步定位阶段那样笼统地对持有型产品类型进行估值，从而保证物流地产商对于持有型物业的估值更加准确。

3. 项目三次投资测算

项目三次投资测算是指物流地产商在深化定位阶段根据物流地产项目各产品类型的建筑面积、面积占比、销售比例，参考物流地产商对于物流地产项目中销售型物业产品售价和持有型物业产品租金的估算，并结合项目用地面积、容积率和单位地价等经济技术指标，对该项目投入产出关系进行的经济测算。物流地产项目三次投资测算模型见表1-40。

物流地产项目三次投资测算模型　　表1-40

一、项目概况								
项目		指标	单位			备注		
1	用地面积		亩					
2	容积率		—					
3	总建筑面积		万m^2					
4	土地总价		亿元					
5	单位地价		元/m^2					
6	楼面地价		元/m^2					
二、产品配比及租售计划		规划建筑面积（m^2）	销售比例（%）	预测销售均价（元/m^2）	销售收入（万元）	销售面积（m^2）	持有面积（m^2）	备注
1	普通平房库							

续表

二、产品配比及租售计划		规划建筑面积（m^2）	销售比例（%）	预测销售均价（元/m^2）	销售收入（万元）	销售面积（m^2）	持有面积（m^2）	备注
2	普通楼房库							
3	高层货架仓库							
4	立体仓库							
5	简易仓库							
6	堆场							
7	办公设施							
8	员工设施							

三、投资成本（项目总投资，不考虑财务费用）		单位成本（元/m^2）	销售物业成本（万元）	持有物业成本（万元）	成本合计（万元）	备注
（一）	土地成本					
1	土地出让金					
2	土地契税					
（二）	前期费用					
（三）	红线外市政大配套					
（四）	室外绿化及附属					
（五）	建安成本					
1	普通平房库					
2	普通楼房库					
3	高层货架仓库					
4	立体仓库					
5	简易仓库					
6	堆场					
7	办公设施					
8	员工设施					
（六）	营销与管理费用（万元）					
1	营销费用					
2	管理费用					

续表

四、各种税收（万元）				
1	营业税及附加			
2	土地增值税			
3	所得税			
五、财务费用（万元）				
1	银行融资			
2	贷款本息			
六、持有物业估值（万元）		估值单价（元/m^2）	持有面积（m^2）	合计（m^2）
1	普通平房库			
2	普通楼房库			
3	高层货架仓库			
4	立体仓库			
5	简易仓库			
6	堆场			
7	办公设施			
8	员工设施			
七、汇总：税前总收入（销售收入）（亿元）			其他参考指标	
八、汇总：项目总投资（考虑贷款）（亿元）			汇总：项目总投资（不考虑贷款，不考虑持有物业估值）（亿元）	
九、净现金（考虑贷款，不考虑持有物业估值）（亿元）			净现金（不考虑贷款，不考虑持有物业估值）（亿元）	
十、静态投资回报率（考虑贷款，不考虑持有物业估值）（亿元）			静态投资回报率（不考虑贷款，不考虑持有物业估值）	
十一、静态投资年回报率（考虑贷款，不考虑持有物业估值）			静态投资年回报率（不考虑贷款，不考虑持有物业估值）	
十二、净现金（考虑贷款，考虑持有物业估值）（亿元）			净现金（不考虑贷款，考虑持有物业估值）（亿元）	

续表

十三、静态投资回报率（考虑贷款，考虑持有物业估值）		静态投资回报率（不考虑贷款，考虑持有物业估值）	
十四、静态投资年回报率（考虑贷款，考虑持有物业估值）		静态投资年回报率（不考虑贷款，考虑持有物业估值）	
十五、自有资金投入（亿元）			
十六、自有资金投资回报率			
十七、IRR（年度）			

第二章

物流地产规划设计

物流地产规划设计的核心目标是建造一个建筑形态与功能定位高度吻合的“物流仓储空间”。而要实现这一目标，首先需要物流地产商做好规划设计管理，为顺利完成物流地产规划设计赢得组织保障、流程保障、管控保障、方法保障。其次，应该根据自身发展战略，系统梳理归纳和研究物流地产项目的规划设计标准，这对于促进物流地产项目开发运营标准化和专业化、推动物流地产商发展壮大和物流地产行业逐步走向成熟都显得至关重要。再次要熟悉货物布局规划设计标准，真正做到从物流仓储设施的实际经营需要出发完成建筑形态的规划设计。

第一节　物流地产规划设计管理

物流地产规划设计管理是指物流地产商对于其各专业部门在物流地产项目规划设计过程中的权责划分和权责范围的明确界定；是对物流地产项目概念方案设计、建筑方案设计、方案扩初及施工图设计三个阶段规划设计任务书编制的明确规范；是对物流地产商针对外部设计单位进行交底和监控方法的明确说明；是对物流地产商对于物流地产项目建筑方案设计图纸和方案扩初及施工图设计图纸审查过程中的专业部门分工的明确划分；是对物流地产商对于物流地产项目建筑方案设计图纸和方案扩初及施工图设计图纸审查要点的明确指引。

物流地产规划设计牵扯物流地产商众多内部专业部门和外部合作单位，历经概念方案设计、建筑方案设计、方案扩初及施工图设计等多个阶段，涉及平面、立面、剖面、结构、配套、消防、电气、暖通、给水排水、交通流线等千头万绪。因此，物流地产商只有做好物流地产规划设计管理，才能为顺利完成物流地产规划设计赢得组织保障、流程保障、管控保障、方法保障。

一、规划设计管理权责

规划设计管理权责是指物流地产商对其内部规划设计、技术研发、投资管理、营销管理、招商及运营、成本控制等各部门在物流地产项目规划设计管理过程中权责的划分，及对其权责范围的界定。

1. 权责划分

物流地产项目概念方案设计和建筑方案设计的规划设计管理工作都应该由物流地产商的规划设计部门牵头，由投资管理、技术研发、营销管理、招商及运营、成本控制等其他各部门专业协同运作才能顺利完成。

物流地产项目方案扩初及施工图设计的规划设计管理工作应该由物流地产商的技术研发部门牵头，由规划设计、投资管理、营销管理、招商及运营、成本控制等其他各部门专业协同运作才能顺利完成。

2. 权责范围界定

物流地产商应该对物流地产项目概念方案设计和建筑方案设计的规划设计管理牵头主导部门（亦即规划设计部门）和物流地产项目方案扩初及施工图设计的规划设计管理

牵头主导部门（亦即技术研发部门）的权责范围进行明确界定。

物流地产商的规划设计部门应该牵头负责物流地产项目概念方案设计和建筑方案设计的设计单位遴选、合同签订和履行、设计任务书编制、对设计单位交底、设计过程跟踪和协调、设计图纸审查，以及组织物流地产商各专业部门的内部评审和评审意见的最终落实工作。

物流地产商的技术管理部门应该牵头负责物流地产项目方案扩初及施工图设计的设计单位遴选、合同签订和履行、设计任务书编制、对设计单位交底、设计过程跟踪和协调、设计图纸审查，以及组织物流地产商各专业部门的内部评审和评审意见的最终落实工作。

二、规划设计任务书

规划设计任务书是指物流地产商就物流地产项目概念方案设计、建筑方案设计、方案扩初及施工图设计的规划设计要求向各设计单位下达的指令。各设计单位应该按照物流地产商确定的规划设计任务书的要求完成各自负责的设计工作。

1. 规划设计任务书一般要求

无论是物流地产项目的概念方案设计、建筑方案设计，还是方案扩初及施工图设计，规划设计任务书都应该充分落实物流地产项目的产品定位要求和功能定位要求等，同时还要征求投资管理、营销管理、招商及运营、成本控制等各专业部门的意见，充分吸纳其提出的要求和建议，并按照物流地产项目总图设计、总说明、建筑、结构、水暖电等专业，以及装修、景观、智能化等专项设计进行明确说明。

除此之外，规划设计任务书还要就物流地产项目道路、场地、竖向等方面明确界定设计院与景观设计师的工作界面和衔接关系，并对如何组织和协调二者之间的关系提出工作建议。项目条件和项目类别若有不同，则项目的产品标准、技术标准，尤其是顾客敏感点也会有所不同。因此，规划设计任务书关于不同项目的具体规划设计要求应当具有针对性。规划设计任务书还应该列入相关技术标准和成本标准，并明确产品造价要求。

2. 概念方案规划设计任务书

概念方案规划设计任务书是指物流地产商在概念方案设计阶段根据拟投资建设和运营管理的物流地产项目地块的经济技术指标（主要包括项目总用地面积、容积率、总建筑面积、建筑密度、绿化率和其他限制性条件等），按照物流地产项目概念定位中已经明确的项目总体定位、目标客群、项目档次、建筑风格、全案产品配比等，尤其是物流地产项目中仓库、办公设施、员工设施等各业态类型的建筑面积配比，结合项目规划草图和相关产品标准，对该项目平面设计和立面风格等方面提出的规划设计要求。概念方案设计单位应该在概念方案规划设计任务书的指导下开展概念方案设计，并确保设计成果最终达到概念文本要求。

3. 建筑方案规划设计任务书

建筑方案规划设计任务书是指物流地产商在建筑方案设计阶段（又称为初步定位阶段）根据已经明确了投资意愿或进而已经获取了土地的物流地产项目地块的经济技术指标（主要包括项目总用地面积、容积率、总建筑面积、建筑密度、绿化率和其他限制性条件等），按照物流地产项目初步定位中已经进一步细化了的项目目标客群、布局及形态、全案产品配比、主要业态配比、面积功能配比、建筑要求、机电要求、主材要求等，尤其是已经进一步明确了的普通平房库、普通楼房库、高层货架仓库、立体仓库、简易仓库、堆场等仓库产品以及办公设施和员工设施等配套产品的层数、层高、净高、柱网和面宽等指标,结合项目概念方案设计、相关产品标准、目标成本要求等，对该项目建筑方案设计提出的规划设计要求。建筑方案设计单位应该在建筑方案规划设计任务书的指导下开展建筑方案设计，并确保设计成果最终达到报批文本要求。

4. 施工图设计任务书

施工图设计任务书是指物流地产商在方案扩初及施工图设计阶段（又称为深化定位阶段）根据物流地产项目建筑方案设计成果及政府批复，按照物流地产项目深化定位中已经明确了的普通平房库、普通楼房库、高层货架仓库、立体仓库、简易仓库、堆场等仓库产品以及办公设施和员工设施等配套产品的建筑标准和交付标准，结合物流地产商提供的设计要点和部品部件标准，对该项目施工图设计提出的设计要求。施工图设计单位应该在施工图设计任务书的指导下开展施工图设计，并确保完成该项目用地红线内所有建筑物、构筑物的建筑、结构、给水排水、暖通、电气、弱电设计，提交满足施工图审查要求的各专业施工图、室外综合管网施工图及竖向设计成果、施工图版效果图。

物流地产项目的施工图设计除了建筑设计之外，还牵涉景观设计、内装设计、供电设计、电信电视网络设计、供水设计等各专业施工图设计。因此，在施工图设计任务书中，物流地产商应该明确划分清楚建筑设计与景观设计、内装设计、供电设计、电信电视网络设计、供水设计之间的工作界面（见表2–1）。

物流地产项目施工图设计工作界面 表2–1

设计界面	内容
建筑设计与景观设计	建筑台阶、散水坡、室外管网综合规划由建筑设计单位完成；室外道路、库区围墙、大门由景观设计单位完成。挡土墙结构由建筑设计单位完成；挡土墙形式、标高、外装饰面由景观设计单位完成
建筑设计与内装设计	非首层公共部分、后勤区域的装修设计（建筑方案到施工图）由建筑设计单位完成；其他装修设计由内装设计单位完成

续表

设计界面	内容
建筑设计与供电设计	从市政变电站到红线内的开闭所由供电设计单位完成；从开闭所到各单体变配电间由建筑设计单位完成
建筑设计与电信电视网络设计	从市政管网到红线内的中心机房由电信电视网络设计单位完成；从中心机房到楼层弱电间分线箱及以后由建筑设计单位完成
建筑设计与供水设计	市政供水设计单位负责设计到泵房或第一个阀门井，其他由建筑设计单位设计

三、设计交底与效果监控

设计交底与效果监控是指物流地产商将物流地产项目概念方案设计、建筑方案设计和施工图设计的规划设计要求传达给设计单位并对其设计效果进行监控的过程。

1. 设计交底

物流地产商向设计单位进行的设计交底是物流地产项目规划设计管理的重要环节。具体来说，在物流地产项目概念方案设计和建筑方案设计委托设计单位开展设计之前，要由物流地产商的设计管理部门牵头向设计单位进行设计进度和设计任务书交底。在施工图设计委托设计单位开展设计之前，要由物流地产商的技术研发部门牵头组织建筑方案设计单位向施工图设计单位当面进行交底，同时，物流地产商的设计管理部门也要参与施工图的设计交底。

2. 效果监控

物流地产商在正式委托设计单位开展设计工作之后，要对设计效果，尤其是施工图效果进行监控。物流地产商的设计管理部门和技术研发部门应该负责审查物流地产项目施工图与建筑方案图的差异并提出修改建议，把控施工图的设计质量，负责监督现场按图施工，并对现场施工效果负责。凡是对建筑方案做较大调整，例如更改建造标准、更改外立面、调整业态定位、调整功能布局、更改景观效果、更改主要材料设备等的施工图设计，都应该经物流地产商技术研发部门严格审核批准后方可实施。

四、图纸审查

图纸审查是指物流地产商针对设计单位提交的设计成果进行质量审查的活动，是物流地产规划设计管理的重要环节。在设计单位向物流地产商提交设计图时，应一并提交设计单位针对设计图的自审记录，以确定设计单位针对设计图的内部自审已完成。物流地产商针对设计单位提交的图纸应该主要从以下五个方面进行审查：图纸是否符合国家、省市及地方设计规范的规定；图纸是否达到设计任务书的要求；图纸是否满足物流地产商的技术标准；图纸是否存在错、漏、碰、缺；图纸是否有利于施工进度、质量和成本控制。

1. 审图的部门专业分工

图纸审查绝不是物流地产商的设计管理部门或技术研发部门可以独立完成的活动，而是由设计管理部门或技术研发部门牵头组织，投资管理、招商及运营、成本控制、开发管理等各部门从自身专业角度出发，对相关项目进行图纸审查，最终通过各部门专业协同运作才能顺利完成。

（1）建筑方案审图的部门专业分工

建筑方案审图是由物流地产商的设计管理部门牵头组织，投资管理、成本控制、技术研发、开发管理、招商及运营等各部门专业协同运作的系统工程。物流地产项目建筑方案设计图纸审查的部门专业分工见表2-2。

物流地产项目建筑方案设计图纸审查的部门专业分工　　表2-2

招商及运营	技术研发	开发管理	规划设计	成本控制	投资管理
满足初步定位报告	—	—	—	满足初步定位报告	满足初步定位报告
总体布局	总体布局	总体布局	总体布局	—	—
平面	平面	平面	平面	—	—
立面	立面	立面	立面	—	—
剖面	剖面	剖面	剖面	—	—
交通流线	交通流线	交通流线	交通流线	—	—
配套	配套	配套	配套	—	—
消防	消防	消防	消防	—	—
—	—	设计条件	设计条件	—	—
—	—	报批报建	报批报建	—	—
—	—	—	满足设计任务书	—	—
—	—	—	满足设计深度	—	—
—	—	—	结构	—	—
—	—	—	给水排水	—	—
—	—	—	暖通	—	—
—	—	—	电气	—	—
—	—	—	—	满足概算成本	—

（2）施工图审图的部门专业分工

施工图审图是由物流地产商的技术研发部门牵头组织，投资管理、成本控制、规划设计、开发管理、招商及运营等各部门专业协同运作的系统工程。物流地产项目施工图审查的部门专业分工见表2–3。

物流地产项目施工图审查的部门专业分工　　表2–3

招商及运营	技术研发	开发管理	规划设计	成本控制	投资管理
满足深化定位报告	满足深化定位报告	满足深化定位报告	满足深化定位报告	满足深化定位报告	满足深化定位报告
主要经济指标	主要经济指标	主要经济指标	主要经济指标	主要经济指标	主要经济指标
满足设计任务书	满足设计任务书	满足设计任务书	满足设计任务书	满足设计任务书	—
总平面	总平图	总平图	总平图	—	—
平面	平面	平面	平面	—	—
立面	立面	立面	立面	—	—
配套设施	配套设施	配套设施	配套设施	—	—
消防	消防	消防	消防	—	—
满足交付标准	满足交付标准	满足交付标准	满足交付标准	—	—
—	设计说明	设计说明	设计说明	设计说明	—
—	交通流线	交通流线	交通流线	—	—
—	满足物流 地产商标准	满足物流 地产商标准	满足物流 地产商标准	—	—
—	剖面	—	剖面	—	—
—	节点大样	节点大样	—	—	—
—	合理化建议	—	—	合理化建议	—
—	错漏碰缺	错漏碰缺	—	—	—
—	结构	结构	—	—	—
—	电气	电气	—	—	—
—	暖通、动力	暖通、动力	—	—	—
—	给水排水、燃气	给水排水、燃气	—	—	—
—	—	满足报批报建	满足报批报建	—	—
—	—	业态布局	业态布局	—	—
—	—	专项设计	—	—	—
—	—	—	—	限额指标	—

2. 审图要点

审图要点是指物流地产商针对设计单位提交的物流地产项目建筑方案设计和施工图设计的设计成果进行质量审查时所需关注的重点。

（1）建筑方案设计图纸审图要点

建筑方案设计图纸审图要点是指物流地产商在对物流地产项目建筑方案设计图纸进行审查时，针对主要经济技术指标、总平图、业态布局、平面、立面、剖面、交通流线、配套设施、结构、消防、机电等审查项目分门别类明确的审查要点。物流地产商各专业部门只要能够严格按照建筑方案审图要点开展图纸审查，就能确保把建筑方案设计图纸审查工作做实做细。物流地产项目建筑方案设计图纸审图要点见表2-4。

物流地产项目建筑方案设计图纸审图要点　表2-4

审查项目	审查要点
项目初步定位	物流地产项目初步定位报告关于项目目标客群定位、布局和形态、全案产品配比、主要业态配比、面积功能配比、建筑要求、机电要求、主材要求等方面的各项要求等
主要经济技术指标	经济指标：物流地产项目概算成本、主要设备和材料的选用等； 技术指标：物流地产项目用地面积、容积率、总建筑面积、建筑密度、绿化率，以及其他限制性条件等
总平图	退界：物流地产项目退红线、绿线、蓝线、用地边界线的要求等； 项目出入口：物流地产项目机动车、人行、消防应急等的出入口及其与市政道路之间的关系； 道路关系：物流地产项目交通流线与市政道路之间的关系； 功能分布：物流地产项目储存作业区、中转区、装卸作业区、加工作业区、辅助作业区、办公区、冷藏和冷冻区、干燥仓储区，以及停车场、垃圾场、变电站、水泵房等功能区的关系； 竖向规划：物流地产项目与周围道路、管线的关系，以及室内外高差和景观竖向设计
业态布局	布局位置：物流地产项目中仓库、办公设施、员工设施等各种业态类型的布局位置； 面积配比：物流地产项目中仓库、办公设施、员工设施等各种业态类型的面积配比
平面	产品尺寸和单元分割：物流地产项目中普通平房库、普通楼房库、高层货架仓库、立体仓库、简易仓库、堆场等仓库产品以及办公设施和员工设施等配套产品的柱网/跨度尺寸、平面布局、单元分隔尺寸、出入口宽度、走廊宽度、各功能空间开间和进深尺寸，以及各产品类型的单元分割面积； 功能区布局和面积：物流地产项目中储存作业区、中转区、装卸作业区、加工作业区、辅助作业区、办公区、冷藏和冷冻区、干燥仓储区，以及停车场、垃圾场、变电站、水泵房等功能区的空间布局和面积配比
立面	风格：物流地产项目初步定位报告要求； 用材：物流地产项目初步定位报告要求； 门窗：物流地产项目门窗的数量、位置、大小、样式； 空调位：物流地产项目空调位的位置、数量、尺寸； 准确性：与物流地产项目效果图一致； 成本：物流地产项目目标成本； 管线：物流地产项目管线布置在隐蔽处； 新风口、排风口：物流地产项目新风口和排风口的位置、尺寸、数量
剖面	标高：物流地产项目的室外、±0.000、出入口、装卸平台、仓库地板、仓库顶棚； 层高、梁高：物流地产项目各功能区； 净高：物流地产项目各功能区； 室内外高差：通常与物流地产项目中载货汽车和铁路货车使用的装卸平台高度一致

续表

审查项目	审查要点
交通流线	人流：物流地产项目的后勤流线； 车流：物流地产项目的员工自驾车流线、非机动车流线、消防车流线； 货运：物流地产项目的货运流线，通道宽度、承重、转弯半径； 停车场出入口：物流地产项目的停车场出入口尽量设置在非主要道路上； 卸货平台：物流地产项目的卸货平台位置、数量、尺寸
配套设施	办公区：物流地产项目办公区的位置、面积、功能布局； 辅助作业区：物流地产项目的辅助作业区应充分利用项目的边角用地； 停车场：物流地产项目中货车、拖车和员工汽车的停放场地； 垃圾场、变电站、水泵房：物流地产项目中垃圾场、变电站、水泵房的面积、位置、数量
结构	结构形式：物流地产项目结构形式选型； 基础形式：物流地产项目基础形式选型
消防	消防车道及回车场地、消防登高面：物流地产项目中消防车道及回车场地、消防登高面的布局、位置、尺寸； 防火分区及安全疏散：物流地产项目中防火分区及安全疏散通道的布局、位置、尺寸； 消防设施及措施：物流地产项目中如墙体、金属承重构件、防火门、防火卷帘、消防电梯、消防水池、消防泵房及消防控制中心的设置、构造与防火处理等
机电	供电系统：物流地产项目的供电方式、电压等级，电源、电信、电视等强、弱电引入点位置，开闭所/变电所/主要电气设备间、弱电机房位置、面积，柴油机发电机房位置、面积； 采暖系统：物流地产项目采暖系统设计依据国家节能标准； 设备用房：物流地产项目设备用房的位置、面积、高度

除此之外，物流地产商的招商及运营部门还应该从物流地产市场需求的角度出发，着重关注物流地产项目建筑方案设计是否满足仓库租赁市场和潜在承租人的需要。对于定制开发或者收购回租物流地产项目来说，物流地产商就要着重关注建筑方案设计是否满足定制客户或收购回租客户的需要。

物流地产商的开发管理部门（抑或是物流地产商在物流地产项目所在地成立的项目公司）应该从项目当地实际情况出发，着重关注项目与当地竞争项目的产品比较，同时还要关注建筑方案设计中的主要经济指标是否满足当地报批要求，消防设计是否满足当地消防规定。此外，还要审查建筑方案设计条件是否齐备，包括工程设计的原始资料是否准确完整，规划条件是否满足市政条件，日照间距是否符合当地规定，环评、交评、初勘报告是否满足当地要求，以及建筑方案是否满足当地报批报建要求。

（2）施工图审图要点

施工图审图要点是指物流地产商在对物流地产项目施工图进行审查时，针对深化定位报告、设计任务书、主要经济技术指标、总平图、业态布局、平面、立面、剖面、设计说明、交通流线、配套设施、结构、消防、机电、暖通、动力、给水排水、管线综合、专项设计等审查项目分门别类明确的审查要点。物流地产商各专业部门只要能够严格按照施工图审图要点开展图纸审查，就能确保把施工图审查工作做实做细。物流地产项目施工图审图要点见表2–5。

物流地产项目施工图审图要点　　表2–5

深化定位报告	物流地产项目深化定位报告各项要求
设计任务书	物流地产项目施工图设计任务书各项要求
主要经济技术指标	经济指标：物流地产项目目标成本、限额标准、主要设备和材料的选用； 技术指标：物流地产项目用地面积、容积率、总建筑面积、建筑密度、绿化率、车位数，以及其他限制性条件
总平图	退界：物流地产项目退红线、绿线、蓝线、用地边界线的要求等； 项目出入口：物流地产项目机动车、人行、消防应急等的出入口及其与市政道路之间的关系； 道路关系：物流地产项目建设用地范围、道路及建筑红线位置、用地及四邻有关地形、地物、周边市政道路的控制标高，项目与市政道路之间的关系； 功能分布：物流地产项目储存作业区、中转区、装卸作业区、加工作业区、辅助作业区、办公区、冷藏和冷冻区、干燥仓储区，以及停车场、垃圾场、变电站、水泵房等功能区的关系，大门围墙； 竖向规划：物流地产项目与周围道路、管线的关系，以及室内外高差、雨水排水系统和景观竖向设计； 管线综合：物流地产项目管线接入口、管线高程
业态布局	布局位置：物流地产项目中仓库、办公设施、员工设施等各种业态类型的布局位置； 面积配比：物流地产项目中仓库、办公设施、员工设施等各种业态类型的面积配比
平面	产品尺寸和单元分割：物流地产项目中普通平房库、普通楼房库、高层货架仓库、立体仓库、简易仓库、堆场等仓库产品以及办公设施和员工设施等配套产品的柱网/跨度尺寸、平面布局、单元分隔尺寸、出入口宽度、走廊宽度、各功能空间开间和进深尺寸，以及各产品类型的单元分割面积； 功能区布局和面积：物流地产项目中储存作业区、中转区、装卸作业区、加工作业区、辅助作业区、办公区、冷藏和冷冻区、干燥仓储区，以及停车场、垃圾场、变电站、水泵房等功能区的空间布局和面积配比； 防雨棚：物流地产项目的防雨棚位置、高度、数量和尺寸
立面	效果复核：与物流地产项目效果图和报批方案一致； 用材：满足物流地产项目深化定位报告要求和报批方案设计； 空调位：物流地产项目中空调位的位置、数量、尺寸； 管线：物流地产项目管线布置在隐蔽处； 门窗：物流地产项目门窗的位置、大小、数量、样式、开启扇位置
剖面	标高、层高、净高、室内外高差：物流地产项目中普通平房库、普通楼房库、高层货架仓库、立体仓库、简易仓库、堆场等仓库产品以及办公设施和员工设施等配套产品的标高、层高、净高、室内外高差； 建筑剖面数量：物流地产项目各产品类型单体至少应有2个以上剖面，若建筑较复杂，应增加剖面数量以反映出建筑物空间状况； 剖面大样：与物流地产项目平面、立面相符，做法及尺度详细，不同材料过渡表达清晰，方便施工。关键部位的节点、大样不能遗漏，如物流地产项目中楼梯、卫生间、墙身、门窗等。图中楼梯、上人屋面、窗等安全防护设施应交代清楚
设计说明	主要部位材料选用及做法：物流地产项目地面、墙面、屋面、顶棚等部位材料选用及做法； 建筑节能：物流地产项目保温材料选择、主要部位围护结构材料做法； 防火：物流地产项目防火分区及安全疏散，防火材料选择恰当，防火构造明确合理； 防水：物流地产项目防水等级、防水选材、防水做法； 室内装修做法：物流地产项目各功能空间装修做法明确，符合交付标准； 门窗选材：物流地产项目各产品类型的门窗选材

续表

深化定位报告	物流地产项目深化定位报告各项要求
交通流线	人流：物流地产项目后勤流线； 车流：物流地产项目员工自驾车流线、非机动车流线、消防车流线； 货运：物流地产项目货运流线，通道宽度、承重、转弯半径； 停车场出入口：物流地产项目停车场出入口尽量设置在非主要道路上； 卸货平台：物流地产项目卸货平台的配比、数量
配套设施	办公区：物流地产项目办公区的位置、面积、功能分隔、装修标准； 辅助作业区：物流地产项目的辅助作业区应充分利用项目的边角用地； 停车场：物流地产项目中货车、拖车和员工汽车的停放场地； 垃圾场、变电站、水泵房：物流地产项目中垃圾场、变电站、水泵房的面积、位置、数量
结构	结构选型：经济合理； 基础形式：优先选择天然地基； 荷载：满足物流地产项目要求； 含钢量：满足物流地产项目要求； 混凝土含量：满足物流地产项目要求； 结构断面：柱、剪力墙、梁、板断面，关键部位构件
消防	消防车道及回车场地、消防登高面：物流地产项目中消防车道及回车场地、消防登高面的布局、位置、尺寸； 防火分区及安全疏散：物流地产项目中防火分区及安全疏散通道的布局、位置、尺寸； 消防设施及措施：物流地产项目中如墙体、金属承重构件、防火门、防火卷帘、消防电梯、消防水池、消防泵房及消防控制中心的设置、构造与防火处理等； 消防出入口：物流地产项目消防出入口的宽度、位置； 防火门、防火卷帘、挡烟垂壁：物流地产项目防火门、防火卷帘、挡烟垂壁的选材、规格、做法； 防火构造：物流地产项目管道井封堵、变形缝、层间封堵等防火构造
机电	供电系统：物流地产项目的供电方式、电压等级，以及变配电所的数量、位置及面积； 用电指标：物流地产项目使用需要； 设备选型：物流地产项目中变压器、开关柜、配电箱、开关元器件等设备选型； 管线选型：物流地产项目中电缆、电线、管材、桥架选型
暖通、动力	冷热源：物流地产项目集中冷热源的类型、分散冷热源的类型； 空调系统：物流地产项目空调水系统、风系统； 采暖系统：物流地产项目采暖系统； 设备选型：物流地产项目暖通、动力设备选型
给水排水	用水指标：物流地产项目使用要求； 给水排水系统：物流地产项目给水、雨水、污水系统； 设备选型：物流地产项目给水排水设备选型； 管线选型：物流地产项目给水排水管线选型
管线综合	给水管：物流地产项目生产用水、生活用水、消防用水、市政用水给水管； 排水管：物流地产项目污水、废水排水管； 热力管：物流地产项目蒸汽、热力管 电力线：物流地产项目生活性、生产性电力线； 电信线路：物流地产项目电话、广播、有线电视线路
专项设计	智能化：物流地产项目智能化专项设计

除此之外，物流地产商的成本控制部门还应该从成本控制的角度出发，着重关注物流地产项目施工图是否满足设计限额标准和成本限额标准，整个施工图是否满足整个项目的目标成本。对于设计限额标准和成本限额标准，物流地产商应该着重关注钢筋含量、混凝土含量、外立面限额标准、室外管网限额标准、强电限额标准、智能化限额标准、空调限额标准、采暖限额标准、给水排水限额标准等。

物流地产商的招商及运营部门应该从招商和运营的角度出发，着重关注施工图中各类产品类型的交付技术条件是否满足项目深化定位报告的要求。对于定制开发或者收购回租的物流地产项目来说，物流地产商就要着重关注施工图中各类产品类型的交付标准是否满足定制客户或收购回租客户的合同要求。此外，还要着重关注物流地产项目中办公区、辅助作业区、停车场、通道、设备房、垃圾场等的建造标准、技术条件、各系统计量配置及技术标准是否满足项目深化定位报告的要求。

五、资料管理

资料管理是物流地产规划设计管理过程中非常重要但又往往容易被忽视的环节。物流地产商的规划设计部门和技术研发部门应该对物流地产项目的概念方案设计、建筑方案设计、方案扩初及施工图设计等规划设计过程中收集的资料和中间成果及时存档保管，对最终成果应该按照工程档案管理规定归档。在物流地产项目建筑方案设计单位向方案扩初及施工图设计单位进行设计交底时，前者应该向后者移交完整的资料，同时自身也要对资料做好存档保管。

除此之外，物流地产商还应该对以下四类资料做好存档保管。第一类是物流地产项目可行性评估资料，包括针对项目环境、交通、市场供求、功能定位、网络布局、建设进度、投资回报等方面的可行性研究报告；第二类是国家和物流地产项目所在地政府关于物流产业发展规划、土地利用总体规划、城市规划等方面的文件；第三类是国家和物流地产项目所在地政府关于土地管理、规划、消防、安全、质检、环保等方面的法律、法规、规章及有关规定文件；第四类是物流地产项目概念定位报告、初步定位报告、深化定位报告、概念方案等。

尤其值得注意的是,在物流地产项目投资建设和运营管理过程中,需要在项目规划、建设等多个环节报送当地政府相关部门，经相关部门审批通过后方可逐个实施。为了确保报批顺利通过，物流地产商就需要做好相关资料管理，确保工程设计原始资料准确完整。同时，物流地产商还要研究整理物流地产项目所在地政府关于消防、供电、供水等方面的相关规定文件，以及政府主管部门针对该项目的批文及规划设计条件（含红线图、地形图）资料，整理保存满足当地要求的项目环评、交评、初勘报告、工程地质勘察报告，以及满足当地报批报建要求的建筑方案设计及政府批复和建筑施工图。

第二节　物流地产规划设计标准

物流地产商应该根据自身发展战略系统梳理归纳和研究物流地产项目的规划设计标准，这对于促进物流地产项目开发运营、推动物流地产商发展壮大和物流地产行业逐步走向成熟都显得至关重要。具体来说，物流地产商根据自身发展战略系统梳理归纳和研究开发物流地产项目的规划设计标准，一是不仅有助于缩短物流地产项目设计周期，而且有助于物流地产商通过采用战略品牌，减少招标、采购、合约环节，有效缩短项目开发周期；二是不仅有助于物流地产商针对物流地产项目各专业进行限额设计，而且有助于物流地产商通过采用战略品牌，进行集中采购，有效降低项目成本；三是不仅有助于物流地产商通过产品定型化、模块标准化，有效积淀企业经验，减少因设计失误而造成的现场返工，而且有助于指导物流地产商通过采用战略品牌使得质量实现可控，最终确保产品质量；四是不仅有助于以提升产品品质和提升企业经营为目标，使物流地产项目产品定位、规划设计、成本控制、招商及运营等方面形成一个有机整体，避免各环节相互脱节，而且能够起到工具书的作用，为物流地产商创立品牌而服务。

诚然，各物流地产类型及各产品类型的特定建筑在功能用途和规划设计方面都各不相同，存在一定差异性。但是，各物流地产类型及各产品类型的不同建筑又都拥有共同的特点。本书关于物流地产的规划设计标准，主要是归纳总结了通用仓库及库区规划设计中基于现代物流运作需要的基本要求与参数，适用于单层通用仓库（能满足货物一般储存要求的单层仓库）及库区的新建、改建或扩建，多层通用仓库（能满足货物一般储存要求的多层仓库）、低温仓库（能满足冷藏和冷冻货物储存要求的仓库）、危险品仓库（能满足危险货物储存要求的仓库）等亦可参照以下标准并结合自身特点进行规划设计。

一、库区功能布局

仓库是储存货物及进行相应作业的建筑物，而库区是由一栋或若干栋仓库、堆场以及配套办公设施和员工设施等建筑物或构筑物所组成的区域。库区功能布局主要是指物流地产项目的库区平面布局、仓库功能布局、库区道路布局三个方面。

1. 库区平面布局

库区平面布局是指物流地产商根据物流地产项目的地形地貌、占地面积、容积率、建筑密度、气候条件、客户类别、服务功能、交通流线、储存货物类型、拣选模式、包装方式、作业频率、货架类型、作业机械、作业流程、运输车辆类型、防火要求等各方面因素，在整个物流地产项目库区范围内对仓库、办公设施、员工设施等主要业态类型和普通平房库、普通楼房库、高层货架仓库、立体仓库、简易仓库、配套办公设施产品、配套员工设施产品等主要产品类型，以及辅助作业区、停车场、垃圾场、变电站、水泵房等主要功能区的分布进行的规划设计。此外，在物流地产项目的库区平面布局中，还应该确定库区出入口、通道、排水系统等设施的布局位置与设计参数，还有些物流地产项目甚至需要根据实际需要布局专门的流通加工区或者其他特殊要求的加工区、堆场、铁路专用线、码头等设施，最终达到物流地产项目库区布局合理、安全、高效，并能充分提高土地利用率的核心目标。

库区平面布局虽然会因为物流地产项目的不同而各具特色，但同时也存在一些共同的布局规律和经验法则。具体来说，在大多数情况下，尤其是对于单层通用仓库及库区来说，库区的作业区（库区内进行货物储存、装卸、搬运、加工等作业的区域，包括储存作业区、中转区、装卸作业区、加工作业区等）、辅助作业区（库区内进行作业设备充电、保养、维修及安装相关设备的区域）、办公区与停车场等主要功能区应该分区布置。

其中，就作业区的布局来看，不同类型的物流地产项目应该根据进出货物类型、作业频率、货架类型、作业流程、拣选模式、包装方式等各方面因素建设相应的功能区，合理设置储存作业区、中转区、装卸作业区、加工作业区等功能区的布局，保障作业区主要功能的顺利实现、货物的有序流动和资源的优化配置。就办公区的布局来看，作为物流地产项目中的主要配套产品，办公区可以通过在仓库建筑中加建夹层来实现，也可以像大多数物流地产项目那样分区布置。办公区如果分区独立布置，那么其占地面积一般不应该超过物流地产项目总用地面积的10%，且宜布置于库区主入口处，同时，办公区应该做到功能齐备，面积合理。就辅助作业区的布局来看，物流地产项目辅助作业区的布局应该充分利用库区的边角用地。就装卸作业区的布局来看，物流地产项目装卸作业区（用于停靠车辆并进行货物装卸的作业区域）的布局应该主要根据运输车辆的类型、作业方式、地形地貌、建筑密度、作业频率、气候条件等各方面因素进行规划设计。装卸作业区应满足12.192m（40英尺）集装箱卡车作业需要，单侧装卸作业时，装卸作业区的宽度（含车辆通道）宜不小于30m，相向装卸作业时，装卸作业区的宽度（含车辆通道）宜不小于45m。装卸作业区应根据当地气候条件，采取必要的防雨、防雪等措施。除此之外，库区平面布局还应该考虑物流地产项目中停车场、垃圾场、变电站、水泵房等设施的布局，包括位置、面积和数量规划。

无论是新建、改建，还是扩建的物流地产项目，物流地产商都应该根据企业发展规划和现代物流运作要求对库区平面布局进行整体规划，规划设计应该适度超前，避免

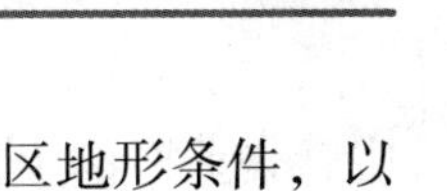

因企业发展造成的重复改建。库区平面布局的规划设计应该充分利用库区地形条件，以减少施工量和材料使用，同时还应该规划设计可回收材料集中收集、分类和回收的功能区，设立可回收材料的分类回收装置。

2. 仓库功能布局

仓库是物流地产项目中的主体产品。一般来说，在整个物流地产项目地块中，仓库的占地面积与库区的总用地面积的比例大体为1∶2。仓库功能布局是指物流地产商为了最大限度地有效利用仓库空间、提高设备利用率、提升劳动效率、增加安全性、减少设施和货物损坏率、满足不断变化的仓储和处理要求、使仓库具有有效的内部管理方法，根据物流地产项目投资规模、库房容积率、利用率、货物类型、包装方式、作业流程、作业频率、货架类型、作业机械及地面荷载等各方面因素，对物流地产项目仓库内固定设施和功能区（包括装卸作业区、中转作业区、仓储作业区、办公区、冷冻/冷藏室等功能区）的布置进行的规划设计，具体包括对固定设施和功能区的位置、面积配比等方面的规划设计。

（1）固定设施布局

固定设施布局在整个仓库功能布局中具有优先性。由于仓库中诸如楼梯间、厕所、自动喷淋灭火系统装置、采暖和空气调节设备等某些固定设施和建筑的基础部件只能布置在仓库的特定位置，并且只能是特定的布局结构，因此一般来说，在规划仓库功能布局时，物流地产商应该在布局可灵活放置的设施位置前，优先明确这些固定设施的布局位置。

（2）装卸作业区布局

装卸作业区在仓库中同时承担着货物接收和货物装运两种功能，是仓库中货物进出活动频发的区域。因此，装卸作业区的布局是整个仓库功能布局的核心内容。装卸作业区中的货物接收区和货物装运区可以设置在一起，也可以分置在不同的区域。但在大多数情况下，货物接收区和货物装运区会设置在一起，以便最大限度地发挥设备和人员的协同效应。当然，如果货物接收区和货物装运区分置在不同的区域，则可以有效缓解拥堵现象的发生。

（3）中转作业区和仓储作业区布局

中转作业区是仓库中承担从货物装卸到货物仓储之间中转作业的功能区，仓储作业区是仓库中承担货物仓储作业的功能区。就大多数仓库的典型布局来看，仓库的中转作业区是货物进出的重要连接，连接着仓库的仓储作业区和装卸作业区，而仓库的仓储作业区往往布局于中转作业区的外围，亦即中转作业区的两侧和后面应该全部由仓储作业区围绕，仓储作业区围绕着中转作业区而形成U字形布局。由于中转作业区要求的层高往往低于仓储作业区要求的层高，因此办公区如果设置在仓库内的话，则往往布局于仓库中转作业区的上方。

（4）办公区布局

办公区如果布局于仓库内部的话，那么往往都是通过在仓库建筑中加建夹层来实现。仓库办公区的日常组成部分一般包括私人办公室、开放式办公区、会议室、教室、情况介绍区、影印和传真区等。办公区面积占仓库总面积的比例在各类仓库建筑中存在显著不同，从5%以下到超过25%不等。物流地产商要通过对办公区布局的规划设计，明确办公区的位置及功能布局平面图、风格定位、内部装修标准等。办公区布局不仅应该做到功能明确、面积合理，而且还要对于仓库内人行通道与操作区域进行分割，以确保工作人员的安全。

（5）冷冻/冷藏室布局

所有物流地产项目的仓库建筑中理论上都可能会布局一定比例的冷冻/冷藏室。但是在一般的通用仓库（包括单层通用仓库和多层通用仓库）中，冷冻/冷藏室面积在仓库总面积中的占比往往不会超过5%。而在立体仓库或者在主要发挥配送功能而非仓储功能的仓库建筑中，往往都不会布局冷冻/冷藏室。在冷冻/冷藏仓库中，冷冻/冷藏室面积在仓库总面积中的占比往往不会超过25%。

冷冻/冷藏室的外部特征与其他仓库几乎无异，但其内部特征与其他仓库明显不同。在其他类型的仓库建筑中，也可以见到冰柜和轮式冰箱。但是在冷冻/冷藏室中，冷冻/冷藏设施已经被融入到了仓库建筑设计之中。由于冷冻/冷藏室具有特殊的功能，且数量相对较少，因此易腐货品在冷冻/冷藏室中储存时间很短，冷冻/冷藏室的关注点在于产品配送而不是产品储存。冷冻/冷藏室的内部结构布局设计独特，一般由三个部分构成。第一部分是融入建筑结构的冷冻层；第二部分是冷藏部分，其温度通常保持在冷冻点以上一点点；第三部分是干燥存储区。

（6）立体仓库功能布局

立体仓库的功能布局较为特殊，其仓储作业区是一个能够提供存放货物的货架式仓储建筑空间。在整体式立体仓库中，该货架式仓储建筑空间同时还起到了结构支撑作用。立体仓库的中转作业区、装卸作业区与仓储作业区应该分开布局，仓储作业区与装卸作业区之间通常是由自动运送系统相连接。从物理特征上来看，立体仓库很像是一个有许多装卸平台、顶棚较低的通用仓库。

立体仓库是所有仓库类型中最为先进和高端的产品类型。因此，对于一个物流地产项目来说，整个库区中是否投资建设和运营管理着立体仓库，以及立体仓库面积在所有仓库总面积中的占比往往就成为衡量库区等级高低的重要指标。根据我国通用仓库等级分类，我国独立库区由低到高被划分为五个等级，分别是一星、二星、三星、四星和五星。其中，四星仓库的一个重要认定标准是立体仓库面积在所有仓库总面积中的占比要

达到30%，而五星仓库的一个重要认定标准是立体仓库面积在所有仓库总面积中的占比要达到50%。

3. 库区道路布局

库区道路布局是指物流地产商对库区道路、道路与建筑物的关系、人车出入口与市政道路之间的关系、人流动线、车流动线（机动车流线、非机动车流线、消防车流线）、货流动线（货运流线、装卸区）等布局的规划设计。库区道路布局应该满足进出库区的主要车型车辆的作业需要及安全行驶需要，并符合国家道路规划设计标准，特殊产品类的专业型物流地产项目的库区道路布局应该满足特殊车型车辆的作业需要和通行要求。

就库区道路布局的设计规范和经验法则来看，物流地产项目的库区道路宽度和承重应该符合项目定位要求，转弯半径应该满足12.192m（40英尺）集装箱卡车的通行要求，并结合消防通道要求对库区车流走向进行规划。库区主通道应该根据整个库区面积、车流量和装卸作业机械运行要求进行规划设计，一般应该为双车道，道路宽度不应该小于9m。如物流地产项目库区主通道规划设计为单向通行时，道路宽度不应该小于5m。如果库区道路及作业区上方需要架设管线或其他障碍物时，其距离地面的高度应该不低于5m，其距离地面的净高应该高于运输车辆和消防车辆要求高度的1m以上。

库区道路布局应该出于对安全因素的考虑合理安排库区以内仓库外围的人行道和机动车道。机动车道的设计不仅要满足库区员工的通行要求，更要满足库区作业车辆的通行要求。如果人行道与机动车道使用同一条线路，那么，道路的中间应该设立一定的隔离围挡。当然，最为理想的做法是人行道和机动车道使用不同的线路，如果人行道和机动车道并排布局的话，则应在人行道和机动车道之间合理设立隔离屏障以免人车混行。除此之外，库区道路布局还要做到仓库工作人员的私家车停车场应该与货车及升降运送车停车场分开布局，仓库内机动车出入口与行人出入口分开设置。

二、仓库建筑标准

仓库建筑标准是指物流地产商根据物流地产项目的库区平面布局、储存货物类型、进出库频率、货架类别、作业方式、作业流程、消防要求等各方面因素确定的仓库建筑的基本设计参数。仓库建筑标准应该统筹考虑仓库全寿命周期内的节能、节地、节水、节材、保护环境与满足仓库功能之间的辩证关系,根据因地制宜的原则，结合物流地产项目所在地的气候条件、资源条件、自然环境、经济水平、文化特色等各方面特点，做到既符合国家法律法规和相关标准的规定，又达到经济效益、社会效益和环境效益的有机统一。

1. 仓库面积与库容量

物流地产商应该根据物流地产项目的库区平面布局、仓库功能布局、储存货物类型、作业流程等各方面因素对单体仓库的面积大小进行规划设计。综观各类仓库，面积大小多种多样。但是，无论从现代物流作业的实际需求来看，还是从现代物流地产的发展趋势来看，专业的现代物流仓库建筑面积大多数不小于10000m^{2}的规模，且大部分仓库都应该尽量采取矩形形状，这样就更有利于高效率的仓储作业和配送作业。

仓库面积的大小往往是衡量仓库和库区等级的一个重要指标。根据我国通用仓库等级分类，我国独立库区由低到高被划分为五个等级，分别是一星、二星、三星、四星和五星。其中，一星和二星仓库是总建筑面积在5000～10000m^{2}的普通平房库或普通楼房库。三星、四星、五星仓库是总建筑面积在10000m^{2}以上的普通平房库或普通楼房库。

库容量是用来衡量一个仓库装载能力的重要指标，装载能力是仓库的一个重要物理特征。对于货架式仓库来说，库容量就是仓库货架上货位（货架上存储一个单元货物的单位空间）的总数。物流地产商可以根据仓库功能布局、仓储作业区面积、货架类型等因素，计算出仓库的库容量。库容量和货物进出库频率是衡量仓库运行效率高低的两个重要指标。

2. 容积率

容积率是物流地产项目重要的建筑容量控制指标之一，是指在一定范围内，物流地产项目地上建筑面积总和与建设用地面积的比值。或言之，容积率是建设用地开发强度的一个重要控制指标。例如，我国对一类工业区、二类工业区和三类工业区的容积率制定了相应的控制标准，而这一控制标准对于在工业用地上投资建设和运营管理物流地产项目同样适用。工业区开发强度控制标准见表2-6。

工业区开发强度控制标准 表2-6

工业区类型	建筑密度（%）	容积率
一类工业区	≤45	1.2～1.6
二类工业区	≤40	1.2～1.6
三类工业区	≤40	0.8

物流地产项目的容积率在所有房地产项目类型中处于较低水平。物流地产项目用地的出让方往往会根据物流地产项目类型，结合物流地产项目区位特征，确定物流地产项目容积率的控制值和推荐值（表2-7）。除此之外，在物流地产项目规划设计过程中，物流地产商还需要格外注意的是，某些城市规定如果仓库层高超过6m的话，在计算容积率时该层建筑面积需要加倍计算，具体折算倍数不同城市各不相同。物流地产商应该了解

物流地产项目所在地政府主管部门对容积率折算系数的具体规定，以便科学合理地推进规划设计。

物流地产项目容积率的控制值与推荐值 表2–7

物流地产项目类型		城区控制值	城区推荐值	城郊控制值	城郊推荐值
专业型物流地产项目	低温类	0.8	0.9	0.7	0.8
	散装类	0.7	0.9	0.6	0.8
通用型物流地产项目	仓储类	1.0	1.2	0.9	1.1
	集散类	0.8	1.0	0.7	0.9
	其他类	0.9	1.1	0.8	1.0
综合型物流地产项目		0.8	0.9	0.7	0.8

3. 仓库高度

仓库高度是仓库建筑物的一个重要物理特征，具体包含层高、梁高和净高等多个衡量指标。综观各类仓库,不同类型的仓库往往在高度上也存在显著差异。通用仓库（包括单层通用仓库和多层通用仓库）的顶棚高度一般在4.9～25m范围内。近年来,伴随建筑技术的更新换代和建筑材料的日新月异，以及自动检索系统和存货报表软件在现代仓库管理中的广泛应用，仓库因此实现了更大的堆垛能力。同时，仓库高度也普遍有往更高设计的趋势。物流地产商应该综合考虑物流地产项目的容积率、储存货物类型、货架类型、作业机械等各方面因素后确定仓库净高，一般来说以9m为宜。另外，仓库储存的所有货物顶部和仓库屋顶、屋顶横梁或灯饰配件之间应留有至少1m的净空间。不同类型仓库的层数或高度见表2–8。

不同类型仓库的层数或高度 表2–8

建筑类别		名称	层数或高度
工业建筑	仓库	多层仓库	≥2层，且$H<24$m
		高层仓库	≥2层，且$H>24$m
		高架仓库	货架高度>7m，且为机械化操作或自动化控制的货架仓库

立体仓库往往可以比其他类型的仓库达到更高的高度。立体仓库的全称是货架自动化立体仓库或货架自动化立体仓储，一般采用几层、十几层乃至几十层高的货架储存单

元货物，同时采用相应的物料搬运设备进行货物入库和出库作业。立体仓库的主要特点是利用立体仓库设备实现仓库高层的合理化、存取的自动化和操作的简便化。因此，与通用仓库相比，立体仓库一般都较高，其高度一般在5m以上，最高达到40m，常见的立体仓库的高度在7～25m之间。

4. 仓库跨度与柱距

物流地产商在物流地产项目的规划设计过程中，应该根据仓库及货架的布局安排、作业流程设计等各方面因素来确定仓库的跨度和柱距。一般来说，从现代物流作业的实际需求来看，结合物流地产的发展趋势，并全面考虑仓库的经济性和安全性的需要，仓库跨度宜为20～30m，柱距宜为9～12m，柱间支撑及斜拉支撑不应对货架安装及库区内作业造成障碍。

5. 仓库地板

物流地产商在物流地产项目的规划设计过程中，应该根据仓库作业频率、货架类型、作业机械、作业流程、运输车辆类型等各方面因素来确定仓库地板的荷载、高度、水平度、厚度、主材要求。具体来说，就仓库地板的荷载来看，其承载力必须能够满足货架的集中荷载要求和载货汽车的动态荷载要求，并综合考虑储存货物类型、货架类型、装卸机械等因素进行规划设计，一般不宜小于3t/m^2。就仓库地板的高度来看，其高度通常应该与载货汽车和铁路货车使用的装卸平台高度一致，以便于货物搬运。同时，墙基应该具备一定高度，以防受到啮齿类动物的啃噬。就仓库地板的水平度和厚度来看，货架系统的使用要求地板的水平度和厚度可以负载重荷并减少货车和火车的震动。所储存的货物量决定了地板的厚度，货物较重或数量较多就要求地板更厚一些，地板最小厚度不宜小于15.2cm。仓库地面要确保不能有细微的高差，因为即便是细微的高差也会在作业中改变铲车或者堆垛机抬高货物时伸缩装置的位置。若地面出现问题，就会增大桅杆顶端的事故率。就仓库地板的主材来看，由于所有仓库都要求地面不可以发生火花，以避免因仓库地面发生火花而引起的火灾隐患，因此就需要物流地产商从仓库地面的选材层面予以特别关注。不可发生火花的仓库地面设计要求见表2-9。

不可发生火花的仓库地面设计要求 **表2-9**

建筑类型	地面类型	设计要求
仓库	不可发生火花的地面	采用细石混凝土、水泥石屑、水磨石等面层，但其骨料应为不发生火花的石灰石、白云石和大理石等，亦可采用不产生静电作用的绝缘材料作整体面层

6. 装卸平台

装卸平台是物流地产项目仓库建筑物特有的构造。物流地产商在物流地产项目的

规划设计过程中，应该根据仓库承租人的需求，结合仓库运输车辆类型、气候条件、储存货物类型等各方面因素，确定装卸平台的高度、宽度、配置比例等设计参数。具体来说，就装卸平台的高度来看，物流地产商应该根据运输车辆底板的高度来确定装卸平台的高度，一般宜为1～1.4m。就装卸平台的宽度来看，物流地产商应该根据作业机械类型、回转半径及储存和配送作业特点来确定库外装卸作业平台的宽度，一般宜不小于4.5m。当站台登车桥不设在库门时，库外装卸作业平台的宽度宜不小于5m。就库外装卸作业平台的类型来看，物流地产商应该根据库区规划、气候条件、作业流程、装卸设备等因素来确定采用一字型库外装卸作业平台，还是锯齿型库外装卸作业平台。如果物流地产商决定采用下沉式平台，则应该考虑库区地面与市政排水管道的高差，以便有效解决排水问题。同时，地面坡度应保证装卸作业安全，北方地区还应该考虑下雪防滑。

装卸平台的配置数量是物流地产商在仓库规划设计时需要特别考量的重要问题。综观各类仓库建筑物，其装卸平台相对于仓库总面积的配置比例各不相同。有些仓库约每300m^{2}就会配置一个装卸平台，有些仓库可能每1500m^{2}才会配置一个装卸平台。事实上，装卸平台的配置比率应该随着仓库用途和承租人数量的不同而不同。一般来说，有多个承租人和进出货物周转快的仓库，装卸平台的配置比率就高，亦即同样面积的仓库需要配置更多数量的装卸平台。仅有一个承租人且进出货物周转慢的仓库，装卸平台的配置比率就会较低，亦即同样面积的仓库需要配置较少数量的装卸平台。装卸平台的配置数量是决定仓库装载力的一个重要指标。

冷藏和冷冻仓库对于装卸平台的要求与其他仓库显著不同。为了保证储存货物的质量，冷藏和冷冻仓库一般都需要使用内部装卸平台。在一些冷藏和冷冻仓库中，整个内部装卸平台区域都有温度控制。即使采用外部装卸平台，冷藏和冷冻仓库的外部装卸平台也通常具备防护措施，以减少货物暴露在户外而遭受损失的可能。

7. 仓库库门

物流地产商在物流地产项目的规划设计过程中，应该根据仓库面积、存储货物类型、货物进出库频率、作业流程、作业方式、防火要求等各方面因素，确定能够满足仓库功能需求的仓库库门样式、大小、尺寸和数量。具体来说，就仓库库门样式来看，仓库库门可以根据仓库功能需求选择手电动两用工业提升门、卷帘门、推拉折页门或推拉门，而不宜采用平开门。其中，推拉门是最常见的一种仓库库门样式，它结构简单，仅仅需要将镀锌波形钢板或者镀锌平板镶嵌在焊接钢框架上即可；推拉折页门是一种比简单的推拉门技术更高端的仓库库门样式，它可以被折叠起来，而不占据多余的空间，也可以保持不完全开门的状态，允许人、车通过。与推拉门相比，推拉折页门的价格更加昂贵。如果仓库库门采用卷帘门样式的话，那么则要注意当卷帘门被拉下时，应能尽可能靠近地沟，以避免干湿天气对仓库储存货物的影响。相对而言，在仓库库门的各种样式中，卷帘门的安全性较低，尤其是在门外上锁的情况下。就仓库库门的配置数量来看，一般来说，每10000m^{2}仓库面积需要配置不少于6扇库门。不仅如此，物流地产商还应该根据仓库未来发展的需要，预留库门位置，便于日后改造。就仓库库门的大小和尺寸来看，物流地产商应该根据仓库的装卸平台类型、作业机具和货物类型来确定仓库库门的宽度和高度，充分考虑所有运载工具和搬运设备能够轻松通过。一般来说，仓库库门的宽度不小于2.75m，高度不小于3.5m。除此之外，对于那些供多个承租人使用的仓库来说，一般需要物流地产商根据承租人的需要，将仓库建筑分为多个部分，每个部分满足一个承租人使用。因此，每个独立的部分就都需要独立的仓库库门供不同承租人使用。

8. 仓库防雨棚

仓库防雨棚是物流地产项目仓库建筑物特有的构造。物流地产商在物流地产项目的规划设计过程中，应该根据仓库库门和装卸平台的宽度和高度，结合气候条件来确定仓库防雨棚的宽度与高度。对于所有专业的现代物流仓库来说，每一个库门或装卸平台的上方都应该设置防雨棚，仓库防雨棚的高度及宽度应满足雨雪天气的作业需求。一般来说，仓库防雨棚的有效宽度（仓库库门或仓库装卸平台外沿至防雨棚外沿）应不小于2.5m，距离地面净高宜不小于5m。

9. 仓库窗户

仓库窗户的大小、尺寸、样式、数量、位置应该满足仓库的功能需求。仓库窗户应该选择热传导系数小于或等于0.3（热损失率）的多窗格窗户和低反射率镀层（可透射光线但是会阻碍热量增益，减少眩光效果），同时还可以考虑在窗户玻璃中填充低传导性的气体填充物。除此之外，为了便于利用自然光和空气流通，仓库墙体上的窗户的高度应该高于货架的高度。同时，仓库窗户还要便于利用螺杆、绳索和竿子等物，从下面将其打开。

10. 仓库屋面

物流地产商应该根据物流地产项目的气候条件、储存货物类型、作业采光需要和仓库防火要求等各方面因素来确定仓库屋面的防水、保温隔热、采光设计要求等。具体来说，就仓库屋面的防水来看，物流地产商应该采用防水性能好、有利于排水的材料或构件。仓库屋面坡度宜不小于3%，防水宜采用自防水屋面系统，排水应采用有组织排水，同时采用外天沟、外落水管。就仓库屋面的保温隔热来看，仓库屋面可涂特殊涂层，形成冷色屋顶，冷色屋顶可以通过反射太阳辐射和减少表面热量来制造凉爽的室内环境，有效减少城市热岛效应。仓库屋面形式及其排水坡度见表2–10。

仓库屋面形式及其排水坡度　　表2–10

屋面形式		排水坡度
平屋面		材料找坡2%，结构找坡3%
坡屋面	水泥或黏土平瓦屋面	20%～50%
	波形瓦屋面	10%～50%
	压型钢板屋面	10%～35%
	油毡瓦	≥20%
	玻璃屋面	75%
其他	网架结构金属薄板屋面	≥4%

仓库应该最大限度地利用自然光线，屋面采光是仓库利用自然光线的重要途径。就仓库屋面采光来看，如果仓库是一座单层建筑或者仓库位于一个多层建筑的顶层，那么，在一年四季的绝大多数气候条件下，以及在一天之中的大部分时间里，都很容易利用天窗对仓库进行充分的自然光照。为了更好地利用自然光照，屋面采光板应避免与消防喷淋头处于同一位置，而宜设置在库内通道正上方，采光板占仓库屋面面积的比例宜不小于2%。采光板应该选择漫反射程度最大的材料。因为阳光通过漫反射玻璃材料后，光线不会仅仅落在局部的光斑上。

11. 库内通道

物流地产商应该根据物流地产项目储存货物的包装尺寸、搬运设备的技术性能及内部设施的空间位置等各方面要求，确定仓库内部通道的设计参数。具体来说，仓库内部通道的规划设计要在满足内部作业需求的同时，尽量减少通道占用面积和作业迂回。这是由于仓库内部通道不能用来储存货物，不能直接产生收益，因此物流地产商通常希望减少库房内部通道空间以达到收益最大化的目标。正是基于这一考虑，仓库内部通道的宽度一般会设计成仅可供叉车进入或提取托盘的大小。物流地产商只有在确定了仓库内部通道的宽度后，才可以进一步考虑仓库内部通道之间的储存空间和轨道深度的规划设计。

立体仓库与普通平房库、普通楼房库、高层货架仓库、简易仓库等其他仓库类型不同。在立体仓库中，两排货架之间供堆垛机行走的仓库内部通道被称为巷道。由于巷道同样也不能用来储存货物，不能直接产生收益，因此巷道的宽度一般会设计成仅可供堆垛机行走或提取托盘的大小。

12. 单元分割

单元分割是指物流地产商为了满足多个租户对于独立仓储空间的需要，而将整个仓库分割成为若干个独立单元的活动。综观所有仓库类型，有些仓库可以供多个租户使用，主要能为小企业提供租用不同空间的机会，这类仓库在美国仓储设施分类体系中被称为多户租赁仓库。这种多户租赁仓库往往被划分为多个单元，新租户一般会租用单独的小型单元。随着这些租户的成长，他们所需要的仓库空间也相应扩展。这时，他们就可以吸纳邻近单元，直到他们发展壮大到必须迁入更大型的仓库为止。可见，这种多户租赁仓库可以有效满足新兴小型企业的需要，也能为那些可能不会再经历重大发展的现有老企业提供仓库空间。典型的多户租赁仓库往往建筑结构小巧，设计外形为非矩形，大多为L形或U形。大部分租户空间在500 ~ 1500m^{2}范围之间，这同时也是这类多户租赁仓库的单位分割区间。

三、仓库结构标准

仓库结构标准是物流地产商开展物流地产项目规划设计的重要参考依据。物流地产商应该根据物流地产项目的气候条件、储存货物类型、防火要求等各方面因素来确定仓库的结构类型，做到仓库结构选型合理、经济，基础形式优先选择天然地基，荷载、钢含量、混凝土含量满足限额标准。仓库建筑结构材料应该选用当地常用的经济性好的不可燃材料，最好采用轻钢结构。

具体来说，仓库的屋面梁可采用空腹式钢架梁结构，且由砖石承重墙或宽翼缘工字梁及钢柱支撑。仓库建筑的屋顶需要顶板支护，屋顶支护不仅需要支撑屋顶的重量，而且必须满足高架运输机和起重装置的要求。在设计顶板支护时，还需要考虑屋顶的类型、设计方案、材质、风压和抗震设计要求等。屋顶架可选择型钢、钢管或木材。如选用木材，需进行特殊防白蚁处理。仓库建筑的墙壁可采用空心墙、表面镶砖的混凝土砖墙、绝缘混凝土砖墙、绝缘金属墙等形式。承重墙基础可采用在混凝土扩基式基脚上浇灌砌筑石块或钢筋混凝土石块。仓库建筑的墙体或框架结构必须能够承受一定的重量，包括屋顶结构、高架起重机、轨道、货载重量和风力。

立体仓库尤其是整体式立体仓库的结构与普通平房库、普通楼房库、高层货架仓库、简易仓库等其他仓库类型显著不同。整体式立体仓库中的货架不仅是存放货物的物理空间，同时也对立体仓库起到了结构支撑的作用。

四、仓库机电标准

物流地产商应该为物流地产项目规划设计与其规模相适应且与城市基础设施相衔接的电力、通信、给水排水等工程设施。仓库机电标准就是关于物流地产项目电气（包括供电、照明）、暖通、冷藏与冷冻、给水排水等方面的规划设计标准。

1. 电气

（1）供电

物流地产商在开展物流地产项目的供电规划设计时，应该确保供电方式、电压等级满足物流地产项目所在地供电部门的要求，电源、电信、电视等强、弱电引入点，以及开闭所、变电所、主要电气设备间、弱电机房等的位置布局明确，面积合理。弱电设计内容应该符合物流地产项目需要。除此之外，物流地产项目中的柴油发电机机房应该根据当地消防部门的要求，结合物流地产项目的功能定位，做到布局位置合理、面积经济。

（2）照明

物流地产商在开展物流地产项目的照明规划设计时，应该特别关注照明系统设计、照明成本控制、照明灯具选择三个方面。就仓库照明系统的设计来看，物流地产商应该采用节能高效的照明系统，对灯具位置、类型及光通曲线进行合理的设计和选择。尤其应该慎重设计靠近场地边界的灯具（应远离边界或要遮掩），防止光线泄露和夜空污染，保证总流明向上照射的量不超过5%，以减少不必要的向天空的光照。严格控制地界外由场地内照明设备造成的照度值。同时，为了安全考虑，仓库中储存的货物必须存放在距离能引发火灾的照明设施至少1m的位置上。

就照明成本的控制来看，综观仓库支出的各类能源成本，照明所产生的成本是仓库中占比最大的能源成本。因此，控制照明成本就成为物流地产商控制能源成本的重要方向。为了在照明方面做到节能，物流地产商需要进行以下三个方面的优化。其一，应该将照明需求相似的货物集中在一起放置。其二，应该将大体积货物储存空间和精细货物储存空间分开布局。其三，仓库及库区照明应该满足作业需求，仓库能够独立控制不同区域的灯光照明。

就照明灯具的选择来看，物流地产商应该选择高效的灯具和灯光控制系统来减少灯光能源消耗、节省资金和改善工作条件。首先，物流地产商应该对各类功能区的照明功率进行分门别类的控制。具体来说，物流地产商应该将大面积或货架式储存空间的照明功率控制在0.6W/m^2以内，将精细货物储存空间的照明功率控制在0.85W/m^2以内，将办公空间的照明功率控制在0.9W/m^2以内。其次，为了使物流地产项目可以在相同照明条件和更好效果的基础上减少能源消耗，物流地产商可以考虑选择T5型或者超级T8型的线型荧光灯代替金属卤化物灯。线型荧光灯不仅具有光线分布均匀的优点，而且还由于灯具具有足够低的起始温度，因此配备了及时开关并同时兼容占位传感器等多种照明控制系统；而金属卤化物灯在仓库照明方面也绝非没有用武之地。在某些情况下，比如考虑需要向上的灯光时，物流地产商更喜欢使用脉冲启动型金属卤化物灯。由于金属卤化物灯像其他高强度灯具一样，需要较长的预热时间，所以，不适宜配有占位传感器的通断开关。相反采用具有步级开关和调光能力的电子镇流器可以减少间歇期间的照明负荷。LED灯作为仓库出口标志也在仓库照明中被广泛使用，1.5W/盏的LED出口灯所需能量是紧凑型荧光灯或白炽灯所需能量的十分之一或更少，而且最短使用寿命为10年，这样就能有效减少维修成本。除此之外，仓库灯具应该尽量采用如调度、占座传感器、日光收集系统、双向开关和可调节光线或关闭灯光的亮度控制开关。针对户外照明，物流地产商应该安装光电传感器，在户外日光减弱时可自动激活灯具。而在仓库中不常使用的区域应该安装运动传感器。

2. 暖通

物流地产商在开展物流地产项目的暖通规划设计时，应该特别关注仓库的保温隔热系统、热源开发利用、通风结构设计三个方面。具体来说，就仓库的保温隔热系统来看，为了有效降低仓库建筑物的能量消耗，物流地产商应该为仓库规划设计保温隔热系统。例如，仓库屋面板应该采用涂层技术，至少保证75%的屋面面积的太阳能反射指数为78以上（不包括设备、太阳能热水器、光电板及天窗所占用的屋面面积）。对于某些特殊货物来说，控制仓库内的温度就显得十分必要。一个有效措施就是在屋顶下方搭建隔热天花板以达到两层隔热保温的目的。另外，运用排气风扇等装置也可以有效地控制仓库内的温度和湿度。物流地产商可以将空气净化器与加热器一同安装在仓库天花板附近，在采暖季节利用安装在仓库天花板上的风扇或者高转速的扩散器将热空气吹向仓库地面。在温暖的气候条件下利用可操作的通风窗或天窗来将热空气排出。除此之外，由于仓库不同空间的空调温度和通风量与储存货物类型、作业方式等因素有关。因此，物流地产商可以通过编制程序使恒温控制器可随时间、空间布局和所需的通风量来控制温度进而减少能源需求。同时，还要根据空间功能性将仓库分割成可独立控制的温度区。

就仓库热源开发利用来看，库区应该采用由太阳能集热器产生的热水为主能源、电磁锅炉提供的高温热水为辅助热源的系统制备热水。在有条件的地区，空调系统应该采用诸如地源热泵系统等高效机组，并且在过渡季节采用全新风系统等。在有条件的地区，物流地产商应该合理采用太阳能、风能等可再生能源。同时，应该特别注意的是，仓库中储存的货物必须存放在距离能引发火灾的热量来源至少1m的位置上，这些热量来源包括空气加热器、通风扇、喷火枪等。

就仓库建筑的通风结构来看，综观各类仓库建筑，通风结构设计千差万别。物流地产商在设计通风结构时，应该重点考虑货物流转的过程和储存物品的种类。在通常情况下，搬运货物往往采用以汽油或丙烯为动力的货车，在搬运过程中会排出有害的一氧化碳气体。良好的通风结构设计有助于及时将这些有毒气体排出仓库之外。

3. 冷藏与冷冻

冷藏与冷冻仓库需要物流地产商在仓库电气规划设计时进行特别的考量。仓库的温

度控制系统具有较大的可控温度范围，冷藏的主要温度控制范围大致在4～5℃，冷冻的主要温度控制范围大致在-20～-30℃。当然，这一温度控制范围会随着储存货物要求的不同而有所不同。在使用这种温度控制系统的仓库工作环境中，温度一旦低于0℃就需要物流地产商特别关注可能会产生的许多额外的危险，例如仓库中的冷凝状况。显而易见，冷藏与冷冻仓库的冷冻功能需要物流地产商在仓库电气规划设计时满足其他仓库不需要的一些额外要求，例如，充足的电力。

4. 给水排水

物流地产商在开展物流地产项目的给水排水规划设计时，应该做到库区给水、雨水、污水等给水排水系统设计科学合理，用水指标满足库区使用要求，设备及材料选型经济合理，相关设备用房位置明确合理，不占用价值高的地方，面积经济合理，高度满足最低要求。除此之外，物流地产商还应该利用建筑物屋面系统，配合天沟、落水管，实现有组织收集屋面雨水，采取有效措施增加库区透水地面的面积，并使用高效节水设备和无水装置，如堆肥洁具和无水小便器等，利用雨水和中水满足非饮用水需求，如厕所冲洗用水和仓库的一般保洁等。对于冷藏与冷冻仓库来说，物流地产商还要格外注意仓库的地面排水设计。仓库屋面排水形式及其适用范围见表2-11。

仓库屋面排水形式及其适用范围　　表2-11

屋面排水形式	适用范围
有组织排水	>3层或$H \geq 10$m的工业与民用建筑的屋面
无组织排水	≤3层或$H < 10$m的工业与民用建筑的屋面
外排水	大多数建筑
内排水	屋面进深（跨度）较大或外立面要求不显示排水管的建筑

五、仓库防火设计标准

仓库防火设计标准是指物流地产商根据仓库储存货物类型、货物火灾危险性程度、仓库类型、仓库建筑层数、耐火等级等各方面因素，针对物流地产项目仓库防火分类、防火分区等方面确定的规划设计参数。综观仓库安全性问题，通常人们最为关心的是那些与火灾有关的事情。因为火灾可能会使工作人员、应急服务设施、周边市民受到热浪、有害烟尘和烟雾、飞火等灾害的威胁。火灾还可能导致仓库内储存的物质通过烟雾和救火的水源传播到更广泛的区域中去，从而对环境造成破坏。因此，在整个物流地产项目的规划设计活动中，防火设计是其中重要的组成部分。

物流地产商在进行仓库消防设计时，应该综合考虑多方面因素，例如，要全面考虑仓库储存设施的类型和数量、多种储存商品的混合方式、储存和检索设备的自动化程度、堆放商品的高度和储存方式、储存的货物种类、现有的防火安全设施发展水平、仓库建筑的自身体量、高度、造型、建筑方式等各个方面。除此之外，物流地产商还应该特别关注不同地区针对仓库防火设计出台的地方性规章制度。

1. 防火分类

仓库建筑按照仓库或者仓库的任一防火分区内发生火灾的危险性大小，划分为甲、乙、丙、丁、戊五个防火类别。具体来说，同一座仓库建筑或仓库建筑的任一防火分区内储存有不同火灾危险性的货物并具有其他相关作业时，该仓库或防火分区内的火灾危险性分类应该按照火灾危险性较大的部分确定。只有当火灾危险性较大的部分占本层或本防火分区面积的比例小于5%或丁、戊类仓库内油漆工段小于10%，且发生火灾事故时不足以蔓延到其他部位或火灾危险性较大的部分采取了有效的防护措施时，仓库或仓库防火分区的防火类别可以按照火灾危险性较小的部分来确定。

2. 防火分区

仓库消防设计首先要根据仓库的使用功能合理规划仓库的防火分区，并结合仓库后勤通道规划设计消防通道，确保疏散出入口的宽度和位置满足疏散要求和当地消防规定。仓库的耐火等级、层数和防火分区面积见表2-12。

仓库的耐火等级、层数和防火分区面积 **表2-12**

储存货物类别	耐火等级	允许层数	每座仓库最大允许占地面积和每个防火分区最大允许建筑面积（m^2）						
			单层仓库		多层仓库		高层仓库		仓库地下室
			每座仓库	防火分区	每座仓库	防火分区	每座仓库	防火分区	防火分区
甲	一级	1	180	60	—	—	—	—	—
	一、二级	1	750	250	—	—	—	—	—
乙	一、二级	3	2000	500	900	300	—	—	—
	一、二级	5	2800	700	1500	500	—	—	—
丙	一、二级	5	4000	1000	2800	700	—	—	150
	一、二级	不限	6000	1500	4800	1200	4000	1000	300
丁	一、二级	不限	不限	3000	不限	1500	4800	1200	500
戊	一、二级	不限	不限	不限	不限	2000	6000	1500	1000
冷库	一、二级	不限	7000	3500	4000	2000	—	—	—

续表

<table>
<tr><td rowspan="3">储存货物类别</td><td rowspan="3">耐火等级</td><td rowspan="3">允许层数</td><td colspan="7">每座仓库最大允许占地面积和每个防火分区最大允许建筑面积（m^2）</td></tr>
<tr><td colspan="2">单层仓库</td><td colspan="2">多层仓库</td><td colspan="2">高层仓库</td><td>仓库地下室</td></tr>
<tr><td>每座仓库</td><td>防火分区</td><td>每座仓库</td><td>防火分区</td><td>每座仓库</td><td>防火分区</td><td>防火分区</td></tr>
<tr><td>煤均化库</td><td>一、二级</td><td colspan="8">每个防火分区≤12000m^2</td></tr>
<tr><td>单层粮库</td><td>一、二级</td><td>1</td><td>12000</td><td>3000</td><td colspan="5">—</td></tr>
<tr><td>白酒仓库</td><td>一级</td><td>3</td><td colspan="7">60度白酒仓库按照甲类执行，60度以下按照丙类执行</td></tr>
<tr><td rowspan="3">桶装油品库房</td><td>甲</td><td>一、二级</td><td>1</td><td>750</td><td>250</td><td colspan="4" rowspan="3">甲宜为单独建筑，与乙、丙类在同一栋建筑时，应采用防火墙分隔。甲、乙类桶装油品库不得建造为地下或半地下式。二层的丙类油品库，单栋建筑面积也应不大于2100m^2</td></tr>
<tr><td>乙</td><td>一、二级</td><td>1</td><td>1000</td><td>—</td></tr>
<tr><td>丙</td><td>一、二级</td><td>1～2</td><td>2100</td><td>—</td></tr>
</table>

注：当仓库设置自动灭火系统时，每座仓库最大允许占地面积和每个防火分区最大允许建筑面积可按本表的指标增加1倍。

除此之外,仓库地下人防工程的防火分区应该根据不同的防火类别确定不同的面积限制,一般来说,甲类和乙类仓库不能设置地下人防工程,丙类、丁类、戊类仓库可以设置地下人防工程，而且人防工程的防火分区限值因仓库的防火类别、储存货物类型、有无自动喷淋的不同而不同。仓库人防工程防火分区面积限值见表2–13。

仓库人防工程防火分区面积限值 **表2–13**

<table>
<tr><td colspan="3" rowspan="2">人防工程平时功能</td><td colspan="2">防火分区面积（m^2）</td></tr>
<tr><td>无自动喷淋</td><td>有自动喷淋</td></tr>
<tr><td rowspan="4">仓库</td><td rowspan="2">丙类</td><td>闪点≥60℃的可燃液体</td><td>150</td><td>300</td></tr>
<tr><td>可燃固体</td><td>300</td><td>600</td></tr>
<tr><td colspan="2">丁类</td><td>500</td><td>1000</td></tr>
<tr><td colspan="2">戊类</td><td>1000</td><td>2000</td></tr>
</table>

3. 消防设施与构造

（1）自动喷淋灭火系统

常见的仓库防火设计往往是利用自动喷淋灭火系统来保护仓库储存的货物，喷头之间的最小间隔距离为60cm 。但是近来,这一常用防火方式的有效性遇到了一定挑战，挑战主要是由现代仓储设施的发展所带来的变化而引起的，这些变化主要包括仓库高度和空间面积的增加、自动储存检索系统的使用、可用供水系统的限制、消防策略的变化等方面。例如，由于自动储存检索系统的广泛使用、高层货架的日益普及、建筑技术水平的突飞猛进、建筑材料的更新换代，仓库的层高出现逐渐增加的趋势。这就使得仓库起火点的位置距离自动喷淋灭火系统中的热量探测器的距离越来越远，导致直到火灾发展到比较危险程度的时候，热量探测器才能检测到火情，并激活喷头提醒建筑内人员或者向仓库管理中心或消防部门发出警报和通知火情。在严寒和寒冷地区，自动喷淋灭火系统还应该采取防冻措施。对于冷藏与冷冻仓库，其冷藏和干燥区、办公区应该采用不同类型的自动喷淋灭火系统。除了自动喷淋灭火系统之外，其他的防火方式还包括使用防火阀、防烟分区、防火屏障、排烟孔和建筑柱体及屋顶防火材料。

火灾探测系统是仓库防火系统中的重要组成部分，它可以进行仓库火灾初期预警和仓库火情通知。具体来说，火灾探测系统一般是通过对烟雾、热量或火苗的探测来预见火灾的发生。自动喷淋灭火系统中用来检测火源的典型部件是水流流量感应开关，通常可以作为热量探测器来使用，过多的热量会激活自动喷淋灭火系统的喷水开关，喷射出的水流可向仓库中作业的驾乘人员和消防部门发出火灾信号。

（2）防火墙

仓库防火墙上不应该开设门、窗、洞口，如果必须开设，那么应该开设能够自行关闭的甲级防火门、窗。输送可燃气体和甲、乙、丙类液体的管道，严禁穿过防火墙。其他管道也不宜穿过防火墙，如果必须穿过，那么应该采用不燃材料填塞密实。穿过防火墙的管道保温材料，应该采用不燃材料。防火墙应该砌至楼板底部，不得留有缝隙。

（3）防火卷帘

在设置防火墙确有困难的仓库的某些区域，物流地产商可以采用特级（复合）防火卷帘作为防火分区分隔。如果不是采用特级（复合）防火卷帘，而是采用普通防火卷帘作为防火分区分隔，那么，物流地产商应该在普通防火卷帘两侧增加水幕保护。

4. 防烟雾设计

大型仓库与住宅不同，仓库体积巨大，可用氧气含量高，空气渗透性强，这都会导致火势快速蔓延，而不会产生火焰隔绝效果，而且火灾初始阶段的火焰所产生的浓烟会很快上升到屋顶空间。位于屋顶空间的浓烟还会以高达5m/s（一般人均行走速度为1～2m/s，跑步速度为7.5m/s）的速度向远离火源的方向横向扩散。等到浓烟充满仓库屋顶空间之后，会转而开始向下扩散。在不通风的情况下，即使是体积达10000m^3的仓库也仅需数分钟即可被浓烟所充满。含有有毒物质和窒息物的浓烟足以在几秒钟之内使人昏迷或丧失行为能力，甚至在几分钟之内即可使人丧命。因此，对于仓库防火设计来

说，防烟雾设计至关重要，消防排烟系统应该与预计可能发生的最大火势基本匹配。具体来说，物流地产商可以在仓库高处设置开口或者风扇以排除仓库里的浓烟，通过建造建筑壁垒来限制浓烟的扩散，设置更换室内空气的通风口来排除浓烟。仓库建筑防排烟设施的分类及其设计要求见表2-14。

仓库建筑防排烟设施的分类及其设计要求　　表2-14

自然排烟	适用范围	除了高度大于50m的仓库外，其他仓库建筑的封闭楼梯间、防烟楼梯间及其前室、消防电梯间及其前室和合用前室
	设计要求	仓库建筑中防烟楼梯间前室和消防电梯间前室的可开启外窗的面积应该不小于2m²，合用前室的可开启外窗的面积应该不小于3m²；排烟窗口应该规划设计在仓库建筑外墙上方或屋顶上，并且具有方便开启的装置；排烟窗口距离防烟分区最远点不应该大于30m
机械排烟	适用范围	不具备或不符合自然排烟条件的仓库
	技术措施	设排烟井、排烟口、进风口
机械防烟	适用范围	不具备或不符合自然排烟条件的防烟楼梯间、消防电梯间前室或合用前室
	技术措施	设正压送风井、送风口、进风口

与防火分区一样，仓库防烟分区也具有明确的设计标准。一般来说，对于需要设置机械排烟设施且室内净高不大于6m的场所，防烟分区面积应该不大于500m²。防烟分区的分割措施有三种，一是隔墙；二是顶篷下凸出不小于500mm的结构梁；三是顶篷下凸出不小于500mm的不燃体。

5. 仓库内设置宿舍、办公区、休息室和铁路设施的规定

对于甲、乙、丙、丁、戊任何一种防火类型的仓库来说，都严格禁止在其内设置宿舍。或言之，宿舍这一产品类型和住宿这一业态功能在任何类型的仓库中都是被严格禁止设置的。但是，对于办公区、休息室和铁路设施的设置来说，甲、乙、丙、丁、戊不同防火类型的仓库对其提出了不同的要求。具体来说，就办公区和休息室的设置来看，甲类和乙类防火类型的仓库内严禁设置办公室、休息室等产品，并不应该在甲类和乙类防火类型的仓库边上贴邻而建办公室和休息室。丙类和丁类防火类型的仓库内可以设置办公室、休息室等产品，但应该采用耐火极限不低于2.5小时的不燃烧体隔墙和不低于1小时的楼板与仓库隔开，并应该设置独立的安全出口。隔墙需要开连通门时，应该设置乙级防火门。就铁路设施的设置来看，甲类和乙类防火类型的仓库内不应该设置铁路设施。丙类、丁类、戊类防火类型的仓库内可以设置铁路设施。

六、库区景观和仓库外观标准

库区景观是指物流地产商根据气候条件、储存货物类型、项目档次、客户类型、建筑节能等多方面因素，对物流地产项目的库区环境景观，尤其是库区绿化景观的规划设计。一般来说，库区内应该尽量选择耐旱植物，以便减少灌溉量，同时还要对库区植被进行优化布置，考虑收集库区雨水进行灌溉。在有条件的库区，物流地产商应该考虑做到库区垂直绿化。除此之外，考虑到仓库周围的树木或灌木可能会导致火灾蔓延到仓库。因此，在理想的情况下，在物流地产商进行库区景观规划设计时，应该做到将仓库与灌木隔绝分开。

仓库建筑与住宅建筑、写字楼建筑、商业建筑、宗教建筑和公共建筑等不同，物流地产商在进行仓库建筑规划设计时，一直以来都重在其功能性，而忽略了其艺术性。然而，近些年来，情况发生了变化，尤其是以普洛斯、安博、盖世理、嘉民、新熙地、麦格里佳文等为代表的专注投资建设和运营管理现代专业物流仓储设施的物流地产商都开始越来越重视包括仓库建筑外观在内的仓库建筑风格，突出地表现在他们对于仓库形态构成、艺术处理、材料应用、技术选择等方面的处理上。一般来说，仓库的建筑外观通常是非常简单的结构，物流地产商应该尽可能做到仓库建筑外观与周围建筑在建筑风格和建材使用方面保持一致。这不仅关乎仓库所在城市的市容市貌和周边居民的观感问题，同时也关乎该仓库使用者和工作人员的环境体验，还关乎仓库投资建设者和运营管理者对于企业品牌和产品服务品牌的塑造和传播。对于封闭式常温仓库的外观设计，尤其是屋顶和墙体设计，需要保证至少25年的使用期限。

七、建筑材料标准

任何一个物流地产项目的投资建设,都会涉及成百上千种建筑材料的使用。物流地产商是否能够科学合理地选择建筑材料，是任何一个物流地产项目能否开发建设出高性价比的合格物业的重要保证。物流地产商根据其投资建设和运营管理的不同类型物流地产项目分门别类地制定出每一类和每一种建筑材料的选材标准，是物流地产商有效提升其开发能力和发展水平的重要抓手。一般来说，物流地产商制定物流地产项目建筑材料标准要遵循以下两个基本原则。

第一个基本原则是要特别关注仓库建筑主要部位的材料选用和主要材料的品牌选择。在物流地产项目的投资建设过程中，物流地产商要特别注意仓库地面、墙面、屋面、顶棚等主要部位的材料选用，以及钢材、龙骨、石膏板、钢衬复合板、PE管材、PVC–U管材、PP–R 冷热水管及其配件、埋地U–PVC双壁波纹排水管、芯层发泡U–PVC排

水管、电线、电缆、开关面板、门窗五金件、玻璃等主要材料的品牌选择。举例而言，屋面是仓库建筑的主要部位，其材料选择就需要物流地产商特别关注。仓库建筑的屋面覆盖材料常常采用镀锌钢板（厚度不得小于26mm）、铝制波形板或石棉水泥板。由于石棉会对人体健康产生危害，因此，在很多地区已经被禁止使用。除了以上常用的屋顶覆盖材料之外，物流地产商还可以考虑选择石板瓦、波形瓦或门格洛尔砖，这些材料耐久性更强、更美观且隔热效果更好，但价格也会稍高一些。

第二个基本原则是要特别关注仓库建筑材料的经济性、安全性和生态性。具体来说，物流地产项目的通道及平台填土应该就地取材，尽量采用该项目地块内的回填土或使用废弃建筑垃圾、废弃混凝土等。为了减少由于建筑材料的运输而引起的对成本和环境的不利影响，物流地产商应该尽量选择当地开采和制造的建筑材料和产品，最大运输半径应该尽量控制在800km范围之内。在物流地产项目的投资建设过程中，物流地产商应该尽量使用“绿色”材料、可再利用材料、可循环使用材料，这样无论是对于新建一座仓库来说，还是对于改建或扩建现有仓库来说，都有助于减少建筑能源消耗。除此之外，出于对仓库安全性的考虑，仓库的建筑结构材料应该选用不可燃的材料，优先选用轻钢结构。其中，屋面梁可采用空腹式钢架梁结构，且由砖石承重墙或宽翼缘工字梁及钢柱支撑。

八、相关设施要求

物流地产项目是一个复杂的系统，由多个不同元素所组成。不同元素之间相互联系、相互制约，形成一个有机的整体。具体来说，就一个物流地产项目而言，仓库建筑是项目的主要产品，但其作用的有效发挥离不开一系列相关配套设施的辅助支撑，这些配套设施主要包括站台登车桥、仓库设施防护、库区监控设备、库区防雷设施和其他相关配套设施等。

1. 站台登车桥

站台登车桥是指当物流地产项目中的货车底板平面与仓库的装卸货站台平面有高度差时，可使仓库内手推车、叉车无障碍地进入货车车厢内的装置。物流地产商应该根据物流地产项目的服务功能定位、存储货物类型、进出库作业频率及作业量来确定站台登车桥的配置数量，且宜与仓库库门数量、位置相对应。除此之外，物流地产商还应该根据未来发展需要，预留站台登车桥的安装位置。

从物流地产的未来发展趋势来看，仓库是否装备站台登车桥往往会被作为评价仓库等级高低的重要认定标准。例如，根据我国通用仓库等级分类，我国独立库区由低到高被划分为五个等级，分别是一星、二星、三星、四星和五星。其中，等级较高的四星仓库和等级最高的五星仓库的一个重要认定标准就是“具有一定数量的站台登车桥”。

2. 仓库设施防护

物流地产项目中的仓库作业涉及机械、矿建材料、石油化工、食品、化肥、农副土特产、纺织服装、医药、汽车及配件、机电设备、电子产品、家用电器、烟草、图书报刊及音像制品等大量货物的集散、周转、保管、分拣、配送和流通加工等服务，以及货运汽车、运输船舶、铁路货车和叉车、巷道堆垛机、集装箱装卸桥、门式起重机、桥式起重机、带式输送机等装卸设备等的机械作业。因此，与住宅物业、商业物业、办公物业等其他物业类型相比，仓库设施防护就显得更加重要。

物流地产商应该针对仓库建筑的库门、落水管、消防设施、柱等部位特别加装防撞设施，并外涂警示色带，还应该在仓库建筑的装卸货平台的边缘特别设置保护角钢，还要在角钢上焊接锚筋（锚固在混凝土内），并加装防撞垫。除此之外，物流地产商还要根据物流地产项目的客户类别、服务功能定位、进出货物类型、流动频率、拣选模式、作业流程、包装方式、货架类型、作业机械、运输车辆类型、防火要求等因素，对仓库中储存作业区、中转区、装卸作业区、加工作业区、辅助作业区等功能区，以及道路、出入口、停车场等设施规划设计防护措施。

3. 库区监控设备

库区监控设备是物流地产项目中重要的配套设施，物流地产商应该根据企业自身及服务客户的需求来设置库区安全监控设备。一般而言，物流地产商应该在仓库周围安装安全监控设备以便记录任何可能发生的工作人员或游客的偷盗行为，也可以在发生抢劫案或货物遗失时作为案件审理的证物使用。但是需要特别注意的是，出于道德和法律的综合考虑，物流地产商需要通知仓库工作人员该监控设备的存在，这也会进一步降低库区盗窃事件的数量。

4. 库区防雷设施

由暴风雨所带来的雷电是对库区中人或货物可能造成损害的直接或间接原因。因此，物流地产商应该根据相关规范在库区设置防雷设施。一般来说，雷击对于仓库最常见的损害包括电气装置穿孔、火灾和危险的火花。除此之外，雷击还会对高度敏锐的计算机或电子设备造成损害。库区防雷系统的基本设计原理十分简单，就是在闪电袭击到具体物体之前对闪电进行拦截，这样电流在没有对人体或者物体造成伤害前就进入或者离开了地面。这一原理可以通过使用避雷针将电流释放出去而得以实现。

库区防雷系统的设计应该满足以下几个方面的基本要求。其一，在仓库屋顶安装避雷针，应该至少将避雷针的防护范围延伸至高于建筑结构最高点2m的位置处，防护区最大半径应为100m。其二，引下线系统应该将电流从避雷针向下直接并且尽可能垂直地传向地面。另外，物流地产商应该特别重视对该设施的正常维护，以避免发生由撞击导致

的电解腐蚀。其三，地线接头由一组直径适当的接地棒组成，并且具有最小的电阻值，理想状态下为10Ω。它们必须与仓库所处位置的主要地线系统相连接。同时，还应通过安装雷电事件计数器来记录雷击数量以便即时进行必要的防雷系统检查。

5. 其他相关配套设施

物流地产商在物流地产项目中除了设置站台登车桥、仓库设施防护、库区监控设备、库区防雷设施等配套设施之外，还应该根据物流地产项目的客户类别、服务功能定位、进出货物类型、流动频率、拣选模式、作业流程、包装方式、货架类型、作业机械、运输车辆类型、防火要求等因素，在库区内科学合理地设置卫生间、司机与装卸工休息室、非机动车停放场所等设施。

九、施工工艺标准

物流地产项目对于仓库建筑的施工工艺方方面面要求都很高，特别是对于仓库地面、屋顶以及节约能源和阻隔污染等方面。举例而言，就仓库地面的施工工艺来看，物流地产商针对仓库地面的处理应该根据储存货物对防尘、防潮、防静电的要求以及提高并延长作业的使用效能进行设计，达到地面平整、耐磨、耐冲击、不起砂，且采用无毒、环保材料。当仓库净高达到9m以上且采用多层货架时，物流地产商应该对仓库地面进行超平处理。为了达到防尘的目的，物流地产商可以考虑在仓库地面表层适当地加入硅酸钠等特殊物质。当然，也可以在地面表层喷刷涂料来防尘。

就仓库屋顶的施工工艺来看，如果仓库顶板支护采用木材，则物流地产商必须对其进行适当处理，因为木质屋架容易干腐，且易受到白蚁的啃噬，更严重的是，这样会危害到屋顶下方储存的货物。如果仓库顶板支护采用铝制屋顶或铁质波形屋顶，则物流地产商为了使铝制屋顶或铁质波形屋顶抗腐蚀并提高热效率，需要对其进行镀锌处理或喷漆处理。通过这样处理之后，铝制屋顶或铁质波形屋顶不仅可以抗腐蚀、提高热效率，还能降低反射光强度，为仓库的外观增加美感。

就仓库在节约能源和阻隔污染方面的施工工艺来看，物流地产商应该在仓库建筑施工期间实施室内空气质量管理计划，保护通风、采暖和空调系统，控制污染源，阻断污染物通路。在连续进行材料安装时，物流地产商要防止保护层、地毯、吊顶板和石膏墙板等吸收层材料被污染。除此之外，物流地产商还应该合理设计通风系统，优先选择自然通风，以便减少能源消耗。对于改建仓库应该充分考虑环境控制因素，通过将现代技术手段和工艺应用于照明、建筑表皮、加热和冷却系统、制冷系统，使得仓库建筑可以实现能源节约目标。

十、设计限额标准

设计限额标准是指物流地产商针对物流地产项目中各产品类型确定的钢筋含量指标和混凝土含量指标。物流地产商应该按照普通平房库、普通楼房库、高层货架仓库、立体仓库、简易仓库等不同产品类型，根据各类产品不同的层高和砖混、钢混框架或异型框架等不同的结构形式，分门别类地明确每平方米产品含钢筋的质量（kg）和混凝土的体积（m^3）标准。设计单位应该依据物流地产商确定的产品设计限额标准（表2–15）开展物流地产项目的规划设计。

物流地产项目产品设计限额标准　　表2–15

业态类别	产品类别	结构基本参数	设计限额标准			
			钢筋（kg/m^2）	混凝土（m^3/m^2）	钢筋（kg/m^2）	混凝土（m^3/m^2）
			含量指标 ± 0.00以上		含量指标 ± 0.00以下	
仓库	普通平房库	层高： 结构形式：				
	普通楼房库	层高： 结构形式：				
	高层货架仓库	层高： 结构形式：				
	立体仓库	层高： 结构形式：				
	简易仓库	层高： 结构形式：				
办公设施	办公设施产品	层高： 结构形式：				
员工设施	员工设施产品	层高： 结构形式：				

十一、成本指标标准

成本指标标准是指物流地产商针对物流地产项目中各产品类型确定的成本指标标准。物流地产商应该按照普通平房库、普通楼房库、高层货架仓库、立体仓库、简易仓库等不同产品类型，根据各类产品不同的层高和砖混、钢混框架或异型框架等不同的结构形式，分门别类地明确每平方米产品在前期成本、结构及粗装、外立面、建筑水电、

电梯、消防、弱电智能化、通风空调、库区管网配套、绿化景观等方面的成本指标标准。设计单位应该依据物流地产商确定的成本指标标准（表2-16）开展物流地产项目的规划设计。

物流地产项目成本指标标准　　　　表2-16

业态类别	产品类别	结构基本参数	成本指标标准（元/m²）										
			前期成本	结构及粗装	结构及粗装	外立面	建筑水电	电梯	消防	弱电智能化	通风空调	库区管网配套	绿化景观
			设计、规费、咨询费	造价指标±0.00以上	造价指标±0.00以下	含窗、外保温、装饰、栏杆			含室外	含室外		室外给水排水、电、煤、电话网络	景观面积
仓库	普通平房仓库	层高： 结构形式：											
	普通楼房仓库	层高： 结构形式：											
	高层货架仓库	层高： 结构形式：											
	立体仓库	层高： 结构形式：											
	简易仓库	层高： 结构形式：											
办公设施	办公设施产品	层高： 结构形式：											
员工设施	员工设施产品	层高： 结构形式：											

十二、室外综合管网设计标准

物流地产项目的规划设计涉及诸如生产用水、消防用水和市政用水的给水管、污水和废水的排水管、生产性电力线、电话、广播和有线电视的电信线路等各种管线的综合规划设计。室外综合管网设计就是要综合解决各专业工程技术管线布置及其相互间的矛盾，从全局出发，使各种管线布置合理、经济，直至最后将各种管线统一布置在管线综合平面图上。具体来说，物流地产项目室外综合管网设计包括管线敷设时的排列顺序、管线之间最小水平净距、最小垂直净距，以及管线与周围建筑物和构筑物的最小水平净距、最小垂直净距等。

1. 平面布置

物流地产项目中的各种工程管线距离建筑物的水平排序由近及远宜为：电力管线、电信管线、煤气管线、热力管线、给水管线、雨水排水管线、污水排水管线。管线敷设应充分利用地形，减少交叉穿越。各种地下管线之间最小水平净距见表2-17。

各种地下管线之间最小水平净距（m） 表2-17

管线名称		给水管	排水管	燃气管			热力管	电力电缆	电信电缆	电信管道
				低压	中压	高压				
排水管		1.5	1.5	—	—	—	—	—	—	—
燃气管	低压	0.5	1.0	—	—	—	—	—	—	
	中压	1.5	1.0	—	—	—	—	—	—	
	高压	1.5	2.0	—	—	—	—	—	—	
热力管		1.5	1.5	1.0	1.5	2.0	—	—	—	—
电力电缆		0.5	0.5	0.5	1.0	1.5	2.0	—	—	—
电信电缆		1.0	1.0	0.5	1.0	1.5	1.0	0.5	—	—
电信管道		1.0	1.0	1.0	1.0	2.0	1.0	1.2	0.2	—

注：表中给水管与排水管之间的净距适用于管径≤200mm者，当管径>200mm时其净距应≥3.0m；≥10kV的电力电缆与其他任何电力电缆之间的净距应≥0.25m，如加套管，净距可减至0.1m，<10kV的电力电缆与其他任何电力电缆之间的净距应≥0.1m；燃气管的低压为≤0.005MPa，中压为0.005～0.3MPa，高压为0.3～0.8MPa。

2. 竖向布置

物流地产项目中的各种工程管线不应在垂直方向重叠直埋敷设；自地表往下宜按以下顺序进行埋设：电力管线、电信管线、热力管线、煤气管线、给水管线、雨水排水管线、污水排水管线。工程管线在交叉点的高程应根据排水管线的高程确定。各种地下管线之间最小垂直净距见表2-18。

各种地下管线之间最小垂直净距（m） 表2-18

管线名称	给水管	排水管	燃气管	热力管	电力电缆	电信电缆	电信管道
给水管	0.15	—	—	—	—	—	—
排水管	0.40	0.15	—	—	—	—	—

续表

管线名称	给水管	排水管	燃气管	热力管	电力电缆	电信电缆	电信管道
燃气管	0.15	0.15	0.15	—	—	—	—
热力管	0.15	0.15	0.15	0.15	—	—	—
电力电缆	0.15	0.50	0.50	0.50	0.50	—	—
电信电缆	0.20	0.50	0.50	0.15	0.50	0.25	0.25
电信管道	0.10	0.15	0.15	0.15	0.50	0.25	0.25
明沟沟底	0.50	0.50	0.50	0.50	0.50	0.50	0.50
涵洞基地	0.15	0.15	0.15	0.15	0.50	0.20	0.25
铁路轨底	1.00	1.20	1.00	1.20	1.00	1.00	1.00

3. 工程管线竖向位置发生矛盾时应遵循的原则

物流地产项目中的各种工程管线竖向位置发生矛盾时，应该遵循压力管线避让重力自流管线；可弯曲管线避让不易弯曲管线；分支管线避让主干管线；小管径管线避让大管径管线；电力管线与电信管线宜远离，并按照电力管线在道路的东侧或南侧，电信管线在道路的西侧或北侧的原则布置；尽可能将性质类似、埋深接近的管线排列在一起；施工量小的管线避让施工量大的管线；检修次数少的、方便的管线避让检修次数多的、不方便的管线。

第三节　货物布局规划设计标准

仓库建筑的仓储区往往会储存多种类型的货物，如何进行货物布局是物流地产商在开展仓库规划设计时需要特别予以关注的重要方面。一般而言，各类货物的布置位置和面积需求要满足流通性理念、相似性理念、尺寸理念、产品特性、空间有效利用五大货物布局规划设计标准。

一、流通性理念

流通性理念是由约瑟夫·朱兰（Joseph M. Juran）根据维尔弗雷多·帕累托当年对意大利20%的人口拥有80%的财产现象的观察而推论出来了80/20法则（The 80/20 Rule）

（又称为帕累托法则、帕累托定律、最省力法则或不平衡原则、犹太法则）提出的一个关于仓库货物布局规划设计的理念。帕累托法则告诉我们，在一般情形下，产出或报酬是由少数的原因、投入和努力所产生的。原因与结果、投入与产出、努力与报酬之间的关系往往是不平衡的。若以数学方式测量这个不平衡，得到的基准线是一个80/20关系，亦即结果、产出或报酬的80%取决于20%的原因、投入或努力。流通性理念告诉我们，在一般情形下，仓储活动往往也适用于帕累托法则。在一座典型的仓库建筑中，80%的产出往往来自于20%的货物，剩下80%的货物只能贡献20%的产出。因此，仓库中的货物布局应该围绕能够实现80%产出的那20%高活跃度的货物进行规划设计，高产出率的货物应该放置在易于进行有效作业的区域内，这种布局方式可以将空间的使用率最大化。由于高产出率的货物往往是具有较强流通性的货物。因此，这一货物布局的规划设计标准被称为流通性理念。

二、相似性理念

相似性理念是指物流地产商在针对仓库建筑开展货物布局规划设计时应该遵循的将具有某种相似性的货物储存在一起的规划设计理念。例如，有些货物具有同时接收和/或装运这样一个相似性，那么物流地产商在进行货物布局规划设计时，就需要考虑是否应该将这些能够一起进行接收和/或装运的货物放置在一起，这样就可以有效提高拣选、接收和装运效率。当然，任何事物都存在两面性，将这些能够一起进行接收和/或装运的货物放置在一起虽然可以有效提高拣选、接收和装运效率，但同时相似的货物放置在一起，因为差异较小，不易分辨，也可能会造成拣货或发货的错误。再例如，综观仓库支出的各类能源成本，照明所产生的成本是仓库中占比最大的能源成本。为了控制照明成本，物流地产商就应该考虑将照明需求相似的货物集中在一起放置，将大体积货物储存空间和精细货物储存空间分开布局，仓库能够独立控制不同区域的灯光照明。在这个时候，相同的照明要求便成为物流地产商开展货物布局规划设计时可以遵循的一个相似性。

三、尺寸理念

尺寸理念是指物流地产商在针对仓库建筑开展布局规划设计时应该遵循的将不同体积和质量的货物储存于不同区域的理念。与流通性理念不同，尺寸理念的主要关注点落脚于如何控制住成本支出最大的那些货物的作业成本，而流通性理念的主要关注点落脚于如何提高效益产出最大的那些货物的产出水平。一般来说，对于各种货物而言，那些

质量重、体积大、难以处理的货物的作业成本通常会远远大于其他货物。因此，这类质量重、体积大、难以处理的货物就应该储存在靠近拣选点的位置上，货物布局上的这个被称之为尺寸理念的规划设计标准有助于缩小那些质量重、体积大、难以处理的货物的运送距离和成本。同时，那些质量重、体积大、难以处理的货物不仅应该放置在靠近拣选点的位置上，而且还应该放置在货架较低的位置上，而那些质量轻、体积小、易于处理的货物则应该储存在货架较高的位置，最终达到方便作业，降低成本的目标。

四、产品特性

产品特性是指物流地产商在针对仓库建筑开展布局规划设计时应该遵循的根据货物具有的独特产品特性来决定其仓储方式和布局安排的规划设计理念。有些货物因为其具有的独特的产品特性，决定了其仓储方式和布局安排的特性。例如，那些易腐货物的仓储条件就与其他货物的仓储条件截然不同，易腐货物的仓储布局必须具有良好的循环体制以满足不同货物保质期的限制。再例如，有些形状奇怪和易压碎的货物的仓储条件就与其他货物的仓储条件截然不同，它们要求特别的仓储方式和布局安排，最终实现有效利用既有仓储空间的目标。因此，对于那些需要特殊储存条件的货物，例如需要隔离和分离处理的货物、不能储存在自动喷淋灭火系统下面的货物、需要储存在一定温度范围内的货物等，在接收这些货物之前就应该对其仓储条件加以特别确定。除此之外，那些具有爆炸性、腐蚀性和高度易燃性的化学品等有害货物必须按照政府规定在特定区域进行存放。在所有储存带有包装的危险物质的仓库中，在处理这些货物之前，工作人员应该对可能会引起的危险事故风险进行认真评估，并且制定一套有效控制这些危险事故的方案。

五、空间有效利用

空间有效利用是指物流地产商在针对仓库建筑开展布局规划设计时应该遵循的仓库空间利用效率最高和收益规模最大的规划设计理念。具体来说，物流地产商应该根据物流地产项目储存货物的包装尺寸、搬运设备的技术性能及内部设施的空间位置等各方面要求，确定仓库支撑柱、桁架、自动喷淋灭火系统和其他消防系统组件、加热和冷却系统组件、紧急出口灯等的设计参数，在充分发挥这些部件功能的同时尽量减少其对仓库仓储功能、作业方式和布局安排实用性的不利影响。例如，仓库内部通道的规划设计就要在满足内部作业需求的同时，尽量减少通道占用面积和作业迂回。这是由于仓库内部通道不能用来储存货物，不能直接产生收益，因此物流地产商通常希望减少库房内部通道空间以达到收益最大化的目标。正是基于这一考虑，仓库内部通道的宽度一般会设计成仅可供叉车进入或提取托盘的大小。再例如，物流地产商在针对仓库建筑开展布局规划设计时，还要特别注意仓库地板的承重能力设计，因为仓库地板的承重能力会限制货物仓储的高度和密度，影响仓库空间的有效利用。

第四节　主要设施设备要求

物流地产的发展往往是与现代物流仓储设备，即用于大量储存各种商品的托盘和货架等设备以及用于装卸、搬运和拣选等作业的叉车和巷道堆垛机等设备的发展相伴相生的。正是由于现代物流仓储设施设备突飞猛进的发展，才有力地推动了包括仓库高度和空间面积等诸多方面的巨大变革。物流地产涉及的设施设备种类众多，物流地产商在开展物流地产项目规划设计时，尤其要对货架、托盘、叉车、巷道堆垛起重机、货台等主要设施设备要求予以特别关注，以便从产品最终使用功能的角度科学合理地完成物流地产项目的规划设计。

一、货架

货架是指由立柱、隔板和横梁等部件所组成的用于仓库立体储存货物的仓储设施。目前，货架已经为越来越多的现代仓库所使用。综观货架式仓库，主要可以分为两种类型，一种类型是普通货架式仓库，另一种类型是自动化货架式仓库，后者又被称为立体仓库。货架往往用排、列、层等单位来计量。以立体仓库为例，所谓排，是指垂直于巷道堆垛机行走方向的货位数计量单位。所谓列，是指平行于巷道堆垛机行走方向的货位数计量单位。所谓层，是指货架高度方向的货位数计量单位。在货架上，由相邻两个立柱片和上下托梁或横梁围成的储存货物的单位空间被称为货格，一个货格里可以有一个货位（货架上储存一个单元货物的单位空间），也可以有多个货位。在一个货格内沿巷道堆垛机货叉伸缩方向的货位数被称为进深数。

仓库中通常使用的货架类型包括大容量存储货架、适用于大批量拣选的流动式货架、箱式货架、旋转货架等。其中，大容量存储货架是仓库货架的主导类型。大容量存储货架支持整箱拣取，托盘的长度和宽度十分均匀，货架具有大小适当的插槽，插槽高度可以调整，同时托盘容量在高度上也可以进行变通。大容量存储货架的优点是每层货架都是独立存在的，从而更容易进行货架填充。显然，大容量存储货架的存储方式比地面存储方式拥有更高的堆叠高度，因此在有效提升仓库空间利用方面发挥着重要作用。

物流地产商应该根据仓库建筑的服务功能定位、进出货物类型、流动频率、拣选模式、作业流程、作业机械、防火要求等因素，确定仓库货架的存储方式。一般而言，最常见的货架存储方式包括选择式货架或者单深式货架、双深式货架、后推式货架、驶入/驶出式货架等。

1. 选择式货架或者单深式货架

选择式货架或者单深式货架是指支撑起每一个托盘的都是独立存在的货格，亦即每层货架任何位置的托盘都可以使用不同项目编号的货架存储方式。选择式货架或者单深式货架对应的是单深位存储方式，即在货格的深度方向只储存一个单元货物的存储方式。由于每一个托盘都放置于一个独立的货格并具有一个独立的项目编号，这就使得任何一个独立的托盘都可以被轻松自如地进行检索。这是选择式货架或者单深式货架的优势所在，但是为了做到这一点，选择式货架或者单深式货架也需要更多的走廊空间供叉车作业，在一定程度上会影响仓库空间的利用效率。

2. 双深式货架

双深式货架是指由两个竖排紧贴排列的单深式货架所组合而成的货架存储方式。双深式货架对应的是双深位存储方式，即在货格的深度方向可储存两个单元货物的存储方式。双深式货架的托盘也是双深式的，货架支撑起的每个双深式托盘都是独立存在的，所以每行货架的每层托盘都可以采用不同的项目编号进行存储。双深式货架的优点在于所需拣货走廊面积小，以便仓库可以容纳更多货物。双深式货架的缺点在于存储和检索货物时需要较大的工作量，当需要提取第二个托盘里的货物时，需要一辆特殊的叉车来先提取第一个托盘里的货物。

3. 后推式货架

后推式货架又名压入式货架，是指在前后梁间以多层台车重叠相接，从外侧将叠栈货物置于台车推入，后储存之货物会将先储存之货物推往里面的货架存储方式。后推式货架对应的是多深位存储方式，即在货格的深度方向可储存多个单元货物的存储方式。后推式货架是由托盘小车等典型结构件所组成，托盘小车具有可流动特性，货物被规定于货架的一端进出，并遵循先进后出的顺序。在储运货物时，叉车只需位于货架通道水平较低的一端作业，无须进入货架货物存储通道作业。后推式货架具有存储密度高和储运速度快的典型特征，通常用于储存场地极其有限，但必须增加储存容量或对货物拣选要求不高的场合使用。当储存货物的托盘数量较多而又不要求“先进先出”时，后推式货架就能够有效简化工作程序，效益提升效果极为显著。采用后推式货架可以使得仓库储存面积较多，通道较少，因此空间利用率和生产率都很高，尤其适用于冷冻仓库等需要较大提高空间利用率的情况。

4. 驶入/驶出式货架

驶入/驶出式货架又名贯通式货架或通廊式货架，采用托盘存取模式，适用于品种少、批量大货物类型的货架存储方式。驶入/驶出式货架对应的是多深位存储方式，亦即在货格的深度方向可储存多个单元货物的存储方式。驶入/驶出式货架除了靠近通道的货位，其他货位都需要叉车进入货架内部存取货物，通常单面取货一般不超过7个货位深度，每行货架的所有托盘层都必须采用统一的项目编号。为提高叉车运行速度，可根据实际需要选择配置导向轨道。与货位式货架相比，驶入/驶出式货架的仓库空间利用率可提高30%以上，因此广泛应用于冷库及食品、烟草行业等需要较大提高空间利用率的情况。

除此之外，在立体仓库中，根据与仓库建筑之间的结构关系，货架可以分为整体式货架和分离式货架两种类型。整体式货架不仅要承受货物载荷，同时还要支撑仓库建筑结构的载荷。而分离式货架只承受货物载荷，是一种与仓库建筑物分开的单独的货架。分离式货架顶面至屋架下弦的距离应满足安装要求，一般不应小于300mm。

二、托盘

仓库内储存货物的最大单位通常是托盘，托盘多数由木头或者塑料制成。欧洲托盘标准是48英寸×32英寸（1.2m×0.8m），国际托盘标准是48英寸×42英寸（1.2m×1m）。大部分的标准托盘是48英寸（1.2m）长，但是也有32英寸（0.8m）或42英寸（1m）长的规格标准。此外，托盘没有标准的高度标准。

如果托盘是轻质的、坚固的，那么就可以在地面上被叠加放置，而且每平方米地面上可放置很多托盘。如果托盘是沉重的、易碎的，那么就不能被叠加到很高或者根本不能被叠加放置，如果直接被放置在地面上，就会使得上面的空间无法使用。仓库如果安装了货架就可以避免这个问题，同时还能使得每个托盘都具有相对独立的位置。

由于托盘多数是由木头或者塑料制成的，空托盘属于具有较高着火风险的低价值产品。因此出于仓库防火的考虑，空托盘必须存放在仓库建筑的外面，并且要确保与仓库建筑外墙之间保留足够的距离。

三、叉车

装卸机具承担着货物入库和出库的作业，仓库机械装卸作业量的占比是划分仓库等级的一个重要标准。根据我国通用仓库等级分类，我国独立库区由低到高被划分为五个等级，分别是一星、二星、三星、四星和五星。其中，一星仓库未对机械装卸作业量占比提出要求；二星仓库要求机械装卸作业量占比超过30%；三星仓库要求机械装卸作业量

占比超过50%；四星仓库要求机械装卸作业量占比超过70%；五星仓库要求机械装卸作业量占比超过90%。

叉车是为了方便仓库内货物搬运而设计的一种重要装卸机具，是对成件托盘货物进行装卸、堆垛和短距离运输作业的各种轮式搬运车辆。叉车被广泛应用于物流仓储作业中，是托盘运输、集装箱运输中必不可少的设备，是物料搬运设备中的主力军。

除了少数仓储叉车（如手动托盘叉车）采用人力驱动之外，其他仓储叉车通常都使用燃油机或者电池驱动。叉车如果使用电池或者燃料电池供电的话，就不会排放废气，可以减少空气污染，因此也就能减少仓库通风系统的负担。一般而言，以电动机为动力、以蓄电池为能源的叉车的承载能力可达 1.0～8.0t，作业通道宽度一般为3.5～5.0m。每组电池一般在工作约8h后需要充电，因此对于多班制的工况就需要配备备用电池。由于电动叉车车体紧凑、移动灵活、自重轻、没有污染、噪声小，因此被广泛应用于室内操作。从未来发展趋势来看，伴随人们对环境保护的日益重视，电动叉车将会逐步取代内燃叉车，在仓库中得到更为普遍地应用。

1．技术参数

叉车的技术参数是用来表明叉车的结构特征和工作性能的重要指标，主要包括额定起重量、载荷中心距、最大起升高度、门架倾角、最大起升速度、最高行驶速度、最小转弯半径、最小离地间隙以及轴距、轮距等。

叉车的额定起重量是指在货叉上放置的货物的重心至货叉前壁的距离不大于载荷中心距时，允许起升的货物的最大质量，以吨表示。当货叉上放置的货物的重心超出了规定的载荷中心距时，由于叉车纵向稳定性的限制，叉车的起重量就应当相应减小。

叉车的载荷中心距是指在货叉上放置标准的货物时，货物的重心到货叉垂直段前壁的水平距离，以毫米表示。对于1～4t的叉车，规定载荷中心距为500mm。

叉车的最大起升高度是指在平坦坚实的地面上时，叉车满载且货物升至最高位置时，货叉水平段的上表面离叉车所在的水平地面的垂直距离。

叉车的门架倾角是指无载的叉车在平坦坚实的地面上时，门架相对其垂直位置向前或向后的最大倾角。前倾角的作用是为了便于叉取和卸放货物；后倾角的作用是当叉车带货运行时，预防货物从货叉上滑落。一般而言，叉车前倾角为3°～6°，后倾角为10°～12°。

叉车的最大起升速度通常是指在叉车满载时，货物起升的最大速度，以m/min表示。只要提高了叉车的最大起升速度，就可以提高叉车的作业效率，但起升速度过快容易发生货损和机损事故。目前国内叉车的最大起升速度已提高到20m/min。

叉车的最高行驶速度通常是指叉车满载时行驶的最大速度。提高叉车的行驶速度对提高叉车的作业效率有很大影响。一般而言，对于起重量为1t的内燃叉车，其满载时的最高行驶速度不小于17m/min。

叉车的最小转弯半径是指当叉车在无载低速行驶且打满方向盘转弯时，车体最外侧和最内侧至转弯中心的最小距离，分别称为最小外侧转弯半径$R_{min外}$和最小内侧转弯半径$r_{min内}$。最小外侧转弯半径愈小，则叉车转弯时需要的地面面积愈小，机动性愈好。

叉车的最小离地间隙是指除车轮以外的车体上固定的最低点至地面的距离，它表示叉车无碰撞地越过地面凸起障碍物的能力。最小离地间隙愈大，则叉车的通过性愈高。

叉车的轴距是指叉车前后桥中心线的水平距离。叉车的轮距是指同一轴上左右轮中心的距离。增大叉车的轴距,有利于提高叉车的纵向稳定性，但同时会使得车身长度增加，最小转弯半径增大。增大叉车的轮距，有利于提高叉车的横向稳定性，但会使车身总宽和最小转弯半径增加。

叉车的直角通道最小宽度是指供叉车往返行驶的成直角相交的通道的最小宽度，以毫米表示。一般直角通道最小宽度愈小，性能愈好。

叉车的堆垛通道最小宽度是指叉车在正常作业时，仓库内部通道的最小宽度，由于仓库内部通道不能存储货物，因此不直接产生收益。所以，人们通常希望减少仓库内部通道空间以达到目标收益最大化。

2. 车型分类

（1）搬运车

搬运车是叉车的一种重要车型，它的承载能力可达1.6～3.0t，作业通道宽度一般为2.3～2.8m，货叉提升高度一般在210mm左右，主要用于仓库内的水平搬运及货物装卸。有步行式、站驾式和坐驾式三种操作方式。

（2）堆垛车

堆垛车又被称为电动托盘堆垛车，是叉车的一种重要车型，分为全电动托盘堆垛车和半电动托盘堆垛车两种类型。顾名思义，前者行驶、升降都由电动控制，比较省力。而后者需要人工手动拉或者推着叉车行走，升降则是电动的。堆垛车的承载能力可达1.0～2.5t，作业通道宽度一般为2.3～2.8m，货叉提升高度一般在4.8m内，主要用于仓库内的货物堆垛及装卸。

在堆垛车中，有一种类型被称为前移式车，其承载能力达1.0～2.5t，门架可以整体前移或缩回，缩回时作业通道宽度一般为2.7～3.2m，提升高度最高可达11m左右，常用于仓库内中等高度的堆垛和取货作业。

四、巷道堆垛起重机

巷道堆垛起重机是指沿着立体仓库巷道内轨道运行，向货格存取货物，完成在货

物的储存位置和入出库货台之间搬运货物作业的起重机的总称,是立体仓库中必备的装卸设备。巷道堆垛起重机沿巷道宽度方向上最外侧与货架立柱或货物之间的间隙一般在50～100mm范围内选用，不应小于50mm。

1. 技术参数

（1）正常工作条件

巷道堆垛起重机的正常工作环境要求温度为-5～+40℃，在24小时内平均温度不超过35℃，在40℃的温度下相对湿度不超过50%，温度较低时湿度可以提高，由于温度变化，允许存在轻度的凝露。如果工作环境温度低于-5℃或者高于+40℃，需要对巷道堆垛起重机构件的钢材牌号做出相应的调整。供电电网进线电源为三相交流，频率为50Hz，电压为380V，尖峰电流时电压波动的允许偏差为±10%。

（2）金属结构件要求

巷道堆垛起重机上横梁的水平弯曲值 f_1 应不大于上横梁全长的千分之一。下横梁的水平弯曲值 f_2 应不大于主、被动轮轴距的千分之一。下横梁只允许上拱，其上拱度F值应不大于主、被动轮轴距的千分之一。

2. 车型分类

（1）按支承方式分类

巷道堆垛起重机按照支承方式可以分为三类。第一类是地面支承型巷道堆垛起重机，是一种支承在地面铺设的轨道上的巷道堆垛起重机。第二类是悬挂型巷道堆垛起重机，是一种悬挂在巷道上部装设的轨道下翼缘上运行的巷道堆垛起重机。第三类是货架支承型巷道堆垛起重机，是一种支承在货架顶部铺设的轨道上运行的巷道堆垛起重机。

（2）按用途分类

巷道堆垛起重机按照用途可以分为三类。第一类是单元型巷道堆垛起重机，是一种以托盘单元或货箱单元进行出入库作业的巷道堆垛起重机。第二类是拣选型巷道堆垛起重机，是一种由操作人员向（从）货格内的托盘单元或货箱单元中存取货物，进行入出库作业的巷道堆垛起重机。第三类是拣选—单元混合型巷道堆垛起重机，是一种具有单元型与拣选型综合功能的巷道堆垛起重机。

（3）按控制方式分类

巷道堆垛起重机按照控制方式可以分为三类。第一类是手动巷道堆垛起重机，是一种由司机在堆垛起重机上直接控制运行、起升、货叉动作的巷道堆垛起重机。第二类是半自动巷道堆垛起重机，是一种与手动控制方式基本相同，但运行、起升到目的位置的准确定位是自动进行的巷道堆垛起重机。第三类是自动巷道堆垛起重机，是一种通过自动控制装置设定作业的货格地址，自动完成入出库作业的巷道堆垛起重机。

（4）按结构分类

巷道堆垛起重机按照结构可以分为两类。第一类是单立柱型巷道堆垛起重机，是一种在机体结构中只有一根立柱的巷道堆垛起重机。第二类是双立柱型巷道堆垛起重机，是一种在机体结构中具有两根立柱的巷道堆垛起重机。

（5）按运行轨迹分类

巷道堆垛起重机按照运行轨迹可以分为三类。第一类是直线运行巷道堆垛起重机，即巷道堆垛起重机只能在巷道内直线轨道上行驶的巷道堆垛起重机。第二类是曲线运行巷道堆垛起重机，即巷道堆垛起重机能在曲线轨道上行驶的、自行转换巷道的巷道堆垛起重机。第三类是转轨车方式巷道堆垛起重机，即用转轨车转移巷道堆垛起重机使其变换巷道的巷道堆垛起重机。

五、货台

货台是立体仓库中的一种常用台架，主要包括入库货台、出库货台和入出库货台。入库货台是用于放置等待入库货物的台架，巷道堆垛起重机在此取货。出库货台是用于放置巷道堆垛起重机从货架上取下货物的台架，巷道堆垛起重机在此卸货。入出库货台是用于放置进出货架货物的台架，巷道堆垛起重机在此台架上取卸货物。

货台设置起码有五种方式。第一种是一端入出库方式，即将入出库货台设置在巷道堆垛起重机通道一端的方式。第二种是两端入出库方式，即将入出库货台设置在巷道堆垛起重机通道两端的方式。第三种是中间入出库方式，即将入出库货台设置在巷道堆垛起重机通道中间位置的方式。第四种是单层入出库方式，即将入出库货台设置在同一层的方式。第五种是多层入出库方式，即将入出库货台设置在不同层的方式。

第三章 物流地产开发管理

物流地产开发管理是指物流地产商对物流地产项目国有土地使用、建设用地规划、建设工程规划、施工许可和竣工备案等方面的报批报建工作，对物流地产项目运营图、开发大纲汇总表和项目定位报告、项目开发三级管控计划、概算成本及合约规划、经营策划（含经营全程策划、租金、招商计划）、财务策划（含税收筹划、现金流、融资计划）等开发大纲“一图一表五附件”的编制工作，对物流地产项目开发一级管控计划节点、二级管控计划节点和三级管控计划节点的管控工作，对项目选址定位、规划设计、工程质量、建设进度、成本控制、仓储经营、项目营销、综合管理等方面的后评估工作进行的协同、统筹、管理和把控。

第一节 物流地产报批报建

物流地产商投资建设和运营管理物流地产项目必须要在相关法律法规框架的指导和规范下进行。在物流地产项目建设和运营的不同阶段针对物流地产项目的不同方面，物流地产商都须按照相关法律法规要求进行报批报建，所涉及的部门众多，主要包括国土、规划、建设、测绘、消防、发改委、工商、税务、质检、防汛、防雷、交通、园林、房管、人防、通信、供电、供水等相关部门（图3-1）。除此之外，往往还会涉及商委、市容、环保、环卫、劳动保护、招标办、防震、技监、安监、建筑保护、文物保护、农田水利、港口、河道、铁路、航空、地下工程、电台、气象、国家安全、军事、道路、排水、排污、供热、燃气等相关部门。

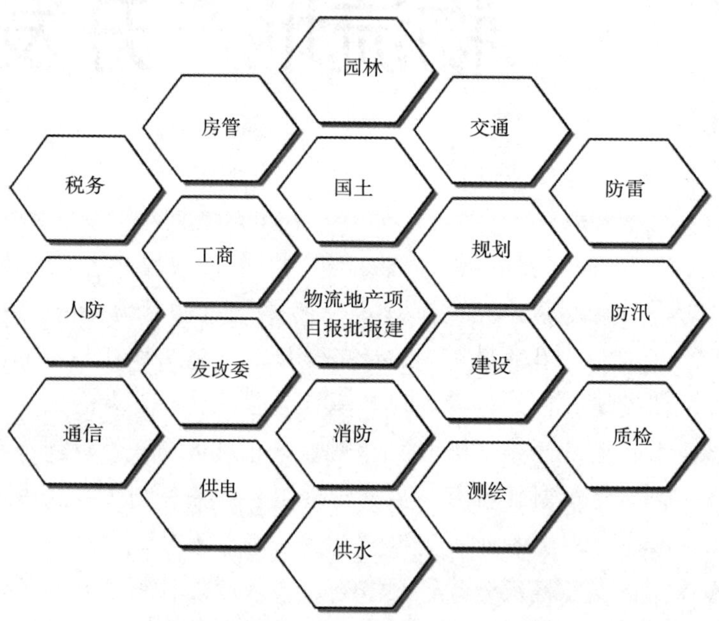

图3-1 物流地产项目报批报建过程中涉及的政府主要部门

就物流地产开发建设阶段而言，主要涉及的报批报建工作包括《国有土地使用证》、《建设用地规划许可证》、《建设工程规划许可证》、《施工许可证》、《竣工备案验收证明》“五证”的办理方面。

一、国有土地使用

关于国有土地使用方面的报批报建工作主要是指《国有土地使用证》的办理工作。物流地产商在办理项目用地《国有土地使用证》之前应当了解和掌握物流地产项目所在地对于《国有土地使用证》的办理条件、办理流程、办理时限和申报资料等方面的具体要求。《国有土地使用证》的办理条件、办理流程、办理时限和申报资料虽然因时而异，因地而异、但同时也存在一些共同的要求和规范。

1. 办理条件

物流地产商在投资建设物流地产项目时，需要确保该项目用地符合当地的土地利用总体规划、城市规划、土地利用年度计划、建设用地年度供应计划，且该物流地产商已通过招拍挂方式竞得了该块项目用地的使用权，并已签订了成交确认书和土地出让合同，缴纳了土地出让金。

2. 办理流程

物流地产商办理物流地产项目用地《国有土地使用证》应该由项目所在地的国土资源部门受理，一般需要经由国土资源部门的服务中心窗口、土地利用处、地籍处、登记中心并联现场踏勘后，再交由土地利用处牵头集体会审，呈报批准通过后,才能向物流地产商发放《国有土地使用证》。

3. 办理时限

物流地产商在符合《国有土地使用证》办理条件并确保资料准备齐备的情况下，一般能够在20个工作日内完成物流地产项目用地《国有土地使用证》的办理。《国有土地使用证》规定了项目用地的使用年限，具体使用年限应该按照该项目用地《国有土地使用权有偿出让合同》约定的使用期限登记。

4. 申报资料

物流地产商在办理物流地产项目用地《国有土地使用证》时，需要准备齐备相关申报资料，这些资料一般包含但不限于物流地产商的《营业执照》或《组织机构代码证》、项目用地的《拍卖、挂牌成交确认书》、物流地产项目的《项目立项、核准、备案文件》、项目用地的《用地批文及红线图》、《地籍测绘图》、《地上附着物权属证明》、《国有土地有偿出让合同》、《缴纳土地出让金收据》、《土地契税纳（免）税单》等。

二、建设用地规划

关于建设用地规划方面的报批报建工作主要是指《建设用地规划许可证》的办理工

作。物流地产商在办理项目用地《建设用地规划许可证》之前应当了解和掌握物流地产项目所在地对于《建设用地规划许可证》的办理条件、办理流程、办理时限和申报资料等方面的具体要求。《建设用地规划许可证》的办理条件、办理流程、办理时限和申报资料虽然因时而异、因地而异，但同时也存在一些共同的要求和规范。

1. 办理条件

物流地产商在办理物流地产项目《建设用地规划许可证》时，需要确保该物流地产项目符合《建设项目选址意见书》的要求；符合项目所在地的法律、法规、规章、规范性文件及技术规范和标准的要求；符合项目所在地的城市规划。同时，还要确保该物流地产项目用地规划满足城市各类基础设施、公共设施配套的要求；满足环保、通信、能源、安全和防灾等要求；满足风景名胜、自然生态和历史文化保护的要求。

2. 办理流程

物流地产商办理物流地产项目《建设用地规划许可证》应该由项目所在地的规划部门受理。规划部门通过审查物流地产商提交的报建材料，组织现场踏勘，对并联审批的项目进行联合踏勘并召开联席会议，再经部门业务会审通过后，才能向物流地产商发放《建设用地规划许可证》。

3. 办理时限

物流地产商在符合《建设用地规划许可证》办理条件并确保资料准备齐备的情况下，一般能够在10个工作日内完成物流地产项目《建设用地规划许可证》的办理。如果物流地产商自《建设用地规划许可证》核发之日起六个月内未办理物流地产项目《建设工程规划许可证》又未申请延期的，该《建设用地规划许可证》由原核发机关予以注销。

4. 申报资料

物流地产商在办理物流地产项目《建设用地规划许可证》时，需要准备齐备相关申报资料，这些资料一般包含但不限于物流地产商的《营业执照》或《组织机构代码证》、物流地产项目的《项目立项批文》、《环评预审》、《建设项目选址意见书（含图）》、《建设用地地形图》、《规划设计方案批复（含图）》、《土地权属证明（土地合同）》等。

三、建设工程规划

关于建设工程规划方面的报批报建工作主要是指《建设工程规划许可证》的办理工作。物流地产商在办理项目《建设工程规划许可证》之前应当了解和掌握物流地产项目所在地对于《建设工程规划许可证》的办理条件、办理流程、办理时限和申报资料等方

面的具体要求。《建设工程规划许可证》的办理条件、办理流程、办理时限和申报资料虽然因时而异、因地而异，但同时也存在一些共同的要求和规范。

1. 办理条件

物流地产商在办理物流地产项目《建设工程规划许可证》时，需要确保该物流地产项目符合《建设用地规划许可证》的要求，满足建设工程设计方案批复通知书的要求。同时，物流地产商还要确保该物流地产项目建设工程设计方案符合城市规划，不仅满足城市各类基础设施和公共设施配套的要求，而且满足环保、通信、能源、安全和防灾等要求，还满足风景名胜、自然生态和历史文化保护的要求，符合项目所在地的法律、法规、规章、规范性文件及技术规范和标准的要求。此外，物流地产商还要确保该工程项目的施工图设计符合规划部门核发的《建设用地规划许可证》的各项规划指标要求。

2. 办理流程

物流地产商办理物流地产项目《建设工程规划许可证》应该由项目所在地的规划部门受理，规划部门通过现场踏勘调研，并对并联审批的项目进行联合踏勘并召开联席会议，审核项目批文、用地手续、规划图、建筑总平面图、施工图是否符合规范及规划的要求，再经由部门集体审议，根据审议情况初步提出修改意见。物流地产商按照修改意见对报批方案组织修改，经规划部门审定并公示通过后，才能向物流地产商发放《建设工程规划许可证》。

3. 办理时限

物流地产商在符合《建设工程规划许可证》办理条件并确保资料准备齐备的情况下，一般能够在7个工作日内完成物流地产项目《建设工程规划许可证》的办理。物流地产项目主体工程自《建设工程规划许可证》核发之日起六个月内不动工又未申请延期的，该《建设工程规划许可证》由原核发机关予以注销。

4. 申报资料

物流地产商在办理物流地产项目《建设工程规划许可证》时，需要准备齐备相关申报资料，这些资料一般包含但不限于物流地产项目的《建设用地批复及用地红线附图》、《建设项目选址意见书》、《建设用地规划许可证及附图》、《设计方案审批意见单》、《扩初设计方案批复》、《消防设计审核意见书》、《总平面图、建筑施工图、管网综合图》、《设计单位资质证书》等。

四、施工许可

关于施工许可方面的报批报建工作主要是指物流地产项目《施工许可证》的办理工作。物流地产商在办理项目《施工许可证》时应当了解和掌握物流地产项目所在地对于

《施工许可证》的办理条件、办理流程、办理时限和申报资料等方面的具体要求。《施工许可证》的办理条件、办理流程、办理时限和申报资料虽然因时而异、因地而异，但同时也存在一些共同的要求和规范。

1. 办理条件

物流地产商在办理物流地产项目《施工许可证》时，需要确保该项目已经办理了建筑工程用地批准手续，并已经取得了《建设工程规划许可证》，施工场地已经基本具备了施工条件，如有需要拆迁的建筑，其拆迁进度符合施工要求。同时，物流地产商已经具有满足施工需要的施工图纸及技术资料，且施工图设计文件已经按照规定进行了审查。此外，物流地产商已经按照规定对于应该委托监理的工程已经委托了监理单位并已经确定了施工企业，具有保证工程质量和安全的具体措施，并按照规定办理了工程质量、安全监督手续。

2. 办理流程

物流地产商办理物流地产项目《施工许可证》应该由项目所在地的建设局受理，建设局通过资料核验，现场踏勘调研，对物流地产商提交的施工申请审批通过后，才能向物流地产商发放项目《施工许可证》。

3. 办理时限

物流地产商在符合《施工许可证》办理条件并确保资料准备齐备的情况下，一般能够在15个工作日内完成物流地产项目《施工许可证》的办理。物流地产商应当自领取《施工许可证》之日起三个月内开工。如果因故不能按期开工，物流地产商应当在期满前向发证机关申请延期，并说明理由。延期以两次为限，每次不超过三个月。如果既不开工又不申请延期或者超过延期次数、时限的，该《施工许可证》将自行废止。

4. 申报资料

物流地产商在办理物流地产项目《施工许可证》时，需要准备齐备相关申报资料，这些资料一般包含但不限于物流地产项目的《建设用地红线批文》或《土地出让合同》、《建设用地规划许可证》、《建设工程规划许可证》、《工程项目承包合同及工程预算书》、《外来施工单位备案表》、《工程中标通知书及备案表》、《施工图审查批准书》、《工程质量监督文件》、《监理合同及监理备案表》、《消防设计审核意见书》、《建设工程防雷设计审查书》、《工资预留户协议》、《新型墙体改造审核书》、《使用散装水泥审核书》等。

五、竣工备案

关于竣工备案方面的报批报建工作主要是指物流地产项目《竣工备案验收证明》的

办理工作。物流地产商在办理项目《竣工备案验收证明》时应当了解和掌握物流地产项目所在地对于《竣工备案验收证明》的办理条件、办理流程、办理时限和申报资料等方面的具体要求。《竣工备案验收证明》的办理条件、办理流程、办理时限和申报资料虽然因时而异、因地而异，但同时也存在一些共同的要求和规范。

1. 办理条件

物流地产商在办理物流地产项目《竣工备案验收证明》时，需要确保该物流地产项目已经由物流地产商、监理单位、施工单位、设计单位四方依据设计图纸和验收规定针对该物流地产项目进行了验收，并在《四方验收表》上完成会签盖章。同时，该物流地产项目已顺利完成建筑节能验收、政府消防验收、竣工面积测量审核、规划验收、质检验收、城建档案验收等工作。

2. 办理流程

物流地产商办理物流地产项目《竣工备案验收证明》是一项系统复杂的综合工程，是以物流地产商、监理单位、施工单位、设计单位四方验收为起点，经由规划、消防、档案、环保、质检等专项验收通过后所进行的综合验收。

其中，物流地产项目的建筑节能验收应该由项目所在地的建筑节能主管部门受理，以物流地产商取得建筑节能主管部门出具的物流地产项目《节能验收合格证明》为完成标志；物流地产项目的政府消防验收应该由项目所在地的消防主管部门受理，以物流地产商取得消防主管部门出具的物流地产项目《消防验收合格意见书》为完成标志，消防验收是物流地产项目开展运营的重要前置条件；物流地产项目的竣工面积测量审核应该由项目所在地的测绘部门受理，以取得测绘部门出具的物流地产项目《竣工面积测量报告》为完成标志，物流地产项目竣工面积测量包括规划部门竣工测量和房产部门面积实测；物流地产项目的规划验收应该由项目所在地的规划主管部门受理，以物流地产商取得规划主管部门出具的物流地产项目《规划验收合格证明》为完成标志，物流地产商应该等到物流地产项目的外立面、道路、停车场、库区围墙完工，且规划测量完成后方可向规划主管部门申请规划验收；物流地产项目的质检验收应该由项目所在地的质量监督主管部门受理，以物流地产商取得质量监督主管部门出具的物流地产项目《质量监督报告》为完成标志；物流地产项目的城建档案验收应该由项目所在地的建设主管部门受理，以物流地产商取得建设主管部门出具的《档案验收合格证明》为完成标志。

物流地产商在物流地产项目竣工验收完成并取得规划、消防、档案、环保、节能、质检等验收证明和工程结算证明后，即可向建设主管部门申报竣工备案，竣工备案以物流地产商取得建设主管部门出具的《竣工备案验收证明》为完成标志。

3. 办理时限

物流地产项目的建筑节能验收、规划验收、质检验收一般应该在四方验收后和竣工备案前30天内进行；物流地产项目的政府消防验收一般应该在四方验收后和竣工备案前30天内或物流地产项目开展运营前15天内进行；物流地产项目的竣工面积测量审核一般应该在四方验收后60天内进行；物流地产项目的城建档案验收一般应该在竣工备案前15天内进行；物流地产项目的竣工备案（综合验收）一般应该在四方验收后90天内完成。

4. 申报资料

物流地产商在办理物流地产项目《竣工备案验收证明》时，需要准备齐备相关申报资料，这些资料一般包含但不限于物流地产项目的《节能验收合格证明》、《消防验收合格意见书》、《规划验收合格证明》、《质量监督报告》、《档案验收合格证明》，以及该项目的《施工许可证》、《勘察单位质量验收报告》、《设计单位质量验收报告》、《施工单位质量验收报告》、《监理单位质量验收报告》、《工程款支付证明》、《用地界址确认书》等。

第二节　物流地产开发大纲

不谋万世者，不足谋一时。不谋全局者，不足谋一域。物流地产商在启动物流地产项目之前，就需要通盘组织协调各专业部门，针对物流地产项目的投资建设和运营管理进行系统性的模拟演练，统一各部门对物流地产项目的认识，提升管理层的管控高度，编制物流地产项目开发大纲，并将其作为物流地产项目开发过程中的指导性文件。

物流地产开发大纲是指物流地产商用以明确物流地产项目开发节奏，确保物流地产项目启动后满足物流地产商投入产出要求的重要规划，主要组成部分包括“一图一表五附件”。具体来说，“一图”是指物流地产项目运营图。物流地产项目运营图以项目规划总平面图为底图，主要显示建筑平面形状。“一表”是指物流地产项目开发大纲汇总表。“五附件”是指项目定位报告、项目开发管控计划、概算成本及合约规划、经营策划（含经营全程策划、租金、招商计划）、财务策划（含税务筹划、现金流、融资计划）。

一、项目运营图

物流地产商应该以事先已经确认的物流地产项目方案文本中的规划总平面图为底图（只显示建筑平面形状）来制作物流地产项目运营图。物流地产项目运营图必须明确项目总经济技术指标（表3-1）和开发分期（项目开发进度节点计划，见表3-2）等重要信

息。项目运营图虽然仅仅是一张图，但应该做到使物流地产商“一图在手”，就能够对整个物流地产项目运营“胸有成竹”。

物流地产项目总经济技术指标　　表3-1

<table>
<tr><th colspan="2">项目</th><th>单位</th><th>指标</th></tr>
<tr><td colspan="2">总用地面积</td><td>m^2</td><td></td></tr>
<tr><td colspan="2">总建筑面积</td><td>m^2</td><td></td></tr>
<tr><td rowspan="2">其中</td><td>地上建筑面积</td><td>m^2</td><td></td></tr>
<tr><td>计容建筑面积</td><td>m^2</td><td></td></tr>
<tr><td colspan="2">占地面积</td><td>m^2</td><td></td></tr>
<tr><td colspan="2">总停车数</td><td>辆</td><td></td></tr>
<tr><td rowspan="2">其中</td><td>地上停车数</td><td>辆</td><td></td></tr>
<tr><td>地下停车数</td><td>辆</td><td></td></tr>
<tr><td colspan="2">容积率</td><td>—</td><td></td></tr>
<tr><td colspan="2">建筑密度</td><td>—</td><td></td></tr>
<tr><td colspan="2">绿地率</td><td>—</td><td></td></tr>
<tr><td colspan="2">开发周期</td><td>年</td><td></td></tr>
<tr><td colspan="2">持有物业面积</td><td>m^2</td><td></td></tr>
<tr><td colspan="2">总投资</td><td>亿元</td><td></td></tr>
<tr><td colspan="2">总销售额</td><td>亿元</td><td></td></tr>
</table>

物流地产项目开发分期　　表3-2

<table>
<tr><td colspan="6">项目一期（1号地块）</td></tr>
<tr><td colspan="6">产品组合：普通平房库、简易仓库</td></tr>
<tr><td>开工时间</td><td></td><td>±0.00时间</td><td></td><td>封顶时间</td><td></td></tr>
<tr><td>投资总额</td><td>亿元</td><td>融资总额</td><td>亿元</td><td>销售总额</td><td>亿元</td></tr>
<tr><td>产品类型</td><td>建筑面积（m^2）</td><td>租赁价格
[元/（m^2·月）]</td><td>销售价格（元/m^2）</td><td>销售比例</td><td>交付时间</td></tr>
<tr><td>普通平房库</td><td></td><td></td><td></td><td></td><td></td></tr>
<tr><td>简易仓库</td><td></td><td></td><td></td><td></td><td></td></tr>
</table>

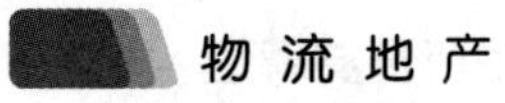

续表

项目二期（2号地块）					
产品组合：普通平房库、高层货架仓库					
开工时间		±0.00时间		封顶时间	
投资总额	亿元	融资总额	亿元	销售总额	亿元
产品类型	建筑面积（m^2）	租赁价格 [元/（m^2·月）]	销售价格（元/m^2）	销售比例	交付时间
普通平房库					
高层货架仓库					
项目三期（3号地块）					
产品组合：普通平房库、立体仓库、普通楼房库					
开工时间		±0.00时间		封顶时间	
投资总额	亿元	融资总额	亿元	销售总额	亿元
产品类型	建筑面积（m^2）	租赁价格 [元/（m^2·月）]	销售价格（元/m^2）	销售比例	交付时间
普通平房库					
立体仓库					
普通楼房库					

二、开发大纲汇总表

开发大纲汇总表应该通过简要描述和高度凝练的方式汇总物流地产项目的项目目标、项目策略（含开发策略、营销策略、经营策略）、各产品类型的工程关键节点（含方案批复、桩基施工、全套施工图、总包定标、±0.00、主体封顶、外立面完成并落架、竣工备案、交付、开业）、质量目标、租赁目标、销售目标、成本目标、财务目标等方面事项（表3-3）。开发大纲汇总表虽然仅仅是一张表，但应该做到使物流地产商“一表在手”，就能够对整个物流地产项目运营“胸有成竹”。

具体而言，在开发大纲汇总表中，项目目标是指物流地产商对于投资建设和运营管理的物流地产项目所赋予的意义和价值，亦即物流地产商期望通过投资建设和运营管理物流地产项目所要达到的目的和实现的价值；开发策略是指物流地产商对于物流地产项目开发节奏的设定，主要包括明确物流地产项目的开发周期、分期期数和各期范围；营销策略是指物流地产商针对物流地产项目各产品类型开展租赁和销售活动的策略；经营

策略是指物流地产商对于物流仓储设施的经营策略；租赁目标是指物流地产商针对各产品类型确定的预期租赁价格和租赁收入；销售目标是指物流地产商针对各产品类型确定的预期销售价格和销售收入；成本目标是指物流地产商对于物流地产项目总成本（含土地成本、前期费用、建安成本、库区管网、绿化及配套、开发间接费用、管理费用、不可预见费等）和物流地产项目建筑面积单方成本的明确；财务目标是指物流地产商根据项目分期、各期投资总额和销售总额对各期融资目标的设定。

物流地产项目开发大纲汇总表　　**表3–3**

<table>
<tr><td>项目目标</td><td colspan="11"></td></tr>
<tr><td rowspan="3">项目策略</td><td colspan="11">开发策略</td></tr>
<tr><td colspan="11">营销策略</td></tr>
<tr><td colspan="11">经营策略</td></tr>
<tr><td rowspan="8">工程关键节点</td><td>产品类型</td><td>方案批复</td><td>桩基施工</td><td>全套施工图</td><td>总包定标</td><td>±0.00</td><td>主体封顶</td><td>外立面完成并落架</td><td>竣工备案</td><td>交付</td><td>开业</td></tr>
<tr><td>1号地块普通平房库</td><td></td><td></td><td></td><td></td><td></td><td></td><td></td><td></td><td></td><td></td></tr>
<tr><td>1号地块简易仓库</td><td></td><td></td><td></td><td></td><td></td><td></td><td></td><td></td><td></td><td></td></tr>
<tr><td>2号地块普通平房库</td><td></td><td></td><td></td><td></td><td></td><td></td><td></td><td></td><td></td><td></td></tr>
<tr><td>2号地块高层货架仓库</td><td></td><td></td><td></td><td></td><td></td><td></td><td></td><td></td><td></td><td></td></tr>
<tr><td>3号地块普通平房库</td><td></td><td></td><td></td><td></td><td></td><td></td><td></td><td></td><td></td><td></td></tr>
<tr><td>3号地块立体仓库</td><td></td><td></td><td></td><td></td><td></td><td></td><td></td><td></td><td></td><td></td></tr>
<tr><td>3号地块普通楼房库</td><td></td><td></td><td></td><td></td><td></td><td></td><td></td><td></td><td></td><td></td></tr>
<tr><td>质量目标</td><td>分项工程政府验收一次性合格率</td><td colspan="3">集中交付一次性交付比例</td><td colspan="3">交付四个月缺陷率</td><td colspan="2">行业奖项</td><td colspan="2">实测实量评分</td></tr>
<tr><td>租赁目标</td><td colspan="11"></td></tr>
<tr><td>销售目标</td><td colspan="11"></td></tr>
<tr><td>成本目标</td><td colspan="11"></td></tr>
<tr><td>财务目标</td><td colspan="11"></td></tr>
<tr><td>附件</td><td>项目定位报告</td><td colspan="2">项目开发管控计划</td><td colspan="4">概算成本及合约规划</td><td colspan="2">经营策划（含经营全程策划、租金、招商计划）</td><td colspan="2">财务策划（含税务筹划、现金流、融资计划）</td></tr>
</table>

三、项目定位报告

项目定位报告尤其是深化定位报告是物流地产项目开发大纲汇总表五个附件中的第一个附件。物流地产项目定位报告循序渐进地包括概念定位报告、初步定位报告和深化定位报告。概念定位报告往往是物流地产商在拿地之前用于指导投资决策的重要参考，而初步定位报告和深化定位报告是物流地产商在拿地之后用于指导物流地产项目方案设计和扩初及施工图设计的重要参考。

物流地产商在编制物流地产项目开发大纲汇总表时，主要关注的是从物流地产项目方案批复到物业交付乃至项目开业期间的工程关键节点。因此，被纳入物流地产项目开发大纲汇总表附件中的项目定位报告主要是深化定位报告。对于项目定位报告，物流地产商应该特别关注编制项目定位报告的重要基础即市场调研、定位流程，以及项目定位报告指导下的方案设计任务书和扩初及施工图设计任务书。

1. 市场调研

物流地产商在开展项目定位前应该围绕物流地产项目进行详尽的市场调研，分析项目所在城市的工业化和城市化进程及其在区域经济圈中的功能定位；分析项目所在城市物流地产的市场容量，预测其未来三年的发展趋势；分析项目所在城市近三年来仓库租金价格和仓储用地成交价格的变化情况，预测其未来三年的变动趋势；分析项目所在城市近三年来每年物流地产的开发量、空置量和存量，并预测其未来三年的变动走势。除此之外，物流地产商还要深入研究当地的标杆物流地产项目，通过比较分析来确定其投资建设和运营管理的物流地产项目定位。例如，物流地产商可以选择超越当地标杆物流地产项目的档次，做当地最好的物流地产项目，也可以对项目进行差异化定位，避开与当地标杆物流地产项目的直接竞争，满足市场上还未发现或还未得到满足的仓储需求。

2. 定位流程

物流地产项目定位遵循循序渐进的定位流程，物流地产商的投资管理部门牵头组织编制完成物流地产项目初步定位报告，物流地产商的规划设计部门根据项目初步定位报告确定项目建筑方案规划设计任务书，并组织设计工作，完成项目建筑方案设计。物流地产商的投资管理部门在建筑方案设计的基础上，牵头组织编制完成物流地产项目深化定位报告，物流地产商的技术研发部门根据项目深化定位报告确定项目扩初及施工图设计任务书，并组织设计工作，完成项目扩初及施工图设计。物流地产项目定位流程如图3-2所示。

3. 方案设计任务书

方案设计任务书是物流地产商用于指导设计单位开展物流地产项目建筑方案设计的重要文件。在该文件中，物流地产商应该明确物流地产项目的产品类型、主要客群、建

造风格、立面效果、材料设备档次等建造标准和造价限额，对项目方案设计提出进度要求和成果要求，向设计单位提出对扩初和施工图设计的交底要求。在委托设计单位开展项目建筑方案设计之前，物流地产商必须当面向设计单位进行技术交底，交底应该由物流地产商的规划设计部门牵头组织，物流地产商要在对设计单位当面交底后仍全程指导设计单位的方案设计工作。

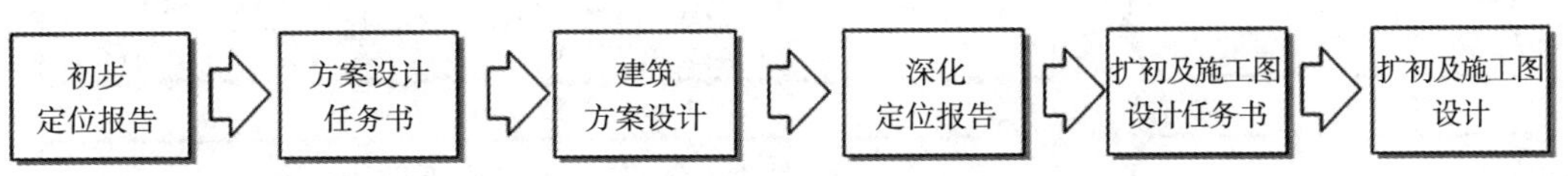

图3-2　物流地产项目定位流程

4. 扩初及施工图设计任务书

扩初及施工图设计任务书是物流地产商用于指导设计单位开展物流地产项目扩初及施工图设计的重要文件。在该文件中，物流地产商应该明确物流地产项目的技术标准、成本标准、限额设计指标，以及判定设计是否满足成本限额指标的评价办法和奖罚办法，并向设计单位提出设计进度要求、深度要求、服务施工现场要求。在设计单位开展扩初及施工图设计之前，物流地产商必须当面向设计单位进行项目扩初及施工图设计交底。如果项目建筑方案设计单位和扩初及施工图设计单位不是同一家设计单位，那么物流地产商就需要会同项目建筑方案设计单位向扩初及施工图设计单位当面进行交底。

四、项目开发管控计划

项目开发管控计划尤其是项目开发三级管控计划是物流地产项目开发大纲汇总表五个附件中的第二个附件。项目开发三级管控计划包括一级管控计划、二级管控计划和三级管控计划三个层面，是物流地产商对于物流地产项目各环节、各方面工作进度的详细规划。物流地产商应该根据物流地产项目招商运营计划，结合物流地产项目标准工期，编制一级管控计划，一级管控计划是开发大纲编制的主轴线，因此需要慎之又慎。二级管控计划是对一级管控计划的细化，而三级管控计划是对二级管控计划的细化。

物流地产商在编制物流地产项目开发大纲汇总表时，主要关注的是项目开发管控计划中的计划管理、前期管理、过程管理、竣工交付和开业、结算和后评估五个方面的重要管控内容。物流地产项目开发管控计划如图3-3所示。

1. 计划管理

物流地产项目计划管理主要包括对项目三级开发计划、专项计划、综合开发计划三类计划的管理。其中，三级开发计划主要是指物流地产商用于指导和控制物流地产项目日常工作的规划；专项计划主要是指物流地产商根据三级开发计划而制订的详细的设计进度计划、招标采购计划和人力资源计划等规划；综合开发计划主要是指物流地产商对项目营销、工程成本、招标采购、人力资源和资金计划等方面进行综合协调和平衡推进的规划。

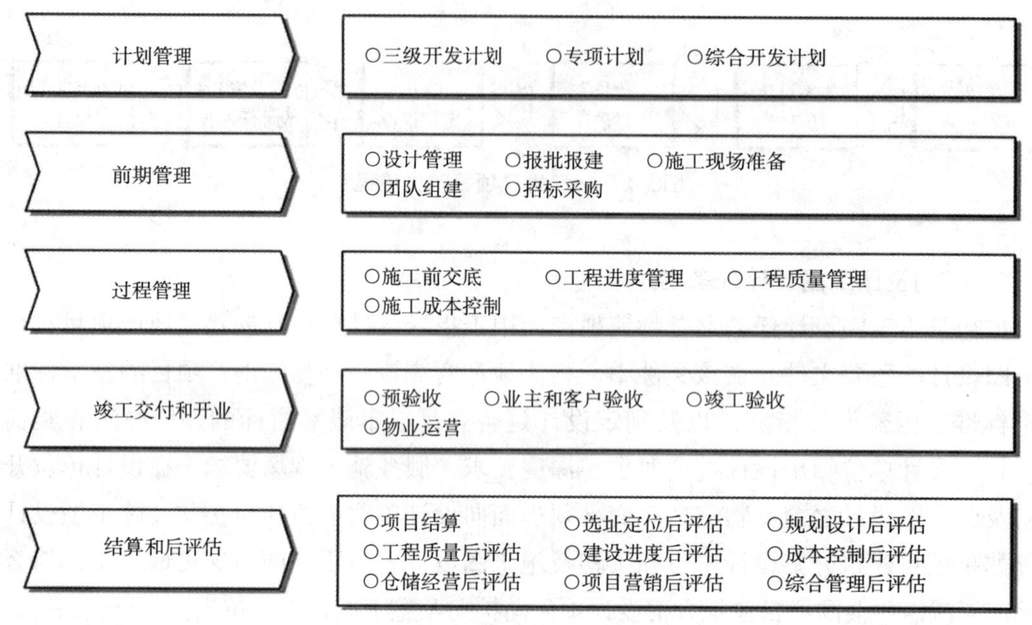

图3–3 物流地产项目开发管控计划

2. 前期管理

物流地产项目前期管理主要包括项目设计管理、报批报建、施工现场准备、团队组建和招标采购五个方面。其中，就设计管理而言，一方面，物流地产商要做好设计进度管理。由于设计进度在很大程度上决定着整个项目的开发进度，因此，物流地产商应该选择人手足且负责任的优质设计单位，做好设计与报批的衔接协调。另一方面，物流地产商要做好集中审图，由物流地产商的规划设计部门或技术研发部门组织其他相关部门按物流地产项目审图标准及审图要点对项目建筑方案设计图纸和扩初及施工图设计图纸限期完成审图，并提交审图意见。就报批报建而言，物流地产商要提前与政府规划、建设、环保、交通、消防、国土、房产、质监、安监等部门加强沟通，做好项目报批报建工作。就施工现场准备而言，物流地产商要做好项目场地平整，铺设临时道路，接通临时水、电、通信，并做好围墙。就团队组建而言，物流地产商要根据项目开发建设和运营管理计划制订人员到岗计划，确保相关人员及时到位。就招标采购而言，物流地产商要制订详细的招标采购计划，物流地产商各部门要按照权责分工实施该计划。

3. 过程管理

物流地产项目过程管理主要包括施工前交底、工程进度管理、工程质量管理、施工成本控制四个方面。其中，施工前交底是指物流地产商在完成对项目施工图审图后，应该会同设计单位当面对施工单位、监理单位就项目工程工期、工程质量、工程管理制度、施工工艺、建筑效果等方面进行交底；工程进度管理是指物流地产商根据其与施工单位签订的合同中已经明确的施工单位必须投入的管理力量、施工工人、施工机械数量等约定进行的定期核查和督促。物流地产商应该按照合同中约定的工程款支付与计划进度挂钩的原则，如施工单位未达计划进度，物流地产商则应扣罚工程款。物流地产商应该按月对工程进度做核查，发现可能延期的情况则应及早预警并督促施工单位采取措施赶工。

工程质量管理是指物流地产商从事前管理、过程管理、验收和整改三个方面对工程质量展开的管理工作。其中，事前管理主要包括招标与合同管理（如在招标文件中明确提出对工程质量的要求，并在合同中明确工程质量相关条款）、推行样板引路制（施工单位在开工前做工法样板间，物流地产商对工法样板间进行验收，施工单位在施工前必须到工法样板间签字确认）、工程技术交底（施工图审图完成后由物流地产商会同设计单位当面对施工单位、监理单位进行交底，要求施工单位针对重点部位制定确保工程质量的措施）；过程管理主要包括过程检查（物流地产商和监理单位必须严格要求施工单位按照工法样板间施工，并按工法样板间每道工序的要求检查和验收，并做好分部分项检查验收记录）、问题上报（物流地产项目现场工程管理人员在施工过程中如果遇到问题需要及时上报）、定期考核（物流地产商应该每月检查一次项目各重要部位的质量结果，同时检查分部分项验收单，如有问题直接追究分部分项验收单责任者的相关责任）、利益挂钩（物流地产商每月和每季的工程质量验收结果应该直接与施工单位工程款挂钩，如工程质量不合格，则直接在每月工程款中扣罚，该条款应该写入招标文件和合同中）。除此之外，在工程质量管理方面，物流地产商还要加强验收和整改，加强对关键工序和分部分项工程的旁站监督，充分发挥监理单位的监督作用。

施工成本控制主要是指物流地产商通过以下三个方面推进的成本控制。一是应该加强合同交底，确保物流地产项目现场管理人员熟悉合同。二是应该严格现场签证和设计变更审批流程，实行按照权限“先审后签”的原则。三是应该按月对动态成本做统计和预警。

4. 竣工交付和开业

物流地产商对竣工交付和开业的管理主要包括预验收、业主和客户验收、竣工验收、物业运营四个方面。其中，预验收是指在物流地产项目正式竣工验收前1到2个月，物流地产商组织施工单位、设计单位、监理单位和当地政府工程质监部门参与项目预验收，对预验收过程中发现的问题提出整改意见，物流地产商指导施工单位根据整改意见落实整改；

业主和客户验收是指在物流地产项目预验收合格后和正式竣工验收前，物流地产商会同业主和客户提前参与验收，对验收过程中发现的问题提出整改意见，物流地产商指导施工单位根据业主和客户提出的合理意见落实整改；竣工验收是指在经过预验收及业主和客户验收并按照其所提意见全力组织整改合格后的物流地产项目开展的正式竣工验收。

物流地产项目的投资建设和运营管理是两项既相互关联又彼此不同的活动。伴随物流地产市场竞争的日益激烈和物流地产领域专业化分工的日趋成熟，物流地产商或者将其投资建设的物流地产项目委托给专业的物流地产运营商进行经营管理，或者自己组建专业的物流地产运营团队负责建成物业的经营管理。无论是委托外部专业公司，还是自建专业团队，负责物流地产项目物业经营管理的单位应该在物业交付之前三个月就进驻物流地产项目施工现场，提前做好物业运营的各项准备，包括员工招聘、培训、建立物业运营和仓储经营管理制度，并制定物业运营成本执行方案。

5. 结算和后评估

物流地产商应该在物流地产项目竣工后半年内完成结算，并针对物流地产项目设定目标的实际达成程度做分析评价，总结经验教训，完成后评估报告，以提升物流地产商的项目管理和经营水平。物流地产项目后评估主要包括选址定位后评估、规划设计后评估、工程质量后评估、建设进度后评估、成本控制后评估、仓储经营后评估、项目营销后评估、综合管理后评估八个方面。

五、概算成本及合约规划

概算成本及合约规划是物流地产项目开发大纲汇总表五个附件中的第三个附件,主要体现为概算汇总表和合约规划两方面内容。物流地产商应该根据物流地产项目的各项限额和标准编制项目概算成本，并在物流地产项目目标成本确定后，对项目全生命周期内所发生的所有合同大类、金额进行预估，完成项目合约规划。概算成本及合约规划是物流地产商实现成本控制的基础。

1. 概算成本

物流地产商应该根据事先已经确定的物流地产项目的产品档次和租金水平来科学合理地设定项目的综合成本目标，并在此基础上根据物流地产项目的限额设计指标、现场签证和设计变更控制指标等来编制项目概算成本。物流地产商应该做好确保实现项目成本控制目标的措施。例如，推行限额设计，确定工程预算造价和实际造价与设计的奖罚挂钩办法和设计费用的支付办法。再例如，控制现场签证和设计变更，原则上，物流地产商审批的设计变更和现场签证不得超过目标成本的3%。除此之外，物流地产商还应该加强动态成本控制，按月对项目成本作统计和考核。

2. 合约规划

合约规划是指物流地产商以预估合同的方式对物流地产项目目标成本的分解，亦即将目标成本科目上的金额分解为具体的合同。合约规划是物流地产商制定物流地产项目招投标计划的基础，物流地产商应该根据合约规划来编制物流地产项目的年度或月度招投标计划，并根据合约规划分解的目标成本来控制合同价。物流地产商在作好物流地产项目合约规划的同时，还要制定控制签证和设计变更的办法，减少材料设备代换等情况的发生。在一般情况下，如果物流地产商在施工图完成后确定施工单位，则往往应该采取总价包死方式招标；如果物流地产商在方案或初步设计图纸完成后就急需确定施工单位，则往往应该采取模拟清单方式招标；如果物流地产商在方案尚未出来时就急需确定施工单位，则往往应该采取费率招标方式，但应明确工程量的确认办法，并约定施工图完成后45天内签订总价包死合同。

六、招商全程策划、租金计划、经营全程策划

招商全程策划、租金计划、经营全程策划是物流地产项目开发大纲汇总表五个附件中的第四个附件，是物流地产商针对物流地产项目招商和后期运营的系统思考。物流地产商原则上应该按照“以需定产”的原则编制物流地产项目开发计划，再按开发计划反向确认招商租赁计划，包括做好项目营销的推进计划和保障措施。

具体来说，物流地产商应该在对项目所在地物流地产市场分析的基础上，结合物流地产项目的产品类型，梳理物流地产项目的核心价值，在项目营销策划中明确项目的目标客群、推广主题、推广策略、推广渠道、宣传方式、推广费用占比、推广费用分阶段和分渠道的比例，以及招商费用及分阶段控制比例等方面内容；在租金计划中明确物流地产项目各产品类型从第一年到第五年的租金水平、年增长率、空置率等方面内容；在经营全程策划中应该汇总物流地产项目的产品定位、租金建议、招商策略、企划推广和招商计划等方面内容。

七、融资计划、现金流及税务筹划

融资计划、现金流及税务筹划是物流地产项目开发大纲汇总表五个附件中的最后一个附件，是物流地产商的财务管理部门对物流地产项目融资计划、现金流及税务筹划等方面进行的整体策划。

1. 融资计划

融资计划是指物流地产商根据物流地产项目年度和季度的目标成本、目标收入、目

标利润，确定项目年度和季度的融资金额，并在此基础上确定融资渠道、融资成本、融资抵押、放款时间、提款计划、还款要求等方面内容。物流地产商应该做好实现物流地产项目现金流平衡的融资计划和相应措施。物流地产项目融资计划见表3-4。

物流地产项目融资计划表　表3-4

项目	第一年				第二年				……
	第一季度	第二季度	第三季度	第四季度	第一季度	第二季度	第三季度	第四季度	……
目标成本									
目标收入									
目标利润									
融资金额									
净现金流									

2. 现金流目标

物流地产商应该按月对物流地产项目的现金流入、现金流出和净现金流入（出）进行科学合理地规划，确定项目的现金流目标，以确保项目月度现金平衡。具体来说，物流地产项目现金流入又被称为收入，主要包括销售回款、租金流入、退税及政府奖励、银行融资、集团调拨款项净额、其他资金流入（集团借款）；物流地产项目现金流出又被称为付款，主要包括土地款（含契税）、工程款、资本性支出（固定、无形资产购置）、销售费用、管理费用、税金、偿还银行贷款、利息支出（图3-4）。通过物流地产项目的现金

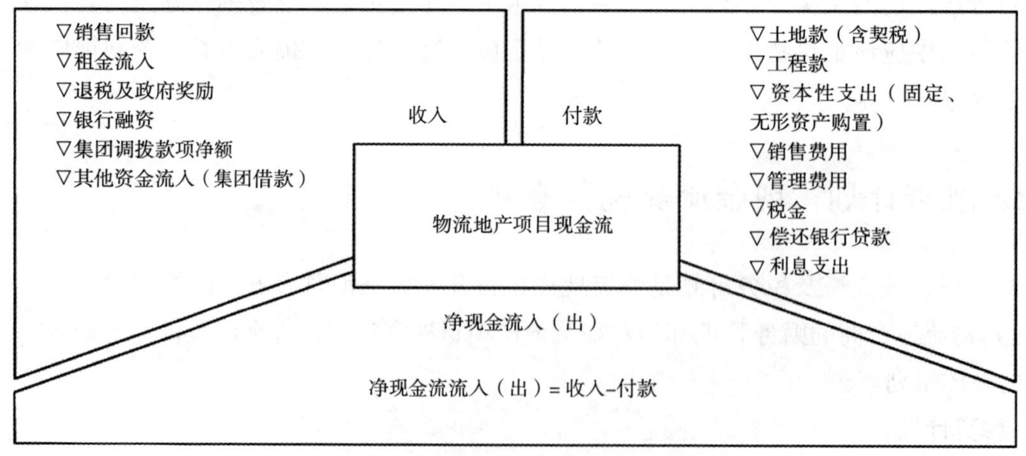

图3-4　物流地产项目现金流

流目标规划，物流地产商应该明晰三个方面的重要问题。一是要明确物流地产项目从取得项目用地到项目开始产生收入的时间期限；二是要明确项目收入与支出达到平衡的时间期限；三是要明确项目开始产生净现金流（含土地款和融资）的时间期限。

3. 税务筹划

税务筹划是指物流地产商通过合理做到成本归类，合理分摊成本以便增大会计成本，达到降低会计利润，做到合理避税的整体规划。为了科学合理地做到税收筹划，物流地产商应该事前多与税务部门加强沟通，了解当地税收优惠政策，尽量争取减免税收，还要熟悉投资协议，根据协议敦促政府尽早返还税款。物流地产项目税务筹划的核心目标就是找到降低纳税额、缓缴税款、税收返还尽快到账的方案和办法。

第三节　物流地产项目管控

物流地产项目管控是指物流地产商对于物流地产项目各环节和各方面工作进度的详细管理和控制。物流地产商应该根据物流地产项目的招商运营计划，结合物流地产项目的标准工期，针对物流地产项目的全程开发过程分为三个级别进行管控，即项目一级管控、项目二级管控和项目三级管控。项目一级管控是最高级别的管控，项目一级管控计划是编制项目开发大纲的主轴线。因此，项目一级管控计划节点应该由物流地产商的最高决策机构亲自把控。与项目一级管控相比，项目二级管控是相对较低级别的管控，二级管控计划是对一级管控计划的细化。因此，项目二级管控计划节点应该由物流地产商的各专业部门分头把控。与项目一级管控和二级管控相比，项目三级管控是最低级别的管控，三级管控计划是对二级管控计划的细化。因此，项目三级管控计划节点应该由物流地产商派驻物流地产项目现场的管理部门自行把控。

一、项目一级管控计划节点

物流地产项目一级管控包括初步定位、方案批复、开发大纲、总包开工、融资放款开始下款、竣工备案完成、开业运营7个计划节点（图3-5），这7个计划节点在整个物流地产项目全程开发过程中占据着至关重要的地位，必须由物流地产商的最高决策机构亲自把控。

1. 初步定位

物流地产商应该在物流地产项目用地成功摘牌后立即启动产品初步定位，并要在土地摘牌后30天内完成产品初步定位工作，形成物流地产项目《产品初步定位报告》，作为指导物流地产项目建筑方案设计的重要文件。

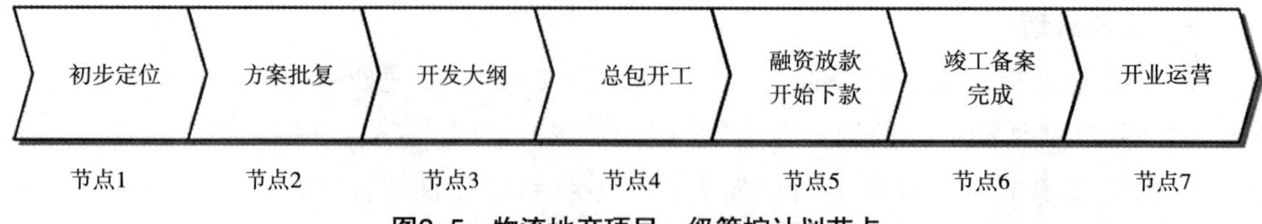

图3-5　物流地产项目一级管控计划节点

2. 方案批复

物流地产商应该在物流地产项目建筑方案设计完成后立即向政府相关部门送审报批，一般会在方案送审后30天内拿到方案批复。物流地产商取得政府相关部门出具的《方案批复意见》是这一计划节点完成的标志。

3. 开发大纲

物流地产商应该在项目建筑方案设计完成后立即启动开发大纲的编制工作,并要在方案批复后30天内编制完成项目开发大纲。完整的项目开发大纲应该由一图（项目运营图）、一表（开发大纲汇总表）、五附件（项目定位报告、项目开发管控计划、概算成本及合约规划、经营策划 [含经营全程策划、租金、招商计划）、财务策划（含税务筹划、现金流、融资计划）] 等构成，作为指导项目开发管理的重要文件。

4. 总包开工

物流地产商应该在物流地产项目总包单位确定后15天内启动总包开工，总包开工以物流地产商签署开工令为完成标志。

5. 融资放款开始下款

物流地产商应该争取第一笔融资资金在物流地产项目施工许可证办理完毕后30天内到达公司账户，并于其后根据需要办理在建工程抵押贷款。

6. 竣工备案完成

物流地产商在完成物流地产项目四方验收后即可申报竣工备案，同时需要提供规划、消防、档案、环保、节能、质检等验收证明和工程结算证明等，一般可以在项目四方验收完成后90天内取得建设主管部门出具的《竣工备案验收证明》。

7. 开业运营

物流地产商在物流地产项目取得消防合格意见书，通过消防安全检查后，即可筹备项目开业运营，并以举办物流地产项目开业典礼作为开业的标志。

物流地产项目一级管控计划节点见表3-5。

物流地产项目一级管控计划节点表　　表3–5

计划节点	节点说明	计划周期参考标准			输出成果
		开始时间	周期（天）	完成时间	
初步定位	节点完成标志：以物流地产商产品决策会审议通过物流地产项目产品初步定位报告为完成标志。 特别提示：初步定位成果指导方案设计	土地摘牌后开始	30	土地摘牌后30天	《产品初步定位报告》
方案批复	节点完成标志：以物流地产商取得政府相关部门的方案批复意见为完成标志	方案设计完成	30	方案设计完成后30天	《方案批复意见》
开发大纲	节点完成标志：以物流地产商项目开发大纲决策会审议通过项目开发大纲为完成标志 特别提示：项目开发大纲包括一图一表五附件	方案设计完成后	60	方案批复后30天	《项目开发大纲》
总包开工	节点完成标志：以物流地产商签署开工令为完成标志	总包单位确定后	15	总包单位确定后15天	照片、《开工令》
融资放款开始下款	节点完成标志：以第一笔融资资金到达物流地产商账户为完成标志	—	—	取得施工许可证后30天	第一笔资金到账
竣工备案完成（综合验收完成）	节点完成标志：以物流地产商取得建设主管部门出具的物流地产项目竣工备案验收证明为完成标志 特别提示：物流地产项目竣工验收完成后可申报竣工备案，同时需要提供规划、消防、档案、环保、节能、质检等验收证明和工程结算证明等	四方验收	90	四方验收后90天	《竣工备案验收证明》
开业运营	节点完成标志：以物流地产商举办物流地产项目开业典礼为完成标志 特别提示：物流地产项目在开业前必须取得消防合格意见书，通过消防安全检查	—	—	参照基准周期	照片

二、项目二级管控计划节点

物流地产项目二级管控是比一级管控低一个级别的管控，二级管控计划是对一级管控计划的细化。具体来说，二级管控包括概念定位报告、概念设计、土地摘牌等38个计划节点。由于这38个二级管控计划节点在整个项目全程开发过程中占据着仅次于一级管控计划节点的重要地位，因此必须由物流地产商的各专业部门分头把控。

1. 初步定位前的二级计划节点

初步定位是物流地产项目第一个一级管控计划节点，在该一级管控计划节点之前，物流地产商应该设置8个二级管控计划节点，分别是签署投资协议、概念定位报告、概念设计单位确定、概念设计、概念设计文本、土地摘牌、主力客户设计要求、仓库功能布局（图3–6）。

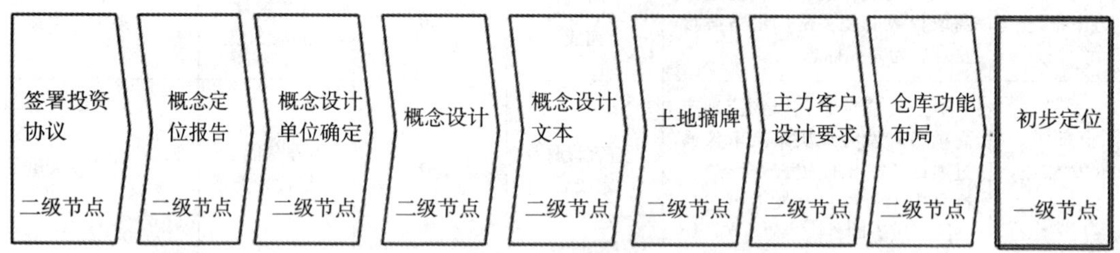

图3–6 物流地产项目初步定位前的二级管控计划节点

（1）签署投资协议

物流地产商在土地摘牌之前一般应该与其拟投资物流地产项目所在地政府签署《项目投资协议书》，重点落实土地指标要求、土地获取方式、财政和税收优惠政策、规费和配套费减免政策、招商优惠政策、红线外的配套设施等内容。

（2）概念定位报告

物流地产商应该在物流地产项目投资协议签署后立即启动产品概念定位，并要在投资协议签署后15天内完成产品概念定位工作，形成物流地产项目《产品概念定位报告》，作为指导物流地产项目概念方案设计的重要文件。

（3）概念设计单位确定

物流地产商应该在物流地产项目概念设计任务书完成后立即启动概念设计单位的遴选工作，并要在概念设计任务书完成后15天内确定概念设计单位，最终以物流地产商发出概念设计单位定标通知书作为这一节点的完成标志。

（4）概念设计

物流地产商应该在概念设计单位确定后立即协调设计单位启动物流地产项目概念设计，并要在概念设计单位确定后30天内完成物流地产项目概念设计，提交概念设计成果，其深度须满足物流地产商拿地之后进行方案设计的要求。

（5）概念设计文本（政府审核）

物流地产商应该在设计单位完成物流地产项目概念设计之后将概念设计文本报送政

府相关部门征求意见，并以收到政府相关部门关于项目概念设计方案的反馈意见书作为该计划节点的完成标志。

（6）土地摘牌

物流地产商通过国有建设用地招拍挂出让程序成功竞得物流地产项目用地的使用权，并以与政府相关部门签署《土地成交确认书》作为该计划节点的完成标志。

（7）主力客户（初步）设计要求

物流地产商在获取项目用地之前就应该明晰物流地产项目的意向主力客户,并了解主力制造企业客户、流通企业客户或第三方物流公司客户的进驻意向。物流地产商在物流地产项目用地摘牌后即可对意向主力客户征求对于物流地产项目工程设计条件和平面位置布局的意见,并在土地摘牌后20天内完成相关报告，在启动项目建筑方案设计时向设计单位进行交底。

（8）仓库功能布局

物流地产商应该在物流地产项目概念设计完成后开始向意向主力客户征求仓库装卸作业区、中转作业区、仓储作业区、办公区、冷冻/冷藏室等功能区布局意见，在物流地产项目建筑方案设计完成前30天形成相关报告，并向设计单位进行交底。

物流地产项目初步定位前的二级管控计划节点见表3-6。

物流地产项目初步定位前的二级管控计划节点表 **表3-6**

计划节点	节点说明	计划周期标准			输出成果
		开始时间	周期（天）	完成时间	
签署投资协议	节点完成标志：以正式签署物流地产项目投资协议为完成标志。 特别提示：物流地产商重点落实土地指标要求、土地获取方式、财政和税收优惠政策、规费和配套费减免政策、招商优惠政策、红线外的配套设施等内容	—	—	协议签订日期	《项目投资协议书》
概念定位报告（含预可研）	节点完成标志：以物流地产商产品决策会审议通过物流地产项目产品概念定位报告为完成标志。 特别提示：概念定位成果指导概念方案设计。投资协议签订之前须完成《市调报告》和《预可研报告》，作为概念定位的基础	签署投资协议后	15	签署投资协议后15天	《产品概念定位报告》
概念设计单位确定	节点完成标志：以物流地产商发出概念设计单位定标通知书为完成标志	概念设计任务书完成	15	概念设计任务书完成后15天	《概念设计单位定标审批表》

续表

计划节点	节点说明	计划周期标准			输出成果
		开始时间	周期（天）	完成时间	
概念设计	节点完成标志：以物流地产商签批通过概念设计成果评审表为完成标志。 特别提示：概念设计的深度须满足物流地产商拿地之后进行方案设计的要求	概念设计单位确定	30	概念设计单位确定后30天	《概念设计成果评审表》
概念设计文本（政府审核）	节点完成标志：以物流地产商收到政府关于项目概念设计方案的反馈意见书为完成标志	概念设计完成	15	概念设计完成后15天	《概念设计文本审核意见》
土地摘牌	节点完成标志：以物流地产商签订土地成交确认书为完成标志	—	—	按政府招拍挂时间	《土地成交确认书》
主力客户（初步）设计要求	节点完成标志：以物流地产商征求意向主力客户对于物流地产项目工程设计条件和平面位置布局的意见并形成相关报告为完成标志。 特别提示：方案设计前要有主力客户意向	土地摘牌后开始	20	土地摘牌后20天	《主力客户群的工程条件及平面位置交底会议纪要》
仓库功能布局	节点完成标志：以物流地产商征求意向主力客户对于仓库功能布局的意见并形成相关报告为完成标志	概念设计完成后	—	方案设计完成前30天	《仓库功能布局》

2. 方案批复前的二级计划节点

方案批复是物流地产项目第二个一级管控计划节点，在该一级管控计划节点之前，物流地产商应该设置6个二级管控计划节点，分别是方案设计单位确定、扩初及施工图设计单位确定、方案设计、确定基础选型及试桩要求、目标成本、合约规划（见图3–7）。

图3–7 物流地产项目方案批复前的二级管控计划节点

（1）方案设计单位确定

物流地产商应该在物流地产项目方案设计任务书完成后立即启动方案设计单位的遴

选工作，并要在方案设计任务书完成后15天内确定方案设计单位，最终以物流地产商发出方案设计单位定标通知书作为该计划节点的完成标志。

（2）扩初及施工图设计单位确定

物流地产商应该在物流地产项目方案设计完成前60天立即启动扩初及施工图设计单位的遴选工作,并要在方案设计完成前45天确定扩初及施工图设计单位,最终以物流地产商发出扩初及施工图设计单位定标通知书作为该计划节点的完成标志。

（3）方案设计

物流地产商应该在方案设计单位确定后立即协调设计单位启动物流地产项目方案设计工作，并在70～90天内完成物流地产项目方案设计，最终以物流地产商签批通过《规划方案设计成果评审表》作为该计划节点的完成标志。

（4）确定基础选型及试桩要求

物流地产商应该在完成了地勘报告并确定了施工图设计单位之后，开始着手确定物流地产项目基础选型及试桩要求，并要在施工图设计单位确定后15天内确定物流地产项目的基础选型及试桩要求。

（5）目标成本

物流地产商应该在物流地产项目方案设计完成后立即启动目标成本的编制工作，并要在方案批复后10天内审批通过物流地产项目的目标成本方案，最终以物流地产商签批通过物流地产项目《目标成本设定审批表》作为该计划节点的完成标志。

（6）合约规划

物流地产商应该在物流地产项目方案设计完成后立即启动合约规划的编制工作，并要在方案批复后20天内编制完成物流地产项目《合约规划报告书》，最终以物流地产商审批通过该《合约规划报告书》作为该计划节点的完成标志。

物流地产项目方案批复前的二级管控计划节点表见表3–7。

物流地产项目方案批复前的二级管控计划节点表 **表3–7**

计划节点	节点说明	计划周期标准			输出成果
		开始时间	周期（天）	完成时间	
方案设计单位确定	节点完成标志：以物流地产商发出方案设计单位定标通知书为完成标志	方案设计任务书完成	15	方案设计任务书完成后15天	《方案设计单位定标审批单》
扩初及施工图设计单位确定	节点完成标志：以物流地产商发出扩初及施工图设计单位定标通知书为完成标志	方案设计完成前60天	15	方案设计完成前45天	《扩初及施工图设计单位定标审批单》

续表

计划节点	节点说明	计划周期标准			输出成果
		开始时间	周期（天）	完成时间	
方案设计	节点完成标志：以物流地产商签批通过规划方案设计成果评审表为完成标志	方案设计单位确定	70～90	方案设计单位确定后70～90天	《规划方案设计成果评审表》
确定基础选型及试桩要求	节点完成标志：以物流地产商完成确定基础选型及试桩要求的决策决议为完成标志。 特别提示：确定基础选型及试桩要求的前置条件包括地勘报告及施工图设计单位的确定	施工图设计单位确定	15	施工图设计单位确定后15天	《基础选型及试桩要求决策决议》
目标成本	节点完成标志：以物流地产商目标成本审批通过为完成标志	方案设计完成后	40	方案批复后10天	《目标成本设定审批表》
合约规划	节点完成标志：以物流地产商合约规划审批通过为完成标志。 特别提示：合约规划中包含目标成本和招标计划	方案设计完成后	50	方案批复后20天	《合约规划报告书》

3. 开发大纲前的二级管控计划节点

开发大纲是物流地产项目第三个一级管控计划节点，在该一级管控计划节点之前，物流地产商应该设置1个二级管控计划节点，即深化定位（图3–8）。

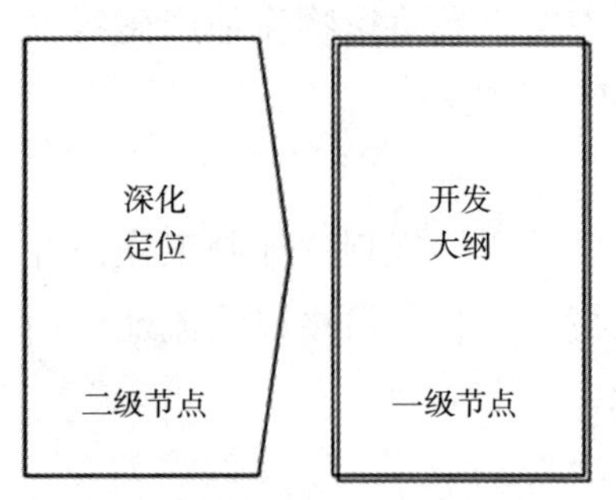

图3–8　物流地产项目开发大纲前的二级管控计划节点

物流地产商应该在物流地产项目方案设计完成后立即启动产品深化定位，并要在方案批复后15天内完成产品深化定位工作，形成物流地产项目《产品深化定位报告》，作为指导物流地产项目扩初及施工图设计的重要文件。

物流地产项目开发大纲前的二级管控计划节点表见表3–8。

物流地产项目开发大纲前的二级管控计划节点表　　表3–8

计划节点	节点说明	计划周期标准			输出成果
		开始时间	周期（天）	完成时间	
深化定位	节点完成标志：以物流地产商审批通过物流地产项目产品深化定位报告为完成标志	方案设计完成后	45	方案批复后15天	《产品深化定位报告》

4. 总包开工前的二级计划节点

总包开工是物流地产项目第四个一级管控计划节点，在该一级管控计划节点之前，物流地产商应该设置10个二级管控计划节点，分别是结构限额指标审核、桩基施工图、完成主力客户招商、全套施工图、建设工程规划许可证、责任成本确定、消防审查意见、桩基开工、总包单位确定、施工许可证（图3–9）。

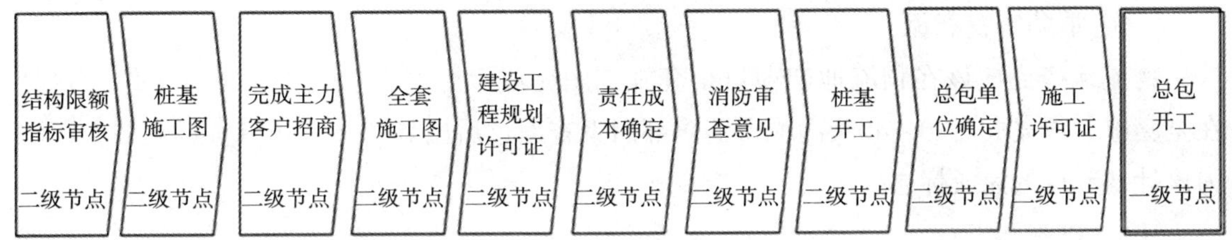

图3–9　物流地产项目总包开工前的二级管控计划节点

（1）结构限额指标审核

物流地产商应该在物流地产项目方案批复后10天内审核确认设计单位建模结构指标，并最终以物流地产商审核确认完成设计单位提交的物流地产项目结构限额指标审核报告作为该计划节点的完成标志。

（2）桩基施工图

物流地产商应该在物流地产项目方案批复前15天开始启动项目桩基施工图设计，并要在方案批复后20天内完成桩基施工图设计成果审批，最终以物流地产商签批通过桩基施工图设计成果审批表作为该计划节点的完成标志。

（3）完成主力客户招商

物流地产商应该在物流地产项目开业运营前1年半就开始启动主力客户招商工作，并最终以签订仓库租赁合同作为完成标志。就招商进度而言，物流地产商应该在项目方案设计完成前就要确立主力客户意向，并要在项目施工图设计开始前完成与主力客户的签约。

（4）全套施工图

物流地产商应该负责协调物流地产项目施工图设计单位在方案批复后立即启动全套施工图的设计工作，并要在方案批复后45 ~ 75天内完成全套施工图设计成果的审批工作。一般来说，物流地产项目全套施工图包括建筑、结构、水电、暖通等组成部分。

（5）建设工程规划许可证

物流地产商应该在物流地产项目全套施工图完成后20天内汇总项目方案批复、扩初批复、建筑施工图、基础施工图等（部分城市还需要提供施工图审核意见书），取得项目所在地规划管理部门颁发的《建设工程规划许可证》。此外，物流地产商如果考虑项目分期开发，则可分块办理建设工程规划许可证。

（6）责任成本确定

物流地产商应该在物流地产项目全套施工图完成后即开始启动责任成本的编制工作，并要在总包定标后10天内确定责任成本，最终以审批通过物流地产项目《成本控制责任书》作为该计划节点的完成标志。

（7）消防审查意见

物流地产商应该在物流地产项目全套施工图完成后即着手启动消防审查工作，并要在全套施工图完成后20～40天内取得消防部门审查通过后出具的《消防审查意见书》，作为该计划节点的完成标志。

（8）桩基开工

物流地产商应该在物流地产项目方案批复后35天即着手启动桩基开工，最终以桩基机器进场作为该计划节点的完成标志。

（9）总包单位确定

物流地产商应该在物流地产项目全套施工图完成前15天即着手启动总包单位的遴选工作，并要在全套施工图完成后15～30天内确定总包单位，最终以物流地产商向总包单位发出定标通知书作为该计划节点的完成标志。

（10）施工许可证

物流地产商应该在物流地产项目总包单位确定后汇总《建设工程规划许可证》、施工图审查意见，以及施工、监理单位合同备案、新型墙体、散装水泥基金缴纳证明、配套费缴纳证明等，向项目所在地的建设管理部门申请并取得《建设工程施工许可证》。

物流地产项目总包开工前的二级管控计划节点表见表3-9。

物流地产项目总包开工前的二级管控计划节点表 **表3-9**

计划节点	节点说明	计划周期标准			输出成果
		开始时间	周期（天）	完成时间	
结构限额指标审核	节点完成标志：以物流地产商审核确认设计单位建模结构指标为完成标志。 特别提示：结构限额指标审核是指设计单位提供建模后的过程成果，应由物流地产商审核结构限额指标	—	—	方案批复后10天	《结构限额指标审核报告》
桩基施工图	节点完成标志：以物流地产商签批通过桩基施工图设计成果审批表为完成标志	方案批复前15天	35	方案批复后20天	《桩基施工图设计成果审批表》

续表

计划节点	节点说明	计划周期标准			输出成果
		开始时间	周期（天）	完成时间	
完成主力客户招商	节点完成标志：以物流地产商签订主力客户租赁合同为完成标志。 特别提示：方案设计完成前要有主力客户意向，施工图设计开始前主力客户签约	—	—	开业运营前540天	主力客户合同
全套施工图	节点完成标志：以物流地产商签批通过全套施工图设计成果审批表为完成标志。 特别提示：全套施工图包括建筑、结构、水电、暖通等	方案批复完成后	45～75	方案批复完成后45～75天	《全套施工图设计成果审批表》
建设工程规划许可证	节点完成标志：以物流地产商取得建设工程规划许可证为完成标志。 特别提示：需要方案批复、扩初批复、建筑施工图、基础施工图等，部分城市需要提供施工图审核意见书。考虑分期开发、融资的需求，分块办理建设工程规划许可证	全套施工完成后	20	全套施工图完成后20天	《建设工程规划许可证》
责任成本确定	节点完成标志：以物流地产商审批通过责任成本为完成标志	全套施工图完成后	—	总包定标后10天	《成本控制责任书》
消防审查意见	节点完成标志：以物流地产商取得施工图消防审查意见为完成标志	全套施工图完成后	20～40	全套施工图完成后20～40天	《消防审查意见书》（审查通过）
桩基开工	节点完成标志：以桩基机器进场为完成标志	方案批复后35天	45～60	—	照片
总包单位确定	节点完成标志：以物流地产商发出总包单位定标通知书为完成标志	全套施工图完成前15天	30～45	全套施工图完成后15～30天	《总包单位定标通知书》（工程）
施工许可证	节点完成标志：以物流地产商取得建设工程施工许可证为完成标志。 特别提示：前置条件为取得建设工程规划许可证、完成施工图审查意见、施工、监理单位合同备案、新型墙体、散装水泥基金缴纳证明、配套费缴纳证明等	总包单位确定后	30	总包单位确定后30天	《建设工程施工许可证》

5. 竣工备案完成前的二级计划节点

竣工备案完成是物流地产项目第六个一级管控计划节点（融资放款开始下款是物流地产项目第五个一级管控计划节点，在该一级管控计划节点之前且总包开工一级管控计划节点之后无须设置二级管控计划节点），在该一级管控计划节点之前，物流地产商应该设置9个二级管控计划节点，分别是工法样板间、主体封顶、正式供电、消防工程、外立面完成、竣工、政府消防验收、规划验收、质检验收（图3-10）。

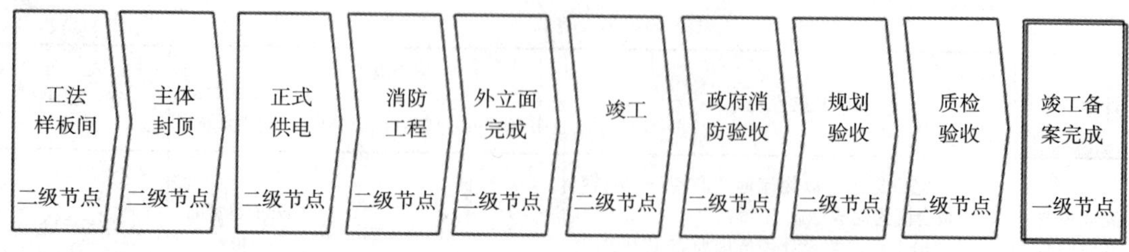

图3–10　物流地产项目竣工备案完成计划节点前的二级管控计划节点

（1）工法样板间

物流地产商应该在物流地产项目总包开工后立即协调总包单位启动工法样板间工作，物流地产商要在总包开工后90天内完成工法样板间的质检验收工作。总包单位实施工法样板间时，必须确保所有工法一次成形，工法样板间要纳入总包合同的工作内容。

（2）主体封顶

物流地产商应该按照物流地产项目基准工期的要求，负责协调施工单位如期完成项目主体封顶的目标。

（3）正式供电

物流地产商应该在物流地产项目四方验收前90天或者开业前90天协调供电主管部门验收供电工程并出具验收合格证明，最终以物流地产项目正式供电接通为该计划节点的完成标志。

（4）消防工程

物流地产商应该在物流地产项目主体封顶后或者在项目±0.00后90天即协调启动消防工程进场施工，并要在四方验收前60天完成消防工程，最终以提供消防检测报告作为该计划节点的完成标志。

（5）外立面完成

物流地产商应该按照物流地产项目基准工期的要求，负责协调施工单位如期完成外立面装饰工程。外立面装饰工程包括涂料、面砖、外门窗、幕墙等，同时应该做到外脚手架基本拆除。

（6）竣工

竣工是指物流地产商、监理单位、施工单位、设计单位按照物流地产项目基准工期的要求，依据设计图纸和验收规定对物流地产项目进行的竣工验收，最终以四方验收会签盖章的《四方验收表》作为该计划节点的完成标志。

（7）政府消防验收

物流地产商应该在物流地产项目四方验收后即着手启动政府消防验收工作，消防验收是物流地产项目开业运营的前置条件，物流地产商要在项目竣工备案前30天或开业前

15天取得消防主管部门出具的《消防验收合格意见书》，作为该计划节点的完成标志。

（8）规划验收

物流地产商应该在物流地产项目外立面完成，以及道路、停车场、围墙、室内装饰工程完工和四方验收结束后启动规划验收工作，并要在项目竣工备案前30天取得规划主管部门出具的《规划验收合格证明》，作为该计划节点的完成标志。

（9）质检验收

物流地产商应该在物流地产项目四方验收后即申请当地质监站组织项目质检验收，并要在竣工备案前30天取得质量监督主管部门出具的质检验收合格证明，作为该计划节点的完成标志。

物流地产项目竣工备案完成前的二级管控计划节点表见表3-10。

物流地产项目竣工备案完成前的二级管控计划节点表 **表3-10**

计划节点	节点说明	计划周期标准			输出成果
		开始时间	周期（天）	完成时间	
工法样板间	节点完成标志：以通过物流地产商的质检验收为完成标志。 特别提示：所有工法一次成形，总包单位实施，纳入总包合同的工作内容	总包开工后	90	总包开工后90天	照片
主体封顶	节点完成标志：以提供封顶现场照片为完成标志，照片上要能显示拍照时间	—	—	参考基准周期	照片
正式供电	节点完成标志：以正式供电接通为完成标志。 特别提示：正式供电前供电主管部门验收供电工程并出具验收合格证明	—	—	四方验收前90天或开业前90天	—
消防工程	节点完成标志：以提供消防检测报告为完成标志。 特别提示：消防工程在主体封顶或±0.00完成后90天可考虑进场施工	—	—	四方验收前60天	《消防检测报告》
外立面完成	节点完成标志：以外立面装饰工程结束为完成标志，照片上要能显示拍照时间。 特别提示：外立面装饰工程包括涂料、面砖、外门窗、幕墙等，同时外脚手架应基本拆除	—	—	参照基准周期	照片
竣工	节点完成标志：以四方验收会签盖章的验收表为完成标志	—	—	参照基准周期	《四方验收表》

续表

计划节点	节点说明	计划周期标准			输出成果
		开始时间	周期（天）	完成时间	
政府消防验收	节点完成标志：以取得消防主管部门出具的消防验收合格意见书为完成标志。 特别提示：消防验收是仓库开业的前置条件	四方验收后	—	竣工备案前30天或开业前15天	《消防验收合格意见书》
规划验收	节点完成标志：以取得规划主管部门出具的规划验收合格证明为完成标志。 特别提示：外立面完成，道路、车位、围墙、室内装饰工程完工，规划测量完成后方可申请验收	四方验收后	—	竣工备案前30天	《规划验收合格证明》
质检验收	节点完成标志：以取得质量监督主管部门出具的质检验收合格证明为完成标志。 特别提示：由当地质监站组织的验收	四方验收后	—	竣工备案前30天	《质量监督报告》

6. 开业运营前的二级计划节点

开业运营是物流地产项目第七个一级管控计划节点，在该一级计划节点之前，物流地产商应该设置1个二级管控计划节点，即房屋交付。

物流地产商应该在物流地产项目竣工备案完成后，根据物业交付计划节点完成向客户（包括定制客户、物业购买者、物业租赁者等）的物业交付。一般来说，为了保险起见，物流地产商应该尽量保证将合同交付时间在计划交付时间的基础上往后推6个月。

物流地产项目开业运营前的二级管控计划节点表　　表3–11

计划节点	节点说明	计划周期标准			输出成果
		开始时间	周期（天）	完成时间	
房屋交付	节点完成标志：以客户（定制客户、物业购买者、物业租赁者等）签收房屋交付通知书为完成标志	竣工备案完成后	—	—	《房屋交付通知书》

7. 开业运营后的二级管控计划节点

开业运营是物流地产项目第七个一级管控计划节点，在该一级管控计划节点之后,物流地产商应该设置3个二级管控计划节点，分别是项目后评估、大产权证、物流仓储设施移交（图3–11）。

（1）项目后评估

物流地产商应该在物流地产项目开业后45天内就着手启动项目后评估工作，并要在物流地产项目开业后75天内完成项目后评估，最终以物流地产商签批通过《项目后评估报告》作为该计划节点的完成标志。

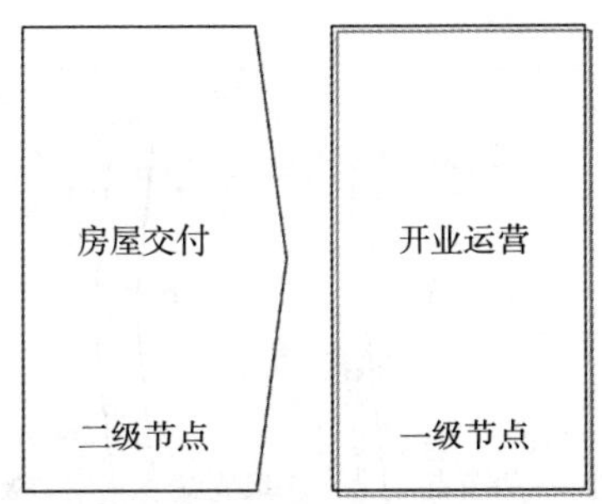

图3-11　物流地产项目开业运营计划节点后的二级管控计划节点

（2）大产权证

物流地产商应该在物流地产项目开业运营120天内汇总项目竣工备案证明、房地产面积实测报告，完成房地产初始登记并取得房地产权属证书。物流地产商对于销售型物业仅需要办理产权初始登记，对于自持型物业须办理房地产权属证书。

（3）物流仓储设施移交

物流地产商应该在物流地产项目开业运营180天内将物流地产项目工程实体、甩项工程、维修管理权、档案资料等向物流仓储设施经营管理单位进行移交，最终以移交方和接收方签字的移交单作为该计划节点的完成标志。

物流地产项目开业运营后的二级管控计划节点表见表3-12。

物流地产项目开业运营后的二级管控计划节点表　　表3-12

计划节点	节点说明	计划周期标准			输出成果
		开始时间	周期（天）	完成时间	
项目后评估	节点完成标志：以项目后评估报告签批通过为完成标志	开业后45天	30	开业后75天	《项目后评估报告》
大产权证	节点完成标志：以完成房地产初始登记或取得权属证书为完成标志。 特别提示：需要提供竣工备案证明、房地产面积实测报告。对于销售型物业仅需要办理产权初始登记，对于自持型物业须办理房地产权属证书	—	—	合同交付后90天或开业后120天	房地产权属初始登记或房地产权属证书
物流仓储设施移交	节点完成标志：以移交方和接收方签字的移交单为完成标志。 特别提示：含工程实体移交、甩项工程移交、维修管理权移交、档案资料移交等	—	—	开业运营后180天	《物流仓储设施移交单》

三、项目三级管控计划节点

物流地产项目三级管控是比二级管控更低一个级别的管控，三级管控计划是对二级管控计划的细化，是支撑二级管控计划节点顺利完成的重要环节。具体来说，三级管控

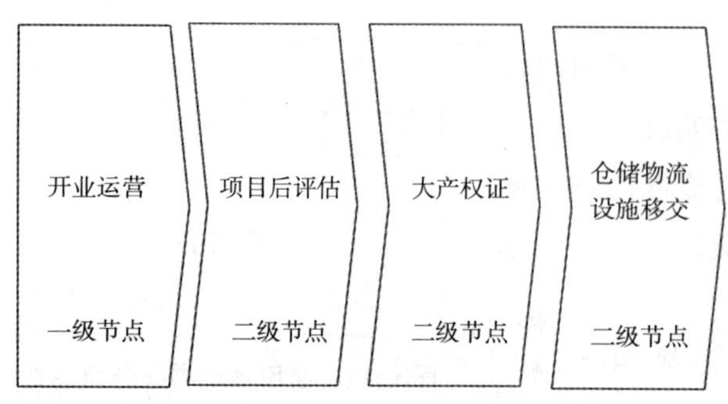

图3-12 物流地产项目开业运营后的二级管控计划节点

包括概念设计、土地摘牌、目标成本等76个计划节点。由于这76个三级管控计划节点在整个项目全程开发过程中处于最低级别的管控计划节点地位，因此应该由物流地产商派驻物流地产项目现场的管理部门自行把控。

1. 初步定位前的三级计划节点

初步定位是物流地产项目第一个一级管控计划节点，为了支撑该一级管控计划节点的顺利完成，物流地产商应该在该一级管控计划节点之前设置8个二级管控计划节点，而为了进一步支撑这8个二级管控计划节点的顺利完成，物流地产商应该在该8个二级管控计划节点之间再设置13个三级管控计划节点，分别是工程条件调查、交地、项目立项、编制概念设计任务书等（图3-12），作为支撑二级管控计划节点的重要环节。

（1）项目负责人确定

物流地产商应该在签署了物流地产项目投资协议后15天内确定拟投资建设和运营管理的物流地产项目负责人，以物流地产商正式发布《项目负责人任命通知》作为该计划节点的完成标志。

（2）项目管理班子到岗

物流地产商应该在签署了物流地产项目投资协议并任命了项目负责人之后，着手确定项目工程负责人、技术负责人和行政负责人，并确保其在项目负责人正式任命后的1个月内到岗。其他部门负责人要确保在签署投资协议后90天内全部到岗。

（3）编制概念设计任务书

物流地产商应该在完成物流地产项目产品概念定位报告后即着手启动编制概念设计任务书，并要在概念定位报告完成后5天内审议完成概念设计任务书，用于指导概念设计单位开展概念方案设计。

（4）工程条件调查

物流地产商应该在签署了物流地产项目投资协议15天后即着手启动工程条件调查工作，落实项目用地的地下障碍物、水文地质条件、气候条件、市政管网现状及配套要求、周边项目基础和基坑维护形式、当地政府对施工的限制要求等，撰写并提交《工程条件调查报告》。

（5）地勘设计任务书

物流地产商应该在完成物流地产项目概念设计后即着手启动地勘设计任务书的编制工作，并要在概念设计完成后5天内编制完成并审议通过《地勘设计任务书》，用于指导

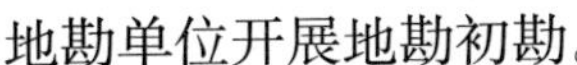

地勘单位开展地勘初勘。

（6）地勘单位确定

物流地产商应该在地勘设计任务书完成后即着手启动地勘单位确定事宜，并要在地勘设计任务书完成后15天内确定地勘单位，最终以物流地产商向地勘单位发出定标通知书作为该计划节点的完成标志。

（7）地勘初勘报告

物流地产商应该在地勘单位确定后5天内即协调地勘单位启动物流地产项目土地摘牌前的初勘工作，并要在15天内完成初勘工作，最终以提交《地勘初勘报告》作为该计划节点的完成标志。

（8）交地

物流地产商应该按照土地合同约定的交地时间，复核土地合同中的交地条件，如“三通一平”、原土地上的土地和房屋已办理完灭失手续、拆迁和征地补偿手续已完成等，最终以签订土地移交确认书作为该计划节点的完成标志。

（9）项目公司注册

物流地产商应该在物流地产项目土地摘牌后即着手启动在项目所在地注册成立项目公司的工作，并要在土地摘牌后30天内完成项目公司注册。该项目公司协助实施物流地产商投资建设物流地产项目的开发计划。

（10）国有土地使用证

物流地产商应该在项目公司注册完成后即申请办理物流地产项目用地国有土地使用权证，并要在项目公司注册完成后30天内取得《国有土地使用权证》及附图，作为该计划节点的完成标志。

（11）开发资质办理

物流地产商应该在项目公司注册完成后即开始办理开发资质证书，并要在项目公司注册完成后30天内根据项目开发体量对应需要的开发资质要求，提前准备相应的资料，包括专业技术人员的资格证书及聘用合同、验资证明等，以项目公司名义取得《房地产开发资质证书》。

（12）项目立项

物流地产商应该在物流地产项目土地摘牌后即启动项目立项事宜，并要在土地摘牌后60天内向政府相关部门提交项目环评报告、可行性研究报告、资金证明等文件，取得项目立项批文。

（13）招商策划推广方案

物流地产商应该在物流地产项目土地摘牌后立即启动招商策划推广方案的编制工作，并要在土地摘牌后45天内完成物流地产项目《招商执行方案》，最终以物流地产商签批通过招商策划推广方案作为该计划节点的完成标志。

物流地产项目初步定位前的三级管控计划节点表见表3–13。

物流地产项目初步定位前的三级管控计划节点表 **表3–13**

计划节点	节点说明	计划周期标准			输出成果
		开始时间	周期（天）	完成时间	
项目负责人确定	节点完成标志：以正式发布项目负责人任命书为完成标志	签署投资协议后	15	签署投资协议后15天	《项目负责人任命通知》
项目管理班子到岗	节点完成标志：以项目公司各部门负责人到岗为完成标志。 特别提示：工程负责人、技术负责人、行政负责人应提前到岗，到岗时间为项目负责人确定后1个月内。其他部门负责人到岗时间为签署投资协议后3个月内	签署投资协议后	90	签署投资协议后90天	《人事任命通知单》
编制概念设计任务书	节点完成标志：以签批通过概念设计任务书审批表为完成标志	概念定位后	5	概念定位后5天	《概念设计任务书审批表》
工程条件调查	节点完成标志：以提交《工程条件调查报告》为完成标志。 特别提示：应落实地下障碍物、水文地质条件、气候条件、市政管网现状及配套建设要求、环保要求、节能要求、人防、消防要求、公建配套要求、周边项目基础和基坑围护形式、当地政府对施工的限制要求	签署投资协议后15天	60	签署投资协议后75天	《工程条件调查报告》
地勘设计任务书	节点完成标志：以签批通过地勘设计任务书审批表为完成标志	概念设计完成	5	概念设计完成后5天	《地勘设计任务书》
地勘单位确定	节点完成标志：以发出定标通知书为完成标志。 特别提示：土地摘牌前做初勘工作	地勘设计任务书完成	15	地勘设计任务书完成后15天	《定标审批表》
地勘初勘报告	节点完成标志：以提交初勘报告正式文本为完成标志	地勘单位确定后5天	15	地勘单位确定后20天	《地勘初勘报告》
交地	节点完成标志：以签订土地移交确认书为完成标志。 特别提示：须复核土地合同中的交地条件，如“三通一平”、原土地上的土地和房屋已办理完灭失手续、拆迁和征地补偿手续已完成等	—	—	按土地合同约定交地时间	《土地移交确认书》
项目公司注册	节点完成标志：以取得项目公司的营业执照、组织机构代码证、税务登记证原件为完成标志	土地摘牌后开始	30	土地摘牌后30天	《营业执照》、《组织机构代码证》、《税务登记证》

续表

计划节点	节点说明	计划周期标准			输出成果
		开始时间	周期（天）	完成时间	
国有土地使用证	节点完成标志:以国有土地使用证核发日期为完成标志。 特别提示：考虑分期开发、融资的需求，分块办理国有土地使用权证	项目公司注册完成后	30	项目公司注册完成后30天	《国有土地使用证》及附图
开发资质办理	节点完成标志：以项目公司取得房地产开发资质证书为完成标志。 特别提示：根据开发体量对应需要的开发资质要求，提前准备相应的资料，包含专业技术人员的资格证书及聘用合同、验资证明	项目公司注册完成后	30	项目公司注册完成后30天	《房地产开发资质证书》
项目立项	节点完成标志：以取得项目立项批文为完成标志	土地摘牌后	—	土地摘牌后60天	《立项批文》
招商策划推广方案	节点完成标志：以签批通过的招商策划推广方案为完成标志	土地摘牌后	45	土地摘牌后45天	《招商执行方案》

2. 方案批复前的三级计划节点

方案批复是物流地产项目第二个一级管控计划节点，为了支撑该一级管控计划节点的顺利完成，物流地产商应该在该一级管控计划节点之前设置6个二级管控计划节点，而为了进一步支撑这6个二级管控计划节点的顺利完成，物流地产商应该在该6个二级管控计划节点之间再设置4个三级管控计划节点，分别是编制方案设计任务书、编制扩初及施工图设计任务书、试桩单位确定、工程试桩及检测（图3-13），作为支撑二级管控计划节点的重要环节。

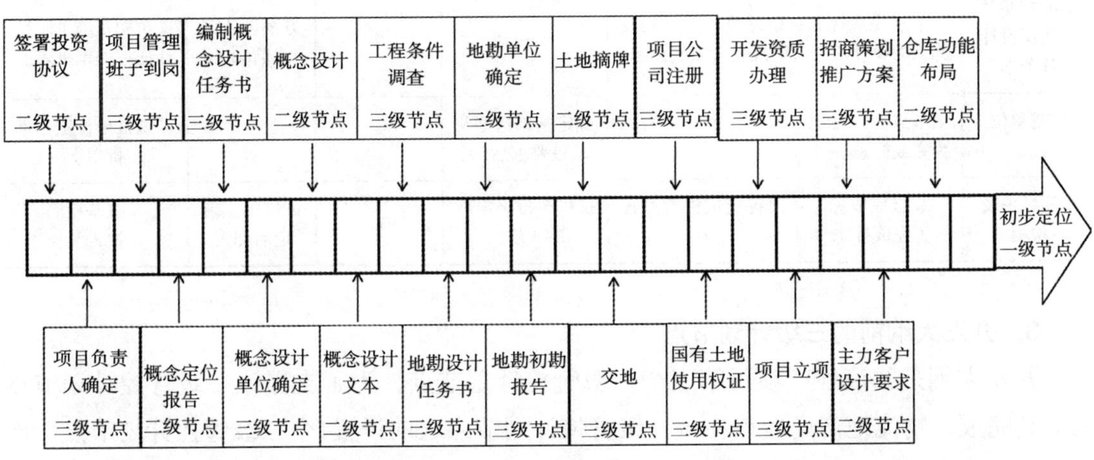

图3-13 物流地产项目初步定位前的三级管控计划节点

（1）编制方案设计任务书

物流地产商应该在完成物流地产项目概念设计后即着手启动方案设计任务书的编制工作，并要在概念设计完成后5天内编制完成《规划与方案设计任务书》，作为指导设计单位开展方案设计的重要文件。

（2）编制扩初及施工图设计任务书

物流地产商应该在物流地产项目方案设计完成前67天即着手启动项目扩初及施工图设计任务书的编制工作，并要在7天内编制完成项目扩初及施工图设计任务书，作为指导设计单位开展扩初及施工图设计的重要文件。

（3）试桩单位确定

物流地产商应该在确定了物流地产项目基础选型及试桩要求后5天内即启动试桩单位的遴选工作，最终以物流地产商发出试桩单位定标通知书作为该计划节点的完成标志。

（4）工程试桩及检测

物流地产商应该在试桩单位确定后5天内即着手启动工程试桩及检测工作，并要在试桩单位确定后35天内完成工程试桩及检测，最终以提交《桩基检测报告》作为该计划节点的完成标志。

物流地产项目方案批复前的三级管控计划节点表见表3-14。

物流地产项目方案批复前的三级管控计划节点表　　**表3-14**

计划节点	节点说明	计划周期标准			输出成果
		开始时间	周期（天）	完成时间	
编制方案设计任务书	节点完成标志：以方案设计任务书审批表签批为完成标志	概念设计完成后	5	概念设计完成后5天	《规划与方案设计任务书审批表》
编制扩初及施工图设计任务书	节点完成标志：以签批通过扩初及施工图设计任务书审批表为完成标志	—	7	方案设计完成前60天	《扩初及施工图设计任务书审批表》
试桩单位确定	节点完成标志：以定标通知书发出为完成标志	确定基础选型及试桩要求后5天	—	—	《试桩单位定标审批单》
工程试桩及检测	节点完成标志：以提交试桩检测报告为完成标志	试桩单位确定后5天	30	试桩单位确定后35天	《桩基检测报告》

3. 开发大纲前的三级计划节点

开发大纲是物流地产项目第三个一级管控计划节点，为了支撑该一级管控计划节点的顺利完成，物流地产商应该在该一级管控计划节点之前设置1个二级管控计划节点，而为了进一步支撑该二级管控计划节点的顺利完成，物流地产商应该再设置2个三级管控计

划节点，分别是方案设计单位向施工图设计单位交底和前期调查报告（图3-14），作为支撑二级管控计划节点的重要环节。

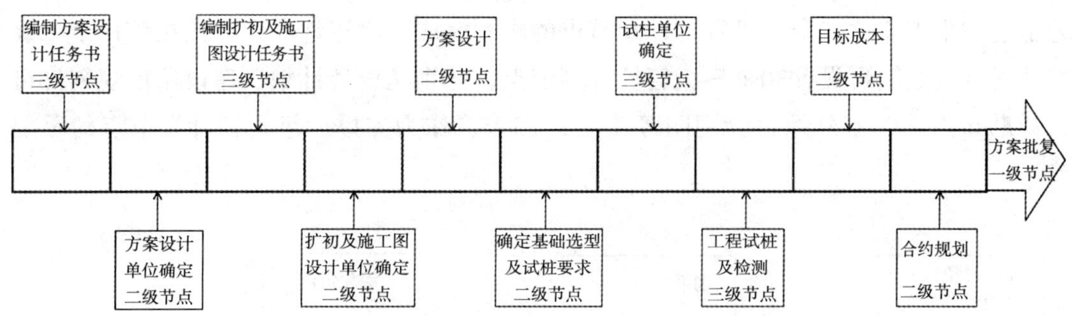

图3-14 物流地产项目方案批复前的三级管控计划节点

（1）方案设计单位向施工图设计单位交底

物流地产商应该在物流地产项目方案批复前18天内即着手启动方案设计单位向施工图设计单位的交底工作，并要在方案批复前15天内完成该项工作。

（2）前期调查报告

物流地产商应该在物流地产项目土地摘牌后90天内即着手启动项目前期调查工作，对项目前期甲定乙供推荐品牌、项目前期供方资源、制造企业、流通企业、第三方物流企业对物流仓储设施建设要求、当地类似项目施工方法等方面进行调查，并于土地摘牌后120天内完成该项工作，形成《前期调查报告》。

物流地产项目开发大纲前的三级管控计划节点表见表3-15。

物流地产项目开发大纲前的三级管控计划节点表 表3-15

计划节点	节点说明	计划周期标准			输出成果
		开始时间	周期（天）	完成时间	
方案设计单位向施工图设计单位交底	节点完成标志：以方案设计单位向施工图设计单位交底纪要为完成标志 特别提示：方案文本上规划评审会后可开始施工图设计	方案批复前18天	3	方案批复前15天	交底会议纪要
前期调查报告	节点完成标志：以形成《前期调查报告》为完成标志 特别提示：前期调查报告含《项目前期甲定乙供推荐品牌调查表》、《项目前期供方资源调查表》、《当地类似项目施工方法调查》	土地摘牌后90天	30	土地摘牌后120天	《前期调查报告》

4. 总包开工前的三级计划节点

总包开工是物流地产项目第四个一级管控计划节点，为了支撑该一级管控计划节点的顺利完成，物流地产商应该在该一级管控计划节点之前设置10个二级管控计划节点，而为了进一步支撑这10个二级管控计划节点的顺利完成，物流地产商应该在该10个二级管控计划节点之间再设置30个三级管控计划节点，分别是设计计划、建设用地规划许可证、详勘布点图、室外综合管网图等（图3-15），作为支撑二级管控计划节点的重要环节。

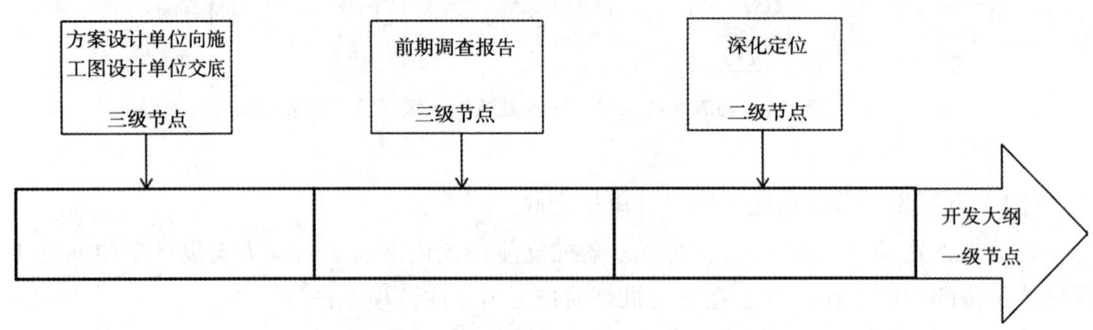

图3-15　物流地产项目开发大纲前的三级管控计划节点

（1）设计计划

物流地产商应该在物流地产项目土地摘牌后30天内即着手启动设计计划的编制工作，并要在7天内形成《专项设计计划》，最终以物流地产商签批通过该设计计划作为该计划节点的完成标志。

（2）销售计划

物流地产商应该在物流地产项目一级开发计划签批通过后即着手启动销售计划的编制工作，并要在7天内以项目一级开发计划和市场情况为指导编制完成年度销售计划，最终以物流地产商签批通过以上年度销售计划作为该计划节点的完成标志。

（3）整体营销策划

物流地产商应该在物流地产项目开业运营前210天即着手启动项目整体营销策划工作，并要在项目开业运营前180天内完成项目的《营销策略及方案》，作为该计划节点的完成标志。

（4）详勘布点图

物流地产商应该在物流地产项目方案设计完成后即着手启动制作详勘布点图，并要在方案设计完成后5天内完成《详勘布点图》，最终以物流地产商确认的详勘布点图作为该计划节点的完成标志。

（5）地勘正式报告

物流地产商应该在详勘布点图完成后5天内即着手启动土地详勘工作，并要在详勘布点图完成后20天内完成该项工作，最终以形成《地勘报告》正式文本作为该计划节点的完成标志。

（6）基坑支护设计单位确定

物流地产商应该在物流地产项目方案设计完成前30天即着手启动基坑支护设计单位的遴选工作，并要在方案设计完成前15天内确定基坑支护设计单位，最终以物流地产商发出基坑支护设计单位定标通知书作为该计划节点的完成标志。

（7）弱电深化设计单位确定

物流地产商应该在物流地产项目全套施工图完成后即着手启动弱电深化设计单位的遴选工作，并要在全套施工图完成后15天内确定弱电深化设计单位，最终以物流地产商发出弱电深化设计单位定标通知书作为该计划节点的完成标志。

（8）编制导向标识设计任务书

物流地产商应该在物流地产项目全套施工图完成后即着手启动导向标识设计任务书的编制工作，并要在全套施工图完成后5天内完成导向标识设计任务书的编制工作，最终以物流地产商签批通过的导向标识设计任务书审批表作为该计划节点的完成标志。

（9）导向标识设计单位确定

物流地产商应该在物流地产项目导向标识设计任务书编制完成后即着手启动导向标识设计单位的遴选工作，并要在导向标识设计任务书完成后30天内确定导向标识设计单位，最终以物流地产商发出导向标识设计单位定标通知书作为该计划节点的完成标志。

（10）建设用地规划许可证

物流地产商应该在物流地产项目立项批复后即汇总土地合同、电子地形图、红线图等资料，向项目所在地的规划主管部门申请建设用地规划许可证，并要在项目立项批复后15天内取得建设用地规划许可证。

（11）人防设计单位确定

物流地产商应该在物流地产项目全套施工图完成后即着手启动人防设计单位的遴选工作，并要在全套施工图完成后30天内确定人防设计单位，最终以物流地产商发出人防设计单位定标通知书作为该计划节点的完成标志。

（12）扩初设计

物流地产商应该在物流地产项目方案批复前15天即着手启动项目扩初设计工作，并要在方案批复后15天内完成扩初设计，最终以物流地产商签批通过扩初设计成果评审表作为该计划节点的完成标志。

（13）扩初设计报批

物流地产商应该在完成物流地产项目扩初设计后即着手启动扩初设计报批工作，并要在20天内取得扩初设计批复意见，最终以取得该批复意见作为该计划节点的完成标志。值得注意的是，部分城市已经取消了扩初阶段的报批要求。

（14）基坑支护设计

物流地产商应该在物流地产项目基坑支护设计单位确定后即着手启动基坑支护设计工作，并要在基坑支护设计单位确定后30天内完成基坑支护设计，设计成果根据要求应先内审后再通过当地专家评审。

（15） 主力客户正式设计条件

物流地产商应该在完成主力制造企业客户、流通企业客户或第三方物流公司客户招商后即开始进一步明确主力客户的设计要求和平面位置，并要在完成主力客户招商后15天内形成《主力客户平面布置图及交付条件》，作为该计划节点的完成标志。

（16）专项委托设计

物流地产商应该在物流地产项目全套施工图完成后即着手启动专项委托设计工作，专项委托设计主要包括当地配套部门要求的水、电、气、通信、热力等专项设计，并要在全套施工图完成后90天内完成《专项委托施工图设计成果》。

（17）融资可研报告

物流地产商应该在预期融资额度获批前40天即着手启动开展物流地产项目融资可行性研究工作，并要在预期融资额度获批前30天内完成《融资可研报告》，作为该计划节点的完成标志。

（18）材料设备选型定板（建筑）

物流地产商应该在物流地产项目全套施工图完成后即着手启动材料设备选型定板（建筑）工作，并要在全套施工图完成后15天内完成材料设备选型定板（建筑），最终以物流地产商签批通过的材料样板（建筑）作为该计划节点的完成标志。

（19）材料设备选型定板（装饰）

物流地产商应该在物流地产项目装修施工图完成后即着手启动材料设备选型定板（装饰）工作，并要在装修施工图完成后15天内完成材料设备选型定板（装饰），最终以物流地产商签批通过的材料样板（装饰）作为该计划节点的完成标志。

（20）弱电施工图

物流地产商应该在物流地产项目弱电深化设计单位确定后即着手启动设计单位开展弱电施工图设计工作，并要在弱电深化设计单位确定后45天内完成弱电施工图设计成果。特别需要注意的是，弱电施工图中的智能化设计需要经过项目所在地技防办组织的专家审查。

（21）导向标识施工图

物流地产商应该在物流地产项目导向标识设计单位确定后即着手启动设计单位开展导向标识施工图设计工作，并要在导向标识设计单位确定后45天内完成导向标识施工图设计成果。

（22）室外综合管网图

物流地产商应该在物流地产项目专项委托设计完成后即着手启动室外综合管网图的设计工作，即在室外各专项设计完成后，由设计单位将所有成果综合成室外综合管网图的工作，并要在专项委托设计完成后30天内由设计单位完成该项工作。

（23）施工图审查批准书

物流地产商应该在物流地产项目全套施工图完成后即着手汇总方案批复、扩初批复、建筑施工图、基础施工图等文件，部分城市还需要施工图审核意见书，提供给具有相应资质的施工图审查机构进行审查，并要在物流地产项目全套施工图完成后20天内取得施工图审查批准书。

（24）人防审查意见

物流地产商应该在物流地产项目全套施工图完成后即着手启动针对施工图的人防审查，并要在全套施工图完成后20天内完成该项工作，最终以物流地产商取得施工图人防审查意见作为该计划节点的完成标志。

（25）供电方案批复

物流地产商应该在物流地产项目供电专项委托设计完成后即将供电方案提交给当地供电主管部门审批，供电方案应明确供电容量、路由、开闭所配电房的数量、位置、尺寸，以及高低压走廊线路图等，并要在供电专项委托设计完成后15天内取得供电主管部门出具的供电方案批准意见，作为该计划节点的完成标志。

（26）超限审查意见

物流地产商应该在物流地产项目全套施工图完成后即报送项目所在地政府相关部门进行超限审查，并要在全套施工图完成后20天内取得政府相关部门出具的超限审查意见，作为该计划节点的完成标志。

（27）桩基单位确定

物流地产商应该在物流地产项目方案批复前10天即着手启动桩基单位的遴选工作，并要在方案批复后10天内确定桩基单位，以物流地产商发出桩基单位定标通知书作为该计划节点的完成标志。

（28）总包单位合同签订

物流地产商应该在物流地产项目总包单位确定后即着手启动总包单位合同签订事宜，并要在总包单位确定后15天内完成总包单位合同签订，最终以总包合同双方签字盖章作为该计划节点的完成标志。

（29）施工/监理招投标手续

物流地产商应该在物流地产项目取得施工许可证前5天按照项目所在地建设主管部门的要求完成施工/监理招投标手续的办理，最终以建设主管部门出具的合同备案文件作为该计划节点的完成标志。

（30）施工图会审及交底

物流地产商应该在物流地产项目总包开工后15天内即着手启动施工图会审及交底工作，并要在总包开工后18天内完成施工图会审及交底。施工图设计单位、施工单位、监理单位均需参加物流地产商组织的施工图会审及交底会议。

物流地产项目总包开工前的三级管控计划节点表见表3-16。

物流地产项目总包开工前的三级管控计划节点表　　表3-16

计划节点	节点说明	计划周期标准			输出成果
		开始时间	周期（天）	完成时间	
设计计划	节点完成标志：以签批通过设计计划为完成标志	土地摘牌后30天	7	土地摘牌后37天	《专项设计计划》
销售计划	节点完成标志：以签批通过年度销售计划为完成标志 特别提示：以一级开发计划和市场情况为指导编制年度销售计划	年度一级计划签批后	7	年度一级计划签批后7天	《项目销售计划》
整体营销策划	节点完成标志：以签批通过年度营销策划方案为完成标志	开业运营前210天	30	开业运营前180天	《营销策略及方案》
详勘布点图	节点完成标志：以物流地产商确认的详勘布点图为完成标志	方案设计完成	5	方案设计完成后5天	《详勘布点图》
地勘正式报告	节点完成标志：以形成地勘报告正式文本为完成标志	详勘布点图完成后5天	15	详勘布点图完成后20天	《地勘报告》
基坑支护设计单位确定	节点完成标志：以发出定标通知书为完成标志	方案设计完成前30天	15	方案设计完成前15天	《基坑支护设计单位定标审批单》（设计）
弱电深化设计单位确定	节点完成标志：以发出定标通知书为完成标志 特别提示：深化设计单位考虑施工单位深化	全套施工图完成	15	全套施工图完成后15天	《弱电深化设计单位定标审批单》（设计）
编制导向标识设计任务书	节点完成标志：以签批通过导向标识设计任务书审批表为完成标志	全套施工图完成	5	全套施工图完成后5天	《导向标识设计任务书审批表》

续表

计划节点	节点说明	计划周期标准			输出成果
		开始时间	周期（天）	完成时间	
导向标识设计单位确定	节点完成标志：以发出定标通知书为完成标志 特别提示：指库区导视系统，包括建筑立面、室外、室内、地下车库标识。不含交通部门验收范围内的交通标识	导向标识设计任务书完成	30	导向标识设计任务书完成后30天	《导向标识设计单位定标审批单》（设计）
建设用地规划许可证	节点完成标志：以取得建设用地规划许可证为完成标志 特别提示：需要土地合同、电子地形图、红线图，部分城市需要立项批复	立项批复后	15	立项批复后15天	《建设用地规划许可证》
人防设计单位确定	节点完成标志：以发出定标通知书为完成标志	全套施工图完成	30	全套施工图完成后30天	《人防设计单位定标审批单》（设计）
扩初设计	节点完成标志：以签批通过扩初设计成果审批表为完成标志	方案批复前15天	30	方案批复后15天	《扩初设计成果审批表》
扩初设计报批	节点完成标志：以取得扩初设计审查意见为完成标志 特别提示：需要立项批复、方案批复意见。部分城市取消了扩初审批阶段要求，不用报批	扩初设计完成后	20	扩初设计完成后20天	《建筑扩初设计审查意见》
基坑支护设计	节点完成标志：以签批通过基坑支护施工图设计成果审批表为完成标志 特别提示：该成果根据要求应通过当地专家评审，先内审后再送当地专家评审	基坑支护设计单位确定后	30	基坑支护设计单位确定后30天	《基坑支护施工图设计成果审批表》
主力客户正式设计条件	节点完成标志：以签约主力客户的工程设计条件和平面位置并要求完成交底为完成标志	完成主力客户招商后	15	完成主力客户招商后15天	《主力客户平面布置图及交付条件》
专项委托设计	节点完成标志：以审批通过配套专项委托施工图设计成果审批表为完成标志 特别提示：专项委托设计包括当地配套部门有要求的水、电、气、通信、热力等专项设计	全套施工图完成后	90	全套施工图完成后90天	《专项委托施工图设计成果审批表》
融资可研报告	节点完成标志：以签批通过项目融资可行性报告审批表为完成标志	融资额度获批前40天	10	融资额度获批前30天	《融资可研报告》
材料设备选型定板（建筑）	节点完成标志：以材料样板签批为完成标志 特别提示：材料样板指小样	全套施工图完成后	15	全套施工图完成后15天	材料样板（建筑）

续表

计划节点	节点说明	计划周期标准			输出成果
		开始时间	周期（天）	完成时间	
材料设备选型定板（装修）	节点完成标志：以材料样板签批为完成标志 特别提示：材料样板指小样	装修施工图完成后	15	装修施工图完成后15天	材料样板（装修）
弱电施工图	节点完成标志：以签批通过弱电施工图设计成果审批表为完成标志 特别提示：弱电施工图中的智能化设计部分须经过技防办组织的专家审查	弱电深化设计单位确定后	45	弱电深化设计单位确定后45天	《弱电施工图设计成果审批表》
导向标识施工图	节点完成标志：以签批通过导向标识施工图设计成果审批表为完成标志	导向标识设计单位确定后	45	导向标识设计单位确定后45天	《导向标识施工图设计成果审批表》
室外综合管网图	节点完成标志：以签批通过室外综合管网图设计成果审批表为完成标志 特别提示：室外各专项设计完成后，由设计单位将所有成果综合成室外综合管网图	专项委托设计完成后	30	专项委托设计完成后30天	《室外综合管网图设计成果审批表》
施工图审查批准书	节点完成标志：以物流地产商取得施工图审查意见为完成标志 特别提示：需要方案批复、扩初批复、建筑施工图、基础施工图等，部分城市需要提供施工图审查意见书	全套施工图完成后	20	全套施工图完成后20天	《施工图审查批准书》
人防审查意见	节点完成标志：以取得施工图人防审查意见为完成标志	全套施工图完成后	20	全套施工图完成后20天	《人防审查意见书》（审查通过）
供电方案获批	节点完成标志：以取得供电方案批准意见为完成标志 特别提示：供电方案由当地供电主管部门审批，应明确供电容量、路由、开闭所配电房的数量、位置、尺寸，高低压走廊线路图等。物流地产商应尽量争取减少开闭所的数量	供电专项委托设计完成后	15	供电专项委托设计完成后15天	《供电方案批准意见》
超限审查意见	节点完成标志：以取得超限审查意见为完成标志	全套施工图完成后	20	全套施工图完成后20天	《超限审查意见》
桩基单位确定	节点完成标志：以发出定标通知书为完成标志	方案批复前10天	20	方案批复后10天	《桩基单位定标通知书》
总包单位合同签订	节点完成标志：以总包合同双方签字盖章为完成标志	总包单位确定后	15	总包单位确定后15天	《总包合同》

续表

计划节点	节点说明	计划周期标准			输出成果
		开始时间	周期（天）	完成时间	
施工/监理招投标手续	节点完成标志：以建设主管部门出具的合同备案文件为完成标志 特别提示：该节点指当地建设主管部门要求的招投标手续	—	—	取得施工许可证前5天	《中标通知书》、《合同》
施工图会审及交底	节点完成标志：以施工图会审纪要为完成标志 特别提示:施工图设计单位、施工单位、监理单位均需参加物流地产商组织的施工图会审及交底会议	总包开工后15天	3	总包开工后18天	《施工图会审纪要》

5. 融资放款开始下款前的三级节点

融资放款开始下款是物流地产项目第五个一级管控计划节点，物流地产商应该在该一级管控计划节点之前设置5个三级管控计划节点，分别是土方工程、基坑支护工程、规划验线、地下室±0.00完成、基础工程验收（见图3–16）。

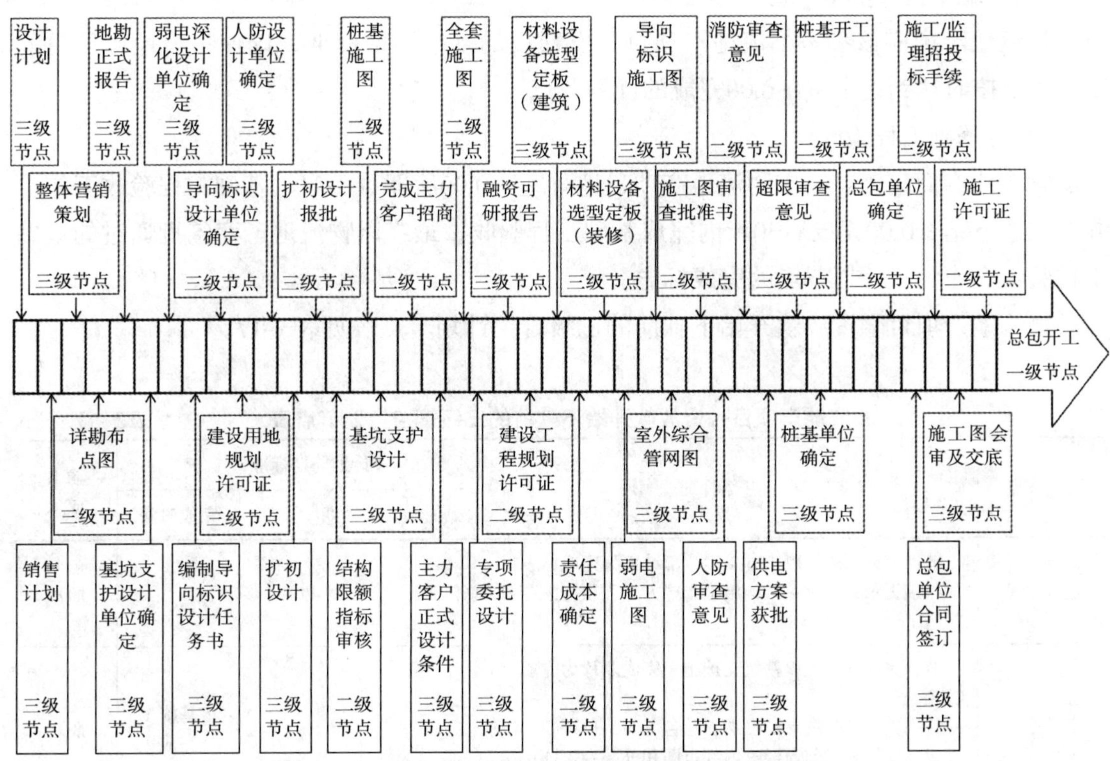

图3–16　物流地产项目总包开工前的三级管控计划节点

（1）土方工程

物流地产商应该在物流地产项目总包开工后即着手启动土方工程，并要在总包开工后45天内完成全部土方工程。需要注意的是，物流地产项目的地下室结构施工和土方工程往往需要考虑穿插施工。

（2）基坑支护工程

基坑支护是为保证地下结构施工及基坑周边环境的安全，对基坑侧壁及周边环境采用的支挡、加固与保护措施。物流地产项目的基坑支护工程可以纳入总包范围，也可以独立发包，支护施工前一般需经过物流地产商内部审图和外部专家评审。至于是否需要外部专家评审，需根据项目所在地的具体规定执行。

（3）规划验线

物流地产项目规划验线需要具备一定的前置条件，主要包括物流地产项目已为场地留有固定的放线标志、已准备齐备建设工程规划许可证、建筑施工设计图纸的一层平面图、相关的管线工程施工设计图纸，以及相应测绘资质单位制作的符合有关规定的放线成果（含纸质和电子图），最终以物流地产商取得规划部门出具的验线审定意见作为该计划节点的完成标志。

（4）地下室±0.00完成

物流地产商应该参考物流地产项目开发建设的基准周期标准，确保物流地产项目的工程进度按时达到地下室±0.00完成的计划节点。

（5）基础工程验收

物流地产商应该在完成物流地产项目地下室±0.00后即着手启动基础工程验收工作，并要在地下室±0.00完成后30天内完成基础工程验收，最终以物流地产商签批通过的基础工程验收表作为该计划节点的完成标志。

物流地产项目融资放款开始下款前的三级管控计划节点表见表3-17。

物流地产项目融资放款开始下款前的三级管控计划节点表　　表3-17

计划节点	节点说明	计划周期标准			输出成果
		开始时间	周期（天）	完成时间	
土方工程	节点完成标志：以土方工程全部结束为完成标志 特别提示：地下室结构施工和土方工程须考虑穿插施工	总包开工	45	总包开工后45天	照片
基坑支护工程	节点完成标志：以基坑支护施工完成照片为完成标志 特别提示：基坑支护可纳入总包范围，也可独立发包，支护施工前需经过内部审图和外部专家评审（是否做专家评审根据地方规定执行）	—	—	桩基施工完成	照片

续表

计划节点	节点说明	计划周期标准			输出成果
		开始时间	周期（天）	完成时间	
规划验线	节点完成标志：以规划部门出具的验线审定意见为完成标志 特别提示：验线条件包括已为场地留有固定的放线标志、准备建设工程规划许可证、建筑施工设计图纸的一层平面图、相关的管线工程施工设计图纸，以及相应测绘资质单位制作的符合有关规定的放线成果（含纸质和电子图）	—	—	—	照片
地下室±0.00完成	节点完成标志：以地下室±0.00完成照片为完成标志	—	—	参照基准周期	照片
基础工程验收	节点完成标志：以基础工程验收表为完成标志 特别提示：完成基础工程设计的各项内容，同时完成以下工作：（1）基础施工到设计±0.00处；（2）基础无回填土覆盖	地下室±0.00完成	30	地下室±0.00完成后30天	《基础工程验收表》

6. 竣工备案完成前的三级节点

竣工备案完成是物流地产项目第六个一级管控计划节点，为了支撑该一级管控计划节点的顺利完成，物流地产商应该在该一级管控计划节点之前设置9个二级管控计划节点，而为了进一步支撑这9个二级管控计划节点的顺利完成，物流地产商应该在该9个二级管控计划节点之间再设置19个三级管控计划节点，分别是给水工程、城建档案验收、交付标准确定、物流仓储设施经营公司注册等（图3–17），作为支撑二级管控计划节点的重要环节。

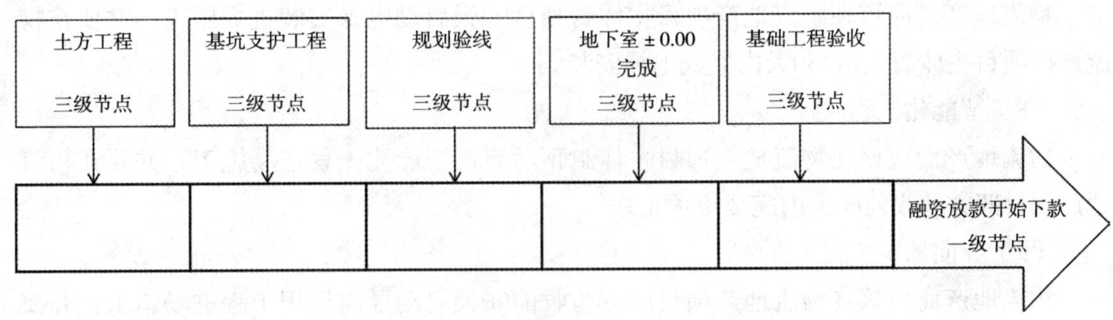

图3–17 物流地产项目融资放款开始下款前的三级管控计划节点

（1）招商政策及租金方案

物流地产商应该在物流仓储设施经营公司注册成立前20天即着手启动招商政策及租金方案的编制工作，并要在物流仓储设施经营公司成立前审议确定物流地产项目的租金决策文件，作为该计划节点的完成标志。

（2）物流仓储设施经营公司注册

物流地产商应该在其物流仓储设施开业运营前270天即完成物流仓储设施经营公司的注册工作，最终以物流地产商取得物流仓储设施经营公司营业执照、组织机构代码证、税务登记证作为该计划节点的完成标志。

（3）交付标准确定

物流地产商无论对于销售型物流地产物业，还是对于租赁型物流地产物业，均需对物业的购买者或租赁者明确物业的交付标准。一般来说，物流地产商应该在物流地产项目主体封顶前30天即确定向购买者或租赁者交付物流地产物业的具体标准。

（4）销售价格确定

物流地产商应该在物流地产项目主体封顶前10天确定物流地产项目中销售型物业的销售价格，最终以物流地产商签批通过的销售价格审批表作为该计划节点的完成标志。

（5）二次砌筑

物流地产商应该在物流地产项目主体封顶后60天内完成二次砌筑，二次砌筑是指结构形式为有填充砌体的工程在钢筋混凝土部分结束后进行填充墙体砌筑、构造柱圈梁浇筑的施工，俗称为“二次结构”。

（6）通风空调工程

物流地产商应该在物流地产项目主体封顶后启动通风空调工程进场施工，并要在物流地产项目四方验收前60天完成通风空调工程。

（7）电梯安装

物流地产商应该在物流地产项目主体封顶后90天启动电梯安装进场施工，并要在物流地产项目主体封顶后150天内完成电梯安装。

（8）智能化工程

物流地产商应该在物流地产项目主体封顶后启动智能化工程进场施工，并要在物流地产项目四方验收前60天内完成该项工作。

（9）导向标识工程

物流地产商应该在物流地产项目四方验收前90天启动导向标识工程进场施工，并要在物流地产项目四方验收前30天完成导向标识工程。

（10）给水工程

物流地产商应该在物流地产项目四方验收前180天即着手启动项目给水工程，并要在四方验收前90天完成项目室外给水排管工程，包括水泵房设备、红线外配套工程，最终以取得供水工程验收合格证明作为该计划节点的完成标志。

（11）电力工程

物流地产商应该在物流地产项目四方验收前180天即着手启动项目电力工程，并要在四方验收前90天完成红线外上级电源至室内配电箱的所有工程，包括电业站配电房的设备安装调试、排管、电缆敷设等，最终以物流地产商取得供电工程验收合格证明作为该计划节点的完成标志。

（12）热力工程

物流地产商应该在物流地产项目四方验收前180天即着手启动项目热力工程，并要在四方验收前90天完成红线内外热力排管和热力站设备安装调试等工作，最终以热力工程完工作为该计划节点的完成标志。

（13）燃气工程

物流地产商应该在物流地产项目四方验收前180天即着手启动项目燃气工程，并要在四方验收前90天完成红线内外排管、调压站设备、室内立管工程等，最终以物流地产商取得燃气工程验收合格证明作为该计划节点的完成标志。

（14）机电调试

物流地产商应该在物流地产项目物流仓储设施开业运营前30天即着手启动机电调试工作，具体来说，就是针对机电设备进行联动调试，并完成机电调试报告，测试系统的实际运行参数。

（15）正式供水

物流地产商应该在物流地产项目四方验收前60天或物流地产项目物流仓储设施开业运营前60天，在供水主管部门验收供水工程并出具验收合格证明后，以正式供水接通为该计划节点的完成标志。

（16）人防验收

物流地产商应该在物流地产项目四方验收后即着手启动物流地产项目人防验收工作，并要在物流地产项目竣工备案完成前30天取得人防部门出具的人防工程验收合格证明，作为该计划节点的完成标志。

（17）建筑节能验收

物流地产商应该在物流地产项目四方验收后即着手启动建筑节能验收工作，并要在物流地产项目竣工备案完成前30天完成建筑节能验收工作，最终以取得建筑节能主管部门出具的节能验收合格证明作为该计划节点的完成标志。

（18）竣工面积测量审核

物流地产商应该在物流地产项目四方验收后即着手启动竣工面积测量审核工作，竣工面积测量包括规划部门竣工测量和房产部门面积实测，并要在四方验收后60天内取得测绘部门出具的竣工面积测量报告，作为该计划节点的完成标志。

（19）城建档案验收

物流地产商应该在物流地产项目竣工备案完成前15天就做好城建档案验收工作，最终以物流地产商取得档案主管部门出具的城建档案验收合格证明作为该计划节点的完成标志。

物流地产项目竣工备案完成前的三级管控计划节点表见表3–18。

物流地产项目竣工备案完成前的三级管控计划节点表　　表3–18

计划节点	节点说明	计划周期标准			输出成果
		开始时间	周期（天）	完成时间	
招商政策及租金方案	节点完成标志：以签批通过租赁决策文件为完成标志	物流仓储设施经营公司注册前20天	20	物流仓储设施经营公司注册	《租赁决策文件》
物流仓储设施经营公司注册	节点完成标志：以取得物流仓储设施经营公司的营业执照、组织机构代码证、税务登记证为完成标志	—	—	开业运营前270天	《营业执照》、《组织机构代码证》、《税务登记证》
交付标准确定	节点完成标志：以签字确认的交付标准为完成标志。 特别提示：交付标准不能与当地的强制验收条件相违背	—	—	主体封顶前30天	《交付标准审批表》
销售价格确定	节点完成标志：以签批通过销售价格审批表为完成标志	—	—	主体封顶前10天	《销售价格审批表》
二次砌筑	节点完成标志：以提供现场照片为完成标志，照片上要能显示拍照时间	—	—	主体封顶后60天	照片
通风空调工程	节点完成标志：以提供现场照片为完成标志，照片上要能显示拍照时间。 特别提示：通风空调工程可在主体封顶后进场施工	—	—	四方验收前60天	照片
电梯安装	节点完成标志：以提供现场照片为完成标志，照片上要能显示拍照时间	主体封顶后90天	60	主体封顶后150天	照片
智能化工程	节点完成标志：以提供现场照片为完成标志，照片上要能显示拍照时间	—	—	四方验收前60天	照片
导向标识工程	节点完成标志：以室内外导向标识工程完工为完成标志，照片上要能显示拍照时间	四方验收前90天	60	四方验收前30天	照片

续表

计划节点	节点说明	计划周期标准			输出成果
		开始时间	周期（天）	完成时间	
给水工程	节点完成标志：以给水工程完工为完成标志。 特别提示：给水工程指室外给水排管工程，包括水泵房设备、红线外配套工程	四方验收前180天	90	四方验收前90天	《供水工程验收合格证明》
电力工程	节点完成标志：以电力工程完工为完成标志。 特别提示：电力工程指从红线外上级电源至室内配电箱的所有工程，包括电业站配电房的设备安装调试、排管、电缆敷设等	四方验收前180天	90	四方验收前90天	《供电工程验收合格证明》
热力工程	节点完成标志：以热力工程完工为完成标志。 特别提示：热力工程指红线内外热力排管和热力站设备安装调试等	四方验收前180天	90	四方验收前90天	—
燃气工程	节点完成标志：以燃气工程完工为完成标志。 特别提示：燃气工程指红线内外排管、调压站设备、室内立管工程等	四方验收前180天	90	四方验收前90天	《燃气工程验收合格证明》
机电调试	节点完成标志：以取得机电调试报告为完成标志。 特别提示：该节点的主要工作为联动调试以及完成机电调试报告、测试系统的实际运行参数	—	—	开业运营前30天	机电调试报告
正式供水	节点完成标志：以正式供水接通为完成标志。 特别提示：正式供水前供水主管部门验收供水工程并出具验收合格证明	—	—	四方验收前60天或开业运营前60天	—
人防验收	节点完成标志：以取得人防部门出具的人防工程验收合格证明为完成标志。 特别提示：人防工程需要单项设计、审图、报检、过程验收和竣工验收	四方验收后	—	竣工备案完成前30天	《人防工程竣工验收合格证明》
建筑节能验收	节点完成标志：以取得建筑节能主管部门出具的节能验收合格证明为完成标志	四方验收后	—	竣工备案完成前30天	《节能验收合格证明》

续表

计划节点	节点说明	计划周期标准			输出成果
		开始时间	周期（天）	完成时间	
竣工面积测量审核	节点完成标志：以取得测绘部门出具的竣工面积测绘报告为完成标志。 特别提示：竣工面积测量包括规划部门竣工测量和房产部门面积实测	四方验收后	60	四方验收后60天	《竣工面积测量报告》
城建档案验收	节点完成标志：以取得档案主管部门出具的城建档案验收合格证明为完成标志	—	—	竣工备案完成前15天	《档案验收合格证明》

7. 开业运营前的三级计划节点

开业运营是物流地产项目第七个一级管控计划节点，为了支撑该一级管控计划节点的顺利完成，物流地产商应该在该一级管控计划节点之前设置1个二级管控计划节点，而为了进一步支撑该二级管控计划节点的顺利完成，物流地产商应该在该二级管控计划节点前后再设置2个三级管控计划节点，分别是物业接管和问题整改（图3–18），作为支撑二级管控计划节点的重要环节。

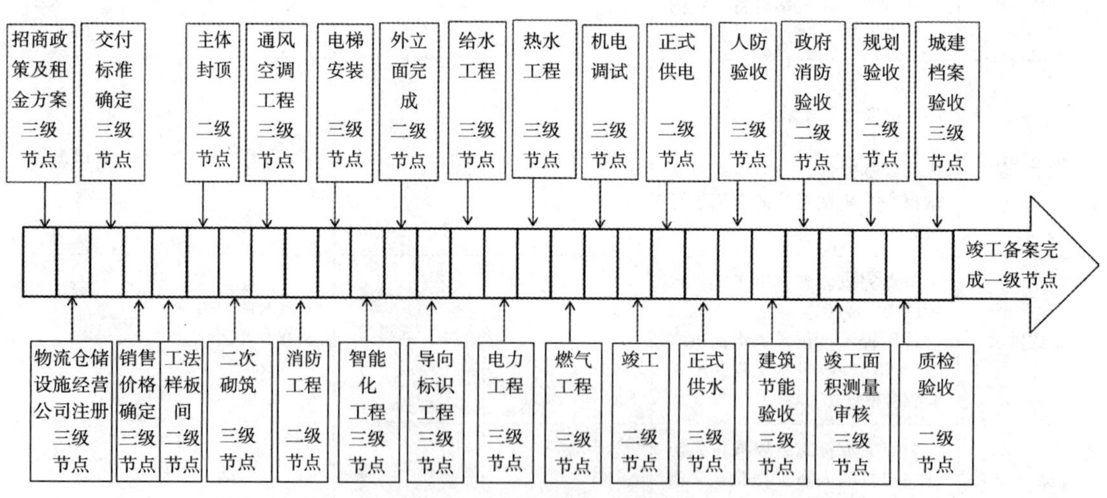

图3–18 物流地产项目竣工备案完成前的三级管控计划节点

（1）物业接管

物流地产商应该在物流仓储设施开业运营前30天将物流仓储设施的管理权整体移交给物流仓储设施经营管理公司，最终以物流仓储设施开发单位和物流仓储设施经营管理

单位会签的物业管理权接管单作为该计划节点的完成标志。

（2）问题整改

物流地产商应该在物流仓储设施移交完成后，对于物流仓储设施经营公司提出的需要整改的物业问题进行及时整改，对于那些无法整改的问题，应该进行甩项工程移交。

物流地产项目开业运营前的三级管控计划节点表见表3-19。

物流地产项目开业运营前的三级管控计划节点表　　表3-19

计划节点	节点说明	计划周期标准			输出成果
		开始时间	周期（天）	完成时间	
物业接管	节点完成标志：以物流仓储设施开发部门和物流仓储设施经营管理部门会签的物业管理权接管单为完成标志	—	—	开业运营前30天	《物业接管单》
问题整改	节点完成标志：以问题物业整改完工为完成标志 特别提示：该节点在物业正式交付后进行，2个月内完成问题整改。对于无法整改的问题，进行甩项工程移交	合同交付后	60	合同交付后60天	照片

8. 开业运营后的三级计划节点

开业运营是物流地产项目第七个一级管控计划节点，物流地产商应该在该一级管控计划节点之后设置3个二级管控计划节点，而为了进一步支撑该3个二级管控计划节点的顺利完成，物流地产商应该在该3个二级管控计划节点前后再设置2个三级管控计划节点，分别是工程竣工结算和项目整体移交完成（图3-19），作为支撑二级管控计划节点的重要环节。

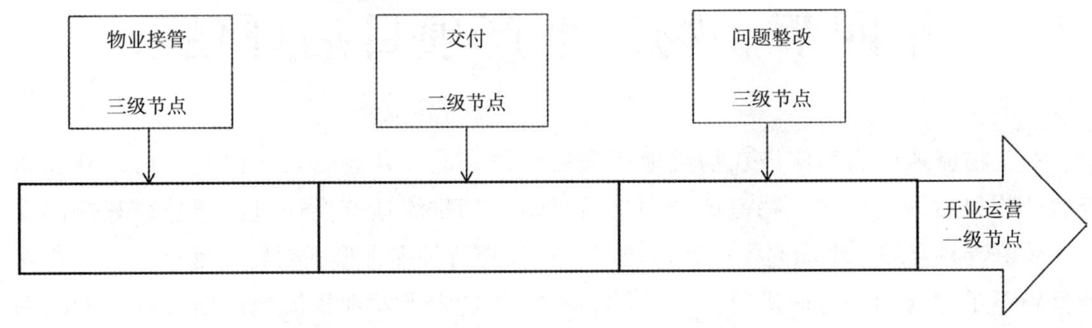

图3-19　物流地产项目开业运营前的三级管控计划节点

物流地产商应该在物流仓储设施开业运营后的90天内汇总工程竣工资料，完成验收和遗留问题整改，最终完成工程竣工结算。

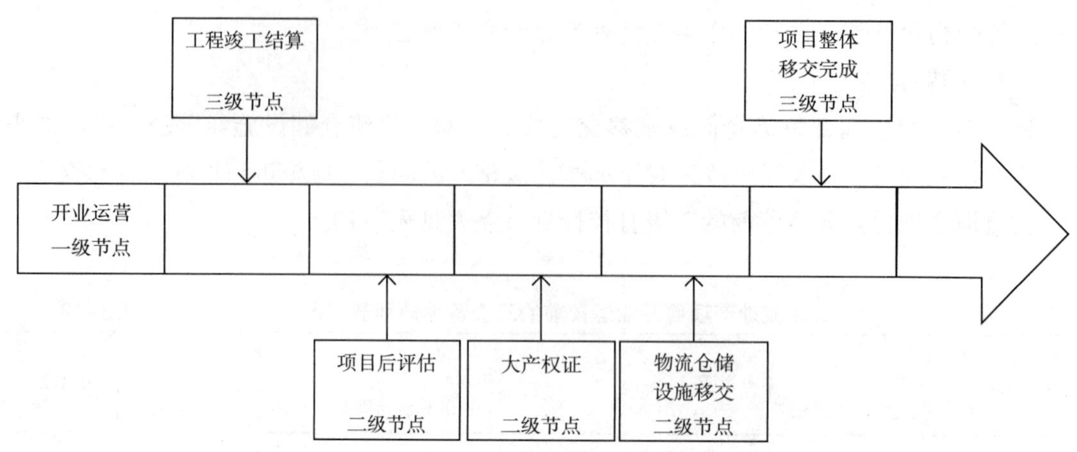

图3-20 物流地产项目开业运营后的三级管控计划节点

物流地产项目开业运营后的三级管控计划节点表见表3-20。

物流地产项目开业运营后的三级管控计划节点表 **表3-20**

计划节点	节点说明	计划周期标准			输出成果
		开始时间	周期（天）	完成时间	
工程竣工结算	节点完成标志：以签批通过工程结算审批表为完成标志 特别提示：工程竣工资料齐全，已完成验收和遗留问题整改	—	—	开业运营后90天	《工程结算审批表》

第四节 物流地产项目后评估

专业物流地产商都应该在物流地产项目建设完成并开业运营一段时期后，开展物流地产项目后评估工作。物流地产项目后评估是指物流地产商通过内部总结和外部反馈，采用资料查阅、现场巡视、客户访谈、会议交流等多种形式对物流地产项目的成功经验和不足之处两个方面进行全面总结，一方面是为了发现物流地产项目存在的问题并及时进行整改；另一方面是为了通过物流地产项目后评估，汲取经验教训，完善物流地产投资建设和运营管理的制度、标准、流程，以期在其他物流地产项目的投资建设和运营管理过程中少犯错误或不犯错误。因此，物流地产项目后评估对物流地产商的成长意义重大，是物流地产商走向成熟的重要阶梯。物流地产项目后评估一般会从项目投

资定位、规划设计、工程质量、建设进度、成本管控、物流仓储设施经营等六个方面展开。

一、投资定位后评估

物流地产项目投资定位后评估一般主要应该对以下四个方面进行评估：一是要对物流地产项目投资协议与物流地产项目用地挂牌条件的实际落实情况进行评估，并要对物流地产项目投资协议合同模板提出进一步修订优化的建议；二是要对物流地产项目选址（主要包括项目区域经济技术指标和项目位置）与物流地产商项目选址标准的吻合程度进行评估，并要对物流地产商项目选址标准提出进一步修订优化的建议；三是要对物流地产项目产品定位（主要包括项目总体定位、档次定位、目标客群定位、建筑风格定位、布局与形态定位、全案产品配比、主要业态配比、面积功能配比等）与市场实际需求的匹配度进行评估，并要提出后期进一步优化调整建议；四是要对物流地产商投资定位工作的管控制度、流程和标准的实际执行情况进行评估，并要提出进一步修订优化的建议。

通过对各类型物流地产商投资建设和运营管理的众多物流地产项目开展的投资定位后评估，可以得出一系列共同的经验教训。例如，就物流地产项目投资定位而言，物流地产商应当结合当地的市场情况，从物流地产项目物流仓储设施招商和经营的角度对物流地产项目产品定位及时提出优化调整建议，以免由于产品定位出现较大偏差，没能准确反映市场和客户需要而造成后期招商和经营困难。物流地产项目的产品定位要顺应地域竞争环境，产品功能要符合经营者和客户的需要。除此之外，物流地产商还要具备满足产品定位的各项内外部资源，以支撑产品定位的顺利实现。

二、规划设计后评估

物流地产项目规划设计后评估一般主要应该对以下四个方面进行评估：一是要对物流地产项目规划设计（主要包括规划总平面中各产品和各功能区的平面布局；土建设计、道路交通规划设计；外立面形式、色彩和材料设计；智能化设计、给水排水设计、消防设计、电气设计、暖通设计、弱电设计等）的合理性及客户反映进行评估，并要提出后期优化调整建议；二是要对物流地产项目设计变更原因及影响进行评估，并提出后期优化调整建议；三是要对物流地产项目设计管理制度、流程、标准的实际执行情况进行评估，并提出修订优化建议；四是要对物流地产项目产品标准实际执行情况进行评估，并提出修订优化建议。

通过对各类型物流地产商投资建设和运营管理的众多物流地产项目开展的规划设计后评估，可以得出一系列共同的经验教训。例如，首先，物流地产项目规划设计管理往往缺乏成本意识，造成实际发生成本远远高于目标成本。对此，有效的解决办法就是要严格执行限额设计，将成本限额融入设计管理的过程中。其次，物流地产项目往往不注重外立面设计，外立面形式普遍单调、色彩沉闷，线条粗大，与周边环境不协调，影响城市形象。从国外先进国家物流地产发展情况来看，规划设计要特别注意外立面的形式、色彩、材料。再次，物流地产项目施工前应该做好各专业之间的图纸会审，减少错、漏、碰、缺，避免后期的重复拆改。排水、消防等设计最好聘请当地的设计单位，便于更好地服务于现场施工。最后，物流地产商要从物流仓储设施经营者的角度出发深度介入规划设计，充分考虑未来客户和市场的功能性要求，指导设计单位进行规划设计。

三、工程质量后评估

物流地产项目工程质量后评估一般主要应该对以下五个方面进行评估：一是要对物流地产项目建筑（主要包括防水、地坪等）质量进行评估,并对进一步质量提升提出建议；二是要对机电安装（主要包括管道、桥架、线槽施工、成套设备安装等）质量进行评估，并对进一步质量提升提出建议；三是要对物流地产项目物流仓储设施安装（主要包括货架、货台、传输设备等）质量进行评估，并对进一步质量提升提出建议；四是要对物流地产项目外立面（主要包括门窗、防水等）质量进行评估，并对进一步质量提升提出建议；五是要对物流地产项目安全文明施工（主要包括安全警示牌、安全防护网、材料堆放、施工垃圾清理、防火措施等）质量进行评估，并对进一步质量提升提出建议。

通过对各类型物流地产商投资建设和运营管理的众多物流地产项目开展的工程质量后评估，可以得出一系列共同的经验教训。物流地产项目工程质量问题一般主要会出现在以下六个方面。一是施工过程中对质量把控不严。在物流地产项目开发过程工期紧、任务重的情况下，物流地产商往往会把工作重点放在抢工期上，这就往往会导致很多施工分项在开展前未进行认真细致的审图交底，施工过程中检查把关不严，部分工序倒置。为了抢工期，很多需要整改的问题未落实，并且施工单位、监理单位对质量问题缺乏重视，质量检查和质量整改会议流于形式和过场。为此，如果要有效提升工程质量，就需要各级参建人员增强质量意识，以高标准、严要求进行工程施工和管理。

二是管理团队不合格和劳务队伍不合格。例如，有些施工单位进场之后会更换管理人员，投标时的管理团队和现场实施时的管理团队存在差别，现场管理团队人员数量和

人员质量不满足工程建设的需要，对质量的承诺停留在纸面上。监理单位往往由于报价低，造成监理人员数量少、水平低，监理单位的敬业度低。许多监理人员是刚毕业的大学生，本身没有多少工程经验，让他们来监管施工单位存在困难。另外，由于目前劳动力市场非常紧张，许多施工班组是临时从路边找过来的，这部分人员往往干完就走，只在乎其自身的工程量和产值，而对整个工程质量无任何责任心。为此，如果要有效提升工程质量，就需要施工单位必须派出合格的项目管理团队及合格的劳务人员进行工程施工。在招投标过程中，物流地产商应该重点审核物流地产项目管理团队质检人员的数量和质量。

三是施工无方案，技术交底不到位。物流地产商往往对施工单位的施工组织方案不进行详细审查，或者审查只是走形式，未对方案中的施工工艺进行仔细推敲，未对施工单位技术人员就影响工程质量的施工工艺进行交底。工法样板间仅仅停留在参观的层面，没有要求或者监督施工单位按照工法样板间和质量通病防治的要求向工人进行交底，没有执行好样板先行制度。许多物流地产项目的渗漏水问题就是由于技术交底不到位所引起的。为此，如果要有效提升工程质量，就需要各施工单位必须编制出严谨、科学、符合计划要求的施工组织设计和施工方案，施工中必须按物流地产商审批通过的施工方案措施执行。

四是质量保证体系不健全、运行不畅，“三检”体系形同虚设。有些物流地产商没有建立起质保体系，没有对质量责任进行明确分工，出现了责任问题也无法追究到直接责任人。施工单位虽然有质保体系，但由于质检人员水平低下和质检力量投入不足等原因，造成质保体系难以有效发挥作用。除此之外，施工单位的质检人员往往无法有效指挥和安排施工班组进行整改，或者整改力度不够，直接造成施工单位内部的“三检”体系形同虚设。为此，如果要有效提升工程质量，就需要各施工单位加强质量管理体系建设，保证人员质量达标和数量充足，严格执行“三检制”，即：自检、互检、专检制度的落实。

五是规划设计考虑不足，导致质量问题和功能缺陷。物流地产项目的许多工程质量问题是由于方案设计和施工图设计阶段考虑不足，导致后期在施工过程中出现质量问题和功能缺陷。为此，如果要有效提升工程质量，就需要物流地产商加强设计管控工作，施工前必须组织审图和交底工作。

六是过程控制不到位。有些物流地产项目由于物流地产商和监理人员未做好过程控制，未能及时纠正质量问题，往往是在木已成舟、铁板钉钉的时候才发现质量问题，此时处理就比较被动。一方面，返工需要产生费用。另一方面，施工班组的积极性差，不愿意做大量返工的工作。除此之外，物流地产商往往由于进度的考虑也会放松质量的要求。最终的结果就是工程质量差、施工质量粗糙、功能不满足实际需要。为此，如果要有效提升工程质量，就需要物流地产商组织施工单位完成施工样板间，样板间经相关程序验收合格后方可进行大面积施工。

四、建设进度后评估

物流地产项目建设进度后评估一般主要应该对以下三个方面进行评估：一是要对物流地产项目开发计划（含开发周期标准）的实际执行情况进行评估，并进一步提出修订优化建议。具体来说，主要是对比物流地产项目总包开工、±0.00、主体封顶、外装修工程、内装修工程、开业运营等几个重要管控计划节点的计划完成时间和实际完成时间，分析计划执行出现偏差的原因，总结物流地产项目开发计划（含开发周期标准）的修订优化建议；二是要对物流地产项目开发管理制度、流程、标准的实际执行情况进行评估，并进一步提出修订优化建议；三是要对物流地产项目施工管理制度、流程、标准的实际执行情况进行评估，并进一步提出修订优化建议。

通过对各类型物流地产商投资建设和运营管理的众多物流地产项目开展的建设进度后评估发现，物流地产项目建设进度方面出现的问题基本上都是源于规划设计、成本管控和计划管理三个方面。就规划设计方面来说，图纸提供滞后、图纸深度不够、项目定位不清晰、规划设计不合理、频繁的设计变更等问题都会影响物流地产项目建设进度。对此，物流地产商可以针对性地采取措施，避免和减少此类问题的发生。例如，针对图纸深度不够的问题，物流地产商可以增加审图环节并将审图时间纳入计划进行管理；汇总整理仓库建筑、结构、暖通、电气、给水排水五个方面的设计漏项、设计缺陷，并组织技术人员或设计单位对其进行修改，制作一版仓库的标准图纸，今后其他仓库的设计可参照此标准图纸；设计合同需明确派驻现场设计师，解决现场发生的问题，同时物流地产商应加强技术力量；推行设计总包管理制度，并在设计合同中明确设计总包管理费用。一次设计单位对二次设计单位承担协调的义务，物流地产商应该组织好一次设计单位对二次设计单位的交底工作。

就成本管控方面来说，人工、材料费用大涨产生的大量商务问题会影响施工单位的积极性和物流地产项目的建设进度。对此，物流地产商可以针对性地采取措施，避免和减少此类问题的发生。例如，设计单位要严格按照物流地产项目深化产品定位报告中给出的建造标准开展施工图设计；物流地产商应避免招标阶段施工单位低价中标，对于偏离正常造价水平的清单项目应该要求施工单位重点澄清并进行承诺；总包合同如果采用总价包干，物流地产商也须客观面对由于人工、材料涨价以及清单中的错项和漏项引起的费用增加。

就计划管理来说，材料供应滞后、材料供应不合格、施工班组劳动力不足、招标

存在大量漏项、总包缺乏契约精神、招标滞后、施工滞后等问题都会影响建设进度。对此，物流地产商可以针对性地采取措施，避免和减少此类问题的发生。例如，物流地产商在招标施工单位时应充分考虑施工单位的信誉及管理模式，以免出现挂靠转包模式；穿插施工，提前招标，现场具备条件须安排施工单位尽早进场。

五、成本管控后评估

物流地产项目成本管控后评估一般主要应该对以下六个方面进行评估：第一是要对物流地产项目成本目标设定及实际执行情况进行评估；第二是要对物流地产项目成本过程管控（合约规划、招标采购、变更与签证）设定及实际执行情况进行评估；第三是要对物流地产项目成本动态控制（合同管理、变更、签证）进行评估；第四是要对物流地产项目招标采购与合同签订的执行情况进行评估；第五是要对物流地产项目材料设备管控（选型定板、实际效果、现场验收）进行评估；第六是要对物流地产项目成本管控制度、流程、标准的实际执行情况进行评估，并进一步提出修订优化建议。

通过对各类型物流地产商投资建设和运营管理的众多物流地产项目开展的成本管控后评估，可以得出一系列共同的经验教训。

一是存在目标成本偏差，包括总投资偏差及土地成本、开发前期准备费、主体建筑安装工程费、库区管网工程费、配套设施费、开发间接费、期间费用、物流仓储设施运营成本等分项成本偏差。一般来说，如果目标成本出现偏差，原因不外乎出在两个方面，一个是物流地产项目建筑面积的大小出现偏差；另一个是物流地产项目建筑单方成本的大小出现偏差。

二是存在项目签证和变更合同所引起的变更费用。一般来说，项目签证和变更合同引起的变更费用所导致的目标成本偏差往往是由于合同漏项、工程量增加、施工过程中的现场变更、政府相关规定调整等原因引起的。

三是存在项目合约规划问题所引起的目标成本偏差。物流地产项目合同可以分为设计、土建、监理、桩基、总包、暖通、弱电、消防、安装、甲供材采购等几大类。一般来说，设计类合同容易出现的问题往往是外地设计单位驻场设计不够，欠缺项目当地的设计经验，后期设计变更图纸提供不及时，未考虑市场需求，对当地的规范不清楚，给成本控制带来压力。因此，为保证施工阶段的对接及对当地规范的了解，施工图最好属地化。进行建筑设计时，主创设计师一定要了解现代物流行业、物流地产行业以及物流仓储设施的功能需求，设计师如无物流地产项目的设计经验，最好慎用。监理类合同容易出现的问题往往是委托的监理公司为知名监理公司的挂靠单位，容易出现监理质量不到位、专业工程师配备不全，装修、暖通等方面无专业监理工程师的问题。事实证明，监理单位必须选择专业的监理单位，且在合同阶段应要求各专业、各阶段的配置人员，人员名单需写进合同，杜绝选择挂靠单位。

六、物流仓储设施经营后评估

物流地产项目物流仓储设施经营后评估是指物流地产商站在物流仓储设施经营公司、租户等主体经营、管理和使用物流仓储设施角度，通过分别对客户和业内专家做问卷调查，对物流地产项目选址、产品定位、规划设计、工程质量、开发建设、材料设备（选型、品牌、运营成本）、招商政策、开业运营（时机选择、筹备、策划方案、实际效果、同业竞争等）、运营管理、服务水平、整体管控（制度、流程、标准）等进行评估。

通过对各类型物流地产商投资建设和运营管理的众多物流地产项目开展的物流仓储设施经营后评估发现，物流仓储设施经营普遍存在的问题是物流仓储设施经营公司应该在物流地产项目规划设计之前就介入产品定位，结合当地市场情况，从招商和经营角度提供规划建议。一般来说，物流地产项目往往会出现后期招商和经营的实际需要与前期的规划和设计不一致，这就需要物流仓储设施经营公司提前介入，结合物流行业发展特性和当地的市场情况，从招商和经营角度提供规划和设计建议。物流地产项目定位，包括客群定位、储存货物类型定位、产品定位、体量定位等都要顺应物流行业的实际需要和地域市场的竞争环境，产品功能要符合经营者和使用者的实际需求。

物流地产商除了对以上六个方面开展后评估之外，还要对物流地产项目营销和综合管理进行后评估。简言之，物流地产项目营销后评估主要是指物流地产商对物流地产项目的产品定位（与市场需求的吻合、与竞争项目的比较）、项目招商（招商节奏、策略、渠道、政策、招商管理）、宣传推广（渠道选择、时机、方式、与招商的配合）、营销成本控制（费用与效果）四个方面进行评估；物流地产项目综合管理后评估主要是指物流地产商对物流地产项目经济指标、退税、税务筹划、融资、资金平衡、资金效益、预算（重点是退税、工程付款、管理费用、营销费用、财务费用等）等方面的实际执行情况进行的评估。

第四章

物流地产工程管理

物流地产商为了确保物流地产项目在满足投资控制目标的前提下能够达到物流地产项目物流仓储设施经营要求，应该对物流地产项目的工程进度和工程质量实施有效管控。具体来说，物流地产工程进度管控就是物流地产商对物流地产项目的施工方案进行预先策划，编制并根据实际情况动态调整物流地产项目工程进度计划，切实执行并达到按时交付使用目的的管控过程。物流地产工程质量管控就是物流地产商通过明确物流地产项目的工程质量目标，并对物流地产项目施工质量进行预控管理、过程管理、工程验收，切实达到工程质量目标的管控过程。

第一节　物流地产工程进度管控

物流地产商为了确保物流地产项目工程进度在满足工程质量标准和投资控制目标的前提下能够达到物流仓储设施经营要求，应该对物流地产项目的工程进度实施有效管控。具体来说，物流地产工程进度管控就是指物流地产商对物流地产项目的施工方案进行预先策划，编制并根据实际情况动态调整物流地产项目工程进度计划，切实执行并达到按时交付使用目的的管控过程。

一、进度管控的关键流程

物流地产工程进度管控的关键流程主要包含两个层面，一个层面是计划层面，另一个层面是操作实施层面。计划层面主要是指物流地产项目施工进度计划和施工进度管理工作细则的编制和审核流程，它们是指导物流地产项目工程进度管控的重要文件。操作实施层面主要是指物流地产项目施工总承包商组织施工、监理单位检查施工、物流地产商检查施工并审核监理单位整改意见的工程进度管控的操作实施流程（图4-1）。

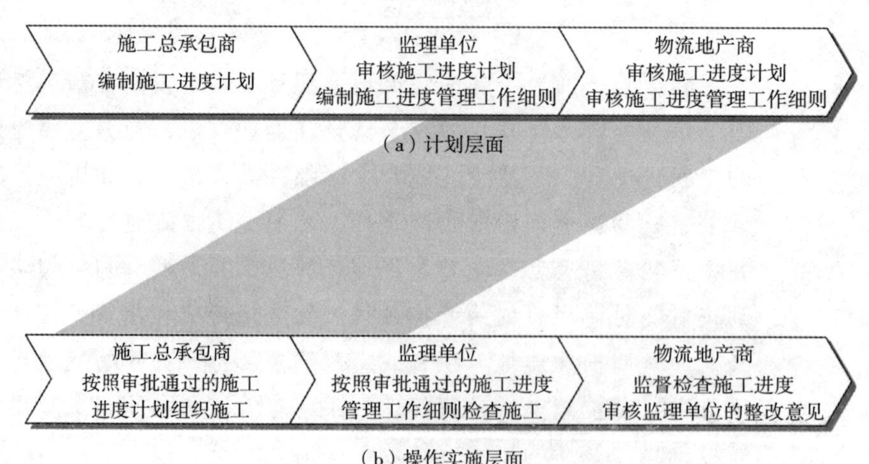

图4-1　物流地产项目工程进度管控示意图

1. 施工进度计划编制和审核

物流地产商应该要求施工总承包商在物流地产项目开工前根据合同要求编制施工进度

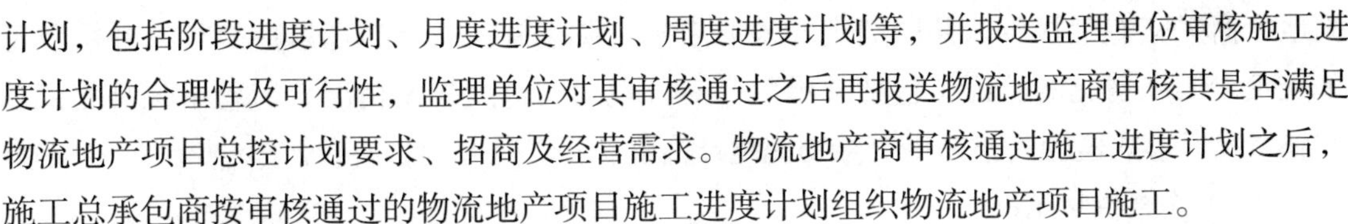

计划，包括阶段进度计划、月度进度计划、周度进度计划等，并报送监理单位审核施工进度计划的合理性及可行性，监理单位对其审核通过之后再报送物流地产商审核其是否满足物流地产项目总控计划要求、招商及经营需求。物流地产商审核通过施工进度计划之后，施工总承包商按审核通过的物流地产项目施工进度计划组织物流地产项目施工。

2. 施工进度控制工作细则

物流地产项目施工总承包商编制的施工组织设计和施工进度计划经过监理单位和物流地产商审批通过后，监理单位应该以此为基础编制物流地产项目施工进度管理工作细则，该细则实质上是一个包涵了六个核心控制点的施工进度目标分解图表。

物流地产项目施工进度六个核心控制点分别是：桩基和地下室围护施工完成、施工至±0.00、施工至中间结构验收、装饰工程完成（室内、室外装饰应分开安排计划，分头控制进度）、大型设备安装及调试、竣工初验及竣工交验。

3. 施工进度计划实施及检查

物流地产项目施工总承包商应该负责按照监理单位和物流地产商事先已经审批通过的施工进度计划组织施工，施工总承包商如果需要改变施工进度计划，应该重新经过监理单位和物流地产商的审批。监理单位应该在整个施工过程中协同物流地产商针对物流地产项目施工的日常进度进行监督检查及管理，包括审核施工总承包商按照事先经过监理单位和物流地产商审批通过的施工进度计划编制的物流地产项目阶段、月度、周度进度计划；审核施工总承包商、供应商、专业承包商提交的工作计划，以及土建、安装及各专业分包单位在各阶段和各环节的进度是否相互衔接。监理单位要对满足要求的计划予以确认。

（1）检查施工过程

物流地产项目的监理单位应该跟踪监控施工总承包商的施工组织与管理工作、施工投入、施工作业动态，一旦发现不符合施工组织设计和施工进度计划中确定的施工组织方法、工作面管理，或者施工投入不足、效率低下、影响周度进度计划时，应该要求施工总承包商进行整改，监理单位要对整改结果进行验证，验证情况报送物流地产商审批和备案。

（2）提出整改措施

物流地产项目的监理单位应该负责跟踪并检查施工总承包商每周施工进度计划的执行情况，在每周监理例会上核查施工总承包商所报周度施工进度计划的完成情况，分析偏差原因，提出纠正措施，评价施工总承包商的施工组织管理与进度控制能力。施工总承包商应该针对周施工进度计划的反馈情况，分析偏差原因，根据监理单位意见提出整改措施，由物流地产商审批并明确回复意见。

（3）提交专项报告

物流地产项目实际施工进度与施工进度计划的偏差超过两周时，监理单位应该向物流地产商提交专项报告，共同商定并采取措施，要求施工总承包商遵照执行，并由监理单位负责实施情况的验证，包括总承包商对分包商的进度控制情况，监理单位月底汇总实施情况后形成监理月报并提交给物流地产商。

（4）检查供货情况

物流地产项目的施工进度往往受制于材料设备的供货进度。在很多时候，材料设备的供货延误往往是导致整个物流地产项目施工进度延迟的重要原因。正因为如此，为了有效管控物流地产项目的施工进度，监理单位还应该负责检查材料设备供应商的供货准备情况。

4. 工期管理

物流地产项目的监理单位如果判断因工程质量或其他因素可能造成对工期的影响时，应该在监理例会上予以安排协调并形成明确结论。

如果结论认为该问题仅仅需要整改而不影响工期时，总承包商应该提交整改的具体措施，并报送监理单位及物流地产商审批通过后方可执行。

如果结论认为该问题需要整改且又需要延长工期时，总承包商应该一方面提交整改的具体措施报送监理单位及物流地产商审批；另一方面需要及时办理工期签证申报，监理单位应该对工期签证进行合理性及可行性审核，物流地产商应该审核其是否满足控制性计划及物流仓储设施招商和经营需求，并及时调整工程进度计划。

如果物流地产商预见到工程进度不能满足合同工期要求时，应该组织专题会议，并就有关情况和措施形成专门报告，做好物流地产项目开发管控计划的动态控制。

二、进度管控的关键措施

物流地产项目的工程进度管控是一项复杂的系统工程，不仅需要科学合理的流程体系作为支撑，而且还需要一系列关键措施作为工作抓手。具体来说，物流地产项目工程进度管控的关键措施主要包括组织措施、技术措施、合同措施、经济措施和管理信息措施（图4–2）。

1. 进度管控的组织措施

进度管控的组织措施是指物流地产商通过优化自身组织管控体系来加强物流地产项目工程进度管控的措施。具体来说，为了有效加强物流地产项目的工程进度管控，物流地产商应当建立施工项目进度实施和控制的组织系统；订立进度控制工作制度，明确进度检查时间和方法，以及召开协调会议的时间和参会人员等；落实各层次进度控制人员，明确具体任务和工作职责；建立施工项目进度控制目标体系；协调各专业工种的进度衔接。

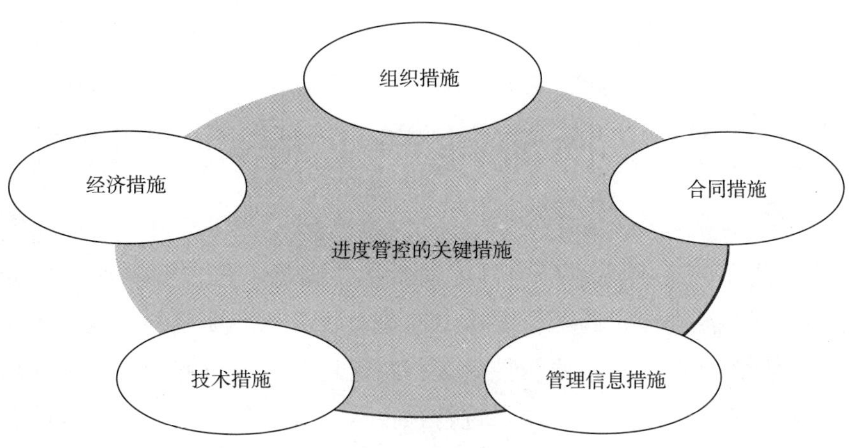

图4–2 物流地产项目工程进度管控的关键措施

2. 进度管控的技术措施

进度管控的技术措施是指物流地产商通过积极采用相关科技创新成果来加强物流地产项目工程进度管控的措施。具体来说，为了有效加强物流地产项目的工程进度管控，物流地产商应当尽可能采用先进的新材料、新工艺、新技术，保证项目工程进度目标实现；落实施工方案，在发生问题时，能适时调整工作之间的逻辑关系，加快施工进度。

3. 进度管控的合同措施

进度管控的合同措施是指物流地产商通过科学合理的合约规划来加强物流地产项目工程进度管控的措施。具体来说，为了有效加强物流地产项目的工程进度管控，物流地产商应当保持项目总进度控制目标与合同工期相一致；分包合同的工期与总包合同的工期相一致；甲供材料、设备等合同规定的提供服务时间与有关的进度控制目标相一致。

4. 进度管控的经济措施

进度管控的经济措施是指物流地产商通过经济手段来加强物流地产项目工程进度管控的措施。具体来说，为了有效加强物流地产项目的工程进度管控，物流地产商应当落实实现进度目标的保证资金；签订并实施关于工期和进度的经济承包责任制；建立并实施关于工期和进度的奖惩制度。

5. 进度管控的管理信息措施

进度管控的管理信息措施是指物流地产商通过项目管理信息化来加强物流地产项目工程进度管控的措施。具体来说，为了有效加强物流地产项目的工程进度管控，物流地产商应当建立能对施工进度有效控制的监测、分析、调整、反馈信息系统和信息管理工作制度；随时监控施工过程信息流，实现连续、动态的全过程进度目标控制。

第二节　物流地产工程质量管控

物流地产商为了确保物流地产项目工程质量在满足工程进度要求和投资控制目标的前提下能够达到物流仓储设施经营要求，应该对物流地产项目的工程质量实施有效管控。具体来说，物流地产工程质量管控就是指物流地产商通过明确物流地产项目的工程质量目标，并对物流地产项目施工质量进行预控管理、过程管理、工程验收，切实达到工程质量目标的管控过程。

一、工程质量管控要点

物流地产项目的工程质量管控要点主要包括工程质量目标确定、施工质量预控管理、施工质量过程管理、工程验收与保修四个方面。同时，工程质量管控要点也是物流地产商实施工程质量管控的四个主要阶段。

1. 工程质量目标确定

工程质量目标确定就是指物流地产商就物流地产项目质量方面目标的确定，在实践过程中，质量方面的目标往往可以分解为创优率、渗漏率、缺陷率等具体目标。事实上，确定物流地产项目工程质量目标是物流地产商开展工程质量管控的前提和条件。在物流地产项目规划设计阶段，物流地产商就必须明确项目的工程质量目标，包括项目的整体质量目标和各产品类型及具体每栋建筑物的质量目标。不仅如此，物流地产项目工程质量目标还应该贯穿于项目所有招投标文件中，特别是在设计、总包、安装等招投标文件和合同中必须落实工程质量的具体要求，明确对合作方能否达到工程质量目标的奖惩细则。物流地产商应按照合同规定和规范要求督促监理单位和施工单位认真履行合同，实现物流地产商对项目工程质量目标的要求。

2. 施工质量预控管理

物流地产项目施工质量预控管理实质上就是物流地产商对于项目施工质量的事前预防。具体来说，物流地产项目施工质量预控管理包括两个主要措施：一个是做好目标交底；另一个是实施工法样板引路制度。

（1）目标交底

目标交底是指物流地产商在确定了物流地产项目设计、总包、监理、安装等合同之后，对合作单位就物流地产项目工程质量目标、进度、文明施工以及物流地产商在现场

签证、设计变更、合同管理等制度进行的交底。

（2）工法样板引路制度

物流地产商应该在项目施工过程中全面推行工法样板引路制度，组织实施工法样板制作，并将其作为对施工单位的验收标准。在物流地产项目施工过程中，特别是涉及物流地产项目外立面、门窗、地坪等重要分部分项工程,以及新工艺、新材料应用，尤其是防渗漏施工时都必须实行样板引路制度。

通过工法样板引路制度的实施（具体来说主要是工序样板引路和交付样板实施），有助于物流地产商有效推进物流地产项目建筑工程管理工作的系统化和标准化，同时也有助于物流地产商有效加强对物流地产项目施工过程中各工序节点的管理，以及对设计节点的交底和采购产品性能的把控。具体来说，通过实施物流地产项目交付样板制度，完善物流地产项目各标段施工交付样板的制作，有助于物流地产商明确交付标准，通过样板识别高质量风险节点，跟踪和落实风险管理措施，从前期规避质量隐患；通过实施物流地产项目工序样板制度，有助于操作人员完全掌握物流地产项目各工序的关键点、流程和质量验收标准，使样板成为施工交底的一个实例体现。综上所述，如果物流地产项目的工程施工实施了样板引路制，就能够使工人更直观地了解工序工艺做法，规避施工过程中因施工人员的技术原因及施工习惯而导致实体质量隐患的发生。

1）样板引路权责

工法样板引路是一个复杂的系统工程,包含多项实施内容,需要物流地产商的营销部门、工程部门和技术部门，以及总包单位、监理单位等主体彼此协同，各司其职，方可顺利落实工法样板引路制度。物流地产项目工程施工工法样板引路权责见表4–1。

物流地产项目工程施工工法样板引路权责 表4–1

实施内容	内容描述	实行时间节点	责任部门
样板实施计划	明确样板展示地点、展示要求、样板分项工程内容以及计划完成时间节点等	需在开工前，根据工程项目进度计划以及招商或销售计划确定	物流地产商的招商、营销、工程、技术、成本部门共同参与
交底会议纪要	物流地产商将其审批通过后的样板实施计划向施工单位、监理单位进行交底，形成书面交底纪要	开工前准备阶段，总包单位、监理单位进场后实施	物流地产商的技术、工程部门共同参与
样板实施方案	根据样板实施计划中要求的内容，在制作样板前由总包单位编制样板实施方案	在每个分项工程样板制作前审批完成	总包单位编制，物流地产商的工程、技术部门审批
样板制作	根据样板实施方案制作样板	大面积施工/招商展示之前完成	总包单位施工，监理单位、物流地产商监督执行
样板验收	对已完成的样板进行验收		监理单位、物流地产商验收
大面积施工	以工法样板作为事前交底（由总包单位牵头）、过程控制以及验收依据进行施工	样板验收通过后	物流地产商的工程、技术部门监督执行

2）制作统一样板

物流地产商应该根据工程情况，在物流地产项目开工前就明确需要制作样板的清单。一般来说，主要包括屋面、外墙保温、墙面砌筑方式、墙面粉刷、抹灰方式、卫生间防水、各类隐蔽的水电材料、铝合金门窗等施工工艺样板，以及涂料、油漆、地砖及排版、铝合金门窗、配件、外墙面砖、灯具、开关面板等材料，所有施工单位都应该采用统一样板。工法样板间由物流地产商制作，样板制作内容如表4–2所示。

物流地产项目样板制作清单 **表4–2**

<table>
<tr><th colspan="2">分项工程</th><th>样板名称</th></tr>
<tr><td colspan="2" rowspan="6">主体工程</td><td>钢筋、模板、混凝土</td></tr>
<tr><td>砌筑、抹灰</td></tr>
<tr><td>室内地坪</td></tr>
<tr><td>防水（屋面、卫生间、外门窗等）</td></tr>
<tr><td>保温（外墙保温、屋面保温）</td></tr>
<tr><td>门、窗安装节点样板</td></tr>
<tr><td rowspan="2">装修工程</td><td>外装修</td><td>面砖、涂料</td></tr>
<tr><td>内装修</td><td>地面铺装、墙面铺装、内墙涂料等
地板做法</td></tr>
<tr><td colspan="2" rowspan="4">安装工程</td><td>给水管节点样板</td></tr>
<tr><td>电缆桥架样板</td></tr>
<tr><td>空调管、消防管、电缆桥架、给水管四种管道的搭接节点样板</td></tr>
<tr><td>设备基础节点样板</td></tr>
</table>

3）样板做法

施工单位应该在明确了样板施工工艺流程后编写样板施工方案和质量控制要点（监理单位据此编制监理实施细则和质量检查标准），报送总包单位和物流地产商审批，经过物流地产商最终审批通过后由施工单位实施。施工单位制作样板时要显示每道工艺的结果，由一系列样板组成，而不仅仅是显示完成面的情况。

4）样板确认

样板确认应该由物流地产商、监理单位、总包单位、分包单位共同参与，并办好书面手续，样板最终必须经过物流地产商验收合格后才可以大面积施工。

5）样板交底

样板验收合格以后，应该由总包单位牵头，在监理单位的监督检查下，组织分包单

位的技术负责人对施工班组进行交底。物流地产商和监理单位应该将工法样板作为工程过程管理的标准，因未按工法样板施工而没有通过验收的，应该责令施工单位无条件返工。同时，物流地产商应该组织督促监理单位分阶段提交有针对性、可操作的监理实施细则，并进行审核。在分部分项工程开工前，物流地产商应监督监理单位审核施工单位的技术交底情况。

3. 施工质量过程管理

物流地产商应该通过做好过程管理来加强施工质量管控。具体来说，物流地产商应该监督监理单位按照合同要求的仪器对物流地产项目测量定位、放线、标高、钢筋间距、平整度等指标进行复核；应该监督监理单位按照合同和有关规范要求对重要材料设备进行检查；应该监督监理单位每月至少不少于一次抽查材料的准用证、质保书、合格证、检验报告等质保材料。

此外，物流地产商还应该对监理人员对于隐蔽工程的验收情况进行重点监督检查，对于重要的分部分项工程必须参与共同验收，并做好书面记录。对于验收不合格的分部分项工程必须要求施工单位进行整改，直到验收合格。若二次整改不合格，则应该根据合同进行处罚。

4. 工程验收与保修

物流地产项目的工程质量管控在经过了工程质量目标确定、施工质量预控管理、施工质量过程管理之后，物流地产商应该对施工后的结果进行验收，主要包括隐蔽工程验收、中间验收、重要工序验收、竣工验收等，对工程质量进行归纳总结，并做好保修安排。

（1）隐蔽工程验收

物流地产项目的隐蔽工程需要先经过施工单位自验后，再通知监理单位和物流地产商进行验收，经过监理单位和物流地产商验收通过后，施工单位方可进入下一道工序。

（2）中间验收

物流地产商应该组织监理单位对物流地产项目分部工程进行验收评定，并在施工单位提交的分部工程质量检验评定表上签字。

（3）重要工序验收

物流地产商应该督促监理单位对物流地产项目诸如屋面、外墙、门窗防渗漏等重要分部分项工程的重要工序在完工后进行100%的检查验收，并落实整改。工程项目的施工过程是由一系列相互关联、相互制约的工序所构成，工序质量是工程质量的基础，工序质量直接影响工程项目的整体质量。因此，物流地产商应该督促监理单位在项目施工过程中利用适当的方法和手段，对重要工序操作及其完成产品的质量进行及时的测定、查看和检查，并将所测得的结果同该工序的操作规程及形成质量特性的技术标准进行比较，从而判断是否合格或是否优良。

（4）竣工验收

物流地产项目的竣工验收分为三个阶段：第一阶段是预验收,预验收应在正式竣工验收前1到2个月由物流地产商组织施工单位、设计单位、监理单位，还可以邀请项目所在地工程质检部门共同参与，对预验收过程中发现的问题提出整改意见，并督促施工单位整改落实；第二阶段是客户或业主验收，预验收合格后，物流地产商应该组织客户或业主代表提前参与项目验收，对他们提出的合理意见认真组织落实；第三阶段是竣工验收，经过预验收、客户或业主验收后，物流地产商应该按照整改意见全力组织整改，整改期不得少于15天，整改合格后才能组织竣工验收。

（5）归纳总结

物流地产商应该加强成品保护工作，并且对出现的质量问题要进行归纳总结，分析产生问题的原因，提出采取预防的办法，还要对物流地产项目完成的工程质量作出评定报告。

（6）保修

物流地产项目完成竣工验收后，物流地产商应该成立项目维修小组，该小组一般应该由物流地产商牵头，成员包括总包单位、监理单位以及主要的装修、机电等分包单位。物流地产商也可以专门委托一家工程维修单位统一负责维修整改工作，维修费用从原施工单位的质保金中扣除。

二、施工过程质量验收责任序列

物流地产项目施工过程的质量验收责任主要应该由物流地产商为该物流地产项目开发建设而在项目所在地专门成立的物流地产项目公司来承担。具体来说，在物流地产项目各分部工程施工过程的质量验收活动中，项目公司总经理、技术副总、工程副总、技术部工程师、工程部经理、工程部专业工程师承担着不同责任（主要分为领导责任、主要责任和次要责任），从而形成了施工过程质量验收的责任序列。

1. 建筑施工过程质量验收责任序列

物流地产项目公司总经理、技术副总、工程副总、技术部工程师、工程部经理、工程部专业工程师在物流地产项目地基与基础工程、主体结构工程、建筑装饰装修工程等7项分部工程以及基坑支护、土方开挖、基础工程等23项子分部工程的建筑施工过程质量验收中承担着不同的责任，共同形成了物流地产项目建筑施工过程质量验收责任序列（表4–3）。

物流地产项目建筑施工过程质量验收责任序列 表4-3

分部工程	子分部工程	项目总经理	技术副总	技术部工程师	工程副总	工程部经理	工程部专业工程师
地基与基础工程	基坑支护	●	A	B	A	A	B
	土方开挖	●	—	—	A	A	B
	基础工程	●	A	B	A	A	B
	地下防水	●	—	—	A	A	B
主体结构工程	混凝土结构	●	—	—	A	A	B
	钢结构	●	—	—	A	A	B
	砌体结构	●	—	—	A	A	B
	网架和索膜结构	●	A	B	A	A	B
建筑装饰装修工程	地面	●	—	—	A	A	B
	抹灰	●	—	—	A	A	B
	门窗	●	—	—	A	A	B
	吊顶	●	—	—	A	A	B
	轻质隔墙	●	—	—	A	A	B
	装饰细部	●	—	—	A	A	B
外立面工程	饰面板（砖）	●	A	B	A	A	B
	幕墙（石材、金属、玻璃）	●	A	B	A	A	B
外保温体系	外保温体系（包括涂饰）	●	A	B	A	A	B
建筑屋面工程	卷材防水屋面	●	—	—	A	A	B
	涂膜防水屋面	●	—	—	A	A	B
	刚性防水屋面	●	—	—	A	A	B
	瓦屋面	●	—	—	A	A	B
	隔热屋面	●	—	—	A	A	B
绿化景观工程	绿化景观	●	A	B	A	A	B

注：●代表总经理负全责（主要责任）；A代表主要责任；B代表次要责任。

2. 安装施工过程质量验收责任序列

物流地产项目公司总经理、技术副总、工程副总、技术部工程师、工程部经理、工程部专业工程师在物流地产项目建筑给水排水及采暖、建筑电气、智能建筑等5项分部工程以及室内给水系统、室内排水系统、室外排水管网等27项子分部工程的安装施工过程质量验收中承担着不同的责任，共同形成了物流地产项目安装施工过程质量验收责任序列。

物流地产项目安装施工过程质量验收责任序列 表4–4

分部工程	子分部工程	项目总经理	技术副总	技术部工程师	工程副总	工程部经理	工程部专业工程师
建筑给水排水及采暖	室内给水系统	●	—	—	A	A	B
	室内排水系统	●	—	—	A	A	B
	室内热水供应系统	●	—	—	A	A	B
	卫生器具安装	●	—	—	A	A	B
	室内采暖系统	●	—	—	A	A	B
	室外给水管网	●	—	—	A	A	B
	室外排水管网	●	—	—	A	A	B
	室外供热管网	●	—	—	A	A	B
	建筑中水系统	●	A	B	A	A	B
	消防水系统	●	—	—	A	A	B
建筑电气	室外电气	●	—	—	A	A	B
	变配电室	●	—	—	A	A	B
	供电干线	●	—	—	A	A	B
	电气动力	●	—	—	A	A	B
	电气照明安装	●	—	—	A	A	B
	备用和不间断电源安装	●	—	—	A	A	A
	防雷及接地安装	●	—	—	A	A	A
智能建筑	通信网络系统	●	—	—	A	A	A
	火宅报警及消防联动系统	●	—	—	A	A	B
	安全防范系统	●	—	—	A	A	B
	物业管理系统	●	—	—	A	A	B
	综合布线系统	●	—	—	A	A	B
通风与空调	送排风系统	●	—	—	A	A	B
	防排烟系统	●	—	—	A	A	B
	空调系统	●	—	—	A	A	B
电梯	电梯安装工程	●	—	—	A	A	B
	自动扶梯、自动人行道安装工程	●	—	—	A	A	B

注：●代表总经理负全责（主要责任）；A代表主要责任；B代表次要责任。

三、材料封样管理

材料封样管理对于物流地产项目工程质量管理而言至关重要。物流地产商应该加强物流地产项目甲供材料、甲指乙供材料、乙供材料的质量管理及成本控制，梳理和明确甲供材料、甲指乙供材料、乙供材料封样及验收管理流程，完善物流地产商内部的材料质量保障机制。需要格外注意的是，物流地产商对于防水材料、饰面材料、机电管线等材料必须封存样品，并存放于样品库中。

1. 专业协同

物流地产项目材料封样管理是一个需要物流地产商多个部门彼此协作、共同参与完成的系统工程。具体来说，物流地产商的成本控制部门、规划设计部门、技术研发部门和项目公司等在物流地产项目材料封样管理方面应该各司其职，专业协同。

（1）成本控制部门

物流地产商的成本控制部门应该负责编制物流地产项目材料设备封样清单，并组织投标及中标单位封样跟进与确认，对外立面相关材料及招标阶段具备封样条件的材料进行封样管理。

（2）规划设计部门

物流地产商的规划设计部门应该负责物流地产项目外立面相关材料的建筑效果，并提出具体的技术要求、品质要求和封样要求，负责对投标单位提供的小样/实样进行审核，对材料在施工过程中实现的实际建筑效果进行监督。

（3）技术研发部门

物流地产商的技术研发部门应该负责除物流地产项目外立面相关材料外的材料的建筑效果，并提出具体的技术要求、品质要求及封样要求，负责对投标单位提供的小样/实样进行审核，对材料在施工过程中实现的实际建筑效果进行监督。

（4）项目公司

物流地产项目公司应协助技术研发部门确定材料数量、规格及技术要求。材料进场时，全程组织四方验收程序，确保到场的材料与所确定的封样完全相同，同时，负责现场日常管理及质量管理工作。

2. 封样入库

物流地产商首先需要建设和管理样品仓库，再做好封样管理及样品盘点、退还、报废等活动，并做好封样目录，完成整个封样入库流程。

（1）样品仓库建设

物流地产项目样品仓库面积一般应该不小于40m^2，且配置足够多的货架，货架采用L50角钢焊接。样品仓库应该设置在物流地产项目公司办公区，此外，样品仓库应通风、防潮、照明良好。

（2）样品仓库管理

物流地产项目公司的成本部应设一名兼职样品仓库管理员，任何样品都需执行先入库后领用的原则。管理员需为样品建立完整档案，摆放整齐合理。

（3）封样管理

封样管理是指物流地产商就样品编码、入库登记、样品借用等活动实施的管理工作。具体来说，就样品编码而言，物流地产项目样品统一实行编码管理，样品管理员应按照样品分类、样品名称、样品型号进行编码管理，采用字母与阿拉伯数字结合方式进行样品编码。

就入库登记而言，物流地产项目外立面相关材料及招标阶段具备封样条件的材料封样样品一式两份，物流地产商总部成本控制部门及物流地产项目公司各持一份。物流地产商总部负责招标采购的材料封样需技术研发部门负责人及成本控制部门负责人共同签字确认，由成本控制部门招标经办人向物流地产项目公司成本部进行交底，物流地产项目公司成本部的样品仓库管理员登记入库。入库的封样样品除编码外，还需注明采用该样品材料的项目及分部分项工程。

就样品借用而言，物流地产项目样品仓库管理员应做好样品的借用台账。样品归还时，管理员检查样品情况，确认无误后方可销借。如发现样品减少、规格不一致等情况，需书面说明原因，并由成本部负责人签字确认。

（4）样品盘点、退还、报废

样品及封样每年盘点两次，分上半年度盘点和年度盘点。使用部门根据工作完成情况，在申请封样的同时，立即明确其余厂家样品处理方法，合理利用仓库空间。报废样品需由相关部门填写样品报废申请单进行审批。管理员根据相关审批及时进行登记。

（5）封样目录

一般而言，物流地产商需对甲供材料和甲指乙供材料中以下材料进行封样（表4–5）。封样目录主要涵盖了甲供材料和甲指乙供材料2个一级目录，以及主体工程、暖通工程、消防工程等6个二级目录。

物流地产项目封样目录 表4–5

一级目录	二级目录	主要内容
甲供材料	主体工程	外墙面砖、外墙涂料、防水涂料及卷材、铝合金门窗（小样及门窗五金件）
	办公区室内装修工程	墙地砖、地毯、窗帘、卫浴五金、开关面板、门、电子门锁、家具五金件、标识标牌材质小样

续表

一级目录	二级目录	主要内容
甲指乙供材料	主体工程	铝合金型材、门窗五金件、玻璃、屋面瓦、消防楼梯踏步砖、保温材料、铝塑管、UPVC管、PPR管及管件、PVC管、镀锌管、阀门、灯具、应急灯、插座开关、KBG管、桥架/母线槽、电线电缆
	暖通工程	橡塑保温材料、超细玻璃棉保温材料、镀锌风管板材、镀锌钢管、铸铁类阀门、铜质阀门、防火阀、风阀、风口
	消防工程	喷头、WS喷头、镀锌钢管、阀门、铜质阀门、沟槽式管接件、防（排）烟风阀、应急灯、卡箍、KBG穿线管、桥架、阻燃或耐火电缆
	绿化景观工程	园林砖（烧结砖）、防腐木、检查井盖及井座、投光灯、泛光灯、LED灯、护栏管（芯片）、U-PVC管、PPR管、PVC加筋管、双壁波纹管、镀锌管、阀门

3. 材料验收

物流地产项目公司工程部负责材料到场验收，做好验收记录，检验材料是否为封样材料（品牌、规格、型号、色彩、材质等须与封样样品完全一致）。除按政府质检要求对相关材料送检外，对有疑问的材料必须单独送检。

物流地产项目公司成本部参与材料到场验收，监督工程部对材料的验收，可以单独抽取材料样品与封样样品比较。

物流地产商要加强对甲指乙供材料的检验，对每批次材料应选样与封样样品做对比并记录对比结果，发现未使用封样材料或材料不合格的应按照合同约定处罚。

第三节　物流地产工程质量通病与防治

物流地产商应该格外重视物流地产项目的深化设计工作，综合考虑经济、技术等多方面因素进行合理选材，加强施工管理，确保物流地产项目在交付制造企业、流通企业或第三方物流企业客户使用时，常见的工程质量通病能够得到有效防治和降低，提高使用者的满意度，同时也能够大大降低物流仓储设施的后期维护成本。

一、地基与基础工程

物流地产项目地基与基础工程的质量通病主要包括五个方面，分别是沉降变形；桩身质量不符合要求；地下室防水混凝土结构裂缝、渗水；地下室柔性防水层空鼓、裂缝、渗漏水；底层地面沉陷（图4-3）。物流地产商应该从设计防治、施工管理、材料控制等方面有效防治和降低物流地产项目地基与基础工程质量通病的发生。

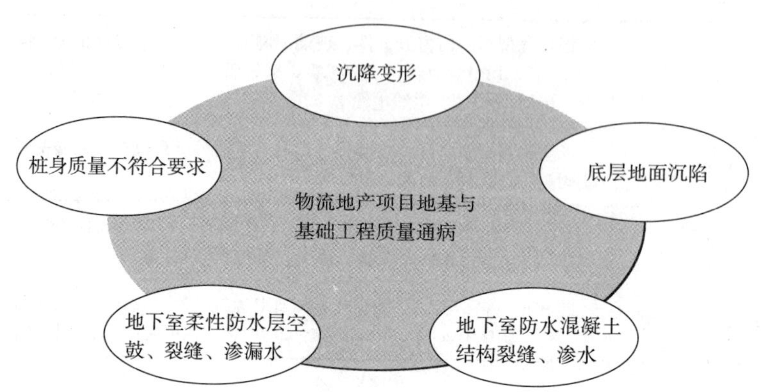

图4–3 物流地产项目地基与基础工程质量通病

1. 沉降变形

（1）设计防治

物流地产项目对于平面布置复杂的建筑物应该设置沉降缝。在设置沉降缝确有困难的情况下，必须设置沉降后浇带。后浇带应该在建筑物主体结构封顶或沉降速率达到稳定标准、预估沉降差异可满足设计要求时，经过设计单位认可后方可进行封堵。

（2）施工管理

物流地产项目采用桩基和地基处理，必须在开工前进行施工工艺试验。对于设计等级为甲、乙级的建筑物，单桩竖向承载力特征值R_a或地基处理后承载力特征值f_{spk}应该按照规范根据静载荷试验确定。试验数量不少于总桩数的1%且不少于3根。

桩基（地基处理）工程施工应该保证有效桩长和进入持力层深度。桩基（地基处理）工程验收前，应该按照规范和相关文件规定进行桩身质量（地基强度）及承载力检验。如果检验结果不符合要求，就应该在扩大检测和分析原因后，由设计单位核算并出具处理方案进行加固处理。

2. 桩身质量不符合要求

（1）设计防治

物流地产项目桩基施工设计要特别注意，水泥土搅拌法不能应用于泥炭土、有机质土、塑性指数I_p大于25的黏土、地下水具有腐蚀性的土的处理。在无工程经验的地区，物流地产商必须通过现场试验来确定桩基适用性，此外，当桩尖位于基岩表层且岩层坡度大于10%时，桩端应有防滑措施。

（2）施工管理

物流地产项目桩基施工时应该进行严格监测，垂直偏差应小于0.5%。对于预制桩，

如果物流地产商对其进场检验结果存有怀疑时，应该进行破损和抗弯性试验，对桩身开裂等超过规定的不合格桩不应该使用。

对于灌注桩混凝土浇筑，浇筑顶面应高于桩顶设计标高和地下水位0.5～1.0m以上。钢筋笼应焊接牢固，并采用保护块（水下混凝土每2～3m设立一层，每层3～4块）、木棍、吊筋固定，以控制钢筋笼的位置。

对于钻孔灌注桩，护筒底部应该安放在不透水层并保证稳定。泥浆护壁钻孔桩在钻进过程中及清孔前，应该在泥浆顶部和孔底分别测量泥浆性能，泥浆比重一般为1.1～1.3，在卵石、砂卵石或塌孔回填重钻孔时，应该为1.3～1.5。在钻进过程中应该保证护筒内的水头高度高于地下水位1～2m以上。成孔后应该采用井径仪和沉渣仪测量孔径和沉渣厚度，数量均不少于总桩数的10%。挤扩桩成孔后，应采用井径仪全数检查扩径尺寸。泥浆护壁钻孔桩二次清孔后2小时内（嵌入遇水软化、膨胀岩中的桩基应在半小时内）必须浇筑混凝土，否则应重新清孔。混凝土浇筑前应对导管连接密封性进行水压试验，浇筑过程中导管埋深应控制在1～6m。每次拆除导管长度不应大于5m，在每次拔管和拆除导管前应测量导管内外的混凝土标高。

对于水泥搅拌桩，需要在施工前对局部泥炭土、有机质土、暗塘（浜）进行挖除换土，对松散填土区宜采取压实处理措施。计量（压力、灰浆泵入量、深度等）器具应经标定并保持正常工作。施工中保持供浆的连续性，控制水灰比、喷浆压力（0.4～0.6MPa）、喷浆提升速度（0.3～0.5m/s）和每米每次的喷浆量并专人记录。因故停浆时，应将搅拌头下沉至停浆点以下0.5m处，待恢复时提升喷浆。水泥土搅拌桩应在成桩7天内，按总桩数的2%用轻便触探检查桩身的均匀性和判断桩身强度。成桩7天后，按总桩数的5%开挖桩头检查搅拌均匀性和成桩直径。

3. 地下室防水混凝土结构裂缝、渗水

（1）设计防治

物流地产项目应该针对地下室防水混凝土出现结构裂缝、渗水的不同原因采取相应的设计防治措施。一般来说，地下室防水混凝土结构裂缝、渗水主要分为三种情况，一是混凝土裂缝和渗水；二是变形缝渗水和漏水；三是后浇带部位渗水和漏水。

就混凝土裂缝和渗水这一质量通病的设计防治措施来说，物流地产项目地下室墙板应该优先采用变形钢筋，配筋应该做到细而密，网片钢筋间距应小于150mm。地下结构不单单要使用混凝土，而且应该采用防水混凝土。自防水混凝土设计时，应该采取预防混凝土收缩的措施。结构设计时，应该根据平面形状、荷载、地区变化等因素合理设置后浇带和变形缝。在设计图中，应该注明或绘制加强带、后浇带、变形缝和施工缝等构造详图。

就变形缝渗水和漏水这一质量通病的设计防治措施来说，物流地产项目地下工程的变形缝应该设置在结构截面的突变处、地面荷载的悬殊段和地质明显不同的地方。一般

来说，物流地产项目地下工程应该减少变形缝。当必须设置变形缝时，应该根据地下水压、水质、防水等级、地基和结构变形情况，选择合适的构造形式和材料。

就后浇带部位渗水和漏水这一质量通病的设计防治措施来说，物流地产项目后浇带部位应该采取加强防水措施，并且要有构造详图。后浇带混凝土应采取抗裂措施。

（2）施工管理

物流地产项目应该针对地下室防水混凝土出现结构裂缝、渗水的不同原因采取相应的施工管理防治措施。

就混凝土裂缝和渗水这一质量通病的施工管理防治措施来说，物流地产项目防水混凝土结构内部设置的各种钢筋或绑扎的低碳钢丝不应该接触模板。为固定模板而穿过的螺栓应该加焊止水环。拆模后，应该将留下的凹槽封堵密实，并在迎水面涂刷防水涂料。物流地产项目混凝土应该采取分层浇筑方式，泵送混凝土每层厚度应该为500～700mm，采用插入式振动器分层捣固，板面应用平板振动器振捣，排除泌水，进行二次收浆压实。物流地产项目防水混凝土水平构件表面应该覆盖塑料薄膜或双层草袋浇水养护，竖向构件应该采用喷涂养护液进行养护，养护时间不少于14天。

就变形缝渗水和漏水这一质量通病的施工管理防治措施来说，物流地产项目地下工程在施工过程中应该保持地下水位低于防水混凝土正负500mm以上，并且应该排除地下水。金属止水带宜折边，连接接头应焊满、焊缝密实。用木丝板或聚氨乙烯泡沫塑料板作填缝材料时，随砌随填，木丝板和麻丝应经沥青浸湿。埋入式橡胶或塑料止水带施工时，严禁在止水带的中心圆环处穿孔，应埋设在变形缝横截面的中部，木丝板应对准圆环中心。止水带接长时，其接头应埋成斜坡，毛面搭接，并用相应的胶粘剂粘接牢固。金属止水带接头应采用相应的焊条仔细满焊。采用膨胀止水带砌缝，止水带必须具有缓胀性能，使用时，应防止先期受水浸泡膨胀。表面附贴式橡胶止水带的两边，填防水油膏密封。金属止水带压铁上下应铺垫橡胶垫条或石棉水泥布，以防渗漏。

就后浇带部位渗水和漏水这一质量通病的施工管理防治措施来说，物流地产项目地下室的底板和顶板不宜留施工缝，底拱、顶拱不宜留纵向施工缝，墙体不应留垂直施工缝，墙体水平施工缝不应该留在剪力与弯矩最大处或底板与侧墙交接处，应该留在高出底板不小于300mm的墙体上。后浇带施工缝浇筑混凝土前，应该将其表面浮浆和杂物清除干净，并凿到密实混凝土，再铺设去石水泥砂浆。浇筑混凝土时，应该先浇水湿润，再及时浇筑混凝土，并振捣密实，后浇带混凝土应进行养护。

（3）材料控制

物流地产项目应该针对地下室防水混凝土结构裂缝和渗水这一质量通病采取相应的材料控制措施。对于变形缝渗水和漏水问题，当地下水压大于0.03MPa，环境温度在50℃以下，且不受强氧化剂作用，变形量较大时，可以采用埋入式止水带与表面附贴式橡胶

止水带相结合的防水形式，变形缝内还可以砌止水条止水；对于环境温度高于50℃的变形缝，可以采用2mm厚的紫铜片或3mm厚的不锈钢等金属止水带；在有油类侵蚀的地方，可以选用相应的耐油橡胶止水带或塑料止水带；对于无水压的地下工程，可以采用卷材防水层防水。

4. 地下室柔性防水层空鼓、裂缝、渗漏水

（1）设计防治

物流地产项目应该选用耐久性和延伸性较好的防水卷材或防水涂料制作地下室柔性防水层，且应该将地下室柔性防水层设置在迎水面。地下室柔性防水层的基层宜采用1:2.5水泥砂浆找平。

（2）施工管理

物流地产项目应该在清理干净地下室柔性防水层的基层即找平层表面，并且使其干燥后方可进行地下室柔性防水层施工。在物流地产项目地下室柔性防水层施工期间，施工单位应该确保地下水位降至垫层300mm以下。在地下室柔性防水层施工时，施工单位应该先涂刷基层处理剂，卷材宜采用满贴法铺贴，确保铺贴严密，防水材料应薄涂多遍成活。此外，地下室柔性防水层的施工还应该符合相关规范和操作规程的要求，施工完毕后，应该采取可靠的保护措施。

5. 底层地面沉陷

（1）设计防治

物流地产项目应该根据不同的土质条件来确定基土的压实系数。当软弱基土厚度不大时，宜采用换填土。当软弱基土较厚时，宜采用石灰桩加固或表层夯实后铺设200mm厚毛石，再铺碎石。软弱基土上的混凝土垫层厚度不宜小于100mm，并应配置直径6mm及以上双向钢筋网片，钢筋间距不应大于200mm。

（2）施工管理

物流地产项目的地面基土回填应该分层夯实，分层厚度应该符合规范要求。回填土内不得含有有机物及腐质土。回填土应该按照规范要求分层取样做密实度试验，压实系数必须符合设计要求。当设计无要求时，压实系数应该不小于0.9。

二、主体结构工程

物流地产项目主体结构工程的质量通病主要包括三个方面，分别是砌体裂缝；砌筑砂浆饱满度不符合规范要求；混凝土构件的轴线、标高等几何尺寸偏差（图4–4）。物流地产商应该从设计防治、施工管理、材料控制等方面有效防治和降低物流地产项目主体结构工程质量通病的发生。

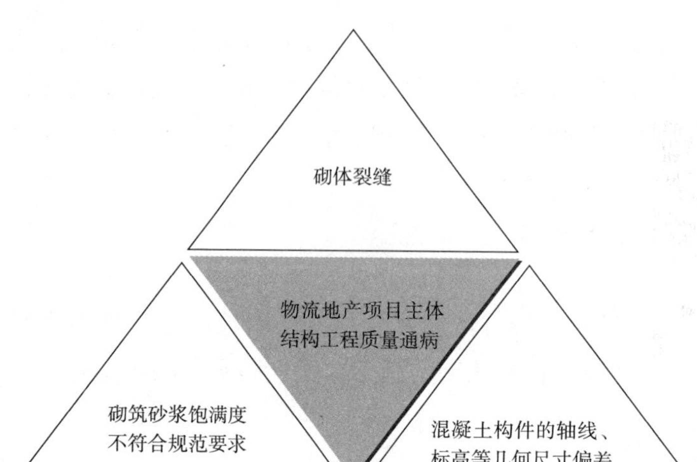

图4-4　物流地产项目主体结构工程质量通病

1. 砌体裂缝

（1）设计防治

物流地产项目的建筑物外围结构应该采用符合节能规范和标准要求的保温措施，且应优先采用外墙外保温措施。当建筑物长度大于40m时，应该设置变形缝（当有其他可靠措施时，可以在规范范围内适当放宽）。顶层圈梁、卧梁高度不宜超过300mm。在有条件时（防水及建筑节点处理较好时），宜在顶屋盖和墙体间设置水平滑动层。外墙转角处构造柱的截面积不应该大于2400mm×240mm。与楼板同时浇筑的外墙圈梁，其截面积高度应该不大于300mm。

物流地产项目砌体工程的顶层和底层应该设置通长现浇钢筋混凝土窗台梁。顶层门窗洞过梁宜结合圈梁通长布置，若采用单独过梁时，过梁伸入两端墙内每边不少于600mm，且应该在过梁上的水平灰缝内设置2～3道通长焊接钢筋网片。顶层及女儿墙砌筑砂浆的强度等级不应该小于M7.5，粉刷砂浆中宜掺入抗裂纤维或采用预拌混凝土砂浆。对于混凝土小型空心砌块、蒸压加气混凝土砌块等轻质墙体，当墙体长度大于5m时，应该增设间距不大于3m的构造柱。

物流地产项目每层墙高的中部应该增设高度为120mm且与墙体同宽的混凝土腰梁，砌体无约束的端部必须增设构造柱，预留的门窗洞口应该采取钢筋混凝土框加强。当框架顶层填充墙用灰砂砖、粉煤灰砖、混凝土空心块、蒸压加气混凝土砌块等材料时，墙面粉刷应该采取满铺镀锌钢丝网等措施。屋面女儿墙不应该采用轻质墙体材料砌筑。当采用砌体结构时，应设置间距不大于3m的构造柱和厚度不小于120mm的钢筋混凝土压顶。当洞口宽度大于2m时，两边应该设置构造柱。

（2）施工管理

物流地产项目的填充墙砌至接近梁底、底板时，应该留有一定空隙，填充墙砌筑15天以后，方可将其补砌挤紧。在补砌时，对双侧竖缝应该采用高强度等级的水泥砂浆砌填密实。框架柱间填充墙拉结筋应满足砖模数要求，不应该折弯压入砖缝。拉结筋宜采用预埋法留置。填充墙采用粉煤灰砖、加气混凝土砌块等材料时，框架柱与墙的交接处宜采用15mm×15mm木条预先留缝，在加贴网片前浇水湿润，再用1：3水泥砂浆砌实。通

常现浇钢筋混凝土板带应一次性浇筑完成。砌体结构砌筑完成后宜60天后再抹灰。每天砌筑高度宜控制在1.8m以下，并应该采取严格的防风、防雨措施。严禁在墙体上交叉埋设和开凿水平槽。竖向槽须在砂浆强度达到设计要求后，用机械开槽，且在粉刷前，加贴钢丝网片等抗裂材料。宽度大于300mm的预留洞口应该设钢筋混凝土过梁，并且伸入每边墙体的长度应该不小于250mm。

（3）材料控制

物流地产项目的砌筑砂浆应该采用中、粗砂，严禁采用山砂和混合砂。蒸压灰砂砖、粉煤灰砖、加气混凝土砌块的出釜停放期不应小于28天，不宜小于45天。混凝土小型空心砌块的龄期不应小于28天。

2. 砌筑砂浆饱满度不符合规范要求

（1）施工管理

物流地产项目的砌块工程在采用铺浆法砌筑时，铺浆长度不应该超过500mm，且应该保证顶头缝砂浆饱满密实。应该严格控制砖砌筑时的含水率，应该提前1～2天浇水湿润，砌筑时块体材料表面不应该有浮水。在砌筑施工时，监理人员应该在现场对含水率进行抽查。在施工洞、脚手眼等后填洞口补砌时，应该将其表面清洗干净，浇水湿润，并填实砂浆。外墙的防水墙面的洞口应该采用防水微膨胀砂浆分次堵砌，迎水面的表面采用1：3防水砂浆粉刷。孔洞填塞应该由专人负责，并及时办理专项隐蔽验收手续。

（2）材料控制

物流地产项目的砌筑砂浆应该优先采用预拌砂浆。加气混凝土、小型砌块等砌筑砂浆应该使用专用砂浆。

3. 混凝土构件的轴线、标高等几何尺寸偏差

物流地产项目对于混凝土构件的轴线、标高等几何尺寸偏差，应该对应采取以下施工管理。施工过程中的测量放线应该由专人进行，各种测量仪器应该定期校验。在主体混凝土施工阶段，应该及时弹出标高和轴线的控制线（如墙面1m线、地面正方控制线等），准确测量，认真记录，并确保现场控制线标识清楚。监理单位要对其进行复核。在模板支撑完成后，要测量、矫正模板的标高和平整度，若有偏差应该随时调整。严格控制现浇板厚度，在混凝土浇筑前应该做好现浇板厚度的控制标识。楼（地）面水平结构构件施工完成后，在柱、墙上抄出水平控制线，以控制工程的建筑标高。模板的背楞统一使用硬质木材或金属型材，统一加工尺寸。浇筑混凝土墙板、柱时，在现浇楼面埋设钢管，增设斜撑，以增强模板的刚度和平整度。根据混凝土的侧压力，墙、柱自楼面向上根据施工方案采取下密上疏的原则布置对拉螺栓。模板支撑完成后，要全面检查模板的几何尺寸，合格后方可进行下一道工序的施工。

三、建筑装饰装修工程

物流地产项目建筑装饰装修工程的质量通病主要包括五个方面，分别是水泥地面起砂、空鼓、裂缝；楼梯踏步阳角开裂或脱落、尺寸不统一；门窗变形、渗漏、脱落；玻璃安全度不够；找平层起砂、起皮（图4-5）。物流地产商应该从设计防治、施工管理、材料控制等方面有效防治和降低物流地产项目建筑装饰装修工程质量通病的发生。

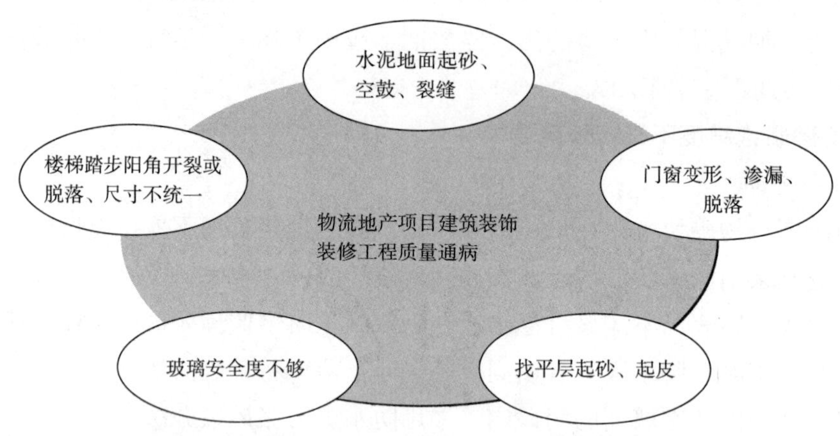

图4-5 物流地产项目建筑装饰装修工程质量通病

1. 水泥地面起砂、空鼓、裂缝

（1）设计防治

物流地产项目面层为水泥砂浆时，应该采用1：2.5水泥砂浆。物流地产项目面层为细石混凝土时，混凝土强度等级不应该小于C20。

（2）施工管理

物流地产项目在浇筑面层混凝土或铺设水泥砂浆前，基层应该被清理干净并被湿润，且要消除积水。基层处于面干内潮时，应该均匀涂刷水泥素浆，随刷随铺水泥砂浆或细石混凝土面层。施工单位要严格控制水灰比，用于面层的水泥砂浆稠度应该不高于35%，用于铺设地面的混凝土坍落度应该不大于30mm。水泥砂浆面层要涂抹均匀，随抹随用短杆刮平。在混凝土面层浇筑时，施工单位应该采用平板振捣或辊子滚压，保证面层强度和密实。施工单位还要掌握和控制压光时间，压光次数不少于2遍，分遍压实。当地面面层完成24小时后，应该进行养护，并要加强对成品的保护，连续养护时间不应该少于7天。当环境温度低于5℃时，应该采取防冻施工措施。

（3）材料控制

物流地产项目宜采用早强型的硅藻盐水泥和普通硅酸盐水泥，选用中、粗砂，含泥

量应该不大于3%。面层为细石混凝土时，细石粒径应该不大于15mm，且不大于面层厚度的2/3，石子含泥重应该不大于1%。

2. 楼梯踏步阳角开裂或脱落、尺寸不统一

（1）设计防治

物流地产项目的楼梯踏步由于使用频率较高、使用强度较大，因此有时会出现踏步阳角开裂或脱落的质量问题。为了防止或减少楼梯踏步阳角开裂或脱落，应该在楼梯踏步的阳角处增设护角。

（2）施工管理

物流地产项目针对楼梯踏步阳角开裂或脱落的问题和楼梯踏步尺寸不一致的问题应该分别采取针对性的施工管理防治措施，防止或减少楼梯踏步阳角开裂或脱落、尺寸不统一的质量通病发生。

就楼梯踏步阳角开裂或脱落这一质量通病的施工管理防治措施而言，施工单位在物流地产项目楼梯踏步抹面（或抹底糙灰）前，应该将基层清理干净，并充分洒水湿润。在抹砂浆前应该先刷一层素水泥或界面剂，并严格做到随刷随抹。砂浆稠度应该控制在35mm左右。抹面工作应该分次进行，每次抹砂浆厚度应该控制在10mm之内。踏步平、立面的施工顺序应该是先抹立面，后抹平面，使平立面的接缝在水平方向，并应该将接缝搓压紧密。抹面（或抹底糙灰）完成后应该加强养护，养护天数为7～14天，养护期间应该禁止行人上下。正式验收前，宜用木板或角钢置于踏步阳角处，以防阳角被碰撞损坏。

就楼梯踏步尺寸不一致这一质量通病的施工管理防治措施而言，物流地产项目在楼梯结构施工阶段，踏步模板应该采用木制板制作，尺寸要一致。计算楼梯平台处结构标高与建筑标高差值，采用此差值控制地面面层厚度。就同一楼梯面层做法来说，若平台与踏步面层做法不一致，应该在梯段结构层施工时调整结构尺寸。在面层抹灰时，应该通过调整楼面面层厚度来确保楼梯踏步尺寸统一。

3. 门窗变形、渗漏、脱落

（1）设计防治

物流地产项目的门窗设计应该明确外门窗抗风压、气密性和水密性三项性能指标。组合门窗拼樘料必须进行抗风压变形验算，拼樘料应该左右或上下贯通，并直接插入洞口墙体上。拼樘料与门窗框之间的拼樘应为插接，插接深度不小于10mm。铁合金窗的型材壁厚不得小于1.4mm，门的型材壁厚不得小于2mm。塑料门窗的型材必须选用与其匹配的热镀锌增强型钢，型钢壁厚应该满足规范和设计要求，但不小于1.2mm。五金配件的型号、规格和性能应该符合国家现行标准和有关规定的要求，并与门窗相互匹配。平开门窗的铰链或撑杆等应该选用不锈钢或铜等金属材料。

（2）施工管理

物流地产项目门窗安装完毕后，应该按照有关规定、规程委托有资质的检测机构进行现场检验。在门窗框安装固定前，应该对预留墙洞尺寸进行复核，用防水砂浆刮糙处理后，再实施外框固定，外框与墙体间的缝隙宽度应该根据饰面材料确定。门窗安装应该采用镀锌钢片连接固定，镀锌钢片厚度不得小于1.5mm，固定点从距离转角180mm处开始设置，中间间距不应该大于500mm，严禁用长脚膨胀螺栓穿透型材固定门窗框。门窗洞口应该在清理干净且干燥后，再施打发泡剂，发泡剂应该连续施打，一次成型，充填饱满，溢出门框外的发泡剂应该在结膜前塞入缝隙内，防止发泡剂外膜破损。门窗框外侧应该留5mm宽的打胶槽口，打胶面应该在清理干净且干燥后方可施打，并应该选用中性硅酮密封胶，严禁将密封胶施打在涂料面层上。在进行塑料门窗五金配件安装时，必须设置金属衬板，其厚度不应该小于3mm。在进行紧固件安装时，必须先钻孔，后拧入自攻螺钉，严禁直接锤击打入。为防止推拉门窗扇脱落，必须设置限位块，其限位块间距应该不小于扇宽的1/2。

4. 玻璃安全度不够

（1）设计防治

物流地产项目应该针对屋面玻璃和地面玻璃安全度不够、玻璃板隔断和门窗玻璃安全度不够等质量通病采取相应的设计防治措施。

就屋面玻璃和地面玻璃安全度不够这一质量通病的设计防治来说，物流地产项目屋面玻璃和地面玻璃的厚度应该按照《建筑玻璃应用技术规程》JGJ 113-2003第8.2.6条规定计算后确定，并且应该保证玻璃具有足够的刚度，安装后，单块玻璃的挠度变形不宜大于*L*/400，且不宜大于2.5mm。承受荷载的地面玻璃厚度应按结构受荷载要求计算确定，其最小厚度不应该小于16.76mm。屋面玻璃必须采用钢化夹胶玻璃。地面和屋面夹胶玻璃的夹胶厚度不应该小于0.76mm。两边支撑的屋面玻璃应该支撑在玻璃的长边上。地面玻璃必须四边支撑，在型材上的支撑宽度不应该小于40mm。采用型材支撑玻璃时，型材截面尺寸必须通过计算确定，铝合金型材壁厚不应该小于3.0mm，钢型材壁厚不应该小于3.5mm。采用点支撑式屋面玻璃时，必须选用不锈钢爪件。屋面玻璃悬挑长度不宜大于150mm。

就玻璃板隔断和门窗玻璃安全度不够这一质量通病的设计防治来说，物流地产项目玻璃板隔断和门窗玻璃的厚度选择应该符合《建筑玻璃应用技术规程》JGJ 113-2009第6.1.2条的规定。值得注意的是，在以下三种情况下必须使用安全玻璃的门窗：其一，无框玻璃门，且厚度不小于10mm；其二，有框门玻璃面积大于0.5m^2；其三，单块玻璃面积大于1.5m^2。

（2）施工管理

物流地产项目应该针对屋面玻璃和地面玻璃安全度不够、玻璃板隔断和门窗玻璃安全度不够等质量通病采取相应的施工管理防治措施。

就屋面玻璃和地面玻璃安全度不够这一质量通病的施工管理防治来说，物流地产项目应该对支撑屋面玻璃和地面玻璃的结构或构架进行专项验收，结构或构架经过检验符合设计和有关规定后，方可进行玻璃安装。物流地产项目在安装型材支撑的屋面玻璃时，应该先使用带溶剂的擦布和干擦布将型材表面的污物清除干净，再用宽度不宜小于12mm且厚度不宜小于6mm的双面胶带将玻璃临时固定，然后在双面胶带的两侧施打总宽度不宜小于6mm的硅酮结构密封胶。玻璃间的缝隙宽度不宜小于10mm，嵌填泡沫棒后，施打厚度不小于5mm的硅酮耐候密封胶。点支撑式屋面玻璃的玻璃板支撑孔边与边的距离不宜小于70mm，支撑头的钢材与玻璃之间应该设置弹性材料的衬垫或衬套，衬垫和衬套的厚度不宜小于1mm。

就玻璃板隔断和门窗玻璃安全度不够这一质量通病的施工管理防治来说，物流地产项目在安装玻璃板隔断和门窗玻璃时，玻璃周边不得有缺陷，必须设置橡胶尖支撑垫块和定位垫块，严禁使用木质垫块。固定玻璃的钉子或卡件以及压条的固定点距不得大于300mm，且每块玻璃不得少于8个固定点。采用密封胶进行密封处理时，应该选用中性硅酮密封胶，其注胶厚度不应该小于3mm。

5. 找平层起砂、起皮

（1）设计防治

物流地产项目的水泥砂浆找平层配合比应该符合设计要求，宜采用1：2.5～1：3的水泥砂浆（体积配合比），水灰比应小于0.55。如果在松散材料保温层上找平层，宜选用细石混凝土，其厚度不宜小于30mm，混凝土强度等级不应该小于C20。当面积较大时，宜在混凝土内配置钢丝网片。

（2）施工管理

物流地产项目的水泥砂浆应该使用机械搅拌，严格控制水灰比，搅拌时间不应该少于1.5分钟，随拌随用。在水泥砂浆摊铺之前，基层应该被清扫干净，用水充分湿润。在摊铺时，应该采用水泥净浆涂刷并及时铺设水泥砂浆。在水泥砂浆摊铺和压实时，应该使用靠尺刮平，用木抹子搓压，并在初凝收水前用铁抹子分两次压实和收光。在施工完成后，应该及时用塑料薄膜或草席覆盖浇水养护，养护时间不少于7天。

四、外立面工程和外保温体系

物流地产项目外立面工程和外保温体系的质量通病主要包括三个方面，分别是外墙空鼓、开裂、渗透；外墙外保温裂缝、保温效果差；外窗隔热性能达不到要求（图4-6）。物流地产商应该从设计防治、施工管理、材料控制等方面有效防治和降低物流地产项目外立面工程和外保温体系质量通病的发生。

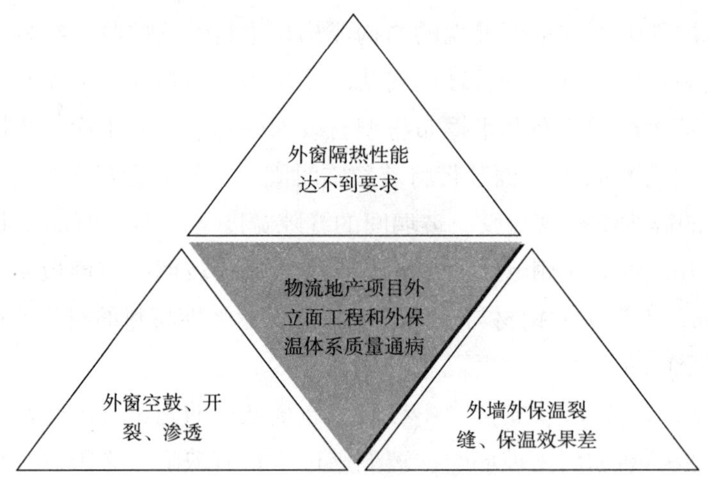

图4-6 物流地产项目外立面工程和外保温体系质量通病

1. 外墙空鼓、开裂、渗透

（1）设计防治

物流地产项目在进行外墙抹灰时，面层粉刷宜掺入聚丙烯抗裂纤维。抹灰层必须设置分格缝。如果采用外墙饰面砖，那么就应该选择吸水率小、强度高的饰面砖。外墙保温层上不宜粘贴饰面砖，否则应该按照有关规定试验后方可使用。如果采用外墙饰面板，设有外保温的墙面不得采用湿做法饰面板，干挂饰面板安装预埋件和连接安装固定后，外墙面宜设置一道防水层（抹防水砂浆或做柔性防水）。砌体上设置的后置埋件必须采用穿墙螺栓。湿做法饰面板工程必须设置钢筋网，其固定点间距不应该大于500mm。钢筋网设置在空心砖或轻质砌块的墙体上，固定点应该采用穿墙钢筋或预埋混凝土预制块的方法固定，其混凝土预制块上应该设置预埋件。

（2）施工管理

物流地产项目应该从基层处理、外墙抹灰、外墙饰面砖、外墙饰面板四个方面入手，对外墙空鼓、开裂、渗透这一质量通病采取相应的施工管理防治措施。

就基层处理入手防治外墙空鼓、开裂、渗透这一质量通病的施工管理措施而言，物流地产项目混凝土面凹凸明显部位应该事先剔平或者使用1:3聚合物水泥砂浆补平。在进行粉刷或化学毛化前，均应该清除墙面污物，提前浇水湿润（内湿面干）。混凝土基层应该采用人工凿毛或进行化学毛化处理。轻质砌块基层应该采取化学毛化或者满铺网片等措施来增强基层的粘结力。外墙脚手孔及洞眼应该分层塞实，并且在洞口外侧先加刷一道防水增强层。在不同材料基体交接处，必须铺设抗裂网或玻纤网，与各基体间的搭

接宽度不应小于150mm。

就外墙抹灰入手防治外墙空鼓、开裂、渗透这一质量通病的施工管理措施而言，物流地产项目外墙抹灰前应该刮糙不少于两遍，每遍厚度宜为7～8mm。但不应超过10mm，宜为7～10mm。外墙抹灰用砂含泥量应该低于2%，细度模数不小于2.5，严禁使用石粉或混合粉。混凝土或烧结砖基体上的刮糙层应该为1：3水泥防水砂浆，轻质砌体上宜为1：1：6防水混合砂浆。在每一遍抹灰前，必须对前一遍的抹灰质量（空鼓、裂缝）检查处理（空鼓应重粉，只裂不空应该使用水泥素浆封闭）后才能进行。两层间的间距时间不应该少于2～7天。达到冬季施工条件时，不应该进行外墙抹灰施工。各抹灰层接缝位置应该错开，并应该设置在混凝土梁、柱中部。抹灰层总厚度应该不小于35mm，且不大于50mm（含基层修补厚度）时，必须采用挂大孔钢丝网片的措施，且固定网片的固定件锚入混凝土基体的深度不应该小于25mm，其他基体的深度不应该小于50mm。抹灰层总厚度超过50mm时，应该由设计单位提出加强措施。

就外墙饰面砖入手防治外墙空鼓、开裂、渗透这一质量通病的施工管理措施而言，物流地产项目在粘贴外墙饰面砖之前，应该对基层质量进行检查、修补，基层应该无空鼓、裂缝。施工单位在将基层清理干净、浇水湿润（面干内潮）后才可以进行铺贴。饰面砖铺贴应该先选择专用胶粘剂或粘结砂浆，粘结砂浆应该饱满，缝隙内的粘结砂浆必须及时清除干净。饰面砖嵌缝材料宜选用嵌缝剂或1：1～1：1.5水泥砂浆，嵌缝时必须采用抽缝条反复抽压密实、光滑，严禁出现砂眼和裂纹。外墙饰面砖应该按照规定进行粘结强度检测。

就外墙饰面板入手防治外墙空鼓、开裂、渗透这一质量通病的施工管理措施而言，物流地产项目如果采用湿做法施工饰面板工程，其板材应该进行防碱背涂处理。饰面板铺贴（干挂）时，应该剔除有色纹、暗缝和隐伤等缺陷的板材。后置埋件必须做好现场拉拔强度试验，符合要求后才能铺贴装饰面板。干挂饰面板应该采用中性硅酮耐候密封胶封缝。胶缝厚度不应该小于3mm。湿做法饰面板应该采用不锈钢丝或钢丝固定，采用大理石胶或生石膏浆座缝，并及时清理缝隙外表面的胶液或浆液。在湿做法饰面板灌浆前，应该使用聚合物水泥砂浆从内侧将缝隙堵实后，再灌1：3干硬性水泥砂浆，并应该分层浇灌，分层振捣密实，且分层高度不宜大于板高的1/3，也不宜大于200mm。

2. 外墙外保温裂缝、保温效果差

（1）设计防治

物流地产项目设计应该采用成熟的外墙外保温系统，外保温工程的密封与防水必须有构造设计图和节点详图，基层墙体上应设置一道防水砂浆，抗裂保护层厚度不应小于4mm，也不宜大于6mm，保护层外侧宜再设置一道掺有抗裂纤维的防水砂浆。物流地产项目应该优先选用弹性涂料饰面层，饰面层不宜选用粘贴面砖，当必须选用饰面砖时，应该按照规定进行试验，试验合格后方可使用。

（2）施工管理

物流地产项目外墙外保温应该按照设计要求施工。在采用松散材料施工时，应该严格控制配合比，确保保温层厚度符合设计要求。在采用板块保温材料时，应该按照设计或相应图集设置固定点，并应该保证设计厚度。凹处外墙面的各类管线及设备的安装必须采用预埋件直接固定在基层墙体上。预留洞口必须埋设套管并与装饰面齐平。严禁在饰面完成的外保温墙面上开孔或钉钉，外墙预埋件或预埋套管周围应该逐层进行防水处理。当外保温抗裂保护层采用玻纤网时，应该在保温层表面先批刮1～2遍聚合物浆，再粘贴玻纤网，应该使玻纤网居于抗裂保护层中部，保温层与面层应该粘结牢固，严禁空鼓、裂缝。墙体热桥部位应该单独进行处理，严禁与墙体混同施工而降低热桥位置传热阻值。当外墙面砖作为保温系统面层时，应该进行粘贴强度检测。检测断缝应该从饰面砖表面切割至基体或加强层表面，且深度一致。

3. 外窗隔热性能达不到要求

（1）设计防治

物流地产项目外窗隔热性能达不到要求时，应该采取必要的设计防治措施，例如，外墙金属窗应该有隔断热桥的措施。

（2）材料控制

物流地产项目外窗隔热性能达不到要求时，应该采取必要的材料控制措施，例如，外墙窗的玻璃宜采用中空玻璃。

五、建筑屋面工程

物流地产项目建筑屋面工程的质量通病主要是屋面防水层渗漏问题，针对这一质量通病，物流地产商应该在设计防治和施工管理方面双管齐下，有效防治和降低物流地产项目屋面防水层渗漏质量通病的发生。

1. 设计防治

物流地产项目建筑屋面如果采用刚性防水层的话，应该采用细石混凝土，其强度等级不应该小于C30，厚度不应该小于50mm，分格缝间距不宜大于3m，缝宽应该不大于30mm，且不小于12mm。刚性防水层的坡度宜为2%～3%，并应该采用结构找坡。混凝土内配间距100～200mm的钢筋网片。钢筋网片应该位于防水层的中上部，且在分格处断开。物流地产项目建筑屋面如果采用柔性防水层的话，柔性防水层的保护层应该采用撒布材料或浅色涂料。当采用刚性保护层时，必须符合细石混凝土防水层的要求。对女儿墙、高低跨、上人孔、变形缝和出仓管道、井（烟）道等节点应该设计防渗构造详图。

变形缝宜优先采用现浇钢筋混凝土盖板的做法，其强度等级不得低于C30。

2. 施工管理

物流地产项目屋面工程施工前，应编制详细的且经监理单位确认后的施工方案，并针对卷材防水层、刚性防水屋面、屋面细部构造防水采取相应的施工管理措施，有效防治和减少屋面防水层渗漏质量通病的发生。

（1）卷材防水层

物流地产项目屋面基层处理剂应该涂刷均匀，对于屋面节点、周边、转角等处应该使用毛刷先行进行涂刷，基层处理剂、接缝胶粘剂、密封材料等应该与铺贴的卷材材料相容。在屋面防水层施工前，应该将卷材表面清刷干净。当热铺贴卷材时，玛蹄脂应该涂刷均匀、压实、挤密，确保卷材防水层与基层的粘贴能力。

物流地产项目屋面防水不应该在雨天、大雾、雪天、大风天气和环境平均温度低于5℃的环境下施工，并应该防止基层受潮，应该根据建筑物的使用环境和气候条件选用合适的防水卷材和铺贴方法，在上道工序施工完后，经过检查合格后，方可进行下道工序施工。在卷材大面积铺贴前，应该先做好节点密封处理、附加层和屋面排水较集中部位（如屋面与水落口连接处、檐口、天沟、檐沟、屋面转角处、板端缝等）细部构造处理、分格缝的空铺条处理等，应该从屋面最低标高处向上施工。

物流地产项目屋面铺贴天沟、檐沟卷材时，宜顺天沟、檐沟方向铺贴，从水落口处向分水线方向铺贴，尽量减少搭接。上下层卷材铺贴方向应该正确，不应该相互垂直铺贴。相邻两幅卷材的接头相互错开300mm以上。当叠层铺贴时，上下卷材间的搭接应该错开。叠层铺设的各层卷材，在天沟与屋面的连接处应该采取叉接法搭接，搭接缝应该错开。接缝宜留在屋面或天沟侧面，不宜留在沟底，搭接应该无滑移、无挠边。高聚物改性沥青防水卷材和合成高分子防水卷材的搭接缝宜用材料性能相容的密封材料封严。

物流地产项目屋面各道防水层或隔气层施工时，伸出屋面各管道、井（烟）道及高出屋面的结构处，均应该使用柔性防水材料做泛水，高度不应该小于300mm。最后一道泛水应该使用卷材，并用管箍或压条将卷材上口压紧，再用密封材料封口。

（2）刚性防水屋面

物流地产项目刚性防水屋面与山墙、女儿墙以及凸出屋面结构的交接处应该留有缝隙，并做柔性密封处理。细石混凝土防水层不应该直接摊铺在砂浆基层上，与基层间应该设置隔离层，隔离层可以使用纸胎油毡、聚乙烯薄膜、纸筋灰1∶3石灰砂浆。在出屋面的管道与防水层相交的阴角处，应该留设缝隙，用密封材料嵌填，并加设柔性防水附加层。收头固定密封，其泛水宜做成圆弧形，并适当加厚。在梯间墙与防水层之间应该设置分隔缝，缝宽15～20mm，并嵌填密封材料，上部铺贴防水卷材，离缝边每边宽度不小于100mm。

物流地产项目细石混凝土防水层屋面施工除了应该符合相关规范要求外，还应该满足以下要求：第一，钢筋网片应该采用焊接型网片。第二，混凝土浇捣时，宜先铺2/3厚度的混凝土，并铺平，再放置钢筋网片，后铺1/3厚度的混凝土，振捣并碾压密实，收水后分两次压光。第三，分格缝应该上下贯通，缝内不得有水泥砂浆等杂物。待分格缝和周边缝隙干净且干燥后，用与密封材料匹配的基层处理剂衬泡沫棒，分格缝上口粘贴宽度不小于200mm的卷材保护层。第四，混凝土养护不少于14天。

（3）屋面细部构造防水

物流地产项目屋面细部构造防水主要包括五个部分，即天沟、檐沟防水处理；女儿墙泛水、压顶防水处理；水落口处防水处理；变形缝的防水构造处理；伸出屋面的管道的防水处理。

首先，就天沟、檐沟防水处理而言，物流地产项目天沟、檐沟应该增设附加层，采用沥青防水卷材时，应该增设一层卷材。采用高聚物改性沥青防水卷材或合成高分子防水卷材时，宜采用防水涂膜增强层。天沟、檐沟与屋面交接处的附加层宜空铺，空铺宽度不应该小于200mm。天沟、檐沟卷材收头处密封固定，斜屋面的檐沟应该增设附加层，附加层在屋面檐口处要空铺200mm，防水层的收头用水泥钉钉在斜板上，并用密封材料封口，檐沟下部做鹰嘴和宽度10mm的滴水槽。

其次，就女儿墙泛水、压顶防水处理而言，物流地产项目女儿墙为砖墙时，卷材收头可直接铺压在女儿墙混凝土压顶下，如女儿墙较高时，可在砖墙上留凹槽，卷材收头应该压入槽内并用压条钉压固定后，嵌填密封材料封闭，凹槽距屋面找平层的高度不应小于300mm。女儿墙为混凝土墙时，卷材的收头采用镀锌钢板压条或不锈钢压条钉压固定，钉距不大于900mm，并用密封材料封闭严密。泛水宜采取隔热防晒措施，在泛水卷材面砌砖后抹水泥砂浆或细石混凝土保护，或涂刷浅色涂料，或粘贴铝箔保护层。

再次，就水落口处防水处理而言，物流地产项目水落口杯埋设标高应该正确，应考虑水落口设防时增加的附加层和柔性密封层的厚度及排水坡度加大的尺寸。水落口周围500mm范围内坡度不应该小于5%，并应该先用防水涂料或密封涂料密封，其厚度为2～5mm，水落口杯与基层接触处应该留宽20mm、深20mm的凹槽，以便填嵌密封材料。

第四，就变形缝的防水构造处理而言，物流地产项目屋面变形缝的泛水高度不应该小于250mm。防水层应该铺贴到变形缝两侧砌体的上部。变形缝内应该填充聚苯乙烯泡沫塑料，上部填放衬垫材料，并用卷材封盖。变形缝顶部应加扣混凝土或金属盖板，混凝土盖板的接缝应该使用密封材料嵌填。

最后，就伸出屋面的管道的防水处理而言，物流地产项目伸出屋面的管道周围的找平层应该做成圆锥台，管道与找平层间应该留凹槽，并嵌填密封材料。防水层收头处，使用密封材料封严。管道根部500mm范围内，砂浆找平层高出30mm坡向周围的圆锥台，

以防根部积水。管道与基层交接处预留200mm×200mm的凹槽，槽内使用密封材料嵌填严密。管道根部周围做附加层，高度和半径不小于300mm。防水层贴在管道上的高度不应小于300mm，附加层卷材应剪出砌口，上下层砌缝粘贴时错开，严密压盖。附加层及卷材防水层收头处使用金属箍箍紧在管道上，并使用密封材料封严。

六、建筑给水排水及暖通安装

物流地产项目建筑给水排水及暖通安装的质量通病主要包括四个方面，分别是给水排水及采暖管道系统渗漏；消防隐患；排水系统水封破坏、排水不畅；保温绝热不严密，管道结露滴水（图4-7）。物流地产商应该从设计防治、施工管理、材料控制等方面有效防治和降低物流地产项目建筑给水排水及暖通安装质量通病的发生。

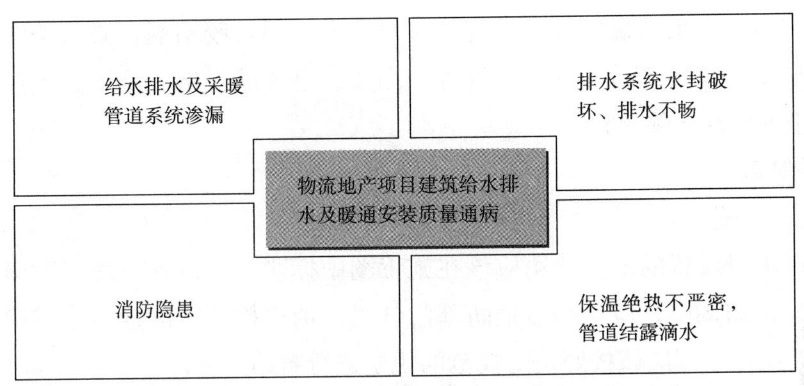

图4-7　物流地产项目建筑给水排水及暖通安装质量通病

1. 给水排水及采暖管道系统渗漏

（1）施工管理

物流地产项目给水管道系统施工时,应该复核冷、热水管道的压力等级和类别，不同种类的塑料管道不得混装。在管道安装时，管道标记应该朝向易观察的方向。引入室内的埋地管的覆土深度不得小于当地冻土线深度的要求。管沟开挖应该平整，不得有凸出的坚硬物体，塑料管道垫层和覆土层应该采用细砂土。给水排水管道穿越基础预留洞时，给水引入管管顶上部净空不小于100mm，排水排除管管顶上部净空一般不小于150mm。水平和垂直敷设的塑料管道伸缩节的设置位置、形式和数量必须符合设计及相关规范的要求，顶层排水立管必须安装伸缩节，管道出屋面处应设固定支架，塑料排水管道伸缩节预留间隙可控制为：夏季5～10mm，冬季15～20mm。

物流地产项目埋地及所有可能隐蔽的排水管道，应该在隐蔽或交付前做灌水试验并合格。室内给水管道宜采用明敷方式，不得在混凝土结构层内敷设。确需暗敷时，直埋在地坪层内及墙体内的管道不得有机械式连接管件。塑料采暖管暗敷不应该有接头；管道暗敷时，管道固定应该牢固，地面应该有防裂措施，墙体管道保护层宜采用不小于墙体强度的材料填补密实，管道保护层厚度不得小于15mm，在墙表面或地表面上应该标明暗管的位置和走向，管道经过处严禁局部重压或受尖锐物体冲击。

物流地产项目给水排水管道穿过楼板（墙）、地下室等有严格防水要求的部位时，其防水套管的材质、形式及所用填充材料应该在施工方案中明确。安装在楼板内的套管顶部必须高出装饰地面20mm。套管与管道间环缝间隙宜控制在10～15mm之间，套管与管道之间缝隙应该采取如下措施：在结构缝处应该采用柔性连接；管道或保温层的外壳上、下部均应该留有不小于150mm可位移的净空；在位移方向按照设计要求设置水平补偿装置。

（2）材料控制

物流地产项目给水系统的管材、管件接口填充材料及胶粘剂，必须符合相关规范的要求。给水排水及采暖管道的管材、管件产品质保书上的规格、品牌、生产日期等内容与进场实物上的标注必须一致。

2. 消防隐患

（1）施工管理

物流地产项目设置的消火栓箱应该在施工图中标明坐标位置，施工时坐标位置不得随意改变，如确需调整，应该经过消防部门认可。消火栓箱中的栓口位置应该确保接驳顺利。管道井或穿墙洞应该按照消防规范的规定进行封堵。

（2）材料控制

物流地产项目的防火套管、阻火圈本体应该标有规格、型号、耐火等级，其品牌、合格证和检测报告必须齐全有效。

3. 排水系统水封破坏、排水不畅

（1）设计防治

物流地产项目室内排水系统在受水口处应该注明水封的位置和选用水封的部件类型。屋顶水箱溢流管和疏水管应该设置空气隔断和防止污染的措施，并不得与排水管及雨水管相连。

（2）施工管理

物流地产项目排水管道应该确保系统每一个受水口的水封高度满足相关规范的要求。当地漏水封不能满足50mm时，应该设置管道水封，并禁止在一个排水点上设置两个或两个以上的水封装置。排水通气管不得与风道或烟道连接，严禁封闭透气口。地漏安装应该平整、牢固，低于排水地面5～10mm，地漏周边地面应该以1%的坡度向地漏倾

斜，且地漏周边应该防水严密，不得渗漏。

（3）材料控制

物流地产项目地漏和管道S弯、P弯等起水封作用的管道配件必须满足相关产品标准的要求，以防治和减少排水系统水封破坏、排水不畅等质量通病的发生。

4. 保温绝热不严密，管道结露滴水

（1）设计防治

物流地产项目给水排水管道系统敷设在可能出现结露的场所时，应该明确相应的防结露措施。当室外明敷管道保温（绝热）时，应该明确相应的防雨、防晒措施，湿润区域的管道（绝热）应该明确相应的防潮措施。此外，物流地产项目应该明确保温（绝热）材料的材质、规格、密度、厚度以及耐火等级，并且能够满足环境卫生的要求。

（2）施工管理

物流地产项目保温（绝热）管（板）的结合处不得出现裂缝、空隙等缺陷，管道保温（绝热）材料在过支架的洞口等处，应该连续并结合紧密。阀门和其他部件应该根据部件的形状选用专用保温（绝热）管壳，确保阀门、部件与保温（绝热）管壳能够结合紧密。室外管道保温防水性能必须良好，搭接应该顺水，防潮层的叠合不得少于35mm。

（3）材料控制

物流地产项目各类保温（绝热）材料耐火等级必须符合设计要求。材料进场后应该对其材质、规格、密度和厚度以及阻燃性能进行抽检。在有异议时，应该见证取样委托具有资质的检测单位复试。保温（绝热）管（板）的胶粘剂、封裹材料的阻燃和防潮性能应该符合设计要求，封闭保温（绝热）管材（板材）的胶带或胶粘剂应该选用符合环保要求的材料。

七、建筑电气安装

物流地产项目建筑电气安装的质量通病主要包括三个方面，分别是防雷、等电位连接不可靠接地故障保护不安全；电导管引起墙面、楼地面裂缝，电导管线槽及导线损坏；电气产品无安全保证，电气线路连接不可靠（图4–8）。物流地产商应该从设计防治、施工管理、材料控制等方面有效防治和降低物流地产项目建筑电气安装质量通病的发生。

1. 防雷、等电位连接不可靠接地故障保护不安全

（1）设计防治

物流地产项目在各区域电源进线处应该设置总等电位连接，各区域的总等电位连接装置宜通过建筑物地下结构内设置的等电位连接装置（带）连接，并作用于全建筑物。有裸露金属部分的灯具距地面高度低于2.4m时，应该设置接地（PE）线保护。

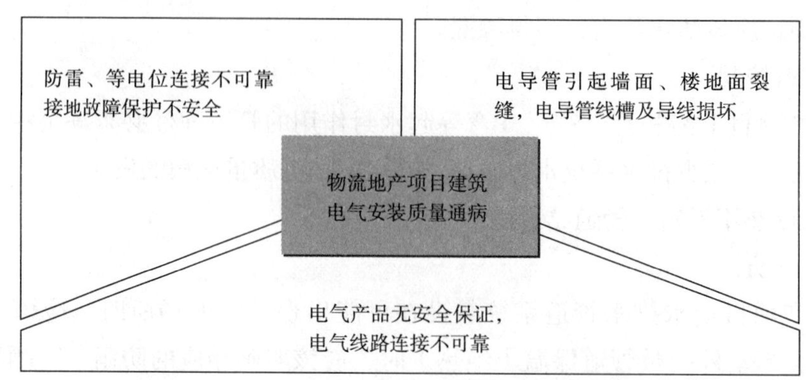

图4-8　物流地产项目建筑电气安装质量通病

（2）施工管理

物流地产项目防雷、接地网（带）应该根据设计要求的坐标位置和数量进行施工，焊缝应该饱满，搭接长度应该符合相关规范的要求。房屋内的等电位联结应该按照设计要求安装到位。金属电线桥架及其支架和引入或引出的金属导管必须接地（PE）或等电位连接线连接可靠。金属电缆桥架及其支架全长应该不少于两处与接地（PE）或等电位联结装置相连接。非镀锌电缆桥架间连接板的两端跨铜芯连接线，其最小允许截面积不小于4mm^2。镀锌电缆桥架间连接板的两端不跨接连接线，但连接板两端不应该少于两个有放松螺帽或放松垫圈的连接固定螺栓。金属桥梁（线槽）不应该作为设备接地（PE）的连接导体。在金属导管的连接处，管线与配电箱体、接线盒、开关盒及插座盒的连接处应该连接可靠。可挠柔性导管和金属导管不得作为保护线（PE）的连接导体。

（3）材料控制

物流地产项目等电位连接端子板宜采用厚度不小于4mm的铜质材料，当铜质材料与钢制材料连接时，应该具有防止电化学腐蚀措施。当设计无要求时，防雷及接地装置中所使用的材料应该采用经热浸镀锌处理的钢材。

2. 电导管引起墙面、楼地面裂缝，电导管线槽及导线损坏

（1）施工管理

物流地产项目严禁在混凝土楼板中敷设管径大于板厚1/3的电导管。当管径大于40mm的电导管在混凝土楼板中敷设时，应该采取加强措施。严禁管径大于25mm的电导管在找平层中敷设。混凝土板内的电导管应该敷设在上下两层钢筋之间，成排敷设的管距不得小于20mm。如果电导管上方无上层钢筋布置，应该参照土建要求采取相应的加强措施。

物流地产项目墙体内暗敷电导管时，严禁在承重墙上开长度大于300mm的水平槽。墙体内集中布置电导管和大管径电导管的部位应该使用混凝土浇筑，保护层厚度应该大

于15mm。此外，电导管和线槽在穿过建筑物结构的伸缩缝、抗震缝和沉降缝时应该设置补偿装置。

（2）材料控制

物流地产项目埋设在墙内或混凝土结构内的电导管应该选用中型及中型以上的绝缘导管。如果选用金属导管，则宜选用镀锌管材。

3. 电气产品无安全保证，电气线路连接不可靠

（1）施工管理

物流地产项目芯线与电器设备的连接应该符合下列规定：截面积在10mm^{2}及以下的单股铜芯线应该直接与设备、器具的端子连接。截面积在2.5mm^{2}及以下的多股铜芯线应该拧紧搪锡或者接续端子后与设备、器具的端子连接。截面积大于2.5mm^{2}的多股铜芯线（除设备自带插座式端子外）应该接续端子后与设备或器具的端子连接。多股铜芯线与插接式端子连接前，端部应该拧紧搪锡。每个设备和器具的端子接线不多于2根电线。不同截面的导线采取接续端子后方可压在同一端子与电器器具连接。接线应该牢固且不损伤线芯。导线的线径大于端子孔径时，应该选用接续端子与电气器具连接。

物流地产项目配电箱（柜、盒）内应该分别设置中性（N）和保护（PE）线汇流排，汇流排的引径和数量必须满足N线和PE线经汇流排配出的需要，严禁导管在管、箱（盒）内分离或并接。配电箱（柜、盘）内回路功能标识应该齐全准确。同一回路电源插座间的接地保护（PE）线不得串联连接。插座处连接应该采用如下措施："T"形或并线铰接搪锡后引出单根线插入接线孔中固定，选用质量可靠的压接帽压接连接。

（2）材料控制

物流地产项目进场的开关、插座、配电箱（柜、盘）、电缆（线）、照明灯具等电气产品必须具有3C标记，随带技术文件必须合格、齐全、有效。电气产品进场应该按照规范要求验收。对于涉及安全和使用功能的开关、插座、配电箱一级电缆（线）应该见证取样，委托有资质的检测单位进行电气和机械性能复试。安装高度低于1.8m的电源插座必须选用防护型插座。

八、通风与空调安装

物流地产项目通风与空调安装的质量通病主要是风管系统泄露、系统风量和风口风量偏差大，针对这一质量通病，物流地产商应该在设计防治和施工管理方面双管齐下，有效防治和降低物流地产项目风管系统泄露、系统风量和风口风量偏差大的质量通病的发生。

1. 设计防治

物流地产项目通风与排烟系统设计应该明确系统设计总风量、每个送风口的送风量和回风量，风管系统应该进行阻力平衡计算。排烟系统应该明确每个系统开启风口的数量和每个排风口的排烟量。

2. 施工管理

物流地产项目风管法兰结合应该紧密，翻边一致。风管的密封应该以板材连接的密封为主，密封胶的性能应该适合使用环境的要求，密封面宜设在风管的正压侧。风管应该按照规范要求进行漏风量（漏光）检测。在通风与排烟工程竣工验收之前，应该由具有通风空调检测资质的检测单位检测，并出具检测报告，检测结果不合格的应该进行调试，直至合格。

第四节　物流地产竣工验收及物业移交

物流地产与住宅地产不同，其包含着房产开发和房产经营两个重要环节。所谓房产开发，是指物流地产项目的开发建设过程，亦即物流仓储设施（也被称为物流地产物业）的开发建设环节。所谓房产经营，是指物流仓储设施（也被称为物流地产物业）的经营过程。物流地产竣工验收及物业移交就是物流地产项目房产开发向物流地产项目房产经营的重要过渡环节，也是物流地产物业的开发部门向物流地产物业的经营部门进行工作移交的承前启后环节。

一、竣工验收及物业移交前准备

物流地产竣工验收及物业移交前，作为竣工验收及物业移交的执行主体即物流地产的物业开发部门，以及作为物业接管的执行主体即物流地产的物业经营部门，均应该明确各自承担的责任（图4–9），做好竣工验收及物业移交前准备。

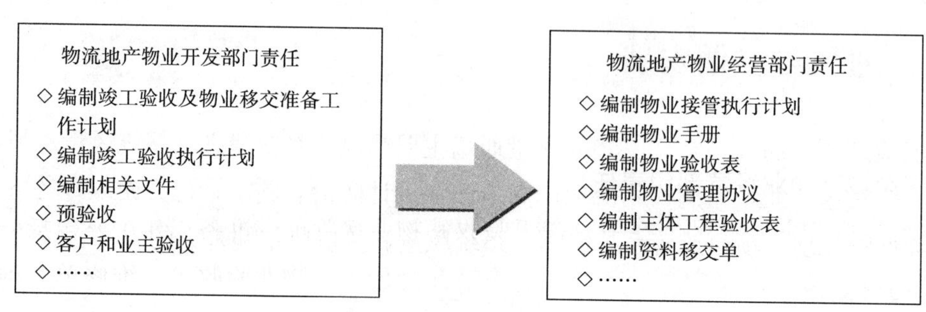

图4–9　物流地产竣工验收及物业移交前准备

1. 物流地产物业开发部门责任

（1）编制竣工验收及物业移交准备工作计划

物流地产的物业开发部门应该在物流地产项目竣工前4个月编制竣工验收及物业移交准备工作计划，该计划主要包括五个方面：其一，物流地产项目竣工验收的开始时间和完成时间；其二，物流地产项目工程四大责任主体（物流地产商、设计单位、监理单位、施工总承包商）竣工验收的组织和完成时间；其三，物流地产项目消防、人防等专业验收及规划验收的组织和完成时间；其四，物流地产项目最终通过竣工验收备案的时间；其五，物流地产物业的开发部门向物流地产物业的经营部门移交的次序。

（2）编制竣工验收执行计划

物流地产的物业开发部门应该根据经过审批通过的物流地产项目竣工验收及物业移交准备工作计划，编制物流地产项目竣工验收的执行计划。

（3）编制相关文件

物流地产的物业开发部门应该负责牵头编制物业使用说明书、物业质量保证书、竣工验收备案表，以及其他所需文件。

（4）预验收

物流地产的物业开发部门在物流地产项目正式竣工验收前1～2个月，应该组织施工单位、设计单位、监理单位和当地工程质检部门参与项目预验收，各单位要对预验收中存在的问题提出整改意见，并督促施工单位落实整改意见。

（5）客户和业主验收

物流地产的物业开发部门在物流地产项目完成预验收工作之后，应该再组织客户（已经签约或虽尚未签约但有明确进驻意愿的制造企业、流通企业或第三方物流企业）和业主（购买物流地产物业用于自用或出租的个人或单位）提前参与项目竣工验收，客户和业主要对验收中存在的问题提出整改意见，物流地产的物业开发部门和监理单位要督促施工总承包商落实整改意见。

（6）组织整改

物流地产项目在经过物流地产商、设计单位、监理单位、施工单位总承包商当地工程质检部门进行的预验收及客户和业主进行的验收后，应该按照预验收、客户和业主验收中所提出的意见全力组织整改，整改期不得少于15天，整改合格后才能组织竣工验收。

2. 物流地产物业经营部门责任

物流地产的物业经营部门在项目竣工验收和物业接管前的准备工作主要包括：编制物业接管执行计划、物业手册、客户和业主情况登记表、物业验收表、维修单、维修回访单、钥匙移交清单、钥匙托管协议、消防安全责任书、物业管理协议、验收问题汇总表、资料移交清单、机电设备验收表、绿化工程验收表、公共设施验收表、主体工程验收表等。

二、物业移交关键事项

物流地产物业移交的执行主体即物流地产的物业开发部门与物流地产物业接管的执行主体即物流地产的物业经营部门，进行物业移交的关键事项主要包括明确移交时间、确定移交责任、细化移交内容三个方面。

1. 移交时间

物流地产的物业经营部门在接管物流地产物业前3个月，应该进驻项目现场做好物业接管准备。物流地产的物业开发部门在物流地产物业移交前20天，应该开始向物流地产的物业经营部门办理工作交接，并在物流地产物业移交前15天，应该将物业交付给物流地产的物业经营部门。

2. 移交责任

物流地产的物业开发部门应该全程参与、监督和协调各工程施工单位与物流地产的物业经营部门的移交工作。对于因工程施工质量或材料质量等出现的问题，物流地产的物业开发部门应该责令承建商进行整改，并在限期内整改完成后进行交付。客户和业主接管物业后，物流地产的物业经营部门应该组织正常情况下的工程整改和维修，各施工单位工程质量保修金的返还必须先经物流地产的物业经营部门审核。因工程验收遗留问题造成客户和业主未接管物业时，仍应该由物流地产的物业开发部门负责，直至整改合格。

3. 移交内容

（1）工程竣工资料移交

物流地产的物业开发部门应该向物流地产的物业经营部门移交的工程竣工资料主要包括供应商资料、产权资料和技术资料三大类。

就供应商资料而言，主要包括物流地产项目竣工图及各类合同；材料设备供应商提供的质量合格证书、保修证明、样品、联系人、联系方式；工程承包商保修时间、保修责任人、联系方式等。

就产权资料而言，主要包括物流地产项目规划说明书、环境预评估报告、开工许可证、规划总平面图、道路规划图、竖向规划图、市政设施管网规划图、综合规划图、绿地规划图、供用电合同、供用水合同、供用热源（热水、蒸汽）合同、供用天然气合同、污水排放协议、通信协议等。

就技术资料而言，主要包括物流地产项目设计任务书、设计说明、施工说明、设备

明细表（含设备名称、规格、型号、性能、数量、功能）、竣工图（含总平面、建筑、结构、设备、附属工程、隐蔽工程红线内与市政管网连接相关图纸。因竣工图需物业竣工后6个月之内绘制完成，所以在接管验收日建设单位需提供有效设计图纸，以供物流地产的物业经营部门熟悉物业、管理物业之用）、地质勘察报告、工程合同及开竣工报告、工程预决算、图纸会审纪要、工程设计变更通知及技术核定单（含质量事故处理记录）、隐检验收签证、沉降观察记录、主体结构验收报告、竣工质量核定证明书、消防验收报告、人防验收报告（如有）、防雷验收报告、环保验收报告、饮用水检测证书；钢材、水泥等主材质量保证书；新材料、构配件的鉴定合格证书；水、电（含高压配电开关、低压开关、变压器）、采暖、空调、卫生器具、电梯等设备装箱清单及装箱清单所包含内容，如配套产品检验合格证书、图纸、安装使用说明、维修保养程序、维保合同及供货单位、生产单位明细表、随机备品备件等；砂浆、混凝土试块、试压报告；供水、供暖、空调试压报告、中央空调主机维护操作手册（随机资料）、中央空调末端设备如风柜机、盘管分机使用手册；水平衡、风平衡测试报告；高低压供配电系统绝缘测试报告、继电保护测试报告、统调发电检测报告；避雷系统测试报告；接地系统测试报告；排水系统试验报告；楼宇自控试验报告；卫星电视、无线与闭路电视系统测试报告、保安系统（监视、对讲、巡更、安全防范）验收及测试报告等。

（2）合同清单移交

物流地产的物业开发部门应该向物流地产的物业经营部门移交的合同清单主要包括物流地产项目已完未结或未完未结合同及付款情况移交清单；项目已完已结及付款情况移交清单；项目其他零星项目资料移交清单等。

（3）施工水电、空调费移交

物流地产项目施工水电、空调费移交应该由物流地产的物业开发部门负责，由物流地产的物业经营部门参加，组织各施工单位确认所有水电表的读数，对各施工单位承担的水电费做出界定，要求各施工单位签字确认。对工程验收后水电费和空调等费用公摊问题，由物流地产的物业经营部门制定分摊办法并负责收缴。

三、物业移交流程执行方案

物流地产的物业开发部门应该在物流地产项目竣工前4个月编制确保按时竣工的执行方案，主要内容包括各施工单位确保竣工的施工力量投入；需要物流地产的物业开发部门内部各单位提供支持和协助解决的事项；综合验收、人防验收、消防验收、规划验收、工程备案等关键节点的控制及验收的组织方法。物流地产的物业开发部门应该在物业移交前15天通过竣工备案。

四、其他方面

物流地产竣工验收及物业移交工作除了要做好物流地产项目竣工验收及物业移交前的工作,明确物业移交的关键事项,确定物业移交流程的执行方案之外,还涉及物流地产项目房产证办理、施工合同未全部完成情况下的甩项竣工验收程序、施工合同未全部完成情况下的后续处理等其他方面的事项。

1. 房产证办理

物流地产的物业开发部门应该负责为其所开发建设的物业办理房产证。对于销售型物业，应该按照物业销售合同中所约定的时间完成房产证的办理。对于自持型物业，应该在项目竣工验收完成后150天内完成房产证的办理。

2. 施工合同未全部完成情况下的甩项竣工验收程序

物流地产项目施工合同未全部完成情况下的甩项竣工验收程序应该按照以下七个步骤推进。第一步，物流地产的物业开发部门应该审查施工单位及监理单位的甩项竣工报验资料。第二步，物流地产的物业开发部门应该组织工程、技术、成本等专业人员进行现场巡视、评估。第三步，物流地产的物业开发部门应该对项目预验收过程中提出的整改事项，联合监理单位进行验收、验证。第四步，物流地产的物业开发部门应该牵头做好物流地产项目工程甩项综合验收前的现状界定工作。具体来说，物流地产的物业开发部门在确定要向质检站申请甩项综合验收之前，应该组织内部工程、技术、成本等专业人员和物流地产物业经营部门的工程、技术、成本等专业人员，以及监理单位共同进行工程实体检查，对工程现状情况进行界定，填写《施工合同未完工程量现状界定表》。针对各施工合同开展履约调查，界定时间点、分类统计、拍照留证，注明对应的工程量清单编号、数量，并逐一描述施工合同或工程量清单不能履行的原因、依据。第五步，物流地产物业开发部门的工程负责人提交甩项竣工验收报告，并附上各施工合同的《施工合同未完工程量现状界定表》，由物流地产物业开发部门决定是否进行甩项综合竣工验收。第六步，物流地产物业经营部门的营运管理负责人应该到现场核验《施工合同未完工程量现状界定表》，填写《施工合同未完工程量现状核定表》，经过物流地产物业开发部门和物流地产物业经营部门双方认可后方可通知质检站组织甩项综合验收。第七步，由物流地产物业开发部门的工程负责人组织工程、技术、成本等专业人员和监理单位、施工单位核定的《施工合同未完工程量现状核定表》应该以公函的形式报告施工单位。告之，虽合同内工程量未施工完毕，但为了赶验收进度，可进行先甩项目综合验收，但必须由施工单位完成工程后方可进行工程决算。

3. 施工合同未全部完成情况下的后续处理

物流地产项目施工合同未全部完成的情况有两种，针对不同情况，应该采取不同的后续处理方式。

第一种情况是物流地产项目甩项验收的施工合同未履约部分在界定时间点之后由原施工单位补充完成，由物流地产物业开发部门的工程负责人组织工程、技术、成本等专业人员和监理单位及施工单位做专项验收，填写《施工合同未完工程量复验单》，并填写《施工合同未完工程量核销单》核销相应的清单工程量，报送物流地产物业开发部门的成本控制中心作为竣工结算依据。

第二种情况是物流地产项目甩项施工合同未履约部分原则上由原施工单位优先继续履约，在物流地产物业开发部门发出《施工合同未完工程量继续履行通知单》后，如果原施工单位未做出有效响应，物流地产物业开发部门方可组织其他单位进行继续施工，并将与结算有关的情况通知原施工单位。在界定时间点之后由物流地产物业开发部门的工程负责人组织工程、技术、成本等专业人员和监理单位及施工单位填写《施工合同未完工程量验收单》和《施工合同未完工程量扣减单》，作为扣减原施工单位合同价的依据，报送物流地产物业开发部门的成本控制中心作为竣工结算依据。

第五节　物流地产工程安全管理

物流地产工程安全管理就执行主体来说，主要包括物流地产项目的施工单位和监理单位两类主体；就执行措施来说，主要包括事故预防和事故处理两个方面。

一、施工

物流地产项目的施工总承包商应该按照国家、项目所在地关于安全文明施工的法规、规定、合同要求，编制物流地产项目安全文明施工方案，报送监理单位审核和物流地产商审批后实施。

在物流地产项目工程施工阶段，施工总承包商在编制施工组织设计时，应该负责根据物流地产项目建筑工程的特点制定相应的安全技术措施，对专业性较强的工程项目，编制专项安全施工方案，并采取安全技术措施。

物流地产项目的施工单位应该落实标准化管理的有关内容，统一现场CI形象，以及施工人员着装，落实现场安全管理措施，达到合同要求的标准。

二、监理

物流地产项目的监理单位应该审核施工总承包商编制的安全文明施工方案，并负责督促施工总承包商落实该方案。监理单位负责编制和落实安全文明监理细则，报送物流地产商审批。具体来说，安全文明监理细则控制的主要内容包括以下12项。

（1）要以物流地产项目施工总承包商的项目经理为主任，以物流地产项目的监理总监为副主任，以分包项目负责人为成员，组建物流地产项目现场安全生产委员会，制定现场安全管理制度（包括奖罚规则），审议通过后执行；（2）监理单位要对施工过程的安全生产进行旁站、巡视、平行检查；（3）监理单位一旦发现安全隐患就要及时责令施工单位进行整改，情况严重的可以责令施工单位暂停施工，进行整改；（4）监理单位要督促施工总承包商履行全面管理施工现场的安全生产职责，分包单位要服从施工总承包商的管理；（5）监理单位应该检查施工单位执行施工组织设计、专项方案中的安全技术组织措施执行情况；（6）监理单位要对台风、高温、雨季雷暴等季节性不安全因素及可能出现的安全隐患及时发出预警通知，督促施工单位采取预控措施；（7）监理单位要对施工单位的安全体系及安全防护实施情况进行跟踪，发现未执行承诺的责令其整改并予以纠正和补救；（8）监理单位要对施工单位的专职安全人员数量、工作能力和到位情况定期做出评估；（9）监理单位要对“三宝”（安全帽、安全带、安全网）的使用，以及对“四口”（楼梯口、电梯井口、预留洞口、通道口）、“五临边”（尚未安装栏杆的阳台周边、无外架防护的层面周边、框架工程楼层周边、上下跑道及斜道的两侧边、卸料平台的侧边）、临时通道设安全防护措施警示标志的情况定期进行检查；（10）监理单位应该检查施工单位安全防护用品及安全设备配件材料是否符合国家标准、特种作业人员上岗证及三级教育、技术交底记录；（11）监理单位应该检查施工总承包商和分包单位安全事故应急救援预案、现场救援器材设备配备、工伤救护、灾害抢险、火灾消防等；（12）监理单位应该检查施工单位的安全施工技术档案资料的完整性、真实性。

三、措施执行

物流地产工程安全管理的措施执行主要包括两大类，一类是安全文明措施执行，主要是指物流地产项目安全文明施工方案、物流地产项目安全文明施工管理监理细则的执行；另一类是事故处理。

1. 安全文明措施执行

物流地产项目的施工总承包商应该负责执行经过监理单位审核和物流地产商审批通过的物流地产项目安全文明施工方案。物流地产项目的监理单位应该负责落实经过物流地产商审批通过的物流地产项目安全文明施工管理监理细则，并负责监督检查施工总承包商对安全文明施工方案的执行情况，日常检查主要内容有五个方面，分别是日常现场巡视；监督施工总承包商对自身及分包商的安全文明施工管理；监督施工总平面规划、管理、调度；监督各作业面的安全文明施工检查和管理；监督现场及生活区的卫生、消防、保卫等工作。

物流地产项目的监理单位应该负责在必要时组织召开安全文明施工检查活动及会议，对发现的问题及时协调配合处理。一般来说，监理单位定期组织安全文明施工检查，如果检查结果合格则形成评价结论。如果发现存在安全隐患和不规范等不合格的施工行为，则书面通知施工总承包商限期整改。施工总承包商在接到整改通知单后应该及时组织人力整改，监理单位在接到承包商整改验收申请后应该及时组织整改验收并形成定期评价结论。监理单位应该将检查合格及整改后合格的结论抄送物流地产商审核和备案。

此外，物流地产商也需开展安全文明检查工作，每月应该组织监理单位、施工单位负责人、安全员对物流地产项目进行一次安全文明检查。物流地产商应该编制检查内容评分表，按评分表对施工单位进行检查评分，主要检查施工单位安全文明措施落实情况和现场重要部位、机械设备的安全措施。

2. 事故处理

物流地产项目现场发生安全事故时，施工总承包商应该立即采取处理措施，同时通知监理单位和物流地产商，后者协助施工总承包商处理事故。施工总承包商应该在事故处理完毕后按照要求编制安全事故报告，提交监理单位和物流地产商。

物流地产商在事故发生后应该根据事故发生的原因判别责任归属并采取一系列相应解决措施。物流地产商应该组织专人调查，落实对策措施。如果事故责任属于物流地产商，则应该由物流地产商负责拟定报送建筑安全监督站的行文报告，上报并协助安全监督站开展相关调查。调查结束处理完毕后应该及时编制调查报告。如果事故责任不属于物流地产商，则应该由物流地产商协助安全监督站进行调查，调查结束处理完毕后应该及时编制调查报告。

第六节　物流地产工程资料管理

为了充分发挥工程档案管理在物流地产项目工程建设、管理、维护及综合验收中的作用，确保工程档案资料的完整、准确和有效利用，依据《中华人民共和国档案法》、

《建筑工程资料管理规程》、《建设工程文件归档整理规范》等有关规定，结合物流地产项目实际情况，物流地产商应该进行科学合理的项目工程资料管理。

一、工程档案资料管理

物流地产项目工程档案资料主要包括从工程项目提出、立项、审批，勘察设计、生产准备到施工、监理、验收等工程建设及工程管理过程中形成并应归档保存的文字、表格、声像、图纸等各种载体材料。

1. 工程档案资料的归档

物流地产项目建设开发过程中，物流地产商的相关部门应该负责各自职责范围内工程建设资料的形成、积累工作，各档案专（兼）职管理员，应该依据建设节点收集工程档案资料。

（1）归档文件要求

物流地产项目工程档案资料应该收集齐全、完整、准确，按照档案资料的形成规律及内在联系，进行分类、立卷，使案卷能够正确反映出该项目工程进展过程中的真实情况，便于保管和利用。

物流地产项目工程归档的文件材料一般一式一份，重要或利用频繁的文件材料，可酌情增加归档份数。凡归档的文件材料，其制作材料必须有利于长期保存，同时要保证图样清晰、字迹工整耐久、签署完备，禁止用铅笔、圆珠笔和复写纸制作文件。

物流地产项目工程归档的文件材料案卷封面项目名称应该填写清楚、准确。归档案卷按一定次序系统排列，编制案卷目录，并填写案卷目录号。

（2）归档范围

物流地产项目工程档案资料应该与项目建设实行同步管理，项目档案员应该依据项目建设网络计划归档各阶段工程项目的档案资料。

2. 工程档案资料的管理

物流地产商内部人员借阅档案资料必须经过登记，未履行登记手续的，档案管理人员不予提供档案资料。档案资料的借出时间，不得超过半个月，确需继续借阅，必须办理续借手续。对于关键性和常用部分的档案应该使用复印件，尽量不用原件。

物流地产项目工程档案资料的原件一般不外借给其他单位人员，特殊情况需要外借时，必须经过批准，办理外借手续并限期归还。如果借出的是档案资料的原件，借用人要妥善保管，不得毁坏和遗失并按期归还，如有损坏、遗失，由借用人负责。外单位人员需要复印档案资料时,必须经过批准后方可进行。非档案管理人员不得擅自查阅档案案卷，确因工作需要，必须经过批准同意后方可查阅。

物流地产项目工程档案资料移交给其他单位时，应该填写移交单并经过核对后方可办理移交手续。查阅档案时，严禁在文件材料上画线、打钩、作记号，禁止涂改、拆撕、折角等造成档案损毁的行为。严格执行定期检查和进出档案清点制度，每次长假前应对档案进行全面检查，切实消除安全隐患。

3. 工程档案资料的归档流程

物流地产项目工程档案资料应该遵循“保持档案之间的有机联系，便于管理与利用”的原则，专（兼）职档案员应该负责项目工程资料的收集、整理和归档工作，同时将分散在各部门的相关工程资料集中收集和整理归档。档案管理员是物流地产项目档案管理的直接负责人，其他部门应该与其相互协作。

4. 工程档案的鉴定和销毁及不符合工程档案归档要求的处理

（1）工程档案的保管期限

对物流地产项目工程有长远利用价值的档案应该永久保存。对物流地产项目工程在一定时期内有利用价值的档案应该分长期和短期保存；凡是介于两种保管期限之间的档案其保管期限一律从长。

（2）档案的销毁

对归档和发放后多余的物流地产项目工程文件和各部门使用后回收的图纸资料，先由申请销毁的部门登记造册，再由档案部门提出销毁意见，报送上级部门批准后方可销毁。档案销毁必须严格执行保密规定。销毁档案时，档案部门应该指派专人监销，监销人员必须在销毁册上签字，档案销毁清册应该存档。

（3）不符合工程档案归档要求的处理

对各单位提供的不符合规定的案卷和案卷内的文件，档案资料室有权退回立卷归档单位，立卷归档单位应该按照档案管理的有关规定进行整改，直至提交符合规定要求的案卷及案卷文件材料。凡不符合有关归档规定的项目，不能进行工程结算，各项工程竣工结算的最后付款必须由档案资料室对竣工资料签收合格后支付。

5. 工程档案移交

物流地产项目工程档案交接时，物流地产的物业开发部门作为移交方，物流地产的物业经营部门作为接收方。在工程档案交接时，移交方要按照工程档案案卷的目录，认真填写表格目录，接收方应该逐一对移交方的各种门类档案、案卷目录认真核对，确保无误。移交档案的同时，双方必须填写档案交接文据，并签字盖章。

物流地产项目工程档案移交后，工程档案接收方应该视工程档案的重要性增加其保存期限。工程项目备案后，凡是工程项目当地档案馆可以查到的工程资料，接收后保存期限视其使用情况由接收方自行规定时间，其他工程档案资料应在接收后视其使用情况保存三年或是长久保存。对未移交的工程档案一定要注明原因，并做好后续移交工作安排。

二、图纸管理

物流地产项目的图纸管理是物流地产工程资料管理的一项重要内容。物流地产商应该明确各部门在图纸管理方面的职责权限，制定现场用施工图管理、图纸版本控制、图纸保存期限及销毁、竣工图管理的工作程序。

1. 物流地产商各部门图纸管理职责权限

物流地产商各部门图纸管理职责权限是指物流地产商对于物流地产项目不同类别的图纸所明确的出图责任部门、使用部门和永久存档部门（表4–6）。

物流地产项目图纸管理职责权限　　表4–6

图纸类别	出图责任部门	使用部门	永久存档部门
方案图（含电子版）	规划设计部门	设计、营销、成本等部门	行政管理部门
报建图（含电子版）	技术研发部门	项目公司	
施工图	技术研发部门	项目公司、成本、采购等部门	
边坡及基坑支护、地基处理施工图	技术研发部门	项目公司、成本、采购等部门	

2. 工作程序

物流地产项目图纸管理工作程序主要包括现场用施工图管理、图纸版本控制、图纸保存期限及销毁、竣工图管理四个方面的工作程序。

（1）现场用施工图管理

物流地产项目现场用施工图管理工程程序主要包括施工图发放工作程序和设计变更图纸审核及发放工作程序两个方面。

就物流地产项目现场用施工图发放的工作程序来说，主要包括统筹设计单位出图、图纸登记及发放、图纸签收及登记、图纸发放四个主要工作要点及流程（表4–7）。

物流地产项目现场用施工图管理工作程序　　表4–7

工作要点及流程	责任部门	流程说明及标准
统筹设计单位出图	技术研发部门	出图计划含时间要求及图纸份数要求
图纸登记及发放	技术研发部门	须提供图纸明细清单
图纸签收及登记	项目公司	项目公司收到图纸后核对图纸明细清单
图纸发放	项目公司	项目公司整理好图纸之后，发放给施工单位及监理单位，并保存两套完整的施工图

就物流地产项目设计变更图纸审核及发放的工作程序来说，主要包括提出设计变更、提交审批、设计变更审批通过后发放三个主要工作要点和流程（表4–8）。

物流地产项目设计变更图纸审核及发放管理工作程序 表4-8

工作要点及流程	责任部门	流程说明及标准
提出设计变更	物流地产物业开发部门/技术研发部门/物流地产物业经营部门	各单位均可提出设计变更需求，由技术研发部门/物流地产物业开发部门统一受理
提交审批	技术研发部门/物流地产物业开发部门	施工蓝图版本更换也需提交审批
设计变更审批通过后发放	物流地产物业开发部门	发放给物流地产物业开发部门、监理单位及施工单位。同时变更部位应在施工图上做索引标记，变更用图与施工图一并保存

（2）图纸版本控制

物流地产项目图纸版本更换情况主要包括四种，一是现场正在使用的图纸需要作废重出；二是零星的A版图纸完全作废，改用B版图纸；三是A版图纸整套作废；四是A版超过1/2的图纸作废。其工作程度见表4-9。

物流地产项目图纸版本控制工作程序 表4-9

图纸版本更换情况	工作要点及控制要求
现场正在使用的图纸需要作废重出	项目公司必须与现场工程师核对新图纸是否反映了已确认并实施的变更，确保新版图纸准确反映现场实际情况
零星的A版图纸完全作废，改用B版图纸	A版图纸不需要拆除，只要在A版图纸上盖作废章，并将B版图纸替代A版，同时将A版抽出备份
A版图纸整套作废	图纸管理人员将A版图纸每页都盖作废章，并统一收存，现场使用B版蓝图
A版超过1/2的图纸作废	物流地产商通知设计单位重新整理出图

（3）竣工图管理

物流地产项目竣工图管理主要包括施工单位与设计单位联系出竣工图电子版及竣工蓝图、施工单位审核确认竣工图纸并盖上竣工图章、竣工图电子版光盘一份及纸质版一份与工程竣工资料一同移交档案馆等五个主要工作要点和流程（表4-10）。

物流地产项目竣工图管理工作程序 表4-10

工作要点及流程	责任部门	流程说明及标准
施工单位与设计单位联系出竣工图电子版及竣工蓝图	项目公司	物流地产商与设计单位的设计合同中需明确：设计单位有义务为物流地产商或物流地产商指定的其他单位提供竣工图电子版及蓝图
施工单位审核确认竣工图纸并盖上竣工图章	项目公司	—
竣工图电子版光盘一份及纸质版一份与工程竣工资料一同移交档案馆	项目公司	—
向物业管理处移交工程竣工资料及竣工图纸一套	项目公司	—
向物流地产商移交竣工图电子版一套	项目公司	—

伴随着中国工业化和城镇化进程的逐步深入，经济结构转型逐步深入化和常态化，物流地产行业竞争日趋激烈，洗牌势在必行。未来10～20年，中国物流地产市场必将从以政策引导为主走向以市场引导为主，市场需求及客户需求必将成为物流地产商研发产品的关键导向。如何提升物流地产商或物流地产项目的核心竞争力，是所有物流地产商和物流地产项目面临的重要课题。当市场在上扬时，物流地产商的实力无法显现，只有当市场在成熟阶段，并不断趋于理性时，物流地产商的实力方可得以彰显。市场只会青睐有准备的物流地产商。

物流地产项目的成本控制能力和控制水平决定了产品性价比的高低，成本控制能力和控制水平越高，意味着物流地产商在生产同等品质的产品时所花费的成本越低，换言之，也意味着物流地产商花费同样的成本所能生产出的产品的品质越高。在市场竞争越来越激烈、市场不断趋于理性的大趋势之下，成本控制尤显重要。无论站在物流地产商的层面，还是站在物流地产项目的层面，成本优势决定竞争优势，全面提升企业或项目的成

第五章

物流地产成本管控

本优势，就是全面提升企业或项目的核心竞争力。成本控制能力越强，就越能为物流地产项目低租金或低价入市策略提供重要保障，同时确保利润率的实现。

物流地产商加强成本管理、合理统筹税务、加快现金流周转，是提高物流地产项目投资收益的三条重要途径。物流地产商应该立足自身现状，同时兼容国际、国内成本管理的模式和方法，从管理系统到具体操作方法，培养造就复合型、均好性的管理人才，提高物流地产开发成本管理的规范性和有效性，对物流地产项目的投资建设和运营管理实施全面、全员、全程的成本管理，杜绝无效成本，达到合理降低成本，提高产品价值，从而提高利润和投资效益的最终目的。为此，通常情况下，在一个物流地产项目的投资建设和运营管理过程中，承担成本控制的工作人员人数要占到项目总人数的12%～15%。对于一期开发物业建筑面积在10万m^2以下规模的物流地产项目，应该配置一名成本经理、一名造价师，一名造价员。如果一期开发物业建筑面积超过10万m^2，则应多增加一名造价师。

第一节　物流地产目标成本费用组成及控制要点

物流地产目标成本是指物流地产商针对整个物流地产项目全部开发成本的测算。物流地产商在物流地产项目概念方案设计阶段、建筑方案设计阶段、扩初及施工图设计阶段都将由浅入深、由表及里地对物流地产项目进行目标成本测算。在物流地产项目的概念方案设计阶段，物流地产商应该根据物流地产项目的概念方案来编制物流地产项目的开发全成本估算，作为物流地产商在这一阶段控制和指导物流地产项目开发投入规模和开发利润水平的重要抓手；在物流地产项目的建筑方案设计阶段，物流地产商应该根据物流地产项目的建筑方案设计图纸对其在概念方案设计阶段测算而得的目标成本即物流地产项目开发全成本估算进行调整、细化和分解，最终完成物流地产项目建筑方案设计阶段的开发全成本概算，作为物流地产商在这一阶段控制和指导物流地产项目开发投入规模和开发利润水平的重要抓手；在物流地产项目扩初及施工图设计阶段，物流地产商应该根据物流地产项目的扩初设计图纸或施工图纸对其在建筑方案设计阶段测算而得的目标成本即物流地产项目开发全成本概算进行调整、细化和分解，最终完成物流地产项目扩初及施工图设计阶段的开发全成本预算，作为物流地产商在这一阶段控制和指导物流地产项目开发投入规模和开发利润水平的重要抓手。物流地产项目目标成本测算的三个阶段如图5–1所示。

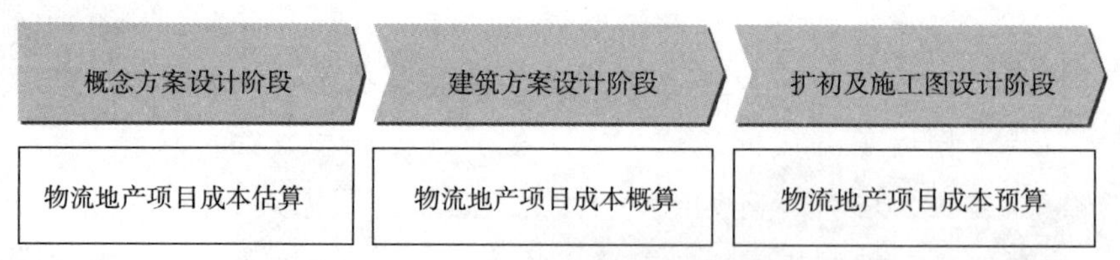

图5–1　物流地产项目目标成本测算的三个阶段

物流地产项目的目标成本主要包括八大类科目，每一大类科目又包括许多子类科目。物流地产商编制项目目标成本，就是要明确各大类科目及其细分子类科目具体的成本估算值。物流地产项目如果分期开发，并且包含多种业态、多种产品、多个单体，那么物流地产商就需要把整个物流地产项目的目标成本分摊到每一期以及每一期中的每一种业态、每一种产品、每一个单体上，并且将这些细分成本的控制责任分配到物流地产商的各个部门，只有各个部门在项目开展过程中协同一致，融为一个整体，才能更好地发挥各专业对成本控制的作用。值得注意的是，目标成本仅仅是一种对未来发生成本的测算。因此，目标成本测算与实际发生成本之间必然会存在一定的偏差。

一、土地成本

物流地产项目土地成本是物流地产项目目标成本的一个重要组成部分。具体而言，土地成本包括地价和契税（含土地出让金、应缴契税等）、红线外市政基础设施费（含市政基础设施配套费，以及红线外道路、水、电、气、通信等建造费、管线铺设费、接口补偿费等）等。物流地产商应该通过倒逼成本法，即通过计算物流地产物业的购置价格和综合开发成本来计算物流地产项目能够承受的土地成本的上限。

物流地产项目土地成本的管控责任部门主要是物流地产商的投资管理部门，同时也涉及物流地产商的财务管理部门、成本控制部门。物流地产商的投资管理部门应该着力开拓那些投资回报率高、资金回笼快、现金流易平衡的物流地产项目，同时应该尽可能多地争取相关优惠政策。一般而言，物流地产项目土地成本的管控节点主要有三个：其一，交地标准，物流地产商应该与项目所在地政府协商确定有利的规划条件和交地标准，交地标准不留诸如地块标高、高压线、地下管网、原住民动迁等方面的后遗症，并且土地平整，水、电、道路等全部接至地块红线外指定处；其二，付款方式，物流地产商应该与项目所在地政府协商尽可能分多期付款，减少首付款比例；其三，优惠政策，物流地产商应该与项目所在地政府协商尽可能多地争取相关税费减免优惠政策和产业扶持政策，且各项优惠政策要能够操作、跟进、落实。

二、开发前期准备费

物流地产项目开发前期准备费是物流地产项目目标成本的一个重要组成部分。具体而言，开发前期准备费主要包括勘察设计费、报批报建增容费、三通一平费、临时设施费等，一般而言，开发前期准备费约占物流地产项目开发总成本的3%～5%。

1. 勘察设计费

物流地产项目勘察设计费主要包括勘察丈量费（含初勘、详勘、测绘、文物勘察、沉降和管线检测、施工放线、复线和验线、产证建筑面积测量等费用）、规划设计费（含概念方案设计费、建筑方案设计费、施工图设计费、专项设费计等，见图5-2）和其他费用（含专项设计研发费、专项顾问费等）。

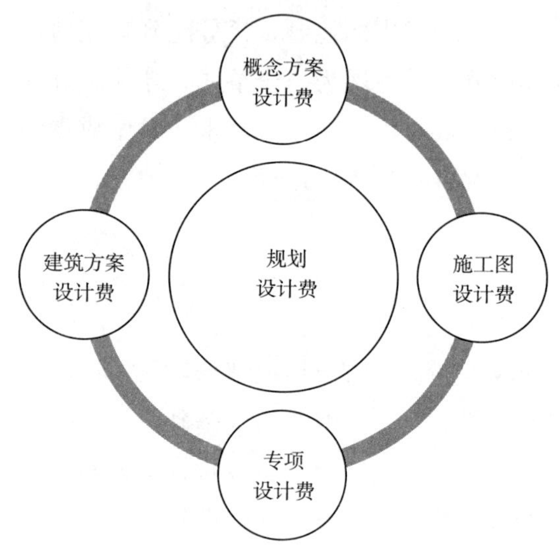

图5-2　物流地产项目规划设计费的主要构成部分

物流地产项目规划设计费是物流地产项目前期准备费的控制重点，其管控责任部门主要是物流地产商的成本控制部门和技术研发部门。一般而言，物流地产项目规划设计费的管控节点主要有6个。（1）物流地产商应该在设计任务书中明确对于各专项设计界面和设计成果的要求，同时还要明确对于概算、白皮书、二次机电设计、门窗、幕墙、弱电和钢结构深化设计的责任界定和成果要求，以及明确对于设计单位现场服务的要求，最终确保工程实体与效果图实现一致。此外，物流地产商应该在设计任务书中明确要求设计周期、图纸及白皮书深度能够满足物流地产项目招标采购计划及报价要求。如果物流地产项目采用扩初图招标，则物流地产商应该在设计任务书中明确要求设计单位及时提供节点详图、用料说明、白皮书，并能回复招标图疑问。设计进度能够满足项目开发计划，确保扩初及施工图设计不超出出图总计划，扩初概算的递交时间不迟于扩初出图后10个工作日。（2）物流地产商选择的设计单位一定要与项目的定位、特点、地域相互匹配，并综合考量其专业经验、设计创新、协同服务能力及地域经验。（3）物流地产项目无论是总体规划，还是单体设计，都应该比选3～5家设计单位，经过多轮设计招标、议标、询标，以便争取到最佳的性价比。（4）物流地产商应该加强与项目所在地政府主管部门的沟通，以透彻了解政府规划要求及限制条件，避免因政府规划要求的变化而导致大量的设计返工。（5）物流地产项目应该推行“一次性设计”，实施设计总承包制度，加强专项设计协同管理，避免各专项设计的不协同而造成的因现场拆建而导致的无效成本发生，以及因设计任务书的不明确，而造成设计交图延迟、设计成果差错。（6）物流地产项目应该贯彻限额设计制度，限额设计实施达标率要达到100%，结构含量（混凝土、钢筋）均不应该高于标准成本含量指标，以确保最终设计成果经济合理，最大化提升产品价值。

2. 报批报建增容费

物流地产项目报批报建增容费主要包括政府报建费、图纸审查费（含消防、抗震、节能等专项审查）、工程招投标管理费、招投标代理服务费、环评、交评、地震安全评价、新墙体材料保证金、散装水泥保证金、合同备案签证费、水、电、煤等增容费等。

物流地产项目报批报建增容费的管控责任部门主要为物流地产商专门为项目开发建

设而在项目所在地成立的项目公司，物流地产商的投资管理部门应该将拿地阶段和项目所在地政府洽谈的相应优惠政策向项目公司进行交底，以便项目公司跟进落实。一般而言，物流地产商对于各类评估、报建、规费的控制节点主要有三个：其一，物流地产项目报批报建增容费通常是非常有弹性的，物流地产商对其控制应该遵循"无功就是过"的原则；其二，物流地产商应该结合前期拿地谈判，争取一定的优惠政策，并在物流地产项目开发过程中跟进落实；其三，物流地产商在报批报建增容费的具体操作过程中，应该及早与当地市政配套部门沟通交流，争取相关费用减免，通常而言，此类费用经过努力争取可以减少标准收费的15%。

3. 三通一平费

物流地产项目三通一平费主要包括临时水、电、路、开口等费用和场地平整费用等。物流地产商应该将项目临时道路及开口（红线内部分）列入施工总承包商的工作范围，不应该另外招标。而红线之外需要修建通往施工红线范围的道路及开口应该列入三通一平费科目。物流地产项目临时用电费用主要与用电容量及变压器型号、数量、造价相关。物流地产项目临时用水费用主要与项目施工、生活用水量及管径、造价相关。物流地产项目场地平整费用主要是指在项目红线范围内按照平整方案及测量图挖填30cm以外的场地平整的费用。而挖填30cm以内的场地平整费用应该包含在施工总承包商的招标范围内，不应该另外招标。

4. 临时设施费

物流地产项目临时设施费主要包括临时围墙、临时厕所、临时办公、临时占地费用等。物流地产商应该根据物流地产项目开发建设的实际需要，遵循经济合理的原则，修建必要的临时设施，减少不必要的浪费。

三、主体建安工程费

物流地产项目主体建安工程费是物流地产项目目标成本的一个重要组成部分，约占项目开发总成本的40%～60%。具体而言，主体建安工程费主要包括主体建筑工程费和主体安装工程费两个部分。

1. 主体建筑工程费

物流地产项目主体建筑工程费主要包括基础工程、结构及粗装修、外部装饰工程、建筑及附属工程四个组成部分（图5-3）：其一，基础工程，主要包括桩基础（含桩基检测）、基坑围护（含护壁护坡、基坑监测）、土方（含降水等）、地下室底板（含独立或筏基础等基础）；其二，结构及粗装修，主要包括地下结构（框架/楼板）、上部结构（框架/楼板）、粗装修（含砌块（隔）墙、初装饰、防水、抹灰等）；其三，外部装

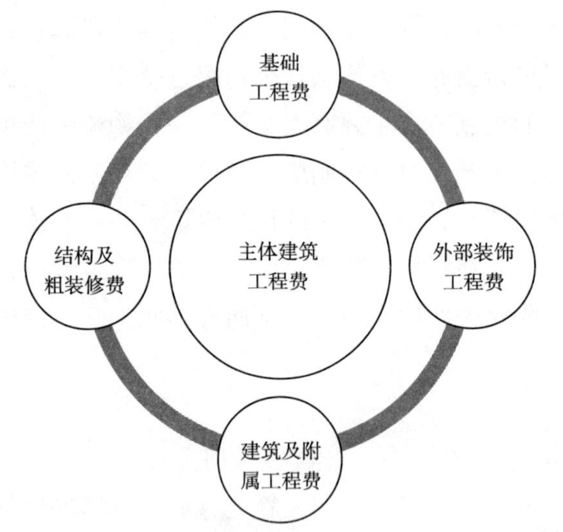

图5-3 物流地产项目主体建筑工程费的主要构成部分

饰工程，主要包括外立面装饰、外门窗、防雨棚、标识等；其四，建筑及附属工程，主要包括外墙外保温、屋面保温防水、消防楼梯栏杆等。除以上四项外，主体建筑工程费还包括施工总承包管理等可列入但无相应科目的成本。

2. 主体安装工程费

物流地产项目主体安装工程费主要包括给水排水系统安装工程费（含自来水系统、排水排污系统、直饮水系统、热水系统等）、电气系统安装工程费（从总配电箱至电气末端，含表箱、桥架、电缆、电线、灯具、预埋管等）、通风空调系统安装工程费（含空调设备、风管、末端，以及相关的智能化控制、指定配电箱至控制开关的电气等）、发电机供货及安装费（含设备、安装）、消防系统安装工程费（含深化设计、管道、消防设施、消防报警、监控等）、弱电系统安装工程费（含对讲、保安监控、电信网络、卫星电视等）（图5-4），以及其他可列入但无相应科目的成本。

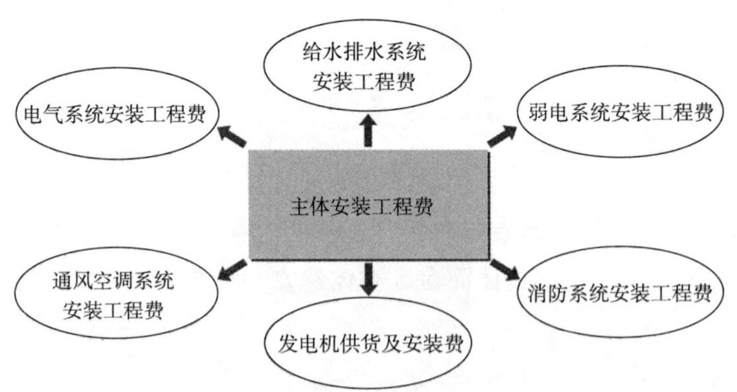

图5-4 物流地产项目主体安装工程费的主要构成部分

物流地产项目主体建安工程费的管控责任部门主要是物流地产商专门为物流地产项目开发建设成立的项目公司，同时还涉及物流地产商的成本控制、规划设计、工程管理、财务管理、营销管理、经营管理等多个部门。一般而言，物流地产项目主体建安工程费的管控节点主要有四个：第一，在物流地产项目的策划和设计阶段，物流地产商的规划设计部门应该确定控制目标，主要包括设计经济性评审、目标成本、责任成本、限额设计等，同时，还应该考虑与招商条件的对接（主要包括交付时间、交付标准、消防分区、仓储货物种类调整的灵活性等）及其运营成本，并积极开展项目全生命周期的成本研究；第二，在物流地产项目的招标采购阶段，物流地产商的成本控制部门应该事前策划合约规划，划分标段、合约子目标成本，作为物流地产商进行成本事前控制和合同管理的重要手段；第三，物流地产商应该加强物流地产项目主体建安工程费的事中控制，事中控制主要包括编制目标成本动态月报、强化变更签证及付款管理，事中控制主要强调目标成本的动态控制、变更前的成本评审、批准权限及流程的严格执行，以便减少主体建安工程的无效成本，方便物流地产商开展超标预警分析，并提出改进建议和措施；第四，物流地产商应该加强物流地产项目主体建安工程费的事后控制，事后控制主要包括结算审核、索赔处理、成本后评估及数据库建设等方面。

四、库区综合管网费

物流地产项目库区综合管网费是物流地产项目目标成本的一个重要组成部分，具体而言，库区综合管网费主要包括室外给水排水系统（含室外给水系统、雨污水系统、直饮水系统、热水系统、室外中水系统等）、室外消防系统（含深化设计、管道、消防设施、消防报警、监控等）、室外采暖系统（含管道系统、热交换站设备、锅炉房设备等）、室外高低压线路（含高压线路工程：从市政配电站至地块总配电站，含设备、预埋管道和井、架空线杆、电缆等；低压线路工程：从地块总配电站至建筑单体配电箱，含设备、预埋管道和井、电缆等）、室外智能化系统（含停车管理系统、库区闭路监控系统，如巡更、周界报警、闭路监控、电子告示室外智能化等），以及其他可列入但无相应科目的成本费用。

物流地产项目库区综合管网费的管控节点主要有两个：其一，物流地产项目应该推行“一次性设计”，设计总承包单位应该加强库区综合管网专项设计管理，避免库区综合管网专项设计与其他专项设计的不协同而造成的因现场拆建而导致的无效成本发生；其二，库区综合管网设计应该综合解决各专业工程技术管线布置及其相互间的矛盾，从全局出发，使各种管线布置合理、经济，直至最后将各种管线统一布置在管线综合平面图上。

五、绿化景观费

物流地产项目绿化景观费是物流地产项目目标成本的一个重要组成部分，具体而言，绿化景观费主要包括硬质景观工程（含普通道路、铺装道路广场、围墙大门、河道驳岸建设）、绿化工程（含种植土、苗木种植等）、室外照明泛光（含建筑物照明泛光、其他室外照明泛光）、室外零星设施（含指示牌、标识牌、垃圾桶等），以及其他（含绿地排水、小品等）可列入但无相应科目的成本费用。

物流地产项目绿化景观费的管控节点主要有两个：其一，物流地产商应该从物流地产项目的特性出发，在绿化景观的设计、选材、施工等方面把功能性放在第一位，把观赏性放在次要位置，以达到性价比最大化的目标；其二，库区内应该尽量选择耐旱植物，以便减少灌溉量，同时还要对库区植被进行优化布置，考虑收集库区雨水进行灌溉，以减少后期维护成本。仓库周围的树木或灌木可能会导致火灾蔓延到仓库，因此，应该将仓库与灌木隔绝分开。

六、配套设施费

物流地产项目配套设施费是物流地产项目目标成本的一个重要组成部分，具体而言，配套设施费主要包括垃圾转运站、开闭所等配套设施费用，以及可列入但无相应科目的成本。从物流地产商管控开发成本的角度来看，物流地产项目的配套设施要在满足物流仓储设施作业需求的同时，尽量减少建造规模。这是由于物流地产项目配套设施不能用来存储货物，不能直接产生收益，因此物流地产商通常希望减少物流地产项目配套设施规模以达到收益最大化的目标。总之，物流地产商应该控制配套设施的面积比例，适度即可，不宜过大。

七、开发间接费

物流地产项目开发间接费是物流地产项目目标成本的一个重要组成部分，具体而言，开发间接费主要包括工程管理费（含工程监理费、造价咨询费，包括工程量清单编制、标底编制和结算审核、工程质量安全监督费、工程保险费等）、行政管理费用（物流地产商总部管理费，包括物流地产商总部以发票形式分摊进物流地产项目成本的各类费用，例如工资及津贴、福利费、员工餐费、社会保障、办公费、邮电通信费、差旅费、交通费、应酬费、人事费用、培训费用、汽车费用、修理费、物料消耗、低值易耗品摊销、折旧费、租赁费等）、物业完善费（含维修基金、不在质保范围的维修等后续维修和物业更改完善成本等）、资本化利息（含融资成本、货款利息等）（图5–5），以及其他可列入但无相应科目的成本。

物流地产项目开发间接费中的行政管理费和期间费用中的人工费、行政费加在一

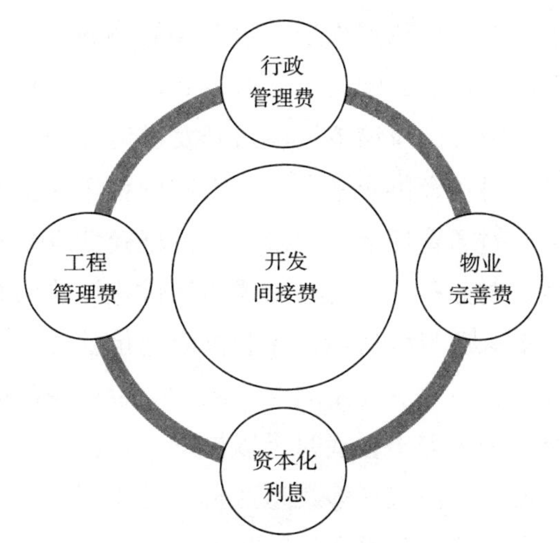

图5-5 物流地产项目开发间接费的主要构成部分

起，约占项目开发总成本的1%～3%。一般来说，物流地产项目开发间接费中的行政管理费和期间费用中的人工费、行政费的管控节点主要有五个：其一，物流地产商应该针对物流地产项目做到准确定位、合理开发、责任到人。物流地产商的人力资源管理部门应该负责制定并推行按照物流地产项目开发关键节点实施奖罚的绩效考核制度，充分发挥各层级的积极性。在物流地产项目开展可研论证及拿地之前，物流地产商的投资管理部门和规划设计部门应该采取工序并联的作业方式，创新传统开发流程，启动策划、规划设计工作，提前做好项目启动的准备工作。物流地产商各专业的技术负责人应该组织编制并推行各专业的作业指导书，有效提高物流地产项目专业化管理水平。物流地产商应该根据市场环境及自身发展需要，适时评估、调整、优化企业管控模式和资源整合方式，避免上下推诿、盘带过多、人人负责又人人不负责的现象，努力提高物流地产项目开发的专业管理能力和运作效率。其二，物流地产商应该注意控制人工单价，引入价值工程分析方法，综合功能值（考量拟引入人才的实际专业管理经验、学历、团队协同等因素，以及与岗位要求的匹配性）和成本值（收入要求），确定招聘对象，避免唯高学历、轻专业经历、过高配备人力。其三，物流地产商应该按照人员定编审批和控制员工人数，推行工作日志，考核每个部门、每个岗位的工作量，适当考虑人才储备，努力做到不多配备人力。其四，物流地产商应该通过不断宣传教育，树立全员降成本、增效益的观念，全方位监控管理费用支出。其五，物流地产商应该尽量利用网络视频、远程会议系统，代替或减少外埠出差的次数，以提高工作效率，降低差旅费。对于物流地产商总部管理费用分摊来说，一般应该遵循以下分摊原则：结合税务筹划，利润高的多分摊，总体平衡以达到节省税金目标。

物流地产项目开发间接费中的融资利息成本约占项目开发总成本的5%～8%，具体比例由项目开发周期、招租速度、开发总成本、融资方式等多方面因素来确定。财务费用的控制责任部门主要是物流地产商的财务管理部门，同时还涉及决定物流地产商运营能力和开发速度（从拿地到竣工开业的周期）的策划、设计、采购、工程等专业部门。一般而言，财务费用的控制节点主要有七个：其一，物流地产商的财务管理部门应该及早介入前期的项目拓展，积极协同投资管理部门做好与政府相关部门的沟通，争取税收优惠，在可控范围内最大限度降低税务成本；其二，物流地产商的财务管理部门应该及早介入前期的并购重组、项目商业策划工作，做好税务统筹计划；其三，物流地产商的财务管理部门应该依据项目开发进度计划、租售计划及目标成本，合理安排资金计划，保证项目资金供求平衡，努力实现租售回款和工程支付的自身资金平衡；其四，物流地产商的财务管理部门应该运用价格弹性理论和投入产出原理，考量租售价格与租售去化速度、财务费用、物业空置的最优化设置；其五，物流地产商在符合相关法律法规的前提下采取适当缓付承包商和供应商价款的方式，也可以降低财务费用；其六，物流地产商应该合理缩短开发周期，减少资金占用时间。计算并将财务费用分摊到开发建设期内每天的利息支出，适时予以提醒、宣传，以加强整个团队项目开发进度的紧迫感；其七，物流地产商应该多渠道融资，并做好资金统筹调配，削峰填谷，以减少银行贷款总量，最大限度降低项目资金成本。

八、期间费用

物流地产项目期间费用是物流地产项目目标成本的一个重要组成部分，具体而言，期间费用主要包括物流地产商专门为物流地产项目开发建设成立的项目公司的管理费用（含现场管理费，人工、行政、固定资产等费用，以及印花税等其他费用）、营销费用（含推广费、代理费、交易费等），以及其他可列入但无相应科目的成本。

物流地产项目期间费用中的营销费用的规模受物流地产商介入某区域的时间长短、品牌知名度、营销人员配置等方面的影响。营销费用的成本控制责任部门主要为物流地产商的营销管理部门。营销费用管控措施主要有五点：第一，物流地产商应该根据项目开发进度，建立各项市场推广工作的计划、预算及监督机制，加强计划及预算编制的准确性、可操作性，提高广告及市场推广活动的目标客户的针对性和有效性，若项目开发进度有调整，应及时调整广告及市场推广活动；第二，物流地产商应该根据不同项目、地域的特点，紧贴市场，采取价值工程的分析方法，选择确定推广方法和投放时点，控制项目的广告及市场推广费用；第三，物流地产商应该通过对已成交客户信息来源的分析，评估各项营销措施的实际效果以不断提高营销措施的投入产出比；第四，物流地产商应该关注公司内部及关联单位的宣传推广，这是一项投入产出比极高的营销方法，以“老带新”、客户俱乐部、期刊等手段，培育客户的认同感和归属感，可大大降低营销费用；第五，物流地产商应该建立“全员营销”制度，即要求公司全体工作人员都认识到营销是公司的生命线，主动投入到营销工作中去，作为一个合格的营销编外人员，通过公司全员参与，营销周期会缩短，从而节约营销成本。

第二节　物流地产目标成本动态管控

物流地产项目开发全过程目标成本动态控制就是在项目拿地阶段，对基于项目概念方案而做的目标成本测算即项目成本估算的管控，就是在项目方案阶段，对基于项目建筑设计方案而做的目标成本测算即项目成本概算的管控，就是在项目扩初及施工图阶段，对基于项目扩初图纸或施工图纸而做的目标成本测算即项目成本预算的管控，就是在项目竣工阶段，对基于工程成本结算和材料设备结算而做的最终发生成本的管控。物流地产项目开发全过程目标成本动态控制要点如图5–6所示。

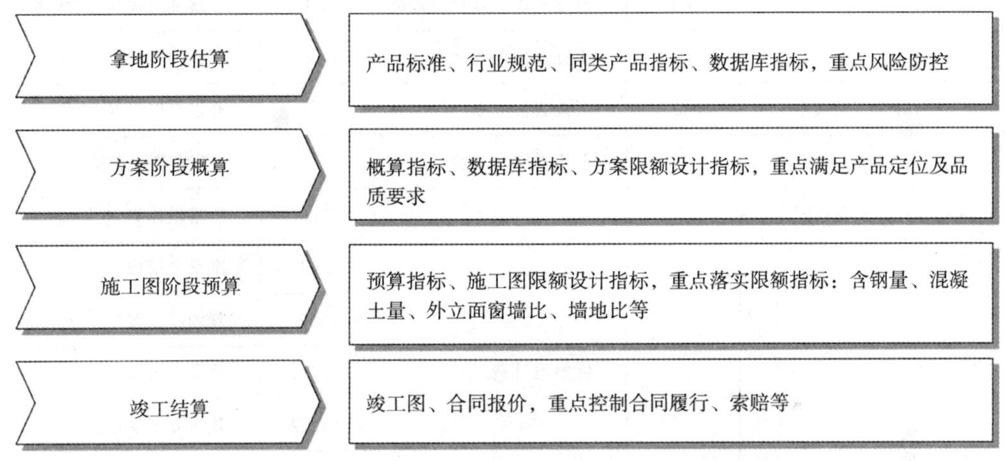

图5–6　物流地产项目开发全过程目标成本动态控制要点

物流地产项目开发全过程目标成本动态管控的基本原则是：估算控制概算、概算控制预算、预算控制结算，逐渐缩减误差，确保目标成本实现。

一、成本估算：拿地阶段

物流地产项目的成本估算是指物流地产商在拿地阶段，结合物流地产项目的概念定位尤其是概念定位中确定的产品组合和面积配比，并参考物流地产项目概念方案，对项目成本做出的测算。由于在拿地阶段，物流地产项目定位还处于相对粗浅的程度，仅仅明确了主要的产品组合和面积配比，而并没有深化到各种产品的建造标准和交付标准。正因为如此，基于项目概念定位和概念方案，物流地产商所做出的成本估算也是相对粗浅的。

物流地产项目拿地阶段、方案阶段及施工图阶段的目标成本汇总见表5-1。

物流地产项目拿地阶段、方案阶段及施工图阶段的目标成本汇总　　表5-1

<table>
<tr><th colspan="2">成本估算（拿地阶段）</th><th colspan="2">成本概算（方案阶段）</th><th colspan="2">成本预算（施工图阶段）</th></tr>
<tr><th>序号</th><th>成本项目</th><th>序号</th><th>成本项目</th><th>序号</th><th>成本项目</th></tr>
<tr><td rowspan="6">一</td><td rowspan="6">土地成本</td><td>一</td><td>土地成本</td><td>一</td><td>土地成本</td></tr>
<tr><td>1</td><td>土地成本</td><td>1</td><td>土地成本</td></tr>
<tr><td>1.1</td><td>地价</td><td>1.1</td><td>地价</td></tr>
<tr><td>1.2</td><td>契税</td><td>1.2</td><td>契税</td></tr>
<tr><td>1.3</td><td>红线外市政基础设施费</td><td>1.3</td><td>红线外市政基础设施费</td></tr>
<tr><td>1.4</td><td>拆迁补偿费及其他</td><td>1.4</td><td>拆迁补偿费及其他</td></tr>
<tr><td>二</td><td>开发直接成本</td><td>二</td><td>开发直接成本</td><td>二</td><td>开发直接成本</td></tr>
<tr><td rowspan="17">2</td><td rowspan="17">开发前期准备费</td><td>2</td><td>开发前期准备费</td><td>2</td><td>开发前期准备费</td></tr>
<tr><td rowspan="7">2.1</td><td rowspan="7">勘察设计费</td><td>2.1</td><td>勘察设计费</td></tr>
<tr><td>2.1.1</td><td>勘察丈量费</td></tr>
<tr><td>2.1.2</td><td>规划设计费</td></tr>
<tr><td>2.1.2.1</td><td>概念方案设计费</td></tr>
<tr><td>2.1.2.2</td><td>建筑方案设计费</td></tr>
<tr><td>2.1.2.3</td><td>施工图设计费</td></tr>
<tr><td>2.1.3</td><td>其他（专项设计费）</td></tr>
<tr><td rowspan="9">2.2</td><td rowspan="9">报批报建增容费</td><td>2.2</td><td>报批报建增容费</td></tr>
<tr><td>2.2.1</td><td>政府报建费</td></tr>
<tr><td>2.2.2</td><td>人防易地建设费</td></tr>
<tr><td>2.2.3</td><td>白蚁防治费</td></tr>
<tr><td>2.2.4</td><td>图纸审查费（含消防、抗震、节能等专项审查）</td></tr>
<tr><td>2.2.5</td><td>工程招投标管理费</td></tr>
<tr><td>2.2.6</td><td>招投标代理服务费</td></tr>
<tr><td>2.2.7</td><td>室内空气检测费</td></tr>
<tr><td>2.2.8</td><td>环评、交评、日照分析、卫生评价、地震安全评价费</td></tr>
</table>

续表

成本估算（拿地阶段）		成本概算（方案阶段）		成本预算（施工图阶段）	
序号	成本项目	序号	成本项目	序号	成本项目
2	开发前期准备费	2.2	报批报建增容费	2.2.9	新墙体材料保证金
				2.2.10	散装水泥保证金
				2.2.11	合同备案签证费
				2.2.12	检测费（防雷检测、室内空气质量检测等）
				2.2.13	水、电、煤等增容费
				2.2.14	其他
		2.3	三通一平费	2.3	三通一平费
				2.3.1	临时水、电、路、开口费
				2.3.2	场地平整费
				2.3.3	其他
		2.4	临时设施费	2.4	临时设施费
				2.4.1	临时围墙、围板
				2.4.2	临时办公
				2.4.3	临时占地
		2.5	其他	2.5	其他
3	主体建筑工程费	3	主体建筑工程费	3	主体建筑工程费
		3.1	基础工程（桩基、土方、围护等）	3.1	基础工程（桩基、土方、围护等）
				3.1.1	桩基础（含检测费）
				3.1.2	基坑围护（含护壁护坡）
				3.1.3	水平支撑
				3.1.4	土方工程
				3.1.5	降排水措施
				3.1.6	基础底板
				3.1.7	其他
		3.2	地下室结构（含底板、地下室结构及粗装修）	3.2	地下室结构（含底板、地下室结构及粗装修）
		3.3	上部结构（框架、楼板、二次结构及粗装修）	3.3	上部结构（框架、楼板、二次结构及粗装修）
				3.3.1	上部结构（框架、楼板）

续表

成本估算（拿地阶段）		成本概算（方案阶段）		成本预算（施工图阶段）	
序号	成本项目	序号	成本项目	序号	成本项目
3	主体建筑工程费	3.3	上部结构（框架、楼板、二次结构及粗装修）	3.3.2	粗装修（含砌块（隔）墙、粗装饰、防水、抹灰等）
				3.3.3	其他（措施项目、总包管理等）
		3.4	外部装饰工程	3.4	外部装饰工程
				3.4.1	外立面装饰（含面砖、涂料、幕墙等）
				3.4.2	外门窗
				3.4.3	栏杆百叶（空调栏杆或百叶、遮阳板等）
				3.4.4	特殊装饰要求（含玻璃滑盖、采光天窗、广告架等）
				3.4.5	其他（如标识牌）
		3.5	室内精装修	3.5	室内精装修
4	主体安装工程费	4	主体安装工程费	4	主体安装工程费
		4.1	室内给水排水工程	4.1	室内给水排水工程
				4.1.1	室内给水系统
				4.1.2	雨污水系统
				4.1.3	直饮水系统
				4.1.4	热水系统
				4.1.5	室内中水系统
		4.2	室内电气工程	4.2	室内电气工程
				4.2.1	照明系统
				4.2.2	动力系统
		4.3	室内采暖工程	4.3	室内采暖工程
		4.4	通风空调系统	4.4	通风空调系统
				4.4.1	通风系统
				4.4.2	空调系统
		4.5	电梯供货及安装	4.5	电梯供货及安装
				4.5.1	电梯供货
				4.5.2	电梯安装

续表

成本估算（拿地阶段）		成本概算（方案阶段）		成本预算（施工图阶段）	
序号	成本项目	序号	成本项目	序号	成本项目
4	主体安装工程费	4.6	弱电系统	4.6	弱电系统
				4.6.1	安防系统
				4.6.2	电视、网络
				4.6.3	综合布线
		4.7	消防系统	4.7	消防系统
				4.7.1	消防报警系统
				4.7.2	消火栓系统
				4.7.3	自动喷水系统
				4.7.4	灭火器配置
		4.8	泛光照明	4.8	泛光照明
		4.9	发电机供货及安装	4.9	发电机供货及安装
				4.9.1	发电机供货
				4.9.2	发电机安装
		4.10	其他	4.10	其他
5	库区综合管网费	5	库区综合管网费	5	库区综合管网费
		5.1	室外给水排水系统	5.1	室外给水排水系统
				5.1.1	室外给水系统
				5.1.2	雨污水系统
				5.1.3	直饮水系统
				5.1.4	热水系统
				5.1.5	其他
		5.2	室外消防系统	5.2	室外消防系统
				5.2.1	室外消火栓
				5.2.2	综合管网
		5.3	采暖系统	5.3	采暖系统
				5.3.1	管道系统
				5.3.2	热交换站设备
				5.3.3	锅炉房设备

续表

成本估算（拿地阶段）		成本概算（方案阶段）		成本预算（施工图阶段）	
序号	成本项目	序号	成本项目	序号	成本项目
5	库区综合管网费	5.4	室外燃气系统	5.4	室外燃气系统
				5.4.1	室外燃气管网
				5.4.2	其他
		5.5	室外高低压线路	5.5	室外高低压线路
				5.5.1	高压系统
				5.5.2	低压系统
		5.6	智能化系统	5.6	智能化系统
				5.6.1	停车管理系统
				5.6.2	库区安保及其他智能化系统
		5.7	其他	5.7	其他
6	绿化景观费	6	绿化景观费	6	绿化景观费
		6.1	硬质景观工程	6.1	硬质景观工程
				6.1.1	普通道路
				6.1.2	铺装道路广场
				6.1.3	围墙大门
				6.1.4	河道驳岸建设
				6.1.5	其他（如绿地排水、小品、景观石、园林景观泛光等）
		6.2	绿化工程	6.2	绿化工程
				6.2.1	大型乔木
				6.2.2	小型乔木
				6.2.3	灌木
				6.2.4	草坪（含种植土）
				6.2.5	屋顶绿化
		6.3	室外安装	6.3	室外安装
		6.4	室外零星设施	6.4	室外零星设施
		6.5	其他	6.5	其他
7	配套设施费	7	配套设施费	7	配套设施费
				7.1	垃圾转运站、开闭站

续表

成本估算（拿地阶段）		成本概算（方案阶段）		成本预算（施工图阶段）	
序号	成本项目	序号	成本项目	序号	成本项目
7	配套设施费	7	配套设施费	7.2	依据合同负责建设的红线外配套设施
				7.3	其他
三	开发间接费用	三	开发间接费用	三	开发间接费用
		8.1	工程管理费	8.1	工程管理费
		8.2	行政管理费（总部）	8.2	行政管理费（总部）
		8.3	物业完善费	8.3	物业完善费
		8.4	财务费用	8.3	财务费用
四	期间费用	四	期间费用	四	期间费用
		9.1	营销费用	9.1	营销费用
		9.2	行政管理费用（项目公司）	9.2	行政管理费用（项目公司）
五	不可预见费	四	不可预见费	四	不可预见费
		10.1	基本预备费	10.1	基本预备费
		10.2	涨价预备费	10.2	涨价预备费
	项目总投资（一+二+三+四+五）		项目总投资（一+二+三+四+五）		项目总投资（一+二+三+四+五）

物流地产项目拿地阶段、方案阶段及施工图阶段的目标成本汇总表告诉我们，在拿地阶段，物流地产商在测算项目总成本时，所测算数据的准确程度与方案阶段和施工图阶段所测算数据的准确程度差别非常大。在成本估算阶段，测算的数据仅仅是笼统地采用一级成本科目的指标，而没有深入到二级乃至三级成本科目的指标，因此，相对于成本概算和成本预算，成本估算的偏差率最大。

二、成本概算：方案阶段

物流地产项目的成本概算是指物流地产项目的设计单位在方案阶段根据方案设计文本对物流地产项目开发总成本所做出的测算，因此，物流地产项目的成本概算应该由设计单位的概算编制负责人负责编制，应该由物流地产商的概算审核负责人负责审核。物流地产商要在设计单位概算编制负责人编制成本概算之前，就把物流地产项目建安工程成本控制目标分解格式和分类，以及项目所在地主要物料价格等信息和要求给到设计单位的成本概算编制负责人，以便其开展物流地产项目成本概算的编制工作。

物流地产商应该尽早确定项目成本概算审核工作负责人，该负责人应该尽量获得项目所在地信息（价格行情、深基坑施工方法、是否采用商品混凝土等）、方案设计文本、项目可行性研究报告、类似工程造价指标、该项目成本目标测算资料、全套扩初设计图纸等。物流地产项目所在地类似项目施工方法调查表见表5-2。

物流地产项目所在地类似项目施工方法调查表　表5-2

调查项目	内容描述	参考价格
常规地质		
地下水位		
低层基础方式（含桩基）		
多层基础方式（含桩基）		
高层基础方式（含桩基）		
一层地下室开挖边坡支护方法		
二层地下室基坑开挖和支撑方法		
土方外运处置或堆放场所和距离		
常用外立面材质和价格		
当地抗震设计等级		
当地环保节能要求		
当地消防验收要求		
当地特殊风俗		
当地的其他特色		

物流地产商应该将物流地产项目成本概算与项目可研测算、方案阶段编制的成本目标值进行核对（建筑面积、标准、建造内容、范围等），以确保同口径、不多计。若成本目标值与成本概算出现了较大偏差，物流地产商则需要分析差异原因。一般来说，差异原因可能出在以下几个方面：其一，建筑面积或建造标准改变（地下室面积、外窗、饰面、抗震烈度、设计新规范施行、绿色生态建筑概念的引入等）；其二，设计重大修改；其三，人工、物料价格上涨。

三、成本预算：施工图阶段

物流地产项目的成本预算也被称为施工图预算或标后核对，是指物流地产商根据已

经确定的施工图来确定的定标之后中标单位的合同包干价。在很多情况下，物流地产商在招标时，施工图尚未确定，为了不影响进度，物流地产商就会依据扩初图纸编制工程量模拟清单，以定额费率的计价方式进行招标、定标或战略续标。

物流地产项目扩初图纸和施工图纸之间存在一定差异，因此基于扩初图纸的模拟工程量清单和基于施工图纸的固定工程量清单会存在一定偏差。正因为如此，一旦物流地产项目施工图确定之后，物流地产商就应该根据施工图纸重新度量物流地产项目的工程量和价格，最终核准物流地产项目的成本预算，确定中标单位的合同包干价。

从时间节点来看，在通常情况下，物流地产项目确定了施工图之后的两个月内，物流地产商就要完成物流地产项目的成本预算及对工程量的核对。从物流地产项目成本预算的编制主体来看，物流地产商往往应该委托第三方咨询机构来完成成本预算的编制工作。一般来说，物流地产项目的工程量清单编制、标底制作、成本预算编制三件事应该委托给同一家造价咨询机构来完成，而不应该分拆委托给不同的造价咨询机构。同时，物流地产项目施工总承包商也应该自行编制成本预算。

造价咨询机构和施工总承包商应该按照事先已经明确了的工程量清单分类格式向物流地产商提交预算，包括但不限于如下内容：第一，施工图预算汇总，分列各单位工程预算价、原合同对应价，以及各自的平方米指标；第二，编制说明，编制依据、界面、范围、遗留事项、特殊事项；第三，各单位工程预算明细，分列分部工程预算价，每个单位工程又分为有合同清单价格的预算价、无合同清单价格的预算价，且按成本科目三级划分分别归集；第四，甲供材料设备清单；第五，其他预算支持文件，例如施工图目录表、相应的计算书明细、计价预算书、材料询价单、信息价等。

物流地产商经过对造价咨询机构和施工总承包商编制的成本预算审核后，最终确定物流地产项目成本预算，并据此与施工总承包商签订“补充协议”，锁定合同包干价。

四、成本结算：竣工阶段

物流地产项目的成本结算是指物流地产项目的工程成本结算和材料设备结算，工程成本结算主要包括总包工程结算和其他工程结算。物流地产商应该按照合同约定的时间执行成本结算，直到整个物流地产项目正式开业或完成交付后，需要对所有未结算的合同编制整体竣工结算计划。物流地产商完成物流地产项目所有工程成本结算和材料设备结算之后，也就最终确定了该项目的结算成本。物流地产项目竣工阶段成本结算重点关注点如图5-7所示。

物流地产项目每一项工作按照合同要求完成后，物流地产商首先应该组织施工总承

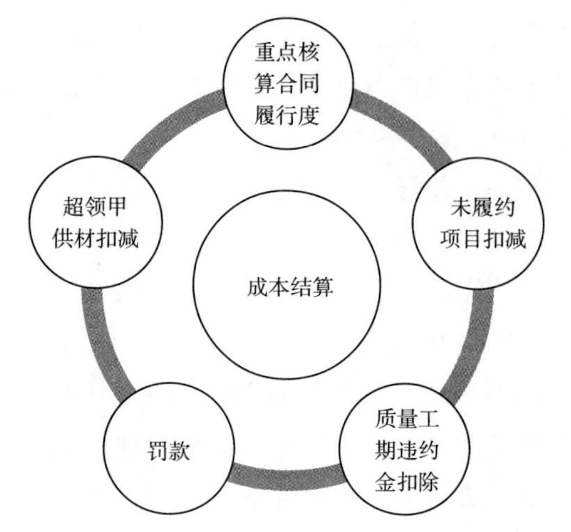

图5-7 物流地产项目竣工阶段成本结算重点关注点

包商、施工单位、设计单位（必要时）进行该项工作的竣工验收，提供验收合格的证明文件，且对工程竣工验收遗留问题进行确认。竣工验收完成后，物流地产商应该向供方发出结算通知书。施工单位接到结算通知书后，应该按时上报结算资料，填报竣工结算申请，复核结算审价资料清单。物流地产商复核结算资料，确定工程结算成本，并与施工单位协商一致后执行成本结算工作。

第三节 物流地产目标成本控制关键环节

伴随着物流地产行业的规范化和专业化发展，物流地产商的精细化管理对成本控制及管理的精细化程度提出了更高的要求。物流地产项目成本控制的重点逐渐从后期的被动控制转移到前期的主动控制，主动控制及前期控制显得尤其重要。导致这种转变的原因很简单，项目前期的投资定位、概念设计、方案设计及施工图设计对物流地产项目开发总成本的影响程度可以达到80%，而项目施工过程对成本的影响程度仅为20%。而事实上，不仅投资定位和规划设计对于物流地产项目成本控制很重要，项目开发全过程目标成本的控制需要提高全员的成本意识，其中规划设计部门、成本控制部门、工程管理部门的全力配合尤为关键（图5-8）。

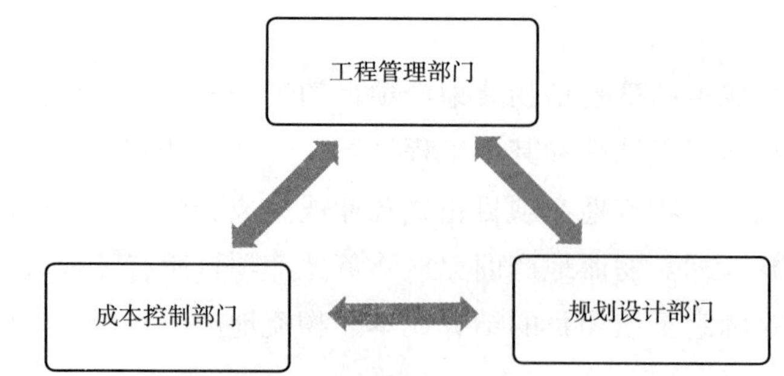

图5-8 物流地产项目目标成本管控过程中各专业部门的协同关系

概括而言，物流地产项目开发全过程的目标成本控制的关键环节主要有12个，分别是拿地成本与相关规费、产品标准化与成本标准化、设计全程成本管理、设计评审与成本优化、项目成本动态监控、供方选择、合约规划、工程量清单、标底编审、评标工作、工程变更、成本数据库。

一、拿地成本与相关规费

物流地产项目的拿地成本与相关规费主要包括土地出让金，土地契税，大市政配套费，供电、供水、供气、供暖配套费，以及税收和其他政府规费等。拿地成本与相关规费的数额大小在很大程度上与政府是否给予优惠和减免紧密相关。因此，拿地成本与相关规费是物流地产商在拿地阶段应该与政府相关部门商务谈判的重点（表5-3）。

物流地产项目在拿地成本与相关规费方面的商务谈判重点　　表5-3

序号	商务谈判内容	
1	土地出让	土地出让金：_______万元/亩 场地内原有供电、供气、雨污水等管线：□已迁移　□未迁移，计划迁移 完成时间：_________，费用承担：□政府　□开发商 其他未迁移的：_______；计划完成时间：_______；费用承担：□政府　□开发商
2	土地契税	土地契税：_______%； 优惠：□无　□有
3	大市政配套	大市政配套费：______元/m^2，□总建筑面积　□计容面积 收费单位： 收费文件：□无　□有，复印件_______
4	供电配套	供电配套费：_______元/m^2 优惠：□无　□有 收费单位：_______ 收费文件：□无　□有，复印件_______ 如按实设计， 红线外一路供电接入点距离地块___m；最近否：□是　□否 二路供电接入点距离地块___m；最近否：□是　□否
5	供水配套	供水配套费：_______元/m^2 优惠：□无　□有 收费单位：_________ 收费文件：□无　□有，复印件_______
6	供煤气配套	供煤气配套费：______元/m^2 优惠：□无　□有 收费单位：_______ 收费文件：□无　□有，复印件_______

续表

序号	商务谈判内容	
7	供暖配套	供暖配套费：______元/m² 优惠：□无　□有 收费单位：________ 收费文件：□无　□有，复印件________
8	税收	优惠：□无　□有
9	其他政府规费项目	收费标准：________ 优惠：□无　□有 收费单位：________ 文件：□无 □有，复印件________

二、产品标准化与成本标准化

物流地产行业的发展趋势必然是要走产品标准化的道路，物流地产的产品线将会实现全面精细化。物流地产商应该针对不同区域、不同目标客户、不同市场需求研发与之相适应的产品线，并确定相应产品标准和交付标准，交付标准决定了与之相匹配的成本投入，而客户敏感性分析又进一步决定了成本投入重点。因此，物流地产的产品标准化必然有助于推动物流地产的成本标准化。物流地产的成本标准化一方面有利于提高物流地产项目的产品品质、缩短物流地产项目的开发周期，另一方面也有利于物流地产项目的成本标准化。

在物流地产项目的产品定位阶段，物流地产商应该通过目标客户分析和精确的客户敏感性分析确定成本分配的原则。只有进行有效的成本分配，才能实现价值最大化。通俗地说，就是钱要花在刀刃上。

三、设计全程成本管理

物流地产商应该在物流地产项目实施前期确定项目成本上限，并在产品定位和概念方案设计、建筑方案设计、扩初及施工图设计全程实行限额设计，限额设计对于确保目标成本的实现至关重要。设计全程成本管理是指物流地产项目在设计阶段的成本管理，成本控制部门应当全程参与设计管理工作，全面推行限额设计，以避免因设计原因造成的无效成本发生。

1. 项目前期执行计划

物流地产商为了提高物流地产项目的设计质量，提升专项设计单位的价值贡献（优化布局、动线、功能、预埋件等），避免在日后施工过程中大量涉及变更而造成工期延误和无效成本发生，应当尽量推行物流地产项目“一次性设计”。

物流地产商的成本控制部门在评审物流地产项目的前期执行计划时，应该特别关注专项设计（市政管网、绿化、消防等）单位的确定时间与建筑设计单位的确定时间的有效衔接，以避免因二者的不协同而造成无效成本及工期延误的发生。在通常情况下，为了做好各专项设计单位与建筑设计单位的有效搭接关系，处理好各专项设计单位的时间衔接，物流地产商应该在建筑设计单位确定后的一个月内确定各专项设计单位。

2. 设计任务书与限额设计

为了避免物流地产项目的设计职责出现“真空地带”，物流地产商的成本控制部门在评审设计任务书时，应特别关注设计任务书中关于设计界面的合约规划，明确各设计单位的设计范围，以及与相关设计的界面划分，主要包括建筑方案设计与后续施工图设计的分工、建筑设计与专项设计的整合。另外，物流地产商应该编制各阶段目标成本，并明确限额设计指标，提供甲供及甲定乙供物料的品牌要求，签入设计合同。同时，物流地产商应该要求设计单位提供切实可行的设计概算，作为物流地产商评审设计的重要标准，超出限额设计则为不合格设计，需重新优化，达到限额标准方可通过。

物流地产项目在限额设计实施过程中，面临的最为常见的问题有两类（图5-9）：其一，由于物流地产项目开发周期方面的要求，使得物流地产商无法及时有效核算限额指标，最终致使无法实现限额设计，对此，通常的解决办法是采取分阶段设计、分阶段提供设计成果，基坑支护提前设计并进行方案认证、试桩、先基础及底板后地上、标准层抽检、结构重点抽检等措施； 其二，由于设计单位提供的指标准确性不够，导致限额指标超标，对此，通常的解决办法是物流地产商在前期就应该对设计单位进行充分考核，尤其是对其业绩及已实施项目进行考核，重点考核设计单位类似项目实施经验，同时，还要指定设计专业团队，除此之外，为了实现限额设计，物流地产商还应该对设计成果分阶段组织人员集中核算，充分调动咨询公司人力，重点抽查限额设计。

面临问题	解决办法
由于项目开发周期要求，无法及时有效核算限额指标	分阶段设计、分阶段提供设计成果，基坑支护提前设计并进行方案认证、试桩、先基础及底板后地上、标准层抽检、结构重点抽检等措施
由于设计单位提供的指标准确性不够而导致限额指标超标	应该前期对设计单位充分考核，尤其是对其业绩及已实施项目考核。重点考核类似项目经验，并指定专业团队

图5-9 物流地产项目推行限额设计面临的主要问题和解决办法

3. 设计单位选择与清单设计招标

物流地产商的成本控制部门在选择设计单位时，应该做好供方管理，除了要关注设计费及建筑设计的创意能力外，还需要特别关注物流地产商拟建项目的产品定位标准、设计单位已有业务保有量及设计周期、设计单位在结构和机电设计方面的能力、设计单位在服务意识、成本意识、责任意识和图纸质量等方面的市场口碑等方面的情况。只有基于以上分析，物流地产商的成本控制部门方能做出正确的设计供方履约评估结论。另外，在设计费的洽谈过程中，物流地产商的成本控制部门一定要向设计单位明确设计界面和分工职责。

物流地产项目扩初设计及施工图设计单位的招标，应该考虑采取清单设计招标方式（图5-10），以确保实现限额设计。具体来说，物流地产商提供单价清单，参加投标的设计单位对单体设计计算出相关工程量，再根据物流地产商提供的单价清单编制设计概算，作为设计单位评标依据。在满足技术要求的前提下，最经济的方案优先中标。

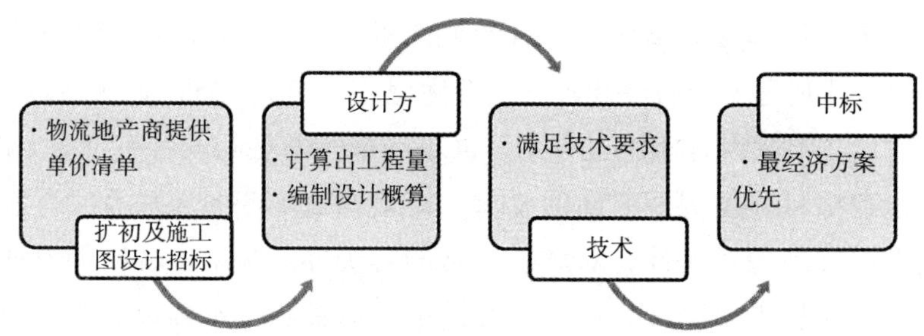

图5-10　物流地产项目扩初及施工图设计单位的清单设计招标模式

4. 设计启动

物流地产商为了缩短物流地产项目的开发周期，提高资金周转率，应该将项目概念方案设计工作提前到项目可行性研究报告编制及拿地前就启动。

物流地产商为了避免物流地产项目日后大量的设计变更，单体建筑设计工作的启动必须待项目概念方案设计、市场调研、产品策划、项目初步定位完成后方可进行。

5. 设计与成本的管理接口（图5-11）

（1）设计评审和成本优化

物流地产商的技术研发部门应该负责设计评审工作，主要包括对设计图纸的技术部分和经济部分的评审。物流地产商的成本控制部门应该参与设计图纸的经济性评审，并积极进行成本优化。

（2）标准化建设

物流地产商的成本控制部门应该参照物流地产项目设计图纸的经济性评审成果，

以及招标过程中暴露出来的设计问题，积极开展物流地产项目部品部件设计的标准化建设，为物流地产商提升设计管理和成本管控水平提供有力抓手。

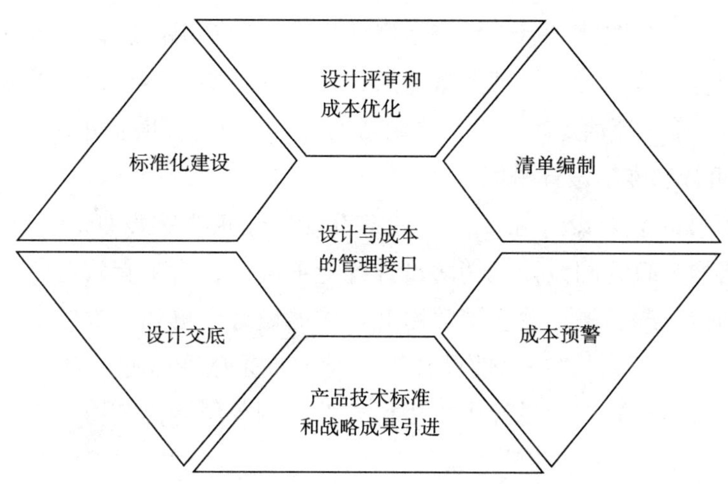

图5-11　物流地产项目设计与成本的管理接口

（3）产品技术标准和战略成果引进

物流地产商的技术研发部门和成本控制部门应该督促设计单位遵从国内外物流地产领域先进的相关产品技术标准，并尽可能在物流地产商战略供应商品牌库中选择合适的材料或设备。

（4）清单编制

物流地产项目工程量清单编制过程中，物流地产商应该关注、审核各专业工作界面的划分和搭接。例如，机电安装与内装修工作界面的划分和搭接；土建、机电安装、幕墙之预埋件工作界面的划分和搭接；消防与空调的防排烟工作界面的划分和搭接等，以及设计的错、漏、碰、缺和重复问题。

（5）设计交底

物流地产商应该在设计交底之前做好施工图会审工作，尽量在施工之前改正设计中的错、漏、碰、缺，避免因设计不合理而造成的变更费用。

（6）成本预警

物流地产商的成本控制部门应该积极参与设计图纸的过程评审，评审设计单位编制的方案估算、扩初概算，及时提出超支预警。

6. 设计进度控制

物流地产商如果能够确保物流地产项目的设计进度，则对有效控制资金成本、顺利开展招标采购工作，乃至按计划完成整个项目都会起到关键作用。一般来说，物流地产商和设计单位都可能造成图纸滞后。就物流地产商一方来说，如果其产品定位含糊或反复调整、报批不及时、决策滞后、招商要求改变、专项设计滞后等，都会导致图纸滞后。就设计单位一方来说，如果其设计方案不能满足政府和物流地产商的要求、设计进度滞后等，也都会引起图纸滞后。物流地产商的成本控制部门应该了解物流地产项目的设计进度并控制付款节奏，若发现图纸滞后，或为赶工期，不等政府批文就提前开展后阶段设计工作的，应该评估此阶段设计费用增加的风险，并及时提示风险。

7. 一次性设计和专项设计协同

物流地产项目的规划设计除了概念方案设计、建筑方案设计、扩初及施工图设计之外，还包含诸如市政管网设计、消防设计等专项设计，为了有效避免各专业出图时间和细部的矛盾和错、漏、碰、缺，消除由此造成的设计变更和无效成本发生，物流地产商应该推行物流地产项目“一次性设计”。对于特大型物流地产项目，物流地产商应该在设计合同中就明确施工图设计单位为设计总协调单位，由其协同和整合各专项设计工作。

物流地产项目“一次性设计”要求各专项设计的启动时间、资料递交相互搭接，建筑施工图最终要能反映各专项设计、物流行业、主流客户的细化要求。物流地产商在编制项目前期执行计划时，应该要求专项设计单位确定的时间节点与主体建筑设计单位确定的时间节点相互匹配。在建筑设计单位确定的同时，或紧接着就要提醒相关部门及时准备专项设计任务书和“一次性设计”总体计划，并立即开展上述专项设计单位的推荐及招标工作。

8. 设计合同管理

物流地产商应该严格按照设计合同开展物流地产项目设计合同管理工作，并且按照合同约定跟进相关奖罚。一般来说，设计合同管理主要管理四个方面：一是要管好限额设计，要结合工程量清单，验证设计单位完成的设计方案是否在限额设计指标之内；二是要管好设计变更，在审核日常变更签证时，要找出设计错、漏、碰、缺造成的设计变更，统计由此造成的无效成本金额；三是要评估设计单位的履约能力，主要是设计单位的配合程度，以及设计单位对设计周期的控制能力；四是要监控好其他合同约定的违约事项，比如设计交图延迟、外立面效果不符等。

四、设计评审与成本优化

物流地产项目的设计评审与成本优化应该遵循四项优化原则：第一，物流地产商应该确保设计方案与项目定位相匹配，考量设计方案是否与拟开发物业的产品定位、交付标准及地域特点相匹配；第二，物流地产商应该确保设计方案能够以客户价值为中心，通过比较不同设计方案所带来的品质、效果、效益（租金或售价）、成本（物业管理、运营成本），兼顾长期利益和短期利益的平衡，从中选择性价比最高的设计方案和部品，而不宜片面追求效果，或片面追求低成本；第三，物流地产商应该针对物流地产项目设计做到持续优化，在各阶段和各单项设计中，都应该持续开展方案优化工作；第四，物流地产商应该针对物流地产项目成本做到动态测算，要在各设计阶段的评审过程中全面测算成本，及时计算各项成本指标，测算项目收益。

物流地产项目设计评审与成本优化要点见图5-12。

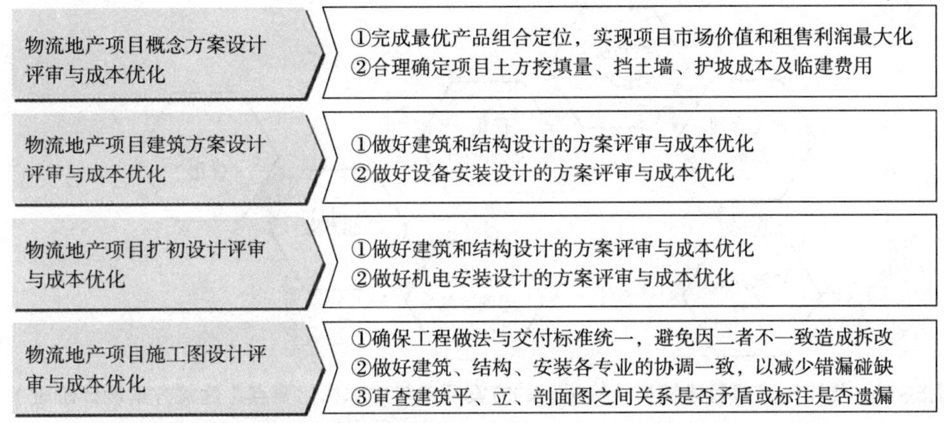

图5-12 物流地产项目设计评审与成本优化要点

1. 概念方案设计评审与成本优化

物流地产项目概念方案设计阶段的成本控制重点主要是建筑和结构两个方面。其一，物流地产商在启动概念方案设计之前应该会同物流地产项目规划设计和营销策划等专业部门，共同探讨产品类型组合方案，做出单一或组合产品及其不同组合方案的成本估算和租售收入测算，用来指导物流地产项目概念方案设计，形成较为详尽和准确的最优产品组合。其二，物流地产商应该结合物流地产项目的周边环境，合理确定不同地域的不同产品组合，确保产品租售利润和土地价值实现最大化。其三，物流地产商应该注意国家已发布新的物流地产项目建筑面积计算规范，避免因“虚报面积”而招致的政策风险。其四，物流地产商应该结合物流地产项目周边道路、市政管网的情况，在科学合理的前提下按照土方费用最小化的原则确定场地标高。在土方工程实施前，物流地产商应结合项目现场等高线与拟建建筑的标高图纸，根据二者标高差，计算出整个项目的土方挖填量、挡土墙及护坡成本。其五，物流地产项目总图规划应该综合考虑项目开发周期和永久建筑、临建、交通的合理布局，避免临时办公室、施工生活区、项目临水、临电、临时道路的重复建设。

2. 建筑方案设计评审与成本优化

物流地产项目建筑方案设计评审与成本优化主要包括对建筑和结构设计的方案评审与成本优化，以及对设备安装设计的方案评审与成本优化两个方面。

（1）建筑和结构设计的方案评审与成本优化

物流地产商在建筑方案设计阶段针对物流地产项目建筑和结构设计的方案评审与成本优化主要包括七个方面，分别是建筑方案选型、确定合理层高、控制窗地比、优化外墙设计、优化比选屋面等的具体做法、节能方案、结构方案优化（图5–13）。

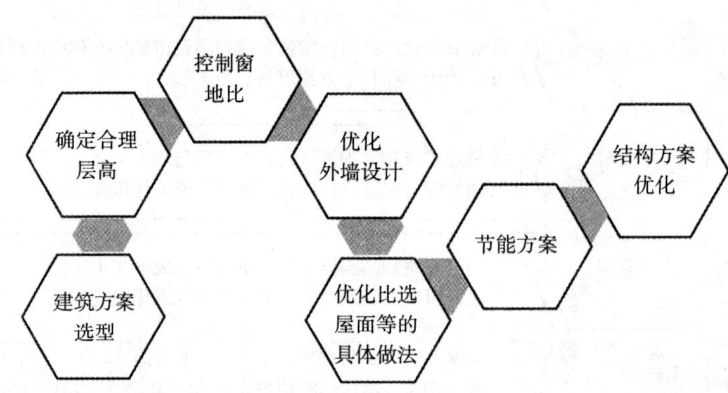

图5–13　物流地产项目建筑和结构设计的方案评审与成本优化要点（建筑方案设计阶段）

①建筑方案选型

物流地产商应该评估物流地产项目建筑方案设计在平面、竖向等各方向上的复杂程度，选择规则的建筑平面，尽可能减小因建筑的不合理布置带来结构成本的增加。高层仓库单体尽量选择对称形式。考虑抗震及成本要求，外挑外挂构件应该尽量减少。

②确定合理层高

物流地产商应该结合物流地产项目租售收入和开发成本等因素来确定仓库的层高，选择性价比较高的仓库层高，并计算层高每增加0.1m，造价增加的绝对值及其占该层造价的百分比。

③控制窗地比

物流地产商应该通过节能估算指标来控制窗地比，一旦物流地产项目节能审查通不过，物流地产商的优化方法首先应该是减少开窗面积，或调整选材，比如增加保温层厚度，或将铝合金窗改成塑钢窗，而不是保持开窗面积不变而采取其他措施来满足节能要求。在物流地产项目单体方案确定后，物流地产商应该估算不同单体仓库的窗地比，合理控制产品窗地比，是否开窗或开窗大小需要与设计单位一起沟通，窗地比应该不超过同类产品的经验值。

④优化外墙设计

物流地产商应该熟悉目前物流地产领域不同产品外墙的不同做法及其价格表，以及常用外墙材料的适用性能，关注外墙施工的复杂程度，提出物流地产项目外墙设计的改进建议，以便降低造价。

⑤优化比选屋面等的具体做法

物流地产商应该优化比选屋面等部位的具体做法及价格。例如，地下室底板及外墙防水部位应该尽量选用渗透防水结晶、水泥基复合防水涂料等较为经济适用的防水材料。地下室顶板、外墙、屋面等部位应该综合考虑当地市场，选用较为经济适用的防水材料，并在符合设计规范和防水等级的前提下，尽量采用结构自防水与单道防水层结合的防水方案。

⑥节能方案

物流地产商应该尽量采用体形系数满足节能要求的产品，以最优经济方式解决节能方案。通过合理的窗墙比来实现节能达标，通过墙体材料来实现节能达标，并控制节能取值范围。物流地产项目在中国南方地区应该尽量采用外墙内保温、加气混凝土砌块保温等，并明确屋面构架、楼梯间、凸出外墙装饰墙柱（热桥除外）等不必要保温的部位。

⑦结构方案优化

物流地产商应该在物流地产项目结构平面确定后审核项目柱网布置和结构形式，选择最优结构方案，并减少挑板、外挂装饰钢构件数量。

（2）设备安装设计的方案评审与成本优化

物流地产商在建筑方案设计阶段针对物流地产项目设备安装设计的方案评审与成本优化主要包括三个方面，分别是对供电设备安装设计、供水设备安装设计、合理设置消防分区等方案的评审和成本优化（图5–14）。

①供电设备安装设计

物流地产商应该估算物流地产项目配电设备（高压柜、低压柜、变压器、柴油发电机组）分期或分项目集中布置或分散布置等不同方案的经济合理性。由于涉及供电等垄断行业，因此，物流地产商一定要提前关注物流地产项目供电设备的安装设计，根据场地实际情况对不同设计方案进行成本测算，以避免成本优化不到位。若等到物流地产项目方案已经定案并报批通过，物流地产商就

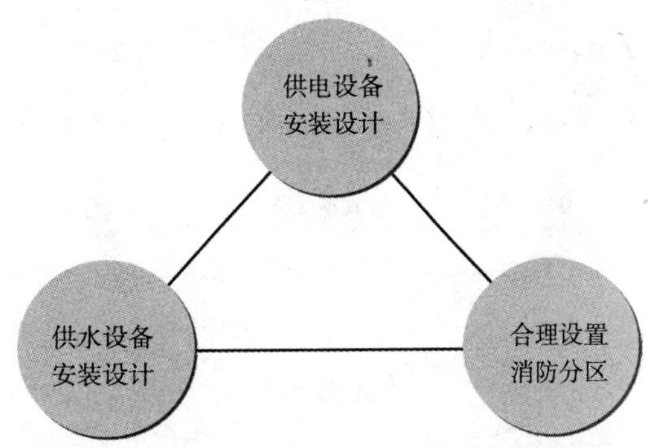

图5–14　物流地产项目设备安装设计的方案评审与成本优化要点（建筑方案设计阶段）

很难再对其进行优化了。物流地产商应该将所有供配电设备（除发电机组外的高压柜、变压器、低压柜）尽可能设置在同一房间内，以确保在符合规范要求的条件下供配电设备之间距离最短，以减少供配电设备之间的连接线路。

②供水设备安装设计

物流地产商应该在评审物流地产项目供水方案时，重点考虑建造水泵房的必要性。在现阶段，采用建设水泵房来供水的方式往往较为节省成本。如果物流地产项目必须建造水泵房，物流地产商应该考虑水泵房的建造位置及占用空间的大小。

③合理设置消防分区

物流地产项目在符合消防要求的前提下，应该最大限度地布置消防分区。在布置消防分区时，物流地产商应该注意不同类型仓库产品的区别。此外，物流地产商应该尽量利用建筑墙体来设置防火墙，减少采用防火卷帘、防火门作为防火隔离的方法来设置消防分区。从成本角度考虑，物流地产项目应该尽量减少不必要的消防喷淋系统的设置。

3. 扩初设计评审与成本优化

物流地产项目扩初设计评审与成本优化主要包括对建筑和结构设计的方案评审与成本优化，以及对机电安装设计的方案评审与成本优化两个方面。

（1）建筑和结构设计的方案评审与成本优化

物流地产商在扩初设计阶段针对物流地产项目建筑和结构设计的方案评审与成本优化主要包括五个方面，分别是明确结构含量控制指标、选择最优基础形式及埋深、明确合理结构布置并复核结构参数、结构含量，以及复核窗地比、外墙材料等其他方面（图5–15）。

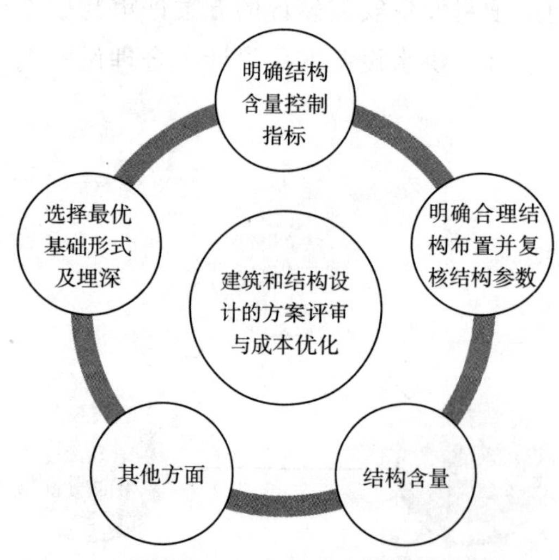

图5–15　物流地产项目建筑和结构设计的方案评审与成本优化要点（扩初设计阶段）

①明确结构含量控制指标

物流地产商应该在物流地产项目扩初设计任务书中明确结构含量的设计限额。结构含量的设计限额中需要将物流地产项目的各部位含量进行细化，便于以后估算控制。

②选择最优基础形式及埋深

物流地产商应该审核设计单位根据详勘报告初步估算进行设计的基础类型及基础设计的经济合理性。在一般情况下，各基础类型的成本按以下顺序递增：天然浅地基基础、复合地基浅基础（有时采用强夯挤密砂桩等处理方式代替）、筏板、预应力管桩、人工挖孔桩（逐渐受限制）、灌注桩。

③明确合理结构布置并复核结构参数

物流地产商在进行桩基选型时应该综合考虑项目所在地普遍选用的桩型、地质条件。例如，在我国北方地区，较常用的是粉煤灰碎石桩、夯扩桩等。物流地产商应该与设计单位就各结构参数作深入探讨与交流，力求得到合理的结构形式、合理的柱网布置、合理的结构构件尺寸、合理的结构计算参数、安全且最经济的结构参数。其中，物流地产商应该重点审查结构计算时输入的荷载值、结构计算参数、结构计算结果、结构构件的几何尺寸及配筋率。

④结构含量

物流地产商应该在设计单位正式出施工图纸之前，根据设计单位提供的设计电子稿或者白图，计算混凝土含量，要保证将混凝土含量控制在限额指标内。只有估算结果符合目标成本要求后，方可正式出施工图纸。如果局部或者全部指标都超标，就需要分列细项详细分析超标部位原因，推进设计优化工作完成。

⑤其他方面

物流地产商应该复核窗地比、外墙材料等指标，确保花费控制在目标成本内，并对节能方案进行估算比选，选择符合节能要求的成本最优方案。在立面方案已经确定的情况下，物流地产商进行节能方案选择的经济性优先顺序应该为：减小窗墙比、加厚外墙砌体材料、外墙聚苯颗粒砂浆、外墙保温板、采用LOW–E玻璃，此外，物流地产项目的屋面应该尽量采用结构找坡，减少建筑找坡造价，以降低成本。

（2）机电安装设计的方案评审与成本优化

物流地产商应该估算比选高压柜、低压柜的不同品牌、型号以及不同组合方案下的价格。在多数情况下，物流地产商应该与项目所在地的电力公司协商，采取电力公司指定品牌，并委托电力公司购买，往往可以降低成本。同时，物流地产商还应该对变压器（不同单台容量）组合方案进行比选，对配电主干线路的不同材料、不同敷设方式、不同走向方案进行比选，并优化室外供配电线路设计。

4. 施工图设计评审与成本优化

物流地产项目施工图设计评审与成本优化主要包括三个方面。

其一，物流地产商应该力求使设计单位按照交付标准的要求编写施工图做法，确保工程做法与交付标准统一，避免因二者不一致造成拆改。物流地产商还应该根据项目定位、产品类型选择材料部品，详细深化保温节点做法及保温厚度，在符合节能保温设计规定的基础上，尽可能减少外立面线条等造型外保温，从而降低造价成本。

其二，物流地产商应该做到物流地产项目建筑、结构、安装等各专业设计的协调一致，以减少错、漏、碰、缺等情况的出现，还应该利用编制工程量清单的契机，赶在工程项目开工前充分了解项目设计意图，明确项目质量要求，将图纸上存在的问题、错误和专业之间的矛盾尽最大可能在工程开工之前予以解决。

其三，物流地产商应该审查物流地产项目建筑平面图、立面图、剖面图之间关系是否存在矛盾或标注是否有遗漏，平面尺寸是否存在差错，各种标高是否符合要求，与结构图的平面尺寸及标高是否一致。

五、项目成本动态监控

物流地产项目开发建设过程中，物流地产商应该通过编制和审核物流地产项目成本月报的形式来对项目成本实施动态监控。在物流地产项目的成本月报中，一个最为核心的概念和指标是物流地产商对于物流地产项目成本的“当月估值”。所谓当月估值，就是指物流地产商在物流地产项目开发建设过程中，以编制成本月报的时点为基点，对物流地产项目未来的结算总成本进行的实时动态预计。当月估值由已经发生的费用和尚未发生的费用两部分费用加总而得，已经发生的费用应该根据物流地产项目各合同金额、设计图纸、扩初概算、标底预算、回标价格或分析报告、中标价、标后核对价、现场签证、设计变更、市场行情、竣工结算和专业经验进行计算，而尚未发生的费用则只能通过暂估而得。成本月报是物流地产项目进行目标成本管控的一项重要抓手，因此，物流地产商应该孜孜以求地提升成本月报编制的及时性和质量水平。物流地产项目成本动态监控的主要抓手包括三个方面，分别是目标成本管理、执行计划（成本）跟进、合同造价管理（见图5–16）。

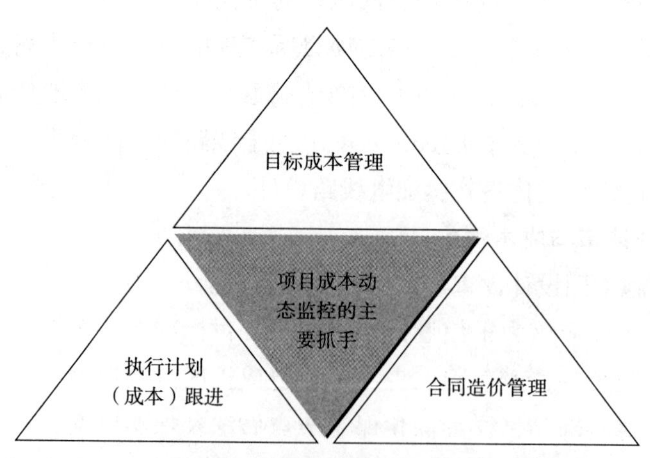

图5–16 物流地产项目成本动态监控的主要抓手

1. 目标成本管理

物流地产项目的目标成本管理是指物流地产商通过比较物流地产项目成本的目标值

即目标成本与当月估值之间的偏差值，并分析偏差原因，适时予以风险预警的成本管理活动。如果物流地产项目总投资的偏差值（当月估值减去目标成本后的差值）小于不可预见费，那么说明该项目的目标成本可控。一旦物流地产项目总投资的偏差值超过了不可预见费，则说明该项目的目标成本已经不可控。

如果物流地产项目总投资的当月估值与目标成本之间出现了较大偏差（当月估值减去目标成本后的差值过大），则物流地产商需要认真分析出现这种偏差的原因。一般来说，造成这种偏差的原因往往是由于技术标准和规格的改变、人工及物料价格的波动、产品定位、业态、规划指标（建筑面积、停车位配置、配套设施等）的变化，以及设计变更、现场签证等几个方面。

物流地产项目的目标成本预警管理是指物流地产商对于成本超支风险予以预警，并提出成本平衡措施及需要相关责任部门跟进事项的管理活动。因此，物流地产项目的成本预警分析应该重在其前瞻性，主要关注目标成本是否受控，如果目标成本保持不变，那么不可预见费的剩余额还有多少及其所占总成本的比例。目标成本预警管理的重点最终应该是为目标成本管理提出必要的建议或措施。

2. 执行计划（成本）跟进

物流地产项目的执行计划（成本）跟进主要是指物流地产商对于物流地产项目开发建设关键环节的定标情况，以及定标之后合同的签订情况、施工单位的进场情况、合同进度的控制情况的跟进。具体来说，物流地产商应该跟进物流地产项目开发建设关键线路上的定标情况，例如桩基、总包、电力配套等。物流地产项目如果有合约规划，则物流地产商应该按照不同标段跟进合约规划的执行情况，判断执行情况是否影响项目竣工和交付的时间节点。同时，物流地产商还应该跟进物流地产项目开发建设关键环节定标后合同是否及时签订，以及施工单位是否及时进场。如果施工单位未及时进场，则物流地产商应该跟进原因，并确定施工单位计划进场的时间。最后，物流地产商还应该跟进合同进度，分析合同进度是否符合约定的时间节点。如果合同出现了延误，那么物流地产商应该分析合同延误了多少时间，延误的原因是什么，应该采取何种措施赶工，赶工是否会造成费用增加，是否会影响竣工和交付约定的时间节点。

3. 合同造价管理

物流地产项目的合同造价管理主要包括六个方面：第一，物流地产商应该管理结算计划的完成情况，对于那些按时竣工的合同应该分析结算计划完成率、未完成结算的合同的原因，以及调整后的结算计划时间，对于那些延期竣工的合同，物流地产商应该分析延期竣工合同的项数和原因，以及调整后的计划竣工时间；第二，物流地产商应该列出变更金额比例超过10%的合同，并分析原因；第三，物流地产商应该分析投标期人工、混凝土等主材价格及其变化幅度，分析这些变化是否会影响项目进度和造价；第四，物流地产商应该列出存在和潜在存在违约、索赔情况的合同，及其出现违约、索赔情况的原因（含供方原因、物流地产商原因）；第五，物流地产商应该分析工程变更是否存在无效成本，工程变更是因为设计原因，还是现场管理原因；第六，物流地产商应该分析付款情况，包括月度资金实施率、未付款的合同项目数、是否存在未按合同约定及时付款情况、是否存在超付或计划外付款情况。

六、供方选择

物流地产项目做好供方选择的关键在于物流地产商要做好供方资源调查，清晰地掌握各标段优秀供方的资质、业绩，并根据需要选择招标、竞争性谈判或直接委托等方式，最终遴选出最佳供方，准确高效地完成供方选择工作。

1. 供方资源调查

物流地产项目的供方资源调查一般分为两个阶段进行：第一阶段是在物流地产项目投资协议签订后60天内必须完成的供方资源调查；第二阶段是在物流地产项目总包单位进场后60天内必须完成的供方资源调查。

（1）投资协议签订后60天内必须完成的供方资源调查

物流地产项目投资协议签订后60天内，物流地产商应该对设计类（含工程勘察、建筑设计、专业设计、设计咨询）、工程服务类（含前期咨询、招标代理、工程监理、其他服务）、工程施工类（含施工总包、独立承包）三大类、10小类、35个具体标段的供方资源情况进行全方位的调查（表5-4）。

物流地产项目供方资源调查表（投资协议签订后60天内完成） 表5-4

<table>
<tr><th colspan="3">标段划分</th><th>单位名称</th><th>资质、业绩</th><th>备注</th></tr>
<tr><td rowspan="9">设计类</td><td rowspan="3">工程勘察</td><td rowspan="3">地质勘察</td><td>单位1</td><td></td><td rowspan="3">全甲级单位</td></tr>
<tr><td>单位2</td><td></td></tr>
<tr><td>……</td><td></td></tr>
<tr><td rowspan="6">建筑设计</td><td rowspan="3">建筑施工图设计</td><td>单位1</td><td></td><td rowspan="3">全甲级单位</td></tr>
<tr><td>单位2</td><td></td></tr>
<tr><td>……</td><td></td></tr>
<tr><td rowspan="3">基坑围护设计</td><td>单位1</td><td></td><td rowspan="3">地基与基础工程一级</td></tr>
<tr><td>单位2</td><td></td></tr>
<tr><td>……</td><td></td></tr>
</table>

续表

标段划分			单位名称	资质、业绩	备注
设计类	建筑设计	建筑民防设计	单位1		人防审批部门认可单位
			单位2		
			……		
	专业设计	供配电系统设计	单位1		当地供电部门认可单位
			单位2		
			……		
		雨污水系统设计	单位1		当地验收部门认可单位
			单位2		
			……		
		燃气设计	单位1		当地验收部门认可单位
			单位2		
			……		
		建筑室外总体供水系统设计	单位1		当地验收部门认可单位
			单位2		
			……		
		供暖系统设计	单位1		当地验收部门认可单位
			单位2		
			……		
		抗震设计	单位1		当地验收部门认可单位
			单位2		
			……		
	设计咨询	施工图审查	单位1		当地验收部门认可单位
			单位2		
			……		
工程服务类	前期咨询	可行性研究	单位1		当地验收部门认可单位
			单位2		
			……		
		交通影响分析	单位1		当地验收部门认可单位
			单位2		
			……		

续表

标段划分			单位名称	资质、业绩	备注
工程服务类	前期咨询	地质灾害评价	单位1		当地验收部门认可单位
			单位2		
			……		
		水土保持评价	单位1		当地验收部门认可单位
			单位2		
			……		
		环境工程评价	单位1		当地验收部门认可单位
			单位2		
			……		
		文物勘探	单位1		当地验收部门认可单位
			单位2		
			……		
	招标代理	招标代理	单位1		当地甲级公司
			单位2		
			……		
	工程监理	工程监理	单位1		甲级企业
			单位2		
			……		
	其他服务	环境监测	单位1		当地验收部门认可单位
			单位2		
			……		
		基坑围护检测	单位1		甲级企业
			单位2		
			……		
		桩基检测	单位1		甲级企业
			单位2		
			……		

续表

<table>
<tr><th colspan="3">标段划分</th><th>单位名称</th><th>资质、业绩</th><th>备注</th></tr>
<tr><td rowspan="6">工程服务类</td><td rowspan="6">其他服务</td><td rowspan="3">招商/销售策划、代理单位</td><td>单位1</td><td></td><td rowspan="3">—</td></tr>
<tr><td>单位2</td><td></td></tr>
<tr><td>……</td><td></td></tr>
<tr><td rowspan="3">媒体广告</td><td>单位1</td><td></td><td rowspan="3">—</td></tr>
<tr><td>单位2</td><td></td></tr>
<tr><td>……</td><td></td></tr>
<tr><td rowspan="21">工程施工类</td><td rowspan="6">施工总包</td><td rowspan="3">土石方（含挖土、运土、围护）工程</td><td>单位1</td><td></td><td rowspan="3">当地专业公司</td></tr>
<tr><td>单位2</td><td></td></tr>
<tr><td>……</td><td></td></tr>
<tr><td rowspan="3">主体工程</td><td>单位1</td><td></td><td rowspan="3">特级、一级企业</td></tr>
<tr><td>单位2</td><td></td></tr>
<tr><td>……</td><td></td></tr>
<tr><td rowspan="15">独立承包</td><td rowspan="3">试桩工程</td><td>单位1</td><td></td><td rowspan="3">地基与基础工程专业承包</td></tr>
<tr><td>单位2</td><td></td></tr>
<tr><td>……</td><td></td></tr>
<tr><td rowspan="3">桩基工程</td><td>单位1</td><td></td><td rowspan="3">地基与基础工程专业承包</td></tr>
<tr><td>单位2</td><td></td></tr>
<tr><td>……</td><td></td></tr>
<tr><td rowspan="3">桩基检测及基坑检测工程</td><td>单位1</td><td></td><td rowspan="3">地基与基础工程专业承包</td></tr>
<tr><td>单位2</td><td></td></tr>
<tr><td>……</td><td></td></tr>
<tr><td rowspan="3">场地平整工程</td><td>单位1</td><td></td><td rowspan="3">一级、二级企业</td></tr>
<tr><td>单位2</td><td></td></tr>
<tr><td>……</td><td></td></tr>
<tr><td rowspan="3">临时道路工程</td><td>单位1</td><td></td><td rowspan="3">一级、二级企业</td></tr>
<tr><td>单位2</td><td></td></tr>
<tr><td>……</td><td></td></tr>
</table>

续表

标段划分			单位名称	资质、业绩	备注
工程施工类	独立承包	临时接水工程	单位1		一级、二级企业
			单位2		
			……		
		临时接电工程	单位1		一级、二级企业
			单位2		
			……		
		施工围墙工程	单位1		一级、二级企业
			单位2		
			……		
		绿化景观工程	单位1		一级、二级企业
			单位2		
			……		

注：适用于招标采购的供方不少于3家单位。

（2）总包单位进场后60天内必须完成的供方资源调查

物流地产项目总包单位进场后60天内，物流地产商应该对工程施工类（含施工总包、指定分包、其他服务、独立承包）、材料及设备供应类（含材料供应、设备供应、设备深化设计+供应+安装）两大类、7小类、29个具体标段的供方资源情况进行全方位的调查（表5–5）。

物流地产项目供方资源调查表（总包单位进场后60天内完成）　　表5–5

标段划分			单位名称	资质、业绩	供方选择分类
工程施工类	施工总包	机电工程	单位1		一级企业
			单位2		
			……		
		外门窗工程	单位1		一级企业
			单位2		
			……		

续表

<table>
<tr><th colspan="3">标段划分</th><th>单位名称</th><th>资质、业绩</th><th>供方选择分类</th></tr>
<tr><td rowspan="30">工程施工类</td><td rowspan="18">指定分包</td><td rowspan="3">钢结构工程</td><td>单位1</td><td></td><td rowspan="3">一级、二级企业</td></tr>
<tr><td>单位2</td><td></td></tr>
<tr><td>……</td><td></td></tr>
<tr><td rowspan="3">幕墙（铝板、玻璃）工程</td><td>单位1</td><td></td><td rowspan="3">一级、二级企业</td></tr>
<tr><td>单位2</td><td></td></tr>
<tr><td>……</td><td></td></tr>
<tr><td rowspan="3">暖通工程</td><td>单位1</td><td></td><td rowspan="3">一级、二级企业</td></tr>
<tr><td>单位2</td><td></td></tr>
<tr><td>……</td><td></td></tr>
<tr><td rowspan="3">弱电系统供货及安装工程</td><td>单位1</td><td></td><td rowspan="3">一级、二级企业</td></tr>
<tr><td>单位2</td><td></td></tr>
<tr><td>……</td><td></td></tr>
<tr><td rowspan="3">消防工程</td><td>单位1</td><td></td><td rowspan="3">一级、二级企业</td></tr>
<tr><td>单位2</td><td></td></tr>
<tr><td>……</td><td></td></tr>
<tr><td rowspan="3">室外雨污水管网工程</td><td>单位1</td><td></td><td rowspan="3">一级、二级企业</td></tr>
<tr><td>单位2</td><td></td></tr>
<tr><td>……</td><td></td></tr>
<tr><td rowspan="6">其他服务</td><td rowspan="3">档案管理</td><td>单位1</td><td></td><td rowspan="3">当地验收部门认可单位</td></tr>
<tr><td>单位2</td><td></td></tr>
<tr><td>……</td><td></td></tr>
<tr><td rowspan="3">商业保洁</td><td>单位1</td><td></td><td rowspan="3">—</td></tr>
<tr><td>单位2</td><td></td></tr>
<tr><td>……</td><td></td></tr>
<tr><td rowspan="6">独立承包</td><td rowspan="3">市政供热管管网引入接驳、敷设工程</td><td>单位1</td><td></td><td rowspan="3">一级、二级企业</td></tr>
<tr><td>单位2</td><td></td></tr>
<tr><td>……</td><td></td></tr>
<tr><td rowspan="3">市政燃气工程</td><td>单位1</td><td></td><td rowspan="3">当地验收部门认可单位</td></tr>
<tr><td>单位2</td><td></td></tr>
<tr><td>……</td><td></td></tr>
</table>

续表

标段划分			单位名称	资质、业绩	供方选择分类
工程施工类	独立承包	室外自来水管网工程	单位1		当地验收部门认可单位
			单位2		
			……		
		市政供配电及电力接驳、敷设工程	单位1		当地验收部门认可单位
			单位2		
			……		
		市政开关站、变配电站供货及安装工程	单位1		当地验收部门认可单位
			单位2		
			……		
		市政电信网络工程	单位1		当地验收部门认可单位
			单位2		
			……		
		市政有线电视系统工程	单位1		当地验收部门认可单位
			单位2		
			……		
		卫星电视系统供货及安装工程	单位1		当地验收部门认可单位
			单位2		
			……		
材料及设备供应类	材料供应	外遮阳	单位1		高档（外资）、中档（合资、国产）（根据项目档次进行划分）
			单位2		
			……		
		树木（胸径20cm以上）	单位1		当地大型苗圃
			单位2		
			……		
	设备供应	高压开关柜设备供货	单位1		国内大型生产企业且当地供电部门认可单位
			单位2		
			……		

续表

标段划分			单位名称	资质、业绩	供方选择分类
材料及设备供应类	设备供应	配电箱设备供货	单位1		国内大型生产企业且当地供电部门认可单位
			单位2		
			……		
		干式变压器设备供货	单位1		国内大型生产企业且当地供电部门认可单位
			单位2		
			……		
		直流电源柜设备供货	单位1		国内大型生产企业且当地供电部门认可单位
			单位2		
			……		
		箱式变压设备供货	单位1		国内大型生产企业且当地供电部门认可单位
			单位2		
			……		
		低压柜设备供货	单位1		国内大型生产企业且当地供电部门认可单位
			单位2		
			……		
	设备深化设计+供应+安装	电子公告屏	单位1		—
			单位2		
			……		
		交通设施供货及安装工程	单位1		—
			单位2		
			……		
		中水处理工程	单位1		高档（外资）、中档（合资、国产）
			单位2		
			……		

注：适用于招标采购的供方不少于3家单位。

2. 供方选择方式

物流地产项目供方选择主要有三种方式，即招标、竞争性谈判、直接委托。一般而言，供方选择多数采用招标方式。如果涉及政府垄断的，则应该采用直接委托方式。如果涉及因技术、市场等原因造成实质性垄断的，被选单位不足3家，且标的物无替代性的，则应该采用竞争性谈判或直接委托方式确定合作单位，当不止一家合作单位可供选择时，优先采用竞争性谈判方式。

（1）招标方式

招标方式是物流地产项目供方选择的主要方式。一个完整的招标活动往往应该由先到后经过招标事务筹备、招标文件及入围单位确定、发标、收标、开标、评标六个环节。

第一，招标事务筹备。物流地产商应该针对每一项招标工作都要编制招标事务安排表，明确招标工作小组和招标领导小组成员组成及详细工作安排，组织标前协调会，对招标相关事宜进行确认。

第二，招标文件及入围单位确定。物流地产商应该组织相关部门编制招标文件（含合同），招标工作小组应该初步选定不少于5家单位作为投标备选单位，并向备选单位发放招标基本信息表和招标邀请函。招标工作小组在与投标备选单位进行了投标意向沟通后，方可向招标领导小组提交邀标单位审批表和邀标单位资质汇总表，由招标领导小组最终审查确定入围单位。

第三，发标。招标工作小组应该向入围单位发放全套招标文件，入围单位应该填写发标登记表和投标承诺函。在发标时，招标工作小组应该根据需要组织外部造价咨询公司编制标底，并跟进标底完成情况，进行二次审核。在发标后2个工作日内，投标方应该向招标工作小组提供保证金，作为其投标诚信的证明。招标工作小组应该根据需要组织招标入围单位进行现场踏勘，并且组织答疑且于24小时内形成书面文件。

第四，收标。入围单位应该按照招标工作小组公布的回标时间及时提交投标书，招标工作小组应该根据回标时间接收投标书。

第五，开标。招标工作小组主持开标，开标人不得少于3人。开标人应该检查投标文件密封的完整性，以及投标文件是否符合招标文件要求的格式和内容等。

第六，评标。招标领导小组应该对投标书进行评定，确定中标者，并安排招标工作小组向其他投标者退还保证金。

（2）竞争性谈判方式和直接委托方式

如果物流地产项目采用竞争性谈判方式进行供方选择，那么，物流地产商应该确定竞争性谈判领导小组，该小组应该选择不少于3家意向供方，并向意向供方发出询价函，意向供方根据询价函进行回复。最后，竞争性谈判小组与意向供方进行商务谈判，根据谈判结果确定合作方。

如果物流地产项目采用直接委托方式进行供方选择，例如，对于那些涉及政府垄断

的供方选择，那么，物流地产商应该与意向供方进行商务谈判，确定合作方，并直接签订委托协议。

七、合约规划

合约规划是物流地产项目进行目标成本控制的关键环节之一。具体来说，物流地产商应该科学合理地编制物流地产项目的合约规划，明确物流地产项目的标段划分原则，并依照招标计划和出图深度，确定相应的招标方式和计价模式，最后还应该对数以百计的合同分门别类，形成清晰的合同结构及类别体系。

1．合约规划编制

物流地产项目的合约规划实质上是描述如何根据既定的条件确定物流地产项目的招标策略。具体来说，物流地产项目的合约规划主要包含标段划分、招标日程安排、分解成本（子）目标、合同结构、合同形式及发包模式等方面。一般而言，物流地产商应该在物流地产项目目标成本审批通过后的两周内编制完成，并实现与招标计划、财务管理、工程管理的统一和对接。物流地产商应该随着物流地产项目的推进，例如，从方案设计到扩初设计概算，再到总包进场，由主干到次枝逐步完善物流地产项目的合约规划。

物流地产项目合约规划的完善进程一般分为三个阶段：第一个阶段，物流地产商应该在物流地产项目建筑方案设计内部审核通过后的两周内完成物流地产项目的标段划分；第二个阶段，物流地产商应该在标段划分后，结合扩初设计概算，将物流地产项目目标成本按标段拆分和细化；第三个阶段，物流地产商的招标工作小组应该按照初定的标段划分、项目执行计划，结合设计出图、招标采购周期、各标段工期等，确定主要标段的招标采购日程。一旦物流地产项目施工总包单位定标后，物流地产商应该审核总包单位在施工组织设计中提出的对甲供设备采购、指定或独立分包（幕墙、消防、弱电、绿化等标段）的最终进场日期要求。物流地产商的招标工作小组应该按照施工总包单位要求的目标日期逆向校核、安排、细化前续工作，最终确定指定分包、甲供物料等的招标日程。

2．标段划分原则

物流地产商的招标采购工作应该根据物流地产项目的出图计划和工期要求等，考虑分期分段实施，以达到缩短开发周期、提高资金周转率的目的。

物流地产项目在划分标段时，物流地产商应该遵循以下五个主要原则：其一，责任唯一性原则，物流地产商为了避免合同界面不清、责任界定不明、价格难以锁定等问题，应该推行总包管理或主分包责任制，即减少合同分拆过细的问题，确保合同责任的唯一性；其二，资源整合原则，对于同一项目不同时间段的相似工程物流地产商应该尽量采用续标或一次性招标形式，避免一个项目同类工程的反复招标；其三，续标原则，在同等条件下，物流地产商为了便于现场管理协调，应该优先考虑已在项目施工（且反映良好）的承包商，或总包下属分公司安排续标；其四，避免标段过小原则，物流地产项目标段划分应该注意有利于竞价与工程管理，避免标段过小导致合作方不能发挥规模效益（管理费比例过高）而提高报价；其五，避免标段过大原则，物流地产商应该避免标段过大导致工程不能按时竣工或品质下降。

3. 计价模式

物流地产商应该依照物流地产项目的招标计划和出图深度，确定招标方式和计价模式。一般而言，物流地产项目常用的计价模式有三种，分别是工料单价法、综合单价法（定额组合价）、综合单价法（全面市场），三种计价模式各有利弊和适用范围（表5–6）。

物流地产项目三种计价模式的利弊比较及适用范围　　　　表5–6

招标方式	计价模式	表达方式	合同形式	优劣分析		适用范围、条件	适用案例
				优势	劣势		
费率招标	工料单价法	定额+信息价	成本+酬金合同（费率包干）	①准备标书的工作量少； ②投标价相对较集中	①按各地定额计价，须面对不同的地方定额和政策法规，受政策变化影响风险较大； ②定标后仍不能得到合同总价的准确数字，对工程总价不能实施有效的控制比较； ③定额缺项以及施工措施费只能留待结算时，通过承发包双方谈判确定，结算审核工作量大	①无图； ②发包方工期紧迫； ③工程内容及其技术要求尚未全面确定，投标报价的依据尚不充分； ④必须尽快发包	①前期临时工程； ②桩基； ③（主体）总包
			总价合同（定额计价，总价包干）	①准备标书的工作量较小； ②物流地产商承担较小的风险，可以集中精力控制工程进度和质量	①按各地定额计价，须面对不同的地方定额和政策法规，受政策变化影响风险较大； ②定标后仍不能得到合同总价的准确数字，对工程总价不能实施有效的控制比较； ③定额缺项以及施工措施费只能留待结算时，通过承发包双方谈判确定，结算审核工作量大； ④承包人承担数量和价格的风险； ⑤商务评标较困难； ⑥易引起结算争议	①具备施工详图，工程量不大且能精确计算； ②技术不太复杂，工期较短、风险不大的工程； ③设计+施工	①基坑围护、幕墙、弱电等“（深化）设计＋施工”； ②空调； ③内装

续表

招标方式	计价模式	表达方式	合同形式	优劣分析		适用范围、条件	适用案例
				优势	劣势		
国标清单	综合单价法	定额组合价	总价合同（按工程清单包干）	①以定额为基础，通过量价分离实现风险分担； ②通俗易懂且便于对各标价进行评标比较； ③便于中期付款审核、设计变更签证、竣工结算工作； ④便于价格资料的收集、积累	①要求标书对每一分项报价所包含的工作内容有全面且严密的说明； ②回标分析所需时间较长； ③面对不同定额，不易于异地项目成本精细化分析比较； ④没有完全脱离定额，仍需多次计算费率； ⑤表格较多，不利于评标	①图纸招标范围明确； ②编制工程量清单的水平要求较高	①具备完整施工图的总包（主体）； ②内装； ③空调； ④绿化
			单价合同（模拟清单招标）	①以定额为基础，通过量价分离实现风险分担； ②通俗易懂且便于对各标价进行评标比较； ③便于中期付款审核、设计变更签证、竣工结算工作； ④便于价格资料的收集、积累； ⑤在未出图的情况下可提前招标； ⑥在施工图设计滞后的情况下，能尽早开工； ⑦压缩建设工期	①面对不同定额，不易于异地项目成本精细化分析比较； ②没有完全脱离定额，仍需多次计算费率； ③表格较多，不利于评标； ④定标时总价无法包干； ⑤若模拟清单不准确，将导致变更增加； ⑥无法做到成本事前控制	①有类似项目的历史数据可供参考； ②施工图设计对于模拟的图纸要求变动不大； ③设计的标准化、业态及体量可复制	①具备扩初图纸的桩基； ②总包（主体）； ③可复制的项目
港式清单	综合单价法	全面市场	总价合同（按招标图包干）	①量、价均由施工单位承担； ②受定额影响较小，易于异地项目成本精细化分析； ③利于竞标； ④利于评标	①回标分析所需要时间较长； ②图纸深化要求高； ③子目描述需清楚	①图纸招标范围明确； ②编制工程量清单的水平要求较高； ③不同区域的招标	①具备完整施工图的总包（主体）； ②内装； ③空调； ④绿化
			单价合同（模拟清单招标）	①在未出图的情况下可提前招标； ②在施工图设计滞后的情况下，能尽早开工； ③压缩建设工期； ④受定额影响较小，易于异地项目成本精细化分析； ⑤利于竞标； ⑥利于评标	①面对不同定额，不易于异地项目成本精细化分析比较； ②没有完全脱离定额，仍需多次计算费率； ③表格较多，不利于评标； ④定标时总价无法包干； ⑤若模拟清单不准确，将导致变更增加； ⑥无法做到成本事前控制； ⑦图纸深化要求高； ⑧子目描述需清楚	①有类似项目的历史数据可供参考； ②施工图设计对于模拟的图纸要求变动不大； ③设计的标准化、业态及体量可复制	①具备扩初图纸的桩基； ②总包（主体）； ③可复制的项目

4. 合同结构及类别

每一个物流地产项目的投资建设都意味着由数以百计的合同组成。概括而言，所有合同可以分为四大类，17小类（表5–7）。就大类而言，物流地产项目的合同可以分为工程服务类、设计类、工程施工类和工程货物类。

物流地产项目合同结构及类别　表5–7

合同类别	合同子类别
工程服务类	前期咨询
	招标代理
	工程监理
	造价咨询
	其他服务
设计类	工程勘察
	规划设计
	建筑设计
	专业设计
	设计咨询
工程施工类	施工总包
	指定分包
	独立承包
工程货物类	材料供应
	材料供应+安装
	设备供应
	设备供应+安装

（1）工程服务类

物流地产项目的工程服务类合同主要包括前期咨询、招标代理、工程监理、造价咨询和其他服务五个子类别。其中，物流地产项目的前期咨询主要包括可行性研究、日照分析、交通影响分析、地质灾害评价、水土保持评价、环境工程评价、文物勘探、高层建筑超限审查等。物流地产项目的前期咨询和招标代理对应的成本科目是物流地产项目的开发前期准备费中的报批报建增容费。工程监理对应的成本科目是开发间接费中的工程管理费。造价咨询包括工程量清单编制和结算审价，对应的成本科目是开发间接费中

的工程管理费。其他服务包括环境监测、基坑围护检测、桩基检测、建筑工程一切险、第三责任险、档案管理、个人专家、规费或保证金，对应的成本科目是开发间接费中的工程管理费。

（2）设计类

物流地产项目的设计类合同主要包括工程勘察、规划设计、建筑设计、专业设计和设计咨询五个子类别。其中，工程勘察是指地质勘察。建筑设计包括建筑概念设计、建筑方案设计、建筑扩初设计、建筑施工图设计。专业设计包括室内装修设计、室外景观设计、基坑围护设计、外幕墙设计、钢结构设计、供配电系统设计、雨污水系统设计、建筑室外总体供水系统设计、抗震设计等。设计咨询包括钢结构顾问、幕墙顾问、施工图审查。物流地产项目的设计类合同全部对应的成本科目是物流地产项目开发前期准备费中的勘察设计费。

（3）工程施工类

物流地产项目的工程施工类合同主要包括施工总包、指定分包和独立承包三个子类别。其中，物流地产项目的施工总包主要包括物流地产项目的土石方（含挖土、运土和围护）工程、主体工程、机电工程、外门窗工程。土石方（含挖土、运土和围护）工程对应的成本科目为主体建筑工程费中的基础工程。主体工程对应的成本科目为主体建筑工程费中的结构及粗装修。机电工程对应的成本科目为主体建筑工程费。外门窗工程对应的成本科目为主体建筑工程费中的外部装饰工程。

物流地产项目的施工指定分包主要包括钢结构工程、幕墙（铝板、玻璃）工程、弱电系统供货及安装工程、消防工程、泛光照明供货及安装工程、室外雨污水管网工程、消防环管工程和暖通工程。其中，物流地产项目的钢结构工程对应的成本科目为物流地产项目主体建筑工程费中的结构及粗装修。幕墙（铝板、玻璃）工程对应的成本科目为主体建筑工程费中的外部装饰工程。弱电系统供货及安装工程对应的成本科目为主体安装工程费中的弱电系统。消防工程对应的成本科目为主体安装工程费中的消防工程。泛光照明供货及安装工程对应的成本科目为绿化环境费中的室外照明泛光。室外雨污水管网工程对应的成本科目为库区综合管网工程费中的室外给水排水系统。消防环管工程对应的成本科目为库区综合管网工程费中的室外消防环管。暖通工程对应的成本科目为主体安装工程费中的通风空调系统。

物流地产项目的施工独立承包主要包括试桩工程、桩基工程、桩基监测及基坑检测工程、场地平整工程、临时道路工程、临时接水工程、临时接电工程、施工围墙工程、绿化景观工程、市政供热管网引入接驳、敷设工程、市政燃气工程、市政室外自来水管网工程、市政供配电及电力接驳、敷设工程、市政开关站和变配电站供货及安装工程、市政电信网络工程、市政有线电视系统工程、卫星电视系统供货及安装工程。其中，物流地产项目的试桩工程、桩基工程和桩基检测及基坑检测工程对应的成本科目为物流地产项目主体建筑工程费中的基础工程。场地平整工程、临时道路工程、临时接水工程和临时接电工程对应的成本科目为开发前期准备费中的三通一平费。施工围墙工程对应的成本科目为开发前期准备费中的临时设施费。绿化景观工程对应的成本科目为绿化环境费中的硬质景观工程和绿化工程。市政供热管网引入接驳、敷设工程对应的成本科目为库区综合管网工程费中的室外采暖系统。市政燃气工程对应的成本科目为库区综合管网工程费中的室外燃气系统。市政室外自来水管网工程对应的成本科目为库区综合管网工程费中的室外给水排水系统。市政供配电及电力接驳、敷设工程和市政开关站和变配电站供货及安装工程对应的成本科目为库区综合管网工程费中的室外高低压线路。市政电信网络工程、市政有线电视系统工程、卫星电视系统供货及安装工程对应的成本科目为主体安装工程费中的弱电系统。

（4）工程货物类

物流地产项目的工程货物类合同主要包括材料供应、材料供应+安装、设备供应、设备供应+安装四个子类别。其中，物流地产项目的材料供应主要包括钢筋、薄壁方箱、外墙面砖、地砖、踏步砖、外墙涂料、电缆、室内墙地砖、室内装饰涂料、门锁五金、拉手五金等。材料供应+安装主要包括防火门工程（含钢、木制防火卷帘门）、进库门工程（含普通卷帘门）等。设备供应主要包括水泵及其控制柜设备供货、不锈钢水箱材料供货、高压开关柜设备供货、配电箱设备供货、干式变压器设备供货、直流电源柜设备供货、箱式变压设备供货、低压柜设备供货、风机（通风、防排风）设备供货、空调冷水机组供货、空调箱及空调末端设备供货、冷却塔设备供货、热交换器设备供货。设备供应+安装主要包括发电机组供货及安装工程、中水处理工程、电子公告屏、交通设施供货及安装工程。

就物流地产项目工程货物类合同与成本科目的一一对应关系而言，钢筋和薄壁方箱对应的成本科目为主体建筑工程费中的结构及粗装修。外墙面砖、地砖、踏步砖、外墙涂料对应的成本科目为主体建筑工程费中的外部装饰工程。电缆对应的成本科目为主体安装工程费中的电气工程。室内墙地砖、室内装饰涂料、门锁五金、拉手五金对应的成本科目为主体建筑工程费中的室内精装修。防火门工程（含钢、木制防火卷帘门）、进库门工程（含普通卷帘门）对应的成本科目为主体建筑工程费中的建筑及附属工程。水泵及其控制柜设备供货、不锈钢水箱材料供货对应的成本科目为主体安装工程费中的给水排水工程。高压开关柜设备供货、配电箱设备供货、干式变压器设备供货、直流电源柜设备供货、箱式变压设备供货、低压柜设备供货对应的成本科目为主体安装工程费中的电气工程。风机（通风、防排风）设备供货、空调冷水机组供货、空调箱及空调末端设备供货、冷却塔设备供货、热交换器设备供货对应的成本科目为主体安装工程费中的

通风空调系统。发电机组供货及安装工程对应的成本科目为主体安装工程费中的发电机供货及安装。中水处理工程对应的成本科目为库区综合管网工程费中的室外给水排水系统。电子公告屏、交通设施供货及安装工程对应的成本科目为绿化环境费中的室外零星设施。

八、工程量清单

工程量清单是物流地产项目进行目标成本控制的关键环节之一，也是物流地产商进行目标成本管控的一项重要工具。具体而言，物流地产商要明确工程量清单的种类，明晰工程量清单的目标，做好编制工程量清单的准备工作，做到工程量清单界面的清晰划分。

1. 工程量清单种类

物流地产项目的工程量清单主要分为两种类型，一种是模拟或暂估工程量清单，另一种是固定工程量清单。模拟或暂估工程量清单适用于因招标时间紧迫，物流地产商使用扩初图纸以单价合同确定总包单位的清单。固定工程量清单适用于物流地产商依照施工图编制的以总价包干合同确定总包单位的清单。一般来说，如无特别说明，工程量清单是指固定工程量清单。

2. 工程量清单目标

物流地产项目的工程量清单不仅是对拟招标工程的一次统一量化，而且是对限额设计的全面检验，亦是日后工程进度款支付及竣工结算的依据。因此，物流地产项目工程量清单的编制工作必须确保同时达到四个方面的目标。其一，工程量计算的准确性。其二，编制内容、工作界面与标段、招标范围的一致性。其三，文字描述的清晰性。其四，计价方法与合同约定的适应性。

3. 工程量清单准备工作

物流地产商在编制工程量清单前必须做好以下五项准备工作。其一，物流地产商要明确招标范围和标段划分。其二，物流地产商要确定计算范围和计算规则。其三，物流地产商要具有相关标段全套施工图纸、设计说明及目录。其四，物流地产商要明确甲供材料范围和暂定价标准等。其五，物流地产商要确定相对应的成本控制子目标分类格式。

4. 工程量清单界面划分

由于建筑师一般不会顾及标段划分，同时，各地市政配套单位（电、自来水等）管线引入的深度亦不尽相同。因此，物流地产商为了避免在不同清单内的重复计价、避免差错和遗漏，应该特别注意工作量清单的界面划分。

九、标底编审

物流地产商应该在向造价咨询公司委托物流地产项目工程量清单编制工作的同时，委托该造价咨询公司承担标底编制工作。物流地产商要确保其委托的造价咨询公司所用的计算标底的资料（工程量清单、发给投标人的所有补充和修正资料、报价方式等）与招标及投标人所掌握的资料一致，其以过去已经积累的大量相似工程回标信息为基础，以1～2项最新或最近的相似工程回标价格资料为参考，并对照、比较、分析人工、物价价格指数，以及技术规范、标准与规格而给出的计价。

十、评标工作

评标工作是物流地产项目进行目标成本控制的关键环节之一，是由开标、技术评标、商务评标、询标、定标等一系列承前启后的关键环节组成的系统工程（图5–17）。

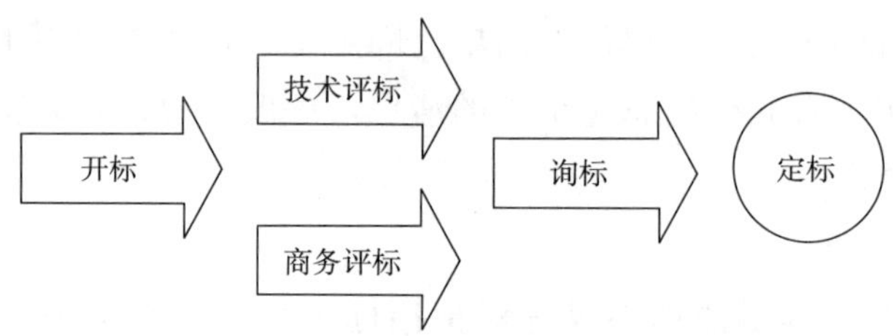

图5–17　物流地产项目评标工作的关键环节

1. 开标

物流地产项目投标单位的回标形式分为书面回标和电子回标两种，常用方式为书面回标。投标单位必须在指定时间内按时回标，回标文件必须严格将技术标、商务标分开封装。只有对于那些招标时间短、特急、投标单位在外地等特殊情况下的招标项目，方可考虑采用电子回标形式，电子回标必须回复至物流地产商指定的电子邮箱。开标工作必须在回标当天完成，原则上不得隔夜开标，且必须做到统一开标。技术标原则上应以暗标形式发给评标人。

2. 技术评标

物流地产项目技术评标的一个重要内容就是对投标单位安排的投标标段的项目经理的面试。项目经理面试结果将作为定标的重要决策依据之一。若经物流地产商面试确定的项目经理在进场后因施工单位自行更换，则施工单位必须按照合同约定缴纳罚款。对于幕墙工程、钢结构、基坑支护工程等需要二次深化设计的招标项目，技术评标工作可以采用外聘专家方式进行评标。

3. 商务评标

物流地产项目商务评标工作主要包括商务标清标、检查投标文件完整性、算术复核、量价比较分析，以及编制完成评标报告等。在商务评标时，物流地产商应该逐一核查报价文件中是否存在漏报、少报、多报、计算错误及汇总错误。对于商务标中一些需要参考技术标的项目的评估，例如对于脚手架等开办费和措施费的报价项目等，则需要物流地产商结合技术标一起评定，以便做出正确的评估。物流地产商应该对入围的投标单位的报价文件进行深入的分析、比较和评估，比较分析投标单价、总价的合理性、完整性，并将其与历史数据（或类似项目）、目标成本、限额设计、主材含量指标等进行对比分析，并对政府性规费、地方性措施费用、农民工工资保证金、代扣代缴费用、地方性材料价格把控、工程承包范围界定等进行审核。

4. 询标

物流地产商在评标过程中如果发现以下六种情况，则需要向投标单位发出询价问卷。其一，投标报价文件中出现漏报、少报、多报、计算错误等现象。其二，投标单位对招标文件不理解而造成报价错误。其三，物流地产商要求增加、减少或修改原招标文件中的内容。其四，物流地产商希望通过投标单位的再一次竞争来降低投标价格。其五，物流地产商需要获得投标单位对招标文件及合同条款的进一步确认。其六，物流地产商需要投标单位进一步澄清的其他问题。在紧急情况下，物流地产商可以就上述问题与投标单位进行口头上的沟通，以取得一致意见，并将双方确认的事项列入中标确认书中，由投标单位给予确认。

5. 定标

物流地产商应科学择优，综合考虑技术与成本的平衡，分析研究平面图及经济技术指标、投标总价对比表、重要分项工程指标分析表、经济指标分析表、单价分析表等，以物有所值、性价比高为最终的定标原则。

十一、工程变更

减少工程变更是物流地产项目进行目标成本控制的关键环节之一，也是物流地产商提升目标成本管控能力的重要保障。导致工程变更的原因有很多，例如，由于设计的错、碰、漏、缺引起的工程变更；由于设计单位不熟悉当地标准而引起的无效成本；由于招商工作滞后、客户变更引起的无效成本；由于新、旧版图纸管理混乱等设计不当、定位变更和图纸管理等因素而引起的现场变更签证、设计变更过多、墙体砌筑反复拆除、已完工程拆除整改等工程变更。

为了减少工程变更，物流地产商应该加强设计管理，保证图纸的质量；应该要求设计单位熟悉当地规范、标准；应该通过图纸会审、施工图交底，尽量在施工前把设计错误或不合理的地方予以改正。同时，物流地产商应该控制现场变更签证。一般来说，由于工程变更而引起的累计净增加值占合同额的比例应控制在5%以内。对此，可行的解决方案是完善招标条件。对施工过程中可能发生的变更范围，在招标时均须列出清单报价。工程量清单评标时必须明确综合单价的合理范围（如平均价的上限5%，下限-10%），对于明显偏差的子目必须要求投标单位进行调整，以保证中标后能够实施。另外，物流地产商还应加强对图纸设计深度的管理。

十二、成本数据库

建立成本数据库是物流地产项目进行目标成本控制的关键环节之一，也是物流地产商提升目标成本管控能力的重要抓手。物流地产商应该根据自身开发建设的一系列物流地产项目的众多工程合同、甲供材料合同、设备合同、结算价、施工图预算和标后核对价等数据资料，建立物流地产成本数据库。一般而言，物流地产成本数据库应该由造价指标数据库、定标数据库、模拟清单数据库和综合单价数据库四大数据库组合而成（图5-18）。

1. 造价指标数据库

物流地产造价指标数据库是物流地产商基于各类物流地产项目的产品类型，测算其主体工程、采暖、通风空调、发电机、消防、弱电、专业设备安装工程、库区绿化工程、供电、供水、供气市政配套工程等各分项工程的造价指标和工程含量，积累造价指标数据，形成的物流地产造价指标数据库。造价指标数据库包括招标造价指标表、标后核对后的造价指标表、结算后的造价指标表。简而言之，对于物流地产商而言，建立物流地产造价指标数据库具有五大用处。其一，有助于物流地产商用以跟踪在建项目的动态成本。其二，有助于物流地产商用以检验项目的限额设计指标。其三，有助于物流地产商用以为拟建项目

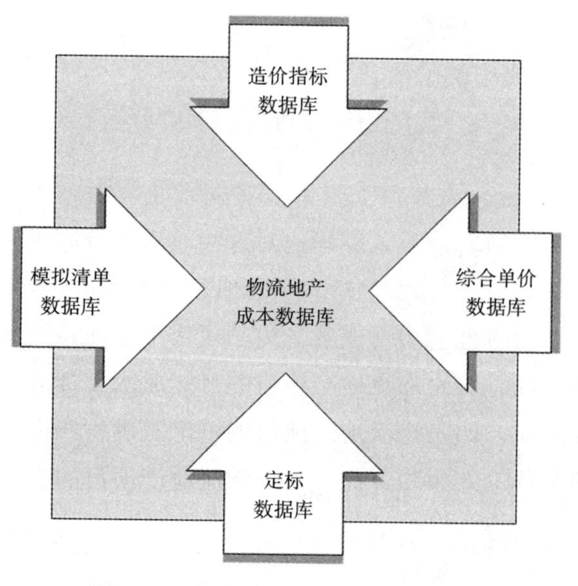

图5-18 物流地产成本数据库的组成

（拟拓展项目）提供成本测算依据。其四，有助于物流地产商为招标定价合理性评判提供参考。其五，有助于物流地产商用以与项目成本后评估进行比对。

2. 定标数据库

物流地产商应该在物流地产项目各合同定标后，将回标分析数据入库，建立物流地产定标数据库，为在建物流地产项目的动态成本控制提供数据支持，为类似物流地产项目工程的招标提供参考比对值。

3. 模拟清单数据库

物流地产商应该根据自身开发建设的一系列物流地产项目的主体工程、采暖、通风空调、发电机、消防、弱电、专业设备安装工程、库区绿化工程、供电、供水、供气市政配套工程等各分项工程量清单资料，建立物流地产模拟清单数据库。一旦建立起了物流地产模拟清单数据库，则当物流地产商再次面临要依据物流地产项目建筑方案设计图纸进行模拟清单招标时，便可使用物流地产模拟清单数据库快速方便地编制出用于招标的模拟工程量清单。

4. 综合单价数据库

物流地产商应该将自身开发建设的一系列物流地产项目各个合同的综合单价录入数据库，形成物流地产综合单价数据库，为物流地产商以后评标、变更核价提供类似或相同工程量清单综合单价数据，以便比对和参照使用。

第四节　物流地产成本管控通病的问题溯源和解决方案

物流地产项目的成本管控往往存在一些通病，通过对大量已投资建设完成的物流地产项目成本管控进行的后评估，复盘当时的资料，就可以准确地对这些通病进行原因追溯，并据此提出针对性的解决方案，为其他类似物流地产项目投资建设过程中的成本管控提供极具价值的参考和借鉴。具体而言，物流地产项目成本管控的通病主要涉及六个方面，一是物流地产项目的目标成本控制方面；二是物流地产项目的目标成本管理方面；三是物流地产项目的甲供材料设备管理方面；四是物流地产项目的甲定乙供材料设备管理方面；五是物流地产项目的合约规划及各供方履约方面；六是物流地产项目的变更签证体系方面（图5-19）。

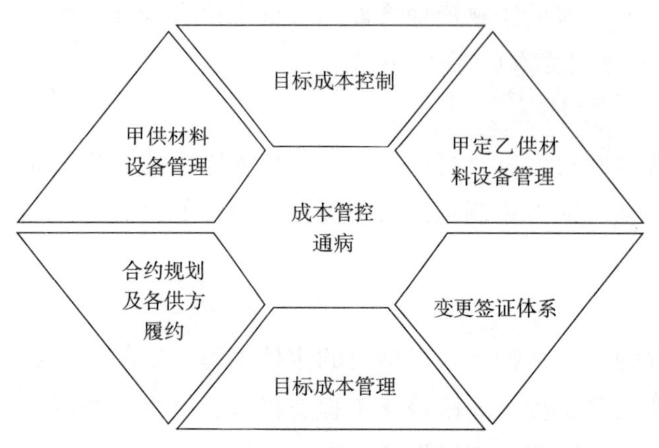

图5-19 物流地产项目成本管控通病的分类

一、目标成本控制

物流地产项目在目标成本控制方面的通病主要是目标成本超支。目标成本超支主要表现在材料和人工费成本涨价；设计和现场变更；外墙保温材料更改；保温材料单价调增；产品组合和功能配比调整；外立面改造六个方面。

物流地产项目目标成本超支的原因往往可以归结为四个方面。其一，物流地产项目前期设计过程中成本控制缺乏依据，施工过程中设计变更失控；其二，施工单位在物流地产项目招标过程中以低价中标，在施工过程中以高价索赔；其三，物流地产项目招标条件不完善；其四，物流地产项目图纸深度不足，招商工作滞后，目标客户不确定。

物流地产商应该针对目标成本超支这一通病的问题溯源，采取针对性的解决办法。具体来说，其一，要完善物流地产项目招标条件，对施工过程中可能发生的变更范围，物流地产商在招标时均应该列出清单报价。其二，物流地产商按照工程量清单评标时，必须明确综合单价的合理范围（如平均价的上限5%，下限-10%），如果发现明显偏差的子目，必须要求投标单位进行调整，以保证中标后能够实施。其三，物流地产商应该加强对图纸设计深度的管理，确保图纸达到应该有的深度要求。

二、目标成本管理

物流地产项目在目标成本管理方面的通病主要包括甲供领用超支、工期奖罚未能执行合同、工程款超比例支付、结算实效性较差、无效成本发生五个方面（图5-20）。

1. 甲供领用超支

物流地产项目甲供材料出现超领的原因往往可以归结为三个方面。一是由于原合同清单关于甲供材料领用量的数字不准确，或者是由于施工单位因保管不当而丢失甲供材料；二是由于项目图纸、建筑功能配比方面的变更较大，或者是由于未能根据这些变更及时调整甲供材料的领用量数据；三是由于模拟清单招标与现场实际情况存在差异。

物流地产商应该针对甲供材料出现超领这一通病的问题溯源，采取针对性的解决办法。具体来说，一方面，施工单位应该对工程预算量负责，严格执行甲供材料领用签字手续，并按月度核对。当甲供材料领用量超过预算总量时，物流地产商应该核查风险，并对施工单位发出预警。告知施工单位的责任，如果发生超领，则物流地产商将按合同约定扣减施工单位工程款。另一方面，物流地产商应该提高图纸质量，加强图纸变更管理，严格控制整体换版次数，并将其列入设计合同约定，设定违约扣款约定。

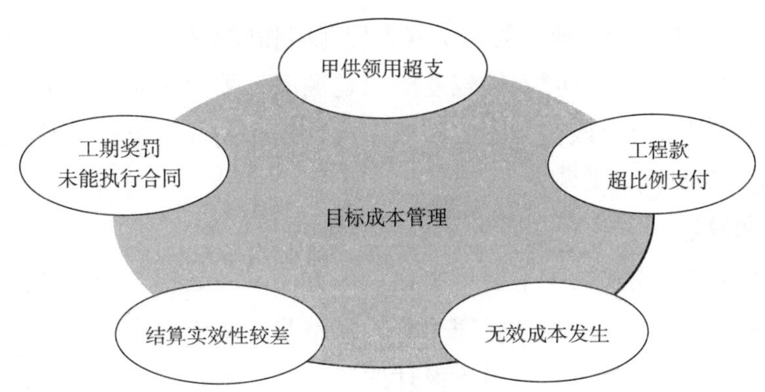

图5-20 物流地产项目成本管控在目标成本管理方面的通病

2. 工期奖罚未能执行合同

物流地产项目工期奖罚未能执行合同是指在施工单位延期竣工并且未办理工期签证的情况下，物流地产商未按合同约定对其进行惩罚的现象。物流地产商未执行工期违约扣款的原因往往可以归结为两个方面。一方面，物流地产商按赶工招标，过程设计变更大，计划工期难以实现；另一方面，施工单位组织不力，劳动力不足。

物流地产商应该针对工期奖罚未能执行合同的问题溯源，采取针对性的解决办法。具体来说，一方面，物流地产商如果要做到按照合同扣工期违约，则需要其严格按照规范管理，一是物流地产商的工程管理部门应该及时办理或审批项目“工期变更签证”，包括因物流地产商责任的工期顺延签证；二是物流地产商如果办理工期顺延签证，则会引致施工单位的费用索赔要求，物流地产商如果仍然要压缩工期，则施工单位就会增加赶工措施索赔；三是物流地产商如果希望减少费用索赔的增加，则应该规范合同工期约定、规范图纸发放节点、规范变更流程。另一方面，在“三边工程（边勘测，边设计，边施工）”的大前提下，现阶段物流地产商模糊处理“工期违约扣款”也不失为一种有利的管理措施，但需掌握适度原则。

3. 工程款超比例支付

物流地产项目工程款超比例支付的原因往往是由于施工单位以工程赶工或交付后整改为借口，要求物流地产商增加支付工程款或借款。

物流地产商应该针对工程款超比例支付的问题溯源，采取针对性的解决办法。其一，物流地产商应该详细约定进度借款、超比例支付的责任主体和奖惩办法。其二，物流地产商应该适度放缓物流地产项目结算进度要求。

4. 结算时效性较差

物流地产项目结算时效性较差的原因往往可以归结为四个方面。一是由于整改未完成，尚未完成验收；二是由于未审批的变更正在补单审核；三是由于施工单位未上报结算或资料不全；四是由于物流地产商的工程管理部门和成本控制部门人员离职或调动。

物流地产商应该针对结算时效性较差的问题溯源，采取针对性的解决办法。一是物流地产商的工程管理部门应该监督验收整改完成计划和完成情况；二是物流地产商应该稳定人员或招聘人员到岗。

5. 无效成本发生

物流地产项目无效成本发生主要集中在三个方面。一是现场变更签证和设计变更过多；二是墙体砌筑反复拆除；三是已完工程拆除整改。物流地产项目无效成本发生的原因往往可以归结为四个方面。一是由于设计的错、碰、漏、缺问题过多；二是由于设计单位不熟悉当地标准；三是由于招商工作滞后，客户变更引起无效成本；四是由于新、旧版图纸管理混乱。

物流地产商应该针对无效成本发生的问题溯源，采取针对性的解决办法。一方面，物流地产商应该加强设计管理，保证图纸的质量；另一方面，物流地产商应该要求设计单位熟悉当地规范和标准。

三、甲供材料设备管理

物流地产项目在甲供材料设备管理方面的通病主要包括甲供材料质量管控和成本管控两个方面。具体而言，主要表现在三个方面。一是产品匹配度与设计不符；二是部分产品供货周期过长；三是地下室顶板薄壁方箱材质差，易破碎。

物流地产项目在甲供材料设备管理方面的通病往往可以归因于两个方面。一是甲供材料设备供货单位质量控制能力薄弱；二是设计单位与战略厂家沟通脱节。物流地产商应该针对甲供材料设备管理通病的问题溯源，采取针对性的解决办法。一是物流地产商应该要求战略厂家提前与设计单位对接沟通，出图后亦须严格审图；二是物流地产商应该淘汰不合格战略合作厂家，与不合格的甲供材料设备单位停止合作。

四、甲定乙供材料设备管理

物流地产项目在甲定乙供材料设备管理方面的通病主要包括甲定乙供材料的品牌合

理性和产品质量管控两个方面。具体而言，主要表现在三个方面。一是部分地区外墙保温材料未纳入当地政府指定品牌；二是甲定乙供材料设备在项目所在地没有生产厂家或没有代理商，严重影响供货周期；三是供货产品的质量与定标产品的质量不符。

物流地产项目在甲定乙供材料设备管理方面的通病往往可以归因于两个方面。一是物流地产商指定的品牌过少；二是物流地产商未考虑当地实际供货难度及政府指定因素。物流地产商应该针对甲定乙供材料设备管理通病的问题溯源，采取针对性的解决办法。其一，物流地产商应该尽可能重点考虑当地知名品牌，这样既可以保证质量又可以保证售后服务；其二，对于用量少的材料，物流地产商在指定品牌时应多指定几家；其三，材料进场前应该封样保存，验收合格后方可使用。

五、合约规划及各供方履约评估

物流地产项目在合约规划及各供方履约方面的通病主要包括在建筑设计、装饰设计、监理、土方、总包、暖通、绿化景观、消防、战略采购（甲供）、非战略采购（甲供）十个方面经常暴露出来的问题（图5–21）。

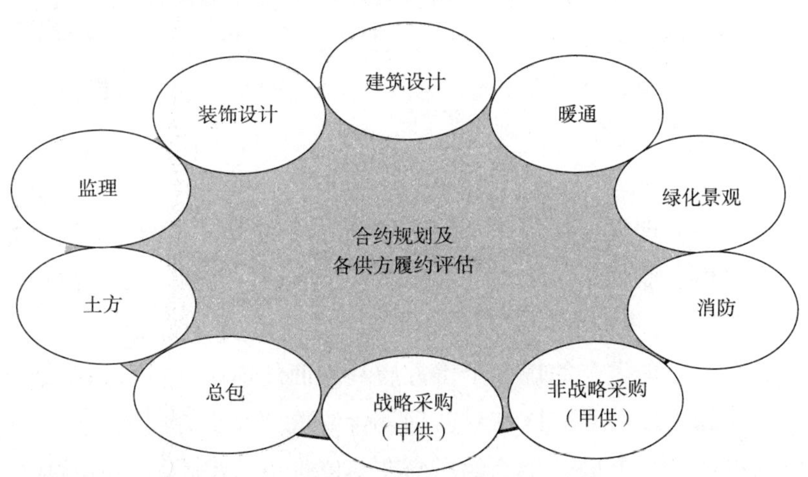

图5–21　物流地产项目成本管控在合约规划及各供方履约方面的通病

1. 建筑设计

物流地产项目在建筑设计类合约规划及供方履约方面的通病主要包括五个方面。具体而言，第一是设计错、漏、碰、缺过多；第二是设计单位对当地的规范不清楚，影响后期的规划验收；第三是物业功能性设计不符合客户需求；第四是设计变更图纸提供不及时；第五是各专业设计人员沟通不到位。

物流地产项目在建筑设计类合约规划及供方履约方面的通病往往归结于物流地产商过于依赖一家设计单位的缘故，导致该设计单位工作任务过度饱和，缺乏竞争服务意识。物流地产商应该针对建筑设计类合约规划及供方履约通病的问题溯源，采取针对性的解决办法。一方面，物流地产商应该评估战略合作设计单位的工作饱和度，审慎选择设计单位和设计师；另一方面，物流地产商应该要求主创设计师一定要了解当地的风土人情及当地的市场需求。

2. 装饰设计

物流地产项目在装饰设计类合约规划及供方履约方面的通病主要包括三个方面。具体而言，一是设计师未到现场测量导致图纸与现场不符，造成返工；二是管线设计未与建筑中的机电设计协调统一，出现标高等方面有偏差的现象；三是装饰设计与建筑、景观设计出现设计界面不清的状况。

物流地产项目在装饰设计类合约规划及供方履约方面的通病往往可以归因于三个方面。一是由于物流地产商选择的装饰设计单位经验不足；二是由于建筑设计单位向装饰设计单位的图纸交底不到位而出现偏差；三是由于装饰设计单位没有现场实测。

物流地产商应该针对装饰设计类合约规划及供方履约通病的问题溯源，采取针对性的解决办法。一方面，物流地产项目的建筑设计单位与装饰设计单位一定要进行交底；另一方面，物流地产项目的装饰设计应该以建筑设计为基础，尽量减少因装饰设计与建筑设计不统一导致的变更，特别是管线设计，必须与建筑中的机电设计协调统一，避免出现标高等方面有偏差的现象。

3. 监理

物流地产项目在监理类合约规划及供方履约方面的通病主要包括两个方面。具体而言，一是确定两家以上监理单位容易造成界面不清和成本浪费；二是监理单位人员配备不齐，专业素质不理想。

物流地产项目在监理类合约规划及供方履约方面的通病往往可以归结于监理单位选择不到位的缘故。物流地产商应该针对监理类合约规划及供方履约通病的问题溯源，采取针对性的解决办法。一方面，物流地产商在与监理单位签订合同时就应该明确提出对各专业、各阶段配置人员的要求，人员名单需要写进合同，监理工程师必须经过物流地产商确认；另一方面，物流地产项目的整个工程应该一次性委托给一家监理公司，便于其统筹考虑。

4. 土方

物流地产项目在土方类合约规划及供方履约方面的通病主要是土方界面划分不合理。例如，物流地产项目基础部分 ± 30mm范围的土方开挖不应该放在土方单位招标范围里面，而应该由基础施工单位来做。

物流地产项目在土方类合约规划及供方履约方面的通病往往可以归结于工程界面划分不清的缘故。物流地产商应该针对土方类合约规划及供方履约通病的问题溯源，采取针对性的解决办法。一方面，物流地产商应该将基坑围护尽量纳入总包合同，以防不同施工单位之间因界面划分不清相互推诿扯皮而增加成本及耽误工期；另一方面，物流地产项目基础的人工挖土部分应该纳入总包合同，基坑回填土也应该纳入总包合同。

5. 总包

物流地产项目在总包类合约规划及供方履约方面的通病主要包括三个方面。具体而言，一是施工周期长及投标过程中价格过低导致总包消极怠工；二是总包与装修合同的施工界面划分不清，导致重复施工及返工；三是模拟清单总价包干方式导致经常出现批价项目，往往引起施工单位停工扯皮。

物流地产项目在总包类合约规划及供方履约方面的通病往往可以归结于招标条件不充分和合同约定不详尽的缘故。物流地产商应该针对总包类合约规划及供方履约通病的问题溯源，采取针对性的解决办法。其一，装修施工图应该提前设计出图；其二，避免超低价中标导致后期扯皮；其三，重点选择工作能力及业绩突出的项目经理，并明确纳入合约；其四，对于界面易混淆的项目，招标时应该统筹考虑，明确到具体工序。

6. 暖通

物流地产项目在暖通类合约规划及供方履约方面的通病主要包括两个方面。具体而言，一是因图纸不全，导致招标漏项，后期争议较大；二是总包对暖通专业重视不够。物流地产项目在暖通类合约规划及供方履约方面的通病往往可以归因于两个方面。一是由于图纸漏项导致合同争议较大；二是由于物流地产商缺乏暖通施工的标准化。

物流地产商应该针对物流地产项目暖通类合约规划及供方履约通病的问题溯源，采取针对性的解决办法。一方面，图纸必须经物流地产商审核后方可实施，对于工作界面划分应该层层把关，防止漏项；另一方面，通风管、取暖管等走向应该规范化，以便节约成本，避免线路过长。

7. 绿化景观

物流地产项目在绿化景观类合约规划及供方履约方面的通病主要包括两个方面。具体而言，一是景观土方与总包合同因界面不清而引起争议；二是外地施工单位在人力组织方面往往较弱，并对当地植被等并不熟悉。

物流地产项目在绿化景观类合约规划及供方履约方面的通病往往可以归因于施工招标非当地化。物流地产商应该针对绿化景观类合约规划及供方履约通病的问题溯源，采取针对性的解决办法，主要是尽量使用当地景观施工单位。

8. 消防

物流地产项目在消防类合约规划及供方履约方面的通病主要是消防施工单位施工不

积极，与当地消防部门沟通不到位，这往往可以归结于物流地产商未选用当地消防施工单位的缘故。物流地产商应该针对消防类合约规划及供方履约通病的问题溯源，采取针对性的解决办法，主要是消防施工尽量选用当地单位，便于消防验审。

9. 战略采购（甲供）

物流地产项目在战略采购（甲供）方面的通病主要包括两个方面。具体而言，一是电梯到货延误，以及安装延误；二是水泵如果是由外地经销商供货的话，外地经销商容易增加来回路程的时间，并且协调力度往往不够。物流地产项目在战略采购（甲供）方面的通病往往可以归因于物流地产商对于战略合作单位的选择不当。

物流地产商应该针对战略采购（甲供）通病的问题溯源，采取针对性的解决办法。一方面，物流地产项目的战略厂家都应该增加第一、第二替补梯队，当第一战略单位在供货、质量、服务等方面出现问题时，便于其他替补单位及时补充，不仅可以避免工期受到影响，而且可以有效管控战略单位；另一方面，当地方规范对物流地产项目验收具有地域要求时，如果性价比无差异，则物流地产项目应该尽量采取属地化供货，避免甲供采取一刀切政策所带来的其他不利影响或因增加协调而需要支出更多费用的弊端。

10. 非战略采购（甲供）

物流地产项目在非战略采购（甲供）方面的通病主要是甲供材料过多过细，不便于现场材料管理，这往往归因于物流地产项目非战略采购材料过细。

物流地产商应该针对非战略采购（甲供）通病的问题溯源，采取针对性的解决办法。一方面，物流地产项目的装修工程除了战略产品以外，其他产品尽量不要采取甲供方式，否则质量问题归属难以分清，并且增加现场协调工作；另一方面，物流地产项目能够纳入总承包的材料尽量将其纳入总承包，避免不必要的甲供，且避免增加人力成本。

六、变更签证体系

物流地产项目在变更签证体系方面的通病主要集中在变更签证流程方面，一是未经立项和未经核定费用的变更现象过多；二是变更签证决策速度过慢。物流地产项目在变更签证体系方面的通病往往可以归因于两个方面。一是由于物流地产项目出图速度慢，图纸质量差，招商变更频繁；二是由于物流地产商决策速度慢，决策流程长。物流地产商应该针对变更签证体系通病的问题溯源，采取针对性的解决办法，主要是优化变更签证流程，坚持先批后做。

第六章 物流地产经营管理

物流地产项目的投资建设最终必须通过物流地产项目中物流仓储设施经营管理过程中产生的以租金收入为主的经营收入来实现其价值。因此，围绕物流地产投资建设的所有可行性研究、项目定位、规划设计、开发管理、工程管理、成本管控等工作的合理性和科学性，都要通过物流地产项目中物流仓储设施经营管理的结果来得到验证。由此可见，物流地产经营管理至关重要，它绝不仅仅是物流地产项目投资建设和运营管理全过程中的某一个独立的阶段或环节，而是融入物流地产项目投资建设和运营管理全过程的灵魂。

第一节　物流地产经营管理价值链

物流地产项目投资建设和运营管理的全过程，同时也是物流地产项目价值生成的全过程，在由所有价值生成环节所组成的整条价值链上，并不是每一个环节对于价值生成的贡献都是同等重要的，而是有些环节相对重要，另一些环节相对次要。在那些相对重要的环节上，物流地产商就应当增加更多的投入，以获取更大的价值。同样，并不是每一个环节对于效率提升的贡献都是同等重要的，而是有些环节相对重要，另一些环节相对次要。在那些相对重要的环节上，物流地产商就应当在同样的成本投入条件下追求更高的效率，或者在同样的效率要求下，追求投入更少的成本。

一、效率与附加值

如果将物流地产项目投资建设和运营管理的全过程划分为研发、建设和营销三个环节的话，每一个环节对于物流地产产品和服务附加值的贡献程度是不同的，相应的，对于物流地产商在各个环节上的能力要求也是不一样的。大量经验事实表明，在物流地产项目投资建设和运营管理的全过程中，附加值更多体现在物流地产经营管理价值链的两端，即前期的研发环节和后期的营销环节，而处于物流地产经营管理价值链中间部位的建设环节的附加值最低。正因为如此，在物流地产项目投资建设和运营管理过程中，物流地产商应该在价值链中间部位的建设环节追求效率，尽可能控制成本，在价值链两端的研发环节和营销环节追求附加值，尽可能实现溢价（图6-1）。

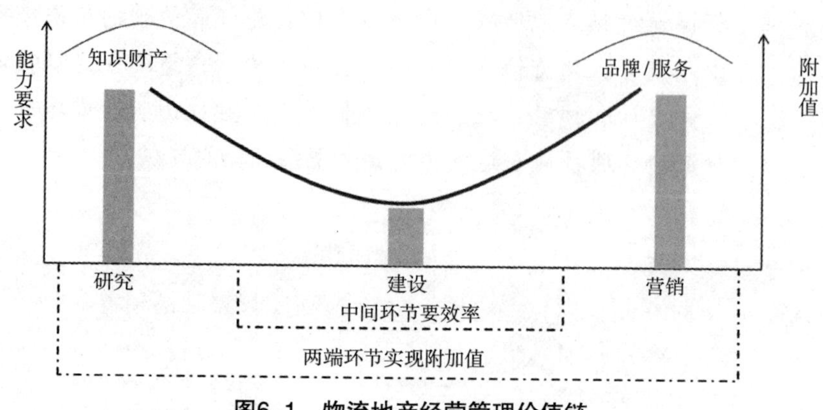

图6-1　物流地产经营管理价值链

物流地产商通过经营管理物流地产项目中物流仓储设施而获取租金等经营收入，是物流地产项目投资建设和运营管理的最终目标和归宿。物流地产商应当从经营管理物流地产项目中物流仓储设施的视角出发指导物流地产项目投资建设和运营管理的全过程。在物流地产经营管理价值链环节的选择方面，物流地产商应该在培养全程开发运营能力的基础上，重点关注物流地产经营管理价值链的两端，即在前期的研发环节和后期的营销环节上培养核心能力，配置核心资源。目前，物流地产竞争已经进入了知识竞争和品牌竞争的新时代。

二、研发环节与知识财产

物流地产项目的投资建设和运营管理是一个耗资大、周期长、环节多的复杂系统工程。对于这个复杂的系统工程而言，前期的投资决策在很大程度上将会决定整个项目投资建设和运营管理的成败。概括而言，物流地产项目前期的投资决策涵盖了物流地产项目选址、市场研究、产品定位、投资测算、规划设计等重要内容，考验的是物流地产商的研发能力。因此，物流地产项目的前期投资决策环节也被称为物流地产项目的研发环节。

1．研发环节：附加值增长极

在物流地产项目的研发环节，物流地产商的核心竞争力主要体现为其在物流地产项目选址、市场研究、产品定位、投资测算、规划设计等方面具备的知识财产水平。由于物流地产商最终是通过经营管理物流地产项目中物流仓储设施所获取租金等经营收入作为物流地产项目投资建设和运营管理的最终目标和归宿，围绕物流地产投资建设的项目选址、市场研究、产品定位、投资测算、规划设计等工作的合理性和科学性，都要通过物流地产项目中物流仓储设施经营管理的结果来得到验证。

物流地产项目中物流仓储设施的经营管理部门，无论是物流地产商自身组建的经营管理部门，还是来自物流地产商外部的物流仓储设施专业经营管理机构，都要从物流地产项目中物流仓储设施后期经营管理的实际需要出发，在物流地产项目选址、市场研究、产品定位、投资测算、规划设计的时候就适时介入，提出建议。

物流地产项目中物流仓储设施的经营管理部门如果对于市场需求的判断真实可靠，对物流地产项目研发环节的指导科学合理，那么，物流地产商投资建设的物流仓储设施在后期运营管理过程中就能适销对路，盈利增值。从这个意义上讲，在物流地产项目投资建设的前期环节，物流地产项目中物流仓储设施的经营管理部门俨然是市场需求的化身，代表未来的客户对产品和服务提出要求，为物流地产项目的投资建设和运营管理注入成功的基因。

2. 知识财产：创新能力

物流地产项目中物流仓储设施的经营管理部门应该善于发现客户需求偏好的变化，摆脱在同质化产品和服务上一味通过压低成本和价格的方式来争取竞争优势的传统路径，而应在物流地产产品和服务方面开展创新研究和实践应用，增加物流地产产品和服务的功能属性，避免同质化竞争，形成差异化竞争，从不同层面满足客户的新需求，有效提升项目品质，提升项目附加值。

例如，在物流地产项目的产品定位方面，一些物流地产商在仓库高度、装卸货平台配比、配套设施建设、相关技术装备引进等方面进行物流地产项目的产品创新，提升技术含量。在物流地产项目的服务功能定位方面，一些物流地产商在商品展示交易、国际商务、国际物流、物流信息、物流金融、国际结算等方面进行物流地产项目的服务创新，提升服务质量。

是否具备各方面知识财产，是否能够发挥专业创新能力，不仅决定着物流地产商是否能够开发建设出符合行业要求和客户需求的物流仓储设施，而且也决定着物流地产项目的竞争力和物流仓储设施经营管理的成败。

三、营销环节与品牌价值

物流地产与住宅地产显著不同，住宅地产最终是用来满足居民的居住需求，带有明显的消费属性。但是，物流地产最终是用来满足制造企业、流通企业和第三方物流企业等经济主体的物流仓储设施需求，带有明显的投资属性。物流地产项目无论是用来整售、散售、整租、散租，还是委托管理，最终都是通过物流地产项目的售价和租金来实现物流地产商投资建设和运营管理物流地产项目的价值。概括而言，物流地产项目后期的租售经营，考验的是物流地产商的营销能力，因此，物流地产项目的后期租售环节也被称为物流地产项目的营销环节。

1. 营销环节：附加值增长极

在物流地产项目的营销环节，物流地产商的核心竞争力主要体现在物流地产产品和服务在制造企业、流通企业及第三方物流企业等客户心目中作为无形资产所具有的生命力。作为无形资产的品牌影响力根植于物流地产项目有形的产品和服务的质量基础之上。

物流地产商通过优质的产品和服务满足制造企业、流通企业及第三方物流企业等客户的需求，兑现自身的承诺，并不断创新产品和服务，不断提升产品和服务的质量，在制造企业、流通企业及第三方物流企业等客户当中积累知名度和美誉度，从而形成和夯实物流地产商和物流地产项目的品牌影响力。

如果开发建设是提供物流地产项目的“硬件”的话，那么，对于物流地产项目中

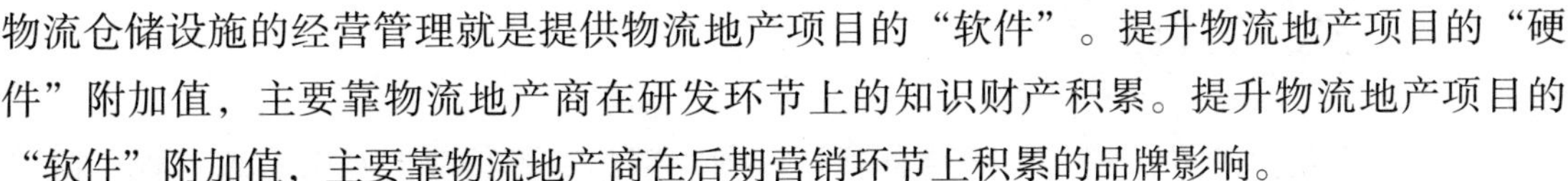

物流仓储设施的经营管理就是提供物流地产项目的“软件”。提升物流地产项目的“硬件”附加值，主要靠物流地产商在研发环节上的知识财产积累。提升物流地产项目的“软件”附加值，主要靠物流地产商在后期营销环节上积累的品牌影响。

2. 品牌价值：品牌建设与服务提升

制造企业、流通企业和第三方物流企业等物流仓储设施客户经过十几年的快速发展，已经变得日益成熟，在选择物流仓储设施时，不再仅仅盯着租金的高低，而开始关注物流地产商和物流地产项目的品牌影响和服务品质，甚至将是否践行绿色环保、社会慈善等企业社会责任也纳入考虑的范围。

因此，物流地产项目中物流仓储设施的经营管理部门应该主动自觉地开展品牌建设和提升服务水平，这对于扩大物流地产商和物流地产项目的品牌影响，构建物流地产商和物流地产项目的资源网络，推进物流仓储设施的连锁经营具有重大意义。

具体而言，物流地产商和物流地产项目完整的品牌定位应该是基于面向客户、股东、商业伙伴、社会团体、员工的全面价值体系，塑造深受制造企业、流通企业和第三方物流企业等物流仓储设施客户信赖、稳健经营、持续盈利、深受社会尊敬的形象，并在物流地产产品和服务之外提供制造企业、流通企业和第三方物流企业等物流仓储设施客户一种信念和文化价值，是物流地产商和物流地产项目品牌战略的最高目标。

第二节 物流地产经营管理技术

物流地产经营管理技术主要是指物流地产项目中物流仓储设施的经营管理技术（图6-2）。具体而言，物流仓储设施的经营管理技术是指物流仓储设施经营管理公司开发、完善成型、用于物流仓储设施经营的具有统一性的、独立的经营管理技术，包括物流仓储设施经营管理公司的注册商标、商号、企业标识、服务标记、记号、物流仓储设施系统标识和服务模式、样式、招商资源、物流仓储设施经营管理方式、经营管理理念、经营管理制度、货物储存方式、会计系统及与运营有关的不可分的、统一的经营管理技术。

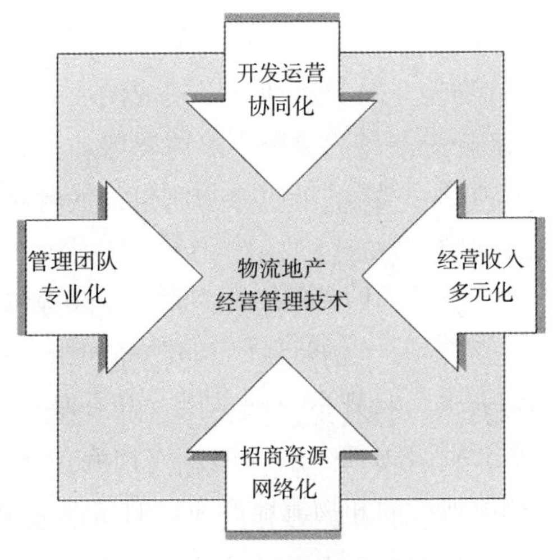

图6-2 物流地产经营管理技术

一、开发运营协同化

物流地产项目的投资建设和运营管理是一项跨部门、跨行业的复杂系统工程，需要各行业和各部门的协同作业方可取得成功。毋庸置疑，协同化以专业化为前提，专业化以合理的社会分工为前提。因此，物流地产项目开发运营的协同化以政府、开发商、投资商、运营商、租赁者等各相关主体的专业分工为前提。政府、开发商、投资商、运营商、租赁者等各相关主体各司其职（图6-3），按照物流地产项目开发运营的专业分工协同作业，才能推动物流仓储设施经营管理技术的现代化。

主体	职能
政府	物流地产行业发展的规划主体
开发商	物流地产的开发主体
运营商	物流仓储设施的运营主体
投资商	物流地产的投资主体
租赁者	物流仓储设施的使用主体

图6-3　物流地产项目开发运营协同化

1. 政府是物流地产业发展的规划主体

物流地产业的发展规划主体是各级政府。从国家层面来看，中央相关部委应该根据各个城市的经济总量、运输总量、区域交通条件等多方面因素来确定各级各类物流园区在不同城市的分布数量。从城市层面来看，相关委办局应该有效解决城市功能的紊乱，缓解物流业对交通和环境造成的压力，保持物流业的凝聚力，提升物流业的规模效益，推动物流市场的整合，顺应物流业的发展趋势，实现货畅其流，降低物流成本，减轻大型配送中心在市中心分布所带来的种种不利影响，确保物流业在现代经济中更好地发挥基础性和战略性产业的作用，积极主导城市物流业和物流地产业的发展规划。

国外发达国家在物流地产业的发展规划方面已经积累了丰富的经验。以日本为例，日本政府对于物流地产业的发展实施宏观统筹调控，主要体现为政府牵头开展物流地产业的发展规划，决定物流团地的选址和分布，并收购这些土地，再将物流团地内的土地出售给物流行业协会，物流行业协会以股份制形式在协会内部会员中募集资金用于购买地块，并在地块上开发建设物流仓储设施，再将建成后的物流仓储设施交由专业的物流仓储设施运营商进行统一经营管理，并以低于市场价格的优惠价格，根据客户业务量的大小租赁给物流行业协会中曾出资购买土地和开发建设的那些会员。而政府则会积极加快对已确定的物流团地的配套交通设施进行建设和完善，这不仅有助于物流企业的发展，而且有助于促使物流地产项目土地和房地产的升值，使投资者得到丰厚的回报。

政府在物流地产业发展规划方面，既有成功的经验，也有失败的教训。近年来，我国一些地方政府认识到大规模的物流地产开发建设能够显著拉动当地经济增长，因此他们在推动物流地产开发建设方面热情高涨。某些地方政府忽视当地经济社会发展的实际情况，在没有开展充分的市场调研和科学论证的情况下，缺乏科学合理的发展目标和发展重点的指导，就盲目推动物流地产项目的开发建设。在政府的盲目推动之下，许多企业不免盲目开发造成重复建设的恶果，物流地产市场供需关系失衡，物流地产项目陷入进退维谷的两难境地。这从反面也印证了政府规划对于物流地产业健康发展的重要性。

综观我国各级政府在物流地产业发展规划方面的现状，由于物流地产业本身具有的复合性和交叉性的行业特性，以及物流地产业在我国发展的历程较短，因此，我国目前既未形成战略性、纲领性、能够统筹和指导物流地产业整体发展、具有顶层设计高度的系统性、综合性的产业政策和相关规范标准指导这一行业的健康发展，又未形成关于物流地产业融资、市场准入和退出、物流仓储设施产权转让等方面健全的操作指引和制度规范。显而易见，这两个方面都应该是政府在物流地产业发展规划方面努力的方向。

具体来说，各级政府应当致力于逐步完善物流地产业的发展规划、法规制定、政策引导、标准颁布、土地供应和部门协调，逐渐退出物流地产经营领域，而是通过项目审批、土地监管、基础设施建设、人才培养，为物流地产业发展创造良好的发展环境，促进其持续稳定健康的发展。政企职责分开是规范政府职能的一个重要方面，政府是物流地产业发展的规划主体，而企业才是物流地产项目投资建设和运营管理的主体。政府越俎代庖主导的物流地产项目的投资建设和运营管理往往导致经营变数大、空置率高、缺乏活力等一系列问题。

2. 开发商是物流地产的开发主体

物流地产的开发主体是物流地产开发商。目前，我国的物流地产开发商主要包括具有物流仓储设施需求的制造企业、流通企业、第三方物流企业、专业的物流地产开发商等。就目前我国的物流地产存量来看，其开发主体以具有物流仓储设施需求的制造企业、流通企业、第三方物流企业为绝对主体，而专业的物流地产开发商在物流仓储设施投资建设规模上仍未占据主导地位。

现代物流地产不同于传统物流地产，传统物流地产往往设施简陋，功能原始，很多项目缺乏装卸货平台，仓库高度较低，地面承载力较差，远远不能满足现代物流业发展的要求；而现代物流地产往往体量较大，配套设施齐全，装卸货平台配备比例较高，仓库高度和地面承载强度较高，并修建了供大型车辆进出的道路。

现代物流地产项目应该同时具备知识密集、技术密集、资金密集的时代特征。过去那种占据主导地位的由制造企业、流通企业和第三方物流企业自建、自营、服务于自身物流仓储设施需求的物流地产开发模式越来越不适应现代物流行业发展的需要。制造企业、流通企业和第三方物流企业普遍缺乏对现代物流地产的深刻了解，且大多不具备开发建设现代物流地产项目的能力储备，盲目参与到物流地产的投资建设当中，暴露出了一系列隐患。伴随着物流地产业社会专业分工的日益细化，以及物流地产市场竞争的日趋激烈，就未来新增物流地产项目开发建设的主体来看，专业的物流地产开发商必将逐步占据主导地位。

专业的物流地产开发商投资建设的物流地产产品主要是标准物流仓储设施和定制物流仓储设施。其中，标准物流仓储设施是指物流地产商通过选址、开发、建设，再将建设好的标准化物流仓储设施按照制造企业、流通企业、第三方物流企业等客户的不同规模要求和合同条款租赁给客户，为客户提供便捷和高性价比的标准化物流仓储设施。定制物流仓储设施是指物流地产商根据制造企业、流通企业、第三方物流企业等客户的特定需求，最大限度地满足客户的功能要求和规模要求，从而选择合适的地点，投资建设与运营管理客户专用的物流仓储设施。

在物流地产投资建设领域，始终存在“美国模式”和“中国香港模式”之争。所谓美国模式，就是物流地产投资商和开发商两种角色相互分离的投资建设模式。而所谓香港模式，就是物流地产投资商和开发商两种角色合二为一的投资建设模式。长期以来，香港模式在我国物流地产投资建设领域占据主导地位，秉承香港模式进行物流地产投资建设的物流地产商有很多，例如，普洛斯、平安不动产、万科、绿地、华夏幸福、华南城等。

3. 运营商是物流仓储设施的运营主体

运营商是物流仓储设施的运营主体。目前，我国绝大多数物流仓储设施的运营主体与投资主体、开发主体、实际使用者是同一个主体（图6-4）。并沿着大致相同的逻辑演绎着物流地产项目投资建设与运营管理全过程，简而言之，就是具有物流仓储设施需求的制造企业、流通企业或第三方物流企业出于自身需求的考虑，筹措资金开展物流地产项目的投资建设和运营管理，满足自身对于物流仓储设施的需求。京东、当当网等电商企业，以及我国大多数大型制造企业、流通企业和第三方物流企业往往采用这一发展模式。

对于专业的物流地产开发商来说，投资商、开发商、租赁者三种角色并不是同一个主体，举例而言，物流仓储设施往往是由普洛斯、嘉民等专业物流地产开发商投资开发，建成后再租赁给制造企业、流通企业或第三方物流企业使用，专业物流地产开发商负责整个项目的运营。由此可见，在目前物流地产项目投资建设和运营管理的实践中，较为常见的情况是物流地产项目的投资商、开发商和运营商三种角色往往由同一主体来承担，租赁者角色由诸如海尔、百胜、国药控股、上海百联集团、大商集团等具有物流仓储设施需求的制造企业、流通企业或第三方物流企业来承担，运营商很少作为一个独立主体在物流仓储设施的经营管理过程中出现。

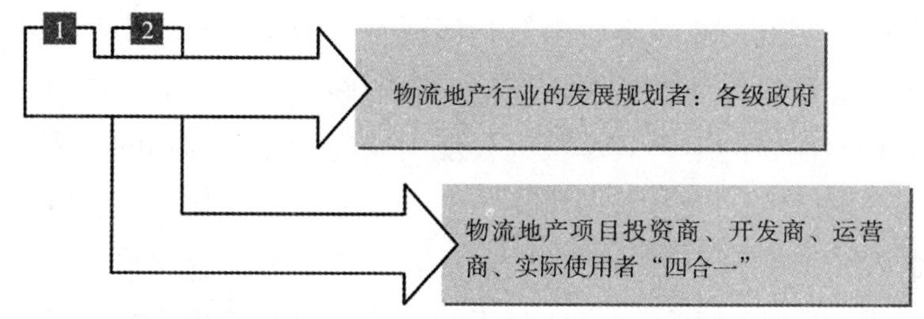

图6-4 物流地产项目投资商、开发商、运营商、实际使用者“四合一”模式

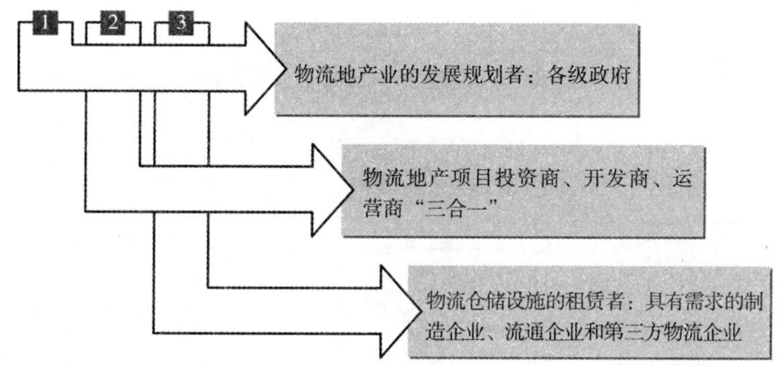

图6-5 物流地产项目投资商、开发商、运营商“三合一”与租赁者独立存在模式

但是目前，随着以普洛斯、安博、嘉民等为代表的专业物流地产开发商在物流仓储设施经营管理方面品牌影响力的日渐扩大，招商资源网络的日益强大，以及经营管理技术的日渐成熟，它们不仅经营管理自身投资建设的物流仓储设施，也开始向其他物流仓储设施进行品牌输出和管理输出，出现了物流仓储设施经营者与所有者、使用者角色的分离，运营商作为一个独立的主体在这些物流仓储设施的经营管理过程中开始萌芽。

伴随着激烈的市场竞争，以及客户对物流仓储设施产品和服务要求的日渐提高，物流仓储设施的专业运营商需要在经营管理过程中采用国际先进的经营思想、管理技术、运作方式、服务模式，以及国外发达国家在物流仓储设施经营管理过程中形成的一些操作程序、运作方法。此外，现代物流仓储设施的科技含量日渐提高，信息化、智能化和网络化程度越来越高，利用ID代码、条码、磁性标签等技术，及时传递标准化的物流信息；利用条码、语音和射频自动识别系统、自动存取系统、自动分拣系统、自动导向车、货物自动跟踪等技术，实现对商品配送的自动化控制，简化物流业务的操作和管理；利用专家系统、人工智能、机器人等技术装备，解决物流作业过程大量的运输（搬运）路径选择、库存水平确定等运筹和决策问题；利用外部网和内部网在内的计算机通信网络，不仅使得物流仓储设施内部各部门之间的信息传输流畅，而且利用电子订货系统、电子商务平台、电子数据交换技术，加强物流仓储设施与上下游供应商、制造企业和客户之间的联系，实现信息共享，缩短物流环节，为客户降低物流成本。同时，现代物流仓储设施不仅应该更好地发挥物流仓储设施的储存货物功能，同时还要提升其配送货物功能。物流仓储设施的运营效率很大程度上取决于配送货物的效率，例如货物进出的流量、员工操作的效率，以及采用机械设备和专业软件等技术装备的情况。这就需要物流地产项目的投资商和开发商自行组建或委托专业的物流仓储设施经营管理公司负责经营管理工作。因此，伴随着社会专业分工的细化，以及市场竞争的日趋激烈，运营商与投资商、开发商角色的分离将是一种发展潮流。

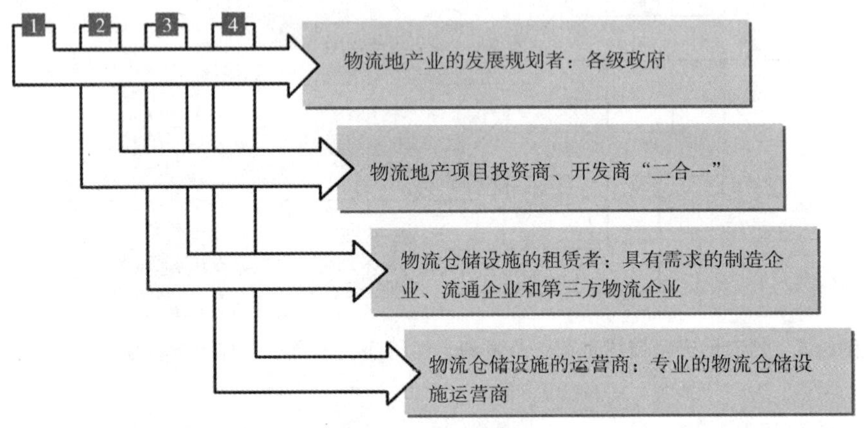

图6-6　物流地产项目投资商、开发商“二合一”与运营商、租赁者独立存在模式

运营商应该承担物流仓储设施的大物业管理、小物业管理，以及与其他相关单位的对接协调工作。物流仓储设施的大物业管理是指经营物业中的设备、设施、停车场、道路、屋顶、建筑物外立面、室外绿化、泛光照明、消防设施的日常维护和管理、修缮。物流仓储设施的小物业管理是指经营物业在日常经营过程中的保安、保洁、停车日常管理。在大型物流仓储设施中，往往还会配备一些公共设施，用于工商、税务、海关、商检、银行、保险等相关单位派驻和提供服务，运营商需要对接协调和处理好这些单位与物流仓储设施所有者、租赁者等经济主体之间的业务关系。

4. 投资商是物流地产的投资主体

投资商是物流地产的投资主体。目前，物流地产项目的投资商往往与该项目的开发商合二为一，投资商和开发商两种角色由同一个经济主体“一肩挑”。这些两种角色合二为一的投资商包括以中储集团、宝供物流、DHL等为代表的第三方物流企业（TPL）；以普洛斯、安博、嘉民等为代表的专业物流地产开发商；以中粮集团、和记黄埔、平安不动产、万科、绿地、华夏幸福等为代表的转型做物流地产的传统房地产开发企业；以海尔、百胜等为代表的具有物流仓储设施需求的制造企业；以国药控股、上海百联集团、大商集团等为代表的具有物流仓储设施需要的流通企业；以京东、阿里巴巴、卓越、当当网等为代表的电子商务公司。

当前，在我国经济已经步入新常态的环境下，大量社会资本都在积极寻找能够获取持续稳定回报的投资机会。电子商务的爆发式增长极大地刺激了物流地产的蓬勃发展，标杆物流地产企业的快速发展极大地发挥了积极的示范作用，物流地产浪潮呈现席卷全国之势，从一、二线城市迅速蔓延到三、四线城市，大量社会资本加入到了追捧物流地产的大军之中。在物流地产投资领域，出现了一些只承担物流地产项目投资，而不参与项目开发建设和运营管理的新型的物流地产投资商，这是物流地产投资建设和运营管理进一步专业化发展的新趋向（图6–7），也是伴随物流地产金融创新和物流地产行业走向成熟而从星星之火必然发展成为燎原之势的时代潮流。

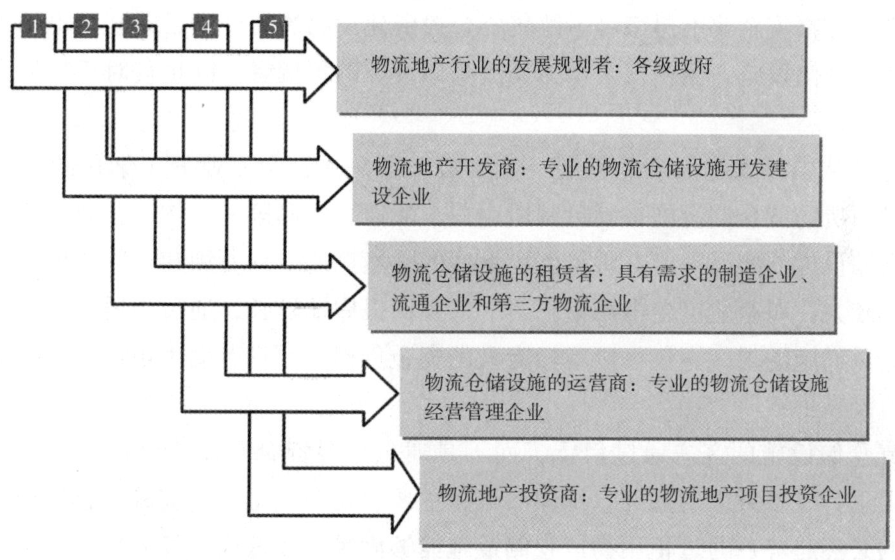

图6–7 物流地产项目投资商、开发商、运营商、租赁者相互独立存在的模式

例如，2014年初，腾讯以15亿港元的代价收购了华南城9.9%的股份。2014年2月，中银投资、中国人寿与HOPE基金共同出资25亿美元投资普洛斯。显而易见，腾讯、中银投资、中国人寿、HOPE基金都充当了专业的物流地产投资商的角色。从物流地产投资领域的发展趋势来看，专业投资基金将成为专业的物流地产投资商的一个重要来源。

除此之外，在对已建成物流仓储设施采取“收购与回租”商业模式中，投资商也发挥着专业的独立投资商角色。所谓“收购与回租”模式，是指为了实现物流仓储设施供给方和需求方的双方共同利益，帮助客户缩减开支，提高收益，将主要精力放在核心业务上，从而提高其资产回报率，减少其企业负债率，专业的物流地产投资商便可以选择收购客户拥有的物流仓储设施，根据客户的实际需要将其进行重新设计、规划和改造后再将其租赁给客户。“收购与回租”模式有利于有效减少客户的固定资产负债，提高客户的资本利用率，同时也有助于客户将主要精力放在其核心业务方面。与此同时，通过“收购与回租”模式，物流地产投资商可以借此迅速获得营利性物流仓储设施。

5. 租赁者是物流仓储设施的使用主体

对于过去那些传统物流地产来说，它们的投资商、开发商、运营商和最终的使用者往往是同一个主体，亦即具有物流仓储设施需求的制造企业、流通企业和第三方物流企业根据自身发展需要，筹集资金投资建设物流地产项目，并运营管理物流仓储设施，满足自身对于物流仓储设施的需要。近年来，物流地产投资商、开发商、流通企业和最终的实际使用者之间的角色开始逐渐分离，大量具有物流仓储设施需求的制造企业、流通企业和第三方物流企业不再亲自去筹集资金投资建设物流地产项目，甚至也不去直接运营管理物流仓储设施，而仅仅是作为物流仓储设施的租赁者，满足其对于物流仓储设施的实际需求。

无论是从国外发达国家的发展经验来看，还是从社会专业分工细化的发展趋势来看，通过租赁物流仓储设施来满足制造企业、流通企业和第三方物流企业等经济主体对于物流仓储设施的实际需求，将是历史发展的必然潮流。众所周知，物流地产项目开发投资规模较大，对企业资金占用量相当大，且回报周期较长，通过租赁形式来解决自身的物流仓储设施需求，不仅可以减轻庞大的资金负担，而且有助于租赁者能够更加专注于自身的核心业务。

物流仓储设施的客户通过租赁，而不是通过自筹资金开发建设物流仓储设施来满足自身需求具有多方面的益处。具体而言，主要表现在三个方面。其一，社会分工细化是发展的必然趋势，通过租用物流仓储设施能够满足企业低成本发展战略，缩短项目投资期与生产准备时间，有利于企业集中精力发展其核心业务。相反，如果企业一旦将大量资金投入到自建自用物流仓储设施的开发建设之中，其资金链将会变得紧张，势必影响和阻碍企业对于核心业务的投资，久而久之就会导致企业无法形成和提升自身核心竞争力。其二，企业通过租赁物流仓储设施来满足自身需求可以有效减少企业在物流仓储设施方面的投资额，有效减少企业负债，有助于企业实现利润最大化，提高企业资产回报率。同时，企业如将对物流仓储设施的投入转化为对技术革新及产品研发的投入，重

点发展自身核心业务，就能有效增强其在同行业的竞争力。其三，企业通过租赁物流仓储设施来满足自身需求可以有效降低企业退出成本，控制项目投资风险，实现企业风险最小化。如果企业通过自建物流仓储设施来满足自身需求的话，一旦对于物流仓储设施供求关系的预测与实际发生情况不一致，就会出现供过于求或供不应求的情况。物流仓储设施不足会引发企业生产运营的中断，而物流仓储设施过剩就会导致资源的浪费。除此之外，有些企业对物流仓储设施的需求不仅是灵活多变的，而且还存在季节性问题。相反，如果企业不用自建模式，而是采用租赁模式，就可以比较灵活地按照企业不断变化的实际需求租用不同面积、不同地理位置的物流仓储设施，从而从根本上降低经营风险。

换一个视角来看，一旦租赁方式成为制造企业、流通企业和第三方物流企业等经济主体满足自身物流仓储设施需求的主要方式，则会给专业物流地产商提供可以获得更加稳定的出租收益，实现规模化、专业化、标准化发展的机会。对于客户外包非核心业务需求的满足，有利于专业物流地产商多方面融入客户价值创造体系，有利于客户实现长期稳定的战略联盟，从系统角度整合优化物流服务，形成持续的核心竞争力。

二、招商资源网络化

物流地产的一个重要特征就在于分布在不同区域的众多物流地产项目之间通过相互联系可以形成一个广泛的网络，网络之间的资源尤其是招商资源不仅可以实现相互共享，而且能够实现在网络之中的最优配置，从而形成和巩固物流地产商的竞争优势，并促进整个行业的长远发展。在物流仓储设施的经营管理过程中，客户资源网络是其经营成败的关键。因此，物流仓储设施的经营管理公司应该努力做好客户关系管理，深度嵌入客户的价值系统，与其建立长期的战略联盟。

以目前管理超百亿美元物流仓储设施的普洛斯为例，其在全球范围内投资开发建设物流仓储设施，在北美、欧洲、亚洲等70多个市场拥有、管理和正在开发的物流仓储设施多达1700处，实现了全球化的物流地产网络，与全球4000多家企业建立了良好的合作关系，其中世界1000强企业中近一半成为其客户，例如宝洁、通用汽车、联合利华、惠普和全球四大物流公司等。招商资源的网络化在普洛斯全球拓展过程中发挥了至关重要的作用。

事实证明，物流仓储设施的空置率是其净利润的天敌，只有具备强大的招商能力、充沛的高质量客户资源和高品质的专业服务，才能保证物流仓储设施的空置率控制在合理的水平，也才能确保物流仓储设施实现预期的投资回报。否则，较高的空置率将把利润逐步吞噬掉（图6–8）。

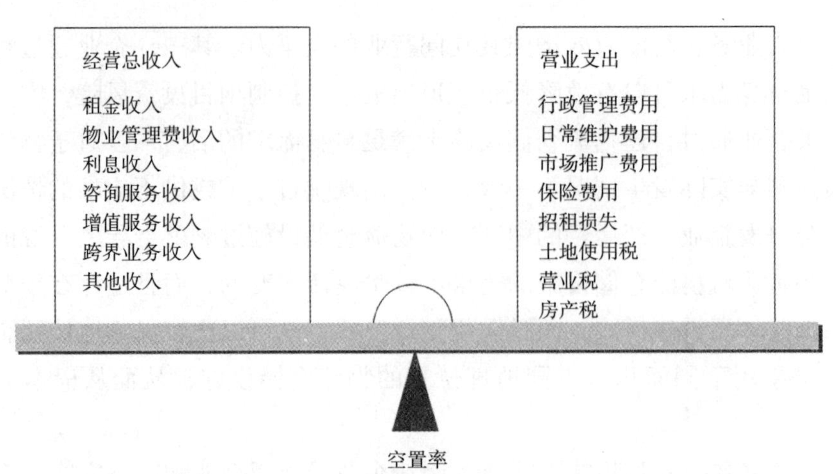

图6–8　空置率是决定物流仓储设施经营管理利润规模的重要因素

三、管理团队专业化

物流仓储设施经营管理的竞争最终必然是管理团队的竞争，高素质的专业化管理团队是物流地产项目中物流仓储设施经营管理的重要资源。物流仓储设施的经营管理越来越强调专业化，专业化管理团队有利于推动物流仓储设施经营管理的现代化，更好地实现物流仓储设施经营管理的规模效应和协同效应。越来越多的物流仓储设施配备了大量先进的专业物流设施和技术装备，例如，ID代码、条码和磁性标签技术；条码、语音和射频自动识别系统、自动存取系统、自动分拣系统、自动导向车、货物自动跟踪技术；专家系统、人工智能、机器人技术装备；外部网和内部网计算机通信网络；电子订货系统、电子商务平台、电子数据交换技术。在物流仓储设施技术日新月异的环境下，由专业管理团队负责物流仓储设施的经营管理成为物流仓储设施持续健康经营的重要保证。

物流仓储设施的经营管理公司承担着物流仓储设施的经营管理责任，负责对物流仓储设施实施对外招商、日常运营、营销推广、租金收取等经营管理活动。具体来说，物流仓储设施的经营管理公司负责确定物流仓储设施营业政策，制定年度运营资金预算、经营方针、管理制度，并分析经营业绩和物业控制系统。

物流仓储设施的经营管理团队应该由招商、工程、行政、财务、物管等各专业部门组成，其中，经营管理公司的总经理、副总经理、总经理助理、行政人事经理、财务经理、招商经理、企划经理、物管经理等是经营管理团队的核心骨干。物流仓储设施经营管理公司应该采用总经理负责制，按照国家法律法规及公司相关规定，全面负责执行物流仓储设施的日常经营管理，享有人事任免权及经营决策权。日常管理工作由各专业部

门根据各自分工负责，每季度由总经理或其指定的代理人向上级单位或者物流仓储设施的所有者进行一次书面汇报，并接受监督。

物流地产是一个资金门槛高、专业化程度强的投资领域。仅仅具有资金实力，而不具备专业能力，巨大的投资最终将会难以实现预期盈利。物流仓储设施的经营管理需要专业的管理能力做支撑。近年来，为数众多的房地产开发企业涌入物流地产领域，其中具备专业管理能力和专业化管理团队的开发企业却凤毛麟角。毋庸置疑，相对于资金门槛来说，管理团队的专业化是制约当前物流地产投资建设和运营管理持续健康发展的更高一道门槛。

四、经营收入多元化

物流地产项目中物流仓储设施的经营收入呈现日益多元化的趋势，除了传统的物业租金收入和物业管理费收入之外，物流地产商一方面通过拓展增值服务，获得增值服务收入，另一方面通过导入跨界业务，推动上下游业务发展，获得跨界业务收入（图6–9）。

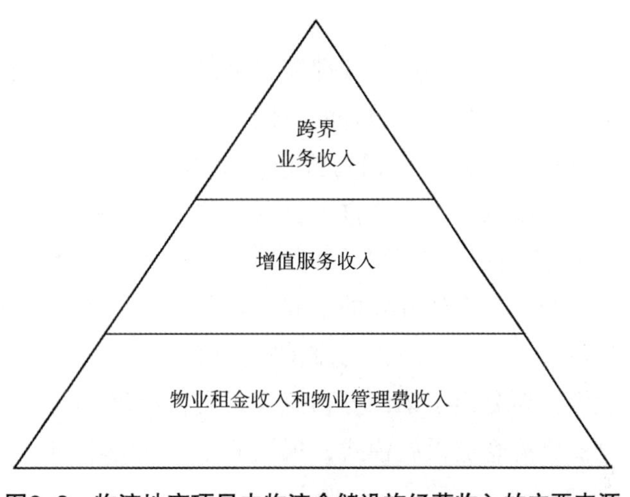

图6–9　物流地产项目中物流仓储设施经营收入的主要来源

1. 拓展增值服务

一般来说，物流仓储设施的经营收入往往来自物业租金、物业管理费，以及其他增值服务收入等。有效拓展物流仓储设施的增值服务，获得更多的增值收入，是实现物流仓储设施经营收入多元化的重要方向。物流仓储设施的经营管理公司应该引进国内外先进的物流仓储设施经营管理模式，为进驻企业提供横跨整个供应链的全程全方位的服务。具体而言，包括协助客户设计及优化供应链管理、帮助客户更好地实现物流业务流程再造、解决客户在业务流程中遇到的问题、提供人才培训和信息技术等，从中收取适当的物流咨询费用，实现物流仓储设施经营利润获得途径的有效延伸。

2. 导入跨界业务

有些企业会将物流仓储设施作为一个渠道、平台、抓手，借其导入其他跨界业务，最终实现物流仓储设施的租金收入、物业管理费收入、增值服务收入和跨界业务收入的最大化。例如，平安不动产之所以涉足物流地产领域，一个重要的目的就是要将物流仓储设施作为其渗透到供应链上下游企业的一个渠道、平台、抓手，借这个渠道、平台、抓手将平安银行的资金账户管理、资金监管、货物抵押贷款等保理业务，以及保险、财务管理、融资租赁等金融服务对接到目标客户。再例如，腾讯之所以投入15亿港元入股华南城的物流地产业务，一个重要的目的就是试图将其微信导购、微信支付、微信商城等微信业务导入到华南城的实体购物平台，作为其微信业务推广的一个重要渠道、平台、抓手。

第三节　物流地产典型经营管理模式

物流地产的经营管理模式可以根据不同的分析视角划分出不同的类别。概括而言，根据整个项目产品组合的不同，可以划分为单一物流仓储设施产品模式和多元综合业态组合产品模式；根据物流仓储设施投资、开发、运营和租赁等角色分工细化程度的不同，可以划分为自建自用自营传统模式和投资开发运营使用分工模式；根据物流仓储设施增量和存量的不同，划分出了存量物流仓储设施改造后出租模式；根据物流地产项目独立开发和合作开发的不同，划分出了企业间合作开发模式；根据第一方物流（物流服务供给方）、第二方物流（物流服务需求方）和第三方物流（第三方物流企业）的分类逻辑，划分出了第四方物流模式与物流超市模式；根据服务对象的不同，专门划分出了电商物流仓储设施模式；根据业务定位的不同，专门划分出了中国智能骨干网模式（图6–10）。

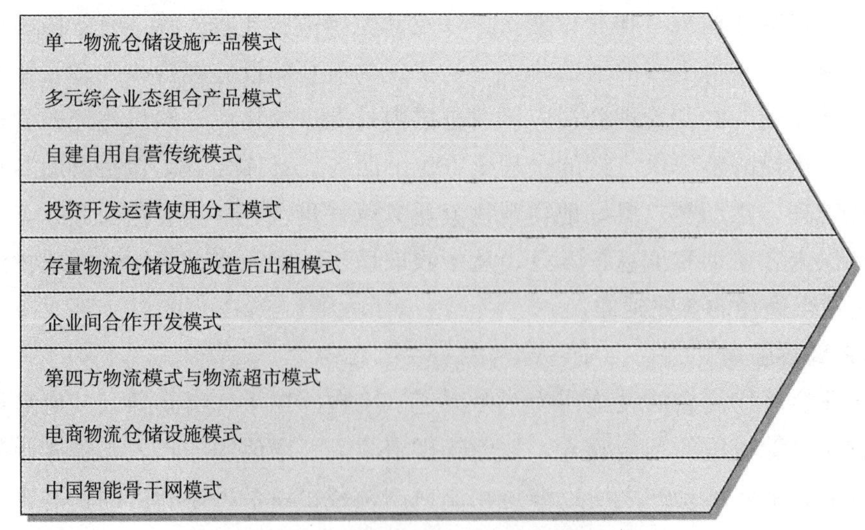

图6–10　中国物流地产典型经营管理模式

一、单一物流仓储设施产品模式

单一物流仓储设施产品模式是指从物流地产项目产品组合的视角出发，对那些以仓库产品和必要的配套设施为产品组合的物流地产项目类型的概括，亦即符合单一物流仓储设施产品模式的物流地产项目，都是以单一的物流仓储设施（包括仓库产品和必要的配套设施）作为项目的产品定位。

1. 精致型产品组合

在物流地产领域，所有的商业模式都是靠具体的项目来承载和体现的，对于所有物流地产项目来说，其项目定位都是靠具体的产品组合来承载和体现的。综观物流地产项目的产品组合，可以是多业态综合型的，包括物流仓储设施（包括仓库产品和必要的配套设施）、购物中心、商业街、厂房、会展中心、写字楼，甚至住宅、酒店等，也可以是精致型产品组合，即仅仅是单一物流仓储设施，包括堆场、简易仓库、普通平房库、普通楼房库、高层货架仓库、立体仓库等仓库产品和办公区、食堂、休息室等必要的配套设施（图6-11）。诸如普洛斯、安博、盖世理、嘉民等外资物流地产商的绝大多数物流地产项目都是秉承这种单一物流仓储设施的精致型产品组合模式。

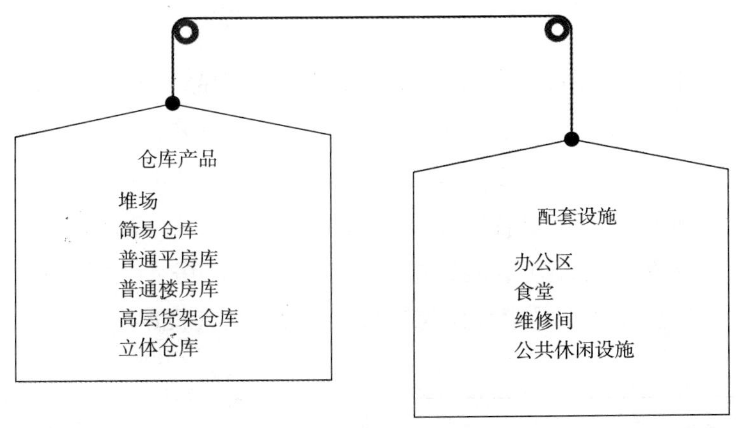

图6-11　单一物流仓储设施产品模式下的精致型产品组合

2. 仓库产品

从物流地产项目规划和产品定位角度来看，仓库产品主要可以分为通用型和定制型两大类。所谓通用型仓库，就是物流地产商在对物流地产项目所在城市的经济社会情况和物流地产市场的供需情况进行深入细致研究之后，按照适用于绝大多数制造企业、流通企业和第三方物流企业一般物流仓储设施需求的标准和规格，开发建设的堆场、简易仓库、普通平房库、普通楼房库、高层货架仓库、立体仓库等仓库产品。例如，普洛斯占地317亩的北京空港物流园区，就是由2栋通用型双层仓库、3栋通用型单层仓库和1栋办公楼组成。

所谓定制型仓库，就是物流地产商根据特定制造企业、流通企业和第三方物流企业客户的个性化需求，为其量身定制进行物流地产项目选址、规划设计、开发建设，以及后期的运营管理，并将建成后的物流仓储设施出售或租赁给该制造企业、流通企业和第三方物流企业客户的模式。例如，普洛斯在普佳物流园为日本著名的妇女儿童用品制造企业尤妮佳（Unic-harm）量身定制的物流仓储设施就属于定制型仓库。

3. 配套设施

在单一物流仓储设施产品模式下，精致型产品组合中的配套设施是物流地产商紧密围绕物流仓储的作业需要而开发建设的必要设施。例如，为满足工作人员需要而开发建设的食堂、宿舍、停车棚；为满足车辆设备需要而开发建设的维修间，以及必要的公共休闲设施等。物流地产商应该根据仓库产品及仓库作业的实际需要来确定配套设施的种类和数量。在一些大型物流地产项目中，根据实际需要，物流地产商还会开发建设承载工商、税务、海关、商检、银行、保险等服务的配套设施。

二、多元综合业态组合产品模式

多元综合业态组合产品模式是指从物流地产项目产品组合的视角出发，对那些以物流仓储设施（包括仓库产品和必要的配套设施）、购物中心、商业街、厂房、会展中心、写字楼，甚至住宅、酒店等多元综合业态产品作为产品组合的物流地产项目类型的概括，亦即符合多元综合业态组合产品模式的物流地产项目，都是以物流仓储设施（包括仓库产品和必要的配套设施）、购物中心、商业街、厂房、会展中心、写字楼，甚至住宅、酒店等多元综合业态产品组合作为项目的产品定位（图6-12）。

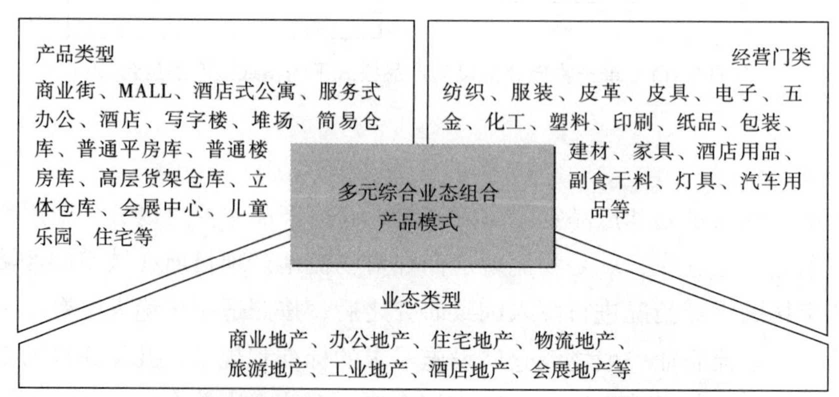

图6-12 多元综合业态组合产品模式的业态类型、产品类型和经营门类

1. 多业态产品组合

在我国城市边缘地带开发的被命名为商贸物流城的大体量、综合业态的项目往往是秉承多元综合业态组合产品模式的产物，它们往往号称是“规划建筑面积最大、经营商品门类最多、服务功能最全”的大型商贸物流综合体。例如，分布于各地的以华南城、五洲国际城等项目为代表的大型商贸物流城项目大多属于此类。

华南城、香港健坤、五洲国际、毅德控股等企业都是以开发建设和运营管理专业市场起家的知名企业，他们大多以出售或出租商铺为主要盈利模式，经营商品门类涵盖纺织、服装、皮革、皮具、电子、五金、化工、塑料、印刷、纸品、包装、建材、家具、酒店用品、副食干料、灯具、汽车用品等产品门类。

伴随着市场竞争的日趋激烈，以及土地集约化利用原则对经济技术指标的影响（提高容积率，增加自持物业要求等），这类项目的产品组合呈现出越来越多元化和多业态的特征，除了传统的商铺产品之外，还涉及购物中心、酒店、写字楼、酒店式公寓、服务式办公、会展中心、仓库、住宅等五花八门的产品类型。

2. 商贸业态产品

商业街和MALL是商贸物流城中主要的商贸业态产品，商业街和MALL中的销售型商铺是商贸物流城主要的回笼现金流产品，即商贸物流城主要通过销售商业街和MALL中的销售型商铺来实现现金回笼。投资者或者使用者购买商业街和MALL中的销售型商铺，往往是自用或租赁给客户进行纺织、服装、皮革、皮具、电子、五金、化工、塑料、印刷、纸品、包装、建材、汽车配件、工艺品、农副产品等产品的展示交易。

伴随着市场竞争的日渐激烈，开发商为了提升商贸物流城的项目品质和市场竞争力，开始在项目中规划设计和开发建设持有型的MALL、奥特莱斯、儿童乐园、会展中心等产品类型，以树立项目的高端形象，提高销售型产品的销售价格和去化速度。与此同时，各地政府越来越重视土地的集约化利用，低容积率地块的供应数量越来越少。在容积率普遍提高的情况下，单纯开发商业街和MALL、会展中心等产品类型显然无法用尽容积率。于是，开发商就创新性地在项目中规划设计和开发建设酒店式公寓、服务式办公、酒店、写字楼等商办物业来确保不浪费容积率。

商贸物流城项目由于规模巨大，占地面积动辄几百亩甚至上千亩，建筑面积动辄几十万甚至几百万平方米。因此，该类项目往往还会规划住宅组团。除此之外，由于部分入驻此类大型商贸物流城的商户具有物流仓储设施需求，为了满足他们的需求，开发商会在商贸物流城项目中规划建设仓库。有的项目甚至还会规划建设独立的大型物流园区，提供保税仓、监管仓、普通仓等完备的物流仓储设施。但是，在绝大多数情况下，那些定位为大型商贸物流城项目中的物流仓储设施主要是为了配合其商贸业态而投资建设的。

以郑州华南城项目为例，该项目地处河南郑州新郑市龙湖镇内，东邻潮河，西接郑新公路，南至107连接线，北到双湖大道，是一个号称总规划建筑面积达1200万m^2超大体量的集商贸交易、物流集散、展示推广、信息交流、创新促进、产业培育、特色旅游、城市化综合配套八大功能于一体的现代综合商贸物流城。开发商计划在项目建成后引进80000多个商户入驻，涵盖建材、五金、汽配、摩配、小商品、生产原辅材料等各类专业批发市场。其中，物流仓储设施为整个项目尤其是商贸交易活动提供了不可或缺的物流服务支持。因此，该类物流仓储设施的主力客群就是入驻该项目的零售商和批发商，以及为入驻商户及周边区域商户供货的流通企业和制造企业，还包括第三方物流公司。一般而言，由于该类商贸物流城项目中的物流仓储设施往往以服务入驻本项目的商户为主要使命，而入驻该类商贸物流城项目的商户绝大多数是中小企业或小微企业。因此，客户的档次决定了这些项目中物流仓储设施的档次往往处于中低端水平。

3. 配套物流仓储设施

在大型商贸物流城项目中，物流仓储设施仅仅是其产品组合中处于配套补充地位的产品类型，而绝非是其主要产品类型。这种配套补充性质，显著地体现在它是一种“引致需求”。所谓“引致需求”，就是因为入驻商贸物流城项目的商户需要配套的物流仓储设施，致使开发商为了满足入驻商户的需求而产生了开发物流仓储设施的需求。正因为其仅仅居于配套和补充的地位，因此，产品往往以堆场、简易仓库为主，与现代物流仓储设施的要求存在差距。大型商贸物流城中各经营门类商户对配套物流仓储设施的不同需求见表6-1。

大型商贸物流城中各经营门类商户对配套物流仓储设施的不同需求　　表6-1

经营门类	包含品类	需求面积	仓库特殊要求	仓库现状	物流模式	建议楼层
建材	瓷砖、卫浴、板材、橱柜、地板、吊顶、门窗、水暖配件、墙纸、布艺、灯饰、电工电料、石材、钢材、油漆等	一般品类需要200m^2左右；钢材、石材、板材需要500m^2左右	石材需要周转区、加工区，对水电要求较高；钢材需要周转区、加工区，对行车要求较高；油漆对消防、通风、防潮要求较高；板材必须店仓一体；管件要求仓库纵深不小于6m，大仓需要2个出入口；门窗、布艺需要加工区，便于小型车辆进出。建材的各品类都要求具有专业的装卸人员，防潮、承重，方便叉车作业；不考虑二次分拨（二次分拨增加货物的破损率及物流成本）	专业市场的配套仓库、市场周边租用仓库、店仓一体。例如，PVC管道及配件以租赁市场的配套仓库为主；PE大件以露天堆放为主；石材、钢材以店仓一体为主，有行车叉车配套，有加工区	到货方式：专线整车到货、零担拼车到货；发货方式：零担专线配送、客户上门自提、轻卡配送	瓷砖、卫浴、板材、地板、石材、钢材须放在1楼；其他品类可放在2楼及以上

续表

经营门类	包含品类	需求面积	仓库特殊要求	仓库现状	物流模式	建议楼层
家具	软体睡眠寝具、沙发、板式家具、儿童家具、实木家具、红木家具、欧美风格家具、户外家具、办公家具	一般品类需要200m²左右，红木家具、欧美风格家具、办公家具、户外家具需要500m²左右	防潮、防火；需要有专业装卸队伍；不考虑二次分拨（二次分拨增加货物的破损率及物流成本）	一般商户需求面积不大，自己在外租用仓库；大商户需求面积较大，租用废弃厂房或自建仓库	到货方式：零担拼车到货；发货方式：轻卡、三轮车配送	可放在2楼及以上
酒店用品	酒店布草、酒店劳保、客房用具、大堂用品、酒店家具	一般品类需要200m²左右	有便捷的物流配送服务；有专业装卸队伍；不考虑二次分拨（二次分拨增加货物的破损率及物流成本）；防潮、防火	专业市场的配套仓库；大商户需求面积较大，在市场外租用仓库	到货方式：零担专线整车到货；发货方式：货车配送、客户自提	陶瓷、玻璃器皿、厨房设备可放在1楼，其他可放在2楼及以上
电器	大家电、小家电、影视类、通信类	大家电需要1000m²左右；其他品类需要200～300m²左右	防潮；需要有专业装卸队伍；大家电仓库净高需要4m以上；需要方便快捷的零担物流承担配套服务；大家电需要叉车进行装卸作业，折损率高、装卸费用高；不考虑二次分拨	小商户租用市场的配套仓库，国美、苏宁等电器卖场店内设有仓库，店外有自己的配套仓库。大经销商自建仓库或租用废弃厂房作仓库，需求面积较大	到货方式：专线整车到货、零担拼车到货；发货方式：零担专线配送、客户上门自提、轻卡配送	大家电可放在1～2楼，其他品类可放在2楼及以上
小商品	玩具、钟表、眼镜、文化办公用品、体育娱乐用品、针纺织品、护理及美容用品、日用品、辅料及包装、工艺品、首饰	一般品类需要100～200m²	防潮；需要方便快捷的零担物流承担配套服务；首饰、工艺品对安保要求很高	店仓一体为主、租用市场的配套仓库、租用周边住宅	到货方式：专线整车到货、零担拼车到货；发货方式：零担专线配送、客户上门自提、轻卡配送	可放在2楼及以上
服装	零售为主（省市级代理）、专业市场批发为主、服装加工、体育用品	一般品类需要100～300m²	需交通发达、仓库安全；仓库离店面近；有便捷的零担物流承担配套服务；能提供再加工场地	租用专业市场的配套仓库、店仓一体为主、租用周边住宅	到货方式：专线整车到货、零担拼车到货；发货方式：零担专线配送、客户上门自提	可放在2楼及以上

续表

经营门类	包含品类	需求面积	仓库特殊要求	仓库现状	物流模式	建议楼层
五金机电	机电五金、工具、机电设备、建筑五金、锁具安防、日用五金、通用配件、家电厨房、电子电工、机械设备、原材料	家电厨房、机械设备需要500m²；其他品类需要200m²左右	需要有配套加工区；需要有方便快捷的物流配送服务；机械设备便于叉车作业	小商户以店仓一体为主（部分产品露天堆放）、租用专业市场周边住宅及市场配套仓库、机械设备品类以企业自建仓库为主	到货方式：专线整车到货、零担拼车到货；发货方式：零担专线配送、客户上门自提、轻卡配送	机械设备、原材料可放在1楼，其他可放在2楼及以上
食品	饮料、烟酒、糖果、调味品、焙烤食品	一般品类需要200m²左右	干燥；有一定的存储温控要求；部分品类需要再加工包装配套区	小商户以店仓一体为主、租用专业市场的配套仓库、租用市场周边住宅作为仓库	到货方式：专线整车到货、零担拼车到货、专用车辆；发货方式：零担专线配送、客户上门自提、轻卡配送、专用车辆	可放在2楼及以上
	肉制品、蛋制品、特殊营养食品、乳制品、脂肪制品、冷冻饮品、水果蔬菜、粮食制品	—	冷藏；国家卫生要求较高；仓库建筑要求较高	大型专业市场的配套仓库、厂商自建仓库、国有企业有专用仓库	到货方式：专用车辆、专线整车到货、零担拼车到货；发货方式：专用车辆、零担专线配送、客户上门自提、轻卡配送	—

4. 演进方向

透过现象看本质，大型商贸物流城的开发建设是历史发展的阶段性产物。从产品组合来看，大型商贸物流城大多数是城市综合体和产业综合体的杂交体，几乎把所有的业态类型和产品类型统统纳入囊中，形成了最丰富、最全面、最复杂、最综合的产品组合。从商业模式来看，大型商贸物流城秉承的商业模式基本都是万达集团“现金流滚资产”商业模式的变种，亦即通过出售销售型物业来实现项目的现金流平衡。

放眼未来，伴随着土地出让政策的日趋严格和土地资源的日渐稀缺，上千亩规模的拿地策略将很难实现。伴随着商业地产在大多数城市的日趋饱和甚至过剩，通过快速销售商铺来回笼现金将会越来越难。伴随着中心城区乃至城市边缘地带的土地资源开发殆

尽，在较为偏远的地块上进行开发，开发商只能倚重于开发产业综合体，而很难再借力城市综合体来驱动。因此，大型商贸物流城模式仅仅是历史的阶段性产物，未来要么向产业综合体方向发展，要么往城市综合体方向努力。

三、自建自用自营传统模式

自建自用自营传统模式是指从物流仓储设施投资、开发、运营和租赁等角色分工细化程度的视角出发，对那些物流仓储设施投资商、开发商、运营商、租赁者等多重角色合而为一的物流地产项目类型的概括，亦即符合自建自用自营传统模式的物流地产项目，都是那些具有物流仓储设施需求的制造企业、流通企业、第三方物流企业自己投资、自己开发建设、自己运营管理、满足自身需要的物流地产投资建设和运营管理模式。概括而言，自建自用自营传统模式包括两种类型，一种是制造企业、流通企业、第三方物流企业主导型；另一种是电商企业主导型。

1. 制造企业、流通企业、第三方物流企业主导型

自建自用自营的传统经营管理模式在我国物流地产领域普遍存在，那些传统的物流地产项目大多是这一模式的产物。在我国沿海发达地区，尤其是对于沿海发达地区新增物流地产项目而言，投资商、开发商、运营商、租赁者几种角色专业分工的新型投资建议和运营管理模式开始萌芽和兴起，并有望在不远的将来形成星火燎原之势。但是，目前自建自用自营的传统经营管理模式仍然占据着重要的地位。

在我国中部和西部地区，自建自用自营的传统模式处于绝对主导地位，即使对于我国中部和西部地区新增物流地产项目而言，也不例外。具有物流仓储设施需求的制造企业、流通企业和第三方物流企业往往会根据自身的需要，自己筹集资金投资建设物流仓储设施，满足自用需求的同时，也会将多余的物流仓储设施或相关配套服务向其他有需求的客户提供，并由自己来承担物流仓储设施的经营管理工作，形成一种典型的“大而全”、“小而全”的传统经营模式。

对于绝大多数具有物流仓储设施需求的制造企业、流通企业、第三方物流企业来说，自身内部远远没有形成物流地产投资、开发、运营之间的专业分工和权责划分。因此，他们大多并不具备物流地产投资建设和运营管理所需要的投资决策、开发建设和运营管理能力。这就使得自建自用自营的物流仓储设施产品和服务的专业化程度往往不高、服务水平往往低下、利用效率往往不高、市场竞争往往不强，很难满足现代物流业发展的需要。

具有物流仓储设施需求的制造企业、流通企业、第三方物流企业主导的自建自用自营的传统物流仓储设施发展模式之所以能够长期存在而未被更先进的专业分工模式所完全替代，主要源于以下几个方面的原因。其一，相对于我国沿海发达城市，我国中部和西部地区的经济发展水平相对落后，制约了当地物流业和物流地产业的发展水平。在缺乏强劲的市场需求和租金增幅带动的情况下，国内外专业的物流地产商进入中部和西部地区投资建设和运营管理物流仓储设施的数量相对较少。

其二，我国中部和西部地区绝大多数涉足物流地产投资建设和运营管理的本土制造企业、流通企业和第三方物流企业都还没有在物流地产投资建设和运营管理领域形成专业优势，更不要说在物流地产投资、开发、运营等环节形成独特的竞争优势。因此，就形成了自建自用自营的物流仓储设施传统经营管理模式占据主导地位的局面。

2. 电商主导型

值得格外注意的是，近年来，电商企业成为冲入物流地产领域的一支劲旅，许多电商企业往往也采用自建自用自营物流仓储设施的经营管理模式。例如，当当网在无锡、福州、济南等城市自建了物流仓储设施，并且自己经营管理这些物流仓储设施，满足自身对于物流仓储设施的需要。

苏宁也已开始自建物流仓储设施，主要包括1个面向全国的物流中心、5个区域物流配送中心、20个城市配送中心，覆盖全国10个省26个市。区域配送中心覆盖300km半径范围内的所有城市，零售配送中心覆盖80～100km半径范围内的城市。

京东商城更是斥巨资自建全国物流仓储设施网络体系，在华北的北京、华东的上海、华南的广州、西南的成都、华中的武汉自建五大物流中心，并在沈阳、西安、杭州等全国8个城市自建二级仓库，仓储总面积达到50万m^2，配送覆盖了全中国。

3. 自建自用自营传统模式的演进方向

事实证明，并不是所有自建自用自营物流仓储设施的传统模式都是粗放型模式，物流地产的投资、开发、运营的专业化分工既可以通过不同经济主体之间的社会分工来实现，也可以通过一个企业集团内部部门之间的业务分工来实现。因此，就严格意义而言，无论是自建自用自营物流仓储设施的传统模式，还是物流仓储设施投资、开发、运营由不同经济主体承担的分工模式，都不是物流地产投资建设和运营管理专业化与否的判别标准。无论是不同经济主体之间的分工，还是一个企业内部部门之间的分工，都能实现物流地产投资建设和运营管理的专业化。只有那种没有实现明确专业分工的自建自用自营模式才是传统粗放型模式。

伴随着我国社会经济的快速发展所带来的物流市场的规模效应，以及物流仓储用地价格和物流仓储设施建安成本不断攀升所带来的开发成本的急剧上升和市场竞争的日益激烈，制造企业、流通企业和第三方物流企业自行投资开发建设物流仓储设施的难度越来越大，不仅体现在资金压力方面，同时也体现在专业技术水平方面，以及对其主营核心业务的影响方面。因此，制造企业、流通企业和第三方物流企业通过租赁方式来满足

自身对于物流仓储设施的需求将是未来主要的发展方向。

四、投资开发运营使用分工模式

投资开发运营使用分工模式是指从物流仓储设施投资、开发、运营和租赁等角色分工细化程度的视角出发，对那些物流仓储设施投资商、开发商、运营商、租赁者等多重角色专业分工的物流地产项目类型的概括，亦即符合投资开发运营使用分工模式的物流地产项目，都是投资、开发、运营、租赁等各环节在一定程度上由不同的经济主体来承担的物流地产投资建设和运营管理模式。

1. 专业分工

现代物流地产将会是投资商、开发商、运营商和最终的使用者相互分工合作的模式。这种模式既不同于政府主导的物流园区模式，也不同于具有物流仓储设施需求的制造企业、流通企业和第三方物流企业的自建自用自营模式，更不同于过去那种低品质的传统物流地产开发模式，而是以市场为发展导向，以满足客户需求为宗旨，为制造企业、流通企业和第三方物流企业客户提供物流仓储设施的规模化、专业化、现代化的经营管理模式。

社会分工以专业能力为基础，不具备充足的专业能力，就不可能实现真正的社会分工。例如，就物流地产开发环节来说，需要具备专业的市场研发能力、项目选址能力、投融资能力、规划设计能力、开发管理能力、工程管理能力等。就物流仓储设施经营环节来说，需要具备专业的市场定位能力、客户定位能力、招商能力、运营管理能力、资产管理能力等。物流地产项目投资商、开发商、运营商、租赁者的特征见表6–2。

物流地产项目投资商、开发商、运营商、租赁者特征　　表6–2

主体角色	典型代表	典型案例	备注说明
投资商	丰树、安博、嘉民、麦格理、平安不动产、普洛斯等	丰树物流房地产投资基金会收购上海浦东空港的欧罗物流园项目；安博置业有限公司收购上海松江九亭一处物流地产项目；嘉民国际收购易初莲花上海奉贤一处配送中心；麦格理亚洲基金公司收购上海奉贤一处配送中心；平安不动产收购成都一处物流仓储设施等	独立的投资商角色目前在物流仓储设施的收购行为中尤其得以凸显
开发商	普洛斯、安博、新熙地等	普洛斯的上海洋山深水港项目、大连大窑湾港项目、深圳盐田港项目等；安博的上海九亭物流中心、上海青浦物流中心等	在目前我国物流地产投资开发建设实践中，开发商与投资商的角色往往是合二为一的

续表

主体角色	典型代表	典型案例	备注说明
运营商	丰树、安博、嘉民、麦格理、平安不动产、普洛斯、安博、新熙地等	普洛斯等专业物流地产商采用的“收购-回租”模式投资和运营的物流仓储设施等	在目前我国物流地产投资建设和运营管理实践中，运营商要么与投资商的角色合二为一，要么与投资商和开发商的角色合三为一
租赁者	Fedex、UPS、DHL、NAGEL等全球高端物流企业；亚马逊、1号店、京东等大型电商企业自建物流仓储体系外的需求；拜耳、辉瑞、罗氏、默克、强生等医药企业；上海医药、西诺迪斯、强生医药等冷链类客户；通用汽车、大众、雀巢、宝洁、丰田、三星、本田等制造企业	丰树、安博、嘉民、麦格理、平安不动产、普洛斯、新熙地等国内外专业物流地产商投资建设和运营管理的物流仓储设施绝大多数都是为制造企业、流通企业、第三方物流企业客户准备的	通过租赁来满足自身对于物流仓储设施的需求，将会是大型先进制造企业、流通企业和第三方物流企业的重要选择

2. 投资商角色

投资商的独立角色在物流仓储设施的收购行为中尤其得以凸显。具体而言，一些投资商对现有物流仓储设施进行收购，收购之后或者经过改造后出租，或者直接出租，抑或是收购带着租约的物流仓储设施。

例如，2005年底，丰树物流房地产投资基金会收购了位于上海浦东空港的欧罗物流园项目。2006年2月，安博置业有限公司收购了上海松江九亭的一个物流地产项目。2007年3月，嘉民国际收购了易初莲花位于奉贤区的配送中心。同年，麦格理亚洲基金公司用1.2亿元收购了上海奉贤4.8万m^2的配送中心。2014年4月，平安不动产收购了位于成都的一处总建筑面积约9万m^2的物流仓储设施。

普洛斯采用“收购-回租”模式，即普洛斯收购制造企业、流通企业、第三方物流企业自建自用自营的物流仓储设施，收购之后按照要求改造提升后再回租给该物流仓储设施原来的所有者。显而易见，在普洛斯采用的“收购-回租”模式中，物流地产投资商和开发商的角色在一定程度上实现了分离，具体而言，投资商脱离了开发商角色而在一定程度上得以独立存在。

3. 开发商角色

无论是在理论上，还是在实践中，开发商都有可能脱离投资商角色而获得独立的地位，发挥独立的作用。投资商与开发商角色相互分离的投资开发模式也被称为“美国模式”，或者被称为“代开发”模式。但是，在目前我国物流地产投资开发建设的实践中，投资商和开发商的角色往往是合二为一的。例如，普洛斯、安博、新熙地、麦格里佳文基本都属于此类。

普洛斯往往是先进行项目选址，再开展投资建设，最后将建成的物流仓储设施租赁

给制造企业、流通企业、第三方物流企业等客户。与普洛斯大同小异，安博、新熙地、麦格里佳文、盖世理是先对接和确定客户，再按照客户的要求开展项目选址、规划设计、投资建设，最后将物流仓储设施租赁给客户。可见，无论是普洛斯，还是安博、新熙地、麦格里佳文、盖世理，都脱离了物流仓储设施自建自用的模式，实现了物流地产的供给者和需求者之间的分离，同时兼具物流地产投资、开发双重角色于一身。

4. 运营商角色

专业物流地产商尤其是外资专业物流地产商为了快速完成在中国主要物流节点城市的项目布点，构建全国性的物流体系，不仅自建物流仓储设施，也会通过向其他物流仓储设施进行品牌输出和管理输出，千方百计抢占市场。在进行品牌输出和管理输出的过程中，物流地产运营商、投资商、开发商角色在一定程度上实现了分离，亦即运营商脱离了投资商和开发商角色而有望得以独立存在。普洛斯采用“收购-回租”模式，即普洛斯收购制造企业、流通企业、第三方物流企业自建自用自营的物流仓储设施，收购之后按照要求改造提升后再回租给该物流仓储设施原来的所有者，同时普洛斯负责该项目的运营管理。在该类案例中，普洛斯的运营商角色得以凸显，虽然没有与其投资商角色实现分离，但是运营商角色在“收购-回租”模式中得以格外彰显。

5. 租赁者角色

仓储、配送等物流活动外包已渐成趋势，通过租赁来满足自身对于物流仓储设施的需求，将会是大型先进制造企业、流通企业和第三方物流企业的重要选择。标准化的通用仓库、个性化的定制仓库和灵活的租赁方案能够满足客户的差异化需求。具体来说，物流仓储设施的租赁者包括Fedex、UPS、DHL、NAGEL等全球高端物流企业；亚马逊、1号店、京东等大型电商企业自建物流仓储体系外的需求；拜耳、辉瑞、罗氏、默克、强生等医药企业；上海医药、西诺迪斯、强生医药等冷链类客户；通用汽车、大众、雀巢、宝洁、丰田、三星、本田等制造企业。

五、存量物流仓储设施改造后出租模式

存量物流仓储设施改造后出租模式是指根据物流仓储设施增量和存量的不同情况，对专门针对存量物流仓储设施采用改造提升后再出租的模式的概括。该模式在北京、上海、广州、深圳等一线城市，以及一些重要的二线城市存在广阔的发展空间。在这些城市，新增建设用地越来越稀缺，尤其是在这些一线城市的中心城区，新增建设用地已经接近“零增长”。在新增建设用地供应越来越稀缺的情况下，物流地产商拿地的难度越来越大，门槛越来越高，代价越来越大。

同时，我国物流地产业经过过去十多年的快速发展，在北京、上海、广州、深圳

等一线城市，以及一些重要的二线城市的重要物流节点区位，例如高速公路交叉处、空港、海港周边区域，已经很难再有新增建设用地的可能，亦即基本没有新建物流基础设施的空间。因此，要想突破这一难题，只能着眼于对存量物流仓储设施的改造利用。物流地产商通过收购或者整体租赁的模式购买或租赁存量物流仓储设施，对其进行改造升级，使其能够满足客户的需求，再将其租赁给客户，实现其价值。如果承租客户就是该物流仓储设施原来的所有者的话，那么这一模式就被称为“收购-回租”模式。在存量物流仓储设施改造后出租的经营管理模式下，收购或者承租这一存量物业的投资者，也是这一物业的改造更新者，同时也是这一物业的经营管理者。例如，普洛斯上海虹桥物流园（西区）项目就是采用了将废弃厂房改建成双层仓库的办法，是存量物流仓储设施改造后出租模式的一个成功案例。

六、企业间合作开发模式

企业间合作开发模式是指根据物流地产项目独立开发和合作开发的不同，对不同经济主体合作开发建设物流地产项目的模式的概括。企业间合作开发模式包括各种各样的类型，例如资金之间的合作、专业之间的合作、资金和专业之间的合作、中外企业合作、供需双方合作等。其中，供需双方合作开发模式和中外企业合作开发模式是企业间合作开发模式的典型类型（图6-13）。

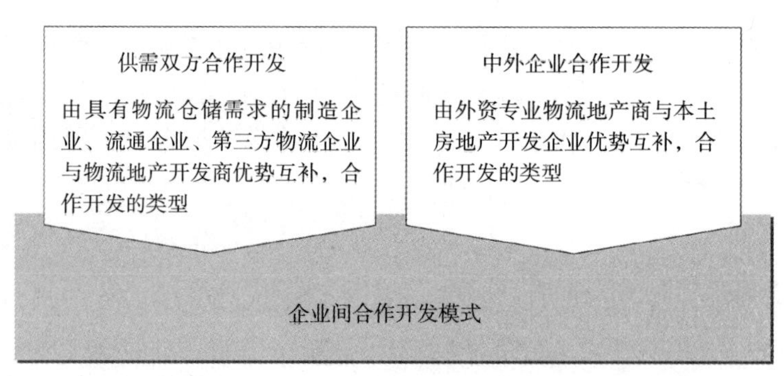

图6-13　物流地产领域企业间合作开发模式的主要类型

1. 供需双方合作开发

供需双方合作开发模式不同于普通的定制开发模式，它是由具有物流仓储需求的制造企业、流通企业、第三方物流企业与物流地产开发商优势互补，合作开发的模式。供需双方合作开发模式往往可以通过制造企业、流通企业和第三方物流企业的产业优势、品牌优势和运营优势在获取土地资源方面具有独特优势，在物流地产项目选址、产品定

位、规划设计、经营管理等方面天然地实现“适销对路”，供求一致，从而降低市场运作风险，提高物流地产项目的运营效率。

在合作开发过程中，物流地产开发商发挥自身的资金优势和项目开发专业技术，制造企业、流通企业、第三方物流企业发挥其产业优势、品牌优势和运营优势，有时也会投入一定资金，双方明确约定权利义务，共同完成物流地产项目的投资建设和运营管理。从本质上来看，供需双方合作开发模式就是将制造企业、流通企业和第三方物流企业在政府谈判和拿地方面的优势，以及作为物流仓储设施最终使用者给予物流地产项目选址、产品定位、规划设计、经营管理等方面的智力支持与专业物流地产开发商的投资开发和运营管理方面的资金优势、开发能力相结合，充分合作，实现共赢。

例如，2006年以来，亚马逊和普洛斯开始合作开发和运营物流仓储设施，为亚马逊网上销售、订单处理、客户服务、采购管理、分拣包装、仓储配送等活动提供物流仓储设施硬件支持。自从双方合作以来，亚马逊使用的65%的物流仓储设施是与普洛斯合作开发的。

2. 中外企业合作开发

除了物流仓储设施的供给方和需求方的合作开发类型之外，还存在另一种典型的企业间合作开发类型，即外资专业物流地产商与本土房地产开发企业的合作开发类型。例如，普洛斯和五洲国际所达成的战略合作意向就属于此类。对于该类合作开发模式来说，外资专业物流地产商的优势在于物流地产开发建设和运营管理方面的专业能力，而本土房地产开发企业的优势在于具有较为丰富的土地储备，以及更善于与政府进行拿地谈判。例如，普洛斯与中储股份达成战略合作，计划依托中储股份雄厚的本土资源和普洛斯专业的物流仓储设施投资建设和运营管理优势，合作开发现代物流仓储设施。为此，普洛斯拟投资20亿元认购中储股份15.34%的股权，成为中储股份的第二大股东。双方在未来的项目合作中， 中储股份计划以现有土地使用权和仓储设施作价入股，普洛斯以现金入股，合作开发建设现代物流仓储设施，或对较为落后的设施进行改造提升为现代物流仓储设施。再将建成的物流仓储设施交付中储股份经营，普洛斯帮助提供客户资源支持。或者将建成的物流仓储设施出售给普洛斯旗下的产业基金，该基金再将物业租赁给中储股份进行经营管理。

七、第四方物流模式与物流超市模式

根据第一方物流即物流服务供给方、第二方物流即物流服务需求方、第三方物流即第三方物流企业的演化逻辑，现代物流与现代物流地产进一步演化生成第四方物流与物流超市的新模式。

1. 第四方物流模式

第四方物流模式也被称为供应链集成商模式、总承包商模式、领衔物流服务商模式，是指专门为第一方物流即物流服务供给方、第二方物流即物流服务需求方、第三方物流提供物流规划、咨询、物流信息系统、供应链管理等服务，而并不实际承担具体的物流运作活动的一种模式。

就本质上说，第四方物流就是一个平台，这个平台既可以由政府来搭建，也可以由企业来搭建。这个平台用来发布和分享第一方物流即物流服务供给方、第二方物流即物流服务需求方、第三方物流的信息，通过其拥有的信息技术、整合能力以及其他资源为客户提供供应链解决方案，并以此获得经营收益。就理论而言，第四方物流往往依靠最优秀的第三方物流供应商、技术供应商、管理咨询顾问，以及其他增值服务商，为客户提供独特的和广泛的供应链解决方案。

作为一个全新的和独立的概念，第四方物流这一概念往往被人们与第三方物流这一概念相互混淆。而事实上，第四方物流与第三方物流比较，有着自己独特的内涵和外延。简言之，第三方物流更多地注重实际操作，而第四方物流更多地关注整个供应链的物流活动，亦即第四方物流是跳脱具体的物流活动的层面，站在更高的层面，从客户所处供应链的整个系统或行业物流的整个系统的高度出发，进行梳理、分析、整合、优化、再造，为客户提供一套完善的供应链解决方案。

在第四方物流的整合和集成方案中，第三方物流和相关管理咨询机构都是被整合和集成的对象。就理论而言，第四方物流应该突破第三方物流的局限性，这样才有利于推动物流活动低成本运作，实现最大范围的资源整合。第三方物流往往缺乏跨越整个供应链的运作能力以及真正整合供应链流程的战略专业技术，而第四方物流则可以不受约束地将每一个领域的最佳物流提供商组合起来，为客户提供最佳的物流服务，进而形成最优物流方案或供应链管理方案。而第三方物流要么独自为客户提供服务，要么通过与自己有密切关系的转包商来为客户提供服务，因此往往不能很好地提供技术、仓储与运输服务的最佳结合。

2. 物流超市模式

发展提高第三方物流的服务功能和地位是发展第四方物流的关键。在我国，第三方物流企业有些是由传统物流企业转变而来，有些则来源于国外独资或合资企业。到目前为止，第三方物流在我国整个物流市场中的占有率不高，成熟程度较低，因此我国还不具备快速发展第四方物流的坚实根基。

近年来，我国的一些物流地产开发商开始关注第四方物流模式，并在自己开发运营的物流地产项目中部分地践行这一模式，广东林安物流集团就属于此类，林安模式的典型项目是广州林安物流园项目。广州林安物流园项目打造了一个庞大的融线上服务与线

下服务于一体的物流交易平台，该平台包括网上物流信息交易平台和网下物流信息交易市场，现已整合5000多家第三方物流企业、20多万家专线公司、60多万司机会员，可以为企业提供全方位、多方面的服务，方便客户快速获取货源信息、空车信息，并撮合供需双方达成交易。广州林安物流园项目的线下载体就是1500多个交易摊位，这些摊位每天接待找车厂商1000多家，找货司机30000多人，每天交易量高达10000单。

虽然广东林安物流集团将他们的林安模式称为第四方物流服务平台。但是，事实上，林安模式仅仅是第四方物流服务平台的初级模式，即物流超市模式。物流超市模式是指将大量的货源信息、空车信息等放在物流交易平台上，像一个超市一样，实现供需双方之间的匹配关系。物流超市模式仅仅是第四方物流模式的雏形或初级模式，还远远没有达到为客户提供一套完善的供应链解决方案的能力和水平。林安模式、传化模式都是“物流基础设施”+“车货信息网络”的物流超市模式的典型代表，其实质是提升物流仓储设施服务的一种方式，通过增加物流信息服务来增加运营服务的附加值。

八、电商物流仓储设施模式

电商物流仓储设施模式是根据服务对象的不同，对于专门服务于电商企业物流仓储设施需要的物流地产投资建设和运营管理模式的概括。概括而言，电商物流仓储设施模式包括两种类型，一种是由电商企业自己投资建设用以满足自身物流仓储设施需求的电商自建物流仓储设施类型；另一种是由专业物流地产商投资建设用以满足电商企业物流仓储设施需求的第三方电商物流仓储设施类型（图6–14）。

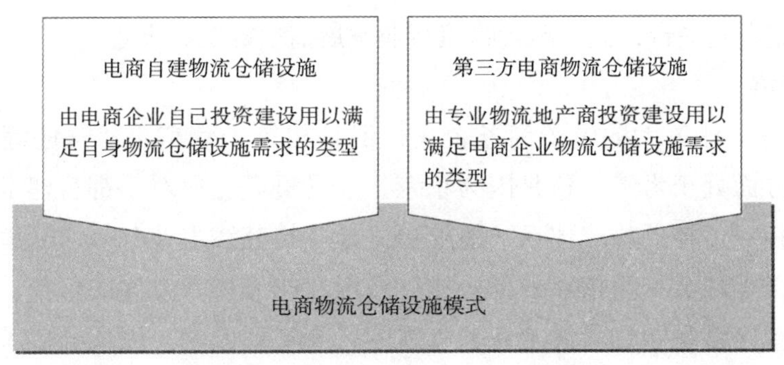

图6–14 物流地产领域电商物流仓储设施模式的主要类型

1. 电商自建物流仓储设施

如前所述，电商物流仓储设施是指服务于电子商务，为电子商务企业及其配套企业的物流活动提供支持的物流仓储设施。近年来，我国电子商务发展一日千里。与其相比，物流业和物流地产业的发展速度与电子商务的发展速度难以匹配，成为制约电子商务发展的一个重要障碍。

电子商务企业之间的竞争演化为物流之间的竞争。谁在物流方面占据优势地位，谁就更可能在电子商务领域处于不败之地。但是，由于物流地产业的发展速度与电子商务的发展速度难以匹配，因此现有的物流仓储设施无法满足电子商务企业对于物流仓储设施的需要。于是，诸如卓越、亚马逊、阿里巴巴、京东、当当网等一些大型电子商务企业便亲力亲为，自建物流仓储设施，满足自身需要，形成了电子商务企业自建自用自营的物流仓储设施模式。

2. 第三方电商物流仓储设施

电子商务企业自建物流仓储设施的浪潮倒逼专业物流地产商开始关注电子商务企业的物流仓储需求，甚至专门投资建设和运营管理面向众多电子商务企业需要的规模化、社会化、平台化、多功能化的物流仓储设施。诸如佛山聚宝盆电商物流产业园、三水电商物流港、广一国际电子商务产业园等项目皆属于此类。一般而言，第三方电商物流仓储设施会为不同领域的电商企业服务，例如服务于从事制造业网络贸易业务的阿里巴巴、网盛生意宝、环球资源等，以及服务于从事流通领域网络零售业务的淘宝网、eBay易趣、京东商城等。

九、中国智能骨干网模式

中国智能骨干网模式是全球最大的电子商务企业阿里巴巴提出来的一个旨在通过自建、共建、合作、改造等多种模式，在全国范围内搭建起一个跨区域、开放、共享、社会化的物流仓储设施平台，满足现代物流行业发展需要的宏大设想。

1. 菜鸟网络

阿里巴巴是全球最大的电子商务企业，但是相较于京东、亚马逊等竞争对手，阿里巴巴在物流方面处于劣势。这是因为京东、亚马逊等竞争对手都自建了物流仓储设施网络，形成了相对可控的物流体系，能够更好地支持其线上业务。而阿里巴巴由于在仓储、运输、配送等环节一直依靠外部机构，所以在物流体系方面的可控性较差。阿里巴巴意识到了物流体系是制约其线上业务发展的一个重要因素，因此开启了名为“中国智能骨干网”的探索和实践。

中国智能骨干网是指通过自建、共建、合作、改造等多种模式，在全国范围内搭建起一个跨区域、开放、共享、社会化的物流仓储设施平台，用以满足现代物流行业发展的需要。作为这一模式的首倡者和主要实践者，阿里巴巴秉承中国智能骨干网的理念，牵头组建了菜鸟网络，试图打造跨区域的、开放、共享、社会化的菜鸟物流平台。

菜鸟网络（全称是菜鸟网络科技有限公司）于2013年5月28日由五个方面的股东在深圳发起成立。其中，阿里巴巴的持股比例为43%，银泰的持股比例为32%，复星的持股比例为10%，富春的持股比例为10%，顺丰、中通、申通、圆通、韵达的持股比例各为1%（图6–15）。这五个方面的发起人和股东各具专业优势。其中，阿里巴巴拥有专业的大商家商业平台即天猫，以及大数据优势，天猫大商家及其相关企业能够成为中国智能骨干网物流仓储设施的需求者；银泰具有丰富的百货连锁后台供应链管理经验，能够为中国智能骨干网的网络化管理和供应链管理提供支持；复星拥有专业的地产开发和基金管理经验，能够为中国智能骨干网提供开发管理和资金运作方面的支持。富春具有干线物流配送经验，能够为中国智能骨干网提供运输支持；而顺丰、中通、申通、圆通、韵达具有终端配送优势，能够为中国智能骨干网提供配送支持。

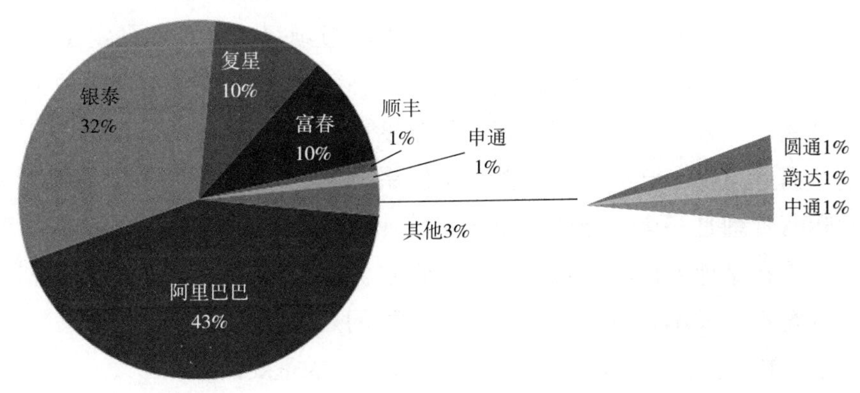

图6–15　菜鸟网络的股权结构

菜鸟网络立志于打造的中国智能骨干网的核心是搭建“开放的社会化物流仓储设施网络”。具体而言，菜鸟网络计划用5～8年的时间，通过自建、共建、合作、改造等多种模式，建立起一个能够支撑日均300亿元网络零售规模的物流仓储设施网络。

2. 运营模式

菜鸟网络致力于打造中国智能骨干网，其在业务定位方面明确表示不做物流，只是利用自身优势为物流企业发展做服务，而这种服务的核心便是通过多种模式搭建遍布全国的开放、共享、社会化的物流仓储设施网络，用以改善物流运营效率，节省物流成本，帮助客户通过这一物流平台选择到合适种类的配送方式，从而最终成为现代物流和供应链的整合者。

菜鸟网络试图采用分布式仓储模式，在我国东北、华北、华东、华南、华中、西南、西北七大区域部署北京、沈阳、济南、南京、广州、成都、兰州、福州八个大型仓储节点。在这八个大型仓储节点城市，菜鸟网络会根据阿里巴巴拥有的消费者和商家数据来指导物流地产项目选址，并主要根据阿里巴巴平台上的商户和相关快递公司的需要规划、设计、开发和运营管理这些物流仓储设施。

菜鸟网络在物流地产项目的产品组合方面倾向于以物流仓储设施为主，辅之以商业、办公乃至居住等多种业态，不仅为商户提供物流仓储设施，而且还提供商铺产品，承载商户的O2O实践，成为其线下体验店，同时还要吸引其在此办公、生活和娱乐。除了阿里巴巴的商户是中国智能骨干网的客户之外，菜鸟网络还设想吸引那些为阿里巴巴的商户提供配套财务、法务、技术服务的企业也在此积聚，从而形成一个完整的商业生态圈。

3. "鼠标" + "水泥"

菜鸟网络的中国智能骨干网本身是一种"鼠标" + "水泥"的创新模式尝试。"鼠标"是指菜鸟网络始终标榜的所谓"天网"、云计算、互联网技术、大数据分析、信息应用平台等信息资源。而"水泥"毋庸置疑是指经过项目选址、产品定位、规划设计、开发建设等各环节而得到的物流仓储设施及其配套商业、办公乃至住宅等物业资源。

相对于"鼠标"来说，"水泥"落地的难度更大，主要源于两个方面的原因。一方面，虽然电子商务与物流仓储紧密相关，但二者分属两个截然不同的领域。物流地产的投资建设和运营管理是一个专业化、系统化的业务，菜鸟网络并不具备相关知识技能和经验积淀，即使在拿地方面具有优势，但是在物流地产项目的产品定位、规划设计、开发管理、工程管理、成本控制、运营管理等方面的短板必定会影响它的发展。而与优质的专业物流地产开发商合作开发是菜鸟网络扬长避短的重要出路。

另一方面，为了打造完整的商业生态圈，菜鸟网络的产品组合跨越物流仓储设施、商业物业、办公物业甚至住宅等产品类型，产品组合非常复杂，运作难度非常大，尚无成功案例可以借鉴，且一定程度上与专业化、社会化发展方向相悖。因此，控制项目规模、梳理产品组合、整合社会资源是菜鸟网络应对这一难题的主要出路。

第四节　物流地产租赁经营管理框架

除了自建自用类型的物流仓储设施之外，其他绝大多数物流仓储设施的经营管理活动都包含着租赁关系，即出租人出租物流仓储设施以获取经营收入，承租人租赁物流仓储设施以满足自身需求。物流地产租赁经营管理框架概要性地反映了绝大多数物流地产项目中物流仓储设施经营管理的核心特质。同时，物流地产租赁经营管理是丰树、安博、嘉民、麦格理、平安不动产、普洛斯、安博、新熙地等绝大多数专业物流地产商的

主流经营管理模式，也是Fedex、UPS、DHL、NAGEL、通用汽车、大众、雀巢、宝洁、丰田、三星、本田等制造企业、流通企业和第三方物流企业满足物流仓储设施需求的重要方式。

概括而言，物流地产租赁经营管理模式的主要框架由五个方面的内容组成。第一是出租方和承租方对于租赁物流仓储设施的界定（包括基本情况、用途、物业条件）；第二是出租方和承租方对于租赁物流仓储设施的产权、抵押、转让及规划用途的约定；第三是出租方和承租方对于租赁物流仓储设施交付的约定；第四是出租方和承租方对于租赁物流仓储设施租赁期限和租金支付的约定；第五是出租方和承租方对于租赁物流仓储设施物业管理的约定。

一、物流仓储设施的物业界定

在物流地产租赁经营管理活动中，物流仓储设施的出租方和承租方首先应该对租赁物业进行界定。具体而言，一方面是对物流仓储设施的基本情况及用途进行界定；另一方面是对物流仓储设施的物业条件进行界定。

1. 物流仓储设施的基本情况及用途

物流仓储设施的出租方和承租方应该对合作标的的坐落位置、坐落地块的土地性质、规划用途、土地使用权人、使用期限、租赁物业的组成部分、建筑面积、使用面积、产权面积、计租面积、配套物业的情况，以及租赁物业的建筑规划总平面图、各层建筑平面图、停车场平面图等核心内容进行清晰界定（图6-16）。

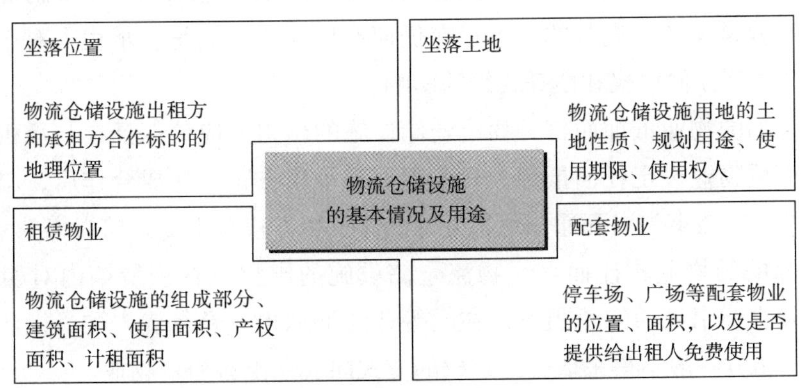

图6-16　物流仓储设施基本情况及用途

2. 物流仓储设施的物业条件

物流仓储设施的出租方和承租方对合作标的物业条件的界定，主要包括三个方面，一是基本条件；二是粗装修条件；三是设施设备条件。

就物流仓储设施的基本条件而言，物流仓储设施的出租方和承租方应该对合作标的的仓库类型（含堆场、简易仓库、普通平房库、普通楼房库、高层货架仓库、立体仓库）、楼层数量、层高、柱距、租赁物业建筑规划总平面图范围内配置的地上及地下停车场等设备设施等物业条件进行清晰界定。

就物流仓储设施的粗装修条件而言，物流仓储设施的出租方和承租方应该对合作标的外立面广告位的使用权归属、价格确定和改造费用归属；旗杆设置的施工责任和要求；室外广场、道路、停车场、绿化、路灯的施工责任和要求；电梯间、消防疏散用楼梯间、卫生间墙面、地面、吊顶、卫生洁具、蹲位隔断等的用材用料、施工责任和要求；室内地面、外墙采光通风窗等的用材用料、施工责任和要求进行清晰界定。

就物流仓储设施的设施设备条件而言，物流仓储设施的出租方和承租方应该对合作标的的电源（含总配电箱、配电室、配电柜、电缆、电缆桥架、布线等）、消防工程（含强排烟系统、消防水系统、消防报警系统等）、电动直升梯与货梯、公用给水排水设施、雨污水管及上、下水管道、弱电（含电话、网络WiFi）、监控系统等设施设备的安装施工责任和要求进行清晰界定。

二、物流仓储设施的产权约定

物流仓储设施的产权约定主要是指出租方和承租方对于合作标的的物业产权、抵押、转让及规划用途四个方面内容的约定。

就合作标的的物业产权而言，物流仓储设施的出租方应该保证租赁物业的土地使用权和房屋所有权是完整和充分的，不存在任何产权和债务纠纷。承租人对于租赁物业的经营管理不会受到任何产权和债务纠纷的影响。

就合作标的的物业抵押而言，物流仓储设施的出租方应该保证在与承租方正式达成合作前未对租赁物业设定任何抵押。在出租方和承租方正式达成合作后，出租方对租赁物业设定抵押前应该事先书面通知承租方并确保承租方权益不受任何损害。

就合作标的的物业转让而言，物流仓储设施的出租方在租赁期内对租赁物业的转让、出售必须提前书面通知承租方，在同等条件下承租方具有优先购买权。如果未经承租方同意，出租方一般不得采取分割产权的方式向公众出售租赁物业。

就合作标的的规划用途而言，出租方应该保证租赁物业的规划用途为物流仓储设施业态。另外，租赁物业交付后出租方在租赁物业用地范围内进行新建、改建、扩建工程，或对租赁物业设备设施进行更新改造必须与承租方商议一致。

三、物流仓储设施的交付约定

物流仓储设施的交付约定主要是指出租方和承租方对合作标的的交付条件、交割事项和法律凭证三个方面内容的约定（图6–17）。

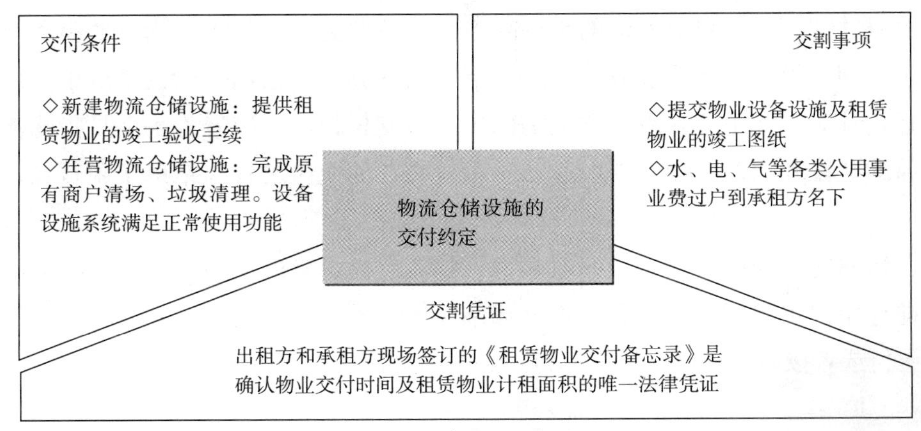

图6–17 物流仓储设施的交付条件

就合作标的的交付条件而言，物流仓储设施的出租方应该按照事先与承租方约定的交付时间按时向承租方交付租赁物业。出租方向承租方正式交付的租赁物业除了达到双方约定的物业条件外，还必须满足以下交付条件。对于新建物流仓储设施来说，出租方在交付物业时需要提供租赁物业的竣工验收手续（包括建筑主体、消防、配电工程、给水排水工程及电梯工程的验收手续）。对于已经在经营的物流仓储设施来说，出租方在交付物业时需要完成原有客户的清场工作。若租赁物业的水、强弱电气等各项设备设施系统在交付时已无法满足正常使用功能，则出租方应该对上述系统更新改造并验收合格后再行交付承租方使用。

就合作标的的交割事项而言，物流仓储设施的出租方在向承租方交付租赁物业时，应该将租赁物业的物业设备设施（指停车场、总配电室、空调机房总控制间、消防控制室等）及租赁物业的竣工图纸（包括电子版）一并移交给承租方。同时，出租方还应该将水、电、气等各类公用事业费过户到承租方名下，在此之前发生的公用事业费由出租方支付，在此之后发生的公用事业费由承租方支付。

就合作标的的交割凭证而言，物流仓储设施的出租方和承租方应该在项目现场进行正式交接验收，在租赁物业符合交付要求的条件下，双方共同签署《租赁物业交付备忘录》，《租赁物业交付备忘录》是确认物业交付时间及租赁物业计租面积的唯一法律凭证。

四、物流仓储设施的租期与租金约定

物流仓储设施的租期与租金约定主要是指出租方和承租方对于合作标的租赁期、装修筹备期及免租期的租期约定，以及对于合作标的租金标准和租金支付方式的约定。

就合作标的租期约定来看，一般而言，物流仓储设施的承租方希望尽可能拉长租赁物业的租赁期，缩短租赁物业的装修筹备期，争取到更长的租赁物业的免租期。简而言之，租赁期一般是从租赁物业交付之日起开始计算。免租期一般也是从租赁物业交付之日起开始计算，免租期内承租方无需向出租方支付租金。装修筹备期是指物流仓储设施开业前的装修和招商阶段，一般起始于租赁物业的交付之日，结束于租赁物业的免租期内。

就合作标的租金约定来看，一般而言，物流仓储设施的承租方在租赁物业的免租期结束后即开始向出租方缴纳租金。租金标准一般按照逐年递增方式来确定。租金一般可以按月支付或者按季度支付，每期应付租金数量应该按照实际天数计算。

五、物流仓储设施的物业管理约定

租赁物业交付承租方后，一般应该由承租方负责物业管理。因此，在物流仓储设施的出租方向承租方交付物业时，应该一并将所有土建安装及物业设施设备的维修保养情况整理出清单（包括维修保养单位、联系人、维修保养费金额）移交给承租方。

在征得出租方同意后，承租方在维修保养期内可以直接与维修保养单位沟通处理维修保养事宜。如果维修保养单位不能及时提供维修保养服务，承租方可以直接组织维修保养，发生的费用应该由出租方从维修保养单位的维修保养费中划拨给承租方，也可以从承租方应该支付给出租方的租金中予以扣除。

物流仓储设施的房屋结构、消防系统、供水供电系统等各项属于出租方投入的物业设备设施的更新改造应该由出租方负责并承担费用。承租方应该对上述设施及时保养、检修、年检，确保其正常使用。因承租方原因导致上述设施损坏和减少设备设施使用年限而发生的费用及损失应该由承租方负责。属于承租方自行投入的各种设备设施的更新改造应该由承租方负责并承担费用。如图6–18所示。

承租方在对租赁物业进行装修及经营期间，未经出租方书面同意，不得对租赁物业的房屋结构、原有设备设施结构进行拆改。因承租方拆改行为而引起的各种事故应该由承租方负责。同时，因承租方的拆改导致租赁物业主体结构或使用功能出现不可弥补的缺陷时，承租方应该向出租方赔偿相应的全部损失。

属于出租方责任范围内的设备、设施因本身质量问题而造成人身伤害或财产损失

时，应该由出租方负责赔偿。因承租方管理问题而造成人身伤害或财产损失时，应该由承租方负责赔偿。

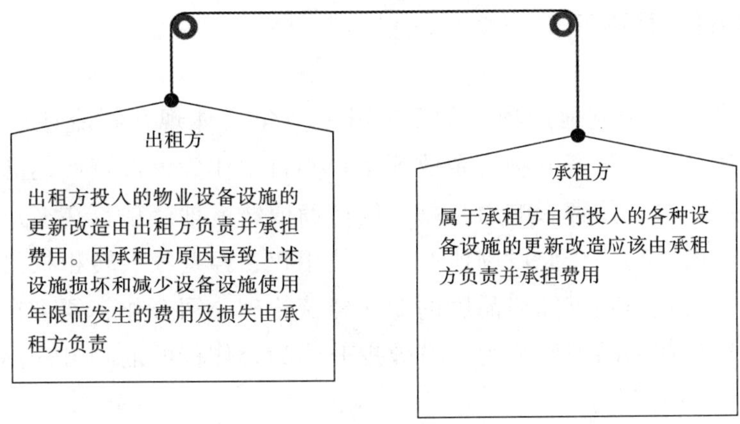

图6-18　物流仓储设施出租方和承租方的物业管理责任划分

第五节　物流地产委托经营管理框架

随着物流地产市场竞争的日趋激烈，以及制造企业、流通企业和第三方物流企业客户对物流仓储设施产品和相关服务品质要求的不断提升，引进具有知名品牌和专业管理团队的专业经营管理公司对物流仓储设施进行经营管理，不仅能使物流地产项目提高市场竞争力，降低经营风险，还能使其生存、获利和发展能力大大提升。

专业的物流仓储设施经营管理公司具有物流仓储设施的经营管理技术，即由其开发、完善成型、用于物流仓储设施经营管理的具有统一性的、独立的经营管理方法、手段和工具。具体而言，经营管理技术包括专业的物流仓储设施经营管理公司拥有的注册商标、商号、物流仓储设施系统标识和服务模式、样式、招商资源、物流仓储设施经营管理方式、经营管理理念、经营管理制度、货物储存方式、会计系统及与运营有关的不可分的、统一的经营管理方法、手段和工具。

有鉴于此，物流仓储设施所有权、使用权、经营权、转租权的合法拥有者可以聘请具有知名品牌和丰富成熟的物流仓储设施管理经验、经营模式、招商资源、管理团队的专业经营管理公司对其物流仓储设施进行经营管理，将其打造成为具有一定品牌特色、社会知名度和市场竞争力的物流仓储服务平台。以上便是物流仓储设施的委托经营管理模式，物流仓储设施的委托经营管理模式以独立的物流仓储设施运营商的出现为前提，反过来也有助于独立的物流仓储设施运营商的发展壮大。

一、品牌使用许可

物流地产商或者物流地产项目的重要核心竞争力体现在物流地产产品和服务在制造企业、流通企业及第三方物流企业等客户心目中作为无形资产的品牌影响力所具有的生命力。或言之，品牌影响力是物流地产商或物流地产项目在客户心中积累起来的知名度和美誉度。物流仓储设施所有权、使用权、经营权、转租权的合法拥有者通过委托经营管理模式与具有知名品牌的专业经营管理公司合作，便可在合作标的上获得专业经营管理公司的品牌影响力，有效提升作为合作标的的物流仓储设施的市场竞争力。

1. 品牌输出

物流仓储设施专业经营管理公司的品牌影响力极大地影响着物流仓储设施产品和服务的附加值。因此，毋庸置疑，物流仓储设施所有权、使用权、经营权、转租权的合法拥有者将物流仓储设施委托给专业经营管理公司进行经营管理，一方面看中的是专业经营管理公司的经营管理能力，另一方面看中的是专业经营管理公司的品牌影响力。站在专业经营管理公司的角度来看，其向物流仓储设施所有权、使用权、经营权、转租权的合法拥有者输出的东西，一方面是经营管理，另一方面是品牌影响。同时，品牌使用许可（品牌输出）和委托经营管理（管理输出）具有密不可分的关联关系，两者不可分离。物流地产委托经营管理模式中的品牌输出和管理输出内容如图6-19所示。

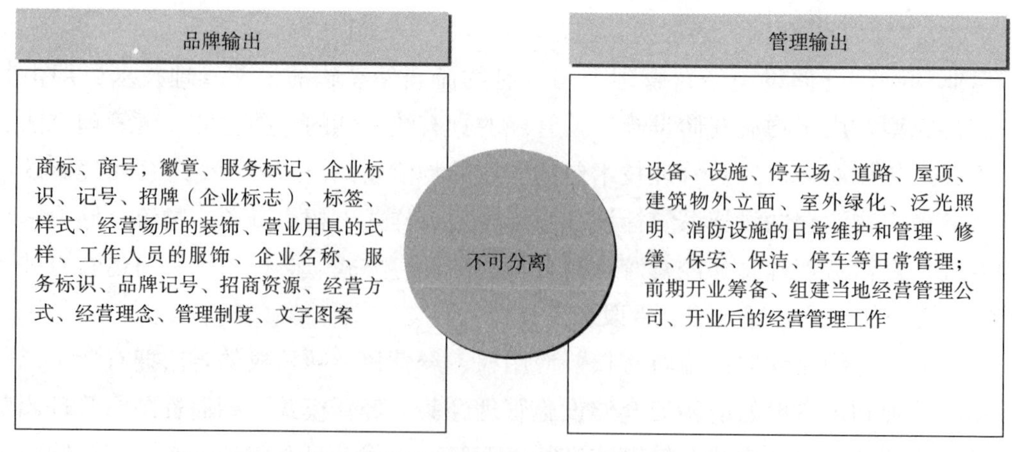

图6-19 物流地产委托经营管理模式中的品牌输出和管理输出

2. 品牌范畴

品牌使用许可是指物流仓储设施的受托方（也被称为专业经营管理公司）授权许可委托方（也被称为物流仓储设施所有权、使用权、经营权、转租权的合法拥有者）在其委托受托方经营管理的物流仓储设施及其经营活动中有偿使用专业经营管理公司拥有的品牌。

具体来说，专业经营管理公司的品牌是指其拥有的注册商标、商号，表示品牌特征的识别徽章、服务标记、企业标识、记号、招牌（企业标志）、标签、样式、经营场所的装饰、营业用具的式样、工作人员的服饰和具有品牌独特风格的整体营业形象及一切特定营业特征，包括企业名称、服务标识、品牌记号、招商资源、经营方式、经营理念、管理制度、文字图案等。

3. 许可范围

受托方的品牌并不是任由委托方任意使用，而是仅仅限于在其委托专业经营管理公司经营管理的物流仓储设施及其经营活动中有偿使用。委托方未经受托方许可或授权，不能对外进行超越双方约定的任何带有专业经营管理公司品牌的活动，例如成立公司、销售物流仓储设施等。

二、委托经营管理

委托方委托受托方负责经营管理的物流仓储设施包含的物业及附属设施主要是：暖通系统、管道装置、电器设备、建筑物内的电梯、楼梯、消防通道以及仓储设施设备系统、升降机、停车场、室外道路和室内招牌标志等。

受托方负责的物流仓储设施的物业管理主要包括大物业管理和小物业管理。大物业管理是指经营物业中的设备、设施、停车场、道路、屋顶、建筑物外立面、室外绿化、泛光照明、消防设施的日常维护和管理、修缮。小物业管理是指经营物业在日常经营过程中的保安、保洁、停车日常管理。

受托方负责物流仓储设施的前期开业筹备及开业后的经营管理工作。专业经营管理公司根据物流地产工程进度组建包括招商、管理、工程等人员在内的开业筹备组，负责物流仓储设施开业前筹备事务，并着手组建当地经营管理公司，当地经营管理公司负责开业后的经营管理工作。委托方应该为此给受托方支付经营管理费。一般来说，经营管理费包括基本管理费和奖励性管理费两类。其中，基本管理费一般是按照物流仓储设施经营总收入的一定百分比收取。奖励性管理费一般是按照后一年相对于前一年经营总收入增幅的一定百分比收取。物流地产委托经营管理模式中委托方收益来源主要包括六个方面，如图6–20所示。

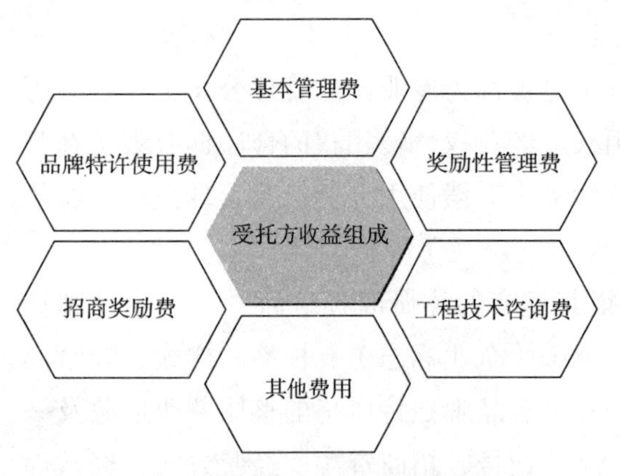

图6-20　物流地产委托经营管理模式中受托方收益来源

受托方应该就物流仓储设施经营工作制定年度计划，该计划包括确定物流仓储设施营业政策；制定年度运营资金预算；制定物流仓储设施经营方针；制定物流仓储设施的管理制度；分析经营业绩和物业控制系统。此外，专业经营管理公司还应该拟定下一年度综合费用的收入预算，并在上一年度综合费用收入的基础上，根据市场情况确定下一年度综合费用收入的涨跌幅度，并负责收取物流仓储设施租赁者的综合费用和其他有关费用。

三、工程技术咨询和工程改造

委托方和受托方在就物流仓储设施达成委托经营管理合作之际，作为合作标的的物流仓储设施要么处于经营状态，要么处于在建、改建，抑或拟建状态。无论物流仓储设施处于何种状态，委托方都应该将物流仓储设施的设计、建筑及设备安装施工计划和资料提交给受托方。

受托方应该依据委托方提供的资料，结合自身经验，针对拟建、在建物流仓储设施提出建筑安装和设施设备基本要求，针对在营、改建物流仓储设施提出工程改造方案建议。受托方在工程技术咨询和工程改造方面的建议主要包括工程结构改造、设备配置方案、外立面改造、内装修方案、标识制造方案，以及主要设备采购清单。

委托方应该就涉及的相关项目制作出施工图交给受托方审核，经其审核通过后，委托方才能实施，委托具备相应资质的设计和施工单位进行设计和施工，受托方可以监督工程改造及标识制作过程。

委托方应该确保物流仓储设施的工程改造通过当地消防、卫生、环保、建设、工商等行政管理部门的审核及许可，并办理完成相关工程竣工验收手续。受托方派遣的开业筹备组（或在当地组建的经营管理公司）应该协助委托方在物流仓储设施建筑设备安装及完成时进行验收。

四、经营管理公司运营

作为受托方的专业经营管理公司，负责对委托方委托的物流仓储设施进行经营管

理。一般而言，受托方应该在物流仓储设施所在地组建当地经营管理公司，便于项目属地化管理。在当地经营管理公司组建完成之前，由受托方承担物流仓储设施的经营管理工作。一旦当地经营管理公司组建完成后，则由其承接受托方的所有权利和责任。

1．组建当地经营管理公司

受托方应该在物流仓储设施所在地出资成立当地经营管理公司，该公司全权代表受托方行使和承担经营管理权利和义务。一般而言，当地经营管理公司的总经理、副总经理、总经理助理、行政人事经理、财务经理、招商经理、企划经理、物管经理应该由受托方委派或选聘，经营管理公司应该采用总经理负责制，总经理全面负责物流仓储设施的日常经营管理。财务负责人应该由委托方委派，共同组建当地经营管理公司的管理团队。

受托方委派或选聘的上述人员应该与受托方或其指定的公司建立劳动关系，薪酬标准执行受托方统一标准及增幅，薪酬从当地经营管理公司的运营账户支出。当地经营管理公司选聘的其他人员应该与当地经营管理公司建立劳动关系，薪酬标准由当地经营管理公司参照其他同类物流仓储设施经营管理团队同等岗位的薪酬标准，由委托方和受托方双方确认，薪酬从当地经营管理公司的运营账户支出。委托方委派的财务负责人应该与委托方建立劳动关系，薪酬从当地经营管理公司的运营账户支出（图6–21）。

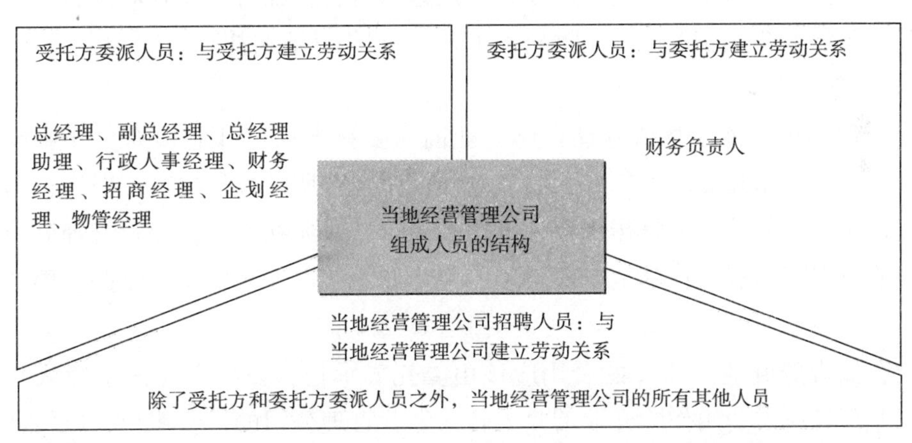

图6–21　物流地产委托经营管理模式中受托方组建的当地经营管理公司人员结构

受托方在物流仓储设施所在地成立的当地经营管理公司承担物流仓储设施相应的经营管理责任，负责对委托方提供的物流仓储设施实施对外招商、日常运营、营销推广、综合费用收取等经营管理活动。

2．开业筹备

万事开头难，对于物流仓储设施的经营管理也一样，开业意味着经营管理工作的正式开始，开业的成功与否影响着后期运营管理的难易程度。因此，经营管理公司应该做好开业筹备工作。

（1）开业条件

物流仓储设施开业必须同时达到如下四个条件。其一，物流仓储设施工程改造，包括工程结构改造、设备配置方案、外立面改造、内装修方案、标识制造方案等已竣工验收。其二，租赁者已基本适于开业经营。其三，物流仓储设施整体通过了竣工验收合格和消防验收合格。其四，周边道路的通达性符合通行要求。

（2）开业工作

物流仓储设施开业前，经营管理公司应该完成开业准备工作。具体来说，经营管理公司需要制定开业预算方案；根据委托方的工程改造进度，依据物流仓储设施的管理规范和受托方的经营管理技术，形成物流仓储设施招租方案和招商推广方案；确立物流仓储设施的总体组织、计划和开业前的各项活动，编制物流仓储设施开业典礼方案；为物流仓储设施设立管理制度和会计制度；制定物流仓储设施各部门组织架构及人员配置的方案；按照法律法规，招聘物流仓储设施员工，进行岗前培训；制定薪酬制度、财务制度、法律监审制度等具体规章制度；分析各种保险项目，并向委托方提供在保险公司投保的保险计划；采购开业所需的物品；制定并执行物流仓储设施市场营销策略方案；制定广告和公关关系计划（确定宣传媒介，拟定宣传材料，准备物流仓储设施所有广告、公共关系及整合物流仓储设施营销业务活动等）；组织开业典礼。

（3）开业预算

经营管理公司应该于物流仓储设施开业前与委托方议定开业预算。开业预算应该包含所有开业的费用和支出，例如，物流仓储设施经营所需人员的员工费用；招聘和培训员工的费用；开业前广告宣传和业务推广费用；开业典礼费用；经营管理公司成立后至开业日前所需要的资金；其他行政费用，包括开业所需证照费用、公关费用、办公费用等。

物流仓储设施开业所需要的费用应该由委托方承担，委托方应该于确认开业预算后即将开业预算所需费用作为开业前收入转入经营管理公司的运营账户，以保证经营管理公司可以正常使用。

物流仓储设施开业之后，经营管理公司应该送交委托方一份由会计记录的开业事项的所有开支明细表，委托方应该在经营管理公司送交后对该记录进行审核。开业费用根据双方审核通过的开支明细表多退少补。

3. 经营管理公司的运营资金

经营管理公司应该制定自物流仓储设施开业日起第一年度的运营资金预算，并根据上年度的资金使用情况（结合实际）制定每年度的运营资金预算，再根据年度运营资金

预算，制定运营管理费的收取标准。

运营资金是指物流仓储设施开业后经营管理公司围绕经营管理活动所需要的合理资金，例如员工费用、市场推广费用、水电气物管费用、日常行政费用及其他费用。其中，员工费用是指经营管理公司管理团队（含委托方和受托方双方派出人员及其他另行招聘的人员）的人工费用，包括工资、福利、津贴、社保费用及法律所规定税项等。

4. 经营管理公司的运作

经营管理公司应该根据自身管理规范及标准，结合物流仓储设施实际情况，对公司的组织架构及相关管理制度，例如物流仓储设施运营制度、员工行为规范、员工薪资标准及福利制度、员工考勤休假奖惩制度、财务制度等予以细化执行。

经营管理公司总经理全面负责物流仓储设施的日常经营管理，享有人事任免权及经营决策权，并应每季度向委托方书面通报上月的经营情况。委托方派遣进入经营管理公司的财务负责人，应接受经营管理公司总经理领导，协助总经理完成物流仓储设施财务监督工作，对物流仓储设施财务事项有事前知情权及监督权。对于经营管理公司所发生的一切费用和支出，必须由财务负责人审核并签字后，经营管理公司方可支出。

经营管理公司作为管理方参与委托方和租赁者签订物业租赁合同的同时，应和租赁者另行签订物流中心管理合同，并按物流仓储设施管理合同的约定行使权利、承担义务及支付相关费用。委托方除行使财务监督权外，不参与、不干涉经营管理公司对物流仓储设施的日常经营管理。

5. 保险

在物流仓储设施委托经营管理合作约定期限内，经营管理公司应该在中国设立的保险公司投保并承担保险费的保险险种为：企业财产险（含物流仓储设施内的固定资产、租赁者存放于其中的货物等）、公众责任险、火灾险、雇主责任险。如发生保险事故，委托方与经营管理公司应该就保险责任范围内的损失向保险公司索赔，所得保险赔偿款用于补偿事故损失。如保险公司的赔偿款不足以弥补所产生的损失，委托方应该承担不足部分。

五、管理期内的股权或物业转让

在物流仓储设施委托经营管理合作约定期限内，委托方应该保证对物流仓储设施具有合法的所有权、使用权、经营权、转租权，且无任何妨碍委托经营管理履行的法律瑕疵或权利限制，譬如诉讼纠纷、财产保全、司法冻结、抵押担保等，同时要保证该物流仓储设施性质适用于物流仓储经营。换言之，委托方应该保证受托方在委托经营管理约定期限内持续合法拥有约定规模的物流仓储设施的经营使用及管理权（经营权）及其内不少于约定规模的办公场所，包括办公室设备、装饰（无论固定或可移动，包括地毯和墙身装修等）、电脑、传真机、电话设备、货物车和其他小型设备及物资，并采取必要行动以保护该经营权及办公场所。

在物流仓储设施委托经营管理合作约定期限内，如委托方全部或者部分转让物流仓储设施或者公司股权时，必须提前书面通知受托方并征得其书面同意，同等情况下受托方具有优先受让权。同时，委托方应该保证相关权利义务随着物业或股权的转让而转让并由新的受让方继续履行相关权利义务。

第七章

物流地产资本运作

在发达国家，工业地产占据着整个房地产投资总规模的半壁江山。在美国房地产信托投资基金（REITs）产品的市场总份额中，工业地产占据着重要地位。而在工业地产中，物流地产是其最为重要的组成部分。房地产企业的投资建设和运营管理能力与其资本运作能力紧密相关。美国的大众仓储和普洛斯、新加坡的腾飞集团和丰树集团、澳大利亚的嘉民集团和GPT集团等，都是物流地产资本运作的标杆企业。近年来，我国房地产金融已经进入了多通道竞争的新时代，除了银行贷款、房地产私募投资基金之外，各类资产管理平台也相继登上了房地产金融的舞台。无论对于个人、家庭等私人主体，还是对于专业投资机构和基金等公共机构，房地产都已成为私人和机构财富管理的重要资产类别。各类型房地产的投资属性和投资价值已被广泛认识，并形成了统一的市场环境。房地产已经成为我国公、私投资人资产构成中比重最高的类别之一。作为房地产的一个重要分支，物流地产在这样一个金融变革的新时代必然会受到金融变革的全方位影响，物流地产业的金融化进程及相关金融创新必然会迎来新一轮的蓬勃发展。

第一节　物流地产银行贷款

长期以来，我国房地产开发商在房地产项目开发过程中的直接融资比例普遍较低，项目融资仍然以银行贷款为主，在许多项目的融资总额中，来自银行贷款的比例高达70%~80%。在物流地产投资建设和运营管理的全过程中，来自银行贷款的融资支持主要包括三个方面，即物流地产开发贷款、物流地产在建工程抵押贷款、物流地产经营性物业抵押贷款。

一、物流地产开发贷款

物流地产开发贷款是指商业银行向具有资质的物流地产商发放的用于物流仓储设施开发与运营的中长期商用房类房地产开发贷款，贷款期限一般不超过三年（含三年）。物流地产商获得商业银行的开发贷款需要具备一系列前提条件，主要包括以下三点。其一，物流地产商已经取得贷款项目的土地使用权，且土地使用权终止时间长于开发贷款的终止时间。其二，物流地产商已经取得贷款项目《建设用地规划许可证》、《建设工程规划许可证》、《建筑工程施工许可证》。其三，贷款项目的工程预算、施工计划符合国家和当地政府的有关规定。工程预算的投资总额能够满足项目完工前由于通货膨胀及不可预见等因素追加预算的需要。物流地产商需要具备一定比例的自有资金，一般应达到项目预算投资总额的30%以上，并能够在银行贷款之前投入项目建设。物流地产开发贷款的额度、期限、利率和担保方式见表7-1。

物流地产开发贷款的额度、期限、利率和担保方式　　表7-1

贷款种类	贷款额度	期限	利率	担保方式	其他
开发贷款	根据物流地产商、物流地产项目、信贷政策等情况来具体确定	不超过3年（含3年）	在央行公布的贷款利率的基础上上浮15%~30%	第三者提供信用担保、抵押、质押	贷款项目需要办理建筑工程保险

我国房地产开发贷款在各家商业银行业务总量中所占的比例普遍较低，一般在8%左右。贷款利率通常按照中国人民银行公布的关于利率浮动的有关规定来制定，一般而言，是在中国人民银行公布的贷款利率的基础上上浮15%~30%。物流地产商向商业银行

申请物流地产开发贷款时需要提供商业银行认可的有效担保方式。一般而言，商业银行认可的有效担保方式包括第三者提供的信用担保方式、抵押担保方式、质押担保方式。

物流地产商在取得开发贷款之前，应该为物流地产项目办理有效的建筑工程保险。如果物流地产商以房屋作为开发贷款的抵押品，那么在偿清全部贷款本息之前，物流地产商应该逐年按照不低于抵押金额的投保金额办理房屋意外灾害保险，且投保期至少要长于借款期半年。在保险合同中，要明确商业银行为保险的第一受益人，保险单正本应该由商业银行执管。

在办理物流地产开发贷款时，商业银行应该审查物流地产商的还款能力，以及是否具有可靠的还款来源。物流地产项目与普通商品住房项目、经济适用住房项目、土地储备类房地产项目不同，后者相对而言都是高周转类项目，亦即借款者可以通过销售普通商品住房、经济适用住房、建设用地而快速回笼资金，成为开发贷款的可靠还款来源。但是，物流地产项目绝大多数不是销售型，而是持有型的，亦即物流地产商通过持有并经营建成的物流仓储设施而获得租金收益和管理收益，作为物流地产项目的投资回报。

由于开发贷款的期限一般不会超过三年，也就是说，借款者需要在三年之内连本带息完成还款。而物流仓储设施的经营收益却是一个持续而缓慢的过程。因此，物流仓储设施的经营收益往往难以成为开发贷款可靠的还款来源。于是，物流地产商是否能够提供商业银行认可的担保方式，以确保商业银行能够认可物流地产商的确拥有还款能力和可靠的还款来源，是物流地产商是否能够成功获得开发贷款的关键。

二、物流地产在建工程抵押贷款

物流地产在建工程抵押贷款是指商业银行以物流地产商和自建物流仓储设施的各类企业为服务对象，以解决上述企业在物流仓储设施开发建设过程中所出现的资金缺口为主要目的的贷款。或言之，物流地产在建工程抵押贷款是指物流地产商和自建物流仓储设施的制造企业、流通企业和第三方物流企业以其合法方式取得的物流地产项目的土地使用权连同在建工程的投入，以不转移占有的方式抵押给商业银行作为偿还贷款履约担保的贷款类型。

一般而言，并不是所有的物流地产在建工程都可以用来办理在建工程抵押贷款，而是只有物流地产商或自建物流仓储设施的各类企业投入工程的自有资金达到工程建设总投资的25%以上，并且已经确定了工程施工进度和工程竣工交付日期的在建工程才能用来作为抵押物申请办理在建工程抵押贷款。此外，物流地产在建工程抵押贷款的期限应该由商业银行和物流地产商或自建物流仓储设施的各类企业协商约定，一般不超过两年。物流地产在建工程抵押贷款的额度、期限、利率和担保方式见表7–2。

物流地产在建工程抵押贷款的额度、期限、利率和担保方式　表7-2

贷款种类	贷款额度	期限	利率	担保方式	其他
在建工程抵押贷款	在建工程抵押率一般会控制在60%以内，即抵押物评估值的60%	一般不超过2年（含2年）	在央行公布的贷款利率的基础上上浮10%左右	以土地使用权连同在建工程的投入作抵押	需要处理好在建工程抵押权与工程款优先权、税收优先权等方面冲突的风险及防范

商业银行确定在建工程抵押物价值时，可以委托房地产评估机构对拟抵押的在建工程进行评估，在评估的基础上确定在建工程抵押物的市场公允价值。由于在建工程抵押尚有许多不确定因素，所以银行在核定抵押物价值与实际可贷款额度的抵押率时普遍都会从紧把关。一般而言，在建工程抵押率会控制在60%以内，亦即贷款额度会控制在抵押物价值的60%以内。

由于物流地产在建工程抵押贷款的期限一般不会超过两年，也就是说，借款者需要在两年之内连本带息完成还款。而物流仓储设施的经营收益却是一个持续而缓慢的过程。因此，物流仓储设施的经营收益往往难以成为物流地产在建工程抵押贷款可靠的还款来源。于是，物流地产商是否能够提供商业银行认可的担保方式，以确保商业银行认可物流地产商的确拥有还款能力和可靠的还款来源，是物流地产商能否成功获得在建工程抵押贷款的关键。

三、物流地产经营性物业抵押贷款

物流地产经营性物业抵押贷款是指商业银行向企业发放的，以企业拥有的已竣工验收并投入商业运营，且经营管理规范、经营利润稳定、经营性现金流充裕、综合收益较好的经营性物流仓储设施为抵押物，并以该抵押物的经营收入作为主要还款来源的贷款。企业在向商业银行申请经营性物业抵押贷款时，需要提供经具有资质的专业机构审计或核准的近三年和最近一期的财务报表和报告、担保材料（包括保证人的证明文件、财务资料、担保的承诺文件、抵（质）押物清单及权属证明）、购买物流仓储设施的合同、物流仓储设施的房地产权证。物流地产经营性物业抵押贷款的额度、期限、利率和担保方式见表7-3。

物流地产经营性物业抵押贷款的额度、期限、利率和担保方式　表7-3

贷款种类	贷款额度	期限	利率	担保方式	其他
经营性物业抵押贷款	一般不超过抵押物评估值的50%	一般不超过8年	在央行公布的贷款利率的基础上上浮10%左右	以经营性物流仓储设施作为抵押物	物流仓储设施的经营收益是第一还款来源，物流仓储设施的处置所得是第二还款来源

只有当企业所拥有的经营性物流仓储设施具有合法性，即企业拥有该经营性物流仓储设施的房产证和土地使用证，企业才有资格向商业银行申请经营性物业抵押贷款。而那些自建物流仓储设施是否具有房产证和土地使用证是其是否有资格被用作抵押物来申请经营性物业抵押贷款的关键。根据我国有关法律政策的规定，企业若没有合法用地手续而在农村集体土地上私自建造物流仓储设施的行为是不合法的，此类经营性物流仓储设施不能用于申请经营性物业抵押贷款。

当企业以投入商业运营的物流仓储设施作为抵押担保向商业银行申请贷款时，商业银行应该根据物流仓储设施的经营状况、偿债能力、盈利能力和运营能力等指标综合考虑，判断物流仓储设施的经营状况及利润水平与贷款额度是否匹配，企业在贷款到期后是否具备偿还本息的能力。而作为抵押物的物流仓储设施只是第二还款来源，只有在企业通过物流仓储设施经营无法偿还贷款的情况下，银行才会考虑处置作为抵押物的物流仓储设施。

与开发贷款和在建工程抵押贷款相比，物流地产经营性物业抵押贷款具有三个方面的显著优势。其一，贷款用途灵活。对于自行建造的物流仓储设施，经营性物业抵押贷款可以用于置换负债性资金和超过项目资本金规定比例以上的自有资金，即置换出来的是属于企业的自有资金，银行对企业的自有资金的使用监管力度可适当降低。其二，贷款期限长。物流地产开发贷款的期限一般不超过三年，在建工程抵押贷款的期限一般不超过两年，其他普通抵押贷款的期限一般是一年左右，企业面临的还款压力较大。而经营性物业抵押贷款的期限最长可达八年，企业可获得长期稳定的资金。其三，还款方式灵活。物流地产经营性物业抵押贷款可以根据企业资金安排和经营性物业现金流状况合理安排还款计划，还款方式灵活。

第二节　物流地产私募投资基金

物流地产私募投资基金是房地产私募投资基金的一个重要分支。具体而言，物流地产私募投资基金是指通过非公开方式，面向少数个人投资者或机构投资者募集资金而设立，以物流地产项目为投资对象的投资基金。物流地产私募投资基金是金融与物流地产相互结合的重要领域，也是机构投资者在物流地产领域的重要投资渠道，更是重构我国物流地产格局、影响我国物流地产走向的重要资本力量。

房地产私募投资基金在美国等发达国家已经走过了30多年的发展历程，发展相对成熟，类型相对多样，金融制度和法律法规相对健全，不仅在房地产私募投资基金领域，而且在诸如物流地产私募投资基金等细分领域，均已积累起了丰富的统计数据和研究资料。

房地产私募投资基金在中国还算是一个新生事物。如果将2010年作为中国房地产私募投资基金元年的话，房地产私募投资基金在中国也仅仅走过了五个年头。正因为如此，我国房地产私募投资基金发展尚未成熟，作为房地产私募投资基金的细分领域，物流地产私募投资基金更是仅仅处于萌芽起步状态。

一、核心型、核心增益型、增值型、机会型基金类型

根据投资风险的高低，房地产私募投资基金可以被划分为四个主要类别，即核心型房地产私募投资基金、核心增益型房地产私募投资基金、增值型房地产私募投资基金、机会型房地产私募投资基金。由于这四类房地产私募投资基金的投资标的有所不同，因此它们的投资回报率也存在一定的差异（图7–1）。

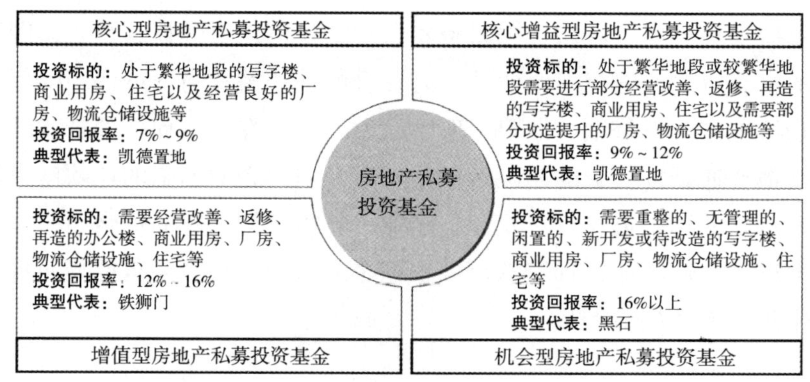

图7–1　房地产私募投资基金的四种主要类型

1. 核心型房地产私募投资基金

核心型房地产私募投资基金的投资标的主要包括处于繁华地段的写字楼、商业用房、住宅，以及经营良好的厂房、物流仓储设施等。核心型房地产私募投资基金的投资风险相对分散，且具有稳定的现金流回报，现金流回报是预期回报的主要来源。此外，核心型房地产私募投资基金的负债比例较小，投资回报率相对较低，一般约为7%～9%。凯德置地发起成立的部分私募投资基金是核心型房地产私募投资基金投资策略的典型代表。在物流地产领域，普洛斯发起成立的诸如普洛斯欧洲基金（Prologis European Fund）之类的私募投资基金也属于核心型房地产私募投资基金。核心型房地产私募投资基金是物流地产金融市场上占据主导地位的私募投资基金类型。

2. 核心增益型房地产私募投资基金

核心增益型房地产私募投资基金的投资标的主要包括处于繁华地段或较繁华地段需要进行部分经营改善、返修、再造的写字楼、商业用房、住宅，以及需要部分改造提升的厂房、物流仓储设施等。核心增益型房地产私募投资基金的投资风险适中，负债占资产的比例不超过50%，投资回报率也适中，一般约为9%～12%。凯德置地发起成立的部分私募投资基金是核心增益型房地产私募投资基金投资策略的典型代表。而黑石发起成立的BPP系列房地产私募投资基金是奉行核心增益策略的开放式不动产股权投资基金，作为一只开放式基金，它通过核心增益型的投资策略为黑石不动产股权基金的投资人提供了一个兼具私募基金特性和公募基金流动性的补充投资工具。

3. 增值型房地产私募投资基金

增值型房地产私募投资基金的投资标的主要包括需要经营改善、返修、再造的写字楼、商业用房、厂房、物流仓储设施、住宅等。增值型房地产私募投资基金的投资风险适中或相对较高，负债占资产的比例不超过70%，投资回报率也适中或相对较高，一般约为12%～16%。投资标的的资产增值是预期回报的重要来源。铁狮门发起成立的房地产私募投资基金大多数是增值型房地产私募投资基金投资策略的典型代表。在物流地产领域，所有通过对已有物流仓储设施的重新定位和二次开发来获取增值收益的私募投资基金都属于物流地产增值型私募投资基金。

4. 机会型房地产私募投资基金

机会型房地产私募投资基金的投资标的主要包括需要重整的、无管理的、闲置的、新开发或待改造的写字楼、商业用房、厂房、物流仓储设施、住宅等。机会型房地产私募投资基金倾向于收购房地产开发商的全部股权或资产，关注国际新兴市场的地产投资机会。追求高风险高回报，投资回报率一般大于16%，负债占资产比例在70%以上。黑石发起成立的BREP系列房地产私募投资基金都属于机会型投资策略的典型代表。在物流地产领域，所有通过较低成本开发新兴市场物流仓储设施，在未来几年内市场趋于成熟时出售获得较高回报的房地产私募投资基金都属于物流地产机会型私募投资基金。

二、债权投资、股权投资、夹层基金投资方式

就投资方式而言，房地产私募投资基金可以分为三种投资方式，即债权投资方式、股权投资方式以及夹层基金投资方式（图7–2）。目前，在我国房地产私募投资基金领域，债权投资方式和夹层基金投资方式占据着重要地位。

1. 债权投资

房地产私募投资基金的债权投资方式主要关注投资对象的抵押资产价值。债权投资

的回报率普遍高于银行的贷款利率，同时受到政府的监管和限制较少。在2008年全球金融危机爆发之前，股权投资在全球房地产私募投资基金中占据绝对主导地位，债权投资在全球房地产私募投资基金总规模中的占比只有3%～4%。在2008年全球金融危机爆发之后，债权投资开始受到投资者的青睐，在全球房地产私募投资基金总规模中的占比由3%～4%跃升到10%左右。对于物流地产而言，由于其资金回收期一般长达10年以上，因此，债权类基金并不太适合物流地产的融资。

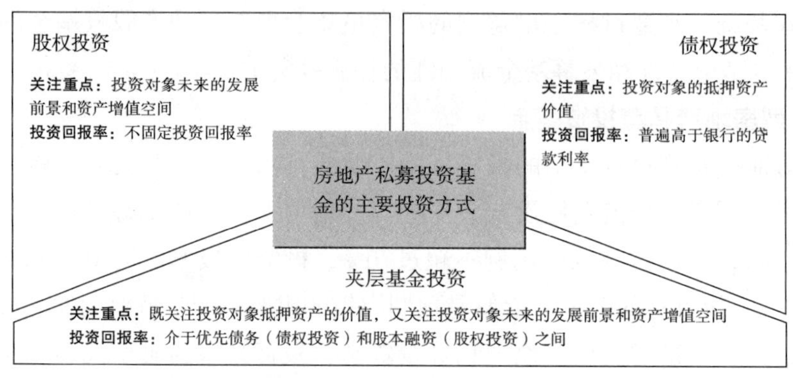

图7-2　房地产私募投资基金的主要投资方式

2. 股权投资

房地产私募投资基金的股权投资方式不仅关注投资对象目前的资产状况，更加关注投资对象未来的发展前景和资产增值空间。在2008年全球金融危机爆发之前，股权投资在全球房地产私募投资基金中占据绝对主导地位，其在房地产私募投资基金总规模中的占比达九成左右。在经历了2008年全球金融危机之后，股权投资方式遭到重创。因此，出于降低投资风险的考虑，投资者开始调整房地产私募投资基金的风险组合，债权投资方式和夹层基金投资方式的比重开始上升，股权投资在全球房地产私募投资基金总规模中的占比从九成左右降至六成左右。就我国房地产私募投资基金而言，股权投资在房地产私募投资基金总规模中所占比例远远低于全球平均水平。对于物流地产而言，股权投资与其产业特性相互契合，因此，股权投资应该成为物流地产私募投资基金的主导投资方式。

3. 夹层基金投资

房地产私募投资基金的夹层基金投资方式是股权投资方式和债权投资方式的有机结合，是风险和回报介于优先债务（债权投资）和股本融资（股权投资）之间的一种投资方式。在我国房地产私募投资基金领域，目前常用的投资方式是采用“股权+债务”的“夹层投资”方式，即通过股权转让等方式持有房地产项目公司股权后，再以股东身份向项目公司做股东借款。相应的，夹层基金投资方式的退出渠道也分为两个部分，即债权部分采用还本付息方式退出；股权部分往往采用由开发企业回购的方式退出。一般而言，房地产私募投资基金和房地产开发企业会签订一个固定的回购协议，例如，约定一年之后以什么样的价格回购股权。对于物流地产而言，由于其资金回收期一般长达10年以上，因此，夹层基金投资这种明股实债的投资方式并不太适合物流地产的融资。

三、房地产私募投资基金、房地产公募投资基金、房地产信托比较

目前房地产私募投资基金已经发展成为个人投资者和机构投资者参与房地产投资的一个重要渠道和平台。相对于通过在二级市场上投资上市房地产开发企业股票的方式参与房地产投资的模式来说，房地产私募投资基金具有自身独特的优势。由于房地产私募投资基金直接拥有所投房地产项目公司的股权，而这种股权使得房地产私募投资基金能够控制所投房地产项目的资产管理活动，通过项目再包装（房地产翻修、财务整顿、资产增值等），在项目运营层面为所投房地产项目创造价值，最终再以高于买入价的价格出售。由此可见，房地产私募投资基金对于房地产项目公司或房地产项目具有更强的影响力和渗透力。此外，房地产私募投资基金与房地产公募投资基金、房地产信托相比，同样具有自身独特的优势。

1. 房地产私募投资基金与房地产公募投资基金比较

房地产投资基金包括私募投资基金和公募投资基金。一般而言，公募投资基金可以通过媒体公开披露基金发售信息，运作透明度高，政府对其监管严格，但是其准入条件苛刻，且运营费用较高。2015年，鹏华前海万科房地产信托投资基金（REITs）正式获批完成注册，并于2015年6月26日限量发行，成为中国大陆首只房地产信托投资基金（REITs）项目的公募基金，标志着公募基金投资范围开始拓展到房地产领域。

与公募投资基金不同，私募投资基金不可以通过媒体公开披露基金发售信息，只能通过电话、信函、面谈等私下方式征询特定的投资者。正因为如此，房地产私募投资基金的融资范围相对较小，对投资者资金实力的要求也相对较高，潜在的投资者往往是大型机构投资者、富有家族、富裕人群。同时，由于政府对房地产私募投资基金的监管较为宽松，为了防止房地产私募投资基金风险失控，给资本市场带来巨大冲击，给投资者带来巨大损失，各国政府都通过明确限定房地产私募投资基金持有人的最高人数和投资人的资格要求来控制房地产私募投资基金的风险。

就物流地产而言，房地产私募投资基金和房地产信托投资基金（REITs）往往在物流地产投资过程中相互“接力”，即由房地产私募投资基金孵化物流地产项目，待物流地产项目孵化成熟之后，再将其出售给房地产信托投资基金（REITs），既实现了房地产

私募投资基金的顺利退出，又为房地产信托投资基金（REITs）源源不断地提供了成熟物业。因此，在成熟的物流地产金融市场上，房地产私募投资基金与房地产信托投资基金（REITs）是相互促进，相得益彰的共生关系。

2. 房地产私募投资基金与房地产信托比较

房地产私募投资基金与房地产信托都是我国房地产领域近年来兴起的高息融资方式。相对于房地产信托来说，房地产私募投资基金具有投资门槛低、筹资渠道费用低、管理成本低、灵活性高、效率高等一系列竞争优势。但同时，相对于房地产信托来说，房地产私募投资基金也存在一些劣势，例如，需要缴纳较高的合伙人所得税和基金本身的营业税，这些税赋成本成为基金筹资的重大障碍。

与房地产信托相比，房地产私募投资基金是目前收益率最高的房地产金融投资品种。近三年来，我国房地产私募投资基金的平均收益率高达18%左右。对于通过房地产私募投资基金融资的房地产开发企业来说，其资金成本主要包括三个组成部分。一是基金保证收益率，即房地产私募投资基金管理公司向优先级合伙人承诺的投资收益率；二是房地产私募投资基金管理费用，一般为基金总规模的2%；三是房地产私募投资基金合伙费（包括托管费、尽职调查费等），一般为基金总规模的1%。这三项成本加总起来便是房地产开发企业房地产私募投资基金融资成本，大约为融资额的16%~20%。

房地产私募投资基金的资金成本虽然远高于房地产信托的资金成本，但是房地产私募投资基金筹集资金相对灵活，所受监管限制相对较少，吸引了越来越多的房地产开发企业，尤其是中小型房地产开发企业将房地产私募投资基金作为其重要的资金来源渠道，以改善其资金机构。以房地产开发企业阳光城为例，其资金结构中银行贷款、房地产信托和房地产私募投资基金的配置比例为4：3：3。

就物流地产而言，房地产私募投资基金与房地产信托都已开启了在物流地产领域或者工业地产的其他领域的投资实践。二者虽然在很多方面有所不同，但是在投资物流地产方面却面临着相同的障碍，即缺乏成熟的退出方式，因此会面临较大的退出风险。

四、国外房地产私募投资基金发展的美国模式、新加坡模式

国外房地产私募投资基金最早出现在20世纪70年代末的美国，20世纪80年代末开始快速发展，进入20世纪90年代后，房地产私募投资基金的业务范围已经涵盖资产收购、房地产开发、房地产债权投融资等多个领域。国外房地产私募投资基金在经历了30多年的发展之后，模式发展成熟，类型发展多样，金融制度和法律法规发展健全，已经发展成为房地产行业不可或缺的融资渠道。概括而言，国外房地产私募投资基金主要可以划分为两种发展模式，一种是美国模式，另一种是新加坡模式（图7–3）。

美国模式	新加坡模式
投资理念：买入、修复、卖出 **重要环节**："修复"重于"运营" **投资偏好**：高杠杆下的高资产收益，并强调规模扩张及由租金收益和资产增值收益带来的总收益	**进入策略**：与合作伙伴协同合作进入新兴市场 **退出渠道**：与PEITs协同合作实现成功退出 **投资偏好**："租金"重于"规模"

图7-3 国外房地产私募投资基金的美国模式和新加坡模式

1. 美国模式

房地产私募投资基金的美国模式是指擅长在增值型投资策略中寻找投资机遇，利用高杠杆收购物业，并提供全产业链服务，通过追求租金收益和资产升值来实现高杠杆收益的模式。这种商业模式也被称为"全价值链服务实现高杠杆收益模式"。房地产私募投资基金的美国模式的典型代表是美国黑石基金、铁狮门基金等私募投资基金。这类美国模式私募投资基金擅长在机会型投资环境中寻找投资机遇，其投资组合包括美国、欧洲和亚洲的优质物业，涵盖酒店、写字楼、商业物业、厂房、物流仓储设施、住宅、医院等多种类型。

（1）买入、修复、卖出

黑石基金、铁狮门基金之类的美国模式私募投资基金始终秉承的投资理念是"买入、修复、卖出"（Buy it， Fix it， Sell it），这种商业模式也被称为"并购增值退出模式"。具体来说，买入是指以低于重置成本的价格收购高品质、能创收的资产；修复是美国模式私募投资基金投资过程中最重要的一环，基金通过积极参与所投资公司的管理经营，快速解决公司资本结构问题、物业硬伤和经营问题；卖出是指等到所投资资产内部问题解决之后，再将其所投资公司卖出，以便赚取利润。一般来说，美国模式私募投资基金往往会把其所投资公司出售给核心型房地产私募投资基金或知名上市公司。美国模式私募投资基金从买入资产到卖出资产一般平均持有资产的时间在三年左右。

（2）"修复"重于"运营"

黑石基金、铁狮门基金之类的美国模式私募投资基金运作的关键在于"修复"（通过积极参与所投资公司的管理经营，快速解决公司资本结构问题、物业硬伤和经营问题，使其实现快速增值）而不在于"运营"（通过经营管理获得现金流收益），它们会快速将经过改善的物业或者公司股权转让给核心型房地产私募投资基金或零售商业开发商西蒙地产、工业地产开发商普洛斯等知名上市公司，抑或是国家主权财富基金、养老基金、对冲基金等其他金融机构。

（3）高杠杆下的高资产收益

黑石基金、铁狮门基金之类的美国模式私募投资基金偏好高杠杆下的高资产收益，并强调规模扩张及由租金收益和资产增值收益带来的总收益。以黑石基金为例，黑石基金每完成一次收购，均可提取一笔管理费，费用相当于收购资产总价的1%，每卖出一项资产亦可提取一笔管理费，费用不超过卖出资产价值的1%。除此之外，黑石基金收取的其他基础管理费和运营管理费也都与资产规模相挂钩。正因为如此，黑石基金投资过程中，格外强调资产的快速升值，因为伴随资产的快速升值，各项收入的数量就会变得相当可观。

就物流地产而言，虽然我国物流仓储设施的存量规模非常巨大，但是绝大多数存量物流仓储设施都属于简易仓库，能够达到国际标准的高品质仓库仅仅约有1300万m^2，且60%集中于我国一线城市。伴随着物流仓储用地的日渐稀缺，以及物流仓储设施需求的迅猛增长，大量的存量简易仓库需要改造提升。美国模式私募投资基金“买入、修复、卖出”的商业模式将在我国物流地产领域具有广阔的市场空间。而真正能够有效激活这一市场的关键就是处理好“卖出”环节，亦即完善美国模式私募投资基金的退出机制和退出渠道。

2. 新加坡模式

房地产私募投资基金的新加坡模式是指擅长于采取核心型和核心增益型策略，通过收购处于繁华地段的资产，追求轻资产运营，获得租金收益和管理费提成，分阶段对资产进行打包最后通过REITs上市的商业模式。这种商业模式也被称为“双基金模式与资产循环实现轻资产运营模式”。房地产私募投资基金的新加坡模式的典型代表是新加坡凯德置地的私募基金。到目前为止，凯德置地已经拥有16只私募投资基金和6只REITs，构建起了一个强大的基金运作平台。

（1）与合作伙伴协同合作打开新市场

凯德置地私募投资基金之类的新加坡模式私募投资基金擅长于借助国际金融巨头的影响力或当地优势企业的合作力量迅速打开新市场，寻找新市场中的投资机会。例如，凯德置地的私募投资基金一方面依靠荷兰ING金融集团、欧洲保险集团Eurake、伊斯兰投资银行Arcapita Bank、花旗集团等国际金融巨头的影响力为自身进驻欧洲、美国、亚洲等新市场打开窗口，另一方面积极寻求与当地的优势企业开展合作，作为其打开新市场的重要途径。例如在中国，凯德置地与深国投、华联商场、万科等优势企业开展合作，为其旗下3只私募投资基金和1只REITs输送后备零售物业资产，并与中信信托合作发起CITIC CapitaLand Business Park Fund，尝试在工业地产领域拓展业务。

（2）与REITs协同合作实现成功退出

房地产私募投资基金的新加坡模式也被称为“双基金模式与资产循环实现轻资产运

营模式”。之所以有这样一个称谓，是因为房地产私募投资基金的新加坡模式很好地实现了房地产私募投资基金和房地产信托投资基金（REITs）之间的业务衔接。以凯德置地的房地产私募投资基金为例，凯德置地在重点市场的房地产私募投资基金一般都会有房地产信托投资基金（REITs）与其“配对”发展。

举例来说，2006年，凯德置地以中国零售物业为核心资产的嘉茂中国商用产业信托（CapitaRetail China Trust，CRCT）在新加坡上市，与CRCT同时成立的还有两只房地产私募投资基金CRCDF（CapitaRetail China Development Fund）和CRCIF（CapitaRetail China Incubator Fund），作为CRCT的储备基金，CRCDF向CRCT输送相对成熟的项目，而CRCIF则储备更多孵化阶段项目。在马来西亚，凯德置地的房地产私募投资基金MCDF（Malaysia Commercial Development Fund）专门孵化写字楼项目，然后再将孵化成熟的写字楼项目输送给其旗下房地产信托投资基金REITSQCT（Quill Capital Trust）。总而言之，房地产信托投资基金（REITs）为房地产私募投资基金提供了退出渠道，而房地产私募投资基金则为房地产信托投资基金（REITs）输送成熟物业，私募基金与公募基金彼此之间的相互支持成为新加坡模式私募投资基金运作的关键。

（3）“租金”重于“规模”

房地产私募投资基金的新加坡模式与美国模式相比，后者更加注重“规模”（资产的总价值），而前者更加注重“租金”（资产的净营业收入），这是新加坡模式与美国模式的重要差异之处。房地产私募投资基金的新加坡模式更加强调租金收益的分享和管理费的提成，更加关注资产真实的收益增长。房地产私募投资基金的新加坡模式之所以更加强调租金收益，与其退出渠道紧密相关。

对于新加坡模式的房地产私募投资基金来说，房地产信托投资基金（REITs）往往是其退出的重要渠道。而房地产信托投资基金（REITs）在选择收购对象时，主要依据拟收购对象的租金回报来对其进行估值。正因为如此，新加坡模式的房地产私募投资基金必然会把重心放在孵化过程中物业租金回报的提升方面，从而提升资产估值，再通过出售给房地产信托投资基金（REITs）来实现价值变现和获得收益。从房地产私募投资基金的开发培育，到房地产信托投资基金（REITs）的价值变现和获得稳定收益，构成了新加坡模式房地产私募投资基金的投资物业成长模式，而这种协同成长模式也成为新加坡模式房地产私募投资基金的核心优势。

对于物流地产而言，新加坡模式房地产私募投资基金与房地产信托投资基金（REITs）彼此互动，形成的“双基金模式与资产循环实现轻资产运营模式”是国外物流地产金融市场上通常采用的商业模式。而我国目前尚无成熟的房地产信托投资基金（REITs）市场，新加坡模式房地产私募投资基金如果投资物流地产的话，由于物流地产项目绝大多数属于持有型物业，且投资回收期普遍在10年以上，因此私募投资基金到期后如何实现退出是其面临的最大难题。

五、房地产私募投资基金的本土化实践

房地产私募投资基金在我国起步较晚，但发展较快，已经由过去处于依附地位的企业融资渠道开始向具有独立地位的财务投资主体演进。目前，在我国的上市房地产开发企业中，至少有三分之一的企业已经建立了自己的房地产私募投资基金。

1. 发展历程

（1）外资房地产私募投资基金进入中国

早在20世纪90年代，在“限外令”的政策环境下，外资机构主要通过与中国本土房地产开发企业合作成立合资公司的方式，进行住宅和商业地产的投资开发，投资方式包括合作项目投资、直接购买物业、参股地产企业等。正是在这种历史背景下，房地产私募投资基金作为舶来品进入中国，从而开启了房地产私募投资基金在我国的发展历史。

从21世纪初开始，伴随着我国房地产行业的快速发展以及人民币升值预期的影响，外资房地产私募投资基金对我国的投资热情日益高涨，黑石集团、摩根士丹利、铁狮门、高盛、领盛、凯雷、麦格理、原雷曼兄弟、中东基汇资本、美国西蒙房地产集团、普洛斯等知名外资房地产私募投资基金纷纷登陆中国房地产市场。

（2）人民币房地产私募投资基金异军突起

2007年6月19日，修订后的《中华人民共和国合伙企业法》开始实施，北京、上海、天津等地推出房地产私募投资基金的政策支持，人民币房地产私募投资基金身份最终得以合法化，国内人民币房地产私募投资基金开始纷纷设立。

2008年之后，外资房地产私募投资基金受全球金融危机影响对我国房地产市场的投资放缓，为人民币房地产私募投资基金的发展创造了空间，人民币房地产私募投资基金得以异军突起，逐步扭转了外资房地产私募投资基金和人民币房地产私募投资基金在我国房地产私募投资基金领域的战略格局

2010年开始，国内房地产宏观调控为了控制房地产投资风险，实行了一系列去杠杆化政策。房地产开发企业在银行贷款、资本市场融资、房地产信托融资方面都受到了一定程度的限制，由此带来了房地产开发企业资金饥渴的局面，为我国房地产私募投资基金的快速发展提供了需求支撑。房地产私募投资基金开始成为我国房地产开发企业的重要融资渠道。截至2013年底，我国已经拥有206家专业的房地产私募投资基金管理机构、437支房地产私募投资基金、4000亿元人民币的资金管理规模。

2. 组建模式

我国本土的人民币房地产私募投资基金在学习外资房地产私募投资基金成熟运作模

式的基础上，结合我国的实际情况，形成了四种房地产私募投资基金的组建模式，分别是开发商主导模式、金融机构主导模式、金融机构和开发商合作模式、互助性质的独立基金管理人模式（图7–4）。

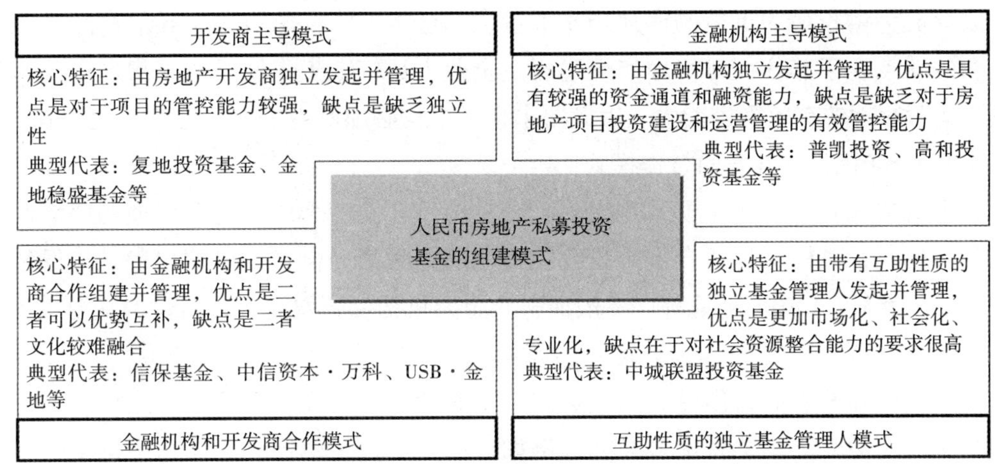

图7–4　我国本土的人民币房地产私募投资基金的组建模式

（1）开发商主导模式

开发商主导模式是指由房地产开发商独立发起并管理的房地产私募投资基金模式。开发商主导模式是目前我国房地产私募投资基金的主流模式，该模式的典型代表是复地投资基金、金地稳盛基金、凯德置地来福士广场基金、汉斯中国开发基金等。复地投资基金和金地稳盛基金主要投资住宅开发，而凯德置地来福士广场基金和汉斯中国开发基金主要关注混合物业。由于该类基金由房地产开发商独立发起并管理，因此要求开发商具有丰富的金融行业经验。

开发商主导的房地产私募投资基金的优势在于对房地产项目全过程、全业态都比较熟悉，因此对项目的管控能力较强。缺点在于该类房地产私募投资基金缺少独立性，开发商既是基金管理者，又是项目提供者，这种复合身份容易引起投资者两个方面的疑虑。其一，开发商是否愿意把最优质的项目向基金提供。其二，开发商是否能够做到以中立的态度帮助投资人管理资产，而不在项目开发运营过程中进行利益的自我输送。

（2）金融机构主导模式

金融机构主导模式是指由金融机构独立发起并管理的房地产私募投资基金模式。金融机构主导模式是国外房地产私募投资基金的主流模式，在我国房地产私募投资基金领域的实力正在逐渐增强，该模式的典型代表是普凯投资、高和投资基金、摩根士丹利房地产基金、高盛房地产基金、凯雷房地产基金等。普凯投资主要投资住宅开发，而高和投资基金、摩根士丹利房地产基金、高盛房地产基金和凯雷房地产基金主要关注混合物业。由于该类基金由金融机构独立发起并管理，因此要求金融机构具有丰富的房地产项目投资建设和运营管理管控经验。

金融机构主导的房地产私募投资基金的优势在于其具有较强的资金通道和融资能力，因此成为增长最为迅速的房地产私募投资基金类型。金融机构主导的房地产私募投资基金的缺点在于其往往对房地产全过程、全业态比较陌生，缺乏对于房地产项目投资建设和运营管理的有效管控能力。因此要求金融机构必须着力加强房地产行业经验。

（3）金融机构和开发商合作模式

金融机构和开发商合作模式是指由金融机构和开发商合作组建并管理的房地产私募投资基金模式，该模式是适合现阶段我国特色的产融结合模式，典型代表是信保基金、中信资本·万科、USB·金地等。一般而言，金融机构和开发商合作组建的基金主要投资住宅开发。

金融机构和开发商合作模式的优点在于基金的发起人和管理人是金融机构和开发商共同组成的利益联盟，二者优势互补。例如，信保基金是由保利集团与中信银行共同发起的房地产私募投资基金。中信资本·万科是由万科集团与中信资本投资有限公司共同发起的房地产私募投资基金。USB·金地是由金地集团与瑞士联合银行集团（UBS）共同发起的房地产私募投资基金。金融机构和开发商合作模式的缺点在于金融机构和开发商的文化融合难度比较大。

（4）互助性质的独立基金管理人模式

互助性质的独立基金管理人模式是指由带有互助性质的独立基金管理人发起并管理的房地产私募投资基金模式。近年来，互助性质的独立基金管理人模式实力在逐渐增强，标志着房地产私募投资基金市场化程度在逐渐加强。

互助性质的独立基金管理人模式的典型代表是中城联盟投资基金。中城联盟投资基金成立于2002年，创始股东12家，现有股东55家，是由房地产行业内颇具影响力的多家企业联合发起的、全国各主要城市的品牌开发商以平等互利为原则组成的行业策略联盟。中城联盟投资基金主要投资住宅开发。互助性质的独立基金管理人模式的优势在于其是最市场化、社会化、专业化运作的房地产私募投资基金模式。但是，与金融机构主导模式相比，互助性质的独立基金管理人模式的缺点在于缺乏与生俱来的资金通道和融资能力；与开发商主导模式相比，互助性质的独立基金管理人模式的缺点在于缺乏与生俱来的项目获取通道及项目开发建设和运营管理能力。因此，这就要求互助性质的独立基金管理人必须着力加强各种社会资源的整合能力。

3. 运作模式

我国本土人民币房地产私募投资基金与国外的房地产私募投资基金在运作模式上具

有一定的相似性，即都遵循“融、投、管、退”（融资阶段、投资阶段、投后管理、退出回报）四个环节，但同时又存在鲜明的差异，主要体现在我国本土人民币房地产私募投资基金在“融、投、管、退”各个环节都具有鲜明的本土特色，从而形成了极具国情特色和时代特征的运作模式。

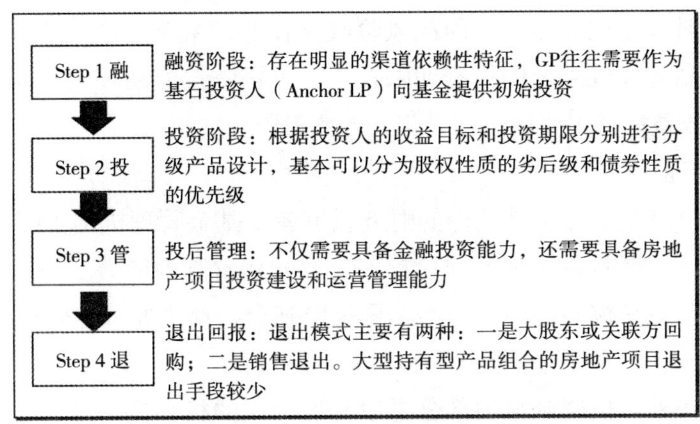

图7–5 我国本土的房地产私募投资基金运作模式

（1）融资阶段

房地产私募投资基金的管理机构（GP）负责设立基金和募集资金，寻找合适的投资项目并设计投资模式，并在资金投入到具体项目后负责投后管理，最后再按照预定的退出计划完成投资退出并向投资人分配投资收益。

基金管理机构（GP）在发起和设立房地产私募投资基金后，即开展基金募资，资金来源主要有两个方面。一方面来自基石投资人（Anchor LP）提供的一部分初始出资，另一方面来自外部投资人（LP），LP的投资门槛从50万元到千万元不等。

就我国本土房地产私募投资基金在融资阶段的资金募集来看，目前存在明显的渠道依赖性特征，主要表现在我国房地产私募投资基金的管理机构（GP）大多存在开发商出资背景，其不但向房地产私募投资基金提供投资项目，还往往需要作为基石投资人（Anchor LP）向基金提供初始投资。

综观我国房地产私募投资基金，与房地产开发企业相关联的基金管理机构（GP）管理的资金量在我国房地产私募投资基金管理资金总量中的占比最大，紧随其后的是由独立品牌的内资独立基金管理机构（GP）和与金融机构相关联的基金管理机构（GP）管理的房地产私募投资基金。

（2）投资阶段

房地产私募投资基金的管理机构（GP）在投资阶段负责寻找合适的投资项目并设

计投资模式。我国房地产私募投资基金的投资产品一般会根据投资人的收益目标和投资期限分别进行分级产品设计，基本可以分为股权性质的劣后级和债券性质的优先级，以及介于二者之间的多层设计，不同的投资方式关系到地产项目的整体融资成本和融资期限。

一般来说，优先级的债权型房地产私募投资基金的投资期限较短，投资收益相对固定，在收益分配时处于优先地位，因此风险收益较低，主要通过对外募集资金。劣后级的股权型房地产私募投资基金的投资期限较长，投资收益浮动较大，在收益分配时处于最后位置，风险收益高，主要通过项目相关方募集资金。

（3）投后管理

房地产私募投资基金并不是纯粹的财务投资者，基金管理机构（GP）不仅需要具备金融投资能力，还需要具备房地产项目投资建设和运营管理能力。无论是机会型的房地产私募投资基金，还是核心型的房地产私募投资基金，都需要基金管理机构（GP）积极参与和深度介入房地产项目的前期开发和后期运营过程。

我国的房地产私募投资基金大部分是以开发为主的机会型房地产私募投资基金，对于机会型房地产私募投资基金而言，其基金管理人（GP）实际上肩负着房地产开发商的角色。在这种模式下，房地产私募投资基金需要熟悉和积极发挥房地产开发商的全部职能，从最初获得土地到最终实现销售获得回款。

（4）退出回报

房地产私募投资基金的最终目的和归宿是退出，并通过最后的退出来兑现投资人的投资回报，投资回报率的高低是衡量基金管理人（GP）能力高低的市场标准。国外房地产私募投资基金主要将房地产信托投资基金（REITs）等资产证券化作为房地产私募投资基金最终的退出渠道。而对于我国的房地产私募投资基金来说，并不具备这些退出渠道优势，而是以独具特色的方式实现最终的退出。

我国房地产私募投资基金的退出模式主要有两种。一种是大股东或关联方回购模式，即在投资时即签订回购协议，约定资金使用量、使用期限和资金成本，在大多数情况下，大股东还需要提供抵押担保或者作为劣后级提供资金担保。另一种是销售退出，一般适用于销售型产品组合的房地产项目。

由于我国大型地产收购活动尚未形成固定的模式和成熟的市场，特别是缺乏大型机构投资者和完善的金融市场支持。正因为如此，对于那些大型的持有型产品组合的房地产项目来说，房地产私募投资基金的退出手段较少，退出难度较大，成为当前制约我国房地产私募投资基金深入发展的重要障碍。

4. 发展瓶颈

我国房地产私募投资基金的发展虽然取得了长足的进步，但进一步发展也面临着一

系列瓶颈制约。概括而言，主要包括五个方面，一是资金来源渠道较为狭窄；二是机会型私募基金独大；三是股权投资方式占比较小；四是业态投向过于集中；五是基金规模普遍较小（图7–6）。

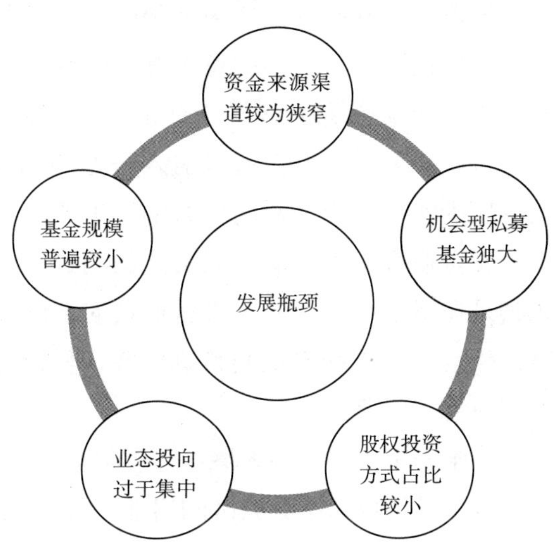

图7–6　当前我国房地产私募投资基金的发展瓶颈

（1）资金来源渠道较为狭窄

国外房地产私募投资基金的资金来源渠道相当广泛，涵盖了养老基金、国家主权财富基金、银行、保险公司、资产管理公司、捐赠基金、富裕家族、富有个人等。正因为如此，在国外房地产资本市场上，产生和成长起来了一批大型机构投资者，这些大型机构投资者成为国外房地产私募投资基金的重要资金来源渠道。

与国外不同，我国对于券商、证券投资基金、保险公司和社保基金等大型机构投资者投资房地产行业设置了诸多限制，只允许其通过投资资本市场的方式间接参与房地产市场。这就使得我国房地产资本市场目前并没有产生很多真正意义上的机构投资者。

正因为如此，相对于国外房地产私募投资基金来说，我国房地产私募投资基金的资金来源渠道较为狭窄，主要来源于富裕家族、富有个人或民营企业等民间资本和信托公司、国外产业投资基金等机构投资者，银行理财资金池、信托、券商资管、基金子公司、第三方理财、银行私行部等可以作为我国房地产私募投资基金募资渠道中可以合作的资产管理平台。

（2）机会型私募基金独大

在核心型、核心增益型、增值型、机会型四大基金类型中，我国房地产私募投资基金绝大多数选择了机会型投资策略，这与我国房地产行业所处发展阶段紧密相关。众所周知，近年来，我国整体处于城市化快速扩张阶段，城市基础设施建设与房地产开发建设成为我国投资的重要组成部分。在这一发展背景下，市场为我国房地产私募投资基金提供了大量周转快、收益高的投资机会。因此，我国九成房地产私募投资基金选择了机会型投资策略。

机会型房地产私募投资基金往往以项目为投资导向，选择拟投资项目资金最为紧缺的环节进入，存续期一般为3年到5年，追求快进快出，获得“短平快”的高收益。一般而言，拟投资项目资金最为紧缺的环节往往出现在三个阶段，一是项目启动阶段、二是拿地后银行尚未发放开发贷款的阶段、三是开始预售后银行尚未发放按揭贷款的阶段。

房地产私募投资基金为了帮助房地产开发企业尽可能放大开发杠杆效应，同时也为了在争夺优质项目时具有竞争优势，介入项目的时点开始出现越来越提前的趋势，从过去在项目开发中期才介入，到目前在项目开发前期就介入与开发企业联合拿地，在银行开发贷款发放后退出。通过引入房地产私募投资基金联合拿地，可以帮助房地产开发企业以较少的自有资金撬动庞大的土地款。这种利用基金放大杠杆效应的模式有利于房地产开发企业大幅度降低启动资金的门槛，实现“四两拨千斤”、“以小博大”的目标。尤其是在房地产行业处于扩张周期时，的确能够帮助房地产开发企业快速做大规模。但是，一旦景气周期出现调整或反转，就极易使得房地产开发企业资金链条加速断裂，陷入“崩盘”境遇。

放眼未来，我国各大城市存量物业占比快速上升，尤其在一线城市，存量物业已经占据绝对主导地位，中心城区的房地产开发机会越来越少，新增物业越来越稀缺，过去那种以销售型物业开发为主要投资对象的机会型投资策略面临发展瓶颈。在凯雷、铁狮门等国外房地产私募投资基金的影响下，我国已经出现了一定数量的核心型、核心增益型等其他类型的房地产私募投资基金，代表着我国房地产私募投资基金未来的发展方向。

（3）股权投资方式占比较小

就投资方式来看，国外房地产私募投资基金主要以股权投资方式为主。而我国房地产私募投资基金的主要投资方式是债权投资和以债权为基础的“债权+股权”的夹层基金投资方式。当前，债权投资和以债权为基础的“债权+股权”的夹层投资方式募集的房地产私募投资基金占到总募集资金规模的一半以上。我国房地产私募投资基金之所以与国外房地产私募投资基金不同，以债权投资和以债权为基础的“债权+股权”的夹层基金投资为主要模式，主要源于三个方面的原因。

其一，与国外房地产私募投资基金的发展环境有所不同，我国房地产私募投资基金是在政策规范相对缺乏的条件下自发成长的，国家对房地产私募投资基金的发展缺乏系统的统筹规划、宏观政策的引导和针对性文件的规范。在这样一个相对“简陋”的政策环境下，债权投资方式因为相对简单，操作方式简便，相关方的权利义务关系容易被清晰厘定而被房地产行业广泛接受。

其二，与国外房地产私募投资基金的发展历程有所不同，我国房地产私募投资基金的发展历史相对较短，管理团队的经验积淀有限，从业者主要是来自金融机构的信贷人员、房地产开发企业的财务管理人员和私募股权投资领域的从业人员等，这些人员中只有极少数人能够全面理解金融、房地产和私募股权的运作模式，但是大多数人都擅长对抵押品的控制，因此大多数采取了较为简单的以债权为主的投资模式。

其三，与国外房地产私募投资基金的组建模式有所不同，开发商主导模式是目前我国房地产私募投资基金的主流模式，房地产开发企业往往既是基金管理人（GP），又是投资项目的提供者，这种复合关系容易导致代理人风险。同时，开发企业从自身利益出发，往往不愿意拿出盈利预期好的项目分享，而那些存在风险或者内部收益率较低的项目又很难吸引房地产私募投资基金进行股权合作。正因为如此，我国大多数房地产私募投资基金采取了以债权为主的投资模式。

（4）业态投向过于集中

从投资业态来看，我国房地产私募投资基金将住宅作为主要的投资对象。在我国房地产私募投资基金的全部募集资金中，大约40%的资金投向了住宅，大约35%的资金投向了城市综合体，剩余部分则大多投向商业物业、一级开发基金和房地产母基金等领域。

近年来，伴随基金管理团队的日渐成熟和市场需求的不断演进，我国房地产私募投资基金业态投向过于集中的情况有所好转，以城市综合体开发为主要投资对象的房地产私募投资基金占比明显增长。除此之外，我国房地产私募投资基金投资对象开始逐渐涉及诸如工业地产、旅游地产、养老地产等专业地产投资领域，业态投向逐步趋于多元化、差异化和专业化。

（5）基金规模普遍较小

从基金规模来看，我国房地产私募投资基金的规模普遍较小，这与我国房地产私募投资基金的发展模式有关。由于我国房地产私募投资基金大多以机会型投资策略和短平快的项目开发为主，所需要的资金量普遍不大，导致基金规模普遍较小。基金规模小于1亿元人民币的小型基金占基金总数的25%，基金规模在1亿～5亿元人民币的基金占基金总数的49%，基金规模在5亿～10亿元人民币的基金占基金总数的15%，基金规模超过10亿元人民币的大型基金占基金总数的11%。

六、我国房地产私募投资基金的变革方向

伴随我国经济社会的深度转型和房地产行业的急剧变迁，我国房地产私募投资基金过去那种粗放式“野蛮生长”的发展模式面临诸多发展瓶颈。在新的环境下，我国房地产私募投资基金必须实现转型提升，在投资业态、退出渠道、投资方式等诸多方面必须实现全方位的变革（图7–7）。

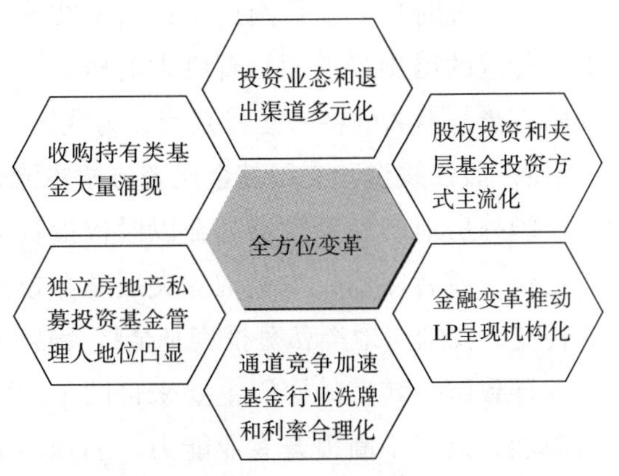

图7–7　我国房地产私募投资基金的变革方向

1. 投资业态和退出渠道多元化

就投资业态来看，综观我国房地产私

募投资基金领域，2014年以来，投资业态开始呈现多元化的发展趋势。这是缘于我国住宅房地产市场进入了震荡阶段，投资风险大大增加，去化速度普遍变慢，高周转很难实现，导致之前几年国内房地产私募投资基金以住宅开发为主的格局难以为继。为了应对这一局面，我国房地产私募投资基金的投资业态开始呈现多元化发展趋势，除了住宅业态之外，开始关注其他业态的投资机会，写字楼、商业物业、养老地产、物流地产等将会成为其重要的新兴投资业态。

具体而言，投资业态多元化发展的第一个方向是写字楼和商业物业领域，房地产私募投资基金主要关注位于一线城市核心地段的写字楼项目和商业物业。这些物业不仅出租率有保证、租金呈现稳步增长态势，而且尤其受到保险资金等机构投资者的青睐。投资业态多元化发展的第二个方向是养老地产领域，房地产私募投资基金主要关注养老公寓项目。在我国逐步迈入老龄化社会的历史背景下，养老地产具有较为强劲的市场需求，吸引了一批房地产开发企业转型从事养老地产项目开发，作为一种重要的融资工具，房地产私募投资基金便顺势进入这一领域。投资业态多元化发展的第三个方向是产业地产领域，虽然迄今为止我国房地产私募投资基金鲜有涉足产业地产领域，但是从未来发展趋势来看，工业地产和物流地产将会成为吸引我国房地产私募投资基金的热门领域。

就退出渠道来看，与国外房地产私募投资基金相比，我国房地产私募投资基金的退出渠道非常单一。美国和新加坡等发达国家的资产证券化程度较高，所以，房地产信托投资基金（REITs）成为房地产私募投资基金的最佳退出渠道。具体来说，就是房地产私募投资基金通过将投资标的出售给房地产信托投资基金（REITs）实现物业打包上市顺利进入证券市场流通，实现房地产私募投资基金的成功退出。

然而，我国的资产证券化水平很低，并没有合适的金融产品承接房地产私募投资基金的退出。因此，只能通过大股东或关联方回购方式或项目清算方式退出。伴随着我国房地产黄金时代的渐行渐远，销售型物业的去化速度与过去10年相比，已经不可同日而语，传统的退出渠道面临着巨大的压力。近期以来，我国房地产领域的资产证券化已经开始起步，不久的将来必将兴起，为我国房地产私募投资基金的退出提供多元化渠道。

2. 股权投资和夹层基金投资方式主流化

国外房地产私募投资基金以股权投资为主要方式。而我国房地产私募投资基金以债权投资，或者以债权为基础的夹层基金投资为主要方式。放眼未来，由于诸多方面因素的转变，我国房地产私募投资基金将会转变为以股权投资和夹层基金投资为主要方式。

导致这一转变的原因主要来自四个方面。首先，房地产私募投资基金之间的竞争日趋激烈，只有不断提升专业能力、加强团队建设和增强品牌影响力，才能在竞争中立于不败之地。激烈的市场竞争必然会把基金管理者（GP）推上股权投资或夹层基金投资的

擂台上一决高下。相对于股权投资和夹层基金投资方式来说，债权投资或以债权为基础的夹层基金投资方式往往融资成本高，偿还期限短，需要企业提供抵押物担保，只能满足开发企业的短期资金需要，是一种相对简单和粗放的投资模式。基金之间专业能力的高低、团队建设的强弱、品牌影响力的大小将会通过股权投资和夹层基金投资方式而非债权投资或以债权为基础的夹层基金投资方式方面的比拼来体现。

其次，过去那种“买房即赚、触地即发”的房地产黄金时代已经渐行渐远，住宅开发项目的去化速度开始变得越来越慢，去化周期开始变得越来越长。适合过去那种债权投资和以债权为基础的夹层基金投资的“短平快”项目越来越少。同时，伴随这一变化，房地产开发企业需要满足的往往不仅仅是短期资金需要，更需要共担盈亏的长期发展资金。

再次，我国房地产领域的资产证券化已经开始迈出了实质性步伐，一旦房地产信托投资基金（REITs）得以全面发展，股权投资的退出渠道将会拓宽和变得通畅。目前，以河山资本、盛世神州为代表的房地产私募投资基金已经开始尝试“去债权化”的实践，向着纯粹的股权投资模式探索。

最后，我国对于房地产私募投资基金的监管制度开始逐步趋于完善。经过2010年以来的快速发展，我国房地产私募投资基金的问题和风险开始暴露，并且已引起社会关注。2014年1月，国务院办公厅发布107号文件《关于加强影子银行业务若干问题的通知》，旨在规范发展私募投资基金业务。要求按照不同类型投资基金的本质属性，规范业务定位，严禁私募股权投资基金开展债权类融资业务。该文件有助于遏制当前我国房地产私募投资基金“明股实债”的扭曲发展模式。

3. 金融变革推动LP呈现机构化

国外房地产私募投资基金的主要资金来源是公共养老基金、企业养老基金、大学投资基金等机构投资者，小部分来自于个人和基金合伙人。而我国的情况恰恰相反，由于我国对机构投资者的投资领域存在较多限制，因此，我国房地产私募投资基金的主要资金来源是富裕家族、富有个人，小部分来自于机构投资者。近年来，我国金融领域迎来了一轮监管放松，逐步开始打破证券公司、期货公司、证券投资基金管理公司、银行、保险公司、信托之间的竞争壁垒。

放松金融监管是一个不可阻挡的历史潮流，伴随未来我国金融监管的进一步放松，保险公司、养老金、证券公司等机构投资者都可能会成为我国房地产私募投资基金的资金来源。可见，金融变革必将推动我国房地产私募投资基金LP的机构化走向。

4. 通道竞争加速基金行业洗牌和利率合理化

正如古语所言，“此人之毒，彼人之酒”。我国2010年开始的房地产宏观调控为了控制房地产投资风险，实行了一系列去杠杆化政策，房地产开发企业通过银行信贷、资本市场、房地产信托等渠道进行融资的活动都在不同程度上受到了限制，由此带来了房地产开发企业资金饥渴的局面。这正为我国房地产私募投资基金的快速发展提供了重大的历史性机遇。房地产私募投资基金开始成为我国房地产开发企业的重要融资渠道，迎来了快速发展的黄金时代。

2014年以来我国房地产宏观调控政策逐渐开始松动，房地产开发企业的融资环境开始得以改善。这对于房地产开发企业来说，是一件“好事情”，而对于房地产私募投资基金来说，却是一件“坏事情”。面对融资渠道的日益多元化和房地产项目预期利润的逐步理性回归，房地产开发企业变得更加谨慎，在融资过程中积极寻找其他成本更低的替代渠道。正因为如此，2014年，我国全年新增房地产私募投资基金69支，募集资金规模约974亿元，较2013年出现较大幅度下降。

放眼未来，我国房地产金融领域的融资手段和融资通道将变得更加多元化，房地产开发企业根据项目的实际情况，可以选择和设计的金融产品形式将更加丰富，房地产金融将远远突破房地产私募投资基金和房地产信托的狭窄范围。房地产私募投资基金正在接受资管产品通道的竞争，在这样一个竞争更加激烈的市场环境下，过去那种“众星捧月”般的黄金时代将一去不返，房地产私募投资基金行业将面临残酷洗牌，基金成本必将趋向合理化。

5. 独立房地产私募投资基金管理人地位凸显

国外房地产私募投资基金以独立品牌基金管理人管理的房地产私募投资基金为主体。而我国房地产私募投资基金大多数都依附于房地产开发商。开发商主导模式是我国房地产私募投资基金的主要模式。对于这种模式而言，房地产开发商既是基金管理者（GP），又是投资项目的提供者，这种双重身份使得由其主导的房地产私募投资基金往往先天缺乏开放性和社会性，而更多地充当了开发商的一个融资渠道。正因为如此，开发商主导的基金模式往往不利于打造一个持久的基金品牌，项目开发周期也会给基金管理团队造成波动。

伴随我国房地产私募投资基金行业的日渐成熟，独立房地产基金管理人（GP）的地位将会更加凸显，这是房地产私募投资基金进一步市场化和社会化的重要保障。独立房地产基金管理人（GP）将会更加重视对于房地产行业细分领域的专注分析、价值挖掘，进一步提升运营能力和资产管理能力，凭借更加深刻的行业理解能力与价值创造能力在未来与开发商主导关联的基金管理机构（GP）、金融机构关联的基金管理机构（GP）的竞争中凸显其独特的竞争优势。

同时，在独立房地产基金管理人（GP）地位凸显的过程中，由房地产开发商主导的房地产私募投资基金和由金融机构主导的房地产私募投资基金仍将占据一定的市场份额。在日渐激烈的市场竞争当中，房地产开发企业也将持续加强自身金融能力建设，通

过向专业化、市场化、社会化的基金运作方向转型而谋求自身的发展。金融机构也将持续加强自身对于房地产项目开发建设和运营管理的能力，通过向运营型、专业型的基金运作方向转型而谋求自身的发展。

6. 收购持有类基金大量涌现

以住宅开发为主要投资对象的机会型房地产私募投资基金一直是我国房地产私募投资基金的主要类型。这一局面将会随着项目开发利润的理性回归，以及一、二线重点城市中心城区开发机会的日渐稀缺而得到根本性的改变，而收购持有类基金将会大量涌现。作为这一转型的先锋力量，歌斐京沪写字楼核心增值型一号基金、高和资本京沪核心商业物业并购基金、中融长和一期基金已经率先进入收购持有类基金领域。

歌斐京沪写字楼核心增值型一号基金是为收购上海黄浦滨江国际甲级写字楼及商业裙房项目而单独发起的房地产私募投资基金，股权投资额超过17亿元人民币，项目收购涉及总金额达30亿元人民币。基金管理者歌斐资产以约1：1比例获得银行贷款，发挥财务杠杆作用，降低基金管理人出资金额，使得投资人收益率高于项目收益率。歌斐资产针对不同机构投资人制定了不同的管理费收取和利益分配机制，以满足不同投资人的个性化需求。物业收购完成后，歌斐资产通过有效提升写字楼运营价值和最终退出价值为投资人带来收益。

高和资本京沪核心商业物业并购基金是高和资本2014年发起的并购多项目基金，目标规模为10亿元人民币。该基金通过多项目的“类持有”，即租售结合方式，能够整合“纯持有”和“纯销售”基金的优点，既能够通过持有物业获得长期增值收益，也能够通过散售物业获得现金流和短期利润。

中融长河一期基金是中融信托成立的“长河盛世1号集合信托计划”设立的由中融信托旗下全资子公司中融长河资本管理的收购持有类基金。该基金总规模为10亿元人民币，主要从事国内一、二线城市核心区位的优质写字楼、商业零售及住宅项目的并购和投资，并预计以整体出售或散售物业的方式退出。中融长河一期基金是我国信托公司首次涉足房地产直接投资。回顾历史，信托计划作为有限合伙人（LP）参与房地产私募投资基金的案例已经屡见不鲜，但是由信托公司作为基金管理机构（GP）独立运营管理的地产并购项目尚属首例。

七、物流地产私募投资基金发展

国外发达国家的房地产私募投资基金早已深度介入了物流地产领域。例如，普洛斯1999年就成立了第一支私募投资基金——普洛斯欧洲基金（Prologis European

Fund），该基金从19位机构投资人那里募集了10亿欧元，主要用于收购普洛斯手中的成熟物业。收购后，普洛斯不再直接控股这些物业，但通过与基金公司签订管理协议，仍负责物业的长期运营并收取适当管理费用，同时作为基金的发起人和一般合伙人，获取业绩提成。2000年，普洛斯又发起成立了3支私募投资基金。到2008年，普洛斯旗下私募投资基金总数达到17支，目前仍然保有15支私募投资基金，包括美国本土基金12支（总投资规模102亿美元，普洛斯投入资金10亿美元），欧洲基金2支（总投资规模97亿美元，普洛斯投入资金8.5亿美元），亚洲基金1支（总投资规模1.5亿美元，普洛斯投入资金0.2亿美元）。这15支私募投资基金的总投资规模超过200亿美元，而普洛斯自身投入资金仅为18.7亿美元，其余资金来自42位机构投资人，再加上50%的负债率杠杆，普洛斯以不足20亿美元的资本金投入撬动了200亿美元的私募投资基金资产，使实际控制资产规模达到350亿美元，是其1998年奉行基金管理模式前的10倍。其他诸如丰树、嘉民、安博等知名物流地产商亦充分利用房地产私募投资基金，支撑自身业务的快速扩张。

伴随我国房地产行业的深度转型，房地产私募投资基金开始把目光投向了一些新兴房地产领域，物流地产已经开始引起房地产私募投资基金越来越多的关注，吸引了我国大量从传统地产领域挤压出来，具有强烈避险需求的资金，以及看好国内物流地产前景的海外资本，使其成为我国物流地产私募投资基金的踊跃参与者。经过不断成长发育，我国部分私募投资基金已经变得更加成熟和理性，开始能够承受8～10年的投资期限，这一期限与物流地产的回报周期大致吻合，同时，物流地产是一种“类金融”的物业产品，物流仓储设施拥有长期稳定的租金收入和物业升值的双重特性，能够吸引保险基金、养老基金等机构投资者的青睐。

截至2014年底，我国房地产私募投资基金市场共拥有167家专业的基金管理机构，507支房地产私募投资基金，总管理资金规模超过4500亿元人民币。2014年全年共新增69支房地产私募投资基金，披露的募集总规模为974.07亿元人民币。2014年专注于住宅地产的地产基金持续减少，而专注于综合体、商业地产、物流地产、工业园等的地产基金都有所发展。住宅地产市场进入震荡阶段，投资风险大大增加，导致了之前两年国内房地产基金市场以住宅地产为主的格局开始发生变化，地产基金开始寻找新的策略点，包括发掘商业和特殊主题地产的价值洼地。

由于物流地产项目投资规模普遍较大，且回报周期一般需要10年以上，而房地产私募投资基金的融资期限普遍较短。因此那些抱有快速回收心态的投资资金注定难以取得真正成功。在目前我国缺乏房地产信托投资基金（REITs）等成熟退出渠道的情况下，房地产私募投资基金由于成本高、期限短，因此很难真正成为当下物流地产金融市场的重要力量。

第三节　物流地产信托投资基金（REITs）

物流地产信托投资基金（REITS）是资产证券化的一类重要金融产品。资产证券化是金融领域的重大创新，它不仅拓展了企业的融资渠道，而且还架起了直接融资和间接融资的桥梁，提升了整个金融体系的运行效率。资产证券化对于房地产金融来说，意义尤其重大，它将极大地优化房地产金融体系，成为房地产领域众多模式创新的重要金融支撑工具。中信启航和中信苏宁等本土化“类REITs”的出现，是我国房地产领域资产证券化的探索和实践，得到社会广泛关注，在实现了模式突破之后有望实现更大规模的复制和扩张。

一、资产证券化的三大动力

伴随我国经济社会的快速发展，近年来我国物流地产实现了历史性的跨越，物流仓储设施的存量规模持续增长。对于以持有经营为主要模式的物流地产来说，资产证券化是其解决资金回流问题的重要手段。

1. 长期资金是物流地产发展的内在需求

物流地产往往开发周期长、投资金额大、回收周期长，物业建成之后，主要通过物业租金、物业管理费、营业外收入等经营收入来回笼资金。目前，我国物流地产的项目融资以银行贷款为主，但是银行贷款期限较短，无法与物流地产项目通过长期经营来回笼资金的经营特征相匹配，严重限制了物流地产规模的扩展。同时，在缺乏长期资金支持的情况下，由于存在较大资金压力，使得物流仓储设施的经营水平难以提升，租金回报率普遍较低，不利于物流仓储设施的管理升级和资产升值。

与住宅、写字楼、商业地产等物业类型相比，物流地产的“慢周转”特性尤其明显，高度依赖长期资本的支持，甚至需要不同类型金融产品的相互“接力”（图7–8），而资产证券化，或者说承担资产证券化的金融产品就成为这一“接力”的重要工具。

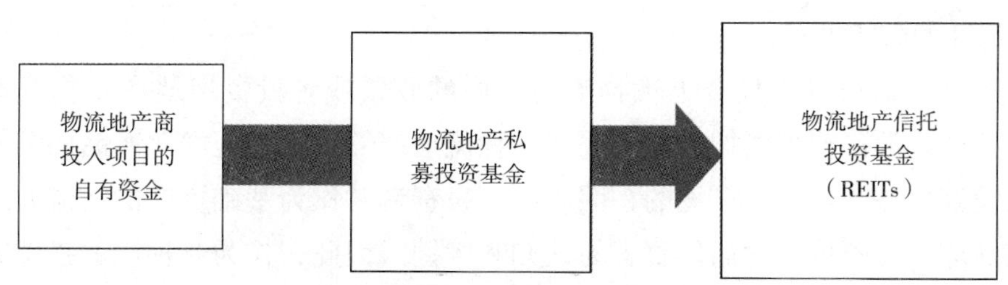

图7–8　物流地产项目投资建设和运营管理过程中各类资金的“接力”

国外物流地产较为成功的模式是房地产私募投资基金与房地产信托投资基金（REITs）的结合。在物流地产投资建设和运营管理的初期，项目风险较高，但同时资产增值带来的潜在回报空间也很大，房地产私募投资基金会成为这一阶段项目资金的重要来源。当物流仓储设施的运营管理进入稳定成熟期后，项目风险较小，且收益稳定，房地产私募投资基金会将其投资标的出售给房地产信托投资基金（REITs），通过有效提升物流仓储设施的运营价值和最终退出价值为投资人带来收益，并顺利实现自身退出。

房地产私募投资基金和房地产信托投资基金（REITs）相互结合的"双基金模式"成为物流地产实现"轻资产"战略的核心环节。其中，房地产私募投资基金往往会在物流地产开发建设和价值提升的阶段发挥重要的桥梁作用，房地产信托投资基金（REITs）则为物流地产满足后期持有经营期间的长期资金需求发挥重要的通道作用，为物流仓储设施的长期稳定持续健康经营提供资金保证。

2. 经营权完整性和统一性的内在需求

在住宅、写字楼、商业物业、物流仓储设施等所有物业类型中，物流仓储设施是最为注重后期经营管理的物业类型之一。持续的租金、物业管理费、营业外收入等经营收入是其主要收益来源，而委托专业经营管理团队进行统一经营管理是确保物流仓储设施综合效益不断提升的重要保证。因此，无论物流地产的所有权和收益权如何调整变动，其经营权要确保具有完整性和统一性。

物流地产的资产证券化可以有效解决资产的固定性和权益的流动性、经营的统一性与资金的多元性之间的矛盾。在统一的、专业的资产管理团队的经营下，保持物流仓储设施物业经营权的完整性。通过提高物流仓储设施的服务品质和管理水平，进一步提升物流仓储设施的租金水平，从而实现物流仓储设施的专业化经营管理和资产价值的稳健增值。

3. 为中小投资者增加新的投资渠道

长期以来，我国投资者投资物流地产往往以直接购买物业资产为主要方式。这种方式所需资金规模较大，门槛较高，中小投资者往往难以企及。而通过资产证券化，中小投资者可以间接拥有优质物流仓储设施份额，从而分享物流仓储设施带来的持续的租金、物业管理费、营业外收入等经营回报和物业增值收益，同时流动性和变现能力要比直接购买物业的方式更好。

相对于在二级市场上投资上市物流地产商的股票或者投资房地产私募投资基金来说，投资资产证券化产品更加直观和明确。物流地产领域资产证券化产品的基础资产是物流仓储设施，是有形的、可见的、明确的。投资者对作为基础资产的物流仓储设施经营状况的好坏、投资价值的高低更容易认知和判别。因此，作为一种新的投资渠道，资产证券化产品对于中小投资者的吸引力会越来越强。

4. 改善和优化金融结构

物流地产的传统融资渠道主要由商业银行间接融资、股票市场、债券市场等构成，资产证券化开拓了物流地产新的直接融资渠道，将打破商业银行在物流地产金融领域的垄断地位，改善和优化物流地产金融结构，充分发挥资本市场的作用，形成更加多元化的格局。同时，资产证券化产品将吸引众多中小投资者参与到物流地产金融市场中来，进一步提高物流地产金融市场的广度和深度。

二、资产证券化产品：REITs、CMBS、ABS

资产证券化的实质就是将缺乏流动性的资产“动”起来。具体来说，就是将具有稳定现金流或可预见未来收入的资产（基础资产）出售给特定的发行人，或者将该资产委托给特定受托人，由其负责将该资产构造和转变成为资本市场上可以销售和流通的证券产品。资产证券化成功实现了以资产持有者整体信用为基础的融资模式向以基础资产自身信用为基础的融资模式的转化，完成了基础资产与发起机构、受托人之间的破产隔离。投资者仅能以基础资产为限进行有限追索，不会波及发起机构、受托人的其他资产。根据基础资产的不同类型，资产证券化产品包括房地产信托投资基金（REITs）、商业地产抵押贷款支持证券（CMBS）、资产支持证券（ABS）等（图7–9）。不仅如此，更重要的是，资产证券化实现了房地产市场间接金融体制向直接金融体制的历史性转变。

1. 房地产信托投资基金（REITs）

房地产信托投资基金（REITs）是一种通过公司、信托等形式募集资金并投资具有稳定经营收入的公寓、商业物业、写字楼、物流仓储设施等物业，以租金回报为核心，以大部分收益分配给投资者为基础的拥有债权特征的股权金融产品。房地产信托投资基金（REITs）就如同房地产资产的IPO，将原本流通性差的房地产资产份额化，成为具有流动性的股票、信托收益凭证。房地产信托投资基金（REITs）兼具股票和债券的特性，与其他投资品相比，房地产信托投资基金（REITs）具有风险低、收益高、流动性好的特点，因此吸引了大量的保险资金、养老基金等机构投资者。

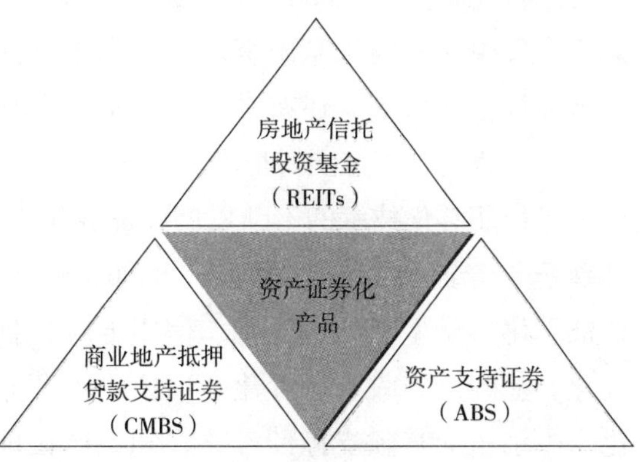

图7–9　资产证券化的主要产品类型

房地产信托投资基金（REITs）是公寓、商业物业、写字楼、物流仓储设施等物业证券化的主流形式，代表着公寓、商业物业、写字楼、物流仓储设施等物业融资发展的方向。房地产信托投资基金（REITs）受证监会监管，在我国已经有了一定的发展。2014年，中信证券推行了两款私募类REITs产品，分别为“中信启航”专项资产管理计划和中信华夏苏宁云创资产支持专项计划。2015年6月8日，证监会正式批准以个案试点成立“鹏华前海万科封闭式混合型证券投资基金”（简称“前海REITs”基金），并登陆深圳证券交易所挂牌交易，成为国内第一支真正意义上符合国际惯例的公募REITs产品。

2. 商业地产抵押贷款支持证券（CMBS）

商业地产抵押贷款支持证券（Commercial Mortgage Backed Securities，CMBS）是以商业房地产抵押贷款这种信贷资产作为基础资产的证券化产品。具体来说，银行以原有的多种商业不动产抵押贷款作为资本重新包装，以借款人对贷款进行偿付所产生的现金流为支撑，透过证券化过程，以债券形式向投资者发行的证券。由于商业房地产抵押贷款支持证券（CMBS）以商业房地产抵押贷款为基础资产，所以具有发行价格低、流动性强等优点，成为全球不动产金融市场上房地产开发企业重要的融资渠道。在美国，目前商业房地产抵押贷款支持证券（CMBS）占商用地产融资市场的比例高达三分之一。

商业地产抵押贷款支持证券（CMBS）受银监会监管，在我国已经有了一定的发展。2005年，中国人民银行、银监会公布《信贷资产证券化试点管理办法》，银监会公布《金融机构信贷资产证券化监督管理办法》，意味着商业地产抵押贷款支持证券（CMBS）作为信贷资产证券化产品，其发行在我国已具备了初步的法律框架。2006年，万达集团在麦格理银行的帮助下，成功地以商业地产抵押贷款支持证券（CMBS）的方式融资近10亿元人民币，开创了国内商业房地产抵押贷款支持证券（CMBS）成功筹资的先例。

3. 资产支持证券（ABS）

资产支持证券（Asset Backed Securitization，ABS）是以除抵押贷款之外的其他资产作为基础资产的证券化产品。资产支持证券（ABS）实际上是抵押支持债券或者抵押贷款证券化（Mortgage-Backed Security， MBS）技术在其他资产上的推广和应用。对于证券化融资模式来说，其要求基础资产能够产生可预期的、稳定的现金流收益，这一点不仅仅只有抵押贷款能做到，还有其他许多资产也具有这一特征，因此它们可以被证券化，这些证券化产品就是资产支持证券（ABS）。

随着证券化技术的不断发展和证券化市场的不断扩大，资产支持证券（ABS）的种类日趋繁多，细分品种日益多样。例如，资产支持证券（ABS）的细分品种包括汽车消费贷款证券化、学生贷款证券化、信用卡应收款证券化、贸易应收款证券化、设备租赁费证券化、基础设施收费证券化、门票收入证券化、俱乐部会费收入证券化、保费收入证券化、中小企业贷款支撑证券化、知识产权证券化。具体到房地产尤其是商用地产领域，资产支持证券（ABS）往往是以商用地产租金收入、应收账款等未来稳定现金流收入作为基础资产。

资产支持证券（ABS）受证监会监管，在我国已经有了一定的发展。2012年，华侨城成立欢乐谷主题公园入园凭证专项资产管理计划，是国内第一款以入园凭证现金流为基础资产的资产支持证券（ABS）产品，也是2009年以来我国上市公司第一次通过资产证券化的方式筹得资金。2013年，海印股份以15家综合性商业物业五年的经营收益为基础资产，以资产支持证券（ABS）方式融资16亿元人民币，这是继越秀集团成立"越秀房托"并于2005年在香港上市后，国内商业地产的再一次资产证券化尝试。同年，隧道股份大连路资产证券化项目专项资产管理计划获得中国证监会核准。

三、国外和我国港台地区房地产信托投资基金（REITs）发展

国外和我国港台地区房地产资产证券化已经形成了成熟的产品模式。其中，房地产信托投资基金（REITs）由于具有比较完善的法律体系支撑，所以在各国和各地区发展较快，成为资产证券化的主流产品类型。

1. 发展规模

在目前全球房地产信托投资基金（REITs）的总体规模中，美国占比达55%，澳大利亚占比达10%，法国占比达8%，日本占比达6%，英国占比达5%。美国拥有超过200支公开交易的房地产信托投资基金（REITs）产品，其中，权益型房地产信托投资基金（REITs）持有超过7000亿美元的不动产资产。

亚洲房地产信托投资基金（REITs）从2001年起步，发展较快。具体来说，2001年9月，日本建立了第一支房地产信托投资基金（REITs）；2002年7月，新加坡建立了第一支房地产信托投资基金（REITs）；2006年，韩国建立了第一支房地产信托投资基金（REITs）。在亚洲房地产信托投资基金（REITs）的总体规模中，日本、新加坡、中国香港占比约90%。紧随其后的是马来西亚、韩国和中国台湾等国家和地区。

2. 管理架构

各国和各地区房地产信托投资基金（REITs）的基本管理架构大致相同，都是依据商业信托原理，由信托机构面向公众公开发行或者定向私募发行的房地产投资信托受益凭证，筹集资金，将其投向房地产项目、房地产相关权利或房地产证券等，投资所得利润按比例分配给投资者。

（1）股权结构

各国房地产信托投资基金（REITs）为了保护中小投资者利益，防止大财团垄断收益，都设置了股权多元化的措施，以践行房地产信托投资基金（REITs）的普惠原则。例如，美国对房地产信托投资基金（REITs）市场提出了"百人规则"和"5/50规则"的要

求。“百人规则”要求美国房地产信托投资基金（REITs）的股东或受益人在每一个纳税年度至少有335天不得少于100人。“5/50”规则要求5个或者5个以下的个人间接或者直接持有房地产信托投资基金（REITs）的股票或者受益凭证的市值不得超过其发行在外的股票或者受益凭证总市值的50%。德国规定房地产信托投资基金（REITs）的单个股东不能持有超过10%以上的股份，且至少25%的股份必须公开发行。

（2）基础资产结构

各国房地产信托投资基金（REITs）的基础资产主要由不动产组成。不仅如此，各国为了确保房地产信托投资基金（REITs）从事与房地产公司有差异的长期投资业务，都最大限度地减少资产组合风险，平衡房地产市场发展方向，不仅明确规定了房地产信托投资基金（REITs）基础资产中不动产的占比（资产原则），也规定了房地产信托投资基金（REITs）投资收益的组成（收入原则）。

例如，美国对房地产信托投资基金（REITs）的基础资产提出了“75%资产原则”。该原则规定在每一个纳税年度的每一个季度末，房地产信托投资基金（REITs）总资产中至少有75%由不动产资产组成。法国规定房地产信托投资基金（REITs）总资产中至少有80%由多个不动产物业组成，其他附加业务必须低于公司总资产的20%。房地产信托投资基金（REITs）投资收益主要以其投资的多个物业出租所带来的租金收益为主。英国规定房地产信托投资基金（REITs）总资产中75%的资产用于房地产出租业，至少用于3个物业，单一物业不超过资产的40%。

（3）投资收益结构

房地产信托投资基金（REITs）的投资收益主要来源于持有不动产时期的租金，以及转让或以其他方式处分不动产时获得的增值收益。除此之外，还有其投资股票、债券所获得的股息、利息，以及转让或以其他方式处分股票、债券时获得的增值收益。

（4）收益分配要求

各国房地产信托投资基金（REITs）为了确保普通投资者获益，都设置了可支配收入分配的最小值，规定绝大部分收入要进行分配的原则。例如，美国、日本、德国房地产信托投资基金（REITs）要求在每一个纳税年度至少将其应税收入的90%向股东或者受益人分配。

综观世界各国和各地区的房地产信托投资基金（REITs），其管理架构大致相同。差异之处主要在于对房地产信托投资基金（REITs）杠杆率的要求方面。例如，澳大利亚和美国对杠杆率没有特别要求，新加坡要求不超过资产价值的35%，中国香港要求不超过资产价值的45%，德国要求不超过资产价值的55%。

3. 税收优惠基本框架

虽然各国和各地区对于房地产信托投资基金（REITs）的税收框架不同，但都对其实

施不同程度的税收优惠，尤其注意避免出现投资者分红所得税和项目公司所得税双重征税。综观各国和各地区房地产信托投资基金（REITs）的税收优惠基本框架，可以总结出一些共性方面。例如，其一，大多数国家和地区会免征项目公司所得税，或者退而求其次，免征项目公司收入中用于分红部分的所得税。其二，大多数国家和地区都会向投资者分红征税。当然，这些共性并不影响各国和各地区个性化政策的存在。例如，香港房地产信托投资基金（REITs）就会对项目公司的收入征所得税，而对投资者分红以及出售利得予以免税。美国房地产信托投资基金（REITs）规定，如果投资者获得的分红部分已经由项目公司缴纳了所得税，则个人投资者分红适用税率从35%下降到15%。新加坡房地产信托投资基金（REITs）则免征个人投资者分红收入和出售利得所得税。

四、我国房地产信托投资基金（REITs）实践

房地产信托投资基金（REITs）虽然在我国的发展历程较短，但进行了多方面的探索，取得了诸多进展。无论是从资产证券化的方式来说，还是从我国房地产信托投资基金（REITs）实践的发展阶段来说，都可以分为三个方面。一是诸如开元房地产信托投资基金（REITs）和春泉房地产信托投资基金（REITs）等在我国香港上市的标准房地产信托投资基金（REITs）。二是诸如中信启航专项资产管理计划和中信苏宁资产支持专项计划等在国内上市的“类房地产信托投资基金”（“类REITs”）。三是诸如鹏华前海万科封闭式混合型证券投资基金等在国内上市的标准房地产信托投资基金（REITs）。

1. 在我国香港上市的房地产信托投资基金（REITs）

2013年，开元房地产信托投资基金（REITs）和春泉房地产信托投资基金（REITs）分别以国内酒店、写字楼作为基础资产，通过房地产信托投资基金（REITs）打包在香港成功上市，开启了我国大陆地区房地产信托投资基金（REITs）的先河。

开元房地产信托投资基金（REITs）以浙江开元集团旗下4家五星级酒店和1家四星级酒店为基础资产，实际发行25%的基金份额。其中，公众持有人的持有比例为32.42%、凯雷持有比例为28.39%、浩丰国际持有比例为39.20%，发售定价为每单位基金份额3.5港元，聚集资金总规模为6.75亿港元，预期回报率为7.8%，由开元集团担保，如实际回报率达不到预计收益率，则由开元集团负责补足。

春泉房地产信托投资基金（REITs）以北京华茂中心两座写字楼及其地下停车位为基础资产，发售定价为每单位基金份额3.81港元，募集资金总规模为16.74亿港元，预计年化收益率为4.94%～5.23%。

2. 在国内上市的“类房地产信托投资基金”（“类REITs”）

由于我国对房地产信托投资基金（REITs）迟迟没有放开，国内一些企业出于融资

的需要，通过变通方式，推出了一些“类房地产信托投资基金”（“类REITs”）产品。2014年推出的中信启航专项资产管理计划、中信苏宁资产支持专项计划在部分运作环节上所呈现的方式已与私募REITs非常接近。

中信启航专项资产管理计划以北京中信证券大厦第2～22层和深圳中信证券大厦第4～22层房产及其对应的土地使用权作为基础资产，募集资金总规模达52.1亿元人民币。其中，优先级份额36.5亿元，次级份额15.6亿元，比例为7：3。优先级份额存续期间获得基础收益，退出时获得资本增值收益的10%。次级份额存续期间获得满足优先级份额基础收益后的剩余收益，退出时获得资本增值收益的90%。中信启航专项资产管理计划的期限超过5年，投资人全部为机构投资者。中信启航专项资产管理计划通过在深证交易所系统挂牌交易，在流动性提升方面实现了非常重要的突破。

中信苏宁资产支持专项计划是中信证券联合苏宁云商创设的一款“类房地产信托投资基金”（“类REITs”）产品，是以持有苏宁11家门店物业资产的私募投资基金的份额作为基础资产，募集资金总规模达44亿元。中信苏宁资产支持专项计划这款“类房地产信托投资基金”（“类REITs”）产品的载体是由华夏资本管理有限公司设立的中信苏宁资产支持专项计划资产支持证券，其中，A类证券规模约20.85亿元人民币，期限为18年，每3年开放申购和回购。B类证券规模约23.1亿元，期限为3+1年。A类证券的预期收益率约为7.0%～8.5%，B类证券是“固定+浮动”收益，固定部分约为8.0%～9.5%。华夏资本管理有限公司是该专项计划的管理人，设立并管理该专项计划。投资者通过华夏资本管理有限公司认购后，成为专项计划支持证券持有人。

3. 在国内上市的标准REITs

2015年6月8日，证监会正式批准以个案试点成立“鹏华前海万科封闭式混合型证券投资基金”（简称“前海REITs”基金），并将登陆深圳证券交易所挂牌交易，成为国内第一支真正意义上符合国际惯例的公募房地产信托投资基金（REITs）产品。“前海REITs”基金是由深圳市前海深港现代服务业合作区管理局全资控股的前海金融控股有限公司设计，是前海开发投资控股有限公司、万科股份有限公司及鹏华基金管理有限公司以前海区万科企业公馆租金收益权作为基础资产而创设的公募REITs基金产品。在此之前，国内公募基金投资范围主要包括股票、债权、货币三大类资产，而该基金的获批则意味着公募基金标的开始涉足资产证券化。

五、物流地产信托投资基金（REITs）发展

在国外房地产信托投资基金（REITs）的产品总规模之中，几乎一半的规模投向了工业地产，尤其是投向了物流地产。诸如普洛斯、嘉民、腾飞、丰树、安博等全球知名物

流地产商无不依赖房地产信托投资基金（REITs）的支持，实现了自身业务的快速扩张。就本质而言，物流地产最核心的部分就是收租性物业，因此是发行房地产信托投资基金（REITs）最合适的基础资产之一。

但在，国内房地产金融市场发展相对滞后，房地产信托投资基金（REITs）仅仅开始在写字楼等商业物业领域有所探索和试水，至今在物流地产领域尚无任何实践。由于我国尚无物流地产信托投资基金（REITs）产品，不仅使得我国物流地产行业的发展缺乏长期资金的支持，而且使得房地产私募投资基金、信托、银行贷款等投入物流地产领域的资金缺乏成熟的退出渠道。

第四节　其他资管平台

伴随着大资管时代的来临，专注于投资房地产领域及其细分领域的各类金融机构与房地产基金日益增多。不同金融渠道具有不一样的资金成本、期限、投资人来源和风险偏好，因此对应不同的投资项目和金融产品结构。其中，信托公司、券商资管、基金子公司、保险公司是近年来发展迅猛的资管平台，对包括物流地产在内的整个房地产推动产融结合产生了不同程度的影响。

一、信托公司

信托是目前我国金融市场上一种重要的融资渠道和资产管理平台。其中，房地产信托是信托的一个重要分支。经过近年来的快速发展，房地产信托已经积累起了巨大的存量规模，在全部信托资金中所占的比重已经达到10%以上。房地产信托主要投资于“高周转”、“短平快”的房地产项目。伴随近年来房地产行业的转变，供求格局发生调整，产品去化周期普遍变得漫长，过去那种“短平快”的项目已经日渐稀缺。房地产信托不得不考虑将投资的触角扩展到持有型物业领域。其中，物流地产就是一个重要的关注对象。

1. 房地产信托融资实质

信托是指委托人基于对受托人的信任，将其财产权委托给受托人，由受托人按委托人的意愿以自己的名义，为受益人的利益或为特定目的，进行管理或者处分的行为。简言之，信托就是信用委托。信托业务是一种以信用为基础的法律行为，一般涉及三方当事人，即投入信用的委托人，受信于人的受托人，以及受益于人的受益人。信托业务是由委托人依照契约或遗嘱的规定，为自己或第三者（即受益人）的利益，将财产上的权利转给受托人（自然人或法人），受托人按规定条件和范围，占有、管理、使用信托财产，并处理其收益。

房地产信托是信托业务的一种，是信托公司通过信托方式集中两个或两个以上委托人合法拥有的资金，按委托人的意愿以信托公司的名义，为受益人的利益或者特定目的，以房地产及其经营权、物业管理权、租赁权、受益权、担保抵押权等相关权利或其经营企业为主要投资对象，受托人按规定条件和范围，对房地产信托资金进行管理、运用和处分的行为。

2. 房地产信托融资模式

根据房地产信托融资在操作流程、主要特点、核心优势等方面的不同，房地产信托融资主要可以划分为贷款型房地产信托、股权型房地产信托、混合型房地产信托、财产受益型房地产信托四种模式。

（1）贷款型房地产信托

贷款型房地产信托的操作流程相对简单，信托公司（受托人）通过信托合同的形式将市场中不特定的两个或两个以上投资者（委托人）合法拥有的资金集中起来，然后通过信托贷款的方式贷给房地产开发商，开发商定期支付利息并于信托计划期限届满时向信托公司偿还本金。而信托公司定期向投资者（委托人）支付信托收益并于信托计划届满之时支付最后一期信托收益和偿还本金给投资者（委托人）（图7-10）。

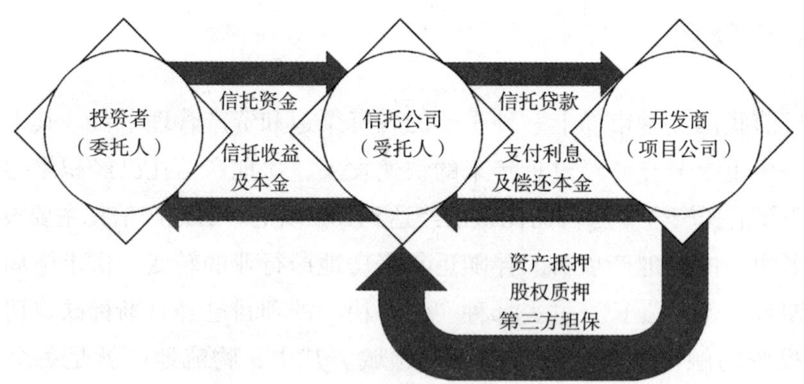

图7-10 贷款型房地产信托的操作流程

贷款型房地产信托一般要求拟投资公司或项目的“四证”齐全，自有资金达到35%，具有二级以上开发资质，项目盈利能力强；在风险控制机制方面，贷款型房地产信托一般要求开发商提供资产抵押（抵押物一般为土地和房产等不动产，抵押率一般在50%左右）、股权质押、第三方担保，并设置独立账户；在融资金额方面，贷款型房地产信

托往往视开发商的实力、项目的资金需求及双方的谈判结果来决定，从几千万元人民币到几亿元人民币不等；在融资期限方面，贷款型房地产信托的融资期限比较灵活，一般以一年到两年的期限居多，也有五年期甚至更长期限的信托计划；在融资成本方面，房地产企业使用贷款型房地产信托的融资成本一般高于同期银行法定利率，大多数处于9%～12%的水平；在退出方式方面，目前贷款型房地产信托均以开发商偿还贷款本金的方式退出。

（2）股权型房地产信托

股权型房地产信托比贷款型房地产信托的操作流程要复杂，信托公司（受托人）以发行信托产品的方式从资金持有人（委托人）手中募集资金，然后再以股权投资的方式（收购股权或增资扩股）向房地产项目公司注入资金，房地产项目公司或关联的第三方承诺在一定的期限后溢价回购信托公司所持有的股权（图7–11）。

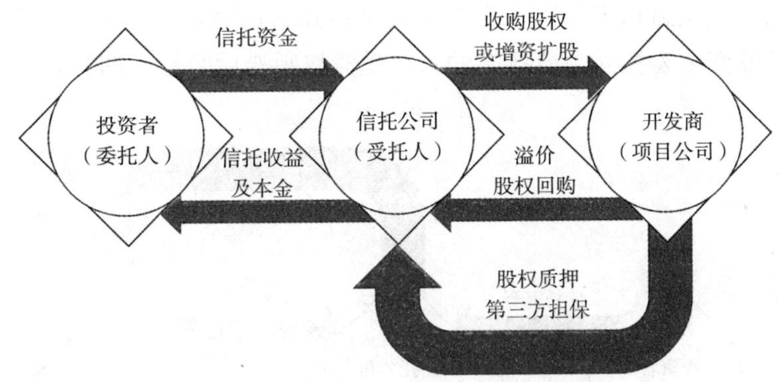

图7–11　股权型房地产信托的操作流程

股权型房地产信托一般要求拟投资公司或项目股权结构相对简单清晰、项目盈利能力强；在风险控制机制方面，信托公司一般都会向项目公司委派股东代表和财务经理。此外，还会要求项目公司提供股权质押和第三方担保；在融资金额方面，股权型房地产信托往往视开发商的实力、项目的资金需求及双方的谈判结果来决定，从几千万元人民币到几亿元人民币不等。与贷款型房地产信托相比，股权型房地产信托能够增加项目公司的资本金，起到过桥融资的作用，帮助项目公司达到银行融资的条件；在融资期限方面，股权型房地产信托的融资期限比较灵活，一般以一年到两年的期限居多，也有五年期甚至更长期限的信托计划；在融资成本方面，房地产企业使用股权型房地产信托的成本一般高于同期银行法定利率，大多数处于9%～12%的水平；在退出方式方面，股权型房地产信托均是以溢价股权回购的方式退出；就股权型信托融资模式的股权性质来看，类似于优先股性质，只要求在特定时间阶段内取得合理回报，并不要求参与项目的日常经营管理，也不要求与开发商分享最终利润。

（3）混合型房地产信托

混合型房地产信托又被称为夹层融资型房地产信托，是债权型房地产信托和股权型房地产信托相结合的混合型信托投融资模式。混合型房地产信托具备贷款型房地产信托和股权型房地产信托的某些基本特点，同时也具有自身方案设计灵活、交易结构复杂的特色。混合型房地产信托可以通过股权和债权的有机组合满足开发商对项目资金的个性化需求。

（4）财产受益型房地产信托

财产受益型房地产信托的操作流程比贷款型房地产信托和股权型房地产信托的操作流程都要复杂，开发商（委托人）利用信托的财产所有权与受益权相分离的特点，将其持有的房地产委托给信托公司（受托人），形成优先受益权和劣后受益权，并委托信托公司代为转让其持有的优先受益权。信托公司发行信托计划募集资金购买优先受益权，信托到期后如果投资者的优先受益权未得到足额清偿，则信托公司有权处置该房地产以补足优先受益权的利益，开发商（委托人）所持有的劣后受益权则滞后受偿（图7–12）。

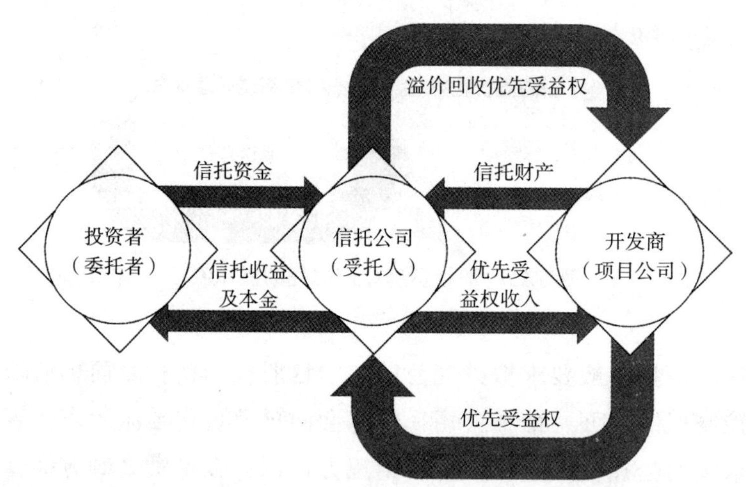

图7–12　财产受益型房地产信托的操作流程

财产受益型房地产信托一般要求信托财产（房地产）是已建成、产权清晰、证件齐全且能产生稳定现金流的商场、写字楼、酒店等租赁型物业；在风险控制机制方面，财产受益型房地产信托一般会设置一般受益权和优先受益权，分别由开发商（委托人）和投资者（信托计划）持有。当信托到期后，如果投资者的优先受益权未能得到足额清偿，则信托公司有权处置该房地产来补足优先受益权的利益，开发商（委托人）所持有的劣后受益权则滞后受偿。除此之外，财产受益型房地产信托还要求开发商做出回购承

诺及第三方担保；在融资金额方面，财产受益型房地产信托往往视信托财产（房地产）的评估价值而定，一般在信托财产（房地产）评估价值的50%左右；在融资期限方面，财产受益型房地产信托的融资期限比较灵活，一般以一年到两年的期限居多，也有五年期甚至更长期限的信托计划；在融资成本方面，房地产企业使用财产受益型房地产信托的融资成本一般高于同期银行法定利率，大多数处于9%～12%的水平；在退出方式方面，财产受益型房地产信托均是以溢价股权回购的方式退出。

3. 物流地产信托发展

我国房地产信托在经历了前几年粗放式的快速发展之后，面对传统模式的急速萎缩，未来的出路将在何方已经成为房地产信托行业共同思考的问题，而走“专业化”路线，确定房地产的“全业态”发展领域，无疑将会是房地产信托未来发展的一个重要趋势。在房地产信托投资“专业化”和“全业态”方面，一直处于房地产信托投资领域领先地位的一些信托公司已经开始率先进行探索。近年来，诸如平安信托在内的一些信托公司在持有型物业投资方面展开实践，目前成功投资的物业业态包括写字楼、商场、酒店等，并不断探索论证和尝试包括综合体、科技园区、物流地产等其他物业类型的投资。例如，目前平安信托的房地产业务囊括了住宅物业、商业物业、写字楼、综合体、物流地产以及旅游地产等全业态模式。

但是，在房地产信托开始看好物流地产并伺机加大投资的同时，也必须要看到物流地产有着其独有的特点，房地产信托在投资物流地产时必须警惕其潜在的资金安全风险。由于物流地产运营周期较长，物流地产的回报周期一般需要10年以上，而贷款型房地产信托、股权型房地产信托、混合型房地产信托、财产受益型房地产信托的融资期限普遍是一年到两年。因此那些抱有快速回收心态的投资资金注定难以取得真正成功。在目前我国缺乏房地产信托投资基金（REITs）等成熟退出渠道的情况下，房地产信托作为传统的融资手段，由于其成本高、期限短，因此很难真正成为物流地产金融市场的重要力量。而诸如普洛斯、AMB等国外物流地产企业之所以能够打破这一魔咒，是由于其具有房地产信托投资基金（REITs）等成熟的退出渠道，因此可以吸引到房地产信托、房地产私募投资资金、银行贷款等传统融资渠道的支持。

二、券商资管

券商是指经营证券交易的公司，或称证券公司。券商资管是我国目前重要的金融渠道和资产管理平台，主要开展为投资者理财的业务，具体来说，就是创建资管产品投资股票、债券、衍生品等。通俗地讲，只要是券商用客户的钱来做的投资都属于券商资管的范畴。截至2014年底，我国券商资管受托管理的资金规模已达7.95万亿元。其中，约有

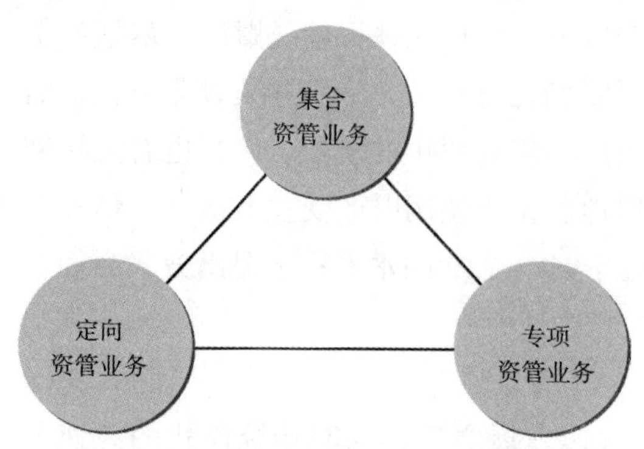

图7-13 券商资管的三种主要产品类型

10%的资金进入房地产行业。

1. 券商资管产品类型

根据券商资管合同约定的方式、条件、要求及限制的不同，券商资管产品主要可以划分为三种类型，一是集合资管业务，二是定向资管业务，三是专项资管业务（图7-13）。

（1）集合资管业务

集合资管业务是指证券公司设立集合资产管理计划，与客户签订集合资产管理合同，将客户资产交由具有客户交易结算资金法人存管业务资格的商业银行或者中国证监会认可的其他机构进行托管，通过专门账户为客户提供资产管理服务。集合资产管理计划是随着金融业向纵深发展银行与非银行金融机构混业创新的产物，其主要特点是积聚散户的资金汇成一大笔资金投向指定的金融产品如股票、债券、股指期货、商品期货、短期融资券、中期票据、利率远期、利率互换、证券投资基金、证券公司专项资产管理计划、商业银行理财计划、集合资金信托计划等。

集合资管业务投资者的资金门槛为100万元人民币，最多为200人，募集资金规模在50亿元人民币以下。集合资管业务不得违规将集合资管计划资产用于资金拆借、贷款、抵押融资或者对外担保等用途；不得将集合资管计划资产用于可能承担无限责任的投资；集合资管计划未经许可不得投资票据等规定以外的投资品种；不得以委托定向资产管理或设立单一资产信托等方式变相扩大集合资管计划投资范围；禁止投资单一资金信托受益权。

（2）定向资管业务

定向资管业务是指证券公司接受单一客户委托，与客户签订合同，根据合同约定的方式、条件、要求及限制，通过专门账户管理客户委托资产的活动。定向资管业务的投资风险由客户自行承担，证券公司不得以任何方式对客户资产本金不受损失或者取得最低收益作出承诺。客户委托资产应当是客户合法持有的现金、股票、债券、证券投资基金份额、集合资产管理计划份额、央行票据、短期融资券、资产支持证券、金融衍生品或者中国证监会允许的其他金融资产。

定向资管业务的投资范围由证券公司与客户通过合同约定，不得违反法律、行政法规和中国证监会的规定，并且应当与客户的风险认知与承受能力和风险控制水平相匹配。定向资管业务对投资者设定的门槛是单个客户资产净值不得低于100万元。定向资管业务与集合资管业务存在显著差别。集合资管业务是一家资产管理公司接受众多客户委托管理他们的资产，即一对多。而定向资管业务是一家资产管理公司只接受一个客户的委托管理其资产，即一对一。

（3）专项资管业务

专项资管业务是指证券公司为客户办理特定目的的资产管理业务。专项资管业务要求投资对象的基础资产为债权类资产、收益权类资产以及中国证监会认可的其他资产。目前，市场上已经存在的专项资管业务，其基础资产包括收费权、收益权、应收账款、融资租赁款等。证券公司应该与客户签订专项资产管理合同，针对客户的特殊要求和资产的具体情况，设定特定投资目标，通过专门的账户为客户提供资产管理服务并在合同规定时间内经常与客户交流。

专项资管业务与集合资管业务和定向资管业务存在显著的差别，专项资管业务是一家资产管理公司接受众多客户的委托管理他们的资产，即一对多，但是投资对象是专门的，故称专项资产管理；集合资管业务是一家资产管理公司接受众多客户的委托管理他们的资产，也是一对多，但是它的投资对象却不是专门的，它又可分为限定性的和非限定性的集合资管，前者的投资对象受到限制（但并非专门，所以它与专项资产管理是有区别的），后者则没有限制；定向资管业务是一家资产管理公司只接受一个客户的委托管理其资产，即一对一。

2. 券商资管在房地产行业的发展

2013年3月，证监会发布的《关于加强证券公司资产管理业务监管的通知》明确指出，集合资产管理计划未经许可不得投资票据等规定投资范围以外的投资品种；不得以委托定向资产管理或设立单一资产信托等方式变相扩大集合资产管理计划投资范围。2013年6月26日，证监会发布的《关于修改〈证券公司集合资产管理业务实施细则〉的决定》对集合资产管理计划可投资范围有所放宽，规定集合资产管理计划募集的资金可以投资“中国境内依法发行的股票、债券、股指期货、商品期货等证券期货交易所交易的投资品种；央行票据、短期融资券、中期票据、利率远期、利率互换等银行间市场交易的投资品种；证券投资基金、证券公司专项资产管理计划、商业银行理财计划、集合资金信托计划等金融监管部门批准或备案发行的金融产品；以及中国证监会认可的其他投资品种”。

而随后下发的《证券公司客户资产管理业务备案管理工作指引1-8号》中“指引1号”文件称，“鉴于基金公司或基金子公司‘一对多’特定客户资产管理计划类似于集合资产管理计划，且属于证券监管部门备案的金融产品，集合资产管理计划投资于基金公司或基金子公司‘一对多’特定客户资产管理计划符合现行规定。”基金子公司专项管理计划已成为券商集合资管对接房地产的重要通道。除了基金子公司之外，信托也往往是券商资管对接房地产的另一个重要通道。在银行对房地产行业贷款收紧之时，就为券商资管投资房地产提供了更多机会。

3. 券商资管在物流地产行业的发展

在现有存续期的券商资管产品中，至少有近200支产品都是以地产贷款形式最终投向一线城市的房地产领域，产品规模高达100多亿元。其中，最常采取的形式就是集合资管产品“套”信托产品，即券商资管产品募集资金主要投资对象为购买对应的信托产品，对应的信托产品则以信托贷款形式投向房地产。

在总规模达100多亿元的券商资管产品中，单一产品资金规模并不大。最大的一支券商资管产品实际募资才5.15亿元，为国泰君安君享融通六号限额特定集合资产管理计划，主要投资对象为假日酒店集合资金信托，最小的产品规模仅为1000万~2000万元之间。

券商资管目前投资的房地产业态包括商品住宅、安置房，以及商业物业和酒店物业等持有型物业，对于物流地产几乎没有涉及。这是由于券商资管产品往往通过基金子公司和信托通道对接房地产，而物流地产运营周期较长，物流地产的回报周期一般需要10年以上，而信托的融资期限普遍是一年到两年，基金子公司的融资期限亦较短。在目前我国缺乏房地产信托投资基金（REITs）等成熟退出渠道的情况下，房地产信托和基金子公司作为传统的融资手段，由于其成本高、期限短，因此很难真正成为物流地产金融市场的重要通道。

三、基金子公司

基金子公司是指依照《中华人民共和国公司法》设立，由基金管理公司控股，经营特定客户资产管理、基金销售以及中国证监会许可的其他业务的有限责任公司。其中，经营特定客户资产管理业务主要是指经营 “未通过证券交易所转让的股权、债权及其他财产权利以及中国证监会认可的其他资产”，经营特定客户资产管理业务是目前各基金子公司的主要业务。截至2014年底，我国基金管理公司及其子公司专户业务规模达5.88万亿元，其中约有10%的资金流入房地产领域。

1. 基金子公司主要业务类型

基金子公司的业务灵活，所受限制较少，随着我国融资需求和投资需求的多样化发展，以及金融的不断创新，各类业务不断涌现，业务类型主要包括四种，一是传统融资类业务，二是投资类业务，三是资产证券化业务，四是通道业务（图7-14）。

（1）传统融资类业务

传统融资类业务主要包括两个细分类别，一个是“类信托”业务，另一个是股权质押业务。就“类信托”业务而言，基金子公司可以开展“类信托”业务，满足我国基础设施建设投资和房地产投资的融资需求。“类信托”业务往往立足于与国内外优质房地

产企业合作，以股权、债权、股债结合等方式投资于较好的房地产企业及项目。

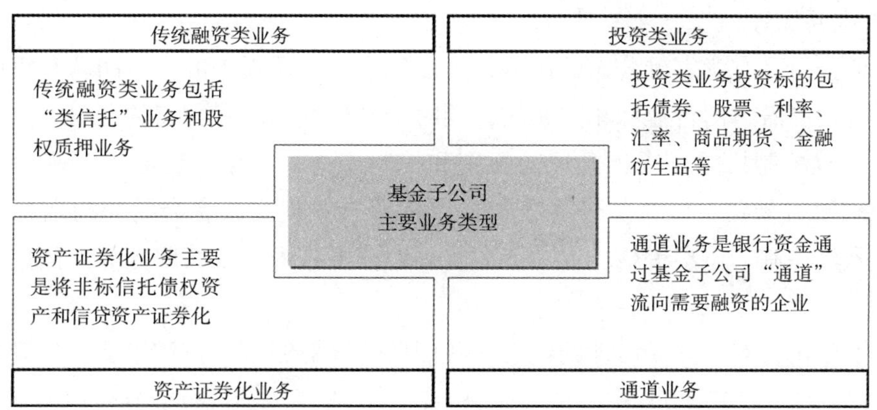

图7-14　基金子公司的主要业务类型

就股权质押业务而言，随着基金子公司业务的不断拓展，越来越多的基金子公司开始介入上市公司股权质押业务。在基金子公司中，银行系的基金子公司在这一业务方面尤其具有优势。例如，民生加银资产管理、工银瑞信和招商基金旗下子公司都已开展股权质押业务。通过具有竞争力的融资成本和适合的质押率，以收益权转让及回购的形式提供融资。

（2）投资类业务

在基金子公司刚出现的时候，它主要起到融资通道的作用，即对接银行、信托、期货公司、券商、私募基金、地方融资平台、上市公司等。随着基金子公司实施主动的业务转型，投资类业务日益受到青睐，依托于母公司强大的投研团队，子公司可以积极开拓投资类业务的发展，提升自身的核心竞争力。

（3）资产证券化业务

基金子公司在资产证券化方面可以将一些非标信托债权资产进行包装后在交易所或者场外进行交易，特别是可以通过和银行合作来开展信贷资产证券化。

（4）通道业务

在我国相关政策的监管下，比如商业银行相关信贷政策规定，不得向某些行业或者不符合风险控制要求的企业直接发放贷款。在这种情况下，银行的资金就可以通过信托、证券公司或者基金子公司的“通道”，最终流向需要融资的企业。与信托公司相比，基金子公司没有资本金限制，成本较低。

2. 基金子公司的优势和劣势

与其他资管平台相比，基金子公司背靠母公司，业务灵活，从事通道业务较其他竞争者具备优势。同时，基金子公司承揽项目和销售产品存在相对劣势，风险控制有待进一步加强。

（1）主要优势

基金子公司具有背靠母公司的优势，可以凭借母公司强大的投研团队和投研能力，筛选出具有发展潜力的行业和相关领域，同时借鉴研究团队对公司的考察方法以及母公司的风险管理控制措施，来提升风险甄别和控制能力。根据《证券投资基金管理公司子公司管理暂行规定》，基金管理公司可以依照有关规定或者合同的约定，为子公司的研究、风险控制、监察稽核、人力资源管理、信息技术和运营服务等方面提供支持和服务。

基金子公司具有业务灵活性的优势。我国监管层对银信合作和银证合作设置了一些限制条件，例如，2013年7月中国证券业协会正式下发《关于规范证券公司与银行合作开展定向资产管理业务有关事项的通知》，首次对银证合作定向资管业务进行了规范，要求银证合作定向业务不得开展资金池业务。但对于基金子公司开展资金池业务并无类似的约束和限制。因此，当银信合作或者银证合作受到监管层的一些限制时，未受到管制的基金子公司将开展更为灵活的业务来拓宽市场。从政策角度来说，较少的限制赋予了基金子公司业务更多的灵活性，使得其业务规模迅速扩大。

基金子公司从事通道业务较其他竞争者具备优势。与信托公司和券商资管相比，《证券投资基金管理公司子公司管理暂行规定》只对基金公司子公司的注册资本有限制，即不低于2000万元，并没有对业务提出风险资本和净资本需要对照的概念。由于没有资本金限制，成本较低，基金子公司在通道业务上占据一定的优势地位。

（2）主要劣势

基金子公司在通道业务上具有相对竞争优势，但是作为后来者，其在主动管理项目的承揽和销售产品方面存在相对劣势。与信托公司和券商资管等产品相比，基金子公司在争夺优质项目的竞争中不具有优势。同时，对于一些无背景的基金子公司来说，由于自身缺乏销售渠道，产品销售面临巨大考验。如果通过银行来销售的话，银行更倾向于销售信托，因为信托的刚性兑付容易获得投资者的认可，而基金子公司注册资本金较少，监管层对其监管比较少，不易获得投资者的认可。

3. 基金子公司在房地产行业的发展

目前，大多数基金公司已经成立专户子公司，而在已成立的基金子公司所发行的产品中，房地产融资业务是基金子公司的重要业务组成部分。基金子公司被视为基金公司的“万能牌照”，除了不能办理银行结算、不能直接发行保险类产品、不能开设证券营业部以外，其他多项业务均可涉足。因此，以传统公募业务为主的基金公司尤为重视。

基金子公司自2012年年底开闸以来，业务类型主要涉及类信托领域，包括房地产

融资、保障房建设、基建、委托贷款、租赁、小额贷款等众多业务。市场需求旺盛是基金子公司开展房地产融资业务的主要原因。目前已有多家基金子公司涉足房地产“类信托”业务，但涉及业务类型多为商品住宅、保障房、土地一级开发项目等。

4. 基金子公司在物流地产行业的发展

基金子公司竞争激烈，类房地产信托成为其主要业务，所投资房地产项目主要集中于商品住宅、保障房、土地一级开发项目等业态。由于基金子公司的融资期限较短，一般均为一年到两年，因此基金子公司主要投资于以高周转、短平快的“销售型”物业为主体的房地产项目。例如，汇添富旗下子公司汇添富资本推出的专项资产管理计划所募集的资金用于天津团泊新城的保障房建设，此新城是经国务院批准的天津市“十一五”规划里11个新城中距离天津市区最近的新城。项目预计投资期限为1年，认购门槛100万元起。再例如，广发基金旗下子公司瑞元资本管理有限公司推出保障房债权项目北京通州保障房1号专户理财，瑞元资本将不超过5亿元通过委托贷款放给北京市通州区建筑集团公司，贷款资金专项用于北京市通州区范庄公租房项目后续建设，认购门槛也是100万元起，以10万元的整数倍递增。该项目以土地使用权进行质押，政府签订回购合同，提前锁定销售。

由于物流地产运营周期较长，物流地产的回报周期一般需要10年以上，而基金子公司的融资期限普遍是一年到两年。在目前我国缺乏房地产信托投资基金（REITs）等成熟退出渠道的情况下，基金子公司作为传统的融资手段，由于其成本高、期限短，因此很难真正成为物流地产金融市场的重要通道。

四、保险公司

亚洲保险业总资产值已达6.7万多亿美元，美国保险业总资产值已达5.8万多亿美元，英国保险业总资产值已达3万多亿美元。就亚洲来说，日本保险市场规模最大，掌管着3.3万多亿美元资产，其余资产主要由韩国、中国大陆和中国台湾的保险公司拥有，这些国家和地区总共占亚洲保险资产约九成。

在发达国家保险公司的投资组合中，房地产平均占比达4%～6%。在亚洲保险公司的投资组合中，房地产平均占比达2%。其中，韩国保险公司的投资组合中房地产占比2.4%。日本保险公司的投资组合中房地产占比1.8%。而中国保险公司的投资组合中房地产占比仅为1%，显著低于亚洲平均水平，与发达国家相比更是相去甚远。

1. 保险公司投资房地产的政策发展历程

从2009年至今，我国对于保险资金投资房地产的松绑经历了一个不断放行的发展历程。2009年10月1日，新《中华人民共和国保险法》规定，保险公司资金可以运用于四个方面。一是银行存款；二是买卖债券、股票、证券投资基金份额等有价证券；三是投资房地产；四是国务院规定的其他资金运用形式。

2010年9月5日，保监会发布的《保险资金投资不动产暂行办法》规定，允许保险资金投资房地产，投资总额不能高于保险公司资金总额的10%。无论是直接投资还是间接投资，保险公司均不可变身为房地产开发商，不可投资开发或者销售商品住宅和直接从事房地产开发建设（包括一级土地开发），不可设立房地产开发公司。保险公司投资的房地产应当位于直辖市、省会城市或者计划单列市等具有明显区位优势的城市。

2012年7月25日，保监会发布《关于保险资金投资股权和不动产有关问题的通知》，进一步强调保险资金投资房地产要防范投资风险，保障资产安全，增强投资政策的可行性和有效性。

2014年6月5日，保监会下发《关于清理规范保险公司投资性房地产评估增值有关事项的通知》，清理范围包括保险公司以物权方式直接持有的、且以公允价值计量的投资性房地产；保险公司通过设立或入股项目公司间接持有的、且以公允价值计量的投资性房地产。保监会将对保险公司报送的以公允价值计量的投资性房地产逐项审核，对不符合会计准则和偿付能力监管规定的，将责令保险公司调整会计报表账面价值和偿付能力报表认可价值，并区分问题性质确定是否对以前各期偿付能力报告进行追溯重述。随着当前房地产市场下行压力较大，保险资金投资房地产的资金风险开始引起监管层的关注。

2. 保险公司投资房地产的法律法规

近年来，《保险资金投资不动产暂行办法》和《关于保险资金投资股权和不动产有关问题的通知》等搭建起了我国保险资金投资房地产的法律法规基本框架。

（1）投资范围

保险资金可以投资基础设施类房地产、非基础设施类房地产、房地产相关金融产品。其中，保险资金投资房地产相关金融产品形成的财产，应当独立于投资机构、托管机构和其他相关机构的固有财产及其管理的其他财产。投资机构因投资、管理或者处分房地产相关金融产品财产取得的财产和收益，应当归入房地产相关金融产品财产。

（2）资格条件

保险公司、提供房地产投资管理服务的投资机构、提供房地产投资有关服务的专业机构在投资房地产及提供相关服务时，需要具备一定的资格条件（表7–4）。

（3）投资房地产要求

保险资金应该投资于管理权属相对集中且能够满足保险资产配置和风险控制要求的房地产项目。保险资金可以采用债权、股权或者物权方式投资的房地产仅限于商业物业、写字楼，以及与保险业务相关的养老公寓、医院等房地产和自用性房地产。保险资金投资医院、养老公寓等房地产或购置自用性房地产都必须遵守专地专用原则，不得变相炒地卖地，不得利用投资养老公寓等房地产和自用性房地产（项目公司）的名义，以房地产开发企业的身份，开发和销售住宅。

保险公司及相关机构投资房地产及提供相关服务的资格条件要求　　表7–4

<table>
<tr><th>要求</th><th colspan="2">保险公司</th><th>提供房地产投资管理服务的投资机构</th><th>提供房地产投资有关服务的专业机构</th></tr>
<tr><td>偿付能力</td><td colspan="2">上一会计年度净资产不低于1亿元人民币，上季度末偿付能力充足率不低于120%，开展投资后，偿付能力充足率低于120%的，应当及时调整投资策略，采取有效措施，控制相关风险</td><td>注册资本不低于1亿元，管理资产余额不低于50亿元人民币，具有丰富的不动产投资管理和相关经验</td><td>—</td></tr>
<tr><td rowspan="2">专业人员</td><td>投资非自用房地产</td><td>资产管理部门拥有不少于8名具有房地产投资和相关经验的专业人员，其中具有5年以上相关经验的不少于3名，具有3年以上相关经验的不少于3名</td><td rowspan="2">拥有不少于15名具有房地产投资和相关经验的专业人员，其中具有5年以上相关经验的不少于3名，具有3年以上相关经验的不少于4名</td><td rowspan="2">与保险资金投资房地产的相关当事人不存在关联关系</td></tr>
<tr><td>投资自用性房地产</td><td>资产管理部门应配备具有房地产投资和相关经验的专业人员；投资房地产相关金融产品的，资产管理部门还应当拥有不少于2名具有3年以上房地产投资和相关经验的专业人员</td></tr>
<tr><td>备注</td><td colspan="2">保险公司聘请投资机构提供房地产投资管理服务的，可以适当放宽专业人员的数量要求</td><td>符合上述条件的投资机构，可以为保险资金投资房地产提供有关专业服务，发起设立或者发行房地产相关金融产品</td><td>为保险资金投资房地产提供资产托管服务的商业银行，应当接受中国保监会涉及保险资金投资的质询，并报告有关情况</td></tr>
</table>

保险公司投资养老公寓、医院等房地产，其配套建筑的投资额不得超过该项目投资总额的30%。投资非自用性房地产的账面余额，不应高于保险公司上季度末总资产的15%。保险资金投资房地产，应当合理安排持有房地产的方式、种类和期限。以债权、股权、物权方式投资的房地产的剩余土地使用年限不得低于15年，且自投资协议签署之日起5年内不得转让（保险公司内部转让自用性房地产，或者委托投资机构以所持有的不动产为基础资产，发起设立或者发行不动产相关金融产品的除外）。保险公司投资房地产的要求见表7–5。

（4）投资房地产相关金融产品要求

保险公司投资房地产相关金融产品，可以自主确定投资标的，账面余额合计不应高于本公司上季度末总资产的20%。保险公司投资房地产相关金融产品的账面余额，不应高于该产品发行规模的20%。保险集团（控股）公司及其子公司投资房地产相关金融产品的账面余额，合计不应高于该产品发行规模的60%。保险公司投资房地产相关金融产品的要求见表7–6。

保险公司投资房地产的要求　　表7–5

可投资类型	特别说明	投资方式
已经取得国有土地使用证和建设用地规划许可证的项目	投资医院、养老公寓等房地产及购置自用性房地产不受此限制	股权方式、债权方式
已经取得国有土地使用证、建设用地规划许可证、建设工程规划许可证、施工许可证的在建项目		股权方式、债权方式
已经取得国有土地使用证、建设用地规划许可证、建设工程规划许可证、施工许可证、预售许可证或者销售许可证的可转让项目		股权方式、物权方式、债权方式
取得产权证或者他项权证的项目		股权方式、物权方式、债权方式
符合条件的政府土地储备项目		债权方式

保险公司投资房地产相关金融产品的要求　　表7–6

分类	信用要求	产品要求	投资规则
固定收益类	应当具有中国保监会认可的国内信用评级机构评定的AA级或者AA级以上的长期信用级别，以及合法有效的信用增级安排	投资机构符合有关规定；经国家有关部门认可，在中国境内发起设立或者发行，由专业团队负责管理；基础资产或者投资的房地产位于中国境内，符合相关规定；实行资产托管制度，建立风险隔离机制；具有明确的投资目标、投资方案、后续管理规划、收益分配制度、流动性及清算安排；交易结构清晰，风险提示充分，信息披露真实完整；具有登记或者簿记安排，能够满足市场交易或者协议转让需要；中国保监会规定的其他审慎性条件	保险资金投资房地产相关金融产品的规则，由中国保监会规定
权益类	已归档建立相应的投资权益保护机制		

（5）禁止行为

保险公司不得提供无担保债权融资，不得用其投资的不动产提供抵押担保，不得投资开发或者销售商品住宅，不得直接从事房地产开发建设（包括一级土地开发），不得投资设立房地产开发公司，不得投资未上市房地产企业股权（项目公司除外），不得以投资股票方式控股房地产企业，不得运用以借贷、发债、回购、拆借等方式筹措的资金投资房地产。虽然保险资金不能直接从事房地产开发，但保险资金通过金融产品实现过渡被业内视为规避政策涉足房地产开发的途径。

3. 保险公司投资房地产的实践

（1）国内房地产投资

我国保险公司从2006年起就以各种形式变相进入房地产投资领域，近年来虽然对于保险资金投资房地产的限制性政策呈现出逐步放松的态势，使得越来越多的保险资金进入了房地产投资领域。但是，截至目前，诸多限制性政策仍然是保险资金进入房地产投资领域的主要难题。由于我国对于保险资金投资房地产市场金额方面的严格限制，因此

截至2014年第一季度末，保险机构投资房地产的规模仅仅为755亿元。在完善的退出机制建立之前，保险公司不会把投资房地产作为其主要的投资渠道。2012～2013年保险公司投资房地产的资金数量及其增长率见表7–7。

保险公司投资房地产的资金数量及其增长率（2012～2013年）　　表7–7

分类	中国人寿	平安集团	太平洋保险	新华保险
2012年投资房地产的资金（亿元）	0.00	150.49	63.49	16.35
2013年投资房地产的资金（亿元）	13.29	182.64	67.95	15.94
同比增长率	—	21.36%	7.02%	–2.51%
旗下房地产子公司数量（个）	0	9	4	3

（2）海外房地产投资

近年来我国逐步放宽了对于保险资金开展海外直接投资的限制，保险公司最高可以将总资产的15%投资于海外，海外房地产成为我国保险资金的重要投资领域，商业物业成为我国保险资金投资的主要物业类型。例如，安邦保险收购了纽约华尔道夫酒店，中国人寿联合卡塔尔控股收购了伦敦Upper Bank Street大楼，阳光保险收购了悉尼喜来登公园酒店，平安保险收购了伦敦劳埃德大厦和Tower Place大厦。

4. 保险公司投资物流地产行业的实践

在保险公司逐步加大投资房地产的发展趋势下，物流地产成为其重点关注的投资对象。例如，2011年，平安寿险获得了PE与不动产双牌照。此后，平安投资不动产的动作明显增多。在成都空港和龙泉布局了物流地产。作为中国平安旗下全资子公司，平安不动产截至2014年8月，公司资产管理规模近500亿元，业务涵盖商业地产、旅游地产、养老地产、物流地产、住宅等。未来平安不动产将在29个一级物流节点城市和69个二级物流节点城市快速展开规模化布局。目前选址主要针对全国一、二线城市，集中在有强大消费能力的城市圈周围，如京津冀经济圈、沪苏浙经济圈、深广经济圈及较大的省会城市等。

物流地产资产管理主要是指针对制造企业、流通企业、第三方物流企业拥有的商品仓储、加工、包装、配送等过程中使用的物流仓储设施的资产管理，而不包括针对专业物流地产商投资建设和运营管理的物流仓储设施的资产管理，后者属于物流地产经营管理的范畴。与专业物流地产商投资建设和运营管理的物流仓储设施相比，制造企业、流通企业、第三方物流企业拥有的自营物流仓储设施具有三方面的不同。其一，指代对象不同。相比于专门从事投资建设和运营管理物流地产的专业物流地产商而言，拥有物流仓储设施的制造企业、流通企业、第三方物流企业不以投资建设和运营管理物流地产项目为企业的主要利润来源和主要业务内容，而是针对企业在生产经营过程中产生的闲置物流仓储用地和物流仓储设施即存量物流地产进行经营管理，以最大限度地盘活闲置资产，开发利用留存资产。而专门从事投资建设和运营管理物流地产的专业物流地产商的主要利润来源和主要业务内容是开发建设新的物流地产项目。其二，经营目的不同。拥有物流仓储设施的

第八章 物流地产资产管理

制造企业、流通企业、第三方物流企业进行物流地产资产管理的目的是为了服务于企业的主营业务，在管理过程中优先满足企业主营业务对物流仓储设施的需求，从而成为企业管理战略的重要组成部分。而专门从事投资建设和运营管理物流地产的专业物流地产商开展物流地产资产管理的目的是通过物流地产项目投资建设和运营管理来获得利润。拥有物流仓储设施的制造企业、流通企业、第三方物流企业进行物流地产资产管理的运营主体往往是制造企业、流通企业、第三方物流企业自身。这些企业会根据其主营业务的需要，通过自建、租赁或购买等多种方式取得并持有物流仓储设施，拥有这些物流仓储设施的使用权或所有权，并对其进行日常运营管理，主要是为这些企业的主营业务提供辅助支撑。而专门从事投资建设和运营管理物流地产的专业物流地产商开展物流地产资产管理的运营主体往往是物流地产商组建的专业的物流仓储设施经营管理部门或者外部专业的物流仓储设施经营管理公司。

第一节 物流地产资产管理价值

在经过多次外延扩展和结构调整之后，我国大型跨国企业、国有企业、民营企业等领域的制造企业、流通企业和第三方物流企业的资产规模逐步扩大，而其拥有的大量物流仓储设施往往是其企业资产的重要组成部分。毋庸置疑，对这些物流仓储设施进行有效的资产管理，实现这些物流仓储设施价值的最大化，对扩大企业经营效益和提升企业市场竞争力大有裨益。对于许多大型企业集团来说，针对其拥有的大量物流仓储设施进行有效的资产管理甚至已经成为企业新的利润增长点。一些先进的大型跨国企业和国有企业已经在自有物流仓储设施的资产管理方面进行了有益的探索与实践，为其他企业开展自有物流仓储设施的资产管理提供了大量可资借鉴的宝贵经验。物流仓储设施资产管理的价值主要包括三个方面，如图8-1所示。

一、战略资源地位

很多企业都会更多地从成本视角来看待物流仓储设施，认为物流仓储设施所引起的空间成本是仅次于人力成本的企业第二大成本因素。他们认为，物流仓储设施占用了企业大量的资金，使得企业的资金周转使用效率受到限制。正因为如此，在过去很长一个时期，企业往往严重低估了其拥有的物流仓储设施的价值，很少把物流仓储设施视为企业竞争的优势资源之一。事实上，物流仓储设施不仅满足了企业基本的空间需求，更是企业重要的战略资源，并为企业实现整体战略目标提供了基础支撑。正因为如此，物流仓储设施是企业除了人力资源、资金、技术和信息之外的又一项新的战略性资源，盘活企业的物流仓储设施对于企业的发展来说具有重要的战略意义。以价值为导向对企业的物流仓储设施进行资产管理将促使企业在物流仓储设施方面的经营决策更加具有科学性和合理性。伴随着日益激烈的市场竞争和不断变化的市场环境，以价值为导向对企业物流仓储设施进行资产管理也能让企业迅速应对外部环境变化，并做出适应性调整。

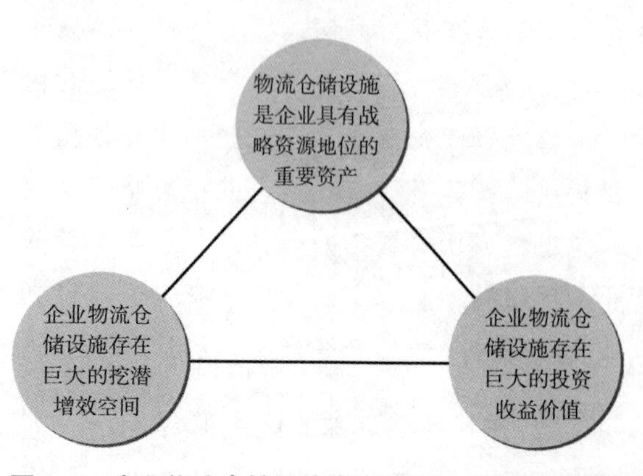

图8-1 企业物流仓储设施资产管理的分类及主要内容

从理论维度来看，20世纪80年代，随着全球经济一体化和大型企业的跨国发展，企业物流仓储设施的资产管理作为一个独立的研究领域被西方企业界和学术界开始重视起来。在不同的历史阶段，企业物流仓储设施的资产管理的内涵与外延也在不断演变。20世纪80年代，研究者关注的主要问题是企业物流仓储设施应当如何满足企业主营业务发展的需要。20世纪90年代，研究者突破了企业物流仓储设施仅仅是为了满足企业主营业务发展需要的认识局限性，开始研究如何通过企业物流仓储设施的资产管理来提高企业的整体效益。进入21世纪以来，企业物流仓储设施资产管理理论有了更大的提升，研究者将企业物流仓储设施提升到了企业战略性资源的重要地位，并将企业物流仓储设施的资产管理视为企业新的利润增长点和优化企业投资组合的重要工具，以及开展企业多元化经营的重要方向。研究者着重关注如何将企业物流仓储设施资产管理和信息技术相结合，并将企业物流仓储设施资产管理融入企业的整体发展战略之中。

从实践维度来看，大型跨国公司、国有企业、民营企业均已在企业物流仓储设施资产管理方面做出了有益的探索与尝试，并取得了积极效果。例如，世界上最大的电子电气公司西门子为了服务旗下各分公司的业务，同时也为了控制集团的经营风险和提高集团的整体效益，成立了专门的企业不动产管理公司，管理西门子分布于全球各地的物流仓储设施等企业不动产。西门子的企业不动产管理公司通过其全球化的管理信息系统，不仅为西门子公司租赁、购置物流仓储设施等不动产，同时也在全球范围内开展物流仓储设施等不动产经营和投资，为承租方和投资者提供高质量的服务，不仅充分发挥了西门子不动产业务和主营业务的协同效应，同时也极大地推动了西门子的业务多元化发展。

二、挖潜增效空间

大量调研数据表明，那些拥有大规模物流仓储设施的大型制造企业、流通企业和第三方物流企业大约有20%的物流仓储设施处于闲置状态或被低效率使用状态。因此，如何降低这部分物流仓储设施的维护成本，实现其与企业主营业务之间的协同效应，提升其使用效率就显得至关重要。企业物流仓储设施资产管理在企业内部往往被认为是企业主营业务之外的辅助工作，大多数企业普遍存在管理动力不足、管理理念滞后、忽视物流仓储设施资产管理等诸多问题。在这种情况下，企业不仅挖掘不了物流仓储设施的市场价值，反而还会拖累企业主营业务的发展。事实上，如果企业能够对物流仓储设施进行系统化和专业化的资产管理，必将有助于实现其与企业主营业务之间的协同效应。

从长期发展趋势来看，企业物流仓储设施的挖潜增效空间广阔，价值巨大。不仅如此，企业推进物流仓储设施的资产管理，还有助于实现其各项资源的优化组合，并产生更大的协同效应，对于大型跨国公司、国有企业、民营企业尤其如此。这些企业自用和出租的物流仓储设施数量大、价值高、类型多样，部分物流仓储设施具有深度挖掘的空间。依托主营业务强大的产业背景，企业如果能够开展更加有效、更加广泛的运作，从战略高度来实施企业物流仓储设施资产管理，必然能够挖掘出物流仓储设施更大的潜在价值，更好地为企业主营业务服务，对于企业长远发展来说具有战略意义。

伴随大型制造企业、流通企业和第三方物流企业进入某一地区，必然带动当地厂房、物流仓储设施以及研究机构的发展，相关的商业、教育、住宅等配套设施的开发也将随之启动。经过几年、十几年乃至几十年的发展，这一区域的社会经济环境将会发生巨大的改变。同时，不仅外在环境会改变，在企业的发展过程中，其经营战略也会不断进行调整。伴随着内外部环境的变迁，部分物流仓储设施会因为不适合企业新的业务空间需要而被释放出来。对于这部分物流仓储设施，企业如果不加以有效地管理，就会沉淀为闲置物流仓储设施，成为零回报或负回报资产，最终降低企业的净资产收益率。因此，在企业物流仓储设施资产管理的初期主要应该以盘活这部分物流仓储设施为主，但随着企业物流仓储设施资产管理业务不断成熟、规模不断扩大以及运作经验不断积累，必然会不断扩展经营领域和服务范围。其中，面向企业自身和全社会开展物流地产投资建设和运营管理就是一个非常重要的发展方向。

三、投资收益价值

国内外的相关成功经验表明，企业对物流仓储设施进行有效的资产管理，不仅能够大大节省企业的空间成本，而且还能够给企业带来良好的投资收益。例如，就跨国公司而言，诸如惠普、西门子、通用电气等全球知名跨国公司都已建立起了专业的不动产管理部门，全权负责企业物流仓储设施等不动产的购置、开发投资与处置，依托于完整的企业物流仓储设施等不动产管理体系与程序，跨国公司专业的不动产管理部门为企业带来了主营业务之外的巨大收益。就我国大型企业而言，中石化、上汽、大连港、中国人寿等也都成立了具有独立法人资格的资产经营公司统一吸纳企业资产，并以此为载体对各类型资产实行专业化投资运作管理。

从投资收益的角度来看，物流仓储设施具有较高的投资价值，不仅具有较高的收益，而且投资风险相对较低，兼有股权投资和债权投资的综合属性，收益水平一般介于股票投资和债券投资之间。就美国市场来看，近30年资本市场上不同投资工具在剔除了通货膨胀因素后的长期投资收益率比较分析表明，包括物流仓储设施等在内的不动产收益率高于债券收益率的一倍，是股票收益率的三分之二。因此，企业应该将物流仓储设施的资产管理作为其重要的投资组合工具，物流仓储设施一方面可以供企业生产自用，另一方面也可以通过多种资产管理方法获取较高收益。

第二节　物流地产资产管理现状

就我国大型制造企业、流通企业和第三方物流企业对于自有物流仓储设施的资产管理水平而言，绝大多数均处于较低层次，主要表现在四个方面，一是物流仓储设施信息分割、权属不清；二是企业对于物流仓储设施的认识不深入和不全面；三是物流仓储设施的传统管理机制不适应发展的新趋势；四是物流仓储设施在经营上存在预算软约束，导致使用效率低下。

一、信息水平与权属管理

大型制造企业、流通企业和第三方物流企业，尤其是大型国有企业的自有物流仓储设施往往数量大、价值高、分布广、管理分散、权属关系复杂，普遍存在信息分割、权属不清的问题。由于许多拥有大量物流仓储设施的大型制造企业、流通企业和第三方物流企业尚未构建起统一完整的信息管理系统，物流仓储设施的各项信息往往分散于企业的各个下属部门或子公司，不能有效共享，企业往往没有专门的部门或单位完全掌握这些物流仓储设施的权属、数量、收益等情况。同时，大型制造企业、流通企业和第三方物流企业，尤其是大型国有企业的自有物流仓储设施往往资源分散、经营分散、权属关系不清，利益难以区分，不利于规模经营，容易导致物流仓储设施使用效率低、经营风险高，统一的经营政策与业务流程缺失等后果。企业自有物流仓储设施管理过程中存在的信息分割和权属不清问题见图8–2。

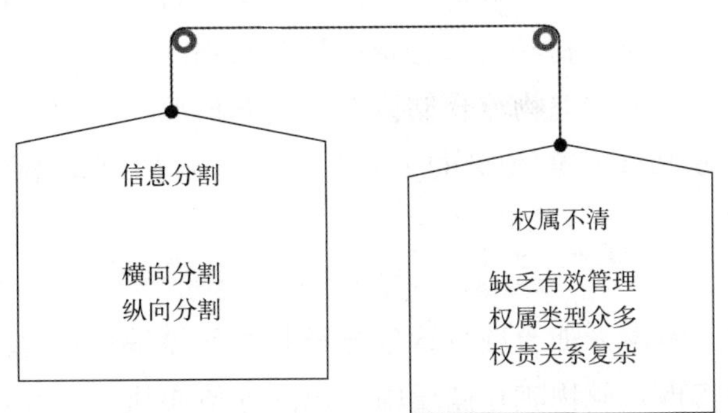

图8–2　企业自有物流仓储设施管理过程中存在的信息分割和权属不清问题

1. 信息分割

大型制造企业、流通企业和第三方物流企业，尤其是大型国有企业的物流仓储设施往往处于分散管理状态。分散管理状态往往会导致物流仓储设施信息分割，主要包括信息的横向分割和纵向分割两个方面。反过来，信息分割又强化了物流仓储设施的分散管理。

（1）信息的横向分割

信息的横向分割主要是指大型制造企业、流通企业和第三方物流企业，尤其是大型国有企业的自有物流仓储设施的数量、权属、经营、使用、管理、收益、折旧、处置等信息都停留在企业的各个部门或各个下属子公司中，各个部门或各个下属子公司不能实现资源的共享。

从资产管理方面来说，信息的横向分割容易导致企业的各个部门或各个下属子公司仅仅站在自己的角度来对物流仓储设施进行处置，无法得到企业其他部门或下属子公司的物流仓储设施的需求和供给信息，因此无法站在企业整体利益的高度全盘考虑企业的整体利益和各个部门或各个下属子公司的利益，难以在整个企业内部形成物流仓储设施资源的规模优势，也难以与企业整体战略相协同，使得物流仓储设施资产整体使用效率低下。

一些大型国有企业的物流仓储设施利用效率低下，存在大量的关系户以低租金或无偿使用的方式占用企业的物流仓储设施资源。由于分散管理，没有成本和绩效考核，闲置的物流仓储设施资源无人关心，物流仓储设施的经济价值得不到充分体现。

（2）信息的纵向分割

信息的纵向分割主要是指大型制造企业、流通企业和第三方物流企业，尤其是大型国有企业集中统一管理自有物流仓储设施的职能部门不能有效掌握所有物流仓储设施的完整信息，也没有开发建设统一的物流仓储设施信息平台。一些大型企业尚未对其下属子公司的物流仓储设施开展统一的信息登记和信息平台建设，物流仓储设施的各项信息被分割在企业多个部门或下属子公司，企业往往对物流仓储设施的总量、分类有所了解，但是却无法及时准确地掌握物流仓储设施的经营情况、使用效率，导致上层与下层之间的信息不对称，造成了信息的纵向分割，从而导致物流仓储设施在资产管理上的缺位。

2. 权属不清

企业将物流仓储设施作为资产进行管理与经营的前提是每项物流仓储设施都应该具有清晰的产权关系。实现企业物流仓储设施资产的保值增值，必须以形成良好的产权关系为前提。不仅如此，清晰的产权关系还能够确保物流仓储设施的所有者或实际支配者主动自觉地承担起实现物流仓储设施资产保值增值的责任。由于历史以及现实中的各方面原因，目前一些大型制造企业、流通企业和第三方物流企业，尤其是大型国有企业下属及托管的物流仓储设施产权关系复杂，管理职责不清，使用效率低下。

一些大型国有企业经过多次改制和调整，企业及下属子公司在物流仓储设施的权属关系上存在着类似于资产在A公司账上而产权人是B公司的情况，使得物流仓储设施的投资主体、管理主体、权利主体与账务主体出现不对应的情况。虽然不存在第三方对其产权提出要求，但这种复杂的权属关系使得一部分物流仓储设施难以得到有效的资产管理。同时，由于权属关系不明，针对物流仓储设施难以达成有效的收益分配机制，由此导致物流仓储设施权属相关主体缺乏资产管理的动力。

二、认知水平

许多拥有大量物流仓储设施的大型制造企业、流通企业和第三方物流企业对物流仓储设施的认识不深入、不全面，将企业自有的物流仓储设施与企业的生产资料、固定资产混为一谈，对物流仓储设施及其资产管理的认识存在缺陷，对物流仓储设施及其市场价值缺乏全面认识，对物流仓储设施资产管理的认识偏于简单，将物流仓储设施作为企业战略性资源的意识不强。

20世纪80年代以来，我国经济迅猛增长，大城市群密集涌现，土地价值成倍增长，土地及其附着物和建筑的属性、价值、功能也随之发生了翻天覆地的变化。过去主要被当作生产资料仅限于满足企业空间需求的物流仓储设施，由于外部环境的不断变化实现了自身属性的不断演化和功能的不断扩展，成为企业可以经营的、重要的、具有巨大市场价值的资产，具有增值、融资、风险投资等资产属性，同时也成为企业除了人力、资金、技术和信息之外的又一项新的战略性资源。但是，截至目前，很多企业对于物流仓储设施的认识还没有基于内部与外部环境的深刻变化而发生根本的转变。

1. 对物流仓储设施及其市场价值缺乏全面认识

大多数拥有大量物流仓储设施的大型制造企业、流通企业和第三方物流企业没有定期对企业物流仓储设施进行全面评估，因此不能及时了解其市场价值。许多企业所拥有的物流仓储设施每年都以固定折旧率进行折旧，在企业资产负债表上的账面净值在不断减少，而管理者对于这些物流仓储设施由于市场变迁到底蕴含多大的市场价值无从得知。由于许多企业忽视了物流仓储设施的市场价值或者说对物流仓储设施的市场价值没有充分认知，导致这些企业对其拥有的物流仓储设施往往采取“消极”的管理方式。

2. 对物流仓储设施资产管理的认识偏于简单

许多大型制造企业、流通企业和第三方物流企业，尤其是大型国有企业囿于固有认识所形成的传统管理机制，尽管在物流仓储设施资产管理方法上逐步从分散经营转向了集中管理，采取了以委托方式按现状租赁的经营方式，但在专业化组织建设、管理思路、经营模式上并没有形成体系。从认识层面来说，目前企业对于物流仓储设施资产管理的认知偏于简单，远未达到全面认知的程度。企业物流仓储设施与固定资产之间的差异如图8-3所示。

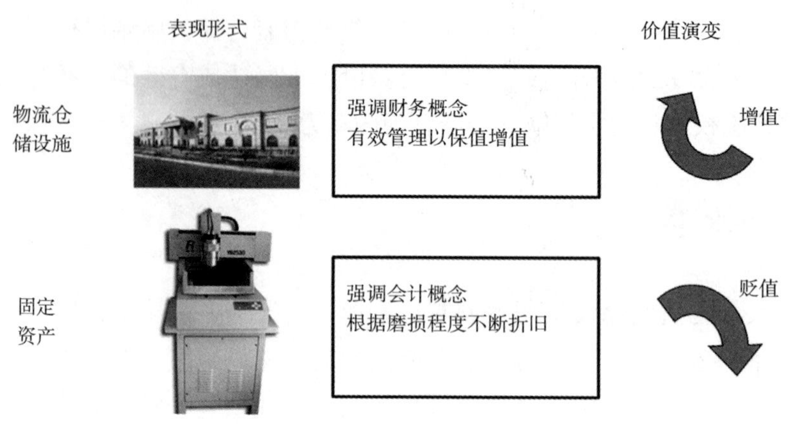

图8-3　企业物流仓储设施与固定资产之间的差异

（1）将物流仓储设施资产管理视为固定资产管理

由于历史原因，许多大型制造企业、流通企业和第三方物流企业，尤其是大型国有企业所拥有的大多数物流仓储设施都是被企业当作生产资料或者固定资产划拨或者购入。因此，物流仓储设施被记入企业的资产负债表，每年都以固定折旧率进行折旧，在资产负债表上的账面净值在不断减少。但是，随着内外部环境的变化，企业物流仓储设施的功能已经发生了很多变化，不再是单纯的生产资料或者固定资产。尽管在概念上，物流仓储设施被称为不动产，但在实际操作中仍然采用了固定资产管理的方法。

企业物流仓储设施与固定资产的物理属性看似一致，实则不同。固定资产对应的是流动资产，是在经济活动中长期为生产服务的劳动资料和为生活消费服务的物质资料等。生产性固定资产是固定资产的主要组成部分，在价值形态上随着磨损程度逐渐转移到产品中去，并通过折旧提成的形式来补偿它的损耗。

显而易见，一台机器与一座仓库是不一样的，同为企业的生产资料，随着使用年限的增加，机器的市场价值肯定不断下降，最终将以废弃物进行处置。而一座仓库随着使用年限的增加，其在现有状态下的使用价值肯定不断降低，而其市场价值却可能上升，如果对其进行重新改造或者改变其用途，往往能够重新创造更大的价值。导致两者不同的根本原因在于仓库是依附于土地而存在的。没有土地，仅有四面墙的仓库和机器性质是一样的，但是仓库不可能独立于土地而单独形成，空中楼阁是不存在的。

由于土地资源的固有稀缺性和土地价格的长期升值趋势，企业物流仓储设施就比固定资产的内涵要广阔得多。如果企业仅仅将物流仓储设施作为固定资产的话，那么强调

的是物流仓储设施的会计概念，每年根据物流仓储设施的磨损程度进行折旧，企业物流仓储设施的价值就会不断减少。企业对物流仓储设施的资产管理更多的是注重对其进行维护与修理，以延长其使用寿命。

如果企业将物流仓储设施作为不动产的话，那么强调的是物流仓储设施的财务概念。企业关注的是如何在与主营业务一致的情形下实现物流仓储设施的资产收益和价值。企业对物流仓储设施的资产管理更多的是采取有效手段使其收益与价值最大化，而不仅仅是简单地维护与修理。实际上，对于物流仓储设施资产管理来说，其意义不仅在于满足企业内部和外部使用者（租户）对物流仓储设施的需求，而且要在实现与企业主营业务协同一致的情况下，充分挖掘和实现物流仓储设施的资产收益和价值。

（2）对物流仓储设施资产管理的内容缺乏全面了解

在物流仓储设施资产管理方面，许多大型制造企业、流通企业和第三方物流企业，尤其是大型国有企业仍以现状出租的方式对其自有物流仓储设施采取“一刀切”的管理方式，而没有“区别对待”、采取多样化的管理方式，其结果很可能就是导致物流仓储设施利用效率低下，甚至有“肉在锅里烂”之情形，资源浪费情形不可避免。在现实条件下，许多大型制造企业、流通企业和第三方物流企业对物流地产资产管理的内容缺乏全面了解。概括而言，在价值创造和价值实现理念的指引下，完整的物流仓储设施资产管理主要包括两个方面的内容，一是存量物流仓储设施经营管理，二是增量物流仓储设施经营管理（表8–1）。

企业物流仓储设施资产管理的分类及主要内容　　表8–1

资产管理类型	资产管理内容	适应的企业发展阶段
存量物流仓储设施经营管理	建立物流仓储设施集中管理平台，实施专业化管理方法，盘活处置企业内部的废弃闲置物流仓储设施，盘活存量物流仓储设施，充分利用企业物流仓储设施资产价值，降低企业运营成本的同时实现物流仓储设施资产管理利润	发展型的企业会存在更多的增量物流仓储设施资产管理需求。因为企业在这一阶段对增量物流仓储设施的需求往往会比较大
增量物流仓储设施经营管理	物流仓储设施规划、选址、方案选择、投融资、开发管理、谈判等管理活动；选择符合企业要求的物流仓储设施，实施从购置或租赁到运营管理的全程操作。使企业在顺利达成物流仓储设施需求目标的前提下，实现企业总收益最大化的管理	对于业务规模较大的大型集团公司来说，在经过了多次经营战略的调整和产业整合后，会释放出大量存量物流仓储设施，如果不加以有效经营就会造成闲置和浪费

其一，存量物流仓储设施经营管理。存量物流仓储设施经营管理主要是指拥有大量物流仓储设施的大型制造企业、流通企业和第三方物流企业对于因自身主营业务发展、内部资源整合等内部环境变化，以及产业链新的聚集趋势等外部环境变化所释放出来的物流仓储设施进行的专业化管理。大型制造企业、流通企业和第三方物流企业应该深度

盘活存量物流仓储设施，充分实现物流仓储设施的资产价值，在降低企业运营成本的同时实现物流仓储设施资产管理的利润。在存量物流仓储设施的经营管理过程中，大型制造企业、流通企业和第三方物流企业应该树立充分有效利用物流仓储设施，避免物流仓储设施闲置、浪费的理念。

其二，增量物流仓储设施经营管理。增量物流仓储设施经营管理主要是指企业基于自身生产或发展的需要，为了满足企业的空间需求而获得新的物流仓储设施，并对其开展的经营管理活动。具体而言，增量物流仓储设施经营管理的主要内容包括物流仓储设施规划、选址、方案选择、投融资、开发管理、谈判等一系列管理活动，并确保在企业顺利达成物流仓储设施空间需求目标的前提下，实现企业总收益的最大化。在增量物流仓储设施经营管理中，大型制造企业、流通企业和第三方物流企业应该树立追求规模经济效益和技术进步经济效益的理念。

对于拥有大量物流仓储设施的大型制造企业、流通企业和第三方物流企业，尤其是大型国有企业来说，增量物流仓储设施的经营管理是其未来一个非常重要的业务发展方向，而当务之急则在于如何优化存量物流仓储设施的经营管理。目前通常采用的现状租赁的管理方式远远不是存量物流仓储设施经营管理的全部内容，更不是物流仓储设施资产管理的全部内容。物流仓储设施资产管理是一个庞大的体系和复杂的工程，物流仓储设施资产管理的目的在于注重企业主营业务效益的同时，通过各种方式实现企业物流仓储设施经济效益最大化。

3. 将物流仓储设施作为企业战略性资源的意识不强

目前，许多拥有大量物流仓储设施的大型制造企业、流通企业和第三方物流企业还没有充分意识到物流仓储设施的战略性资源地位，物流仓储设施资产管理业务还是被当作企业的后勤服务业务来进行管理，企业并没有把物流仓储设施的资产管理提高到公司战略的高度。从目前我国大型制造企业、流通企业和第三方物流企业进行物流仓储设施资产管理的现状来看，其物流仓储设施的资产管理仍然以开展物业管理为主，经营方式单一、范围狭窄、思路简单，还远远没有达到物流仓储设施资产管理在战略层面和战术层次应该达到的系列目标。

对于企业而言，战略性资源是指能够满足价值性、稀缺性、不可模仿和不可替代性等标准的企业资源。对于一个国家来说，煤炭、石油、科技都是关系国家发展的战略性资源，而对于企业来说，人力、资本、信息、技术等是关于企业成长的战略性资源。

在过去，空间成本被认为是企业内仅次于人力成本的第二大成本因素，企业认为物流仓储设施占用了大量资金，使得资金的周转使用效率也受到很大限制，因此企业管理者很少把物流仓储设施视为企业的竞争优势资源之一。但是，随着外部环境的变化，物流仓储设施不仅仅能够满足企业的空间需求，同时由于土地资源的日渐稀缺和土地成本

的逐年提高，物流仓储设施所蕴含的市场价值越来越大。实际上，对于拥有大量物流仓储设施的大型制造企业、流通企业和第三方物流企业来说，物流仓储设施已经上升到了企业战略性资源的高度，为企业整体战略目标的实现提供了重要的支持。

三、管理机制

目前，许多拥有大量物流仓储设施的大型制造企业、流通企业和第三方物流企业在物流仓储设施的专业化管理方面相对落后。从物流仓储设施经营管理模式由浅入深演进提升的纵向维度来看，目前大多数拥有大量物流仓储设施的大型制造企业、流通企业和第三方物流企业对于物流仓储设施的经营管理处于物业管理层次与资产管理层次之间，总体而言，尚属物流仓储设施经营管理的初级阶段。从国内外大型企业物流仓储设施资产管理水平横向比较的维度来看，我国大多数企业与国外大型企业相比，在物流仓储设施资产管理方面差距较大。企业物流仓储设施传统资产管理机制的局限性主要体现在四个方面，如图8–4所示。

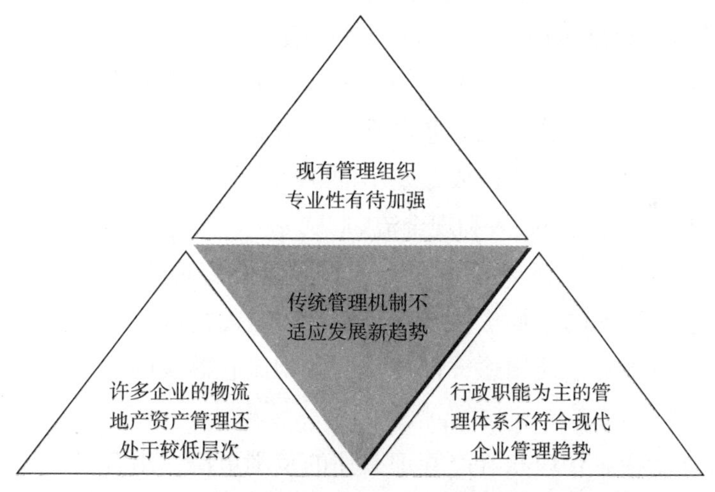

图8–4　企业物流仓储设施传统资产管理机制的局限性

1. 行政职能为主的管理体系不符合物流仓储设施管理趋势

物流仓储设施是企业的一项重要资产，企业应该对物流仓储设施进行有效管理。目前，许多大型企业尤其是跨国公司正在不断探索物流仓储设施的现代管理方法，通过提高物流仓储设施的价值和效能，来增强企业的整体竞争力。诸如惠普、西门子、通用电气等跨国公司都已建立了物流仓储设施等不动产管理部门，全权负责物流仓储设施等不动产的购置、投资、开发与处置。依托于完整的管理体系与程序，跨国公司的物流仓储设施等不动产管理部门为企业带来了主营业务之外的巨大收益。例如，通用电气不动产公司是通用电气集团旗下负责管理与投资物流仓储设施等不动产的一个下属公司。目前，通用电气不动产公司业务触角已经遍及北美、欧洲以及亚洲的28个国家和地区，在全球管理并拥有着超过620亿美元的资产。其中，一半以上是通用电气的自用物流仓储设施等不动产。此外，诸如中石化、上汽、大连港、中国人寿等国内大型企业也已成立了具有独立法人资格的资产经营公司，统一吸纳物流仓储设施等不动产，并以资产经营公司为载体对物流仓储设施等不动产实施专业化管理，并同时面向社会承接物流仓储设施等不动产经营管理业务。

大量调研统计表明，我国70%的大型国有企业缺乏专业的、独立的物流仓储设施等不动产管理机构或部门。针对物流仓储设施等不动产的管理任务大多分散在企业行政、财务、后勤等职能部门，远远没有达到集中管理与专业管理的目标。许多企业的物流仓储设施管理模式相对落后，缺乏长期的、明确的战略规划，管理方式简单，经营方法单一。因此，这些企业的物流仓储设施往往管理效率低下，物流仓储设施的经济价值没有被全面发掘出来，物流仓储设施的服务对象单一，企业没有真正深入市场开展业务活动，传统的管理模式已经不适应物流仓储设施资产管理的新趋势。

2. 企业物流仓储设施资产管理大多处于较低层次

企业物流仓储设施的资产管理主要分为三个层次，具体而言，包括物业管理、资产管理以及组合投资管理，三者相互关联。其中，物业管理仅仅关注物流仓储设施的日常运营和维护，与支付租金的客户构成最基本的联系。物业管理的主要作用是为租户提供及时的服务和保证物业持续的收入和现金流。

资产管理相对于物业管理来说更为专业，与物业管理相比具有更广阔的视角。资产管理强调物流仓储设施的市场价值，从投资与收益的角度实施物流仓储设施的战略规划，寻求物流仓储设施的最佳用途，以便使这些物流仓储设施在所处的市场内得到资产价值的最大化。

组合投资管理比物业管理和资产管理关注的范围更广，组合投资管理以风险控制和调整后的组合投资回报最大化为目标来管理物流仓储设施等不动产，并详细制定和执行组合投资战略。组合投资管理强调物流仓储设施等不动产的资产管理效益与企业整体效益的一致性与协同性，企业通过监督物流仓储设施等不动产的获取、资产管理、处置和再投资决策，站在公司战略的高度实施物流仓储设施等不动产的全过程管理。

目前，我国那些拥有大量物流仓储设施的大型制造企业、流通企业和第三方物流企业，尤其是大型国有企业在物流仓储设施资产管理方面大多数都仍然停留在介于物业管理与资产管理之间的一个较低层次，主要表现在三个方面。

第一，在物流仓储设施经营管理方面大多数都会关注对存量物流仓储设施的优化配

置与盘活利用，就这一点而言，明显高于物业管理的层次。目前，大多数企业对于物流仓储设施的经营管理都以租赁管理为主，遵循“归口管理，分级负责”的原则，重点在于优化资源配置，盘活存量物流仓储设施，提高物流仓储设施的利用效率。可见，当前我国企业不仅仅只是关注物流仓储设施的日常运营和维护，而且还关注物流仓储设施的保值增值。从这个层面看，我国那些拥有大量物流仓储设施的大型制造企业、流通企业和第三方物流企业在物流仓储设施的经营管理方面明显高于物业管理的层次。

第二，目前常常采用的“不投资一分钱现状出租”的经营模式还达不到资产管理的要求。资产管理强调物流仓储设施价值的最大化。因此，企业在物流仓储设施的经营管理方面就不能局限于物业租赁这一种形式，更不能局限于“不投资一分钱现状出租”的简单模式。事实上，那些比较破旧但交通位置便利且环境较好的老仓库具有很大的开发潜力和市场价值，从资产管理的角度看，企业应该对其进行重新规划、定位或投资开发。相反，如果企业仅仅按照“不投资一分钱现状出租”的管理模式进行经营管理，那么该类物流仓储设施的市场价值实际上是被隐藏和低估了。我国那些拥有大量物流仓储设施的大型制造企业、流通企业和第三方物流企业普遍没有达到资产管理这一高度。

第三，在物流仓储设施经营管理方面整体处于较低层次。物流仓储设施的投资组合管理是指企业根据其整体战略规划要求制定物流仓储设施等不动产管理部门的整体规划，实现企业整体效益与物流仓储设施等不动产价值最大化两者之间的一致性。从全局角度看，我国那些拥有大量物流仓储设施的大型制造企业、流通企业和第三方物流企业的理念与组合投资管理的理念还存在很大差距。

四、预算软约束

由于企业对物流仓储设施的多元化资产属性和战略资源地位普遍认识不足，以及企业由此而采取的相对陈旧的、较低层次的管理思路与模式，再加上预算软约束机制的影响，使得我国那些拥有大量物流仓储设施的大型制造企业、流通企业和第三方物流企业，尤其是大型国有企业物流仓储设施的经营效率普遍低下。物流仓储设施经营管理的低效率导致企业不得不付出高于平均水平的经营费用，或者获得低于平均水平的租金收入，以及大量物流仓储设施的浪费和闲置。

何谓“预算软约束”？长期以来，在传统经济体制环境下，国有企业处于一种所有者缺位的状态，国有企业经营者的利益与其所有者的利益处于一种不太一致的状态，企业经营者受到的约束相对较少，学术界将这种现象称为“预算软约束”。具体来说，预算软约束这一概念由哈佛大学教授科尔奈1986年首先提出，如果我们将预算软约束这个概念扩展到其他方面，在广义上对其进行界定，即若一个主体甲对另一个主体乙提供的资金、资源等要求的回报低于对其他主体的要求，则看作主体甲对乙实行了软的预算约束。物流仓储设施经营管理的预算软约束现象主要表现在三个方面（图8–5）。

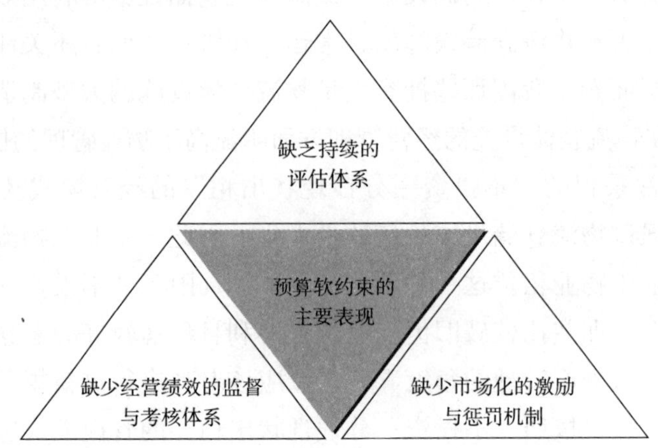

图8–5　物流仓储设施经营管理预算软约束的主要表现

第一，缺乏持续的评估体系。目前，我国许多大型制造企业、流通企业和第三方物流企业在购买或投资建成物流仓储设施之后，反映在企业资产负债表上的是此刻物流仓储设施的账面价值和资产净值。实际上，企业物流仓储设施的价值会随着时间的推移而不断改变，企业应该对物流仓储设施进行连贯的、持续的价值和绩效评估，从而为企业开展物流仓储设施的经营管理提供相关决策依据。但事实上，大多数企业缺乏对物流仓储设施市场价值的跟踪评估，使得企业难以根据评估价值及时调整物流仓储设施的账面资产价值，物流仓储设施的真实价值不能准确体现在企业的资产负债表上，因此导致物流仓储设施的资产价值往往会被严重低估，其表现往往是企业账面的资产负债率高于企业真实的资产负债率，资产负债率被高估而导致的最坏情况可能就是股东或者投资者误认为企业的运营风险水平较高而减少投资或者撤资，最终影响企业主营业务的发展。

第二，缺少经营绩效的监督与考核体系。目前，我国许多大型制造企业、流通企业和第三方物流企业，尤其是大型国有企业对自有物流仓储设施的经营管理效率，以及对这些物流仓储设施为整个企业创造的经济效益缺少监督和考核体系。在对物流仓储设施的经营管理过程中，许多企业实际上还没有对物流仓储设施经营绩效的高低等评价和考核机制问题给予充分的重视。在其已出台的相关文件或者已实施的相关政策中，对于企业应该如何评价物流仓储设施的使用效率和经营效率、应该如何评价物流仓储设施在现有条件下价值是否已经得以充分实现、应该如何杜绝寻租现象及以权谋私现象等一系列关于物流仓储设施经营绩效监督与考核的问题还缺乏明确规范。

第三，缺少市场化的激励与惩罚机制。目前，我国许多大型制造企业、流通企业

和第三方物流企业，尤其是大型国有企业对自有物流仓储设施的经营管理缺乏经营业务的考核指标体系和激励机制，缺少市场化的激励与惩罚机制，不能做到有效约束、评估以及激励与惩罚，导致经营效率低下。其大多数存量物流仓储设施过去都是以低成本或零成本的代价获取，这就往往会导致管理者在财务上和经营业绩上没有压力，而满足于以现有方式获得收益，缺乏全面整合企业内外部资源、充分挖掘物流仓储设施价值的动力。在对物流仓储设施的整个经营管理过程中，许多企业尚未建立明确的业务考核指标和激励机制，代管人不存在太大业绩压力，也缺乏深入开展业务的动力，人员的工作积极性难以被充分调动起来。

第三节　物流地产资产管理体系

物流地产的资产管理是一项复杂的系统工程。那些拥有大量物流仓储设施的大型制造企业、流通企业和第三方物流企业，尤其是大型国有企业应当明晰物流地产的资产价值特征、资产管理内涵、资产管理特征和资产管理目标，最终建构起适合企业自身需要的物流地产资产管理体系。

一、物流地产资产价值特征

大型制造企业、流通企业和第三方物流企业所拥有的物流仓储设施不仅具有物流地产普遍具有的自然属性和经济属性，同时也具有作为企业物流仓储设施的资产属性。因此，自然属性、经济属性、资产属性是大型制造企业、流通企业和第三方物流企业所拥有的物流仓储设施所具有的三维价值特征（图8–6）。

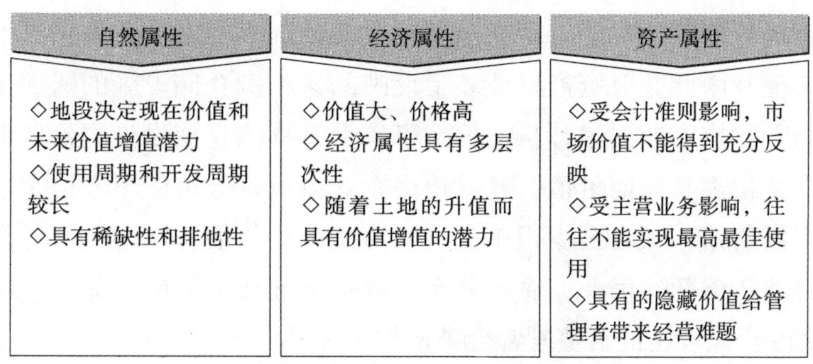

图8–6　物流地产资产价值特征

1. 自然属性

大型制造企业、流通企业和第三方物流企业所拥有的物流仓储设施所具有的自然属性的价值特征主要表现为三个方面。第一，物流仓储设施在地理空间上具有固定性和不可移动性。物流仓储设施的地段决定了其现在资产价值和未来的价值增值潜力。第二，相对于企业的其他资产来说，物流仓储设施的使用周期和开发周期较长，从项目选址、投资定位、规划设计、开发建设到最后竣工建成，开发周期一般需要2～4年，即使是原有物流仓储设施的翻新改造也需要1～2年的时间。第三，物流仓储设施具有稀缺性和排他性。由于土地位置、条件、环境、气候等方面的不同，以及建筑物的设计、内部结构、空间布置等方面的不同，物流仓储设施在特定位置上在一定程度上具有垄断性，拥有该物流仓储设施的制造企业、流通企业和第三方物流企业具有一定程度的独占权。

2. 经济属性

大型制造企业、流通企业和第三方物流企业所拥有的物流仓储设施所具有的经济属性的价值特征主要表现为三个方面。第一，物流仓储设施往往价值大、价格高，是企业资产的重要组成部分，在企业的资产总规模中所占比重较大。物流仓储设施的经济价值不仅由企业本身的需要来决定，而且还受到物流仓储设施的物业状况、周边环境、城市基础设施等外部环境的影响。第二，物流仓储设施的经济属性具有多层次性，既是企业的“消费品”又是企业的“投资品”，既是企业的“成本”又是企业的“资产”，物流仓储设施管理是企业资产管理的重要组成部分。第三，物流仓储设施会随着土地的升值而具有价值增值的潜力。

3. 资产属性

就资产属性而言，大型制造企业、流通企业和第三方物流企业所拥有的物流仓储设施与企业的其他资产具有不同的属性。物流仓储设施的资产价值并非是一个固定的和统一的数值，而是会根据不同的会计准则和数据处理方式发生波动。物流仓储设施之所以具有这一价值特征，主要源于三个方面的原因。

第一，受会计准则的影响，大型制造企业、流通企业和第三方物流企业所拥有的物流仓储设施的市场价值往往不能得到充分反映。会计准则要求企业根据成本记录物流仓储设施的资产价值，因此企业资产负债表上反映的是物流仓储设施的账面价值，即物流仓储设施最初的购置成本减去累计折旧值。事实上，物流仓储设施的价值会随市场的波动而波动，经常会偏离其账面价值。这就使得企业或投资人可能不知道企业所持有的物流仓储设施的市场价值，或者至少很难准确知道其市场价值。同时，由于会计折旧额一般高于实际的自然折旧额，因此，企业公布的收益情况通常不能充分反映经营现金流量的实际数额，物流仓储设施的价值常常会被低估。

第二，受企业主营业务的影响，大型制造企业、流通企业和第三方物流企业所拥有

的物流仓储设施在用途上往往不能有效实现最高最佳使用。物流仓储设施的用途是决定其价值的重要因素，物流仓储设施的用途变化往往会导致其潜在价值的变化。拥有物流仓储设施的大型制造企业、流通企业和第三方物流企业主要是为了满足自身对于物流仓储设施的使用需求，随着企业业务的不断调整与周边市场环境的不断变化，许多物流仓储设施就会不适合企业新的业务空间需要，出现闲置等现象，物流仓储设施在用途上往往不能有效实现最高最佳使用。

第三，企业物流仓储设施的隐藏价值给企业管理者和物流仓储设施管理者带来经营难题。根据以上论述，如果企业管理者没有使用适当的会计准则来表现物流仓储设施的价值，或者物流仓储设施的管理者没有及时根据市场价值波动来调整企业内部物流仓储设施的账面价值，或者企业管理者没有及时管理好物流仓储设施的用途和其他可能产生的利润时，大型制造企业、流通企业和第三方物流企业所拥有的物流仓储设施的真实价值就不能准确地体现在企业的资产负债表上，导致企业资产被低估，往往表现为企业账面的资产负债率高于其真实的资产负债率。股东或者投资者可能会误认为企业的运营风险水平较高，减少投资或者撤资，从而影响到企业主营业务的发展。

二、物流地产资产管理内涵

大型制造企业、流通企业和第三方物流企业开展的物流仓储设施资产管理是以企业的经营目标为前提，为企业的经营活动提供必要和充分的物流仓储设施条件，并通过物流仓储设施经营管理为企业提供现金流的经营活动。企业物流仓储设施资产管理是对企业主营业务的支撑，物流仓储设施对企业主营业务支撑作用发挥的好坏和多少是衡量其价值的主要标准。大多数企业的主营业务并不是物流地产的投资建设和运营管理，但是物流仓储设施又是企业运营的一个重要组成部分，物流仓储设施和企业主营业务之间紧密相关，是企业主营业务经营的基础条件，应该服务于主营业务。按照物流仓储设施所处的不同状态，企业物流地产资产管理的内涵可以分为两个方面，一是增量物流仓储设施经营管理，二是存量物流仓储设施经营管理。

1. 增量物流仓储设施经营管理

增量物流仓储设施经营管理主要是指制造企业、流通企业和第三方物流企业基于自身生产或发展的需要，为了满足企业的空间需求而获得新的物流仓储设施，并对其开展的经营管理活动。具体而言，增量物流仓储设施经营管理的主要内容包括物流仓储设施规划、选址、方案选择、投融资、开发管理、谈判等一系列管理活动。制造企业、流通企业和第三方物流企业选择符合企业要求的物流仓储设施，并实施从投资建设、购置或租赁到运营管理的全程操作，确保在企业顺利达成物流仓储设施空间需求目标的前提下，实现企业总收益的最大化。在增量物流仓储设施经营管理中，制造企业、流通企业和第三方物流企业应该树立追求规模经济效益和技术进步经济效益的理念。

增量物流仓储设施的经营管理是一个由众多环节组成的复杂的系统工程。其中，有三个环节至关重要。第一，评估企业的物流仓储设施需求。制造企业、流通企业和第三方物流企业应该根据企业自身的整体发展规划，在某一特定的市场区域围绕企业主营业务的发展需要开展企业物流仓储设施的需求评估。举例而言，当制造企业、流通企业和第三方物流企业为了适应主营业务的发展需要而进行海外扩张建立海外总部，或成立新的区域分公司的时候，就需要针对物流仓储设施需求开展评估。第二，物流仓储设施的选址。物流仓储设施的选址往往是企业开展物流仓储设施投资建设和运营管理的第一步，是决定企业物流仓储设施经营效率及投资建设和运营管理成本的重要因素。第三，物流仓储设施获取方式的选择。对于具有物流仓储设施需求的制造企业、流通企业和第三方物流企业来说，获取物流仓储设施的方式主要有三种，即租赁、购置和自建。这三种方式对于企业来说各有利弊，企业应该综合考虑各方面的因素，做出适合自身的最优选择。

2. 存量物流仓储设施经营管理

存量物流仓储设施经营管理主要是指拥有大量物流仓储设施的大型制造企业、流通企业和第三方物流企业对于因自身主营业务发展、内部资源整合等内部环境变化，以及产业链新的聚集趋势等外部环境变化所释放出来的物流仓储设施进行的专业化管理。大型制造企业、流通企业和第三方物流企业应该深度盘活存量物流仓储设施，充分实现物流仓储设施的资产价值，在降低企业运营成本的同时实现物流仓储设施资产管理的利润。在存量物流仓储设施的经营管理过程中，大型制造企业、流通企业和第三方物流企业应该树立充分有效利用物流仓储设施，避免物流仓储设施闲置、浪费的理念。

具体而言，存量物流仓储设施的经营管理应该通过建立集中管理平台，实施专业化管理方法，建立物流仓储设施管理信息系统，处置企业内部的废弃闲置物流仓储设施，盘活存量物流仓储设施，充分挖掘物流仓储设施的资产价值，来达到在降低企业运营成本的同时实现物流仓储设施的经营利润最大化。此外，在实现了闲置物流仓储设施的有效利用后，制造企业、流通企业和第三方物流企业可以以物流仓储设施为标的物，开展不动产融资、资产重组、信托投资、证券化等资本运作，丰富存量物流仓储设施经营管理的内涵。

三、物流地产资产管理特征

大型制造企业、流通企业和第三方物流企业开展的物流仓储设施资产管理具有三个

方面的特征。首先，物流仓储设施的资产管理是一项系统化和专业化的工程。其次，物流仓储设施的资产管理需要建立在广泛的信息平台基础之上。最后，物流仓储设施的资产管理与企业的主营业务紧密相关。

1. 物流仓储设施资产管理是一项系统化和专业化的工程

大型制造企业、流通企业和第三方物流企业开展物流仓储设施的资产管理工作，不仅仅只是满足企业经营活动中的物流仓储设施需求，同时，还必须要控制物流仓储设施资产管理过程中可能出现的经营风险。因此，大型制造企业、流通企业和第三方物流企业中从事物流仓储设施资产管理的人员应该掌握多个领域的专业知识，不仅要熟悉物流仓储设施的经营管理，还要精通财务、会计、金融等相关领域的专业知识，以便做到最优投资组合并实现投资收益最大化。

另外，从事物流仓储设施资产管理的人员还需要精通市场营销领域的专业知识，并深刻理解当地市场，以便科学合理地做出整租、分租等经营决策，优化供应链管理、外包管理等经营措施。同时，物流仓储设施资产管理必须适应企业主营业务的经营活动变化，在确保企业主营业务经营活动能够正常进行的同时，实现物流仓储设施的保值增值，为企业的整体发展做出更大的贡献。可见，物流仓储设施资产管理是一项系统化和专业化的工程。

2. 物流仓储设施资产管理建立在广泛的信息平台基础之上

物流仓储设施资产管理作为一项系统化和专业化的工程，需要建立在广泛的信息平台基础之上。该信息平台必须包括完备的物流仓储设施信息，包括各宗物流仓储设施的建筑面积、物业用途、利用率、购入价或租赁费、更新改造投资金额、租约更新日期、运营开支记录、房产税等企业内部信息，以及各宗物流仓储设施的市场价格和出租价格等外部信息。以上物流仓储设施的内外部信息要在各宗物流仓储设施购入或租赁时就立即建立档案，并随时予以更新，根据企业物流仓储设施资产管理工作的需要及企业决策层决策的需要，按时提供相应的物流仓储设施业务月报和物流仓储设施财产报告。

由此可见，大型制造企业、流通企业和第三方物流企业开展的物流仓储设施资产管理并不仅仅是通过租赁或购买等方式得到物流仓储设施，还要处理接踵而至的诸多问题，例如，如何在企业内部各部门之间对现有的物流仓储设施进行合理分配、使用，控制不动产税收及其运营开支，辨明没有充分利用的物流仓储设施，以及如何再开发没有被充分利用或多余的物流仓储设施等多项管理工作。

3. 物流仓储设施资产管理与企业主营业务密切相关

那些拥有大量物流仓储设施的大型制造企业、流通企业和第三方物流企业的主营业务大多数不是物流仓储设施的投资建设和运营管理业务。但是，物流仓储设施是这些企业运营过程中的一个重要组成部分。物流仓储设施和企业主营业务紧密相关，是企业发展主营业务的基础条件，应该服务于主营业务。物流仓储设施及物流仓储设施资产管理为企业主营业务提供了辅助支撑，而物流仓储设施对主营业务提供的辅助支撑作用发挥得好坏和多少是衡量其价值的标准。

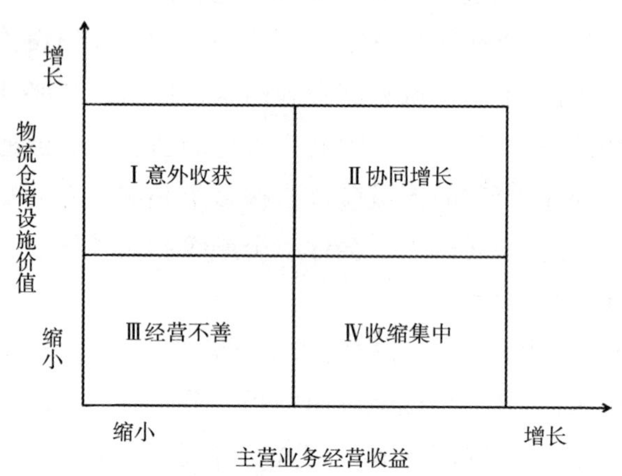

图8-7　物流仓储设施资产管理与企业主营业务经营收益之间的关系

图8-7描绘了物流仓储设施资产管理与企业主营业务经营收益之间的关系。图中Ⅱ区域是企业追求的理想状态，企业既获得了主营业务经营收益的增长，又获得了物流仓储设施价值的增长。当企业主营业务经营不善时，亦即在Ⅲ区域，企业未来对于物流仓储设施做出的决策可能会是迁址、出售或转租，物流仓储设施的战略价值随之减小。在Ⅰ区域，企业的主营业务经营收益下降，而物流仓储设施的价值增加，企业或许做出多元化的战略调整。在Ⅳ区域，企业做出了战略性的收缩，主营业务放弃了部分地域，集中在部分重点市场发展，并出售或出租了原有的物流仓储设施。

四、物流地产资产管理目标

物流地产的资产管理目标是指拥有大量物流仓储设施的大型制造企业、流通企业和第三方物流企业使得其物流仓储设施资产管理决策和企业整体战略决策相互协同并达成一致的目标。具体来说，物流地产的资产管理目标就是企业要加强对物流仓储设施这一重要资产的经营管理，使其在保证企业主营业务顺利经营的情况下，节约物流仓储设施管理费用，节约企业运营成本，提高企业经营效益和市场竞争力。概括而言，物流地产的资产管理目标分为战略层面、战术层面和执行层面三个层次。

1. 战略层面

在战略层面，物流地产资产管理目标是将物流仓储设施资产管理融入企业总体发展

战略之中，在企业总体发展战略的指导下，制定企业物流仓储设施资产管理的长期战略目标，并使之与企业的总体发展战略目标相吻合。提出节约成本的物流仓储设施解决方案，包括物流仓储设施的选址、投资、扩建、处置等各个方面，降低企业运营成本，优化资源配置，提高企业的经营利润，增强企业的市场竞争力。

2. 战术层面

在战术层面，物流地产资产管理目标是在企业物流仓储设施资产管理长期战略目标的基础上，及时、灵活地制定出具体的物流地产资产管理方案，协调企业内部各个部门之间的利益关系，从而保证企业物流仓储设施资产管理总体目标的实现。

3. 执行层面

在执行层面，物流地产资产管理目标是在企业物流仓储设施资产管理具体行动方案的基础上，根据当地市场行情、利率水平、竞争对手状况、特定时间的供求关系等因素，灵活实际地实施各个具体的物流仓储设施的项目管理。

五、物流地产资产管理任务

物流地产资产管理任务是指拥有大量物流仓储设施的大型制造企业、流通企业和第三方物流企业所要肩负的物流仓储设施资产管理任务，主要包括三个方面，一是满足企业的经营需要；二是优化企业的投资组合，提高企业的经营效益；三是预防和规避风险。

1. 满足企业的经营需要

拥有大量物流仓储设施的大型制造企业、流通企业和第三方物流企业开展物流仓储设施资产管理的重要任务之一就是从功能上满足企业的经营需要。为此，企业应该对全部物流仓储设施实行全面的全过程的管理。首先，企业应该分析内外部的市场、政策、经济等信息，根据市场需求、企业现有供给能力、企业总体发展目标，采用预测、市场分析等技术，制定出物流仓储设施总体发展战略目标，一般为5年以上。其次，企业应该在保证其总体目标实现的基础上，协调内部各个部门的利益，保证各个部门的正常运营和目标的实现。最后，企业应该灵活、及时、低成本、高效率地领导和执行各个具体的物流仓储设施解决方案。

2. 优化企业的投资组合，提高企业的经营效益

拥有大量物流仓储设施的大型制造企业、流通企业和第三方物流企业开展物流仓储设施资产管理的重要任务之一就是在满足企业经营需要的基础上，还应该在战略上从企业的整体利益出发，使物流仓储设施资产管理部门参与企业决策，以便优化企业的投资组合，保证企业的可持续发展。例如，在创建公司或子公司的时候，参与物流仓储设施租用、购买、选址等决策；在公司的扩张期，参与物流仓储设施租用、自行修建、购买等决策；在公司的收缩期参与物流仓储设施转让、翻新、出售回租等策略选择。这样的话，可以从整体上考虑各个决策对公司整体利益的影响，确保决策在整体上达到最优。

3. 预防和规避风险

拥有大量物流仓储设施的大型制造企业、流通企业和第三方物流企业开展物流仓储设施资产管理的重要任务之一就是预防和规避物流仓储设施投资风险。物流仓储设施投资作为企业的一个投资方向，有许多区别于其他投资方向的特点，因此也会面临许多特殊的投资风险。例如，由于管理不善而造成的风险、由于不恰当的财务组合而造成的风险、由于市场供求关系的变化而造成的风险、由于通货膨胀而造成的风险、由于利率政策法规变化而造成的风险等等，不一而足。因此，企业开展物流仓储设施资产管理，还应该负责采用各种手段来防范、规避或控制可能发生的风险，以便尽量减少损失和保护企业的整体利益。

第四节　物流地产资产管理平台

物流地产资产管理平台是由信息管理平台、运营管理平台和决策管理平台三个部分相互作用、相互配合，形成的一个有机系统（图8-8）。物流地产信息通过相应端口进入信息管理平台，经过整理加工，向运营管理平台输送。运营管理平台开展物流地产权属管理和分析评估工作，并将工作内容和结果上报不动产决策管理平台。决策管理平台接收到信息后，结合企业物流地产资产管理的整体规划、目标、年度计划等，在充分考虑企业主营业务需求的基础上，对物流地产资产管理做出决策，并将决策内容反馈到运营管理平台。运营管理平台根据决策管理平台的指示，实施物流地产的资产管理，并及时将信息反馈至信息管理平台与决策管理平台。信息管理平台接收到信息后进行信息的即时更新，决策管理平台则对运营管理平台进行全面监控与风险管理，并根据外部环境、企业战略及物流地产运营情况，有效调整物流地产资产管理决策。

一、信息管理平台

那些拥有大量物流仓储设施的大型制造企业、流通企业和第三方物流企业开展物流仓储设施资产管理所服务的客户不仅包括企业自身及其下属子公司等内部客户，同时也包括各种社会客户。因此，物流地产资产管理首先需要做的就是全面整合内外部信息资源。信息管理平台构成了物流地产专业化管理的重要方面。通过建立信息管理平台，企业不仅可以实现对所有物流地产以及客户信息资源的共享，还能有效控制管理风险。实际上，随着信息科技和网络技术的不断发展，无论是大型企业还是中小企业，在其管理过程中，各种辅助信息管理系统、软件或者平台都是其必须具备的工具。信息管理已经成为企业管理过程中不可或缺的一个方面，它构成了现代企业管理体系的一个重要组成部分。因此，对于大部分企业物流地产的资产管理实践来说，信息管理平台为其提供了重要的辅助支持。

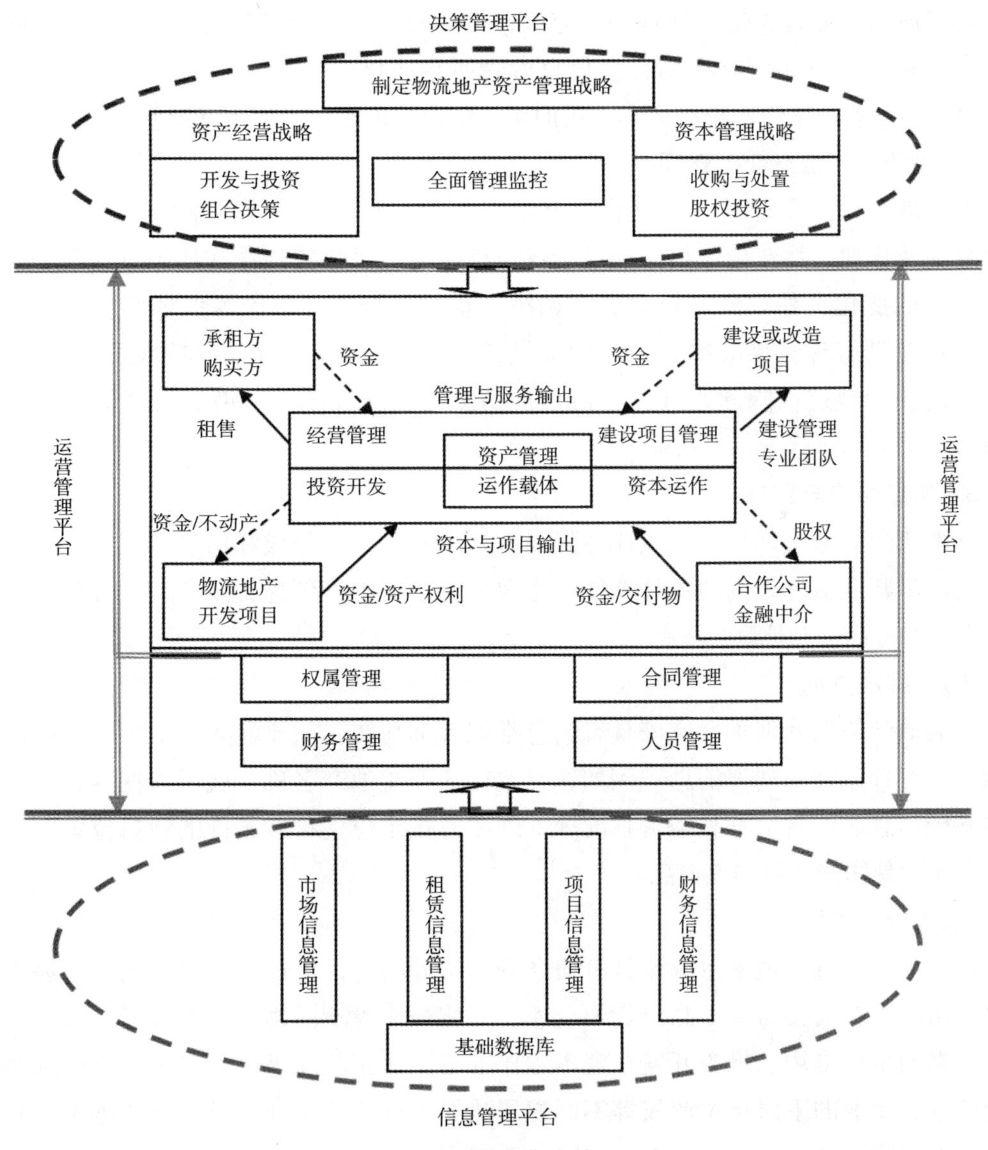

图8–8 物流地产资产管理平台

企业应该打造统一的物流地产信息管理平台，其主要作用是提供端口将分散在企业的各类物流地产资源统一在平台上进行集中、全面的管理。通过信息技术，将基础信息与信息的查询、统计、搜索等功能进行叠加，真正做到信息集成，实现信息共享。一般而言，物流地产信息管理平台包括物流地产基础数据库、数据库查询、数据统计等。

1. 物流地产基础信息

企业应该根据物流地产类型和企业的物流地产现状，集成不同类型物流地产的基础信息、权属状况、经营状况等。首先，就基础信息而言，信息管理平台应该包括物业名称、建筑面积、使用面积、占地面积、所在位置、结构、层数、建筑年月等信息。其次，就权属状况而言，信息管理平台应该包括产权证号、产权登记人、投资人、管理人等信息。最后，就经营状况而言，信息管理平台应该包括账面价值、使用状况、使用人、收益、处置、维修、维护成本、折旧率、物业管理单位、使用状况明细等信息。

2. 物流地产信息变动管理

物流地产信息管理平台应该在做好物流地产基础信息集成的基础上，做好物流地产信息变动管理。物流地产信息变动管理应该主要记录物流地产在使用过程中一些主要使用属性的变化，如权属变更、资产调拨、租赁、转让、出借等多种变动管理。物流地产信息变动管理应该准确、灵活地提供详细的物流地产全程追踪管理，随时掌控物流地产的使用轨迹。除此之外，物流地产信息变动管理还应该做好市场信息的收集与管理。

3. 信息查询与统计

物流地产信息管理平台应该在做好物流地产基础信息集成和信息变动管理的基础之上，进一步开发信息查询与统计功能，主要包括物流地产信息常规查询、分类统计和地图查询三个方面的功能。

（1）常规查询

物流地产信息管理平台应该具有信息常规查询功能，只要输入关键字，开始搜索，就能找到符合条件的列表信息。例如，只要输入物流地产名称，就可以搜索到该物流地产的基础信息、产权信息和经营状况等，地图直接定位到符合条件的项目位置，并在地图下方显示具体的项目列表信息。

（2）分类统计

物流地产信息管理平台应该具有信息分类统计功能，可选择根据堆场、简易仓库、普通平房库、普通楼房库、高层货架仓库、立体仓库等不同物业类型进行信息统计；可选择根据租赁、自用、投资开发、资本运作等不同使用状况进行信息统计；可选择根据企业产权、企业的下属单位产权等不同权属状况进行信息统计；可选择根据不同时间区间进行查询等。

（3）地图查询

物流地产信息管理平台应该具有地图查询功能，通过GIS影像加载功能，可以更清楚地了解物流地产所处的位置、周边的交通、道路及周边的物业与产业等信息，帮助企业最大限度地对物流地产项目及其周边情况予以了解。

目前，物流地产信息管理平台建设对于拥有大量物流仓储设施的大型制造企业、流通企业和第三方物流企业的物流仓储设施资产管理工作来说最为迫切，在物流地产信息管理平台建设过程中，还应该提供端口为企业及其下属单位服务，通过设置一定的查看权限为其下属单位查看自身所有的物流地产运营状况提供渠道，同时也可以发布自身对于物流仓储设施的需求信息。

二、运营管理平台

运营管理平台是整个物流地产管理平台的执行层。运营管理平台根据企业物流地产管理战略，对物流地产信息管理平台吸纳的所有物流地产进行集中、专业、规模化的运营管理，建立健全规范的权责关系，制定统一的运作流程，通过专业运作，达到物流地产的最佳用途，最大程度实现保值增值。物流地产运营管理平台的内容包括权属和合同管理、风险管理、资产经营、财务管理等多个方面。

1. 权属和合同管理

物流地产权属和合同管理主要包括物流地产权属的登记、变更、转移、注销、合同基本信息、合同的签订情况、合同的收（付）款计划、合同文件、合同计量等。

2. 风险管理

物流地产风险管理主要围绕物流地产项目管理的计划、预算、合同、进度、成本、质量、安全、人力等管理职能建立一整套完整的风险源，为职能部门提供风险识别、风险预警、风险评价、风险应对的管理过程。

3. 资产经营

物流地产资产经营主要包括物流地产评估与产品定位、可行性研究、投资计划、包装与策划、招商和租赁管理等，以及对各种分析成果进行严格的分析、跟踪、控制和审批，利用系统强大而专业的投资分析评价功能，采用各类先进的经济分析评价工具对物流地产投资计划的各类经济指标进行评估与预测。

4. 财务管理

物流地产财务管理主要包括物流地产财务年度计划、项目进度计划、成本计划的编制，以及资金筹措管理、资金支出审批和额度控制；收益与分配管理等。

三、决策管理平台

决策管理平台是从宏观的角度，系统考虑企业发展策略和整体利益，将物流地产资产管理战略纳入到企业整体发展战略之中，制定物流地产资产管理战略。物流地产决策管理平台的内容主要包括七个方面，一是物流地产资产管理的整体规划、目标与定位；二是物流地产资产管理的年度计划与目标；三是物流地产租赁管理决策；四是物流地产收购与处置决策；五是物流地产开发与投资组合决策；六是物流地产资本管理决策；七是物流地产全面管理监控。

四、管理平台运作流程

根据物流地产管理平台的运作思路和结构设想，结合我国那些拥有大量物流仓储设施的大型制造企业、流通企业和第三方物流企业的实际情况，物流地产管理平台应该设计出完整的运作流程（图8-9）。在这个运作流程中，应该实现三大平台之间的功能对接和信息的循环流转。

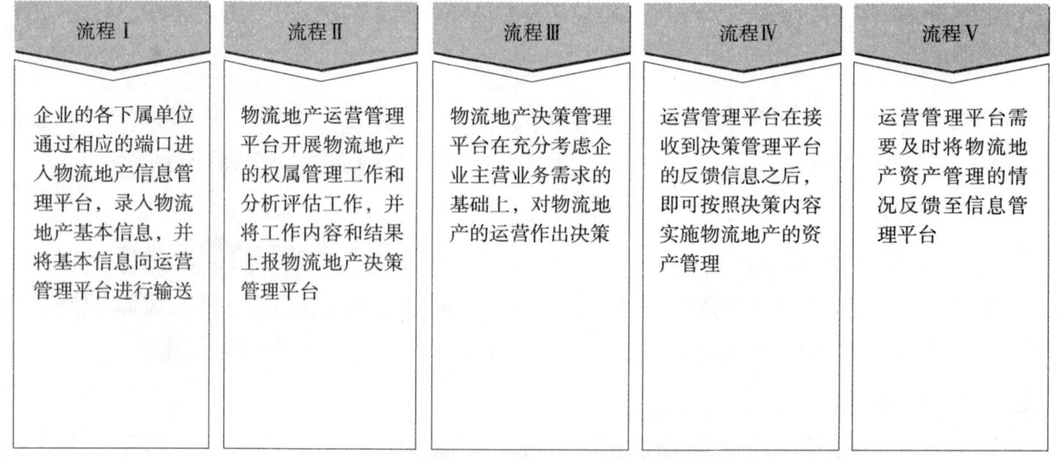

图8-9 物流地产资产管理平台运作流程

1. 流程Ⅰ

拥有大量物流仓储设施的大型制造企业、流通企业和第三方物流企业的各下属单位通过相应的端口进入物流地产信息管理平台，录入物流地产信息。物流地产信息管理平台在接收到物流地产信息的外部数据，经过初步整理加工之后，即可向运营管理平台输送基本数据信息。

2. 流程Ⅱ

运营管理平台通过信息管理平台对企业所有物流地产信息，包括产权、属性、使用情况等信息进行集成，形成对物流地产的全面了解，随之即可开展物流地产的权属管理工作和分析评估工作，并将工作内容和结果上报决策管理平台。

3. 流程Ⅲ

决策管理平台在接收到运营管理平台的数据与信息之后，结合企业物流地产资产管理的整体规划、目标、年度计划等，在充分考虑企业主营业务需求的基础上，对物流地产的运营做出决策，包括物流地产租赁管理决策、物流地产收购与处置决策、物流地产开发与投资组合决策、物流地产资本管理决策等，并将决策内容反馈到运营管理平台。与此同时，决策管理平台还必须对运营管理平台实施全面管理监控。

4. 流程Ⅳ

运营管理平台在接收到决策管理平台的反馈信息之后，即可按照决策内容实施物流地产的资产管理，资产管理的内容主要包括对物流地产进行评估与产品定位、可行性研究、包装与策划、销售和租赁等。在经营过程中，运营管理平台应该考虑到企业及其下属单位对于物流地产的需求，尽可能首先实现企业内部物流地产供应与需求平衡。

5. 流程Ⅴ

运营管理平台需要及时将物流地产资产管理的情况反馈至信息管理平台，以便管理平台上的各级人员、各下属单位以及企业的相关职能部门都可以通过信息管理平台了解与查询在平台上正在运转的物流地产的基本情况。对于信息的查询，可以针对不同的人员或部门设置不同的权限，以保证在实现信息共享的同时保护相关的商业机密。

第五节 物流地产资产管理模式

如果拥有大量物流仓储设施的大型制造企业、流通企业和第三方物流企业在物流地产的资产管理方面决定采取内部专业化运作模式，那么，就资产管理的内部专业化运作模式演进来说，企业可以实施物流地产资产管理三步走战略，循序渐进推进物流地产资产管理战略。具体而言，企业内部专业化运作模式的第一步是委托管理模式。委托管理模式是指以明晰物流地产权属和构建物流地产管理平台为切入点，进一步明确物流地产专业管理思路，优化相关部门工作内容，提升专业能级；企业内部专业化运作模式的第二步是事业部管理模式。事业部管理模式是由单一租赁管理向多元化业务演进，探索资产经营方式，成立物流地产资产管理事业部，逐步增强运营实力；企业内部专业化运作模式的第三步是公司化运营模式。公司化运营模式是在事业部管理模式的基础上成立具有独立法人地位的专业管理公司，推行公司化运营模式，对内对外拓展业务。在管理模式上，从委托管理到成立事业部，再到公司化运营，是在物流地产管理内容和业务范围上的不断递进（图8–10）。

模式	委托管理模式	事业部管理模式	公司化运营模式
内容	以明晰权属，构建管理平台为切入点，进一步明确专业管理思路，优化部门工作内容，提升专业能级	建立物流地产资产管理事业部，充当物流地产资源的整合者。物流地产交付事业部实行统一调配、管理与经营，在物流地产资产管理事业部的总体调度下，与其他事业部实行有效的合作与沟通，进一步实现物流地产资产管理事业部的统一、集中管理	以事业部为基础，成立物流地产资产管理公司，通过充实资本和注入资产的方式启动；采取清理与投资并举的方式保障良性循环；以盘活资产，突出主业为业务重点，在提高留存资产综合效益的同时，构建服务主业的实业投资公司，逐步发展为成熟的市场化物流地产资产管理公司
模式比较		事业部管理VS委托管理： ◆增强物流地产资产管理事业部在物流地产资产管理上的独立性、灵活性与系统性 ◆有利于更好地把联合化和专业化结合起来 ◆提升物流地产资产管理团队的积极性、能动性	公司化运营VS事业部管理： ◆自主经营、自负盈亏，将形成更明确的权责利关系，最大限度地活跃物流地产管理团队积极性 ◆以独立主体进入市场，更利于跨区域开展业务，提高经营能力 ◆公司化运营更利于资金的募集

图8–10 企业物流地产资产管理模式的演进

一、委托管理模式

委托管理模式是指受托人接受委托人的委托，按照预先约定，对委托对象进行经营管理的行为。具体来说，就是拥有大量物流仓储设施的大型制造企业、流通企业和第三方物流企业及其各下属子公司将其物流地产委托给企业内部的物流地产专业管理部门进行经营管理的行为。

1. 逐步理顺产权，构建集中统一的物流地产资产管理平台

在拥有大量物流仓储设施的大型制造企业、流通企业和第三方物流企业，尤其是大型国有企业中，产权明晰是企业进行物流地产资产管理的必要条件。而物流地产资产管理平台，尤其是其中统一的物流地产信息管理平台能够有效实现内部资源共享。企业只有全面及时了解和掌握公司物流地产的数量与分布情况、占有和使用情况、运营成本与收益情况等，才能真正做到物流地产资产管理有的放矢，做出正确的投资决策。

2. 明确集中统一管理，优化管理部门工作内容

拥有大量物流仓储设施的大型制造企业、流通企业和第三方物流企业，尤其是大型国有企业应该明确物流地产集中统一管理的思路，逐步将企业物流地产资产管理的职能完全地和完整地赋予企业内部专门的物流地产资产管理部门，由其作为企业物流地产资产管理的主体，集中统一对企业物流地产进行权属管理、调配管理以及租赁、开发投资等专业化运作管理。

3. 建立物流地产价值内部评估体系

企业内部专门的物流地产资产管理部门应该对物流地产所处的内外部环境进行分析，利用蛛网模型，选取影响物流地产价值的关键因素，然后根据财务指标或者分析判断对不同因素打分，建立物流地产市场价值的内部评估体系。企业内部专门的物流地产资产管理部门应该以两年到三年为期限，对物流地产的市场价值进行持续的、连贯的评估，并准确地反映在企业物流地产信息管理平台上，以使管理者对不同地域的物流地产的价值情况可以直接掌握。

4. 健全与完善监督机制与经营绩效考核机制

拥有大量物流仓储设施的大型制造企业、流通企业和第三方物流企业，尤其是大型国有企业应该从两个方面入手，健全与完善企业物流地产资产管理监督机制与经营绩效考核机制。

一方面，企业应该健全和完善各项物流地产资产管理的监督体制。企业内部专门的物流地产资产管理部门的各项经营业务应该对物流地产产权人和企业公开，实行企业与物流地产产权人对专门的物流地产资产管理部门在管理上的共同监督，监督的内容主要包括租金水平、投资收益、运营管理等。

另一方面，企业应该完善物流地产资产管理绩效考核机制。企业考核专门的物流地产资产管理部门经营绩效的评价指标体系应当由体现专门的物流地产资产管理部门经营绩效现状和发展趋势的两大类具体指标构成。其中，现状指标反映专门的物流地产资产管理部门当前经营绩效水平，属于静态指标。发展趋势指标反映专门的物流地产资产管理部门经营绩效变化方向（进步或退步），属于动态指标。企业建立物流地产资产管理绩效评价指标体系时应当先从专门的物流地产资产管理部门经营活动入手，依据主导性、简明性、可操作性原则，找出影响和表征专门的物流地产资产管理部门经营绩效管理成效的主要因子，然后建立指标体系并加以量化和评价。

5. 提升专业化管理水平，强化业务实践水平，加强队伍建设

拥有大量物流仓储设施的大型制造企业、流通企业和第三方物流企业，尤其是大型国有企业应该不断提升物流地产专业化管理水平，建立顾问机制，构建学习型组织，强化业务实践水平，在加强内部人才培养的同时，引进优秀人才，加强队伍建设。

首先，企业应该建立顾问机制。拥有大量物流仓储设施的大型制造企业、流通企业和第三方物流企业，尤其是大型国有企业应该“借用外脑”，建立专家顾问制度。专家就企业物流地产资产管理的战略规划、管理策略、企业诊断等问题提出咨询意见，作为企业开展物流地产资产管理的决策参考。

其次，企业内部专门的物流地产资产管理部门应该构建学习型组织。一方面，应该加强内部学习，包括各个部门、各个员工之间的相互学习，通过内部不断的交流与学习，实现共同提高；另一方面，应该加强外部学习，针对目前在物流地产资产管理业务经营管理上的弱点，针对性挑选专业公司作为学习对象，并邀请外部资深人士对员工开展内训。

最后，企业内部专门的物流地产资产管理部门应该在加强内部人才培养的同时，引进优秀人才。有些大型制造企业、流通企业和第三方物流企业内部专门的物流地产资产管理部门的人力资源储备不足，难以有效满足其物流地产资产管理新发展的需要。因此，企业内部专门的物流地产资产管理部门必须树立“以人为本”的人才理念，积极开展企业内部人才的培养。同时，还应该针对某些薄弱环节从社会上吸引一批专业人才，并在多个层次建立起不同的用人机制。

二、事业部管理模式

拥有大量物流仓储设施的大型制造企业、流通企业和第三方物流企业对已投入使用且具有效益产出的存量物流地产实行租赁经营而产生的稳定现金流将构成企业物流地产资产管理良性循环的基础。对于专业的物流地产资产管理来说，租赁管理仅仅是资产管理的一个基本方式，而有效挖掘物流地产的资产价值，提高物流地产的整体经营效益，企业应该采取多方面、多层次的资产管理方式。因此，从发展的角度来看，随着企业在物流地产资产管理过程中积累了一定的市场化运作经验和专业化人才，在以市场化经营和追求经济效益的导向之下，企业应该转型提升物流地产资产管理的层次与目标，拓展管理思路、创新管理手段，成立物流地产资产管理事业部，在业务上建立租赁、投资开发与咨询服务为一体的多元化物流地产资产管理体系。

1. 成立物流地产资产管理事业部

拥有大量物流仓储设施的大型制造企业、流通企业和第三方物流企业在物流地产资产管理方面积累了一定的市场化运作经验后，就应该实施决策权与经营权分离的管理模式，调整组织架构，在专门的物流地产资产管理部门的基础上成立物流地产资产管理事业部，负责企业所有物流地产的经营，成为企业物流地产资源的整合者，企业及其下属子公司的所有物流地产都应该统一交付于物流地产资产管理事业部，由其对这些物流地

产实行统一调配、管理与经营。

企业一旦成立了物流地产资产管理事业部，企业及其下属子公司的所有物流地产运营项目从立项、开发到经营等一系列活动自始至终应由物流地产资产管理事业部独立管理，企业不直接参与物流地产具体的经营活动，只对物流地产资产管理事业部的重大事件实施最终决策权和经营监督权，并以上缴利润等经营性指标来考核物流地产资产管理事业部的经营业绩，而具体的财务管理权、工程管理权、配套业务权、材料设备采购权、经销管理权、人事任免权归属物流地产资产管理事业部统一行使。

2. 业务的多元化演进

拥有大量物流仓储设施的大型制造企业、流通企业和第三方物流企业在物流地产资产管理方面由委托管理模式上升为事业部管理模式，并不仅仅是管理模式的改变，更主要的是物流地产资产管理业务由经营性物流地产的租赁管理向开发经营闲置物流仓储用地，乃至物流仓储设施的包装与再定位等多元化方向演进（图8-11）。

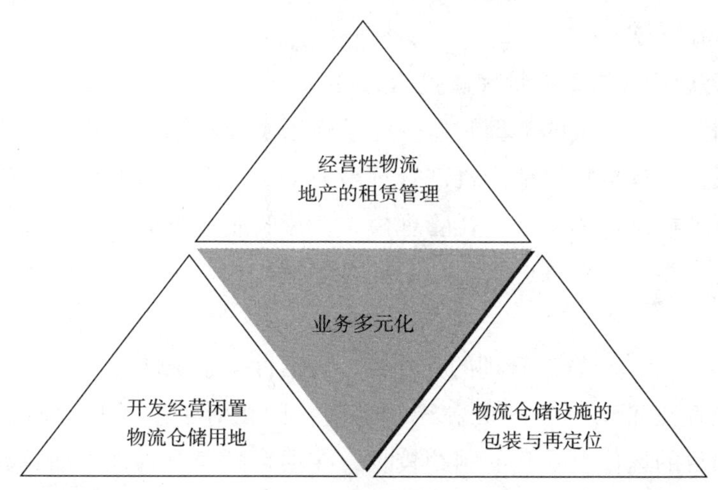

图8-11　物流地产在事业部管理模式下的业务多元化发展

（1）经营性物流地产的租赁管理

大型制造企业、流通企业和第三方物流企业的物流地产资产管理事业部在授权管理模式下，应该继续将企业所有经营性物流地产的租赁管理作为事业部的一项重要工作，依托广泛的社会资源和专业化的经营团队，对企业通过开发、合作、购置等多种方式所形成的经营性物流地产进行包装、定位、推广，统一对外租赁，提高存量物流地产的收益水平。

（2）开发经营闲置物流仓储用地

许多拥有大量物流仓储设施的大型制造企业、流通企业和第三方物流企业，尤其是大型国有企业往往拥有较多闲置物流仓储用地。因此，实现企业闲置物流仓储用地的开发与经营，将构成物流地产资产管理事业部经营业务的一个主要组成内容。

（3）物流仓储设施的包装与再定位

许多拥有大量物流仓储设施的大型制造企业、流通企业和第三方物流企业，尤其是大型国有企业往往会存在很多废旧的物流仓储设施。企业可以通过两种路径来对这些物流仓储设施进行包装和再定位，挖掘和提升其潜在价值。

一方面，对于那些具有特色的、体现建筑文明的物流仓储设施，企业可以将其包装改造成为创意产业园区。将废弃物流仓储设施改造成为创意产业园区通常是一项需要花费大量成本的商业化运作，且面临着一系列复杂的招商运营活动，一般需要引入必要的投资方和专业运营公司。

另一方面，对于那些交通便利的废弃物流仓储设施，企业可以申请办理土地利用性质变更手续并补交土地出让金后，将其改造成为商业物业，如经济型酒店、零售商业、购物中心等。物流仓储设施的优势在于空间宽阔，方便按照物业经营的需要分割再造空间，节省装修改造经费。

3. 事业部管理模式与委托管理模式的比较

拥有大量物流仓储设施的大型制造企业、流通企业和第三方物流企业通过将物流地产资产管理的职权下放至物流地产资产管理事业部，有助于形成权责明确、工效挂钩的物流地产授权管理机制。相较于委托管理模式，尽管企业下放了一些具体的管理权力，但“以权换利”未尝不是一种进步。与委托管理模式相比，事业部管理模式具备三方面的明显优势。

（1）增强了物流地产资产管理的独立性、灵活性与系统性

如果企业物流地产由事业部负责经营管理，则相对于委托管理而言，管理人员在各个物流地产项目的运作上受到的制约较少，在项目的经营管理方面具有更多的自主权利，在具体的操作上更加独立与系统，能灵活自主地适应市场出现的新情况并迅速做出反应，避免过多地向上汇报、审批、讨论等一系列复杂程序，有利于降低管理成本、提高管理效率。

（2）有利于更好地把联合化和专业化结合起来

在委托管理模式下，人员相对分散，委托方与代理方都必须安排相关人员来负责管理，而在事业部管理模式下，则可以将委托方与代理方的相关人员联合起来，便于企业内部在物流地产资产管理方面的专业分工，形成规模经济，凝聚形成一个更加紧密、更加专业的物流地产资产管理团队，整个团队也能够更加有效地规划其未来发展。

（3）提升物流地产资产管理团队的积极性、能动性

拥有大量物流仓储设施的大型制造企业、流通企业和第三方物流企业成立了物流地

产管理事业部后，其责任与目标将更加明确，有利于各级管理人员充分发挥积极性和创造性。与此同时，物流地产资产管理事业部作为一个独立的“利润中心”而非“成本中心”，必须建立起有效衡量事业部及其工作人员工作效率的标准，并进行严格的考核，这样将强化管理人员在工作中的积极性与能动性，同时也使得企业高层更易于评价物流地产资产管理对公司总利润的贡献大小，从而科学合理地制定公司战略方针。

三、公司化运营模式

随着授权管理的物流地产管理体系的逐步完善，依托已经相对完善的物流地产资产管理经验，事业部管理模式应该向更高的管理阶段发展，实行更全面的制度创新，由事业部管理模式向公司化运营模式演进，将物流地产资产管理事业部改组成为具有独立法人地位的专业的物流地产资产管理公司，自负盈亏、自主经营，以资本与资产为纽带，企业对其实行全部或者部分控股，明确划分企业、企业的各下属子公司以及具有独立法人地位的专业物流地产资产管理公司之间的责权利关系，建立更专业、更全面的物流地产资产管理体系。

1. 公司的职能定位和经营理念

拥有大量物流仓储设施的大型制造企业、流通企业和第三方物流企业全资或控股的具有独立法人地位的专业的物流地产资产管理公司的基本职能应当是以服务企业的各项经营活动为己任，对企业内外的物流地产运用市场化手段进行经营管理，最大化资产价值，推动企业主营业务发展。具体来说，企业在成立了具有独立法人地位的专业的物流地产资产管理公司后，应该向该公司进行投资。具有独立法人地位的专业的物流地产资产管理公司应该秉承三大经营理念：业务链的延伸：从物流地产延伸至其他不动产；服务对象的扩大：从服务于企业扩大到服务于整个产业；地域的拓展：立足于企业所在城市，辐射更广阔的区域。

2. 公司组织架构

拥有大量物流仓储设施的大型制造企业、流通企业和第三方物流企业全资或控股的具有独立法人地位的专业的物流地产资产管理公司的组织架构应该实行董事会领导下的总经理负责制，下设监事会，检查公司财务，并对董事、总经理在执行公司职务时违反法律、法规或者公司章程的行为进行监督。在董事会下，公司设立总经理职位，由董事会聘任或解聘。总经理对董事会负责。物流地产资产管理公司的组织架构应该采取事业部制，设立职能部门、事业部和下属或分支机构。

其中，职能部门的定位应该是保证物流地产资产管理公司的正常运营，支持各项投资业务的有序开展。一般而言，职能部门包括综合管理部、财务会计部、研究发展

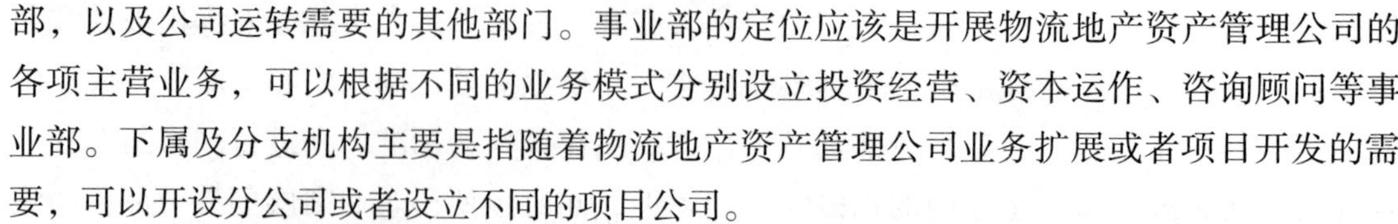

部，以及公司运转需要的其他部门。事业部的定位应该是开展物流地产资产管理公司的各项主营业务，可以根据不同的业务模式分别设立投资经营、资本运作、咨询顾问等事业部。下属及分支机构主要是指随着物流地产资产管理公司业务扩展或者项目开发的需要，可以开设分公司或者设立不同的项目公司。

3. 公司基本运作思路

拥有大量物流仓储设施的大型制造企业、流通企业和第三方物流企业全资或控股的具有独立法人地位的专业的物流地产资产管理公司的基本发展思路应该是围绕企业主营业务发展，通过注入资产和充实资本的方式启动，采取清理与投资并举的方式保障良性循环，以盘活资产、突出主业为业务重点，在提高留存资产综合效益的同时，构建服务主营业务的实业投资公司，逐步发展成为成熟的市场化资产管理公司。

（1）通过注入资产和充实资本的方式启动

大型制造企业、流通企业和第三方物流企业向其全资或控股的具有独立法人地位的专业的物流地产资产管理公司注入资产和充实资本的方式通常有三种：划拨式注入、竞拍式注入以及资本注入（图8-12）。在企业向其下属物流地产资产管理公司注入资产和充实资本时，所涉及的物流地产以及与这些物流地产经营管理相关的职工及离退休和内退人员，应该全部归集到物流地产资产管理公司的管理范围之中，一切人事、财务关系等应由物流地产资产管理公司独立承担，企业不需再对其负责。

首先，划拨式注入是指企业在具有资质的会计师事务所对其物流地产价值进行审计评估的基础上完成清产核资和资产评估工作，按照资产评估后确定的企业净资产进行产权界定，在产权界定的基础上依据权益法的原则相应调整企业对其下属物流地产资产管理公司的账面数。企业可以将调整后的对外投资额全部划拨给其下属物流地产资产管理公司，作为对该公司的投资，形成该公司的资本。企业调整后的对外投资的账面数应该与其下属物流地产资产管理公司的净资产数相等。

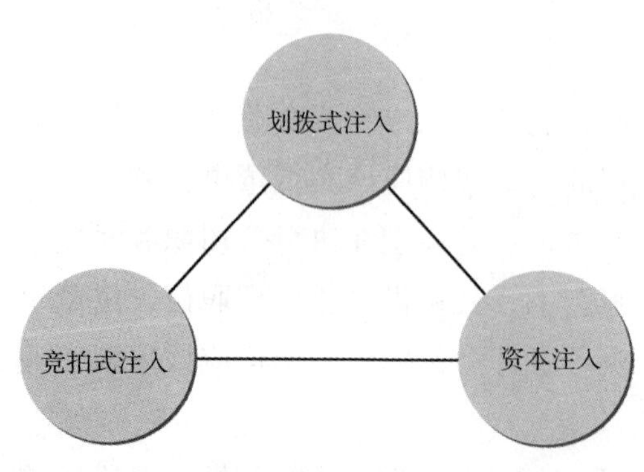

图8-12 企业向旗下物流地产资产管理公司注入资产和充实资本的方式

其次，竞拍式注入是指在企业物流地产权属不够清晰，难以进行权属更名，或者政策不允许企业对资产进行无偿划拨的情况下，企业通过在产权交易所挂牌或者在产权交易所竞拍的方式，使得其全资或控股的物流地产资产管理公司有偿获得产权清晰的物流地产。

最后，资本注入是指物流地产资产管理公司为了具有充足的资本实力，要求其母公司对其进行资本注入和增资扩股，将其实体

化并具有充足的资本金来进行物流地产的投资建设和运营管理。

在大型制造企业、流通企业和第三方物流企业向其全资或控股的物流地产资产管理公司注入资产和充实资本的具体操作上，应该充分考虑到企业及其下属子公司和物流地产资产管理公司等相关方的利益，资本和资产的注入可分两个阶段进行。

在第一阶段，企业应该给予其全资或控股的物流地产资产管理公司一定数量的注册资本金，使物流地产资产管理公司得以开展项目运作，并将运转良好的物流地产项目以签订合同的方式交付给其全资或控股的物流地产资产管理公司进行管理。与此同时，企业还可以将其对外投资的物流地产项目以无偿划拨形式注入其全资或控股的物流地产资产管理公司，作为企业对其全资或控股的物流地产资产管理公司的投资，逐步提高物流地产资产管理公司的管理水平和经营能力。对于企业来说，这样做可以实现有效的风险转移，对于物流地产资产管理公司来说，则可以更好地实现项目运作上的专业性和灵活性。

在第二阶段，当物流地产资产管理公司逐步发展成熟后，企业可以考虑扩充物流地产资产管理公司的资本金，将其旗下闲置的、正在经营的、对外投资的物流地产项目全部以划拨或竞拍形式注入其全资或控股的物流地产资产管理公司，企业作为该公司的完全或者最大股东，享受物流地产资产管理公司完全或者最大剩余索取权，并通过董事会对物流地产资产管理公司行使最高决策权。企业对其全资或控股的物流地产资产管理公司实行的增资扩股有利于其从物流地产资产管理的具体事务中彻底分离出来，依靠物流地产资产管理公司的专业经营，在继续享有相关权益的同时控制住物流地产资产管理的潜在风险。对于物流地产资产管理公司而言，资本金和资产的扩充则意味着公司将进入一个新的发展阶段，在承担更大责任和接受更大挑战的同时，也将获得更好的发展机会，凭借母公司授予的雄厚资本实力实现更好的业务拓展和规模扩张。

（2）以封闭运行、良性循环为保障

物流地产资产管理公司在经营过程中要坚持有所为有所不为的原则，要以发展来盘活留存资产，以局部的增量带动全局的存量，而不能单纯、被动地以破产或拍卖方式处置企业和资产，而是继续执行分期、分批激活启动不同项目的措施，通过新增投入，激活启动其他需要资金、有潜质的项目，带动全局复苏，形成良性发展之路。因此，封闭运行、良性循环是物流地产资产管理公司持续健康发展的保障。封闭运行是指在物流地产资产管理公司内部实现资产和负债的动态平衡，并逐步壮大公司的实力。良性循环是指以优质项目的经营收益和处置项目产生的现金流收入作为其他物流地产项目的后续投入资金。

（3）以清投并举、主营突出为举措

清投并举是指物流地产资产管理公司将物流地产的资产清理与资金再投入结合起

来，分期分批激活启动不同项目，形成良性发展之路。主营突出是指物流地产资产管理公司应该依据其现有物流地产的资产状况和母公司主营业务、资本市场的发展前景，确立资产经营的主业发展方向。一般而言，物流地产资产管理公司的主营业务包括资产处置、资产经营和投资开发三个方向。

其一，资产处置是指拥有大量物流仓储设施的大型制造企业、流通企业和第三方物流企业全资或控股的物流地产资产管理公司对母公司及其下属子公司留存物流地产中不良资产的清理和清收。物流地产资产管理公司前期应该通过做好物流地产的保全工作，完成清产核资和资产评估工作，防止资产的流失，然后通过加强管理、责任到人、专人跟进，对留存物流地产中的不良资产进行专业评估测定后，确定无法继续经营的物流地产，并对其制定切实可行的清收计划，选择合适的处置方式，确保资产价值不流失。

其二，资产经营是指拥有大量物流仓储设施的大型制造企业、流通企业和第三方物流企业全资或控股的物流地产资产管理公司对母公司及其下属子公司留存物流地产中已经投入使用、具有经济效益且能够产生稳定现金流的存量物流地产的经营管理，资产经营构成了物流地产资产管理公司经营管理良性循环的基础。物流地产资产管理公司对于评估后确定只需追加少量资金就可以实现稳定收益的存量物流地产，应该根据评估报告制定详细的投资计划加以实施，并在出售、出租、售后回租等方式中选择最佳方案，制定经营管理计划。物流地产资产管理公司对于已经投入使用、具有效益产出且经营状况良好、回报高的优质存量物流地产，应该根据其特点制定后续管理方案，保证物流地产的持续健康经营和稳定的现金流收入。物流地产资产管理公司可以将经营管理这些优质存量物流地产项目所取得的现金流收入作为用于其他项目的后续投入资金，开发闲置物流仓储土地或者购置新物业等，分期分批盘活启动其他优质项目，使公司走向循环发展之路。

其三，投资开发是指拥有大量物流仓储设施的大型制造企业、流通企业和第三方物流企业全资或控股的物流地产资产管理公司对母公司及其下属子公司留存物流地产中具有开发价值的物流仓储用地和物流仓储设施进行开发或再开发，最大限度地使闲置土地和物业变成可经营性资产。此外，投资开发还包括物流地产资产管理公司根据母公司或其下属子公司业务扩张所引起的对于物流仓储设施的需要而投资建设物流仓储设施的活动。

（4）立足资产经营，拓展新业务领域

拥有大量物流仓储设施的大型制造企业、流通企业和第三方物流企业全资或控股的物流地产资产管理公司一旦实现了业务的良性循环，即意味着其推动母公司主营业务发展和服务企业主营业务的职能已经基本得以实现，同时也积累了物流地产资产管理的丰

富经验。伴随着业务能力的逐步成熟，发展范围的逐步扩大，物流地产资产管理公司应该拓展新的经营领域。

一方面，物流地产资产管理公司应该逐步将业务内容从资产经营扩展到资本运作等新领域。通过利用资本市场，以物流地产融资、物流地产重组、信托投资和证券化等途径，实现企业物流地产的优化配置和产业结构的优化重组。

另一方面，物流地产资产管理公司应该开展物流地产投资建设和运营管理方面的相关咨询服务。由于积累了丰富的投资建设和运营管理经验，因此物流地产资产管理公司可以开展相关领域的咨询服务，完善服务产品线。一般而言，咨询服务主要包括提供物流地产调研、策划、评估、营销等方面的顾问服务。

（5）以企业为服务对象，面向全行业开展服务

一般而言，物流地产资产管理公司的客户通常分为两类，一类是企业内部客户，另一类则是企业外部客户，两类客户共同构成了物流地产资产管理公司的服务对象。因此，物流地产资产管理公司应该在服务好内部客户的前提之下，依托企业的强大产业背景，开发新的客户，面向全行业开发物流地产资产管理服务。

4. 公司经营与风险管理

拥有大量物流仓储设施的大型制造企业、流通企业和第三方物流企业全资或控股的物流地产资产管理公司应该强化公司管理制度建设，健全公司年度经营预算制度，加强公司财务管理和审计监督制度，建立公司绩效考核制度，做好公司经营与风险管理。

（1）强化公司管理制度建设

企业发展要靠制度来保证，物流地产资产管理公司应该建立一整套与市场经济运行规律相适应的规章制度，用来指导、规范公司的经营行为，完善重大事项、重大资产运作、重要人事任免和大额资金支付的决策程序，健全企业的董事会、监事会的会议制度和议事规则，防范企业经营风险。

（2）健全公司年度经营预算制度

物流地产资产管理公司年度经营预算制度一般包括编制年度经营计划和年度财务预算方案。年度经营计划和年度财务预算方案可以调整，但要符合公司程序。董事会应当对公司年度经营计划和年度财务预算方案进行定期检查，并分阶段分析经营中出现的问题，提高对市场和环境变化的敏感度。

（3）加强公司财务管理和审计监督制度

物流地产资产管理公司应该注重对公司财务的管理和控制，指定专业的会计师事务所审计年度决算会计报表，防止出现财务漏洞。凡属重大资本与财务事项需经公司董事会批准后方能办理，规范公司投资行为。

（4）建立公司绩效考核制度

物流地产资产管理公司应该通过资产报酬率、净利润、应收账款回款率等几项关键性经营指标对物流地产资产管理公司各业务部门的经营业绩进行考核，并基于业绩考核结果，制定相应的奖惩办法。

5. 公司化运营模式与事业部模式的比较

公司化运营模式相较于事业部模式，虽然存在组织与管理成本提高以及双重缴税等劣势，但是物流地产资产管理公司只要能够创新管理机制，提高管理效能，创造性地开展物流地产资产管理的公司化运营，起码会在四个方面具有鲜明优势。

（1）公司化运营模式有利于企业主营业务发展

从公司治理的角度来看，通过物流地产资产管理公司进行物流地产的统一运营，可以使得那些拥有大量物流仓储设施的大型制造企业、流通企业和第三方物流企业只需通过一定指标来约束与考核物流地产资产管理公司，而不必花费过多精力于企业物流地产的繁琐管理，企业可以在享有物流地产权益的同时，更好地致力于其主营业务的发展。

（2）公司化运营模式有利于最大程度激发物流地产资产管理团队积极性

大型制造企业、流通企业和第三方物流企业对于其物流地产的资产管理采取公司化运营模式之后，物流地产资产管理团队就会脱离母公司在经营管理上的“庇护”，要在物流地产资产管理方面独立承担经营风险，并接受来自母公司对其经营业绩的考核。在风险与业绩的双重压力下，物流地产资产管理公司不进则退，这将促使管理团队更积极、更主动地为企业发展做出努力。

（3）公司化运营模式有利于跨区域开展业务和提高经营能力

许多大型制造企业、流通企业和第三方物流企业，尤其是大型国有企业随着内外部环境变化进行了多次战略调整，分散在全国各地的大量物流仓储用地和物流仓储设施被释放出来需要整合盘活。而将企业的物流地产资产管理事业部升级为物流地产资产管理公司之后，物流地产资产管理公司将会有稳定的资本金开展业务，整合盘活分散在全国各地的大量物流仓储用地和物流仓储设施，而不必参与到母公司其他业务之间的资金分配。如此，则物流地产资产管理公司具有更高的独立性和自主性去实现物流地产资产管理的专业化，有利于提升其物流地产资产管理能力，也有利于提升其跨区域开展业务的资本实力和专业能力。

（4）公司化运营模式有利于资金募集

大型制造企业、流通企业和第三方物流企业，尤其是大型国有企业的物流地产资产管理事业部升级为物流地产资产管理公司之后，就可以通过各种渠道筹措物流地产运作中所需要的资金，使得物流地产资产管理公司有实力做一些投资比较大的项目，有利于物流地产资产管理公司的资本扩张和规模扩大。

第六节 物流地产资产管理方法

那些拥有大量物流仓储设施的大型制造企业、流通企业和第三方物流企业在开展物流地产资产管理工作的时候，应该根据不同的内外部环境，选择不同的资产管理方法，可以采取的管理方法主要包括物业外包管理、物业出售、物业出租/分租、物业出售回租、合作开发、独立开发、银行融资、物流地产资产重组、物流地产资产证券化等（图8–13）。

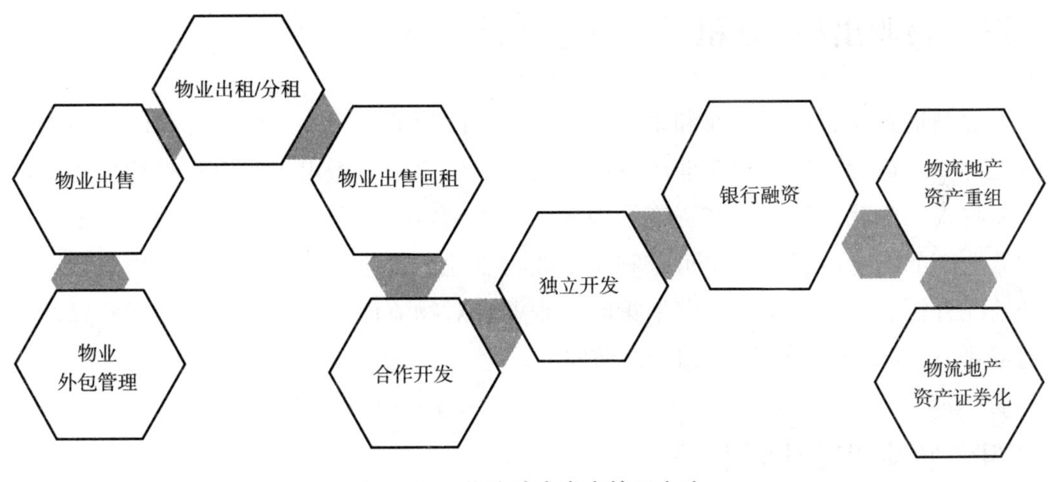

图8–13 物流地产资产管理方法

一、物业外包管理

对于主营业务并非物流地产投资建设和运营管理的大型制造企业、流通企业和第三方物流企业来说，针对其持有的物流仓储设施的资产管理，一般会存在两种不同的管理方法。一种是由企业亲自来管理这些物流仓储设施的方法，这种管理方法主要适用于物流仓储设施规模较小，且企业自身也占用其中一部分空间的情况。另一种是由企业将其持有的物流仓储设施委托给外部专业的物流仓储设施经营管理公司来负责经营管理的方法，这种管理方法主要适用于大型物流仓储设施，或者距离企业所在地较远的物流仓储设施。采用物业外包管理方式，不仅可以提高物流仓储设施的管理质量，还可以使主营业务并非物流地产投资建设和运营管理的大型制造企业、流通企业和第三方物流企业能够集中精力做好主业。

二、物业出售

大型制造企业、流通企业和第三方物流企业往往会在两种情况下考虑出售其拥有的物流地产。第一种情况是当企业内外部环境发生变化，市场竞争日益加剧时，企业需要在某些地区做出战略收缩，从部分非重点区域市场退出，将资源集中到重点区域市场，并削减成本，这时企业往往会考虑出售部分由于企业战略调整所释放出来的闲置物流地产，以利于企业整体战略的调整。第二种情况是企业在过去购买了低价的物流地产，在物流地产升值后通过出售该物流地产以获得资本利得，获取物流地产投资收益。

三、物业出租/分租

大型制造企业、流通企业和第三方物流企业的物流地产资产管理部门的一项重要工作就是寻找合适的租户，将企业闲置的物流地产出租或分租出去，以获得持久和稳定的现金流收入。为此，物流地产资产管理部门应该制定一套资产管理计划，该计划包括企业物流地产的物业情况分析（可以利用企业物流地产价值评估的数据）、周边物流地产市场情况分析、企业物流地产营销策略、企业针对物流地产制定的财务目标，以及管理者制定的企业物流地产出租/分组应对策略。

四、物业出售回租

物业出售回租是融资租赁的一种形式。具体来说，出售回租是指拥有物流地产的制造企业、流通企业和第三方物流企业通过出售回租协议出售其持有的物流地产，然后再将已经出售的物流地产从购买者那里租回来供自己使用。出售回租在物流地产资产管理中具有很重要的地位，是物流地产资产管理的一种重要方法。物流地产的出售回租具有许多优点，主要包括物流地产价值的增值套现、利用折旧的避税效应、降低企业资产负债率等等。

五、合作开发

当大型制造企业、流通企业和第三方物流企业拥有闲置物流仓储用地需要投资建设，或者拥有存量物流仓储设施需要投资改造的时候，出于资金的需要或者专业能力的需要，企业往往会考虑与其他企业进行合作开发。一般来说，企业会把闲置物流仓储用地或者存量物流仓储设施作价入股，以股权形式投资于项目公司中，同时吸引其他企业

入股项目公司，共同参与项目公司运作，实现物流地产的合作开发。这样，企业就可以与其他投资方共享物流地产所带来的投资收益，并可以在适当的时候实现股权转让收割现金。

六、独立开发

当大型制造企业、流通企业和第三方物流企业基于自身生产或发展的需要，为了满足企业的空间需求而需要投资开发新的物流仓储设施时，可以考虑采用合作开发模式，也可以考虑采用独立开发模式。独立开发是指大型制造企业、流通企业和第三方物流企业直接参与物流地产项目的开发建设，独立实现物流地产项目运作，挖掘物流地产的市场价值。具体而言，企业需要完成物流仓储设施规划、选址、方案选择、投融资、开发管理、谈判等一系列管理活动，确保在企业顺利达成物流仓储设施空间需求目标的前提下，实现企业总收益的最大化。

七、银行融资

由于物流地产具有固定性、耐用性、保值性等特征，因此物流地产能为贷款人提供很好的担保，而且这种担保具有期限长、位置固定、产权记录持久等特点。正因为具有这些特点，使得物流地产融资比其他信贷方式融资更具比较优势。

1. 开发贷款

企业取得贷款项目的《国有土地使用证》、《建设用地规划许可证》、《建设工程规划许可证》、《建筑工程施工许可证》，且贷款项目的工程预算、施工计划符合国家和当地政府的有关规定，工程预算的投资总额能够满足项目完工前由于通货膨胀及不可预见等因素追加预算的需要，企业具备项目预算投资总额的30%以上的自有资金，并能够在银行贷款放款之前投入项目建设，则企业可以向商业银行申请开发贷款。

2. 在建工程抵押贷款

企业投入工程的自有资金达到工程建设总投资的25%以上，并且已经确定了工程施工进度和工程竣工交付日期的在建工程可以用来作为抵押物申请办理在建工程抵押贷款。在建工程抵押贷款就是企业以其采用合法方式取得的物流地产项目的土地使用权连同在建工程的投入以不转移占有的方式抵押给商业银行作为偿还贷款履约担保的贷款类型。

3. 经营性物业抵押贷款

企业拥有已竣工验收并投入商业运营且经营管理规范、经营利润稳定、经营性现金流充裕、综合收益较好的经营性物流仓储设施时，可以以其为抵押物，并以该抵押物的经营收入作为主要还款来源向商业银行申请经营性物业抵押贷款。企业在向商业银行申请经营性物业抵押贷款时，需要提供近三年和最近一期的财务报表和报告、担保材料（包括保证人的证明文件、财务资料、担保的承诺文件、抵（质）押物清单及权属证明）、购买物流仓储设施的合同、物流仓储设施的房地产权证。

八、物流地产资产重组

物流地产资产重组是指企业在经营活动中，出于优化发展战略、提高资产利用率、提升融资能力、消除负协同效应等多方面考虑，对物流地产进行重新组合，优化资源配置的过程。概括而言，物流地产资产重组主要包括剥离、分拆、合并等方式。

1. 剥离

剥离通常是指拥有物流仓储设施的大型制造企业、流通企业和第三方物流企业将物流地产或物流地产资产管理公司出售给另一家企业以获取现金或企业有价证券的行为。一般而言，剥离的主要目的是希望甩掉经营无效率或者长期处于亏损状态的包袱，以便企业能够集中力量经营核心业务。剥离往往通过出售资产或者出售子公司即资产交易或股权交易两种形式来完成。

2. 分拆

分拆是指一个母公司通过将其在子公司中所拥有的股份，按比例分配给现有母公司的股东，从而在法律上和组织上将子公司的经营从母公司的经营中分离出去，这时，便有两家独立的公司存在，而在此之前只有一家公司。分拆可分为资产分拆与权益分拆两种形式。分拆已成为缩减公司规模的一种更为流行的方式，通过分拆的方法可以更好地实现股东价值的最大化。公司将不相关的业务分拆出去之后，可以使管理者能够集中精力于核心业务而免受非核心业务单元的干扰。

3. 合并

合并是指企业按照某一经营理念，将同类的某些子公司、业务、物流地产等合并到一个公司，扩大公司经营规模、提高公司的市场占有率、提升公司的核心竞争力，从而实现公司的战略发展意图。

九、物流地产资产证券化

物流地产资产证券化的实质就是将缺乏流动性的物流地产“动”起来。具体来说，就是将具有稳定现金流或可预见未来收入的物流地产（基础资产）出售给特定的发行人，或者将该物流地产委托给特定受托人，由其负责将该物流地产构造和转变成为资本

市场上可以销售和流通的证券产品。概括而言，资产证券化产品包括房地产信托投资基金（REITs）、商业房地产抵押贷款支持证券（CMBS）、资产支持证券（ABS）等。就物流地产领域而言，其资产证券化产品主要是房地产信托投资基金（REITs）。房地产信托投资基金（REITs）是一种通过公司、信托等形式募集资金并投资具有稳定经营收入的公寓、商业物业、写字楼、物流仓储设施等物业，以租金回报为核心，以大部分收益分配给投资者为基础的拥有债权特征的股权金融产品。房地产信托投资基金（REITs）兼具股票和债券的特性，与其他投资品相比，房地产信托投资基金（REITs）具有风险低、收益高、流动性好的特点，因此吸引了大量的保险资金、养老基金等机构投资者。

图表索引

结　语　知识和资本是驱动物流地产的双轮

近年来，我国经济社会进入了一个承前启后的历史新阶段，人们把它称为新常态，实质上是中国经济继往开来的一个重要分水岭。这道分水岭从不同的视角出发蕴含着不同的含义，其中一个重要的方面是我国生产要素禀赋在此前后发生了反转性的改变。

生产要素禀赋也被称为生产要素丰裕度，是指一国所拥有的生产要素数量的相对比例。在过去三十多年，我国一直处于劳动力相对过剩而资本相对短缺的生产要素禀赋格局之中。生产要素数量的相对比例决定了不同生产要素的市场价格。因此，在过去三十多年中，我国劳动力价格低廉而资金成本畸高，如果不考虑资产增值，只考虑持有物业经营收益的话，无论是住宅、商业物业，还是写字楼、物流仓储设施，各类型物业的投资收益水平都难以与高昂的资金成本相匹配。

尽管过去十几年中我国持有型物业的投资建设和运营管理均得到了持续发展，但基本上都局限在“现金流滚资产”的传统商业模式之中。持有物业的经济合理性要么缘于销售型物业的现金流支撑，要么缘于资产本身的快速升值，如何能够在没有销售型物业现金流支撑或资产本身快速增值的条件下，实现持有型物业独立持续健康发展，仍然是一个待解的难题。

根植于所有持有型物业基因中的矛盾，就是巨大的开发建设投资与漫长的租金回报周期之间的矛盾。这一矛盾在物流地产领域中尤为显著，商业物业和写字楼都在不同程度上可以分割销售，用部分物业的销售收入来支持部分物业的持有。而这种途径在物流地产领域基本行不通，物流仓储设施基本无法通过分割销售来实现资金回笼。正因如此，相对于商业地产和写字楼等物业类型的发展来说，我国的物流地产发展滞后。

近几年来，我国的生产要素禀赋发生了颠覆性地改变，劳动力要素开始呈现短缺之势，价格开始快速上涨，而资金要素变得相对丰裕，资金成本开始快速下降。在剔除资产增值因素之后，由持有型物业的经营收入带来的持有型物业投资收益水平与资金成本之间的倒挂现象开始得到根本性的改变，优质物业的持有经营变得有利可图。

一旦生产要素禀赋发生颠覆性改变，原本处于不利地位的物流地产开始显示出巨大的优越性。目前，我国物流仓储设施的平均投资回报率高达6.7%，远远高于商业地产4.5%的平均投资回报率水平和高档住宅3.0%的平均投资回报率水平。生产要素禀赋的改变，将给物流地产带来前所未有的繁荣发展，也为物流地产提供了成为房地产领域重要分支的历史性机遇。

生产要素禀赋的改变，不仅仅引起生产要素价格的改变，同时也引起企业组织方式和社会资源配置方式的根本性改变。在过去劳动力相对过剩而资本相对短缺的生产要素禀赋格局之下，少量的资本就能够轻松地控制大量的劳动力及其他生产要素，因此，拥有少量资本的富有个人和富裕家族，无论贤愚，皆可成为企业的所有者和管理者，甚至即使“野蛮”，也能“生长”。

大规模社会资本的积累，使得富有个人和富裕家族少量资本的地位开始不那么重要。小到企业的组织模式，大到社会资源的配置方式都会发生根本性改变，专业化、社会化程度将会进一步加强。这就是为什么普洛斯以不足20亿美元的资本金投入能够撬动200亿美元的私募投资基金资产，使实际控制资产规模达到350亿美元的根由。显然，普洛斯的“魔力”不在于其拥有的资本，而在于其拥有的物流地产投资建设和运营管理知识，以及这些知识外化而成的经营能力。

毋庸置疑，物流地产在我国具有广阔的发展空间，新常态下我国生产要素禀赋的颠覆性改变为我国物流地产的发展勾勒出了新的图景。加强物流地产投资建设和运营管理方面的学习，掌握物流地产投资定位、规划设计、开发管理、工程管理、成本管控、经营管理、资本运作、资产管理方面的知识，并将这种知识外化成为经营能力，是企业撬动社会资本、实现创新发展的重要保证。